Public Administration and
Public Management Classics

CLASSIC TEXTBOOK SERIES

CLASSIC TEXTBOOK SERIES
公共行政与公共管理经典译丛
经典教材系列
Public Administration and Public Management Classics
“十二五”国家重点图书出版规划项目

公共管理研究方法

（第五版）

Research Methods for Public dministrators

(Fifth Edition)

［美］伊丽莎白森·奥沙利文（Elizabethann O'sullivan）
加里·R·拉苏尔（Gary R. Rassel）
莫琳·伯纳（Maureen Berner） 著

土国勤 等 译

中国人民大学出版社
·北京·

《公共行政与公共管理经典译丛》
总　　序

在当今社会，政府行政体系与市场体系成为控制社会、影响社会的最大的两股力量。理论研究和实践经验表明，政府公共行政与公共管理体系在创造和提升国家竞争优势方面具有不可替代的作用。一个民主的、负责任的、有能力的、高效率的、透明的政府行政管理体系，无论是对经济的发展还是对整个社会的可持续发展都是不可缺少的。

公共行政与公共管理作为一门学科，诞生于20世纪初发达的资本主义国家，现已有上百年的历史。在中国，公共行政与公共管理仍是一个正在发展中的新兴学科。公共行政和公共管理的教育也处在探索和发展阶段。因此，广大教师、学生、公务员急需贴近实践、具有实际操作性、能系统培养学生思考和解决实际问题能力的教材。我国公共行政与公共管理科学研究和教育的发展与繁荣，固然取决于多方面的努力，但一个重要的方面在于我们要以开放的态度，了解、研究、学习和借鉴国外发达国家研究和实践的成果；另一方面，我国正在进行大规模的政府行政改革，致力于建立与社会主义市场经济相适应的公共行政与公共管理体制，这同样需要了解、学习和借鉴发达国家在公共行政与公共管理方面的经验和教训。因此无论从我国公共行政与公共管理的教育发展和学科建设的需要，还是从我国政府改革的实践层面，全面系统地引进公共行政与公共管理经典著作都是时代赋予我们的职责。

出于上述几方面的考虑，我们组织翻译出版了这套《公共行政与公共管理经典译丛》。为了较为全面、系统地反映当代公共行政与公共管理理论与实践的发展，本套丛书分为六个系列：(1) 经典教材系列。引进这一系列图书的主要目的是适应国内公共行政与公共管理教育对教学参考及资料的需求。这个系列所选教材，内容全面系统、简明通俗，涵盖了公共行政与公共管理的主要知识领域，内容涉及公共行政与公共管理的一般理论、公共组织理论与管理、公共政策、公共财政与预算、公共部门人力资源管理、公共行政的伦理学等。这些教材都是国外大学通用的公共行政与公共管理教科书，多次再版，其作者皆为该领域最著名的教授，他们在自己的研究领域多次获奖，享有极高的声誉。(2) 公共管理实务系列。这一系列图书主要是针对实践中的公共管理者，目的是使公共管理者了解国外公共管理的知识、技术、方法，提高管理的能力和水平，内容涉及如何成为一个有效的公共管理者、如何开发管理技能、政府全面质量管理、政府标杆管理、绩效管理等。(3) 政府治理与改革系列。自20世纪80年代以来，世界各国均开展了大规模的政府再造运动，政府再造或改革成为公共行政与公共管理的热点和核心问题。这一系列选择了在这一领域极具影响的专家的著作，这些著作分析了政府再造的战略，向人们展示了政府治理的前景。(4) 学术前沿系列。这一系列选择了当代公共行政与公共管理领域有影响的学术流派，如新公共行政、批判主义的行政学、后现代行政学、公共行政的民主理论学派等的著作，以期国内公共行政与公共管理专业领域的学者和学生了解公共行政理论研究的最新发展。(5) 案例系列。本系列精心选择了公共管理各领域，如公共部门人力资源管理、组织发展、非营利组织管理等领域的案例教材，旨在为国内公共管理学科的案例教学提供参考。(6) 学术经典系列。本系列所选图书包括伍德罗·威尔逊、弗兰克·约翰逊·古德诺、伦纳德·怀特、赫伯特·A·西蒙、查尔斯·E·林德布洛姆等人的代表作，这些著作在公共行政学的发展历程中有着极其重要的影响，可以称得上是公共行政学发展的风向标。

总的来看，这套译丛体现了以下特点：(1) 系统性。基本上涵盖了公共行政与公共管理的主要领域。(2) 权威性。所选著作均是国外公共行政与公共管理的大师，或极具影响力的作者的著作。(3) 前沿性。反映了公共行政与公共管理研究领域最新的理论和学术主张。

在半个多世纪以前，公共行政大师罗伯特·达尔（Robert Dahl）在《行政学的三个问题》中曾这样讲道："从某一个国家的行政环境归纳出来的概论，不能够立刻予以普遍化，或被应用到另一个不同环境的行政管理上去。一个理论是否适用于另一个不同的场合，必须先把那个特殊场合加以研究之后才可以判定"。的确，在公共行政与公共管理领域，事实上并不存在放之四海而皆准的行政准则。按照建设有中国特色的社会主义的要求，立足于对中国特殊行政生态的了解，以开放的思想对待国际的经验，通过比较、鉴别、有选择的吸收，发展中国自己的公共行政与公共管理理论，并积极致力于实践，探索具有中国特色的公共行政体制及公共管理模式，是中国公共行政与公共管理发展的现实选择。

本套译丛于1999年底由中国人民大学出版社开始策划和组织出版工作，并成立了由该领域很多专家、学者组成的编辑委员会。中国人民大学政府管理与改革研究中心、国务院发展研究中心东方公共管理综合研究所给予了大力的支持和帮助。我国的一些留美学者和国内外有关方面的专家教授参与了原著的推荐工作。中国人民大学、北京大学、清华大学、厦门大学等许多该领域的中青年专家学者参与了本套译丛的翻译工作。在此，谨向他们表示敬意和衷心的感谢。

《公共行政与公共管理经典译丛》编辑委员会

前　言

为什么是新版本?

《公共管理研究方法》第五版沿袭了以往版本的传统，即在研究方法上作为高年级本科生和研究生的入门课程而设计。此书适合于那些已是或即将成为管理人员的读者以及教这门课程的老师。我们对这本教材前四个版本的市场反应感到欣慰，并为老师和学生发现它确有用途而高兴。同时，我们也为研究方法和统计分析充满活力地不断演进而满怀惊喜。尽管行政职务、委员会的工作以及其他任务占据了作者大量的时间，但不断涌现的新信息使制作一个新版本成为必要，作者也一直在做这样的努力。

像以往的版本一样，第五版继续着重方法、分析和应用，对此，我们也做了很多修改。我们更新了一些信息和练习，对现有材料做了一些我们认为有用的修改。鉴于新技术和新的公共需求的出现，我们重新思考了一些议题。例如，我们根据当前的教育和心理测试标准对第 4 章测量概念的有关内容做了一些修改。第 6 章包括了互联网调查的最新信息和手机对数据收集的影响。我们在第 9 章中探讨了美国十年来人口普查工作的最新变化，并继续从 2000 年的人口普查数据中收集材料。这些变化还表现在人口普查局放弃了冗长的表格和使用了美国社区调查的资料。在美国人口普查局准备 2010 年人口普查的过程中，读者将意识到这些变化。

与研究方法有关的最大也最具影响力的技术变化莫过于互联网的广泛应用。这种新技术极大地扩充了数据资料的获取路径，并使得使用数据比以前更加方便。互联网技术大大增强了研究者搜寻和使用学术文献、辅助数据和政府统计数据的能力。在新版本中我们通过增加互联网资料的引用数量来反映这种趋势，并且涵盖了更多使用互联网做研究的素材。新版本中有几章提供了互联网的例子和常用的互联网地址以及使用互联网的作业。

图形用户界面（GUI）或者视窗环境现在已经得到普遍使用，这也使得软件更易于使用。新的统计软件层出不穷，更多的统计分析可以通过电子制表软件来完成，连接地理分析和统计应用的地理信息系统的功能也得到广泛增长。新版教科书覆盖了上述的所有方面。

我们在每章的结尾部分修改了很多问题并添加了新的问题。新版本也准备了一份修改过的指导手册，该手册里包括每章结尾部分所列问题的答案。该书第三版的创新之处在于包含了光盘和与光盘上数据文件相关联的作业。每章的作业包括了使用光盘文件来阐述章节中所探讨的概念和技术问题。第五版内有一套完整的新数据集可以使用，数据将在中国人民大学出版社网站上提供下载，这些数据会在每章后面的“光盘作业”中用到。新数据集包含了 100 个县、涉及 43 个变量的各种习题、统计应用和相关管理政策议题。在线资源含有存储在电子表格中的数据、信息和使用数据的说明。与新数据集对应的是一套新的问题。

《公共管理研究方法》（第五版）由三位作者合作撰写。大家合作愉快，新的视角和经验弥补了协调上的困难。莫琳·伯纳与 MPA 学生和从业者打交道的经历为本书所探讨的话题增添了新的视角。每章结尾部分的复习题更多地和目前的管理问题有关。她仔细阅读了手稿，揭示了一些文字材料的新方法并介绍了其他的改进措施。她在每章末尾为光盘作业准备了一些新的数据集和问题。

面向读者的使用说明

尽管该书包括了大量基本的以及更多高级的材料，我们在介绍各种信息时仍然试图去充分考虑经验丰富的管理人员的需要。我们希望教师能够从中选取符合他们需要的材料，并为一个学期的课程选取充分的材料。在使用时，有些章节可以被忽略，有些可以按照不同的顺序来使用，这取决于教师的具体需要和方法。

在写作和修改这本书的时候，我们希望能够帮助管理人员和研究者进行更有效的合作。我们观察到管理人员会定期向下属、同事和顾问咨询研究的特定部分。他们经常就研究方面的问题咨询研究者，并以此来判断是否有特别的发现可以证明进一步管理行为是合理的。他们经常阅读研究报告并确定这些研究发现是否也适用于他们的工作领域。我们希望管理人员和学生们在想了解某个议题或研究技术的更多内容的时候，能够发现这本书是有参考价值的。

我们想写一本管理人员认为有用并和他们的工作内容息息相关的应用研究方面的教科书。为此，我们打算提出一个系统性的办法来进行实证调查，并探讨研究设计和科学方法的逻辑性，从而使管理人员在阅读研究报告、从事研究或者阅读别人为他们所做研究的时候能够使用这些信息。研究是一个解决问题的过程，而我们正是希望能以这种方式呈现它。作为作者，我们不仅依赖自身经验，也依赖于学生、教师、同事、研究者和管理人员等许多人的经验。

将教学材料、思想、讲稿、例子和习题组合成一本教科书的过程充满艰辛并耗时甚长，却是非常有价值的。在这个研究领域，研究方法不断演进，充满活力，让人目不暇接，而跟上这些新变化、新应用是有趣而富有挑战的。把它们有效地呈现给教师和学生读者也一样有趣而富有挑战。

致　谢

第五版得到了来自许多人的建议、反馈和鼓励，我们从中获益良多。使用或者阅读过该书以往版本的、来自各个大学的同仁们给予新版本很多特别有益的评论和建议。一些人帮助我们校正了书中或者指导手册中的错误，另一些人则建议增减或修改某些材料。学生们的建议和问题一直都是很有帮助的，这常常使我们感到谦虚的必要。他们是我们老师工作的中心所在，我们很高兴拥有他们。

多年来，评论家们提供了有益的评论。他们的建议促成了本书的很多变化和改进，对此我们非常感激。我们希望我们做出的积极反应能有预期的效果，并确实地改进了本书。我们感谢所有阅读和使用过该书的人。

非常感谢我们的出版商支持第五版的出版工作。朗文出版社（Longman）的编辑人员给予了大量的帮助和支持。我们和朗文的合作是长期的，这使得我们可以有机会与很多人一起工作。Eric Stano 和他的助手 Donna Garnier 是我们第五版的编辑联系人。我们在此感谢他们的工作、建议和帮助。手稿副本编辑 JoAnn Learman 在阅读手稿和纠错方面做了大量出色的工作。

我们感谢我们各自所在大学，北卡罗来纳州立大学、北卡罗来纳大学夏洛特分校和北卡罗来纳大学教堂山分校的支持和鼓励。在第二版中，Robin Goodpasture 准备了索引和词汇表，在第三版中，Dina Smith 对它们做了更新，在第四版中，Dina Smith 准备了索引而 Jennifer Snow 对词汇表做了改动，北卡罗来纳大学夏洛特分校的 Rodney Harris 准备了第五版的索引。Dina、Jennifer 和 Rodney 的出色工作应该受到赞扬。还有很多人阅读、评论、复制、从图书馆检索书籍并在修订过程发表意见。在这其中的有 David Folz，田纳西大学；Gabriel Kaplan，科罗拉多大学；Christopher Leu，加州州立大学，北岭；Will Miller，阿肯色大学；Kenneth Nichols，缅因大学；John Ostrowski，加州州立大学，长滩；Bruce Rogers，田纳西州立大学。我们感谢所有人。

最后，我们再次感谢家人的参与和支持，他们是 Doug Hale，Merry Chambers，

Brendan，Colin O'Sullivan-Hale，Andy，Will 和 Yvette Berner。在作者几易其稿的这些年中，家庭和家庭成员也在不断成长、改变并逐渐成熟。我们感谢他们的鼓励，感谢他们对我们致力于修改此书而花费时日的理解。

伊丽莎白森·奥沙利文（Elizabethann O'Sullivan）
加里·R·拉苏尔（Gary R. Rassel）
莫琳·伯纳（Maureen Berner）

目　录

第 1 章

启动一项研究：初始阶段

本章要点  1

1. 为什么研究方法的知识对公共管理者是有价值的。
2. 何时、为何以及怎样去构建一个模型，即一个社会科学研究的框架。
3. 呈现模型的策略。
4. 一些常用研究术语的定义，包括变量和假设。
5. 选择研究议题时应考虑什么。

公共管理人员经常会问这样一些问题，如“多少”、“效率怎样”、“有效性怎样”、“是否充分”以及“为什么”等等。他们可能很想去了解某个人群，一个项目需要花多少钱，或者所花费的每一块钱是否物有所值。他们需要去判断一个问题具有何等的重要性、一项政策是否已经解决了问题、哪些因素区分着有效率的项目和无效率的项目，以及委托人对项目的绩效是否满意等。在公共服务中，他们需要对政治家、父母、公民、项目委托人和法院负责。

管理人员依靠数据资料去优化决策、监督决策过程以及检验决策的效果。**数据**（data）也是表达“信息”概念的一个词汇。掌握研究方法对于收集、使用和评估信息来说无疑是至关重要的。而且，作为一名现在或将来的公共管理人员，你应该知道获取足够信息是制定有效决策的关键所在。

身为管理人员，你需要去收集和总结数据资料，并依据你的发现行事或监管实施者。为了解答你分管项目的诸多问题，你可

能需要去学习，或与他人协作进行研究。你可以通过查看常规性报告来监管你的团
2 队与雇员的活动，也可以通过阅读相关研究文献以获得你希望实施的一些理念。即使你从未从事过一项研究，但拥有关于研究过程的知识能够使你更好地判断资料是否充分、理解报告、质询研究者以及判断研究成果的价值。[1]

此书将提高你运用不同研究工具以获取或理解有价值信息的能力。更重要的是，我们希望它能够使你在运用信息进行决策时具有更好的判断力。总之，我们的目标就是帮助你优化决策，并在这个过程中使你成为一名优秀的管理人员。

1.1 研究方案的开端：界定研究问题

研究应该始于细致的计划。诚然，确定一项研究目标以及它是否能够提供预期信息的过程是乏味的，但经验已经证实，那些不惜费时地去详细界定研究目标和仔细检视研究计划的管理人员能够更加有效地利用他们的时间。他们能够更好地理解所研究的问题，并降低研究失策和收集无效数据的发生率。在本章中，我们提供了一些优化研究计划的指南。无论是谁在实施研究，管理人员只要肯花时间去确定研究问题、制定研究计划、与他人进行商讨以及参考相关研究，都能显著地提高他们的工作绩效，进而更少地遭遇失望和无谓努力等后果。

对于任何涉及研究工作的管理人员而言，好的研究起点就在于弄明白某项决策是否需要做、什么时候去做、决策的性质，以及什么样的信息有助于决策等问题。聚焦于决策问题有助于识别研究的真实目标。就时机而言，如果它不可能影响决策，那就得考虑这项研究是否真正有价值了。就决策的性质而言，管理人员就得考虑决策具有哪个层次上的重要性。比如，测量一个花费数亿美元的、涉及千家万户的项目的影响力，可能远比评估一个办公室内部再循环项目的价值重要。生活、工作和公众舆论重要吗？决策时究竟需要什么样的信息是一个关键的问题，而且为推进研究议题提供了一个起点。

确定一个研究目标，不仅仅需要准确地阐明为什么要进行这项研究。研究者还必须知道是谁想做这项研究、他将如何使用研究成果、需要投入哪些资源，以及有哪些既有研究等。回答了这些问题，研究者就可以列出一组研究议题，并确定由什么样的证据来提供充分的答案。这样，他可以避免“大炮打蚊子”的失误，也可以避免设计出一项超出资源范围或提供不必要信息的研究计划。一项研究的目标也是不断演进的；随着研究者和决策者开始进行合作，它将变得越来越集中和易于理解。

3 研究者一旦弄清楚某项研究能给他带来什么和不能带来什么时，就可以开始阐述研究问题了。一个研究问题往往不只一个答案。不然，何必花费时间和金钱去寻找答案？就研究问题而言，它需要经验性的（即可观察的）信息为其提供答案。从定义角度看，研究包括对可观察信息的分析。因此，缺乏可观察的信息就不能开展

研究。本书强调数字或量化的信息，当然，定性的信息也是经验性的，它的适当运用有助于回答研究问题。

请看这个研究问题："使用一个可共享的计算机网络能够提高办公人员的工作绩效吗?"请注意，该问题不只一个答案，而且对它的回答需要经验性的信息。甚至，这个简单问题背后有着众多难题。"可共享的计算机网络"指什么？怎样定义和测量"工作绩效"？"办公人员"指哪些人？所有员工还是仅仅指那些有特定职位的人员？所有办公室的人员还是仅仅某些特定办公室的人员？使用计算机网络将有什么样的及多大程度的影响？为了有利于确定研究焦点，管理者需要阐明研究目标。就研究目标而言，是决定是否安装一个新计算机系统的研究，还是评估既有系统的研究，两者是大相径庭的。

1.2　组织一项研究：模型的运用

在研究问题与研究目标确定之后，就要去构建一个初步的研究模型。模型可以被视为对事物间互相关系的简洁解释。模型包括一些既定的因素，如特征或事件，以及它们之间的关联。模型包括哪些因素取决于研究的目标。研究者使用模型的目的在于排除一些无关细节而简化现实世界。

模型一般由**因素**（element）和**关系**（relationship）构成。单个因素不能构成模型，除非它与其他因素发生关联。与其他因素无关的因素应该被排除在模型之外，那些弱相关的因素也应在排除之列。一个清晰的模型可以由表示变量和变量间关系的词汇、图表或公式来描述，其优势在于它易于为人们所了解，并允许人们批评、复制或改进。

研究人员如何知道哪些因素应该包括在内以及它们之间如何关联呢？既然研究目标在于确定相关因素以及它们的关系，研究者就必须有一种方法去决定将哪些因素纳入。由此，他会利用他自己的以及同事们的想法和经验。他会参考先前的研究，使用现有的数据库，并进行初步的研究。要探寻因素之间如何关联，考察既有研究和探索性的数据分析尤为重要。

可以通过把"因素"与"关系"图示化来直观地思考模型。例如，人们可以通过图 1—1 来表达小汽车内自动座椅安全带的设置与交通事故死亡的发生等因素以及这些因素之间的关系。根据个人经验和他人建议，也可以把限速法令和气囊的使 4
用等因素添加进去。

在进一步研究**建模**（model building）之前，先来看看一个初步的模型，其设计目标在于为一个研究项目提供指导。例 1.1 中的模型，作为研究的一部分，旨在探求怎样减缓医疗保险开支的增长速度。研究者确定了一些因素，表示减少开支的可行的一般性策略。其核心因素是医疗保险开支的增长率，而其他因素包括受益人的数量、服务的覆盖范围和每项服务的费用。它们均和医疗保险开支相关联。如果受益人数量、服务覆盖范围和服务费用减少，医疗保险开支的增长率就会降低。

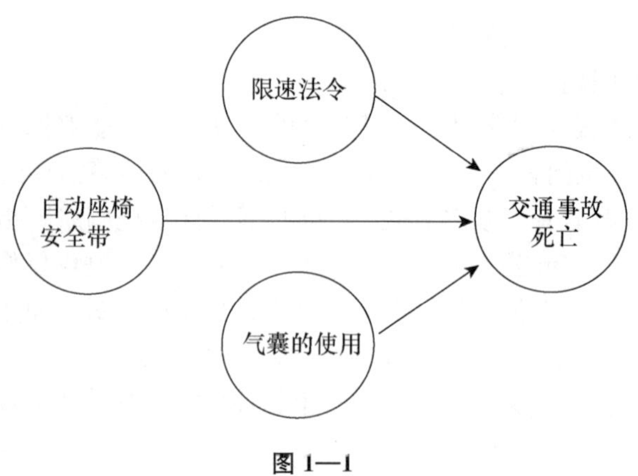

图 1—1

例 1.1

模型的运用

研究问题：怎样降低医疗保险开支的快速增长？（医疗保险：联邦政府为老年人提供的医疗服务资助。）

研究目的：为了抑制医疗保险项目开支的增长而提供的改变医疗保险覆盖面的政策建议。

研究程序：初始模型涵盖了作为降低开支一般措施的几个主要因素，旨在确定可行性策略的基本类型。

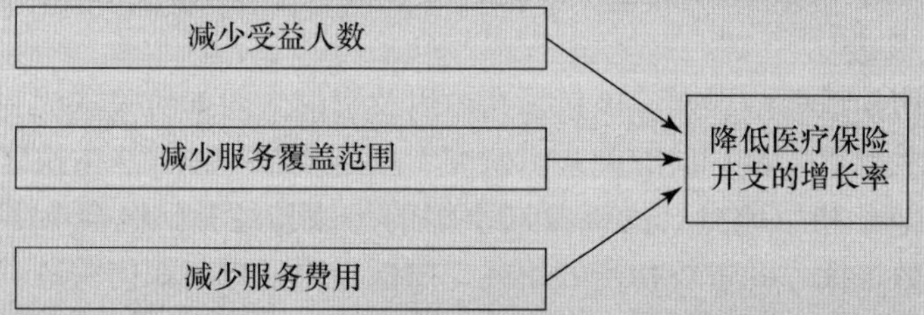

讨论：该图将每个因素置于一个方框中。位于左边的策略，可以看作“输入”。线条表示因素之间的关联，而箭头表示这些关联的方向。这里，每种策略同降低医疗保险开支增长率的结果相关联，其中，箭头表示了诸种策略。该图阐明了模型的因素及其关系，有助于与他人交流模型，便于有关模型与研究计划的讨论。

在确定“因素”后，研究者可以：

1. 确定与每个因素均有关联的可行性策略：是否可以通过改变收入标准和年龄限制来减少医疗保险的受益人数？应该减少什么样的服务？怎样可以减少服务费用？

2. 将特定的策略整合到模型中。

3. 制定研究计划：首先应该研究哪些因素以及它们之间的关系？具体怎样去研究它们？

在图 1—1 中和例 1.1 中，模型都是用图示来表示的。箭头将各个因素联系起来并表达了它们之间的互动关系。模型也可以用文字陈述来表示，例如，“如果受益人数、服务覆盖范围、服务费用的减少，则医疗保险开支的增长率就会减少”这样的句子。模型也可以用公式来表达。

研究者假定，受益人数、服务覆盖范围、服务费用的减少，将会降低医疗保险开支的增长率。主要关系在于降低医疗保险开支增长率与其他因素之间，其他因素之间也存在关系。例如，减少服务的覆盖范围将减少服务受益人数。

模型要求创建者把他们的想法组织起来，并帮助创建者和使用者之间进行更加有效的沟通。例 1.1 中的模型应该使决策者的注意力集中到可能的解决方案上，并且有利于决策者之间以及他们同关心医疗保险开支的其他人员之间的交流。研究者
可以利用这种基本模型界定每个因素的含义，还可以纳入其他因素并探寻它们之间 5
的关系。他们能够确定哪些关系需要进一步研究并设立检验它们的优先序。

在研究设计初期，可以对模型进行不断地调整和优化。此时，很多因素被列出来并且相互关联着，或者仅仅包括了一些重要的因素。公共管理专业的学生所面临的一个普遍问题是“模型应该细致到什么程度”，而答案往往是“视情况而定”。研究者可以通过头脑风暴法找到所有可能的因素，并以此建构一个非常细致的模型。为了寻
求共识，也可以构建一个只包含少量因素的简化模型。例 1.1 的模型只涵盖了该项 6
研究中的几个基本组成因素，这个模型可以用其他模型来进一步阐释。例如，一个模型可以阐明减少受益人数的策略将如何影响医疗保险开支；而另一模型则关注减少服务覆盖的方法，以及改变医疗服务水平的替代性策略所产生的影响。不论研究目的以及细致程度究竟怎样，研究模型都必须建立在一定的理论基础上。也就是说，因素之间必须存在着合理的理论性联系。我们应该有充足的依据去预测因素之间的种种关系，并且能够解释它们。

另外，应该思考作为理论基础的那些假设。例如，当考虑自动座椅安全带的设置与交通事故死亡的发生之间的关系时，理论会提出，安装自动座椅安全带的车辆越多，则交通事故死亡的人数则越少。当然，必须要确定这些自动座椅安全带是被正常使用的，而不是坏掉的或没有被打开的。

地图的使用可以作为一个简单的例子来说明模型是怎样根据目的不同而存在差异的。爬山前，你需要一份详细的地形图。如果你把这份地图放在车里，然后驱车从纽约到加利福尼亚，则它一点都指望不上。你也可以想象拿着一份交通地图去大峡谷探险会是怎样的情形。某些成分对于某一个目标来说是重要的，但是可能对其他目标则毫无用处。选择哪种地图取决于你对将去哪儿以及如何去的认识，同样，创建一个研究模型需要以好的理论为基础。

研究者在准备收集数据时，应该对他们构建的涵盖了相关因素的模型感到满意。研究决策，旨在阐明究竟收集哪些数据以及如何分析它们等问题，自然应该把“因素及其关系”视为其重要的组成部分。而且，此时的模型还只是初步的，可以在研究过程中得到修正。尽管模型在研究中很少一成不变，但是研究者一开始就必须要有一个清晰的模型。

模型构建后，研究者就开始围绕研究目标反复地收集、分析和提供数据。以模型为起点对于定量研究来说尤为重要。如果没有一份清晰的路线图，研究者就会迷失在茫茫的数据海洋中，不管方向，只顾收集数据和事实。模型使我们不再简单地看待数据，而且有助于我们确定因素之间将是一种什么样的关系。貌似准确的数据可能是错误的，因素之间明显的相关性也可能是由统计误差导致的。当研究结束时，模型能够使研究者去组织各种信息，并得出关于因素的重要程度以及它们之间的相互关联等合理的结论。

研究者要努力避免对模型过于痴迷。当研究者过分纠缠于他的研究计划，并为自己的顽固所累时，他就开始痴迷模型了。如果没有意识到模型仅是初步的，又不能适时予以放弃或进行修正，研究者往往就会通过各种数据操作来证明他的初始模型是正确的。模型不应该是研究工作的焦点，应该成为焦点的是如何为人们及时做出正确的、深思熟虑的决策提供最有效的信息。

1.3 确定研究因素：模型的构建

7 为了确定具体的因素、阐明它们的相关性以及假定它们之间关系的特征，研究者需要去整合他们的理念、其他研究者的观察、研究文献以及他们自己的研究等。这个过程很少体现出类似研究报告和公开的阐述所具有的系统性和逻辑性。在确定因素及其相互关系的过程中，研究者也不大会沿用同一种研究策略。一项研究要设计得好，需要研究者具有洞见和创造性。另外，要掌握构建模型的优良技巧，需要研究者对既有的问题理解得当。

一项研究陈述一般循着这样一个过程，从研究的渴望开始，直到有效地交流。如果阐述一项研究报告，从陈述问题开始，然后描述模型、因素及其相互关系，听众就更容易理解。一般而言，研究者很少详述在研究中出现的错误开端、失误和反反复复等现象。

理　念

理念是指与研究问题有关的知识、信念和想法等。缺乏应有的知识和洞见，我们几乎不能进入具体情景。我们大多数人靠着自身拥有的大量信息来解决问题。不要低估这种信息的价值或重要性。如果你在面对问题时不能利用自己的经验、知识或观念，就算不上有效率的管理人员。

构建模型需要思维清晰。通过词汇、图表或公式来确定那些你认为重要的因素以及它们的相互关系。这样，你就可以使模糊的想法变得清晰，并将其置于严格的检验中。你也将发现一些想法变得没有意义，有的甚至会变得幼稚或片面。有些模型将建立在某些假设上，但其他人并不认同这些假设。这时，除非你愿意冒险让自己的观点接受挑战，你可能遗漏了一些解决问题的关键因素及其关系。

同行间的互动

同行间的互动，是指在同事之间展开关于研究问题及其可能答案的探讨和争论。为了理解模型建构，建议读读关于科学家们怎样从事研究的书籍。[2]这样会消除大家常有的“科学家与世隔绝，独立工作”的错误印象。研究工作的生动和活力远远超出你的想象。关于这一点，公共管理人员可以从科学家那里学到很多。其中一个主要的经验就是批评和争论的价值。没有它们，错误和疏漏便会大行其道。而事实上，很少有人能够做到从善如流和提出异议。

对同行间的互动而言，还有一个重要方面不容忽视，即背景的影响。比如，我们的专业决定了我们所能提出的问题、所使用的数据及使用数据的方法。可以设想，如果你是一位城市公共管理人员，你可能会对怎样解决你所在城市无家可归者的问题感兴趣。你首先考虑的是收集在你的辖区内关于无家可归者产生原因的各类数据。具有 8
经济学背景的分析者就会将注意力放在城市就业和扶助项目的各种量化数据上。具有社会工作背景的分析者，则会首先考虑去访谈那些住在当地收容所的人。而有着公共安全背景的分析者，就会想到去验证无家可归者与该地区新设联邦监狱的假释者之间的关系。如果他们不得不在一起工作，不难想象，他们会经历怎样的沮丧和紧张。然而，比较理想的是，诞生于诸多观念冲突和妥协中的研究计划，一般会优于其中任何一个人独自进行的工作。汲取其他学科内容为我所用的概念被称作“借力”。

对现有知识的回顾

研究工作通常是研究者在前人的基础上不断探索的过程。在确定研究目的后，研究者就着手查找相关研究的信息。有人认为定量研究很少需要这样做，应用研究者也许也不将他们的研究看作更大知识体的一部分。尽管如此，花几个小时去回顾学术期刊和相关文献会使研究者明白它们的价值。

研究者遇到陌生问题时通常会在一开始“重造车轮”。换言之，他们会着手建立一种已经经过千锤百炼的范式。文献研究的目的并不是为了保证理念的原创性，而是提供了众多可以纳入我们研究中的信息和理念。当我们进行**文献综述**（literature review）时，我们考虑那些有规划的研究，并更好地理解其研究目以及我们的研究预期。考察现有的研究时应该弄清楚下列问题：

其他类似研究中所包含的因素；
这些因素的通用定义；
测量这些因素的方法；
收据的来源；
收集数据的策略；
整合这些因素的方法；

不同因素之间关系的强度；
进一步研究的建议。

这些信息会避免研究者浪费时间。他们可能会发现他们所研究的问题已经得到解决，也可能会发现那些表面上看来重要或明显的关系并没有得到证明，甚至还可能会发现他们可以把别人所使用的恰当的范式、定义、数据和分析方法整合到同一项研究中。当然，这些理念、数据或者方法的来源必须为当前的研究者所认可。

9 对“研究现状”进行总结的文章非常有益。它们引述了该领域中的主要学术著作和重要研究项目，因而会让你跟上学术前沿。它们覆盖了大量的相关文献，从而减轻你的负担，并帮助你避免离题太远。

你会发现图书馆查询馆员（reference librarian）在展示恰当的文献方面有较强的能力，在信息技术飞速发展的时代尤其如此。他能够为你提供记录研究文献和研究成果的摘要与索引，提供有用的在线资源，甚至帮助你找到有效搜索相关研究的策略。

在线研究是有价值的，但同时又会令人沮丧。搜索引擎能够找到大量的信息，或者一堆无用甚至更坏或错误的信息。这时图书馆查询馆员能够为你的研究指引方向，使你能够有效地利用时间，并掌握判断相关研究的策略。

例 1.2 是一个研究者在建模的过程中是怎样将理念、讨论以及现有文献整合起来的案例。该案例在进行公民调查的过程中运用了模型建构。调查通常是从研究者
11 设计调查问卷开始的。调查的设计和实施可以不顾及明晰的模型建构，但是模型建构有助于调查涵盖它所需要的信息。研究的计划者也许会发现，现存的调查问卷已经集中讨论了他们所需要的信息，以及调查是否收集了这些信息。无论如何，研究者不应该指望为某项研究而制定的调查问卷也适合于另一项研究。

例 1.2

建构模型

研究问题：居民怎样看待他们居住的城镇？是否满意现有的服务？希望得到怎样的改进？

目的：考察居民对于城镇整体规划的想法。

步骤：规划者打算在居民中进行调查，以了解他们如何评价城镇及其服务。

为了确定相关变量，研究者将：

1. 设法获得当地规划者已有的调查（同行间的互动）；
2. 检索美国规划协会和国际城市（县）管理协会出版的手册以找到调查样本（文献回顾）；
3. 利用从专业训练、工作经验（理念）以及研究讨论中所学习到的知识（同行间的互动）。

一些变量看上去与公共服务有关，如：

1. 居民的居住地；他们是房主还是房客（基于城镇委员会的利益）；

2. 居民的性别与年龄；他们在城镇中还是在附近的城市工作（基于规划人员的利益）。

与规划咨询委员会（Planning Advisory Board）面谈以确定研究应当包括哪些公共服务。他们讨论了将人口统计学的变量与对公共服务满意度进行联系的意义。

模型概要：调查将收集居民对公共服务满意度的数据，包括垃圾处理、医疗设施以及住宅等。为了了解市政府是否满足了所有居民的需要，规划委员会将调查不同特征的居民（性别、年龄、住所或工作的所在地、房客或房主）对公共服务的种种评价。

为了组织主题陈述，研究者草拟了一个模型：

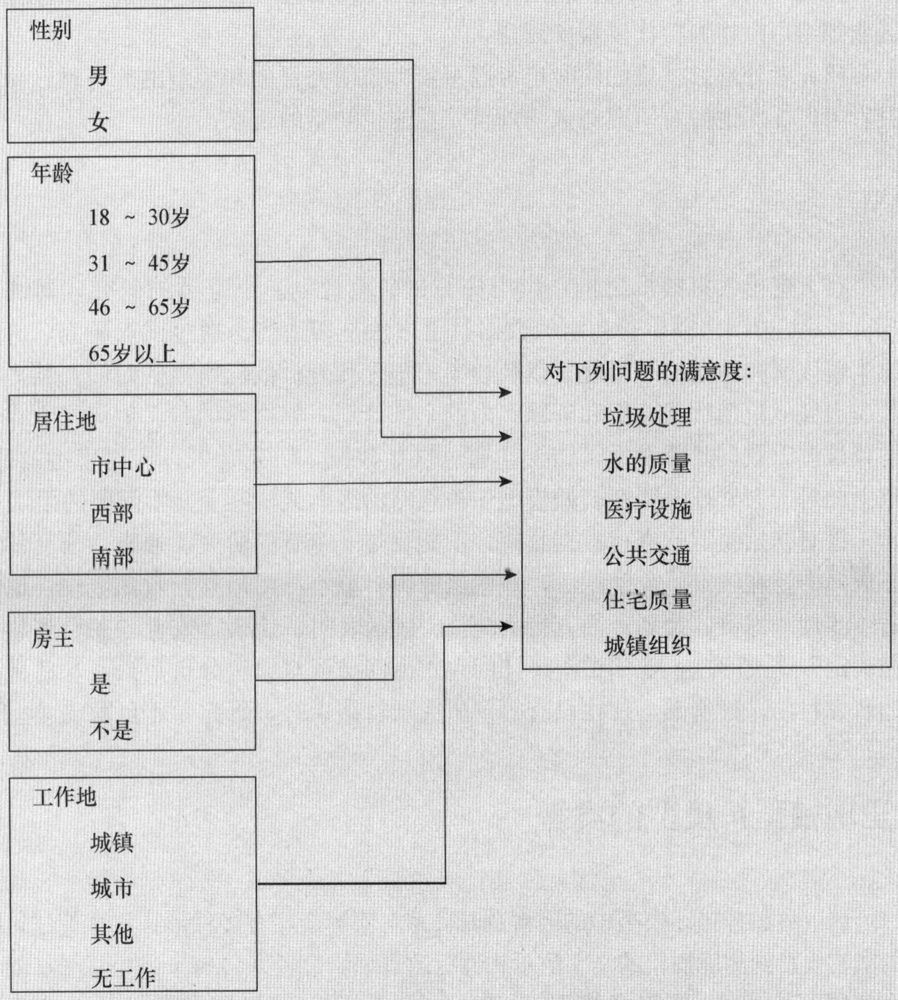

讨论：为进行调查，负责人需确定哪些变量与城镇规划相关。为此，他运用了自己的理念、与同行的讨论和文献综述，并与研究人员、管理人员、规划咨询委员会、市议会的人员面谈，以彻查与改进调查的内容。负责人阅读文献以确认可能的调查问题，并获得有益的思路，例如怎样设计样本、怎样获得较高的回应率，以及怎样分析数据等。随后，他将详细检查每个具体问题、对问卷进行预测试、进行先导性的研究。在完成以上步骤后，他可以对初始模型进行一些修正。

检验数据集

研究者如果能够获得数据集（dataset），包括从试调查获得的数据，就可以在关注和发展他们想法时检验和处理这些数据。据此，研究者可以更好地了解要素及其关系的强度。[3]如果数据集不包括研究者很想获得的某些要素，他可以去研究一些相似的要素。这些相似的要素可以被看作直接要素或者替代要素（stand-ins or proxies）。例如，对于研究种族或者民族群体、社会阶层，甚至家庭组成而言，社区或邮编可以作为替代要素来测量。

研究者处理数据集的同时也可以重新考虑研究目的和模型的充分性。由此，研究者可以加深他们对研究对象的理解，并修正初始的观点。

测试模型

在大规模收集数据之前，应当先测试研究计划。小范围的研究，即**试点研究**（pilot study），用以检验初定的数据收集方法是否适当。通过试点研究，研究者可以了解该研究计划的可行性，以及收集、整理和分析数据所需的时间和精力。研究者应当完成包括数据分析和阐释在内的全部计划。但遗憾的是，他们常常在分析和解释试调查数据时就发生了错误。通过这些数据，研究者可以探讨模型的适用性，也由此可能会发现一些在初始模型中被忽略的因素或实际上并不需要的因素。

没有初始模型就进行数据收集，不能算是一个好的研究。通常，研究计划是很不成熟的。在确定研究问题后，一些研究者会急不可耐地开始收集数据。他们没有进一步地考虑研究计划，而直接去关注"数据表明了什么"或者"在看到数据后再做决定"这类问题。他们忙于设计问卷、询问访谈对象、分析数据，却忽视了他们的研究目的。很遗憾，往往只有等到研究项目结束时，研究者才会发现这些问题。

1.4 呈现模型：模型的类型

研究者怎样描述模型中的因素及其关系？实际上，有多种形式，从像建筑物这样的实物模型到高度抽象的文字演示。而行政管理研究者（administrative researcher）通
12 常使用两种模型：**图表式模型**（schematic model）和**符号式模型**（symbolic model）。图表式模型指使用图形、线条、点，以及类似的"纸笔记录"作品（paper-and-pencil product），标出因素，并用图示表明它们之间的关系。例 1.1 和例 1.2 中的模型即是图表式的，与蓝图、流程图和地图相似。符号式模型则使用文字或公式描述因素及其关系。

选择哪种模型，取决于研究目的、读者和研究者的需求。可以使用多种模型来描述同一组因素以及关系。例如，为了告知通往他家的道路，一些人会拿出地图，

这是图表式模型；另一些人会进行语言提示，列举路名、地标和距离，这是符号式模型；还有些人也许会既提供地图，又提供语言提示。选择哪种方式，主要在于主人的偏好，以及他认为哪种方式最方便客人。

很多研究者同时构建符号式和图表式两种模型，如例 1.2。在这个例子中，符号式模型表现为总结了计划指导实际状况的文字模型，即确定了每种特定人口分布特征同居民对社区服务的看法之间关联的重要性。图表式模型则“牺牲”了符号式模型所表达的细节内容，但它能够有效地突出模型的关键特征。

图表式模型在简要概括模型和聚焦于它的主要特征等方面做得很出色。只包含寥寥几个因素的图表式模型能使读者迅速地理解并集中他们的注意力。相应地，图表式模型也能够帮助研究者深思熟虑他的模型，或向别人解释。图表式模型还具有详细清单的功能。例如，研究者在收集某个因素的数据或检验某种关系时，可以将它们一一记录下来。如果涵盖的细节内容过多，图表式模型就会变得无效。图表式模型仅收集那些与其所列举的因素及关系有关的信息就够了，否则它就会变得杂乱不堪。

符号式模型包括文字模型和数学模型。其中，文字模型是运用文字描述因素及其关系。文字模型经常被用于研究文章的导论和理论部分。关于某项研究及其成果的新闻报道，也可以看成是一种文字模型。

文字模型具有一些明显的长处。比如，研究者可以运用文字的所有潜在优势去描述模型，可以全面、细致地阐释因素之间复杂的关系。研究者可以不受把文字模型化成公式这种要求的限制。能够理解和解释文字模型的人，自然要多于能够使用数学模型的人。文字模型和数学模型在描述因素之间的关系时可以相互补充，即文字模型可以提供丰富的细节，而数学模型则能够准确地表达关系的性质。

数学模型使用公式来阐述关系，这样可以简化大量的信息。数学模型表明某种关系是否存在、具有某种方向，并且可用来测量它们的关系强度。数学模型使行政
管理人员能够预测未来需求、评估决策后果，以及更加有效地分配资源。在行政管 13
理人员感兴趣的一些领域，如操作性的研究或者管理科学中，数学模型通常指导着模型构建的过程。

通常，计算机在处理特别复杂的数学模型方面表现出色。例如，程序可以迅速地处理因素和描述它们之间的关系。与一般分析者不同的是，计算机可以成功地跟踪大量的因素及其关系并得出“完美无缺”的结论。计算机模型的独到之处主要在于它能够处理海量信息、具有良好的速度和精确性。但与其他模型一样，计算机模型的精确性体现了人类的判断力，这种判断力创立了选择和处理因素的规则。不论涵盖多少因素，模型所呈现的仍然是简化的事实。

1.5　模型的局限和针对特定用户的模型构建

模型能够简化事实。对于某个问题来说，模型代表了一种观点，其中某些因素是重要的而其他则可以忽略。人们对此可以持有不同的观点。模型的构建者以及批

评者其实都摆脱不了人类各个方面的弱点。模型构建者所拥有的时间、财力和知识等都很有限，而且他们的观点也容易受到偏见的影响，这使他们对他人的评论或批评视而不见。

模型的使用者可能会被模型的清晰性以及看似有用的表面所诱惑，因而错误地认为它有多么的精确和充分。作为读者或听众，模型使用者常常过于专注文字描述、图解或公式的细节。而事实上，他们需要回溯模型构建的过程，去看看这些模型漏掉了什么。

在开始一项研究时，研究者们有着类似的考虑。他们不想强迫那些作为项目委托人的行政管理人员或决策者认同他们分析问题的方法。对于分析者而言，模型是一种能够将其构想和研究组织起来的逻辑方法，但是，对“客户”来说未必有用。如果客户必须采纳研究者的方法，这项研究可能是符合逻辑和组织良好的，但却不符合客户的要求。

因此，在针对特定用户开展的研究中，研究者应该努力去了解此项研究的目的，以及用户将怎样使用这些研究成果。从表面上看，用户与研究者之间的谈话，可能与模型成分和关系的确定没有什么关联。而事实上，用户的观点对于构建模型很有价值。研究者还必须努力满足用户的需求或者了解用户的独特处境。例如，在评估给儿童免疫接种策略时，分析者就会要求用户考虑，哪些因素可以激励父母让孩子接种？又是哪些因素使他们拒绝或拖延接种？随后，分析者用符号式或图表式的模型把这些信息组织起来。

14 研究者可以将许多研究细节作为背景知识。用户可能会得到一张研究问题清单，包括解答这些问题的策略或实验说明。用户可以检视那些将出现在最终研究报告中的图表。这个策略体现在模型构建的过程中。从用户的想法出发构建模型，可以避免因忽视用户的观察和想法而导致的错误，因为当用户面对已经详细、清晰的模型时，就无法再去表达自己的想法。对用户想法和需要的关注，能够保证研究计划具有针对性。否则，研究者制定研究计划时，可能就会在无意中仅仅围绕着自己的分析偏好。使用户也参与到模型构建过程中来，可以帮助用户确定研究的真正目标是什么。

在研究理论性问题时，比如研究组织领导的本质问题，研究者一般会运用前文所述的方法去构建或优化模型，例如同行间的互动、文献综述和试点调查等。如果要把研究报告拿到学术期刊上发表，他们会运用专业术语来简洁地表述。理论性研究的演进离不开对前人的工作的继承和发展。理论研究应该发展出知识体系，并为推进经验研究奠定基础。因此，研究者必须对他所采用的方法论做详细的说明，并对其数据进行深入的统计分析。

应用研究一般需要把用户的需求放在心上。对这种研究来说，文献综述可以少些系统性或多些片面性。特定的用户会将研究成果与其他信息结合起来，指导他们思考问题或进行决策。在同大多数行政管理人员和决策者交流时，研究者应该避免使用专业术语。术语如同研究者的清单，对它的使用，可以防止研究者忽略某些细节，而正是这些细节可能会削弱一项研究的功用。除此之外，术语的使用则应避免。如果读者不熟悉这些专有名词，就可能转而试图去理解单词的意思，这样就会忽略研究者所强调的重点部分。当阅读本章后面的内容以及第2章到第5章的内容时，你会发现这一点尤为重要。我们介绍有关术语的详细知识，但是你在研究报告中也许根本看不到这类专有名词。当然，在任何一份报告中，你都将发现研究者在构建模型和采用标准的研究程序时均提供了充足的证据。

1.6　模型的成分：术语介绍

模型中的因素包括变量（variable）和常量（constant）。其中，变量具有可以观察的且不只有一个值的特性，也就是说，其特性是变化的。下面是一些关于变量及其值的例子：

变量	值
性别	男性、女性
工作满意度	很满意、满意、不满意、很不满意
薪水	美元数

如果因素的特性只有一个值，它就不会发生变化。这种不变化的因素就是 15
常量。

检验模型，就需要检验与它相关的变量之间的关系。研究者在一个简单模型中表述两个变量之间的关系，被称为**假设**（hypothesis）。假设是关于两个变量之间关系的陈述，可以使变量间的关系得到经验的检验。假设是研究工作的基础。一个清晰的、写成文字的假设可以帮助研究者决定需要收集哪些数据以及怎样进行分析。请看下面三个关于假设的案例：

假设一：罪犯在监狱里自杀的情况在他投监的最初24小时内比其他时间更容易发生。

假设二：货物的周转率越低，货物的破损、报废和遗失的数量就越大。

假设三：职业培训可以提高长期失业人员的生活质量。

你能够确定上述每个假设中的变量吗？通常，假设中**变量的值**（value of the variable）是可以确定的，而且你能够推断出实际的变量。在第一个假设中，变量是监狱自杀现象的发生和坐监时间的长短。在第二个假设中，变量是存货的周转率以及货物浪费的数量。这些假设都是合理而具体的。因此，我们都很清楚，应该怎样收集关于监狱自杀、坐监时间、存货周转率以及浪费数量的数据。

至于第三个假设，我们可以想象研究者在试图检验该假设时的沮丧心情。当然，这个研究起点并不是一点合理性都没有。只是因为这个假设难以测量而显得用处不大。假设中的工作培训是指哪种类型的？“生活质量”有哪些含义？我们还可以继续争论：谁算得上是长期失业者？假设中的词义如此含糊不清，使我们感到该模型有多么的不成熟。

应该怎样使假设具体化，也是相对的。就像研究者可以决定怎样测量变量和收集数据一样，生活质量和谁是长期失业者等变量，也是可以界定的。即使是那些看上去很具体的因素，仍然需要做进一步的界定。就监狱自杀这个变量而言，数据应当取自哪类刑事机构？事实上，人们可以分别从县监狱、州监狱和拘留所中收集数据。

假设可以典型地表明一个变量变化引起另一个变量变化的现象。**自变量**（independent variable）被用来解释特征或相关事件的变化，通常看作"输入"或"原因"。**因变量**（dependent variable）表示或测量那些需要解释的特征，也被称为
16 "输出"和"结果"。人们可以在图表式模型中直观地界定自变量和因变量，其中，箭头从自变量指向因变量。思考自变量与因变量之间关系的另一种方式是问"哪个变量依赖于另一个变量"。

有人发现以"如果——那么——"的方式来重新表述假设的内容很有效。例如"如果享有医疗保险支付资格的年龄提高，那么医疗保险开支的增长率就会下降"。这里"如果"的句子里包含了自变量，即享有医疗保险支付资格的年龄；"那么"的句子包含了因变量，即医疗保险开支。在前文关于假设的例子中，自变量分别是投监的时间、存货周转率以及职业培训，相应的因变量是监狱自杀发生率、货物浪费数量以及生活质量。

至此，我们一直把假设界定为由一个自变量和一个因变量组成的。现在，我们来考虑一个假设具有两个自变量的情况。例如，女性和年长者比男性和年轻人更多地使用公共图书馆。要支持这个假设，是否女性与年长者都必须要更多地使用图书馆呢？如果女性和年轻人更多使用图书馆会怎样？或者自变量可以有四个值：老年女性、年轻女性、年长男性和年轻男性？如果这样，这个假设必须清晰地定义每个取值。或者，为了避免出现假设的一部分得到支持而另一个部分得不到支持的含混状况，通常的做法是，一个假设只有一个自变量。在上述例子里，应该确立这样的假设，即女性比男性更多地使用图书馆，或者年长者比年轻人更多地使用图书馆。

关系的性质

假设的一个重要特征在于它所假定的关系的类型。**共变**（covariation）指的就是因变量和自变量之间的关系类型。一般而言，两个变量之间的共变共有三种类型，即**正相关**、**反相关**和**非线性**（direct，inverse，or nonlinear）。

为了描述共变的类型，让我们来考察工作培训量和培训后首份工作工资之间的关系。这个关系可能是正相关的，即随着培训小时的增加，工资也随之增加；也可能是反相关的，即随着培训小时的增加，工资反而下降。

两者之间的关系也可能是非线性的，这样，一种独特的非线性模式就产生了。在上述例子中，两种非线性模式可能在对培训与工资关系进行的研究中产生。在第一种模式里，工资会随着培训时间的增长而提高，但是达到一定的水平后，继续增加培训时间，工资却开始减少或趋于平衡。在第二种模式里，工资随着培训时间增加到一定的水平后，工资数量开始保持不变。

如果自变量对于因变量没有明显的可以辨识的影响，可以说两个变量之间没有共变关系。如果两个变量没有共变，它们的关系就可以被描述为**随机**的或者**无关**的（random or null）。

在陈述和检验假设时，我们希望知道其他变量对于假设关系的影响。**控制变量** 17
（control variable）被认为与自变量和因变量相关。把第三种变量引入分析中，可以观察它是怎样改变自变量和因变量之间的关系的。控制变量也可能显示出原先的关系有误，即这种关系是错误或虚假的。

我们用两个例子来说明这种伪关系。首先，考察“袭击犯罪的数量随冰激凌销量的增加而上升”这个假设。如果随后的研究显示了统计上的相关性，你能得出“冰激凌会增加暴力犯罪”的结论吗？当然不能。日平均气温（控制变量）可以显示，是炎热的天气而不是冰激凌的销量（自变量）与更多的袭击事件（因变量）相关。

类似的案例是，医院管理者对一份认为该医院的死亡率高于预期的报告表示抗议，并声称他们收治了很多重病人。因此他们认为，是病人入院时的病情（控制变量），而不是医院本身（自变量）导致了更高死亡率（因变量）。

控制变量除了有助于识别伪关系，也可以导致假设关系的剧烈变化，如噪声怎样影响生产率的例子。如果一项任务要求全神贯注，那么噪声常常会降低生产率。但是，如果工作性质是单调的，噪声反而会提高生产率，因为它可以使工人不去做白日梦。在例 1.3 中，我们展示了怎样使用控制变量来解释三种职业培训项目的效果。在考察培训项目与学员就业之间的关系时，其中一个项目显然要比另外两个更为成功。如果考虑学员的受教育程度，这种区别就不那么显著了。对于没有高中以上文凭的学员来说，两个培训项目在帮助他们成功找到工作的功效方面差不多。

在噪声与生产率的例子中可以看到，控制变量的值不同，则变量之间关系的方向也不同。而我们在工作培训和学员就业的例子中发现，控制变量的一个取值可以比其他的取值导致更为显著的关系。控制变量的引入可以表明：（1）这个假设是虚假的；（2）控制变量的某些值比其他的值更能使自变量和因变量的关系显著，其每一个值的方向是不一样的，有些支持自变量与因变量之间的关系而另一些则并不支持；或者（3）控制变量对关系影响很小或者没有影响。

研究人们的行为或态度时，常用的控制变量是年龄、性别、收入、教育和种族等。研究某个机构时，控制变量可以包括机构的规模、稳定性、使命或目标、预算，以及它在县和州里的地理位置等。你可以通过阅读关于某项具体政策和项目的文献，发现一些经常被用来理解自变量与因变量之间关系的其他控制变量。

例 1.3 18

阐明变量与假设

问题：为难以找到工作的人士“量身定做”成功的职业培训项目。

假设：与其他培训项目相比，在职培训能够更好地为人们安置长期工作。

自变量：培训项目类型。

因变量：安置长期工作。

控制变量：教育程度。

研究发现：下面列表中报告的数据支持假设，在职培训在安置工作过程中最为成功。这些数据也表明，工作技能培训的成功率最低。

职业培训的安置成功率：

31%的参与者参加了职业教育项目（以学校为基础的培训项目）；

41%的参与者参加了在职培训；

23%的参与者参与了工作技能培训（教授基本的阅读和数学技能，以及有助于获得长期工作的态度和行为）。

培训项目的安置成功率，受控于教育年限

教育程度	职业教育	在职培训	工作技能培训
<12 年	33%	35%	23%
高中毕业	28%	43%	25%
>12 年	38%	39%	25%

讨论：这种自变量和因变量之间关系的研究表明，对参与者而言，在职培训明显地比其他的培训方式在安置工作方面更为成功。如果把教育程度作为控制变量并保持不变，对非高中毕业生和高中以后继续求学的人而言，职业教育和在职培训在安置工作方面取得的成效几乎同样好。鉴于此，顾问会建议高中毕业生参加在职培训项目。其他人不论参加哪种培训项目，成效都差不多。鉴于此，如果你资助此项研究，将做出怎样的决定？你是否还希望看看其他控制变量的影响？具体是哪个控制变量？为什么？

至此，需要提醒读者的是，请确信你能够结合控制数据来理解表格中的数据。例如，33%意味着33%的参加了职业教育项目且没有完成高中学业的人找到了工作。由于研究者表达控制数据的方式不同，因而要弄清楚报告中数据的实际含义，还是需要花点时间的。

1.7 选择研究问题

19 在选择研究议题时，学生们面对着可选的、似乎无穷无尽的题目时会显得无所适从。分析者在决定选择某项研究政策以及决定如何研究时也会遇到类似情况。行政管理人员必须鼓励自己去进行研究，当然，这通常不是他们的本职工作。不论是学生、分析者还是行政官员，都希望研究一些切中要害的，能够引起公众、专家和机构关注的议题。当前的一些重要议题包括福利改革、公共服务民营化、人口结构变化带来的影响以及全球变暖的后果等。其他的重要议题可以从专业期刊、专业会议以及全国媒体上收集到。研究主题一旦选定，研究问题就可以循着本章一开始所列举的问题构建出来——例如“多少”、“效率如何”、“效果怎样”、“有多充分”和

“为什么”等。

学生们在选择研究题目时非常自由。撰写论文可以被看作一个机会，借此，你可以去探讨不熟悉的领域或培养新的技能。公共行政学专业的学生可以选择那些使他们有机会同行政管理人员接触的课题，或者为他们的简历增添分量的课题。在选择题目和形成问题的过程中，学生应该：（1）对题目感兴趣；（2）具有或者能够获得从事研究所需的知识和技巧；（3）拥有足够的时间和资源。激励学生选择某个题目的原因，可能仅仅是它很热门。遗憾的是，如果不能进行扎实可信的研究，再重要的议题也会一文不值。学生在选择题目时也会受到某些限制，比如，对某些问题缺乏兴趣，或者缺乏足够的知识。例如，对环境政策的文献进行综述，需要经济学、统计学，甚至物理、生物等学科的专门知识——学生们很少能够在一个学期内掌握那么多专业的知识。学生们可能会低估经验研究（数据收集和资料分析）所需的时间和成本。说一个设计良好的小型研究要好于一个由于缺乏足够时间和金钱而失败的大型研究并不为过。

分析师在选择研究题目时更是受限，因为题目必须与他们手头的决策相关联。实际上，学生也大致如此，他们应该有必备的知识、足够的时间和资源。合作者和承包者可以弥补分析师的知识或技能上的不足。分析师在选择题目时应该考虑它对于自己的机构和职业生涯的重要性。某个相关题目对于机构的任务而言可能很重要，它会获取实实在在的资源或者影响公众的生活质量，而且要随时接受挑战。那些题目不合理，或者抵制变迁的政策领域的研究，很可能无人问津。一份从事过无用项目研究的职业记录，不大可能将研究者和组织引向成功。[4]

行政官员依靠研究成果去确定问题、评估解决方案和做出决策，并使用这些成果去论证追加资源的合理性、保留现有资源、监督项目以及提高雇员的绩效。对于大学城里的或具有密切校友关系的行政管理人员来说，手里有份研究问题的清单是一个有效的策略。当教师在寻找课堂上可以用的课题时，这个清单就可以发挥作用。这样，学生们有机会参与重要的项目，而机构得益于低成本的研究。即使是最 20
一般的研究，也能够教会行政管理人员很多针对某项政策及其执行的知识。

行政管理人员常常依赖别人的知识和研究技巧。然而，正如我们前面所强调的，他们应该有效地参与监督研究项目，并对研究策略和成果提出问题。根据我们的经验，行政管理人员与研究者合作，一起确定研究问题、构建模型、对研究方法和成果提出批评，有助于他们了解他们的机构和项目。最后，研究的议题必须对一些人来说是重要的，否则，做起来就没有意义。

本章小结

有效的定量研究要求研究者能够阐明研究目的。研究者围绕研究目的去选择相关的因素和变量，并假设它们之间的关系。这些因素和关系构成一个模型。研究者可能会发现模型至少有三个方面的好处：第一，帮助研究者向他人解释自己的想法，并得到回应和批评；第二，帮助研究者更好地理解自己的想法；第三，提供行之有效的研究指导。在所有因素都得到测量和分析的情况下，这些好处显得尤为重要。

在建模的过程中，研究者需要考虑他们自己的和同事的观点，还要回顾已有的研究。模型也可以帮助研究者处理既有的数据或者检验试点调查的结果。研究者使用信息资源的具体方法因人而异，并应有创新性。如果需要处理不同来源的信息，研究者可能要反复思考自己的想法。

文献综述是最重要的信息来源。一个全面的综述可以很大程度地降低浪费资源（例如时间和精力）的可能性。它所提供的有价值信息可以用于研究计划之后的阶段。通常，它能够帮助研究者找到可以模仿和改造的研究策略。鉴于此，研究者将很想去利用一些参考书目和图书馆的资源，尤其是摘要、数据索引和引文索引。

在制定研究计划的过程中，初始模型可能会被多次修改。计划一旦完成，研究者需要进行试测试，其中应该包括对研究发现的分析和解释。测试得到的信息，供研究者和主要用户做进一步分析，以确保最后成果能够实现研究目标。

公共行政研究者主要采用图表式模型和符号式模型。图表式模型有助于研究者对它进行阐释和向他人介绍。但是，理解和检测模型所需要的许多细节，在图表中可能会无法显现。符号式模型使用文字和公式表示因素及其关系。文字模型和数字
21 模型常常可以互相补充。文字模型可以陈述模型中的所有细节，而数字模型可以准确地描述因素之间的关系。

模型中的大多数因素是变量，即变化的特征。其他的因素可以是常量，即其特征不变。假设就是简单的模型，表达自变量和因变量之间可以检验的关系。研究者通常会引入附加的变量（被称为控制变量）去看看它是否会改变假设中的关系。在人类行为研究中，常见的控制变量包括种族、性别和年龄等。在组织研究中，控制变量则包括规模、稳定性和目标等。

有了初始模型，研究者就该决定收集数据的时间和频率、怎样控制和推进研究、收集什么样的数据以及到哪里去收集等。第 2 章和第 3 章将讨论研究目标，分析目标是怎样影响收集数据的时间和频率，以及研究者对研究的控制程度。第 2 章介绍两种最常见的为行政管理人员所使用的研究信息来源，即截面研究和时序研究。我们还将讨论对事件和项目进行深度描述的案例研究。第 4 章主要考察怎样测量变量和对这些测量进行评估。第 5 章则探讨选择研究课题的方法问题。

术语回顾

模型（model）
反相关关系（inverse relationship）
假设（hypothesis）
常量（constant）
建模（model building）
非线性关系（nonlinear relationship）

文献综述（literature review）
随机或者无关（random or null relationship）
自变量（independent variable）
图表式模型（schematic model）
控制变量（control variable）
共变（covariation）
正相关关系（direct relationship）
变量的值（value of a variable）
试点研究（pilot study）
伪关系（spurious relationship）
因变量（dependent variable）
符号式模型（symbolic model）
变量（variable）

复习题

下列问题可以测试你是否对本章内容有了基本的理解：

1. 在建模之前，研究者为什么应该陈述其目的？

2. 为什么研究者应该在进行定量研究之前构建一个明确、初步的模型？

3. 指出模型构建的步骤，并说明它们的重要性。如果取消某个步骤将会给模型带来什么样的影响？

4. 一般而言，个人独自构建模型会比团队合作构建模型更有效吗？请阐述你的立场。

5. 请列出在下列假设中的自变量和因变量，以及每个变量的两到三个可能的取值，并阐明它们的关系。然后为每个假设指出至少两个控制变量。

（1）在人口密度小的地区，机动车事故的死亡率更高。

（2）高速公路上平均驾驶速度越高，机动车事故的死亡率就越高。

（3）有酗酒记录的被告更有可能不按时出庭。

（4）和初中生的家长相比，小学生和高中生的家长对于孩子的学校教育更满意。

6. 针对你感兴趣的议题，列出三种假设，以及其中的自变量、因变量和控制变量。然后，分别对此构建图表式模型和符号式模型。

7. 考虑将危害安全作为自变量，写出三个假设，并阐明每个假设中的方向。

8. 请评估下列四个假设。

假设一：学校董事不应该通过任命产生。

假设二：在美国的学校董事会中，非洲裔美国人比西班牙裔美国人更多。

假设三：与选举产生的学校董事会相比，由任命产生的学校董事会拥有更多的非洲裔美国人董事。

假设四：非洲裔美国人在学校董事会的代表性是由非洲裔美国人董事的比例来衡量的。

9. 指出下列假设中的自变量及它们的取值。

假设一：受过大学教育的年纪较大的母亲们更可能参加逛公园、娱乐等活动，而只有高中学历的年轻母亲们则很少参加此类活动。

假设二：年纪较大的母亲们和有着高学历的母亲们更可能参加逛公园、娱乐等活动。

如果有必要，你将对上述两个假设做什么样的修改？

课后作业与讨论

1. 我们经常使用过程模型或流程图来描述一个事件的过程。过程模型也可以用来描述构建模型的方式。请用一个图示来展示你是怎样用你认为最好的方式来构建模型的。要说明模型中的所有关系以及它们的方向。你可以描述一个系统的循序渐进的过程，或者一个动态的过程。这些步骤需要反复进行，模型也需要多次修改。最后，论证你所描述的过程。

2. 将文献综述的目的同构建模型的每个阶段联系起来，并阐明在模型的哪些阶段需要进行文献综述，以及每个阶段文献综述的目的。

3. 找出一篇运用了语言模型的新闻文章。

（1）明确陈述该模型的目标。

（2）绘制该模型的简易图示。

（3）阐明包括在该模型中或该模型运用的一个假设。

（4）标明假设中的自变量和因变量。

4. 运用你所具有的构建模型的技能，向委员会提交一份关于某城镇劳动力培训需求的研究报告。该委员会的目标是，提高城镇劳动力的质量以满足现有就业需求，并且吸引新的劳动者来本地区工作。

委员会首次会议将于下周举行。其中一位没有具体政治权力的委员，想对市民和社区领导者进行调查，来为这次会议做准备。

（1）你会建议她提前拟定调查草案吗？阐述你的建议。

（2）列出你的会议议程。

5. 考察美国的生产力问题。确定涉及解决该问题的最近出版物，然后阅读其中的三本。找出关于生产力的定义。注意作者在研究生产力时用了哪些要素。尝试构建一个研究生产力的模型。然后，陈述你的模型的研究目的。绘制一个把你所想到的最重要的因素整合进来的图表式模型。和班上三到五名同学合作。比较你们的模型，共同完善你们认为应该接受检验的模型。

6. 很多社区在夏天必须采取节水措施。请列出引导居民节约用水的相关策略，并构建一个节水模型，其中涵盖了节水措施和使居民遵从的策略。和班上三到五名同学合作。比较你们的模型，共同完善你们认为应该被检验的模型。

7. 考察美国的交通事故。确定并阅读研究该问题的最新出版物。

（1）阐明与交通事故伤亡情况相关的因素。

（2）构建一个旨在通过新政策去减少交通事故伤亡率的初步模型。陈述研究问题和模型的目标。绘制一个包含你认为最重要因素的图表式模型。

(3) 准备一个报告来解释和证明你的模型。

和班上三到五名同学合作，比较你们的模型，共同完善你们认为应该被检验的模型。

8. 选择下列题目中的一个或者一个由指导老师设计的题目：

青少年早孕问题（发生率、政策或项目）
青少年犯罪问题（发生率、政策或项目）
饮用水质量问题
福利改革（政策与效益）
市财政（革新）
非营利组织的游说（政策与行动）

(1) 使用搜索引擎查找相关网页，并确定哪些网页信息有助于方案的设计和实施。

(2) 使用你所在大学的图书馆或者其他研究型图书馆，利用关键词进行分类搜索。你得到了多少搜索结果？哪些有参考价值？使用网络搜索引擎做同样的搜索，然后比较这些搜索结果。

(3) 使用你所在大学的图书馆或者其他研究型图书馆，利用关键词在电子资源和数据库中进行分类搜索。你得到了多少搜索结果？哪些有参考价值？使用网络搜索引擎做同样的搜索，然后比较这些搜索结果。

(4) 与同学合作发展出一种有效的网络搜索方法。

光盘作业

光盘中有一个 Excel 表格文件，ORB 研究方法（ORB Research Methods. xls），涵盖了某州所有 100 个县的各种各样的信息。2004 年的信息来自于州政府维护的北卡罗来纳州的一个中央数据库。它们有很多不同的来源，并用 Word 文档进行汇编。研究者在分析这些数据之前，应该弄清他们试图回答的问题是什么。

(1) 浏览变量列表。陈述县行政管理人员能够通过分析数据来回答的 3 个问题。

(2) 浏览变量列表。选出两个变量并且陈述一个有直接关系的假设以及一个有反相关关系的假设。

推荐读物

信息技术变化如此之快。许多教科书能够帮助互联网的用户进行研究，但是它们大多数很快就过时了。图书馆查询馆员是学习新技术以及如何有效利用新技术的最佳资源。参见 Karen Hartman and Ernest Ackermann, *Searching and Researching on the Internet and the World Wide Web*, 4th ed.（Wilsonwill, OR: Franklin, Beedle, 2004）。

注 释

［1］见 G. King, R. Keohane, and S. Verba, "The Importance of Research Design," in *Rethinking Social Inquiry: Diverse Tools*, Shared Standards, ed. E. Brady and D. Collier（Lanham, MD: Rowman and Littlefield, 2004）, 181－192。

［2］有大量关于科学方法的电子资源。有本有趣的书把科学视为一种文化，参见 *Science In Action: How to Follow Scientists and Engineers Through Society*, by Bruno Latour（Cambridge, MA: Harvard University Press, 1987）。另一本这个领域的教科书是 *How Does Social Science Work? Reflections on Practice* by Paul Diesing（Pittsburgh, PA: University of Pittsburgh Press, 1992）。一个经久不衰的关于科学方法与实践的案例是 DNA 研究。

［3］对于作为模型建构一部分的经验研究的讨论，参见 J. W. Tukey and M. B. Wilk, "Data Analysis and Statistics: Techniques and Applications," in *The Quantitative Analysis of Social Problems*, ed. E. R. Tufte（Reading, MA: Addison-Wesley Publishing, 1970）, 370－390。尽管该书有些过时，但是仍有价值。作者反对在脑子里没有模型时去寻找资料，并且倡导研究者不要把自己的模型看得太重，也要思考去改变它。

［4］见 A. J. Meltsner's "Problem Selection," in *Policy Analysis in the Bureaucracy*（Berkeley: University of California Press, 1976）, 81－113。本书对研究问题的选择提供了颇具争议的看法。

第 2 章

描述设计

本章要点 

1. 选择截面设计、时序设计、纵贯设计或案例研究设计的标准。
2. 截面设计、时序设计、纵贯设计及案例研究设计的主要优点与不足。
3. 解释在截面设计、时序设计研究中发现的方法。
4. 案例研究的价值以及怎样判断其质量。
5. 使用焦点小组进行研究设计的方法。

研究者在设定一个尝试性模型后，需要一个研究计划。他们首先需要拟定一个提纲，说明他们打算如何收集与每个变量有关的数据以及如何分析这些变量之间的关系。当你研究图表和定量描述时，也许从没想过下决心和采取行动去收集和组织这些数据，然而正是这样的决心和行动决定了研究的价值，且每一步都应该严谨操作。数据的收集和分析包括以下几个步骤：

确定收集数据的时间和频率
设计或选择每一个变量的测量方法
确定一个样本或测试群体
选择联系测试对象的策略
制定数据分析计划
描述研究发现

上述这些步骤构成了**研究方法**（research methodology）。尽管

26 正式的报告很少讨论研究方法，但正是这些研究方法决定着数据的质量。因此，读者们总是容易低估研究方法的重要性，而且想当然地相信报告结果的准确性。

研究设计（research design）即研究计划。它决定多长时间收集一次、收集什么样的数据，从哪里收集数据，怎样收集以及怎样分析数据。**研究设计**有广义和狭义之分。广义的研究设计指的是关于研究方法的规划，应该指出研究目的、明确计划要回答的研究问题，并使之与研究目的保持一致。所以，研究设计经常被看作为最终研究成果而设计的蓝图。

狭义的研究设计指研究的类型，通常包括截面研究、时序研究、案例研究及实验研究。这些类型的研究或设计规定了收集数据的时间与频率，以及研究者对研究环境的控制程度。

截面研究、时序研究以及案例研究会将研究者置于对事件几乎没有或只有很少控制性的境地之中。而实验研究却允许研究者对研究环境进行控制。研究者可以对实验的环境条件和研究对象进行细致的挑选，并确定对谁、以什么力度、用多长时间进行处理或干预。这里，我们把实验设计归类为解释设计，并在下一章进一步讨论。

我们把截面研究、时序研究和案例研究归类为描述设计，这三种设计既可以分别单独使用，也可以结合使用。截面研究经常与时序研究结合运用，而案例研究可以结合截面研究和时序研究的一些特征。

描述性设计提供了丰富易懂的信息，可用于识别问题并提供参考方案。这样的研究可以回答我们在第 1 章提出的问题——数量是多少？效率如何？效果如何？是否充分？这些设计经常用以提供在制定计划、监督及评估时所需要的数据。

管理人员如果想了解是哪些因素导致了某个事件或结果，就会发现描述性设计的局限性。虽然如此，这三种设计都能排除一些不可靠的解释，并提供有价值的线索。如果对这些设计进行严密的计划和分析，他们就可以合理估计出一个从属变量的处理效果，因而描述性设计可以揭示出一定的因果关系。[1]

管理人员将描述性研究的结果与其他信息相结合，决定下一步的行动。对管理人员而言，仅对变量进行简单描述就足够了。仍以监狱自杀问题为例。随着禁止酒后驾车法的进一步强化，监狱自杀的报告也开始增加。[2]根据这些报告，研究者能
27 够收集有多少监狱自杀事件正在发生及哪些人选择自杀的数据。对被报道的每一起自杀事件，研究者都要弄清犯人是因为暴力或非暴力犯罪而被关进监狱，或被强制使用麻醉剂还是被关禁闭。研究者经过分析发现，自杀容易发生在男性因酗酒而被监禁或是被隔离的情况下。

这个分析并没有向监狱官员说明为什么一个男性囚犯会选择自杀，而另一个却没有。但是这些数据却告诉他们，囚犯的自杀问题是多么普遍，以及那些很有可能自杀的在押犯人都有什么特征。

监狱的管理人员该怎样来处理这些信息？他们可以确定在他们的监狱机构内有多少在押犯人存在自杀的风险。换句话说，每天有多少男性因为酗酒被监禁或被隔离？这样的被监禁者数量是否在持续增长？这个数字是在周末上升还是在一年的某个特定时段上升？

管理人员可以提出一些方案，以制止那些有自杀倾向的犯人自杀，并评估这些方案的可行性。如果一种方案要求有独立的设施并增加工作人员，那么这种设施需要多大规模才能满足自杀率最高时段的需求？当前工作人员的工作安排又需要做怎样的调整？如果某种方案得到实施，它的效果是应当被检测的。自杀率有没有下降？如果自杀发生，同室的囚犯能不能被确定也有这种风险？如果确定的话，他有没有因为存在这种潜在的自杀行为得到有效的照顾？

各种可能的问题在不断出现，我们需要一些数据来对它们做出分析。不同的案例将产生不同的问题，需要有不同的数据来处理。管理人员需要运用数据来完成他们的任务。无论他们是否亲自参与，他们只有了解怎样收集数据，才能更有效更充分地利用这些数据。

2.1　发现相关性和显示趋势的设计

截面设计

截面设计可以一次性地收集所有相关变量的数据。这些数据可以通过调查、报表或者数据库等途径获得。研究者可以搜集不同来源的数据，并建立一个独特的数据库。例如，如果要研究与交通设施有关的因素，研究者可以利用多种资源收集各州的有关数据，如死亡数字、道路状况、交通拥堵、对各种交通违规者的拘捕与处罚等等。

有两种比喻经常用来描述截面设计。一种把它看作研究对象的物理“截面”，另一种把设计看作是一种“快照”。这两种比喻都强调设计的静态和限时的特性。这种设计及时描述在某一时间点上所发生的事情。显而易见，事情在后来的时间里可能发生显著的变化，这种变化甚至就发生在下一个时间间隔内。截面设计应该做到： 28

(1) 回答多少问题？什么程度？对象是谁？效果如何？是否充分？
(2) 收集有关人们认知、态度和行为的信息。
(3) 开始探究性研究并确定进一步研究的假设。

截面研究尤其适用于以下涉及数据收集的研究：

变量很多。
研究对象数量庞大。
研究对象地理分布很广。

提起截面研究，我们常会把它和调查联系起来，这种调查要求一个组织的个体成员或成员代表来回答调查问卷或填写表格。接着分析者处理这些信息并进行变量分析。设想一个调查要回答这样的研究问题：“怎样比较公共管理人员与非营利管理人员的职业?”这个研究模型可能包含了变量：性别、年龄以及专业培训等变量。通过分析这些信息来比较公共管理者与非营利管理者的年龄、性别、受教育程度及职业经历。一个精心设计、认真推理、谨慎运用的截面研究有这样的优势，即具有不同研究兴趣、采用不同模型的研究者可以利用同一个截面研究的数据。以上的调查数据也可以由另一些研究者来分析，他们最初的兴趣是研究性别、年龄和专业基础与择业结果的关系。没有参与数据收集的研究者对数据的使用被称作**二手数据分析**（secondary data analysis），这一部分将在第 9 章具体讨论。

媒体常常发起对时事问题的调查研究。采访人会向被采访人询问他们的学识、观点或行为表现。接着，杂志、报纸、电视或其他媒体会公布被采访人对各类问题所作回答的百分比，例如多少人熟悉某一问题；多少人赞同或不赞同某一观点；多少人参与了某种特殊的时尚等。这些报告揭示的答案会因人口统计特征的不同而不同，例如女性的感觉不同于男性，生活在东海岸和西海岸的美国人在行为上不同于其他的美国人，等等。毫无疑问，当你看了这些调查结果以后，你也会开始关注许多已公布的相关的研究和报道，以更好地了解自己和这个社会。

有些调查是定期进行的。美国有 100 多家联邦机构采用截面设计来定期收集数据。作为人口统计和经济数据的主要来源的美国统计局，定期对个人、政府和商业情况进行调查。这些官方的统计数据，能够迅速提供国家的人口状况，以及自然环境和经济环境状况。这些数据为一些公共机构、非营利组织和商业组织做出决策提
29 供了指导。例如，关于年龄分布的数据有助于估计服务需求。如果了解了一个社区有多少幼童，计划者就能预测每年有多少孩子入学，提供儿童商品的商家就会依据有多少孩子符合入学条件、他们住在哪里以及都有哪些性格特征制定他们的商业计划。一些非营利组织也可以根据这些数据提供一些服务。

研究者可以利用数据记录创建一个截面数据库。在前面我们已经提到怎样结合不同来源的数据创建一个数据库。另一种方法就是利用数据记录来收集数据。员工档案、志愿者申请书、预算和授权书都是潜在的数据资源。员工档案是可以透露员工特征的详细信息，这涉及员工的绩效评价、旷工状况或者营业额情况。志愿者申请书也能提供类似的信息。在以上两个例子中，数据信息反映出员工技能或志愿者兴趣之间的差异，这有助于训练方案或招募方法的设计。潜在的数据收集来源很多，具体取决于组织的需要和研究者的想象力。

截面研究可能仅提供一个变量的数据，比如人们的受教育水平，但这种研究最有价值之处就在于它描述了几个变量之间的关系。在数据分析的过程中，根据每个自变量的不同价值，案例被分成不同的组。运用一个认真建立的模型进行截面研究有助于确保收集到适当的信息并为数据分析提供指导。尽管运用这样的模型进行截面研究能够提供有用的信息且能有效地验证假设，它们仍可能受到拙劣的研究方法的局限。

在本书前几版中我们曾经提到有些调查经常进行得很糟糕；有的调查者试图从

太多人那里获取信息，却没人给他们回复电话或电子邮件，反而因回应率低而苦恼。问卷的制作可能没有充分考虑研究目的和研究设计。调查者可能没有试着去检验调查工具，而相关的变量也可能被忽视。我们怀疑这些问题会因网上在线调查的简易而变得更加糟糕。调查对象，尤其是当他们遇到那些想通过别人来获取公共机构、非营利机构及其管理人员的数据的人时，可能会产生“应答疲劳”（respondent fatigue）。一个 20 分钟的调查对于设计者来说可能看起来很短，对于接受几个这样的调查的管理人员来说却很繁重，他们对这个领域的兴趣有限，因此需要花额外的时间来思考答案或收集数据。所以结果往往是回应率很低，调查者对于饱受“应答疲劳”之苦的调查对象毫无办法。

调查可能产生一些错误的数据或用处很少甚至是无法使用的数据。它们可能排除了一些重要的变量。我们知道有一项调查收到 33 000 个雇员的应答，动用了全体工作人员花费 550 个小时来处理数据。对数据的所有处理就是报告每个问题的答案。这个调查只有一个自变量，而且这个变量后来被证明是无用的。这项调查要求被调查者简要回答他们的工作部门，但研究者无法判断他们回答的“人事部门”到底是指国家的人事部门，还是一个机构的人事部门。诸如此类的问题是可以避免 30
的。如果没有认真评估调查项目和数据收集过程以弄清它们能否回答研究问题，就不应该开始收集数据。一个重要的预防措施就是进行预测试，这一部分将在第 7 章讨论。

可以对截面设计获得的数据进行多种统计方法的分析。我们在本章将只用频率和百分比来说明怎样分析截面数据。我们借用了上一章的一个截面设计，这个设计是用来了解国家基金工作培训项目的安排。[3]研究之前，没有数据显示管理人员有安排这个培训项目参加人员就业的成功经验。有关工作培训项目参加人员就业的数据是从政府档案中获取的。因变量是训练项目结束后的就业状况，自变量是培训项目的类别、性别、种族、年龄和受教育程度。

对每一个培训项目，分析者都按参加者年龄、性别、种族和受教育程度检验就业安置结果。他们发现接受在职培训项目的人员最有可能受聘；男性比女性更有可能受聘；就业状况不因年龄、种族和受教育程度的变化而变化。管理人员可以制定一些类似表 2—1 的表格，并通过研究这些具体的表格来了解这些项目是在为谁服务的，以及每个项目在安置各种客户时表现如何。

表 2—1　　在职培训项目参与者的年龄与就业状况

年龄	培训后的就业状况
16～21 岁	40（51%）
22～24 岁	37（74%）
25～54 岁	84（70%）
54 岁以上	3（75%）

例 2.1 来自于一个截面研究，它通过对国内税收服务部（IRS）的研究，（1）确定一些改进产品的提案及在线编档的满意度，（2）弄清没有在线编档的原因，（3）比较在线编档人与其他纳税人的不同看法，以及（4）决定怎样与 IRS 机构进行

轻松交流。作为截面研究的一个典型案例，这个研究收集了很多变量的数据。我们选用的案例就是这个分析的一个部分，并能说明截面设计是怎样指导市场决策的。我们还假设这个研究小组提出一些概念（变量）来解释为什么有的纳税人选择使用电子档案而其他人没有。我们还使用一些表格，这些表格既研究了电子档案使用者的不同想法又研究了电子档案的哪些作用对于他们来说格外重要。

例 2.1

一个截面设计的应用案例

问题：国内税收服务部作为美国收税机构，比较纳税者对他们的工作与服务的满意度。一项研究比较了电子档案当前用户、失效用户（那些中断使用电子档案的用户）和非电子档案用户。比较变量包括人口统计特征、国内税收服务部沟通的方便程度、对电子档案特征的认知和对国内税收服务部的认知。对电子档案的态度可以归因于与产品使用的联系状况吗?

设计：电话访谈，对象是 1 000 名年龄在 18～74 岁之间的随机抽样产生的有工作的纳税者。

研究发现：

表 2—2 %

	使用者类型		
同意比例	当前用户（599）	中断使用的用户（106）	非用户（272）
有精确的回应			
真正重要	95	92	91
真实情况	69	53	39
已经证实的回应是私人的/安全的			
真正重要	92	92	87
真实情况	55	34	26
容易使用/极少障碍			
真正重要	78	75	73
真实情况	65	30	32
费用低廉的			
真正重要	71	70	60
真实情况	53	45	40
得到 IRS 的回应			
真正重要	71	58	46
真实情况	82	67	61
迅速得到退税			
真正重要	61	44	42
真实情况	78	62	54
电子档案是处理您的联邦个税的更好的方法	63	26	27

结论：分析者得出的结论是态度决定使用率。他们注意到，对于所有纳税人，非用户和中断用户而言，准确、隐私/安全和便捷非常重要，尤其是在还未获得这些使用电子档案的好处时，他们非常关心准确、隐私/安全和便捷三个方面。

资料来源：改编自“Findings from the 2005 Taxpayer Statisfaction Study,” U. S. Department of Treasury，Internal Revenue Service，July 2005. Publication 4241，Catalog. 373003 Q. Available at http://www.irs.gov/pub/irs-pdf/p4241.pdf。

我们选用这个案例也是为了说明分析和解释一个数据组的灵活性。根据表 2—2，
你对 IRS 提出什么建议？分析者关注的是电子档案重要性与认知的差异。他们建议 32
IRS 尽量让纳税人明白电子档案是精确的、安全的、方便使用的。分析者可以分析看看自己是否赞同这种说法。值得一提的是，你可以通过这些数据确定有百分之多少的人因想获得信息反馈而加快了对电子档案的使用。在 977 名被调查者中，有 526 名报告说得到快速反馈对他们很重要；他们中 69%的人使用了电子档案，22%的人没有使用。

通常，如果研究者想了解某些事情发生的原因，那么截面研究就显得不合适了。他们无法说明一种操作、一个干预，或一个其他自变量引起的特定结果。研究者无法对这种干预研究环境实施一定程度的控制，也不能排除对某件事情发生原因的替代性解释。无论如何，截面研究的一个主要用途是揭示各种变量的关系，这种关系可以在实验研究中得到进一步确认。

对雌性激素效果的研究显示了从截面研究到实验性研究的进程。1985 年，一本著名的医学杂志刊发了两篇关于雌性激素的截面研究成果。[4]其中一篇分析了生活在波士顿郊区 1 234 名绝经妇女的数据。在这个抽样调查中，研究者发现雌性激素使用者患心脏病的可能性是未使用者的两倍。在另一项研究中，研究者调查了 121 964 名绝经期护士，发现雌性激素使用者的发病率是未使用者的 1/3。设计本身不同的特点会导致不同的发现。这两项研究有着不同的抽样对象。一项使用邮寄的调查问卷来收集数据，另一项则依靠采访和体检。一项研究收集了跨越四年的数据，另一项则跨越了八年。这两项研究结果从理论上说都是合理的。[5]

统计上的关联并不能充分证明一种操作或一个项目必然导致一个特定的结果，而实验往往能证明一些因果关系以及一种操作对某个因变量产生的影响。为了了解雌性激素是否确实有益，妇女健康自发协会（Women's Health Initiative）招募并随机安排了 27 347 名妇女服用雌性激素或安慰剂。这些药片看起来没什么不同，而且服用者是到实验结束才知道她们服用的是雌性激素。实验发现服用雌性激素的妇女患心脏病的风险性更大，所以 11 年后，这项实验就终止了。

统计学家和方法论者设计了一些技术来证明截面研究数据中的因果关系，我们将在第 13 章和第 14 章里简要讨论这些技术方法。

时序研究

时序研究只收集和呈现一个单元或一组研究对象的有关数据。这些数据是在相对较长的时间内，针对时间和空间上都紧密联系的相同的变量进行收集的。这些数据既可以描述一个变量的短期变化，也可以描述它的长期趋势。我们大都熟悉定期
33 报道国家经济或社会环境某个方面的指标的时序研究。这类研究包括消费价格指数、失业率和犯罪率等。

管理人员想了解以下情况时，可以使用时序研究：

建立一个基准数据测量方法
描述一段时间内的变化
追踪事件发展的趋势
评价一个项目或一个政策的效果

时序研究数据的收集和分析并不困难。这类数据可以由调查者收集，也可以从现成的数据库里提取。这些数据可以来自一个或多个单元，如一个州、一个县或一个部门，而且可以在每个月的第一个工作日、每个 11 月的第四个星期四或其他比较合适的研究时间里收集。保持对数据的同步跟踪有助于解释意外情况。例如，游泳池使用率的下降可能与气温突降或夏季多雨有关。

以图表形式呈现的时序研究数据更容易理解，并更容易与其他信息结合起来使用。他们利用这种研究来监督他们管辖范围内的一些项目和活动。例如，某个社会服务部门的管理人员可能会根据客户服务数量、所提供服务的数量以及服务时间的长度来决定该部门内部资源的重新调配。

一个时序研究可能包含也可能不包含一个明确的自变量。然而，时间是一个暗含的自变量。数据经常会以图表形式呈现，其中横轴表示时间，竖轴表示因变量。读者的注意力总是集中在因变量及其在一段时间内的变化。图 2—1 显示了两个时序设计的示例，一个表示失业率，另一个表示财产犯罪率，包括盗窃财物罪、车辆偷窃罪以及纵火罪。这些数据有助于我们阐明时序研究的几个特点，还能告诉我们怎样验证两个时序之间的相互关系。[6]

这里要注意的是，我们作为例子的报告反映了美国全国范围内的一些相关数据，例如，就业率数据是对美国家庭样本进行的调查收集，犯罪统计来源于一些单个的法律执行机构。你也可以对单个的州、县或市进行类似的分析。

现在，你从这个时序设计图中发现了什么？只要稍微观察一下每条线，你就会发现曲线的总体趋势和显著的波动情况。在这一段时序曲线中，有四种类型的变化[7]：

长期趋势（long-term trend）：一个变量总的变化，包括几年内的上下走势。

循环变化（cyclical variation）：变量在长时间内发生的变化；1～5 年间产 34
生的循环变化。

周期变化（seasonal variation）：与假期、天气等周期变动相关的变化。

不规则或随机波动（irregular [or random] fluctuation）：与长期变化、循环变化、周期变化无关的变化。

由于图 2—1 中提到了长期趋势、循环变化和不规则波动，我们就先讨论这些变化，然后再讨论周期变化。

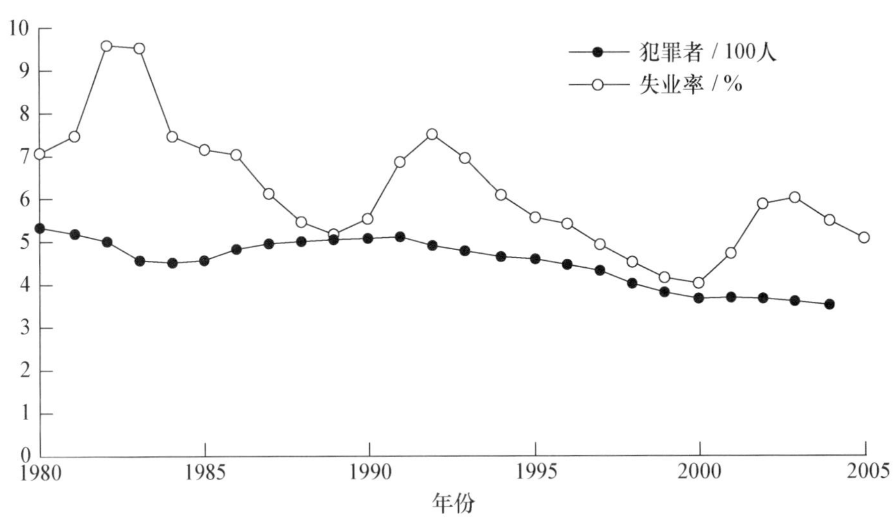

图 2—1　美国财产犯罪率及失业率，1980—2004 年

资料来源：美国司法部司法统计局犯罪与司法在线数据：
http://bjsdata.ojp.usdoj.gov/dataonline/Search/Crime/State/TrendsInOneVar.cfm，2006-12-06；
美国劳工部劳工统计局当前人口普查的劳动力统计：
http://www.bls.gov/cps/prev_yrs.htm，2006-12-06。

首先来看财产犯罪率的变化：

1980—1984 年：犯罪率下降
1985—1991 年：犯罪率上升
1992—2000 年：犯罪率下降
2001 年：犯罪率上升
2002—2004 年：犯罪率下降

变量没有明显的上升或下降。社会、经济以及环境状况的变化可能会导致方向的变化。自 1991 年以来，美国犯罪率（包括财产犯罪）已经稳步下降；解释这种
下降的原因包括美国的经济状况、美国人口的老龄化以及司法环境的改变等等，还 35
有监狱里警察和犯人数量的剧增。[8] 1984—2004 年犯罪率的时间序列显示了两种明显的长期变化趋势：1985—1991 年犯罪率上升，自 1991 年开始已经下降。唯一不

同的只是 2001 年的犯罪率上升了 1%，没有 2002 年的数据，观察者无法判断 2001 年的上升是表示一种趋势变化还是一种不规则变化。而 2002 年的实际数据表明这确是一种不规则变化。

循环变化是指持续一年以上的规则变化，通常循环模式发生的间隔为 1～5 年。在某些案例里，这种循环是很规则的。如美国总统选举期间，其投票选举的百分比每四年就达到一个顶峰。一个完整的循环是“从顶峰到顶峰”或“从低谷到低谷”。1980—2004 年的失业率出现两次循环，约十年一次。数据显示在很长时期内失业率持续下降。1980—2004 年间，失业率下降的情况极少延续三年以上。我们可以设想是政治干预导致了这种趋势的变化。这种失业率所揭示的变量要比规则的循环常见得多，也就是说，一些上上下下的起伏往往出现在一个时间序列里，并不规则。

周期变化是指在一年的某段时间里发生的变化。相关数据必须显示出一年里所发生变化的时间间隔是几天、几星期、几个月、还是几个季度。周期变化包括与天气、假期或其他相关现象而产生的变化。在某一年里发生的变化会在以后的年份里会再次发生。如果我们在图 2—1 中总结出了每月数据的话，你就会看到在每一个指定年份里的一些变化。而类似的模式只有每年都出现，才能被看作周期变化。管理者可以利用周期信息来决定怎样为一些公共设施配备工作人员，例如，雇用多少工作人员管理城市公园，雇用多长时间（10 周、12 周还是 14 周）。一个监狱管理人员如果了解周一早晨进监狱的人特别多，就可以提前为这么多人的需求做准备，而如果无视周期需求则会导致一些错误的行动。例如，如果一个商人的玩具销售量在 12 月高涨，他便认为 1 月、2 月的销售量也会持续增长，结果会多么糟糕；如果监狱管理人员在周一早上仍按照原有的狱中人员安排早餐，又会带来哪些麻烦。

不规则波动是指与长期变化、循环变化和周期变化无关的变化。不规则波动可能源于非随机或随机的活动。非随机活动是由某一种或几种条件造成的，这些条件可以被识别并能解释变量变动的原因。同时，这些条件也可以从同一发生的事件中推断出来。例如，关于警方如何处理公开犯罪报告的负面消息可以解释犯罪报道的减少，或者一个地区遭到某种自然灾害的侵袭，可能影响其就业情况。如果能找到
36 这些解释因素，我们就可以认为这个变量是非随机的，否则，它就是随机的。随机活动是无法解释的变量，发生的概率也相对较小。

2001 年财产犯罪率出现 1%的增长就是一种不规则波动，这种波动看起来相对随机且不合逻辑。谷歌搜索显示这个增长在很大程度上被忽视了。然而我们却发现有一条内容显示出急于假设的危害，这种设想认为一年的变化就表示一种长期变化的趋势。一家调查公司总结了 2001 年的犯罪统计并得出结论，即他们证实了 2000 年开始犯罪率会上升的预测。公平地说，这家公司参看了不只一个的数据源，并认为美国经济的衰弱、恐怖主义的滋生以及提前释放囚犯会导致犯罪率的上升。[9]

对大多数管理人员而言，他们需要了解波动的类型、识别表格中波动发生的依据，否则就可能曲解时序图表中曲线波动的含义，错误地把时间序列中的某些变化归因为某一具体的事件或管理行为。

运用图表展示并对它做出分析，在时序设计中是很重要的。我们在图表里会经

常看到不只一个的变量，如图 2—1 所示。然而，如果管理者出于某种目的要同时分析某几个变量，就削弱了时间序列的清晰性。图 2—1 中有两个变量：财产犯罪率和失业率。你可以浏览此图，注意这两个变量在什么地方发生一致的变化，在什么地方又发生不同的变化。1980－1988 年间，这两个变量的走向是不一致的，而在 1992 年后，它们都出现了下降。如果表格中设置了更多其他的变量，我们就更难理解和解释它们的变动了。

时序数据经常用于预测或评估某项政策。以上两个案例在统计技术上都考虑到了变量的波动。大部分数据分析技术超出了本书的研究范围。不过我们可以就一些有用的预测技术进行讨论。第一，根据时间序列进行定量分析最适用于短期预测，如两年内的预测。公园的管理人员或监狱长可以使用定量分析方法来预测公园的使用情况或监狱的饱和情况，并且根据这些信息来调整工作人员或安排供给。但将这种方法用于一些较长时段的预测，就不太准确了，所以重要的是正确预测长期趋势中的转折点。

第二，假设现有的长期趋势可以保持不变，预测者必须意识到最终比率还是会发生变化，而且这种长期的趋势也将改变方向。例如，一个城镇每十年人口增长 10％，在将来的某段时间里也可能出现低增长。如果公共设施还是按照 10％的人口增长的趋势来做出计划，意料之外的低出生率就会导致严重的后果。

第三，在评估一个项目或政策的作用时，认清一些长期趋势、循环和周期性的变化很重要。不了解变量在一段时间里如何变化就会错误地得出结论，认为一个时间序列里的某一个变化就是由该项目或政策导致的结果。关于如何运用时序数据来 37
评价项目和政策将在第 3 章详细论述。

第四，定量分析方法对于长期性预测是很重要的。管理者想知道十年内部门将会面临的哪类需求，就需要通过焦点小组和访谈的形式获取市民和专家的意见。这些方法将在本章和第 6 章讨论。

纵贯设计

纵贯设计（longitudinal design）是指就两个或更多不同时间段的同类案例或可比较案例进行信息收集。**固定样本追踪调查**（panel design）是指每次都对同一个体收集信息的纵贯设计。[10]这类案例的典型特征是针对个体，也有的涉及一些家庭、组织或其他分析单位。这种设计结合了截面设计和时序设计的一些特点。这类研究可以反映出哪些个案在两次数据收集期间发生了变化，使得研究者可以限定组内发生的变化并为变量建立一个时间顺序。例如，一个培训主管可以按时间序列整理失业数据并标明失业率的变化，然而，除非使用固定样本追踪调查，否则他也无法判断这组人中每个个体的具体变化情况。也就是说，有些人在某段时间有工作却可能在后来被解聘，有些人一开始失业而后来可能被聘用。因此固定样本追踪调查对同一个体在一段时间内进行跟踪调查，可以测得这些个体由一种状况（如就业）向另一种状况（如失业）的变化。

20 世纪 60 年代后期，贫困一直被认为是个体的一个相对固定的特征。不断的截面调查表明了美国贫困人口的比例，并假定每次处于贫困的都是同样的人群。这些研究表明，贫困人口的收入情况每年没什么变化。然而，一项美国家庭的调查——收入动态固定样本追踪调查——发现，这些贫困人口中有 1/3 是属于某年贫困，而下一年就发生了变化，而且在前一年也并不贫困。贫困人口数不变是因为转为贫困的人口数目与脱离贫困的人口数目大致持平了。[11]

接受公共机构照管的老年人的数据信息获取方式也说明了固定样本追踪调查研究的重要性。联邦、州和地方的管理者已经面临越来越多的因给美国老年人提供照管而带来的负担。在不同时间点采集的截面样本一致显示有 5%的 65 岁及以上的老年人生活在疗养院、医院或其他长期看护性机构中。也就是说 65 岁及以上的老年人只有 5%的机会接受公共机构照管。但是研究者用几年时间专门对一组人员进行了跟踪调查，发现他们中很多人在晚年时都多次进进出出于一些长期的照管机构。不论在什么时候，大概只有 5%的人长期住在看护性机构、医院或养老院里，但是，
38 至少有 20%的老年人会在其中的一个或多个地方待上一段时间。[12]

另一个更大范围的固定样本追踪调查案例就是马萨诸塞州弗雷明汉镇（Framingham）的心脏研究。[13]在这个研究中，弗雷明汉镇的 5 209 位年龄在 30～62 岁之间的居民登记接受每两年一次的详细体检和实验测试。这个研究的信息主要用于提供关于饮食、锻炼及其他健康状况相关因素的建议。1971 年，5 124 名初始研究对象的子女及配偶接受遗传研究。2001 年，研究者开启了“第三代人”的研究，对象为 3 900 名初始研究对象的孙辈，这些后续研究对引起健康问题的危险因素及导致多种疾病的基因鉴定做了进一步的调查。

固定样本追踪调查研究的一个主要问题在于选取的真正有代表性的样本，即调查对象，是否在超出一段时间后，仍然愿意接受调查访问。这些专门小组成员可能会因为某个原因退出研究项目，这被称作**样本损耗**（subject attrition）或**被试者消失**（experimental mortality），这一概念我们将在第 3 章讨论。还有一个困难就是当案例样本是人时，反复的访问和观察可能会影响他们的行为。在几个月或几年的时间里如果样本个体反复地接受访问，他可能会改变自己的回答方式，以保持前后的一致性。[14]

我们通常把追踪的几组样本案例称为**同期群**（cohort）。一个同期群由某个具体的时间段里经历了同一重要事件的案例组成。它们可以是几个个体、几个组织或是一些其他分析单位。[15]同期群也可以称发生同期群组，即那些在具体的某一年或某一阶段发生的案例。同期群也可以根据他们参与研究的年份或某件特殊事件发生或显露的年份得到界定，如某年从大学毕业，某年参加了一次特殊的战争。在专门小组研究中，调查者每次都从同一批个体获取信息，而使用同期群的研究项目也可以运用其他研究方法。注意，并不是所有的同期群都是纵贯研究。我们也可以每次从同期群中选取不同的样本进行数据收集，或者研究者也可以调查一个同期群中的成员，如新奥尔良的居民，并比较两次飓风后迁走的居民和回来的居民的不同反应。[16]

2.2　补充详细情况的定性研究及其设计

定量研究（quantitative study）包含很多案例以及很多可以用一种事先确定的特殊方法进行测量的变量。其信息以数字形式呈现并可以用数字进行总结。因为定量研究的一个重要目标是比较各个案例中的不同变量，案例的特有因素就不被考虑在内，一些背景信息也往往被忽略。例如，上述设计可用于截面研究，为很多案例获取一套标准信息，也可以用于时序研究，以获取单个案例中许多时间段的信息。

虽然定量研究设计很重要，然而如果要获得某些事件或行为发生环境的信息，
这种设计就显得用处不大。同时，它也无法灵活地提供同一研究设计中不同案例的 39
独特信息。为获取此类信息，人们往往使用定性研究（qualitative study）方法而不用定量方法。长期以来，无论是在管理之类的应用领域还是在一些基础学科方面，定性研究方法一直都很重要。与定量研究相比，定性研究方法的特点是能从较少的案例中获取更多详细而具有深度的信息。下面要讨论两种重要的定性设计：案例研究和焦点小组。

定性研究

近年来，定性研究方法已经得到一些实践者和研究者越来越多的关注。[17]定性研究所提供的信息很难有时甚至不可能转化为数字。定性研究的定义正是取自它对此类信息广泛运用，能通过相对少的案例获取充分的信息，并且对每个案例的独特性进行细致的考察。当然，研究者在进行案例研究时，也可以同时使用定量研究和定性研究。

定性研究涉及的信息包括每个案例的独特性和环境背景。它描述每个个体、组织、机构或项目的具体特征。它可以包括大量的实地调查，研究者来到案例的发生地，在案例真实的背景下获取信息。[18]研究者并不去操控被研究对象的发生环境，而是顺其自然。尽管如此，研究者的个人背景和个性仍然会影响信息的收集和解释。进行定性研究的经常是某个研究现象的直接参与者或近距离观察者，这些研究者更加具备相关的知识和兴趣来设计和进行一个适当的定性研究。研究者运用他们的经验和洞察力来设计研究并分析其调查结果。研究者与被调查者的互动可以影响他所获得的信息。

在定性研究中，研究者经常使用一个有弹性的设计。尽管这类研究可能有明确的研究方法和行动计划，但研究者的工作仍然具有很大的灵活性。他可以根据研究的进度修改设计方案，并利用多种信息来源。不同的信息来源可以让他更全面地描述整个案例及其背景，也有助于验证其他信息。

研究者在使用定性研究时需要与使用定量研究不同的技能。在定量研究中，访问者需要列出一系列问题向被访者提问，所有其他的访问者也要采用同样的问题并以同样的方式提问。而在定性研究中，访问者可以准备一系列的问题，但怎么使用

视情况而定。基于被访者对某一个问题的回答，访问者提出下一个问题；研究者需要提问、倾听、理解，然后拟定下一个合适的问题。[19]

40 运用定性研究必须能够准确地记录信息，书写清晰，把重要的细节与不重要的细枝末节区分开来，并根据信息得出正确的结论。定性研究的信息是来自对访问问题的描述、观察和回答，这个过程当然含有大量的信息。但要完全掌握这种方法并不容易，因为它不是像定量研究那样只对数值数据进行统计分析，而是要求研究者弄清定性数据分析中的主题和概念。

案例研究

案例研究（case study）是指对一些重要人物、决策、程序或一些具有特殊利益特征的实体进行考察的研究。例如，案例研究可以去研究从事非传统性工作的女性、一种新的预算方法，或者中学的卫生诊所。

除了一些涉及管理人员管辖权的单个案例外，管理人员很少发起或参与案例研究的设计。单个案例有时也可能是别人研究所需要的“副产品”。例如：一些州和地方的管理人员找到一些大学生去从事案例研究，研究带给学生们实践经验，而管理人员也更多地了解了其项目程序。

如果想要细致了解某件事情是怎么发生的以及它为什么会发生，案例研究是最佳的方法。管理人员往往需要案例研究来调查：

> 一项已经取得显著成功的项目或政策。
> 产生独特或有争议结果的项目或政策。
> 行为者自主决定行为的情况。

案例必须是当代的，而且研究者必须能直接接触到案例涉及的有关人物。进行截面研究或时序研究的分析者可能永远都不需接触项目管理人员、雇员或顾客，而进行案例研究的调查者却不可以这样。

案例研究的一个特征就是它将不同来源的信息整合起来。案例研究中用到的信息资源包括文件、存档数据、访问、直接观察、参与观察以及一些实物。

案例研究的一个主要优点是它包含多种来源的信息。首先，每一个数据收集的策略都影响着研究者能回答哪一类的问题。例如：通过直接的观察调查者了解到人们会有什么样的行为举止；通过访问调查者了解到他们对自己行为的解释。和单一信息来源相比，这两种信息来源能带给我们一个更加完整的了解。

另外，调查者可以用从一个信息来源中获取的信息去证实另一个信息来源中的
41 信息。例如：危机干预中心的工作人员可能会报告一个高比例的社区支持，如果有一个独立审查机构的记录能确认这种广泛的社区支持，那么这份报告就会具有更大的可信度。

依赖多种信息来源获取信息也是案例研究的一个缺陷。通常情况下，对于不同

的信息来源，研究需要采用不同的方法。例如，面对面地与研究对象接触需要访谈法，邮寄问卷调查或电子调查需要问卷调查法，档案研究需要内容分析法。由于我们大多数人只能熟悉一两种研究方法，所以一个案例研究往往需要一个研究小组，否则就会有偏差。研究者可能发现他们及其团队缺乏做有效案例研究所需要的训练技巧和时间。

每一种研究方法和数据收集策略都需要花时间去设计、试点调查和实施。要把多种数据来源整合起来、采用不同的研究方法，并聘用尽可能多样化的研究人员，这些都需要时间、专长和精力。因此，从事案例研究的研究人员经常发现多重个案研究是不现实的，因为存在精力和资料的限制。

案例研究可能把案例作为整体来研究（包括它的所有组成部分），或只研究它的某一组成部分。例如：要研究一个审前释放项目，研究者必须把这个项目看作一个整体：它为什么会产生？它最初是怎么规定的？它发生了哪些变化？为什么会发生这些变化？怎样选择审前释放的被告？在采用审前释放时工作人员和法官应该如何慎重？等等。或者，研究者只把重点放在释放的被告身上：他们的年龄、社会关系、犯罪记录，以及他们对审前释放这一条款的遵从。在第一种情况下，整个项目就是一个案例；而在第二种情况下，每一个被告可能就是一个单独的案例。

大多数行政管理案例分析似乎都只关注案例的组成部分。在评估时，项目是否有效这种长远的问题，往往被做了哪些事情这类马上需要知道的问题所代替。例如，在一个审前释放项目的研究中，研究者将按规定准时出庭的“成功”的被告与没有这样做的“失败”的被告进行比较。这个研究没有寻找更多关于有效性的证据，比如获释的被告是否待在工厂或学校，或者是否在进行犯罪活动。研究也不会将获释被告的信息与整个计划的特征联系起来。这是一个受限制的案例研究。一个受到限制、只分析单个组成部分的案例研究不具备一般案例研究的优势——把多种信息汇聚在一起解释整个项目中为什么有些事情会发生及其怎样发生。

案例研究可以只进行单个案例的研究，也可以是一系列类似的案例研究。每一种方法（采用某个项目的单个案例，或通过对两个或更多项目的案例研究，将这些项目进行比较）在证实这个项目的有效性时都是有用的。对一种现象进行单个案例研究可以增加研究深度，对一种现象进行多个案例研究可以拓宽研究广度。最为理想的是深度与广度二者兼备。而事实上，有限的资源往往意味着研究者只能二者择 42
其一，从而打破了这种适合目前任务的平衡。在某些情况下，这就意味着为了研究更多的案例而牺牲一些具体的信息，或是为了进一步探究一或两个案例而放弃更多的案例。

由于案例研究有很大的潜在价值，你会想从中获得更多的信息，而它们确实可以提供更丰富的细节描述。通过对一个案例的分析，可以获得解决问题所需要的更多的洞察力。说得更实际一点，管理人员在进行案例研究时，他们的直接经验会受到他们专业阅读范围的限制。案例研究会让你对新的管理技术、解决长期悬而未决问题的项目以及改进机构或社区状况的策略保持警惕。如果案例研究做得好，你可以明白是否可以实施这些相似的措施。即使一项案例研究失败了或者是不适用，也将会刺激你积极地思考你的工作环境和所承担的责任。一个有创新精神的公共管理者会阅读案例研究，并与调查者和项目管理人员积极联系，以此来获得更多的细节及实施新的项目或策略。

罗伯特·殷（Robert Yin）把案例研究更为细致地分为两类：设计类型和案例中的数据收集。[20]他还指出，大部分人错误地认为任何一种定性研究都是案例研究。尽管案例研究趋向于定性研究，但是殷介绍了一种遵循科学方法的案例研究的路径。该路径要求调查者去陈述问题，系统地阐述问题、对象或假设，确定其所研究的案例，制定数据收集计划，收集数据，分析数据和撰写研究报告。

你也许会觉得，一个具体的案例只不过是一个好故事。[21]有时它确实不是。研究工作也要求客观性和对调查者的训练。在一些学科，例如人类学中，调查者必须接受案例研究以及定性分析的严格培训。研究者应学会确定研究问题和阐述研究假设。没有初步的假设，调查者很有可能迷失于案例本身的特性中。进行探索性研究的调查者可能放弃设定最初的假设。与之相反，一旦案例研究完成并最终得出一般性的结论，调查者将从中发展出理论假设。探索性研究是构建新的研究问题、新假设和持续性研究议程的基础。

从事案例研究的研究者需要特别注意恰当地遵循研究步骤。他们必须在收集数据前弄清究竟哪些种类、多大数量的数据能够支持假设。研究者往往想当然地认为总会有数据支持他们的假设，这将使他们在收集数据和解读证据时发生偏差。

谁在进行案例研究也应该仔细考虑。仅有少量的组织知识和有限资源的调查者可能不会贡献新的信息或洞见。属于某个组织的研究者可能会表现出带有该组织色彩的偏见。

43 作为设计的一部分，调查者必须明确由什么构成一个案例，做到这点可能并不容易。[22]例如，如果案例涉及项目，那么决定该案例研究什么内容可能会成为一个问题。设想在一项受虐儿童援助项目中，机构也可能同时为受虐母亲或有虐待倾向的家庭提供服务。这时，这些服务是否应该纳入调查范畴？该项目可能是由更早的项目演化而成的，那么研究该以哪里为起点？案例研究应该包括社区内的主管、客户或其他对象吗？为了给案例研究限定或设定研究范围，调查者必须回答这些问题。一个界定不清的案例与无法判定预设标准是否支持假设的案例一样危险，同时，它也会让研究者对他初始的研究问题感到困惑。

作为公共管理人员，你会想确定设计的质量以确信自己看到的不仅仅是个好故事。第一，你必须找到证据证明研究者有一个具体的、可以回答的研究问题。第二，在研究之前是否构建了研究模型？第三，你要知道研究者给案例设定了确切的边界范围。第四，案例研究从设计到实施的步骤应该全盘记录下来，其中包括研究者可能的偏见。

案例研究会将研究者本人卷入案例中，而且经常要求对定性的信息进行解读。相应地，他们很难复制所发生的案例，因此要特别注意记录发生了什么、怎样发生以及为什么发生。案例研究像任何研究方法一样，其透明度无疑是重要的，它将阐明这项研究工作的优势和局限。

焦点小组

焦点小组（focus-group）研究方法是指运用小组访谈的方法来获得定性资料。研究者长期以来使用小组访谈的方法，即通过把一定数量的人召集起来获取信息，这种方法可以节省时间和金钱。[23]近年来，焦点小组方法的程序不断演进，而且包含了一组同其他小组研究技术不同的特点。尽管焦点小组方法是定性的，但它也经常结合一些定量方法。焦点小组方法也用来细致阐述所收集的数据。

焦点小组方法是一组参与者就某个共同议题或经历进行的半结构化讨论。[24]这种方法可以使调查者获得其他方法所无法获得的信息，通过焦点小组访谈研究者可以获得深层次的信息和少数人对于某些议题或问题所做的反应，而不是获得针对一大堆问题的答案。一般来说，焦点小组访谈的问题应限定在十个以内，通常是五六个。

焦点小组方法通常包括几个小组内的访谈。每个小组的参与者在背景特征方面具有相对的同质性。这种同质性使每个参与者在表达自己对焦点话题的感受时不必担心。[25]同质性也有助于保证小组成员可以讨论共同的经验或观点，诸如营销资料 44
方面、受害者对警察反应的看法等等。焦点小组之间的区别在于小组根据研究者设立的不同议题而进行的相应的小组互动。

焦点小组讨论由专门主持人来负责安排。作为主持人，应该有丰富的访谈经验，在引导小组讨论方面训练有素，同时也必须谙熟研究的问题与目的。主持人通过发问和积极引导，确保所有小组成员的参与。焦点小组方法的主要特征就是充分地利用小组成员之间的互动来获取数据和洞见，这是其他方法难以实现的。

焦点小组方法构建了一个广受认可的研究方法。[26]但是，并不是每个运用讨论技术的小组都是一个焦点小组。焦点小组的突出之处在于，它是由研究团队为了界定明晰的研究目的而创设的。它依赖定性分析方法的优势，比如，探索与发现、周全而深刻地理解事件、解读事件的态势及其发展原因等。为了实现这些目标，与其他定性方法一样，焦点小组方法需要较大的开放性和灵活性。[27]

尽管焦点小组研究的整个过程通常是高度结构化的，但是访谈必须是有弹性的。所获得的信息是定性的而且通常是冗长的。研究者必须抓住主旨，发现问题的答案并总结小组成员之间的讨论内容。目标明确、设计精良的研究问题将使研究者对数据的使用和分析更加顺利。澄清研究目标以及与同事进行讨论都是重要的。研究者应该很清楚他需要什么样的信息、怎样收集它们（录音带、录像带、笔记或副本等）、为什么、谁将使用、怎样使用，以及机密性或匿名性特征等。关于整个项目的包括日程安排和预算在内的文字计划，应该事先就制定好。

焦点小组方法在公共部门的运用途径很多。管理者会发现焦点小组方法对于评估各类需求很有用处，例如，了解客户的需求、提供最佳服务的地点、了解还有哪些欠缺，以及加深对相关参与者想法的理解等。一个公共组织可以使用焦点小组方法去弄清这些问题：在不同的市民团体的眼里，什么是司法权中最重要的问题？为什么？[28]

焦点小组方法有助于项目设计和明确处理问题或状况的途径以及目标。解决该问题的可能性有哪些？什么样的提议是可行的？它们将怎样被客户群体所接受？焦点小组方法可以用来评估现有的项目，并回答诸如以下的问题：项目的运行状况怎样？客户会满意吗？为什么？什么样的改变可以接受？如果着手进行一个改变，客户们将做出何种反应？所有这些情况表明，相比于通常更大范围内的调查，管理人员可能希望知道更多的关于人们回应问题时的解释和争论。

45 焦点小组技术可以作为探索性研究用于新的领域，通过确定研究假设指导问卷或其他方法的设计，发现不同人群的期望与感受，理解某些行为或态度产生的原因，解读先前得到的定量分析结果。焦点小组方法可以用于市民对城市公共服务的评估以及确定将来优先开展的工作；康复项目的客户群可以利用它评估项目的当前服务，并探索最有效的项目的类型；高层市政人员可以利用它获得一项关于市民调查规划的投入，而雇员可以利用它了解和改进他们的工作环境。[29]焦点小组方法经常用于探索性研究并和其他研究方法结合起来，同时也可以在没有定量方法作为补充时作为主要的研究路径。[30]

一份关于加利福尼亚州北部某农村地区的健康需求评估报告，展示了怎样使用焦点小组方法。为了获得人们对健康的认知以及提供农村的健康服务，公共管理人员和研究者选择了使用焦点小组方法这种非强制的方式。研究者还被特别建议不要使用调查的方法，因为“人们已经厌倦调查了，而且非常讨厌你问他们是不是穷人”[31]。

该地区在地理上的分布很分散，拥有大量居民以及各种机构和学校。研究者选定了 40 个焦点小组，每组人数从 7 人到 37 人不等，这大大超过了通常的每组 8 人的理想人数。[32]会议不做录音。由两人为一组来负责会议，其中一人主持，另一人记录。焦点小组方法可以提供重要的资料，涉及参与项目的居民，使项目及其结论合法化。该方法要求小组成员回答 6 个关于健康的问题和可能的解决方法，并给他们每个人一份问题复印件，可以让他们有机会出于保护个人的隐私而写下他们的回应。这样的方法被证明很有效。焦点小组方法获得的资料可以与患病率的统计数据、死亡率、死亡与致残原因、人口统计、经济和社会资料（关于联邦及州的相关机构为了改进现有服务和设施而提供新服务的资料）等结合使用。居民之间的文化差异、更多传统的长期居住者和年轻的专业保健人士间的价值观差异也必须在研究过程中得到确认。

2.3 元分析

元分析（meta-analysis）是一种系统技术，用于对现有的定量研究进行定位、检索、评论、总结和分析。[33]通过对某一个特定项目或政策的几个经验研究进行综合分析，研究者得出一些大致的结论，为值得进一步检验的假设提供支持，并识别某一个项目及其环境的特征，或者识别与项目效果相关的委托人的特征。

如果你想了解针对底层社会儿童的诸如“智力开发”之类的早期教育项目能否取得成功，可能就要从回顾文献开始着手。如果你找到最近十篇研究不同项目效率 46
的文章，你可以把这些研究按照结论是否相似进行区分。在把这些研究结果进行分类时，你可以将每个项目的当事人进行比较，注明这些用于分析的案例是根据什么来选择的，又是怎样界定和衡量项目是否取得成功的，并记录项目或研究中的一些特殊情况。如果这些研究结论都没有相似之处，你需要找出它们为什么不同的解释。项目特点的不同或研究方法的差异也许可以解释这些不同的研究结果。如果它们是相似的，你可以想想如果采用不同的研究方法，这个项目是否还是有效。你还可以质疑这个项目对其他小组或在其他地方是否仍然有效。

元分析的支持者们坚持认为，如果“智力开发”项目的有效性之类的研究结果达成结论，上述的简单文献回顾是无效的。一个研究者无法同时对大量的研究进行有效的总结，更不用说理解和解释它们是如何相互综合的。如果从中选择一些研究进行近距离的分析，分析者对这些研究的选择也可能受到自身偏见的影响。即使回顾了十项研究，分析者仍然有可能无法避免前后做出不一致的判断。他可能只关注某一个研究中的抽样问题或是另一个研究中的数据分析上的错误。[34]

元分析使得研究者能够检阅大量的文献并把它们的研究进行综合。元分析要求研究者把重点放在每个研究的具体的相同部分。如果你在看一个关于元分析的描述，你应该做到能重复研究者的步骤，得出同样的结论。与文献综述不同，元分析在综合几项研究的结果时使用的是定量分析方法。[35]

在进行元分析时，研究者记录每项研究中的相同信息。他们的目标是识别在各项研究中得到证实的假设。为此，必须排除可能说明所观察到的因果关系的其他解释，如运气。分析者记录所报告的因变量的统计信息及自变量与因变量之间的统计关系。他们记录关于研究本身的一些信息，如数据收集和发布的日期；研究对象是谁；它们是怎样被选出来的；研究的设计；研究中涉及的合理测量的证据；研究出版形式，如书籍、学术杂志，或者未公开发表的文章。

收集了数据，研究者就要把这些调查结果综合起来建立一个数据库。为了阐明“综合研究发现”的意思，我们来看两个例子：其一，在一个元分析中，分析者研究了 261 项市民调查结果。他们先确定一些调查问题，要求市民对一些如收集垃圾之类的具体城市服务进行排序，并把这些问题按照服务的类型进行分类。在这个调查中，无论所给问题的措辞还是可能得到的反应都是不一致的。研究者忽略了问题措辞的多样性，创建一个通用量表以便把不同城市对类似问题的反应结合起来。数据结合起来后，他们发现全美国的市民给艺术和公共安全最高评价，对城市规划评价最低。[36]

该研究的结果远不止量化具体的因变量，研究者还要识别相关的自变量并把这 47
些自变量并入同一个数据库里。接下来，元分析对调查回应率的研究进行了检验。分析者挑出 115 项研究来对 1940—1987 年间提高邮件调查的回应率的策略进行评价，其中，回应率是因变量。在这些研究当中，分析者发现了 17 个不同的自变量，每一个自变量都至少在 3 项研究中得到验证。经过详尽分析，调查者发现了提高邮件调查回应率的两个因素，包括在信封表面注明请求回应的文字，以及使调查问卷尽量简短（不超过 5 页）。[37]

元分析使我们看清研究的全貌而不是关注个别案例研究的质量。研究者可能怀疑一个假设是否仅仅在一个拙劣的研究中得到证实。另外，无论一项研究的方法质量如何，只要假设得到证实，研究结果就有更大的可信度。关于数据收集和公布日期的信息有助于发现其趋势与变化。例如，在回应率研究中，调查者发现，自 20 世纪 70 年代中期开始的给调查对象发布发送预先通知的做法提高了回应率。

元分析的一个主要问题是确定一组研究，其研究主题最起码在一个相当时间里都是有意义的，因而能够持续下去。时尚或热门的话题很少或者根本不能成为研究主题。从事元分析的研究者希望在他的分析中能把所有相关研究或此类研究的代表性样本涵盖进来。因此，他必须做相对全面的文献研究。如果他选择的研究文章仅仅出自少数几类杂志或只是很短时期内的研究，那么他的研究就存在样本偏差的风险。

每篇选出的文章不必包含完全一样的因变量，也不必研究同样的关系。在对 261 个接受了市民调查的城市的分析中发现，70%的市民投票支持他们的警察，不到 25%的市民投票支持动物控制或街道照明。回应率研究中的自变量各个不同。

元分析的批评者们指出了前面提到的选择偏差的问题。让我们回到那个儿童早期教育的例子，其中对 10 种出版物进行了研究。首先，我们谈谈偏差问题，如果这些研究并不能代表大部分早期儿童教育研究的内容，批评者可能提出相关的“文件问题”（file drawer）。其观点如下：如果关于一个主题进行了很多研究，那么仅仅偶然性就足以使一些假设被证实，相关的研究报告也得以出版。仅对公开出版的研究进行总结的分析者可能使用了有偏差的样本，因为同一主题的其他未公开的研究可能尘封在研究者的抽屉里了。一旦最初的数据无法证明假设，研究者就把相关的研究资料置于一旁，接着这些研究资料就销声匿迹了。如果要用统计方法解决这一问题，分析者必须计算存在多少未公开出版的研究与自己的研究结果相抵牾。[38]

对元分析的另一种批评被称作“苹果和橘子问题”（apples and oranges）。批评者反对把不一样的研究结合起来。以市民调查数据为例，其研究结果基于不同的问
48 题措辞，不同的反应模式被整合归类以建立变量。鉴于此，元分析的一个重要支持者格拉斯（G. V. Glass）认为，这些批评家需要的只是研究的副本，而不是类似研究结果的比较。元分析的目的是从相关但并不是完全一样的研究中挖掘信息。他进一步辩解说，把不同的研究结合在一起与把不同研究对象的回应结合在一起没什么不同。[39]

元分析表面上看似简单，实际上需要花费时间去识别研究是否恰当并进行数据分析。理解定量分析的过程得出的结论需要一定的统计知识。读者如果想尝试一下元分析，就应该熟悉本书提到的统计知识，尤其是第 12、13 和 14 章提到的统计内

容，然后参阅本章推荐阅读中提到的一本或几本书籍。他们还需要读一些会议分析研究的实例。考虑到可供参考的文献数量有限以及对一些主题进行研究的难度与较高的成本，一个好的元分析可以有效地替代规模宏大的初始研究。

本章小结

本章我们讨论了一些设计，指导我们怎样在研究中描述一个变量的出现及变量之间的关系。这些设计帮助研究者决定何时去做观察、做多少观察。当然，设计的选择还取决于资料本身的性质以及研究者解决问题的技能。

时序设计和截面设计是非常有效的设计。不论是单独使用还是结合起来使用，它们都能给管理人员、立法者及公众提供有效的信息。这两种设计中获得的数据都可以组织为图表的形式，迅速地传递信息。截面设计能及时表现出研究中主要变量之间的关系，它经常要求收集很多数据。调查者们可以根据各自的兴趣获取、处理和分析研究结果中的数据库。

时序设计能揭示长期的、循环的以及周期的趋势，并识别一个变量产生的不规则的波动。时序设计要求研究者以一定间隔收集数据。为了区别随机的不规则波动和非随机的不规则波动，研究者有必要记录影响变量的一些历史事件。时序设计可以帮助研究者描述变量在较长时段内的变化，它们可以预测变量的变化并有助于做出可行的策略。例如，了解拘捕的周期变化可以帮助司法部门安排好人事工作。

在纵贯设计中研究者可以跟踪一些个案，获取这些个案在几个时间段里的信息。运用这种设计，研究者可以测量一段时间内小组及其特征的变化。

一些定性研究方法可以为管理人员提供有用的信息。其中，个案研究能提供细 49
节，说明某件事情是怎么发生的、为什么会发生。当然，这种研究一般只包含这件事情在自然的环境中的一些信息。个案研究的另一个优点是它们可以包含多种数据来源。由于需要多种数据来源，我们怀疑大多数管理人员及其团队既没有时间也没有充分的资源来进行个案分析。

尽管如此，管理人员还是可能会对个案研究的结果感兴趣，而且他们还想知道，当某个个案已经被证明不仅仅是一个有趣的故事那么简单时，该怎么使用这些研究结果。要测定一个案例研究的质量，管理人员需要寻找证据证明研究者在收集数据前确定了一个明确的研究问题和研究模型。案例得到了明确的界定（有时可能很难），而且案例研究的步骤有完整的记录。

焦点小组访谈主要用于从一小组个体中获得详细信息。在这过程中，访谈的组织者提出一系列事先准备好的问题并组织讨论。访谈参与者们对问题的回答及相互间做出的评价所带来的信息是其他方法无法获取的。焦点小组访谈经常更多地用于补充定性研究，如那些使用了截面设计的研究，在公共部门用处很大。

在元分析中，研究者可以集中一系列相似的案例，把它们的数据结合在一起形成一个单独的数据组合，并确定什么样的一般性假设（如果有这种假设）可以得到这些案例一致的证明。进行元分析的一个最大的困难就是怎样识别代表性研究。这需要研究者查阅很多资料，以确定这些公布和未公布的案例研究中，哪些是合适的、哪些是不合适的。元分析中得到的结论要求有完整的统计分析，以提供证据支持某个假设，或者证明该假设具有偶然性。

术语回顾

研究方法（research methodology）
固定样本追踪调查（panel design）
周期变化（seasonal variation）
截面设计（cross-sectional design）
案例研究（case study）
非随机变化（nonrandom variation）
时序设计（time-series design）
元分析（meta-analysis）
定性研究（qualitative study）
循环变化（cyclical variation）
研究设计（research design）
同期群（cohort）
随机变化（random variation）
纵贯设计（longitudinal design）
焦点小组（focus group）
定量研究（quantitative study）
长期趋势（long-term trend）

复习题

下列问题可以测试你是否对本章有了基本的理解：

1. 研究设计的价值是什么？

2. （1）列举截面设计、时序设计、纵贯设计以及案例研究的优缺点。

（2）研究者需在何时使用固定样本追踪调查替代时序设计？

（3）在什么情况下使用焦点小组方法最佳？

3. 选择下列话题中的一个：交通事故、水质、流浪者、单亲家庭、管理信息系统、人员培训、战略管理、外购。对选出的话题，各提出一个适合截面设计、固定样本追踪调查、时序设计、案例研究、焦点小组的研究问题。如有需要，你也可以补充阐述研究问题进行调查时所需的条件。

4. 使用美国统计数据摘要或在线数据资源更新图 2—1 的数据。请模仿图 2—1 绘制一个时序图表。

5. 如果有过去 15 年关于烟雾的空气质量数据，解释为什么可以用时序设计来分析这些数据。研究者需找出哪些类型的趋势或变动？研究者怎样才能从非随机变动中区别出随机变动？

6. 1985—1996 年，麦德隆医院（Metro Hospital）每三年收集一次关于护士的

数据；从 1996 年开始，每年收集一次。分析者在研究 1975 年至今的护士变动时，会遇到什么障碍？

7. 为什么公共部门无法进行案例研究？

8. 试述案例研究中单元和元素的不同。

9. 从第 3 题中任选一个话题，创建一个相关的问题列表，问题中必须涉及焦点小组的成员。

10. 为什么政府部门现在比过去更多地使用焦点小组？管理人员使用焦点小组的目的是什么？

11. 比较文献综述和元分析，讨论研究者为什么花大量时间进行元分析而不是原始的研究。

课后作业与讨论

1. 针对以下每个研究，区分变量；找出隐含假设；指出所用研究设计，并简单评价它的适用性。（注：有的研究可能对某个常用的设计进行了稍许改动，也可能结合了几个设计的特点。）

（1）一项关于失业保险（Unemployment Insurance，UI）的随机审计抽取了每周八次的失业保险支付作为样本。如果发现支付错误，审计师就确定货币数额并从类型、来源和原因等方面对错误进行归类。错误的种类有欺骗性的超额偿付、没有欺骗性的超额偿付和不足额偿付；错误来源于申请者、职员或机构；原因则有违法和违章两种。

（2）为了评价“提前教育”（一个早期教育项目）的效果，凡是参加了这个项目并且在三年中得过第一的孩子参加了认知测试。

（3）在法案修改以前，联邦贸易委员会从 4 300 个消费者那里收集了一些数据，这些消费者都在前一年购买了一件重要的耐用品，每个消费者就当年所购买的产品的质量和服务进行排名。这个调查中的 4 300 名消费者是从全国消费者邮件平台中随机抽取的。为了评价这个法案，委员会后来又在同一个消费者邮件平台中抽取了 8 000 名，调查了同样的问题。

（4）建立一个私人基金会的统计数据库，根据所选定的基金会在 1987 年、1994 年、1998 年以及 2001 年以后每个年度的资金和支出在税收方面的记录来收集数据。

（5）为了评估培训需求以及政府怎样才能与个体进行最佳合作以满足这种需求，私有组织邀请了两组客户参与一个由附近大学的协调人主持的讨论。

2. 下列数据展示了最近 30 年高中生抽烟的百分比。

年份	高中生抽烟的百分比
1976	38.8
1977	38.4
1978	36.7
1979	34.4
1980	30.5
1981	29.4
1982	30.0
1983	30.3
1984	29.3
1985	30.1
1986	29.6
1987	29.4
1988	28.7
1989	28.6
1990	29.4
1991	28.3
1992	27.8
1993	29.9
1994	31.2
1995	33.5
1996	34.0
1997	36.5
1998	35.1
1999	29.5
2000	26.7
2001	24.4
2002	34.6
2003	31.4
2004	25.0
2005	23.2

绘制图表来说明这段时间的这种趋势，论述这组数据中所能看到的变动。根据这些数据你能提出什么样的政策建议？（数据取自密歇根大学社会研究所“监测未来”项目。）

3. 某州就业委员会的一名管理人员想研究失业率的周期变化，以决定在服务需求最低时（由失业率来衡量）安排员工休假和会议。相关数据见表2—3。

表2—3 **失业率** %

	10月	11月	12月	1月	2月	3月	4月	5月	6月	7月	8月	9月
第一年	6.8	5.5	5.0	6.4	6.3	6.4	5.4	6.7	6.4	6.5	6.7	8.1
第二年	7.9	7.5	7.3	7.7	7.1	8.6	7.9	7.3	7.7	7.5	7.8	8.2
第三年	9.2	9.5	9.5	10.4	9.5	8.9	8.4	8.7	8.8	8.2	8.2	8.1
第四年	8.6	8.1	7.5	7.4	6.1	5.4	5.7	6.1	6.6	6.8	6.2	6.2

（1）将数据图表化。

（2）评论你在这些数据中看到的变化。

（3）你认为什么时间安排员工的休假和会议最佳？

4．就下列每个问题提出一个研究方案并证明你的选择。

（1）确定 1980 年及其以后定期增长的国家消费税收入。

（2）了解国家对酒后驾驶处罚的变化是否与酒后驾驶的交通事故减少有关。

（3）弄清楚当地政府都使用什么电脑软件和硬件以及怎么使用。

（4）了解是否可以通过中产城镇减少供给品支出来强化购买力。

（5）观察一下参与决策制定研讨小组的经销经理是否采用了本书提到的研究方法。

（6）确定警务人员在参加平安计划后是否请病假次数减少而且更不容易反对部门的健康保险计划。

5．某州有 10 所高中的健康诊所。这 10 所诊所在过去的 4 年里开办，主要为高中生的身体健康和心理健康服务。其中，部分诊所开在校内，部分诊所距离学校一个街区。这个州的教育部门决定对这些诊所做一个案例研究，评估它们的业绩并考虑是否应该多建几个类似的诊所。（回答以下问题时，你可以根据自己的意愿填写一些有关诊所具体的细节。）

（1）辨别可能成为案例主题的单元和因素。你需要哪些关于单元的信息和关于成分的信息？

（2）列出你可能用到的数据资料。指出你想从每一种数据资料里得到的信息的类型。

（3）论述案例研究为什么是一种有效的研究方法。

6．参看第 1 章例 1.3，假设你是岗位培训项目部门的管理分析者，根据所提供数据写一个便函给项目负责人，概述你要推荐的行动措施。你的措施中须包括进一步的研究。

7．找出一个元分析的研究或一篇文章，回答以下相关问题：它的主题是什么？它回顾了多少研究？在这个元分析中有没有什么具体的假设得到调查验证？研究者从这个分析中得出了什么结论？

光盘作业

1．从光盘中打开 ORB 研究方法数据，分析这些数据，观察收入、人口密度、主治医师的数量是如何因每个州地域的差异而不同。用表格形式报告你的发现。为简化任务，你可以为每个不同变量创建三个小组。就你的发现写一个总结。

2．截面设计的数据可以用表格的形式表现出来，反映不同的百分比和平均值。打开光盘中的 ORB 研究方法数据库，根据收入变量列出三类县，如高收入、中等收入和低收入。

（1）在每一个县收入栏里，计算孩子收到虐待和疏忽案例的数量、从事毒品和酒精行业的个体的数量、犯罪指数这三个变量的平均值。这些数据有没有体现低收入、中等收入和高收入县在以上这些方面的差异？有什么证据能证明你的发现？写一段话报告你的发现。

（2）把这些变量——孩子收到虐待和疏忽案例的数量、从事毒品和酒精行业的个体的数量、犯罪指数——分成高级组和低级组两组。在三类收入栏的每一栏里，有百分之几的观察结果属于哪种变量的高级组？有百分之几属于低级组？这些发现能支持你在（1）中的发现吗？写下你的发现。

（3）在本题的两个选项中，（1）采用了比较平均值的方法，（2）采用了比较百分比的方法，你推荐哪一种方法用于此类报告中？证明你的选择。

3. 打开数据光盘中的ORB研究方法数据库，证明你在第1章练习中构想的假设。这些数据能帮助证明你的假设吗？举证说明。打开数据光盘中的ORB研究方法数据库，根据犯罪指数把这些数据从高到低进行分类，并编成一个序列，用简短的话描述你在数据中见到的模式。用同样的方法处理人口问题，并把这个模式与犯罪指数的处理模式进行比较，你能得出什么结论？

推荐读物

关于截面设计的信息可以参见第7章最后所列的参考书目。

发现时序设计（特别是作为预测工具）的信息的一个好地方，是关于管理科学的教科书。其中一本广为流传的教科书是 D. R. Anderson，D. J. Sweeney，and T. A. Williams，*Quantitative Methods for Business*，10th ed.（Mason，OH：Thomson South-Western，2006），chap. 6。还有 D. W. Williams，"Forecasting Methods for Serial Data，" *Handbook of Research Methods in public Administration*，eds. G. L. Miller and M. L. Whicker（New York：Marcel Dekker，1999），pp. 301−352。

关于纵贯设计的不同种类的讨论，参见 Scott Menard，*Longitudinal Research*，2d ed.（Thousand Oaks，CA：Sage 2002）。

Robert K. Yin，*Case Study Research*：*Design and Methods*，3d ed.（Thousand Oaks，CA：Sage，2003）提供了关于案例研究信息的出色的基础性观点。其中关于案例研究的章节使这本著作得到广泛使用。同一作者的另一本书 *Applications of Case Study Research*（Newbury Park，CA：Sage，2003）提供了关于案例研究的更多细致的案例。

更多的关于焦点小组方法的内容，参见第7章最后所列的参考书目，尤其是 Richard Krueger and Mary Anne Casey，*Focus Groups*：*A Practical Guide for Applied Research*，3d ed.（Thousand Oaks，CA：Sage，2000）. 对此做了更深入和更具有分析性的研究，参见 Edward E. Fern，*Advanced Focus Group Research*（Thousand Oaks，CA：Sage，2001）。

对元数据分析感兴趣的读者可以参考 G. V. Glass，B. McGaw，and M. L. Smith，*Meta-Analysis in Social Research*（Beverly Hills：Sage，1981）。T. D. Cook，et al.，*Meta-analysis for Explanation*：*A Casebook*（New York：Russell Sage Foundation，1992）中有四章论述方法和四个研究。同样值得推荐的还有 Morton Hunt，*How Science Takes Stock*：*The Story of Meta-Analysis*（New York：Russell Sage Foundation，1997）。Hunt 讨论了美国联邦政府的机构如何更频繁地使用元数据分析，特别是在医疗研究领域。

注 释

[1] 截面设计和时序设计的一些因果关系问题将在第 3 章和第 14 章简要地讨论，并提供进一步的参考书目。Robert K. Yin 使用案例研究的方法对因果关系进行了讨论，参见他的著作 *Applications of Case Study Research*（Newbury Park，CA：Sage，1993），以及 *Case Study Research*：*Design and Methods*，2d ed.（Thousand Oaks，CA：Sage，1994）。

[2] M. Specter，"Suicide Rate of Jail Inmates Rising Sharply，" *Washington Post*，February 18，1985，A-1，18. 最新的数据参见司法统计局的网站 www. ojp. usdoj. gov/bjs/。

[3] B. Braddy et al.，"An Evaluation of CETA Adult Training Programs in North Carolina Division of Employment and Training"（Raleigh：Department of Political Science and Public Administration，May 1983）. 未出版手稿。

[4] 参见 J. C. Bailar Ⅲ，"When Research Results are in Conflict，" *New England Journal of medicine*，October 24，1985，pp. 1080-1081。这一研究结果的概要发表于"Studies Reach Opposite Conclusions About How Estrogen Pills Affect Heart，" *Raleigh News and Observer*，October 24，1985，1A。

[5] 生物化学里的化学研究表明，雌性激素能改善胆固醇水平，减少心脏疾病的发生。生物化学研究还显示，雌性激素能增加血液凝块，增加心脏疾病的发生。

[6] 一个类似的关于 20 世纪 60 年代的图表也见于 20 世纪 80 年代 N. D. Kristol 的文章"Scholars Disagree on Connection between Crime and the Jobless" *Washington Post*，August 7，1982，其中进一步讨论了两个变量之间的关系。

[7] 时序分析可能包含一些更小的时间间隔，如几小时或几天，这些间隔可以反映出一些相似的模式。为清晰起见，我们只关注一些长时间的间隔。我们认为读者们在处理其他时间间隔时，应该能对他们的资料做出解释。

[8] Steven D. Levitt，"Understanding Why Crime Fell in the 1990s：Four Factors That Explain the Decline Plus Six That Do Not，" *Journal of Economic Perspectives* 18（Winter 2004）：163-190.

[9] R. J. Erickson and K. M. Balzar，*Summary and Interpretation of Crime in the United States*，*2001 Uniform Crime Report*，*Federal Bureau of Investigation*，*Released October 28*，*2002*（San Diego：Athena Research Corp.，2003）.

[10] Scott Menard，*Longitudinal Research*，2d ed.（Thousand Oaks，CA：Sage，2002），2. In Practice panel designs may be referred to as "longitudinal" designs. Someone using the data will want to check the documentation.

[11] Julian Simon and Paul Burstein，*Basic Research Methods in Social Science*，3d ed.（New York：Random House，1985），161-162.

［12］Morton Hunt，*Profiles of Social Research*（New York：Russell Sage Foundation，1985），209.

［13］关于研究及其设计的最新信息参见 http://www.clinicaltrials.gov/ct/show/NCT0000512，找出报道弗雷明汉数据分析的文章，查阅科学引文索引和社会科学索引。

［14］Robert F. Boruch and Robert W. Pearson 讨论了固定样本追踪调查优缺点的一些细节，参见"Assessing the Quality of Longitudinal Surveys," *Evaluation Review* 12（1988）：3-18。Menard 的第 4 章也包括了专门小组设计的讨论。

［15］Norvelle Glenn，*Cohort Analysis*，2d ed.（Thousand Oaks，CA：Sage，2005）.

［16］Glenn，*Cohort Analysis*，本书提供了分析专门小组设计的信息。

［17］一些例证参见 M. Patton，*How to Use Qualitative Methods in Evaluation*（Newbury Park，CA：Sage，1987）；and P. Haas and J. Springer，*Case Studies in Applied Policy Research*（New York：Garland Publishing，1996）。

［18］J. Creswell，*Research Design：Qualitative and Quantitative Approaches*（Thousand Oaks，CA：Sage，1994），145.

［19］S. Caudle，"Using Qualitative Approaches," in J. Wholey，H. Hatry，and K. Newcomer，eds.，*Handbook of Practical Program Evaluation*（San Francisco：Jossey-Bass，1994），69-95. H. Rubin and I. Rubin，*Qualitative Interviewing：The Art of Hearing Data*（Thousand Oaks，CA：Sage，1995）.

［20］Robert K. Yin，*Applications of Case Study Research*，3d ed.（Thousand Oaks，CA：Sage，2003），12-15.

［21］关于管理者怎样通过对故事的使用来获得知识的文献综述，可以参见 Ralph P. Hummel，"Stories Managers Tell：Why They Are as Valid as Science," *Public Administration Review* 51（January/February 1991），31-41。

［22］Charles C. Ragin and Howard S. Becher，*What Is a Case? Exploring the Foundations of Social Inquiry*（Cambridge，England：Cambridge University Press，1992）.

［23］Robert K. Merton，"The Focused Interview and Focus Groups," *Public Opinion Quarterly* 51（1987），550-566；R. K. Merton，M. Fiske，and P. Kendall，*The Focused Interview*，2d ed.（Glencoe，IL：The Free Press，1990）；Richard A. Kreuger，*Focus Groups：A Practical Guide for Applied Research*，2d ed.（Thousand Oaks，CA：Sage，1994），7-15.

［24］Ralph Hambrick，Jr.，and James McMillan，"Using Focus Groups in the Public Sector," *Journal of Management Science and Policy Analysis* 6（Summer 1989），44.

［25］Ibid.，48.

［26］David Morgan，*The Focus Group Guidebook*（Thousand Oaks，CA：Sage，1997），29.

［27］Ibid.，31.

［28］Hambrick and McMillan，"Using Focus Groups in the Public Sector," 44-45.

［29］例子引自 Hambrick and McMillan，"Using Focus Groups in the Public Sector," 46-47. Christopher McKenna，"Using Focus Groups to Study Library Utilization," *Journal of Management Science and Policy Analysis* 7（Summer 1990），316-329。

［30］David Morgan and Richard Krueger，"When to Use Focus Groups and Why," in Morgan，ed.，*Successful Focus Groups：Advancing the State of the Art*（Newbury Park，CA：Sage，1993），3-19. 也可参见 Debra L. Dean，"How To Use Focus Groups," in J. S. Wholey，H. Hatry，and K. Newconer，eds.，*Handbook of Practical Program Evaluation*（San Francisco：Jossey-Bass，1994），341。

［31］T. Plaut，S. Landis，and J. Trevor，Focus Group and Community Mobilization：A Case Study from Rural North Carolina，in Morgan，*Successful Focus Groups Advancing the State of the Art*（Newbury Park, CA: Sage, 1993), 205.

[32] Ibid., 206.

[33] D. Cordary and R. Fischer, "Synthesizing Evaluation Findings," in Wholey, Hatry, and Newcomer, *Handbook of Practical Program Evaluation*, 202.

[34] 了解更多传统文献综述的局限性，参见 F. M. Wolf, *Meta-Analysis Quantitative Methods for Research Synthesis* (Beverly Hill: Sage Publications, *Quantitative Applications in the Social Sciences*, no. 59, 1986), 10－11, 以及 J. E. Hunter, F. L. Schmidt, and G. B. Jackson, *Meta-Analysis: Cumulating Research Findings Across Studies* (Beverly Hills: Sage Publications; *Studying Organizations: Innovations in Methodology Series*, no. 4, 1981), 129－130。

[35] D. Cordray and R. Fischer, "Synthesizing Evaluation Findings," in Wholey, Hatry, and Newcomer, *Handbook of Practical Program Evaluation*, 200－206.

[36] T. I. Miller and M. A. Miller, "Standards of Excellence: U. S. Residents' Evaluations of Local Government Services," *Public Administration Review* (November/December), 503－514.

[37] F. J. Yammarino, S. J. Skinner, and T. L. Childers, "A Meta-Analysis of Mail Surveys," *Public Opinion Quarterly* (Winter 1991) 613－639.

[38] R. Rosenthal, *Judgment Studies: Design, Analysis, and Meta-Analysis* (New York: Cambridge University Press, 1987), 223－225.

[39] G. V. Glass, B. McGaw, and M. L. Smith, *Meta-Analysis in Social Research* (Beverly Hills: Sage, 1981), 220.

第 3 章

解释设计

56 **本章要点** 

1. 证明两个变量之间有因果关系的必要证据。
2. 评估某个项目或方案效果的经验性证据。
3. 关于研究结果是否能够运用于研究对象之外的案例的问题。
4. 因果推论的通用实验设计和准实验设计。
5. 非实验设计的特征及其价值。

如果管理者不只要对因变量进行描述，而且还要解释它们在不同的案例中为什么会有变化或差异，就需要弄明白自变量与因变量之间的因果关系。管理者常常想说明一些自变量（如计划活动）会影响因变量（如营养、卫生保健、旷工情况等）。例如，妇女、婴儿和儿童（Women，Infants and Children，WIC）计划的管理人员可能想确定这个计划是否改善了婴儿营养。简单地说明营养不良婴儿的百分比下降，不是证明 WIC 计划有效的充分证据。相反，管理人员需要一个研究设计，把 WIC 计划与营养不良婴儿数量减少的结果明确地联系起来。

管理人员也许能够用描述性设计证明两个变量是相互联系的。也就是说，他也许能够表明这两个变量之间是有关系的。但是，管理人员可能会试图进一步证明一个变量的变化导致另一个变量的变化。当我们说 X 引起了 Y 的变化，意指因变量 Y 值的
57 变化是由于自变量 X 值的变化，而不是什么别的原因引起的。[1]
假如一个变量引起另一个变量，调查者希望在它们之间发现统计关系。例如，城市高速交通项目的负责人可能想证明票价降低会

导致乘客增加，然而研究仅仅显示票价降低以后每天增加的乘客数量是不足以证明乘客增加的原因就是票价降低的，研究还需要证明一旦票价上升，乘客的数量就会减少或保持不变。

两个变量之间仅仅具有某种关系并不必然构成因果联系。在确定公共项目是否达预期效果时，最大的困难就是区分哪些效果归因于项目的实施、哪些归因于其他因素的变化。例如，提高石油价格或交通要道建设的费用可以鼓励更多的人使用公共交通工具。又如前面提到的 WIC 计划的例子，假如实施 WIC 计划之后，营养不良婴儿的数量在减少，但是，这种减少或许也可以归因于其他因素，如国家经济的普遍进步和就业水平的提高。因此，要想确定是 WIC 计划的实施减少了婴儿营养不良的情况，调查者还需要证明，在没有实施 WIC 计划的时期，营养不良的婴儿比例要高于执行 WIC 计划时期的比例。

判断变量之间是否具有因果性，即判断一个变量的变化是否导致另一个变量的变化，有以下几条标准：

> 1. 两个变量的统计关系：变量彼此共变，或一个变量的变化伴随着另一个变量的变化。
> 2. 变量的时间序列：自变量（原因假设）必须出现在因变量（结果假设）之前。
> 3. 排除那些作为因变量的原因的竞争性自变量：自变量之外的变量，要被排除在因变量的原因之外。
> 4. 自变量与因变量之间的理论性联结：分析者应该有一些逻辑上的论据来证明两个变量发生共变的假设。

描述性设计开始于将行政事务和项目动态转变为定量信息的过程，并产生一些单独的或与其他信息相结合的研究结果，以支持研究行动或者防止不必要的进一步研究。截面设计、时序设计和案例研究设计等产生的数据，可以用来鉴别变量是否值得进一步研究。其中，截面设计和时序设计用于鉴别变量间的关系并描述变量在一段时间内的变化情况。它们可以结合缜密的统计分析和复杂数学模型的构建，为变量间的因果关系提供有力证据。尽管如此，决策者和管理者可能还想利用更为确凿的证据去揭示自变量的变化如何导致因变量的变化，特别是当他们需要确定计划是否已经达到预期目的的时候。为了获得这些证据，他们希望有一个研究设计能够 58
涵盖尽可能多的实验设计要素。

实验设计（experimental design）是指研究者将研究对象分配到不同的研究组，并且能够控制谁受到自变量的影响、何时受到影响以及实验进行的条件。但在行政管理中，这种控制几乎是不可能的，因此，行政研究主要依赖**准实验设计**（quasi-experimental design）。准实验设计缺乏实验的一些特征以及对这些特征所实施的一些控制。研究者或许需要依靠自生的自变量，或者以没有实施控制的自生的实验组作为比较的基础。准实验设计和非实验设计都限制了研究者对自变量有何影响的判断能力。研究者经常需要在真正的实验和其他实验设计之间做出区分。[2]严格意义上的实验设计包含了上述的诸种实验属性。

我们从来不能无懈可击地证明一个变量导致了另一个变量。不过，如果有一个模型能够表明变量之间的统计性的关系、自变量先于因变量发生，而且竞争性的自变量被排除，那么就可以得出一个关于因果关系的可靠例子了。实验设计提供了获得这些证据的方法。研究者如果不能运用实验设计，就会尝试使用准实验设计。在本章中我们提供两个实验设计和三个准实验设计，它们对行政管理和政策研究都很有价值。

3.1 内部效度和外部效度

在评估项目效果时，管理人员要去探究项目实施、自变量以及希望得到的结果（即因变量）之间的关系。这突出表现为，管理人员想了解项目是否导致了一些情况改变。就像我们已经提出的，在项目实施的同时，目标情形和目标人群本身也在改变，所以，项目的实施并不一定就是导致变化的原因。因此，确定运输系统费用的减少是否会导致一定时期内乘车人数的增加，或 WIC 计划的努力是否会减少营养不良婴儿的数量，还必须要有更多的证据。

内部效度（internal validity）是指能够证实某个特定的自变量，如项目、政策，或行为，导致了因变量的可以观察到的变化。如果调查者确信是相关的自变量而不是其他因素导致了可以观察到的结果，那么就可以说该研究具有内部效度。

研究者在对一项 1973 年由国会批准的 55 英里国家限速令的实施状况进行的评估中发现，交通事故死亡数量伴随着车速的降低而降低。而只有在排除了其他无关因素时，该结论才具有内部效度。其他的因素单独或与限速令相结合，都有可能导
59 致交通事故死亡率的下降。例如，汽油价格的上涨可以导致驾车人数的减少。

外部效度（external validity）是指研究结果或发现的适用范围不局限于特定的相关案例。一个典型的情况是，并非所有与项目有关的或受其影响的人员都在被研究之列。调查者虽然只研究了部分情况，但他们想了解的是整体的状况。比如，对于 WIC 计划参与者的某个样本群体来说，我们可以证明 WIC 计划减少了营养不良婴儿的数量。但是，对于所有的 WIC 计划参与者，这个命题仍然成立吗？与 WIC 计划相似却不相同的计划会有相同的效果吗？在北达科他州（North Dokota）进行的实验中，我们证实了 55 英里限速令可以减少重大的交通事故次数，但是这些结论在其他州或整个国家范围内也成立吗？以上这些例子和问题都涉及外部效度。

为了考查外部效度，研究者通常采用以下三种方法中的一种或几种进行概括总结。这些方法分别是：(1) 从样本推广到更大的群体，(2) 从一个研究情境推广到另一个研究情境，(3) 从研究推广到现实世界。[3]最后一种情况往往出现在政府的或非营利机构的项目被其他组织所采用的时候。这需要在特定的情境里对某一项目进行评估并证实该项目是否有效。除此之外，管理人员还想了解该项目在其他地方

或其他情境下是否同样有效。

研究者在测量变量时，也关注效度问题。这种类型的效度被称作**操作效度**（operational validity），本书将在第 4 章详细讨论。作为一般性的概念，效度必须解决的问题是我们对数据或观察到的关系是否做出了正确的假设。其中，操作效度关注变量是否得到恰当的和精确的测量，内部效度关注研究程序是否能够使我们声称导致因变量变化的原因得到证实，外部效度则涉及研究结果是否可以应用到该项研究之外的案例。无论任何研究因素，只要引起对研究过程的质量和研究结果的精确性的质疑，就构成了对效度的威胁。

内部效度威胁

要证实一个变量的变化导致了另一个变量的变化，必须要排除因变量的变化是由自变量之外的其他因素引起的可能性。这些“其他因素”就是所谓的**内部效度威胁**（threat to internal validity）。[4] 每一种威胁都对自变量和因变量之间的关系做出似是而非的解释，其分类以及各自定义如下：

历史事件： 除自变量之外可能对因变量产生影响的事件。

案例选择： 为研究或项目中的小组或情境选择案例的方式可能影响它们对自变量做出反应的方式。如果受到干预的小组中的案例不同于其他小组中的案 60
例，那么因变量的任何差异都有可能源于案例本身的差异，而不是干预的结果。

自然过程： 被研究单位自然发生的变化。

数据回归： 研究案例或行动案例是由于它所处的极端状况而被挑选出来，如很低的成绩，这种极端分数的不稳定性可以引起变化。这样选出的案例属于特殊案例。

被试者消失： 有些案例，尤其是个人，在项目或研究的起初阶段参与，但中途退出了。如果他们与那些坚持下来的案例或个人之间存在系统性的差异，那么研究结果就不具有内部效度。

测验效应： 一种情形是，起初的测量或测试影响到研究对象，并进而影响到后测（posttest）的结果。在前测（pretest）中得分低的员工可能会因此改变他们的行为，而这不是因为项目本身的作用。

测量工具： 收集数据变化的测量工具如果在研究开始和结束时不一致，结果就不会有效。

设计干扰： 当参与者知道自己是研究对象时行为出现异常，或者研究对象在比较中互相影响。如果研究对象怀揣某种动机而以特定的方式行动，从而导致项目成功或失败，那么就说这个设计受到干扰了。

内部效度威胁的产生源于被比较的小组状况的差异——这些差异也许一开始就产生了，也许过一段时间才出现；还会源于小组内部的案例存有系统性的差异。例如，如果把 18～22 岁的年轻人与 25～30 岁的年轻人进行比较，那么这种小组的差异可能是由于年龄的不同，而不是因为受到了某种因素的干预。

在导致因变量变化的因素中，当自变量之外的事件或政策活动的影响不能被排除时，所谓**历史事件**的内部效度威胁就产生了。这些事件通常和自变量同期发生。例如，1973 年的石油禁运导致汽油短缺，汽油价格上涨，加油站排起长队，而美国人开车次数也减少。为了减少石油消费，政府颁布了 55 英里限速令。交通事故死亡事件减少，而 55 英里限速令也持续了 20 年。交通死亡事故的减少完全有可能是因为开车次数的减少，而不是限速的缘故。当然也可能是因为汽车制造技术的改进提高了汽车的安全性。

2001 年 9 月 11 日美国遭到恐怖袭击后，评论家比较分析了这天前后失业率、消费者信心和对政府的信心的变化。在遭到袭击之前，美国人可以收到旨在刺激消费的退税支票。政策观察家对接受者是将退税的钱花掉还是储蓄起来的问题展开了辩论。如果结论是后者，经济将继续削弱。然而，莫衷一是的原因在于袭击的影响不能脱离其他的因素而单独影响经济状况。

61 当一个研究或项目的案例是在非随机的基础上被选出来的时候，**案例选择**就成了问题。在这种情况下，处于自变量状态的一组案例可能同相比较的案例之间存在系统性的差异。这样，案例之间的差异比自变量的影响更加能够解释因变量中观察到的变化。例如，允许八年级的学生自愿参加一门用新方法讲授的数学课。在期末时，将这些接受新方法授课的学生的成绩与那些接受传统数学课的学生的成绩进行比较，以评价他们的数学技能是否得到提高。这种技能上的差异可能是源自自愿与非自愿的区别，而不是教学方法的不同，因为自愿的学生可能有更积极的动机去学好数学。

当项目的存续取决于就业安置率时，也可以考虑一下就业培训计划所采用的录用策略。培训机构招收了一些具有高度主动性的、有良好工作技能或高智商的受训人员。其中，因休产假而离开打字岗位的妇女参加了秘书训练项目并被成功安排就业，甚至就安排在她们先前的岗位上。因此，这个项目显著的成功之处主要在于它招收的受训人员非常合宜。所以，这个项目的成功是由于它所选择的招募方法，而不是培训计划本身的效果。

在研究过程中，因变量发生的变化有时仅仅是一个自然过程（maturation）。由此产生的内部效度威胁被称作**自然过程**。人、小组或其他观察单位都会随着时间改变，这些变化自然而然地发生，而不是由一些特定的、明确的事件或介入所导致的。无论自变量是否存在，当相关的变化随着时间的推移而出现时，我们可能会错误地假定是自变量引起了因变量的变化。例如，随着年龄的增长，大多数青少年叛逆者减少了他们的反社会行为。因此，减少犯罪项目的明显成功可能是由于当事人的成熟而不是计划本身。如果记录一组孩子早上的行为和另一组孩子下午的行为，他们的差别可能不是由于某个特殊的自变量，而是孩子行为在一天中的自然变化。

第四种威胁是**数据回归**（statistical regression）。试想一下我们大多数人在学校有过的经历。在我们早年的学生时代里，几乎所有人都知道，一段时间平均下来，我们在课程或考试中取得的成绩大致相同。我们可能会偶尔因为某次考试的成绩而惊喜，而下一次考试的成绩又比上一次低了很多。或者，某个同学在某次考试中得分很低，比预想的还要糟糕，而在下一次考试中，她考得可能比上次要好得多。一段时间后，这些学生的考试成绩将会接近他们的平均成绩。简言之，在任何时候，如果我们观察到某个学生的测试成绩出乎意料地很高或是很低，我们一般可 62
以预测这个学生的下次成绩将会接近他的平均成绩。

社会问题也表现出类似的模式。如果项目是作为对某种极端情形的反应而创立的，那么期望中的任何后续变化都有可能是因为数据回归。如果一个城市某个月的交通死亡人数异乎寻常的高，那么下个月就会有显著的改善。而当交通事故死亡人数的数目实际上只是回到了平均值的时候，对一系列重大交通事故做出反应而设立的项目就已经颇显成效了。但这样的结果可能是因为数据回归，而不是项目本身的作用。

无论何时，只要是根据某些测量标准产生的极值来选择案例，数据回归就成了一个特有的威胁。如果再次测量变量，案例将不再那么极端，它们将回归到平均值。当供研究的案例因其因变量的极值而被选择时，数据回归就代表了选择威胁中的一种特例。

当人们一开始参与了研究项目却中途离开时，**被试者消失**的威胁就出现了。它给研究造成的困难主要在于，退出者可能不同于那些完成计划的参与者，而这种差异可能会影响研究结果。用这样的研究结果来证明项目的成功是无效的。因为有可能是那些成功的人留下来参与项目，而那些不成功的人却离开了。审视一下挽救少年犯项目的那个成功案例，它的目标是把参与者留在学校。尽管项目成功了，却有可能是因为那些退出项目的青少年本来就没想留在学校里，而对那些继续留在学校里的人来说，即使没有这个项目，也本来就想留在学校里。

当起初的测量方法改变因变量时，就产生了作为一种内部效度威胁的**测验效应**（testing effect）。在一些研究中，在引入自变量之前或之后，都需要进行观察。揭示自变量之前的观察被称为**前测**，而之后的观察被称为**后测**。该程序的风险在于，可能是前测而不是自变量引起了因变量的变化。例如，一个受到知识培训项目影响的人，可以显示出从前测到后测过程中知识的增加。前测激发了他的兴趣，由此他查找到了答案。是前测而非项目本身导致了他知识的增加。人们对不熟悉的任务通常不会完成得很好，而前测起到了练习的作用，可以提高人们在以后相同或类似测试中的成绩。美国研究生考试（GRE）开始在电脑上进行的时候，我们就观察到了这一点。新考生，在经过一次考试后，第二次考试的成绩会有所提高。这很有可能是对新的考试方式的熟悉导致的。测验效应也被称作是**测量的反作用性**（reactivity of measurement）：人们在测量过程中反思并因此改变他们的行为。

当测量方法在前测和后测之间发生改变时，**测量工具**（instrumentation）就成了内部效度的一个威胁。测量工具发生了变化，或者对变量的界定发生了变化。假 63
设在两次测量犯罪率的期间，某一犯罪的法律定义改变了，这时，仅定义本身的变化就可以使犯罪率发生变化。如果一项降低犯罪率的计划是在两次观察之间的时期内开始进行的，我们可能就无法确定任何有记录的犯罪率的变化究竟是归因于测量犯罪的方式，还是归因于项目本身，或者两者兼有。使用机构记录的调查者，对于变量如何界定、记录如何保存必须保持警惕。这些方面的变化如果没有被关注，就会导致测量工具的问题。当不同的方法被用于测量比较组中的因变量时，测量工具就构成了一种效度威胁。

内部效度的最后一种威胁是**设计干扰**（design contamination）。设计干扰可以分为好几种类型。受到某种措施影响的研究对象可能与那些未受影响的研究对象进行交谈，最终两个组群都参与了同样的项目。设想人力资源部门的主管（HR）想评估一项为员工退休做准备的项目。该项目先提供给一些员工作为实验。人事主管想知道，参与项目的员工在退休之后是否比未参与者少一些经济困难。然而，假如参与者把他们获取的项目信息告诉其他同事，两个群组有可能制定类似的经济计划，这就有效地消除了两个群组之间的差异。结果，这个项目看上去好像失败了。这个例子表明，由于内部效度威胁的存在，人们有时会错误地认为自变量和因变量之间没有关系。

当参与者揣测研究目的，并改变他们的行为以实现符合他们最大利益的结果时，第二种类型的设计干扰就产生了。比如，研究者想了解清洁车上工作队的规模从四个人减少到两个人是否可以提高生产力。由于害怕工作团体被打破以及工作压力增加，工人们会改变他们的行为，较小的工作团队会放慢进度，较大的工作团队则会加快工作进度。

假如一个没有成为研究对象的小组，由于愤怒或士气低落，按照他们自己设定的方向改变行为，另一种类型的设计干扰就产生了。设想一项研究的目标是确定给新员工安排指导能否提高生产力。未被选上的员工可能知道了这个计划，并疑惑为什么他们没被选上。他们可能会猜测自己是不受重视的雇员，并以降低生产力来对此做出反应。研究者可能会错误地认为是否实施指导项目可以解释生产力的差异，而实际上这种差异是由控制组较低的士气导致的。

无论何时，作为管理人员，在分析经验性研究时，你都必须提出一些问题去识别研究设计中潜在的问题，尤其是研究结论所受到的内部效度威胁。一系列的这类问题将随后提出，其目标是帮助你决定是否应该根据这些研究结论采取行动。如果
64 一项研究得出的结论认为两个变量之间存在因果关系，那么你必须有根据地确信，没有一种内部效度威胁可以解释这种明显的关系。在确定研究设计失败与否的权衡中，除了控制所有内部效度威胁，“似真性”也应该是一个关键词。[5]你应该弄清楚除自变量外是否还有其他因素引起了因变量的变化。

在检查关于两个变量之间存在因果关系的研究报告时，下列问题有助于评估可能的内部效度威胁：

1. 基于历史事件：除自变量外，会有某个事件导致这种关系吗？

2. 基于案例选择：受自变量影响的人们与没受影响的人们之间会存在系统性的差异吗？如果研究对象可以自愿选择研究群组，会影响研究结论吗？

3. 基于自然过程：在相似的时间段里，如果没有自变量的出现，因变量

会产生类似的变化吗？研究对象产生的变化是否源于成熟、衰老或疲劳之类的自然变化呢？

4. 基于数据回归：研究对象是否根据因变量值的高低而被挑选？

5. 基于被试者消失：一些最初受到项目影响的人是否后来被安排到了非项目组群？有没有人一开始参与了研究，却在中途离开了？

6. 基于测验效应：实施前测会影响到被测者对后测的反应吗？在执行某项任务时，前测中安排的训练会影响到后测的成绩吗？

7. 基于测量工具：收集数据的测量工具在前测和后测之间发生了改变吗？

8. 基于设计干扰：项目的参与者和未参与者混合了吗？计划的参与者、未参与者，或是双方是否都有意识地改变他们的行为，从而导致了项目成功或失败？

外部效度

外部效度是指在研究对象之外，扩展或推广研究结论的合适程度。只有具备外部效度的研究结论才能推广到其他案例当中。样本抽样策略会影响研究设计的外部效度。如果研究对象是从限定的群组里随机抽取的，那么研究结论就可以推广到整 65
个群组，但是单凭这一点还不足以保证其外部效度。外部效度还包括把研究结论推广到其他地点、时间和项目的能力。

为了确定一个项目带来的效应是有益的还是有害的，研究者会做一个正式的项目研究。首先他想了解该项目是否起作用，这属于内部效度问题；同时他也想知道该项目是否适用于其他地方，这属于外部效度问题。研究也许很不正式，这时，管理者仅仅注意到项目按照他的设想进行。如果他或其他研究者想得出该项目也适用于其他群组或场所的结论，那么他们就必须意识到一些外部效度问题。对于不在研究范围内的案例而言，研究条件无法复制，由此就会产生外部效度威胁。研究对象的特征、研究环境或条件、研究项目的实施，以及人们可能知道了自己是研究对象等情况，都会导致外部效度的问题。

外部效度威胁包括以下几个方面：

项目的独特特征（unique program feature）
选择效应（effect of selection）
环境的影响（effect of setting）
历史事件的影响（effect of history）
测试的影响（effect of testing）
实验安排的反作用效果（reactive effect of experimental arrangements）[6]

在构建一项实验研究的过程中，整个项目有时会被看作一个单一的自变量。然而，典型的项目是由数个变量组合而成。因此，任何项目可能都有影响结果的一些**独有的特征**（unique feature）。缺少了其中的一个或几个特征，项目就有可能不成功。

受控环境中的实验项目创立者，也许不能在一个自然的、非实验环境中重复得到他们最想得到的结果。试想有一项使老年人能独立生活的示范计划，这个计划的工作人员年轻、经验不足、精力充沛，而且在其他方面也不同于当前社会公益机构各个项目中的工作人员。这样，这个示范计划的结果就没有典型性，不能适用于其他项目。

项目管理者和研究者必须注意到，看起来相似的项目可能在影响操作或实施方式上很不相同。一个减少青少年滥用毒品的项目看起来有效果，于是，项目分析者就推断所有这类项目都会起作用。但是我们必须考虑到外部效度。如果项目只是相似，并非完全相同，分析者是不能以此类推的。工作人员、当事人的相互作用、活跃性以及团体动力方面的差异都有可能影响项目的结果。

66 当研究对象的结论在推广使用时并不具有代表性时，**选择效应**（effect of selection）作为外部效度威胁就产生了。正在作为研究对象的群组与本来可能参与项目的群组对项目操作的反应是不同的。因此，在被研究群组之外，这个研究结果是不具有代表性的。例如，设想有一个教师培训项目通过高级职业教师来检验，那么，即使这个实验的结果是好的，这个项目也不一定适用于那些缺乏经验的年轻教师。

项目的**地点和环境**（location or setting）能够威胁外部效度。研究地点设在医院的项目，不会像设在高级市民俱乐部的项目一样起作用，仅仅是因为医院环境会增加人们的依赖感，项目操作起来可能背离它的目标。或者在美国东北部的项目可能比在西南部城市的项目更容易成功，因为后者的社区支持系统可能更弱。

历史事件（history）也会以很多方式影响外部效度。需要注意的是，作为外部效度威胁的历史事件不同于作为内部效度威胁的历史事件。当服务对象和社区特别愿意接受某个项目的服务时，我们就可以对这个特殊的项目进行评估了。当地家庭护理条件的丑闻往往会促使老年人和他们的家庭寻找公共机构的照料服务。社区近期的一场火灾可能促使业主们更积极地响应消防队举办的教育项目。其他有不同历史背景的社区可能就不会有同样的反应。在研究之前或研究期间发生的事件可能使得正在研究的社区显得独特。这种情形下，把研究结果推广到其他社区的可能性就大受限制。还有很多其他的条件使某个项目在某个时间或某个地点起作用，而在其他时间或地点却不起作用。

如果一项为研究目的而进行的前测，影响了研究对象对项目的接受程度，**测试**（testing）就构成了一种外部效度威胁。设想在一个父母教育项目中，对父母进行的如何对待孩子行为的前测，可能会使父母变得更加投入从而实现了项目的目标。那么，这个前测可能就成为一个独特的因素，没有它，项目就可能没有什么效果。如果前测影响了研究对象的行为，那么研究结果可能就不适用于那些没有参加前测的人群。而且，这种测试的外部效度威胁不同于它对内部效度施加的威胁，因为研究对象参加了前测，而其他可能的参与者却没有。如果研究对象的行为改变是由于前测导致的而不是项目本身引起的，那么测试就构成了外部效度威胁。

实验安排的反作用效果（reactive effect of experimental arrangement）是指研究环境常常必须是人工的，而且研究环境本身也会影响到研究结果。如果参与者知道他们正被研究，他们可能会相应地改变自己的行为。这种研究的结论就不能运用

到其他没被研究的人身上。设想有一组社区居民被招募去测试一个自愿再循环项目
的参与情况。由于他们知道自己在被研究，他们会表现得格外合作，并努力工作使 67
该项目发挥作用。（他们也可能会猜测，如果这个自愿项目被认定不可行，再循环工作就会变成强制性的。）所以，该项目的实施和效果可能不适用于其他家庭。

读者应该意识到这些外部效度问题可能会一并产生。一个非代表性的选择问题可能包含了一个环境问题。如果调查者通过选择一个特别的群组来测试一个新项目，例如，选择美国土著儿童，在田纳西州（Tennessee）的一个镇上实施示范项目，以上两个问题就都会遇到。如果这个项目旨在应用于所有的少数民族，那么仅仅选择美国土著人会使结论存在偏见。地理环境也会导致偏见。特殊城镇的一些情况会导致一个项目成功或失败。当一种介入只有在以上所提到的一种或更多因素出现时才起作用时，我们称之为介入与其他因素之间的互动。而其他因素的缺失可能严重限制研究成果推广到其他案例或环境中的程度。

同一个项目由不同的人在不同的环境里重复实施也会增加外部效度。如果某个示范项目在某个小镇看起来已经奏效，州府的管理者想要证实该项目是否在整个州内都有效。最好的办法就是在不同地方、不同规模的城镇来推行这个项目。如果这个项目在其他不同的城镇也成功，管理者就更加相信该项目会在全州范围内奏效。

一个项目如果最初运用在其目标群组的典型样本上，其外部效度则较强。然而，用一些较小的、随机选择的样本来重复一个项目，与用精心抽取的样本去执行单一项目相比，可以获得更高的外部效度。[7]该论点的依据是，一些项目的参与者可能会中途离开，因此，始于典型样本的研究不会因为某个研究对象的退出而停止。被试者消失会使某项单一研究的结果缺乏外部效度。

一个解决方法是选择明显不同的研究对象，其前提假设是，如果该项目对众多的不同类型的实验对象都起作用，那么它就可以适用于每个人。这个策略**精心地对异质的对象进行抽样**（deliberately sampling for heterogeneity），能够产生以东部城市、南部乡村城镇和城市印第安社区中的老年人为对象的示范项目。其实，在任何一项研究中，内部效度和外部效度的问题都是无法避免的。而在不断变动的实验条件下，研究结论能够得到复制则可以充分证明该研究项目的可转移性。

样本调查之类的描述性设计常常有着较高的外部效度。而实验设计则有较高的内部效度，其外部效度较低。管理者想确定一个项目或政策是否达到期望的效果，这属于内部效度问题。而在此之前确定项目起作用的各种条件，则属于外部效度问题。如同内部效度的情况一样，必须提出一系列的问题去帮助评估研究项目的外部效度。这些问题如下：

评估外部效度：关于两个变量之间的关系能否推广到研究对象之外的一些问题 68

1. 研究对象代表什么群组？它们是作为代表性群组被选中的吗？（我们在后面部分将会学习到，保证具有准确代表性的最佳方法就是从它们将要代表的更大的群组里随机选择研究对象。）

2. 项目或操作是不是包含了可能影响研究对象代表性的要求，如过多的

时间限制？

3. 项目有没有在不同类型的研究对象中、在不同的环境或地点重复进行？

4. 项目或操作的确切内容是什么？项目外的或未经检验的因素，如人员、环境，是否对项目的成功非常重要？

5. 提供给研究群组的项目是否不同于提供给其他组群的项目？

3.2 实验设计

要获取必要证据以推断两个明确变量之间是否存在因果关系，实验设计提供了最好的方法。

在实验设计中，研究者可以把研究对象安排到不同的群组，调整自变量，并控制大多数的环境影响因素。研究者把一些研究对象安排到受自变量影响的群组，另一些安排到不受影响的群组。通过随机安排，研究对象不存在小组间系统性的差异。如果研究对象是被随机安排到小组中的，那么因变量的任何变化都不能归结于研究组群的差异。在评价一个已经采用了实验设计的研究时，你必须了解随机安排是否有助于控制内部威胁。如果研究对象是从更大的人群里随机挑选，外部威胁也可以得到控制。

在这一小节我们讨论两个实验设计，即经典实验设计（classical experimental design）和随机性的后测设计（randomized posttest-only design），如果弄明白了它们，你在理解更复杂的变量时就不会有多大困难了。这里，实验设计涉及一至两个操作组。其中，一个操作组包括受自变量影响的研究对象，并在其因变量方面与控制组（其成员没有受到自变量影响）进行比较。

经典实验设计作为实验研究的模型已经有很悠久的历史了。它可以使我们控制研究中干预变量出现的时间顺序，判断哪些对象受到自变量的影响，确定变量之间
69 的统计关系，并且对其他可能存在的因果关系因素加以控制。对经典实验设计的正确运用，能够为因果关系提供最有力的证据。而且它还是用来描述解释性设计内在逻辑的典范模型。它的特征包括：

1. 研究对象被随机分配到**实验组或控制组**（an experimental or a control group），这样可以避免两组之间的系统性差异。随机分配使每个研究对象同任何其他的研究对象一样，有同样机会分配到实验组或控制组。

2. 在两个组内进行测量因变量的前测。

3. 实验组受操作的影响，控制组则不受影响。除了受到的自变量影响有所不同外，两个组必须具有相同的环境。研究者控制自变量的影响，决定谁接受或不接受影响。

4. 在两个受到自变量影响的组里对因变量重新进行后测。

5. 每个组均需确定因变量在前测和后测之间所发生的变化，而两个组之间的差异则归因于自变量。

为了说明一个变量引起另一个变量，该设计可以提供三种类型的必要证据。首先，同其他设计一样，它能够提供变量之间是否具有某种统计关系的证据。它可以帮助我们确定，因变量取值的任何变化是不是自变量的影响导致的。利用这些信息，以及控制自变量的影响，调查者能够排除因变量的取值在受到自变量影响之前发生改变的可能性。把研究对象随机分配到实验组或控制组，可以消除大多数竞争性自变量，而与被试者消失及设计干扰相关的问题可能一直存在。这种设计有很高的内部效度，却可能没有很高的外部效度。

经典实验设计可以形象地表达为：

$R\ O_1\ X\ O_2$（实验组）

$R\ O_1\quad\ O_2$（控制组）

其中：　R——随机分配的研究对象；

O——对因变量的观察或测量结果；

X——自变量的出现。

对实验设计而言，尤为重要的是选择对等的实验组和控制组，并在整个实验中保持它们的相似性。

创立对等的两组的最好方法是随机分配研究对象的一半到实验组，而另一半到控制组。该理论强调随机分配，是因为如果使用了足够多的研究对象，而且把研究 70
对象无倾向性地分配到一个组或另一个组，那么研究对象的组与组之间的差异就趋于消失。通过随机分配，每个研究对象在任何一个组里都有同样的可能性。随机分配可以使研究者通过控制由研究组之间的非对等性所引起的效度威胁而展开他们的研究，特别是它可以对选择偏好、自然过程、测试效应和数据回归等进行控制，然而，这只能保证研究在初始阶段的可比性。

设计研究对象的另一个替代性方案是，把实验组的个体或单位同控制组的个体或单位进行配对（match）。研究者确定那些可以影响因变量的特征，并据此在样本群里收集资料，把有着相似特征的单位配成一对比较项，而将不能配对的研究对象从研究中排除。接着，研究者随机地把配对的一方归入实验组而另一方归入控制组。例如，如果研究者相信教育、性别、年龄影响干预的结果，他就会去确定每个研究对象的教育、性别、年龄，然后匹配可以运用的研究对象，亦即，两个上过大学的年轻女性（18～29 岁）可以是一对，两个有高中文凭的年长男性（30～45 岁）是另一对，等等。配对的成员被分配到实验组还是控制组是随机性的。研究者，特别是医学领域的研究者，通常会采用回溯法配对（matching retrospectively）来创立比较组。例如，研究者把有患有某种疾病的研究对象和没有患这种疾病的相似人员进行配对。研究者试图弄清楚为什么一组的成员患了这种病而另一组没有。

配对的方法能够减少所需要的研究对象的数目，因为它减少了在操作者和控制组内的变化。然而，方法论专家（methodologist）通常更喜欢随机分配法而很少推荐配对法。[8]与变量相关的特征超过四个，配对工作就会很困难。这也会增加偏见的可能性，尽管研究者努力去避免它。如果在配对时关注的是在实际上与因变量并不相关的变量而忽略了真正的相关变量，那么这种配对就会减少研究的内部效度。配对方法假定研究者知道哪些其他变量与因变量有关，并且知道哪些可以进行配对。后一个假定所造成的困难，可以被随机分配方法消除掉，因为随机分配方法假定，相比较的两组除了所受自变量影响不同之外，在所有的方面都一一对等。

一般而言，实验设计对内部效度的其他威胁也可以加以控制。对此，我们以历史事件作为一个内部效度威胁为例。对于经历了相同历史事件的实验组和控制组而言，在前测和后测之间出现的外部事件（历史事件）不会影响到内部效度。历史事件被认为对每个组都有相似的影响。如果两个组除了受自变量影响之外，经历了相同的条件和事件，那么自变量以及其他与内部效度威胁相关的因素，如历史事件或
71 自然过程，可以导致实验组因变量的变化。控制组因变量的变化则可以归因于历史事件、自然过程或别的威胁。这时，在实验组和控制组之间的后测差异就可以归因于自变量。

例 3.1 概括了一个根据经典实验设计所构建的实验，用来确定一个培训项目是否增加了大学一年级医科学生的移情（empathy）（能体会到别人的感情）能力。分
72 配到控制组的学生在实验结束后立即接受相同的小组训练。将研究对象随机分配的策略，有助于解决在决定一个人是否仅在随机分配的基础上接受实验时所面临的政治和伦理问题。

例 3.1

经典实验设计在具体领域里的运用

问题：确定小组讨论是否会增加医科学生面对患者焦虑情绪时的反应能力。

研究对象：134 名注册医疗访谈和历史取样的一年级医科学生。学生们被随机分配到一个小组（65 名学生）或一个控制组（69 名学生）。

自变量（操作）：约 16 名学生和一名专家组成的各个小组，在 12 小时内会面了四次，其中，由被采访的学生来模仿患者。这些小组讨论了访谈过程以及访谈技巧。

因变量：学生用表达情绪的词汇描绘患者焦虑情绪时使用超过三种文字描述的数量。

设计图表：

$RO_1 \ X \ O_2$

$RO_1 \quad\ \ O_2$

前测在医疗访谈和历史取样的首次班级会面时进行。实验组的后测在最后一次小组会议中进行，而控制组的后测在首次小组会议开始时（即在实验完成后）进行。

内部效度威胁：在研究报告中没有记录。随机分配允许我们无须顾及案例选择和数据回归等问题。前测和后测均采用纸笔测试形式，使我们可以排除测量工具和测试效应带来的问题。这里，最可能对内部效度带来威胁是设计干扰，特别是在实验组成员和控制组成员分享信息的时候。信息的分享将减少实验组和控制组之间的差异。

外部效度威胁： 没有记录。然而，这种可能存在的威胁很容易设想。例如，帮助群组的专业人员由于投入新项目时表现出的热心和尽职。另外，医科学生可能会有他们自身独特的文化，从而影响他们对课程和其他训练活动的接受程度。具有外部效度的最佳证据是在其他医科学校可以复制这项训练。

分析和发现： 实验过程中研究对象在回应时运用情绪性词汇的平均数目如下所示：

	前测	后测
实验组	0.68	2.02
控制组	0.89	1.13

随机分配并不必然产生两个相同的组。统计学帮助研究者确定组与组之间的差异是否会偶然出现。在经典实验设计中，研究者关注在前测和后测之间发生的变化。研究者就实验组的变化与控制组的变化进行对比。其中，实验组增长了 1.34，也就是说，是平均使用情绪性反应的两倍多。而控制组只增长了 0.24。

资料来源：根据 F. M. Wolf et al.，"A Controlled Experiment in Teaching Students to Respond to Patients' Emotional Concerns," *Journal of Medical Education* 62（1987）：25−34。

在例 3.1 中，参与实验又在控制组的医科学生，在后测时表现出更多的移情。其中一些变化可能是由于有关患者访谈的讲座（历史事件）所引起的，而两组在前测后都听了这个讲座，所以这不会构成内部效度威胁。如果只有实验组听了讲座，那么实验和讲座都可能导致改变，因此就无法对历史事件造成的效度威胁进行控制。为了确定实验是否对历史事件、自然过程或其他内部效度威胁进行控制，就需要更详细地了解如何实施实验。

为了确定变化的数量，典型做法是研究者在前测和后测中使用同样的程序去测量因变量。这并不必然地保证内部效度。即使前测和后测所使用的测量程序不同，或者前测导致了因变量变化，一项实验仍然可以具有内部效度。实验组和控制组的对等性抵消了由测量工具和测试效应带来的内部效度威胁。两组将以同样的方式对前测做出反应。然而，前测会使实验组对自变量更为敏感，并影响到研究设计的外部效度，因为在这些案例中，前测成为操作或项目的一部分。我们可以说，是前测与自变量的互动影响着因变量。

实验设计以实验室的实验控制为前提，因而极少运用于行政管理和政策研究等 73
情形。田野调查者一般在实验室范围之外进行研究，明显对研究对象和事件实施较少的控制。[9]因此，研究者们经常运用田野实验，并从中得出合理的结论。

例 3.2 即经典实验设计的一个应用实例。在该实验中，分管大学住宿的官员在学生中开展了一项竞赛，即试图通过现金奖励的方式去减少煤气的消费量。现金奖励作为自变量被数次引入。该项目针对相同的对象组共做了六次实验。选择这个案例，也因为它很好地体现了研究者是怎样综合地运用研究方法的。研究者通过支出—收益分析发现，现金奖励同能源节省相比花费得更多。

**例 3.2**

经典实验设计的一个应用

问题：什么方法能有效地减少那些使用主控仪表住户们的能源消耗？这些住户不单独支付公用设施账单。

研究对象：五幢归大学所有的公寓大楼。分析者根据住户在住房面积、家庭构成和能源使用种类等方面的可比性进行了配对比较。其中，一幢大楼被随机分配到实验组，另一幢大楼则归为控制组。剩下的三幢大楼无法配对。

自变量（操作）：在两周内以现金奖励的方式分别举行了六次竞赛。

因变量：天然气的节省量＝价格×(预计消耗－实际消耗)。

设计图解：$RO_1\ X\ O_2\ X\ O_3\ X\ O_4\ X\ O_5\ X\ O_6\ X\ O_7$

$RO_1\quad O_2\quad O_3\quad O_4\quad O_5\quad O_6\quad O_7$

内部效度威胁：

历史事件：作为实验对象的大楼收到一份长达 15 页的节省指南，这可能产生一些问题。

自然过程、数据回归、案例选择、测量工具等均为设计所控制。

被试者消失率：无。

设计干扰：不可能。控制组成员表示对竞赛几乎没有兴趣。

外部效度威胁：

没有证据可以证明研究结果不能推广至其他的大学公寓大楼。

竞赛次序	实验组节省的费用（美元）
1	137.85
2	79.31
3	98.35
4	67.19
5	66.41
6	39.19

结论：竞赛减少了煤气消费，但不能抵消竞赛的花费。历史事件和设计干扰问题是否可以作为内部效度威胁并不确定。研究结果证实了那些在公寓大楼研究中的发现。对于曾在宿舍间开展过类似竞赛的学校而言，这个方法更为有效。

资料来源：改编自 L. McClelland and S. W. Cook, "Promoting Energy Conservation in Master-Metered Apartments through Group Financial Incentives," *Journal of Applied Social Psychology* 10 (1980): 20-31。

为了避免前测可能产生的测试敏感的影响，**随机性的后测设计**（randomized posttest design）排除了前测这个环节。也因此，它的设计与经典实验设计相同。
74 其基本假定是，随机分配将产生对等的实验组和控制组，因此可以不进行前测。对于较大的研究人群而言，这个假定可能更为有效，该图解可以表示如下：

$R\ X\ O_1$

$R\quad\ \ O_1$

随机性的后测设计有很多优点。它取消前测降低了成本。前测实施起来通常很困难，甚至不可能，并且或许也不必要。随机性的后测设计消除了研究者确定前测是否合理的负担。例如，对于一个白天监外工作项目而言，需要检测该项目是否减少了犯人的重新犯罪率。符合要求的犯人被随机地分配到该项目中来或者继续去服完他们的全部刑期。该项目规定，跟踪调查所有作为研究对象的犯人，并确定他们是否因为其他罪行而被捕。然后比较该项目的研究对象和服完全部刑期的研究对象之间的重犯率。[10]我们可以设想，如果研究者一定要去获取前测数据，可能会发生什么？数据或许不存在，因为监狱可能没有关于囚犯是否曾蹲过监狱、蹲过多少次或多长时间监狱的可靠记录。即使有这些可靠的数据，它们也可能会因为属于机密而禁止研究者使用。因此，我们假定有犯罪前科的囚犯不在符合该项目要求的犯人之列。

如果实验组足够大，以至于研究者相信它们是相似的，随机性的后测设计就是
卓有成效的。而如果某项研究的对象相对较少，则研究者需要利用前测数据以确保 75
实验组与控制组之间的可比性。因此，如果研究者需要确定因变量在多大程度上归
因于自变量的变化，那么前测数据就显得尤为必要了。

例 3.3 即通过随机性的后测设计来确定在没有领导的群体中，训练能否提高绩
效。在没有领导的群体里，在引入自变量之前测量训练绩效，将会增加研究成本。
进一步讲，附加的时间要求也会导致更大的被试者消失问题，并且，当实验组和控 76
制组的成员们开始互相联系时，设计干扰的可能性就会增加。

例 3.3

随机性的后测设计的一个应用案例

问题： 某个大学就业工作处想了解在给定角色的领导小组中培训是否可以提高绩效(一种为多数雇主用来选择专业雇员的技术)。

研究对象： 来自初级心理学班并被随机分配到三个小组中的 36 名女学生。

自变量： 为无领导小组准备的类型。实验运用了两套方法，因此建立了两个实验组：

X_1——作为研究对象，参加了两期训练课，并接收到她们在无领导小组中关于训练绩效的反馈。

X_2——作为研究对象，观看了对她们在无领导小组中的行为进行有偏颇评价的简短录像带。

控制组： 作为研究对象，没有参加培训课、没有看录像带且没有其他任何准备。

因变量： 在一个给定角色、没有领导的小组中的整体成绩。平均计算每个研究对象在领导水平、行动灵活性、口头表达、主动性和说服力等方面的得分。

设计图解：

$$
\begin{array}{lll}
R & X_1 & O_1 \\
R & X_2 & O_1 \\
R & & O_1
\end{array}
$$

内部效度威胁：

历史事件：为设计所控制，并且认真地执行实验的程序。

自然过程、数据回归、选择：为设计所控制。

测试效应和测量工具：不适用于这种设计。

被试者消失：无。

设计干扰：无记录显示。

外部效度威胁：

可能存在选择和操作之间的交互作用：所有的女大学生，对培训项目的反应可能不同于那些寻找工作的普通职业群体。

可能存在环境和操作的交互作用：由于这些学生缺乏运用这些技巧获取工作的急切心情，因此，实验环境无法复制每个人都会为某个职位展开竞争的自然情景。

调查结果：

	组		
	培训过的小组	看过录像带的小组	控制小组
平均表现*	5.08	2.83	2.58

*一个人在各个指标上的平均分数。分数越高，表现越好。

结论：“培训能够在给定角色的无领导小组中提高绩效”的假设获得了支持。录像带的使用意味着“流言式”劝告（grapevine advice），但不代表非正式建议的影响。研究者们没有确定培训是否仅仅使参与者成为了考试高手，或者事后他们是否能够把学到的经验运用到工作环境中，也不知道培训是否会对那些有管理经验的人起作用。

资料来源：P. M. Kurecka et al.，“Full and Errant Coaching Effects on Assigned Role Leaderless Group Discussion Performance,” *Personnel Psychology*，(1982)：805-812。

管理人员可能会看到与项目评估结合起来的实验设计，尽管它们也运用于其他领域。项目评估的主要目的是确定有计划地介入或项目是否已经产生预期的成效。对于确定适用于既定人群的政策或项目的效果而言，实验设计无疑是个有用的研究策略。如前所述，实验设计在使用项目评估时，所遇到的主要困难是缺乏研究者控制。缺乏控制使实验设计在评估已确立的项目时难以奏效。这类项目有完善的程序，十分复杂，而且研究者往往弄不清楚谁将接受服务、他们将接受什么服务，以及项目究竟如何提供服务。

托马斯·库克（Thomas Cook）和唐纳德·坎贝尔（Donald Campbell）证实了使实验设计无法奏效的其他情形。[11]例如，在行政管理环境中，真正的实验研究很少能够迅速地进行。因此，如果一项决策必须快速做出，那么就需要选择替代性的研究设计。有时，如年龄、种族、灾难爆发等重要的变量不能被调节或随机分配。
对大多数项目来说，项目评估的决定，独立于项目实施的决定，而且经常在项目实 77
施以后做出。这就使得真正的实验不能进行，因为它进行得太迟了，以致不能调节自变量的介入或分配研究对象到实验组。在真实的社会环境中，实施严格意义上的实验设计的成本也很昂贵。因此，应该先进行预备性研究以避免实施不成熟的实验。

实验设计在缺乏资源的时候，似乎更有倾向性地涉及一些新的或有争议的项目研究。[12]而那些特定的、可以清楚描述的、可以立刻实施而不用分阶段逐渐实施的项目，则把它们自身引向了实验评估。对适度操作的效果的研究，如改变办公室记账程序，同那些为了达到广泛社会目标的雄心勃勃的项目相比，运用实验方法更加容易也更加合理。研究者要确保后面的项目能够如最初所设计或期望的那样得到执行，往往存在一些困难。参加项目的压力会使得随机分配变得几乎不可能，研究对象退出和设计干扰等问题也不可避免。在社会项目的研究中，反对使用实验设计的理由之一是为控制组提供操作的问题。传统的实验设计要求证实如果没有实验操作将会发生什么，由它引起的实际问题和伦理问题，已经使为控制组提供替代性的操作成为一个可以接受的做法。[13]这类问题在医学研究中特别突出，例如，对于向某一实验组隐瞒新的医学操作，以便用实验方法检验成效的做法所带来的道德问题，一直存有大量的争论。

3.3　准实验设计

经典实验设计依赖于研究者控制研究环境的能力。从实验的开始到结束，研究者都要实施控制、选择和分配研究对象，并且使实验组受到自变量的影响。研究者还要尽可能地确保在整个研究过程中，除受自变量的影响外，对等的研究群体从一开始就要处于相同的条件下。将自变量视为“操作”的传统强调了调节和控制自变量影响的客观性。

在实验室环境以外进行研究，经典设计模型所要求的控制数量可能无法实现。严格意义上的实验设计要求（1）至少受到一个自变量的调节作用，（2）研究对象被随机分配到小组，（3）自变量被随机分配到小组，（4）实验组或操作组不受其他因素的影响。假如这些条件中某一个没有得到满足，这种研究就被称为准实验设计（quasi-experimental design）。唐纳德·坎贝尔和朱利安·斯坦利（Julian Stanley）称：“在许多自然环境中，即使无法完全控制实验设计的时序安排从而使严格意义
上的实验成为可能，研究者仍然可以把类似于实验设计的一些东西引入到数据收集 78
程序的计划中。”[14]换句话说，研究者应尽可能地利用经典实验设计的诸多长处，并且运用其他措施来控制内部效度威胁。与严格意义上的实验设计不同，准实验设计中的操作组和控制组的成员没有随机分配。因此，分析者在一开始就不能预设组与组之间是对等的关系。

这里讨论三个通常使用的准实验设计：比较组的前测/后测设计（comparison group pretest/posttest design）、非连续的时序设计（interrupted time-series design）和多组非连续的时序设计（interrupted time-series design with comparison group）。

比较组的前测/后测设计在表面上看起来像经典实验设计，然而它没有通过随机分配来选择研究对象，而是把一个看起来与参加测试的组具有可比性的小组确定为研究对象。这是一个有效的策略，因为项目或政策常常不是按照随机分配的方式发展的。假设，一个警察局想研究将工作时间压缩到每周 4 天每天 10 小时会产生什么样的影响。如果警察反对将他们随机分配到实验的时间表中，这项研究就可能会遇到一些困难。因此，研究者可能更倾向于把新时间表的测试限制在每一个人都同意参与的单位里。由此产生的研究设计，需要找到一个愿意服从新时间表的实验群体，然后从其他人群中指定一个比较组。创立比较组的方法是以选定的实验特征为基础，对实验组里的每一群人进行配对。[15]但是，要注意它与严格意义上的实验的不同之处，即这里群组的成员没有被随机分配，所以分析者不能预设组群之间是对等的。而且实验性的操作也没有随机分配到某个群组之中。

研究者也可以创建比较组（comparison group）以便与完整的实验组进行比较。这为关注有机农业如何影响农作物产量的研究者们提供了一个有效的研究策略。由于研究者不能说服农场主进行有机农业转换，他们找出现有的有机农场，并且把每个农场与面积大小及土壤条件相似的农场进行配对。相似的案例还有，在一项日托制度如何影响儿童成长的研究中，曾经有五年幼儿园日托经历的幼儿园孩子构成一个实验组。在相同的学校系统中，没有日托经历的幼儿园孩子，在获得他们父母同意后，构成比较组。在选择了比较组后，研究者细究两组的特征以寻找他们之间的系统性差异。

比较组的前测/后测设计如下图所示：

$$O_1 \; X \; O_2$$
$$O_1 \quad\; O_2$$

比较组的设计有时被称为“非对等控制设计”（the nonequivalent control-group design），但是我们更愿意把术语“控制组”限定为其成员被随机分配的组。比较组
79 设计的主要局限在于没有能力控制由选择带来的偏见。实验组和比较组之间的相似性越大，研究者根据他的研究结果做出推论时就越有信心。这种设计能对历史事件、自然过程、前测以及测量工具的影响加以控制，这些必须得到确认。除非研究者能在从前测到后测的过程中保持实验组和比较组的条件相同，否则某个组的经历就可能影响其后测数据。例如，如果比较组与实验组由警察分局构成，并且警察分局在收集数据时采用不同的标准。那么测量工具就有可能威胁到效度，原因是两组对因变量的测量有所不同。被试者消失问题可以通过检查记录来进行核对。由此研究者可以确定是否有任何人群过早中断实验的进度安排，特别是在结束之前退出研究。

统计回归在这个设计中仍然可能威胁效度。假如实验组和比较组在一些方面存在系统性差异，这种威胁就显得特别大。设想，前测流动率比实验人群中通常的值要高一些，而同比较人群中通常的值相比要低一些。如果每组都向它的平均值回归，实验组会显示一个较低的后测流动率，而比较组则有较高的后测流动率，这都应归于统计效应，而不是时序安排方面的差异。这种情形不是不可能发生的。人们期待管理人员为实验项目挑出有最高流动率的人群。

如果比较组的前测/后测设计可以在不同的环境中复制该研究项目的效果，它就会有很高的外部效度。因此，如果时序安排的改变在所有的测试人群中降低了人员流动率，而且这些人群中有士气高的和士气低的、有好相处的和难相处的街坊、有平易近人的领导和权威型的领导，那么管理人员就会有信心使压缩整个警察局的工作时间获得成功。例 3.4 阐明了另一个关于比较组的前测/后测设计的运用情况。

比较组的设计能够控制以下威胁内部效度和外部效度的形式：

历史事件和自然过程：可以由设计加以控制。注意局部的历史事件可能存在的威胁，亦即历史事件影响一个组而不影响另一个组。类似的是，选择和自然过程可能会互动，亦即不受实验的影响，一个组会比另一个组改变得更快。

被试者消失：不能很好地为设计所控制，但是能被观察到。

选择问题、数据回归和设计干扰：没有被设计所控制。

测试效应：被设计所控制。

外部效度：因为实验组和控制组都不是随机分配的，所以可能会减少。但是，外部效度可以通过在不同环境中的实验复制而大大增强。

在例 3.4 所显示组的前测/后测设计的比较中，实验组由那些率先通过签订合同使其房屋防寒性能得到增强的人员组成；而比较组则由稍后签订合同并列在等待名单上的人员组成。研究者收集数据以确定两组研究对象在房屋大小、居住者人 81
数，以及房屋所有者与租借者的比例等方面的相似性，当然在两组之间其他的未经检查的差异也可能会存在。第一个小组会有更大的动机去节约能源并且已经采用增强御寒性能的其他配套措施。为了确定这些证据是否表明房屋防寒计划是有成效的，决策者必须运用自己的判断和经验，来确定那些似是而非的、没有实施控制的内部效度威胁是否会改变研究结果。

例 3.4

比较组的前测/后测设计的一个应用案例

问题：针对低收入家庭的住宅防寒项目是否能够减少能源消耗？

研究对象：位于明尼苏达州（Minnesota）的 59 个已经增强防寒性能的住宅和 37 个等待增强防寒性能的住宅。

自变量：住宅防寒项目中的参与情况。该项目为他们提供了所需的物资和服务：绝缘材料、挡风雨条、防寒风的门窗、玻璃的更换以及修理等。

因变量：

节省的英热单位（British Thermal Units，BTUs）百分数。

每平方英尺居住面积每度每天所节省的 BTUs（O_2-O_1）。

每度每天所节省的美元（O_2-O_1）。

设计图示：

O_1 X O_2

O_1 　 O_2

内部效度威胁：

历史事件：没有明显的威胁记录。

自然过程：为设计所控制。

选择、数据回归：尽管控制组比实验组较晚申请房屋防寒项目，但没有明显的倾向性；两组有相似的房屋面积、居住人数和房屋所有者占比。

被试者消失：一些不同的研究对象因迁移、离开家庭或得不到正确的燃料记录而被排除。

测试效应、测试工具：为设计所控制。

设计干扰：没有记录。

外部效度威胁：

历史事件和操作之间的互动作用，以及环境和操作之间的互动作用可能存在。该项研究在 20 世纪 70 年代后期（一个能源高消耗时期）的明尼苏达州开展。

调查结果：

	增强了防寒性能的房屋（平均值）	没有增强防寒性能的房屋（平均值）
节省的 BTUs 百分比	10.95	−2.48
每平方英尺每度每天所节省的 BTUs	1.68	−0.295
每度每天所节省的美元	0.006	0.001

讨论：根据平均值来计算，增强了防寒性能的房屋在燃料消耗上节省了 13%，而且相关费用将在 3.5 年内偿还。数据和设计均支持增强住宅防寒项目的收益，但还需要更多的证据去支持研究结果的普遍适用性。

资料来源：E. Hirst and R. Talwar，"Reducing Energy Consumption in Low-income Homes，" *Evaluation Review*，(October 1981)：671－685。(Copyright © 1981 by Sage Publications. Reprinted by permission of Sage Publications.)

非连续的时序设计把除时间外的自变量合并到时序设计中。这种设计在单个组的之前/之后设计的基础上有很大的改进。与简单的时序设计相比较，非连续的时序设计引入了一个自变量，而且可以根据其他变量追踪其影响。另一方面，简单时序设计被用来描述时间跨度中变量的取值，而不是去解释那些取值的变化。

非连续的时序设计在引入自变量之前需要有几个观测。这些资料有助于说明因变量的变化是由自变量导致的，而不能归因于长期趋势、循环和周期性的事件等。在引入自变量后所进行的一系列的观察，是为了提供细致的证据以说明自变量确实发挥了作用。自变量会导致（1）因变量突发的永久性变化；（2）因变量突发的暂时性变化，这种变化逐渐减弱并最终回归到起始点；（3）因变量逐渐的持久性变化，其中，最初的变化逐渐增加或降低到一个趋于稳定的水平上。[16] 例 3.1 就说明了这点。

例 3.2 所描述的节约能源竞赛，似乎说明了上述的第二种变化。尽管数据不完整，但我们可以想象数周过后，学生们将恢复他们先前的能源消费习惯。[17]

在这种设计中，自变量可以由研究者来引入。然而，自变量更有可能是自然产生的或由他人引入的。在许多案例中，自变量的作用在分析者能够研究它的可能性时就已经产生了。

这种设计可以表示如下：

$$O_1\ O_2\ O_3\ O_4\ X\ O_5\ O_6\ O_7\ O_8$$

O_s 的数字和它们相对于 X 的位置依赖于自变量被引入前后所观察资料的数字。由于观察资料阐明了因变量是怎样随着时间的推移而变化的，所以，该设计对作为内部效度威胁的自然过程控制得最好。该设计也排除了数据回归的影响。其他每个内部效度威胁出现的概率在得到详细调查后，也可以被消除。其他的事件，作为一个自变量可以发生在同一个时间段。对当前环境的细致调查能够证实这些情况。在 82
一个时间序列里，波动可以归因于长期趋势、周期性变更、周期性趋势以及随机波动。如果充分考虑在变量介入前后的时间因素，变化趋势的类型就能够得到阐明。非连续的时序设计能够排除一些关于自变量介入后的变化的替代性解释。

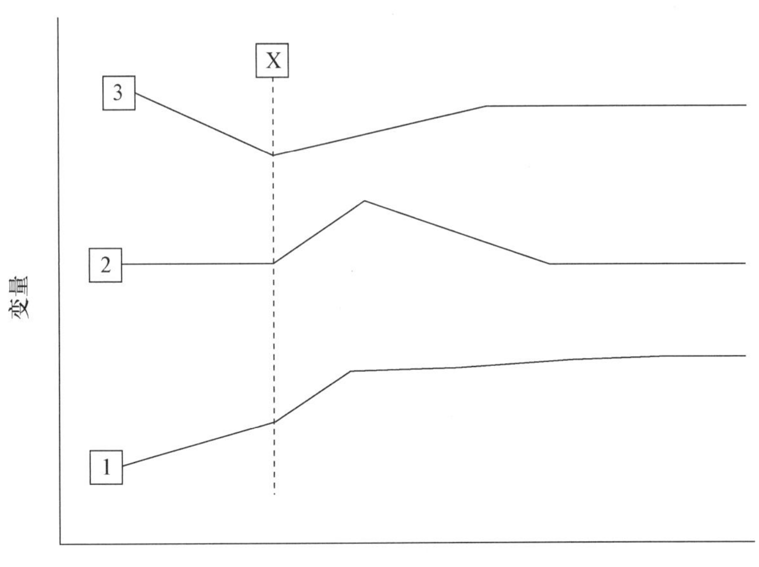

图 3—1　非连续时间序列可能产生的影响

研究者应该特别警惕选择和操作之间的交互作用，也就是说，他需要相信介入前的数据所反映的与介入后的数据所反映的是相似的人群。[18]例如，对一个全日制学校的教学效果进行评估时，研究者需要确定校内的学生群体在全年学期制项目实施后是否发生了变化。如果不喜欢学校或害怕失去较长假期的学生转到其他的学校，而更多有竞争力的学生转到全日制学校，那么学生成绩的改变就可以归因于学生群体的变化而不是较长的学年。检查记录可以揭示其他可能导致因变量变化的事件。因此，研究者必须检查项目记录，以确定被试者消失的范围。而且，他必须确定，在进行观察的整个过程中，测量学生成绩的方法没有发生改变。例如，在进行一项调查时，问题是否由不同的人表述或改述了？有没有使用不同的测量方法？是使用 ACT（美国大学测试）测试还是 SAT 测试（学术能力测试）？

下面简要列举了非连续时序设计怎样去防范那些对内部和外部效度的威胁：

83 **A. 对于内部效度威胁**

历史事件和测量工具：没有通过设计去防范。研究者应该检查记录以确定其他事件是否和变量的介入同时发生，或者测量程序出现了何种变化。

自然过程、数据回归和测试效应：通过设计去防范。如果设计有充足数目的数据点（至少有 50 个数据点用于统计分析），那么与长期趋势、循环、周期性变更以及随机波动相联系的变化就能够被排除。

选择问题：没有被设计所排除。研究者需要确定变量的介入与正在被测量的人群的主要变化并不一致。

被试者消失：没有被设计所排除。研究者必须核对记录，以确定在自变量出现后研究对象是否退出。

B. 对于外部效度威胁

设计并没有通过有效控制来防范外部效度威胁。其中，在选择和操作之间的交互作用尤其是一个潜在的问题。

如果预计自变量会产生显著而迅速的影响，非连续时序设计就会有最佳的效果。除此之外，需要通过统计程序或其他评估方式排除长期趋势、循环或周期性变化的影响，否则该研究设计的效果会被错误地归因于这些因素。统计程序能够帮助研究者确证这种设计的效果明显大于预期波动。[19]如果自变量能够在一个清晰、可识别的时刻立即引入的话，该研究设计也会最有效地运转。如果自变量是逐渐的、分阶段的，其影响则很难识别。研究者也应该试着去理解效果可能在什么时候出现，是几乎立刻发生还是需要一段时间。

非连续时序设计给记者、政治家以及研究者提供了一个方便且易于使用的方法去追踪公共政策的影响。例如，1994 年，纽约市市长鲁迪·朱利亚尼（Rudy Giuliani）新任命的警察局长实施了一场加强社区治安、以犯罪高发区域为目标的改革。市长的传记记述了该项目的成功："在市长吉里亚尼的领导下，自 1993 年以来，纽约市首次出现总犯罪率减少 38%，谋杀犯罪率减少 48%的情况。"[20]图 3—2

佐证了市长的自我夸耀。城市的犯罪率在 1989 年就开始下降，在 1994 年和 1995 年达到自 1980 年以来的最低值。犯罪率在 1994 年下降了 11%，1995 年下降了 16%，幅度为 15 年中最大。尽管这显示了市长吉里亚尼改革项目的成功，研究者还是想试图弄清有哪些内部效度威胁以及如何评估它们。我们接下来继续用这个例 84
子来讨论这个话题。在追踪和报告统计数据成为监督和奖励绩效的通用方法时，可能会出现一种严重的设计干扰问题，即数据收集者、管理人员和分析者会被利益诱惑而去操控各种数据。例如，我们可以设想一个警察局为避免数据显示自杀率增加的状况，而重新考虑如何给对一些死亡案例进行归类。

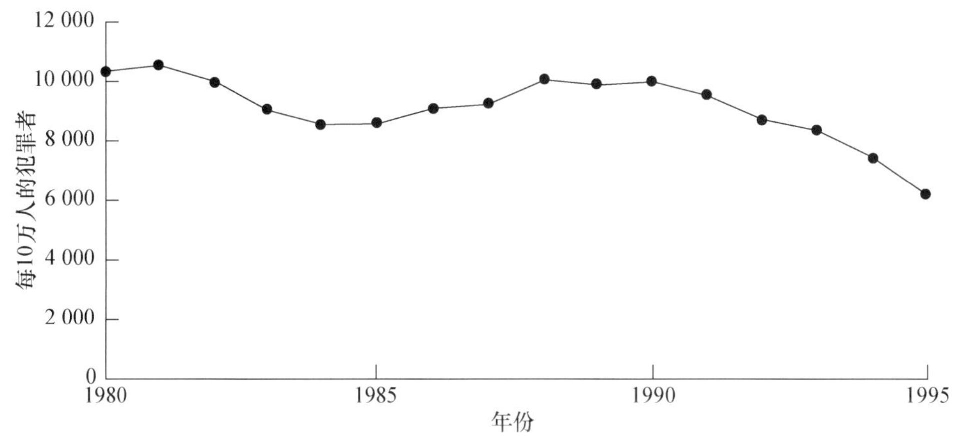

图 3—2　纽约市的犯罪率（1980—1995）

资料来源："Criminal Justice Indicators New York City：1980—1995，" New York State Division of Crimimal Justice Services February 13，1997（http://criminaljustice.state.nyu.us/crimnet/ojsa/areastate/areastat.cgi）。

这些时序数据排除了自然过程或数据回归对效度的威胁。然而，它们并没有证实社区治安或市长领导的成功。其他的城市在相同的时期内犯罪率也较低。事实上还有别的原因可能导致犯罪率的下降，其中包括经济发展、可卡因使用的减少、青少年人口比例的降低等。此外，报告的犯罪率没有去测量实际犯罪的发生率。愤世嫉俗的市民可能不会去报案；忙碌的警官可能没有把一些犯罪报告归档。事实上，证明警察局策略的效率需要进行更多的分析。调查者应该证实报告的模式是一贯的，还应该去了解经济、药品使用、人口年龄分布等方面的变化是否与犯罪率的变化相关。他们还需要将纽约的数据同其他城市的数据进行比较。

为了使用更全面的分析来阐明非连续时序设计，我们考察了一项关于伊利诺伊州（Illinois）预防强奸法（rape shield law）实施效果的研究。在 20 世纪 70 年代和 80 年代，由立法者启动了一项普通法律改革。其中，新制定的预防强奸法限制了辩护律师把强奸犯的过去性经历引入强奸案中作为证词的做法。预防强奸法的倡导者认为，现行法律的改变将鼓励妇女报案、推动起诉、增加定罪比率。伊利诺伊州于 1978 年 4 月实施预防强奸法。图 3—3 基于一项更为详细的研究中抽取的数据[21]，显示了芝加哥每年关于强奸或与强奸有关的起诉中被告的定罪率状况。

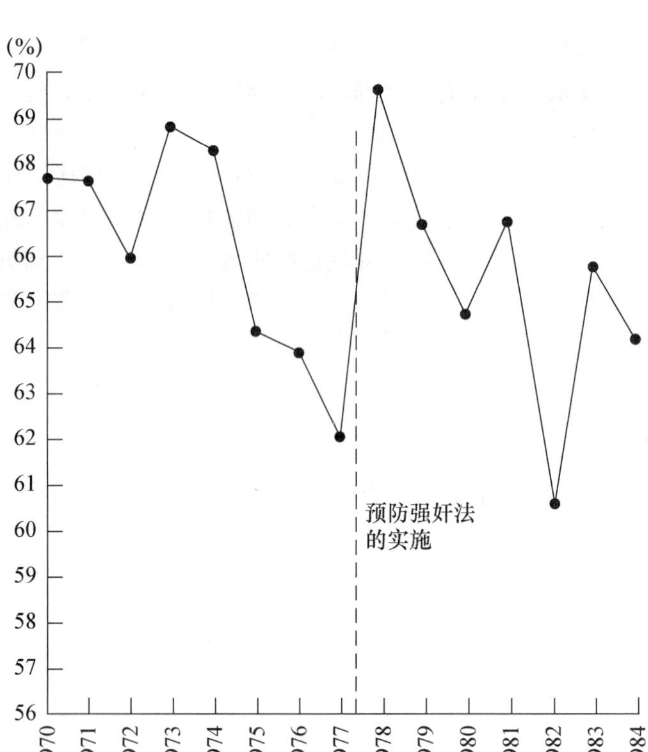

图 3—3　1970—1984 年芝加哥受到犯强奸罪或与强奸有关罪行指控的人被宣判有罪的百分比

资料来源：数据来自 C. Spohn and J. Horney，"A case of Unrealistic Expectations：The Impact of the Rape Reform Legislation in Illinois，" *Criminal Justice Policy Research* 4（1990）：11。

定罪率在 1978 年飙升，但在接下去的年份里逐渐下降，并且看起来同改革之
85 前的年份相比没有什么明显的不同。要使用时序设计，研究者还应该去收集定性的信息。定性信息可以使研究者证实一些可能已经引起显著变化的其他因素。在这项研究中，研究者对法官、州律师、公共辩护律师进行了访谈。根据访谈和广泛的统计证据，研究者得出结论，认为该法律"对于起诉率、定罪率和监禁时间并没有产生什么影响"。研究者了解到在 1978 年前，判例法已经开始限制把个人性经历作为证据，因此，这次改革比看起来要温和很多。研究者也观察到该法只能够影响那些陪审团参与的案子，而且在这些案子里，沉默权是辩护的一部分。因为只有不到 10％的强奸案有陪审团参与，所以该法影响整个定罪率的潜力要低于其倡导者的期望值。

这个例子表明了解释非连续性时序设计所面临的复杂性。图表信息是有帮助的和易于理解的。通常，图表仅仅是第一步，随后是更为详细的统计分析。[22]追踪变
86 量并观察其变化，会产生一些有趣的问题，即究竟是什么导致了变化。从一个或更多的未经操作的比较组中收集相似的信息，可以说是充实时序设计的一个策略。

在非连续时序设计中偶尔可以看到附加了非操作组的比较时间序列。这种设计被称为**有比较组的非连续时序设计**（interrupted time series with comparison group），它可

以使研究者把操作组的因变量时序与非对等的非操作组的因变量时序进行比较。

在这种设计中，因自变量的介入而中断的时间序列在操作组中展开。另外，时间序列也在一个不受自变量影响的组里同时展开。如果群组在某些重要方面是对等的，那么附加比较组就可以提供对一些针对内部效度威胁的检验。[23]例如，为检查纽约市社区治安状况，可以选择美国另一个没有实施社区治安项目的主要城市（如芝加哥、费城和波士顿）进行比较。为控制选择因素对内部效度的威胁，相比较的城市之间必须有相似的人口特征，诸如相似的年龄分布、种族背景、收入以及吸毒情况等。研究者还需要去寻找“地方历史”（local history），即发生在某个城市而不是别的城市的、能够导致犯罪率的变化的事件。

有比较组的非连续的时序设计可以用如下图示来表示：

$$O_1\ O_2\ O_3\ O_4\ O_5\ X\ O_6\ O_7\ O_8\ O_9\ O_{10}$$
$$O_1\ O_2\ O_3\ O_4\ O_5\quad\ O_6\ O_7\ O_8\ O_9\ O_{10}$$

例 3.5 概括了一个有比较组的非连续时序设计。[24]其中，研究者评估了房产价格对社区发展积极性的影响。他们视恢复经济发展的努力为变量的介入情况，地点在俄勒冈州波特兰市的一个逐渐衰退的地区。为了控制其他的变化，包括诸如房产价格普遍上升的趋势，他们收集了位于其他低收入地区的房产价格的数据以及整个波特兰市的平均房产价格。因此，研究有两个控制组。[25] 88

例 3.5

非连续性时序设计的一个应用案例

问题：一个非营利组织发起了一项恢复商业经济发展的计划，地点在俄勒冈州波特兰市一个名叫贝尔蒙特（Belmont）的落后地区。发起者想知道在市内多个区域中所进行的恢复经济的努力是否有什么不同的效果。研究者则试图为这个问题提供答案。

研究对象：位于俄勒冈州波特兰市的贝尔蒙特地区和其他低收入地区。

自变量：1996—1997 年的商业经济恢复状况。

因变量：单个家庭住宅的销售价格。

设计：收集 1988—1999 年每年的数据。

贝尔蒙特地区： $O_1 \cdots O_4 \cdots O_8 \quad X \quad O_9 \cdots O_{10} \cdots O_{11} \cdots O_{12}$

其他低收入地区：$O_1 \cdots O_4 \cdots O_8 \qquad O_9 \cdots O_{10} \cdots O_{11} \cdots O_{12}$

整个波特兰市： $O_1 \cdots O_4 \cdots O_8 \qquad O_9 \cdots O_{10} \cdots O_{11} \cdots O_{12}$

对内部效度可能造成的威胁：

历史事件：来自其他低收入地区和波特兰市其他地方的数据，对房产价格的普遍上涨和其他事件和因素的影响进行了控制。

测量工具：在整个数据收集期间没有改变测量房产价格的方法。

选择问题：这是一个可能的威胁因素。贝尔蒙特可能具有的某些特征使其成为特别适合经济恢复项目的候选地点。

自然过程/数据回归：为设计所控制。

其他的威胁因素在这里被认为不适用。

对外部效度可能造成的威胁：

贝尔蒙特是一个很适合实施该项目的地区而且经济恢复是以与商业有关的状况为基础的。这里，一些老住宅围绕在商业区域的四周。

结论：图 3—4 提供了在 1988—1999 年间的每年单个家庭住宅的中位价格。经济恢复行动开始于 1996 年并在 1997 年底完成。如图所示，在经济恢复项目完成之前，该地区的房产价格已经开始上涨。

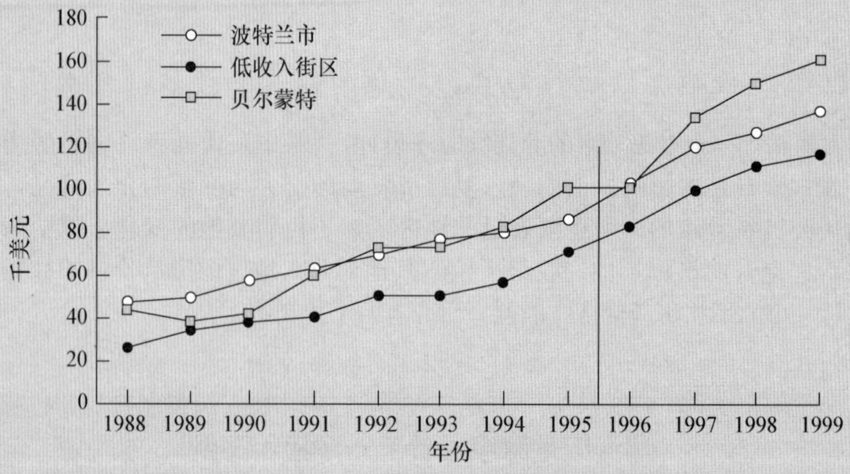

图 3—4　每年单个家庭住宅销售的中位价格

讨论：研究者检查了图表中的原始数据并进行了细致的统计分析。他们得出这样的结论：图表中的数据显示了在贝尔蒙特地区的房产中位价格在实施经济恢复项目的期间或刚刚结束后就已经上涨，并远远超过其他低收入地区以及波特兰市的整体水平。统计分析证实了这种建立在直观图表上的结论。然而，上涨的是房产的基础价格。贝尔蒙特地区的在实施经济恢复项目结束后房产价格的上涨，同其他低收入地区以及波特兰市的整体水平相比，并没有持续一个更高的增长率。研究者的结论是，恢复经济的努力已经产生了积极的成效。

资料来源：改编自 George Galster，Kenneth Tempkin，Chris Walker，and Noah Sawyer，"Measuring Impacts of Community Development Initiatives. A New Application of the Adjusted Interrupted Time-Series Method，" *Evaluation Review* 28（2004）：502-538。

3.4　非实验设计

非实验设计（nonexperimental design）不能控制那些对内部效度的威胁因素。

如果偶然出现把变量的介入实施在随机选择的研究对象身上，研究设计就会有一些外部效度。当对效度的威胁，包括历史事件、自然过程和数据回归，以及选择问题等因素没有被控制的时候，非实验设计的价值就会因其结论具有明显局限性而被忽视。有三种非实验设计，分别是：

单个组后测（single group posttest）：		X	O_1
单个组前测/后测（single group pretest/posttest）：	O_1	X	O_2
非对等组后测（ronequivalent group posttest only）：		X	O_1
			O_1

为阐明单个组后测的价值和局限性，我们选择两个新闻故事中的调查描述。上述的每种研究设计都能够从这些引文中推导出来。

> 高速交通管理局在三家中文报纸上发布相关新闻后，昨日约 400 人到现场登记领取了一种以半价提供给老年市民的特别旅客卡。[26]
>
> （南加州福利性工作项目）在一个年度内把 422 名社会福利接受者列入工资单中，同时并没有创造任何新工作或转换任何州内工人的工作。[27]

单个组后测研究并不能控制任何对内部效度的威胁，因而应该考虑到那些似乎可能会发生的威胁因素。在发布中文新闻的“实验”中，似乎最可能发生的威胁因素，即历史事件和自然过程，可以被排除。新闻宣布了移动式办公设施将运到纽约市的唐人街，并接受市民旅客卡的申请。实际上，移动式办公设施已经在全纽约市工作了 6 个月。但是，在新闻发布之前还很少有人利用它去申请旅客卡。因此，看上去新闻发布取得了成功。

然而称福利性工作项目已经取得成功却并不可信。从事低收入、低技能工作的人，在失业期间一般依赖社会福利。项目所提供的 442 个福利性工作岗位主要集中于食品服务、维修和私人服务等领域。自然过程和历史事件作为威胁因素无法被消除。442 个工作岗位正常地根据就业状况的差异而被分配到那些享受或不享受社会
福利的人员手中。然而，该州并不知道在以往年份内雇用过多少社会福利的接受 89
者，所以 442 个工作岗位可能是一个较大的数额，但也可能不是。经济的增长会缓解工作申请者的窘境，并推动各州去开发新的雇员资源。该州如果找不到其他的雇员，就会雇用那些社会福利的接受者。因此，是良好的经济状况，而不是福利性工作项目，导致了对社会福利接受者的大量就业。

即使不能消除那些可能存在的内部效度威胁因素，单个组后测仍然能够提供一些有用的信息。第一，该设计表明变量介入是否像所期望的那样发挥了作用。高速交通管理局希望有 50 个人去参观它在唐人街的移动式办公设施，结果大大出乎意料。如果几乎没有人到场的话，高速交通管理局就会断定通过外文报纸发布新闻的方法是无用的。假如南加州的调查者发现该州几乎没有雇用过社会福利接受者，他

们就会质疑福利性工作项目的成效。第二，研究者可以收集其他有价值的、细致的信息。在南加州，调查者研究福利性工作接受者的职业，不管是临时性的还是长期的，从而判断他们是否已经从中受益。这类信息可以识别一些额外的议题，它们有助于理解福利性工作项目与就业之间的关联。单个组前测/后测设计在控制内部效度威胁方面做得不大好，但是它确实能提供一条有用的信息，即它可以阐明发生在前测和后测之间的某些变化。考虑到项目的参与者发生了改变，需要建立前测/后测设计，并分别在项目开始和结束时对参与者进行测试。他们的行为变化可以归因于项目，但是还有替代性的解释吗？可以设想，一个为期 10 周的课程主要培训新员工如何回答纳税人的提问，并测试参与者所具有的有关免税代码的知识。在课程开始时，30%的员工得了 85 分以上，而在课程结束时，80%的人得了 85 分以上。那么，除了项目本身外，还有哪些因素可能导致这些变化？我们认为有以下四点：

> 1. 如果参与者像他们参加培训课那样去工作，后测得分就可以反映他们在有关免税代码的工作上所学到的东西。
>
> 2. 前测得分较低的人会退出课程，剩下的是占全班大部分比例的能够做得更好的人。
>
> 3. 前测可以激励人们主动地学习与他们自身有关的免税代码知识，而且，是他们的“家庭作业”而不是培训提高了他们的后测分数。
>
> 4. 不熟悉测试的形式会降低前测成绩，一些在后测中得到的进步可以归因于对测试形式的熟悉程度。

那些期望改变态度或行为的研究项目，会产生设计干扰问题。在进行后测时，参
90 与者在回答或采取行动时，会采取一种能够表明他们已经采取了所期望的态度或行为的方式。然而，他们的态度仍然和原来一样，而且他们的行为没有真正地改变。

单个组前测/后测有与单个组后测相似的优点：第一，调查者能够确定政策或项目是否符合他们的愿望；第二，他们能收集数据来回答关于项目的一些特定问题；第三，他们能够把有关项目的知识和信息整合在一起，并形成一个似乎合理的案例，去证明项目的有效性。

研究者检验某项政策的效果时，是采用单个组后测、单个组前测/后测，还是采用非连续的时序设计，取决于数据的可获取性。当政策的议程改变时，数据也需要随之改变。例如，南加州很明显从来没有觉得需要去追踪调查究竟有多少以前的社会福利接受者在为加州工作。因此，单个组后测/后测在这里可能是最好的方法。

最后的非实验设计，仅仅是非对等小组后测，对有变量介入的组和没有变量介入的组进行比较。该设计存在与其他非实验设计同样的局限性，即研究者不能辨别两组之间在变量介入之间是否有区别；即使有，研究者也不知道在每个组中会发生什么样的变化。然而，类似于其他非实验设计，非对等组的后测也提供了一些有用的信息。

例 3.6 描述了一个评估父母培训项目效果的非对等组后测设计。所获得的信息
91 确定了项目中发挥作用的部分以及需要改进的部分。某个特定的研究通常会遇到这

样一个问题，即在从社会服务对象那里收集数据时，不能与研究对象保持联系。像地址、电话号码以及电话服务商等联系信息会经常改变。

例 3.6

非对等群组后测设计的一个应用案例

问题：一个针对因虐待孩子而被起诉的父母开设一门父母教育课程的项目，研究人员想知道其进展的情况如何。

研究对象：从 22 个已经完成父母培训项目的人员以及 20 个正在等待参加下一轮培训项目的人员中收集数据。其中，仅有 20 人在等待的申请名单上；35 人已经学完课程，但是可以取得联系的只有 22 人。

变量介入（自变量）：父母教育课程。

因变量：有效的父母教育策略方面的知识。

设计图示：

$$\begin{array}{ll} X & O_1 \\ & O_1 \end{array}$$

研究结果：

处理孩子发脾气的策略。

——68%的课程参与者建议采取积极策略。

——40%的在等待名单上的成员建议采取积极策略。

应对孩子不愿意上学的策略。

——59%的课程参与者建议采取积极策略。

——60%的在等待名单上的成员建议采取积极策略。

对内部效度的威胁：

选择问题：在等待名单上的成员被认为类似于参加者，但是适用于项目的标准或者列入等待名单上的标准会随着时间而改变。

被试者消失：影响课程参与者方面的问题；课程可能只影响了更稳定的（同时也是更成功的）参与者。

历史事件：没有实施控制。

测量工具：实施了控制。调查者被随机分配到课程参与者和在等待名单上的成员那里（对不同的访谈风格加以控制）。

自然过程、数据回归和测试效应：不适用。

讨论：工作人员运用研究中得到的信息来评估项目的内容。他们确定哪些概念需要进一步强调，哪些则不需要。参与者看起来没有做出社会可以接受的反应。当问到他们如何应对压力时，一些父母回答酗酒或沉迷于所喜欢的食物。相似的是，一些父母说他们不认同必须与孩子妥协的做法，尽管他们所上的课程教授了这些内容。

资料来源：改编自 W. Combs et al.，“The Evaluation of the Nurturing Program,” unpublished evaluation, Department of Political Science and Public Administration, North Carolina State University,（Raleigh, NC, 1996）。

3.5 应用截面研究检验因果关系

利用截面研究进行分析的管理者会依据数据来推导因果关系。例如，管理者通过对职业培训项目毕业生的调查，来确定该培训项目的成效。如果调查发现，接受在职培训的人员比只接受课堂培训的人挣钱更多，那就能够由此断定在职培训可以带来更高的收入吗？“在职参与者有更高的收入”的研究结果表明，培训类型与收入之间有一种统计关联。如果参加培训（自变量）发生在提高收入（因变量）之
92 前，我们就可以迅速确立这两者之间的关系。然而，依靠证据推演结论以及排除那些替代性假说的技术，一时难以确认。

在分析来自实验和准实验的数据时，分析者要去处理数量有限的内部效度威胁。在截面研究中，可以识别那些表面上有无限可能的、没有得到控制的效度威胁。其中，主要的没有得到控制的效度威胁是研究者缺乏选择或分配研究对象的控制能力，就如研究者不能控制由谁来参加在职培训而谁又不参加一样。在职培训的参加者获得更高的收入，可以归因于他们在培训开始时就有很强的工作意愿或更强的动机和雄心。如果你有更多关于数据集的信息，就可以识别其他的内部效度问题，例如，如果培训项目在不同的地方进行，那么有的在职培训参加者收入提高可能仅仅是得益于良好的经济环境。调查者可以提出其他可能的第三个变量，其中任何一个都可能揭示这种关系是错误的。

在通过研究设计建立因果关系时，研究者更喜欢实验和准实验的研究设计。同截面研究相比，谨慎地引入和操纵自变量可以提供更为可靠的因果关系证据。但是，如果不能运用实验或准实验设计，或者不得不依靠既有的截面数据，那么，分析者可以运用复杂的分析技术做出可能的因果关系推论。分析的恰当性依赖于研究者对测量工具的准确选择和运用，以及阐明变量之间复杂互动关系的能力。[28]

研究者应该运用理论知识和实践经验去构建一个模型，如图3—5所示，详细地说明关系的顺序和方向。这种图示表达方式，按照时间顺序从左到右排列变量。最远的事件放在左边，最近的事件放在右边，而箭头确定并给出了可能的因果关系方向。模型可以指导研究者进行统计分析。

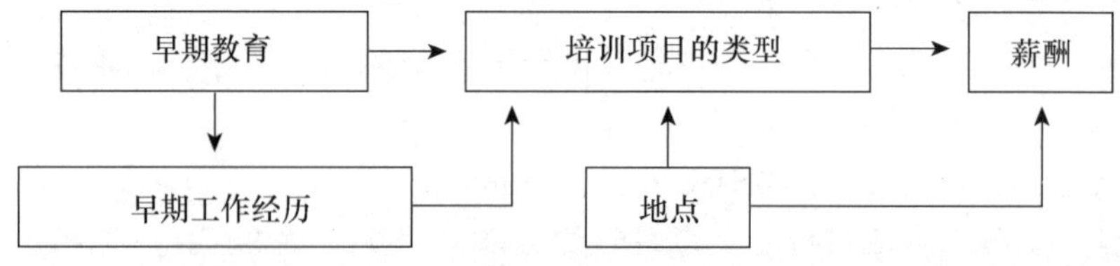

图3—5 培训影响薪酬的模型

模型可以帮助使用者和批评者更好地分析问题。他们能够讨论模型是否涵盖了相关的变量，这些变量的影响是否已经被正确地识别出来。依靠它的理论力量，模
93 型为因果关系的推导提供了一个基础，亦即，分析者必须为变量之间的关系提供一个合理的、一贯的、合乎逻辑的解释。

本章小结

就如何通过研究在自变量与因变量之间建立因果联系的目标而言，实验设计和准实验设计无疑为我们提供了一些行之有效的模型。分析者使用这些设计不仅可以描述因变量值的变化，更重要的是解释这些变化。其中，在实验设计中，研究者对于分配研究对象到小组、自变量的介入、研究条件等因素进行控制，而准实验设计则缺乏对上述的一个或更多的因素实施控制。

在构建实验或准实验设计时，研究者必须根据特定环境所具有的约束条件和资源，把那些可能的内部效度威胁和外部效度威胁最小化。其中，内部效度设计旨在排除那些自变量之外的、可以解释因变量变化的其他因素。构成内部效度威胁的因素一般有历史事件、自然过程、数据回归、测试效应、测量工具、被试者消失以及设计干扰等。在调查研究开始时，实验设计即通过随机分配研究对象或结合配对和随机分配等方法，来消除大部分内部效度威胁。然而，简单地使用实验设计，往往不能有效防止被试者消失以及设计干扰问题。

当研究对象退出研究时，研究者必须把减员情况记录在案，并且试着证明退出者与继续参加者之间是否有系统性的差异。在一些研究中，设计干扰可能无法避免。例如，如果参加者明显会受到研究结果的影响，我们就能预期他们在行动时会采取一些能够增进他们自身利益的方式。

外部效度设计的研究结果能够推广到测试人群以外。项目独有的特征能够自然地成为操作的一部分。参与者的特征、环境或时间等因素会与操作交织在一起，共同促成项目获得成功或失败。库克和坎贝尔曾推断，如果某个项目的研究成果能在不同的人口和环境中得到复制，哪怕这些研究的设计样本很差，它提供的外部效度证据仍是可以接受的。

对内部效度和外部效度及其可能存在的威胁的把握，能够帮助管理人员对设计的质量进行评估，并确定是否有充分的理由去相信研究结果。因此，管理人员必须设法确定是否已经排除了那些能够根本改变研究结果及其决定的可能的效度威胁。
这里所探讨的实验设计和准实验设计，就被广泛使用于减小效度威胁。然而，管理 94
人员想要不仅仅停留在对设计类型的鉴别阶段，就必须确定是否已经仔细考虑和控制了那些严重的效度威胁因素。

实验设计依赖于将研究对象随机分配到操作组或控制组。双组设计也可以被修改为包含数个操作组并取消控制组。为避免隐瞒操作的伦理问题，这种修正通常是必要的。研究者也常常认为随机性后测设计在简单性和效率方面胜过经典实验设计。除检查实验消失率和设计干扰外，研究者必须证实，从实验开始到结束，实验组和控制组除受自变量的影响外，还具有相似的条件。在进行研究时，研究者必须确保研究对象被随机地分配，并且使研究按预先的设计方案得到实施。

实验要求研究者能够控制研究环境。他们通常并不能施加这些控制，因此需要使用准实验设计。在设计一个准实验的时候，他们应尽可能多地控制对内部和外部效度威胁。实验设计和准实验设计之间的主要差异是，后者没有随机分配研究对象。研究者通常会使用比较组，但是他们不能排除有倾向性选择的可能性。

非实验设计缺乏内部效度，但它们能够证实变量介入是否达到预期目的。运用这些受限制的设计收集信息，对于发展一些恰当的研究评估是有价值的。现存的信息可能会在消除潜在的内部效度威胁方面发挥作用。由于没有收集到前测数据，研究者就只能实施非实验设计了。

在决定采用哪种类型的设计时，管理人员必须确定他们想要发现什么，以及他们怎样去使用这些信息。如果他们需要那些很少被注意到的关于变量的数据，那么在获准进行更广泛的实验研究之前，他们可能会需要一个有限的研究。设计应该是准实验的还是描述性的，取决于要调查的问题和数据的可获取性。有时，在没有能力对项目实施控制或者选择参与者的情况下，分析者就要老老实实地采用截面设计。在使用截面设计时，分析者必须充分了解变量之间的相互作用，并且收集相关变量的数据。在使用具体而细致的模型时，分析者在对一些可能威胁效度的变量进行控制的前提下，可以使用复杂的统计工具来推导因果关系。

第 2 章和第 3 章探讨了研究设计，即研究的规划，通过这种方式，变量的行为能够得到描述或解释。接下来的章节将讨论变量测量的问题以及收集数据的程序。第 4 章将介绍另一种类型的效度，即操作效度。它对评估变量的测量效果非常重要。该章还将讨论变量测量的不同层次。这些对考虑如何使用恰当的统计测试来分析数据显得非常重要。

术语回顾

实验设计（experimental design）　外部效度威胁（threat to external validity）
控制组（control group）　准实验设计（quasi-experimental design）
实验安排的反作用效果（reactive effect of experimental arrangement）
比较组设计（comparison group design）内部效度（internal validity）
随机分配（random assignment）
非连续的时序设计（interrupted time-series design）
外部效度（external validity）　实验组（experimental group）
非实验设计（nonexperimental design）
内部效度威胁（threat to internal validity）

复习题

下列问题可以考察你是否基本理解了本章内容：

1. （1）要说明一个变量导致另一个变量的变化，哪些类型的证据是必要的？

（2）为什么在这些类型的证据中每一个都是必要的？

2. 最常见的内部效度威胁有哪些？为什么？

3. 哪些内部效度威胁可以制造最大的麻烦或损害？为什么？

4. 请比较历史事件和自然过程对于内部效度的威胁的不同。

5. 如何评价"内部效度胜于外部效度"的观点？

6. 评价三种提高外部效度的方法，并比较历史事件对内部效度的威胁和对外部效度的威胁有什么不同。

7. 在一项噪声影响的研究中，50 名研究对象的实验数据被输入了电脑。研究者在实验组所在的实验室制造噪声。在一小时内，通过实验对象所填写的表格来收集数据。

（1）实验在两个不同类型的、共有 25 个试验点的房间里进行（包括安静的房间和嘈杂的房间），而实验对象不知道房间的类型。那么，实验对象应该自己选择房间，还是应该被随机分配到房间？请回答并给出论证。

（2）实验于上午 9 点开始。随机选取的实验对象组将在一个小时之内进行无噪声干扰实验，研究者将收集这一个小时内的实验数据。在 10～11 点之间，研究者在房间里制造噪声，并收集第二个小时内的数据。控制组的实验在下午 1～3 点之间进行。同样，将收集两次数据，不同的是，这期间没有噪声。请评价该实验设计的内部效度。

（3）实验于上午 9 点开始。在 9～11 点之间，实验组和控制组将在不同的建筑物内进行实验。在实验期间，其中一个建筑物内突然响起了火警警报（不是实验的一部分），每个人都离开了 20 分钟。这些组成员随后返回房间，继续进行实验到 11 点 20 分。请问，火警警报将怎样影响这次实验？

8. 经典实验设计能够确保内部效度威胁得到控制吗？请给出理由。

9. 单个组后测设计的良好运用需要具备哪些条件？

10. 某个研究者想弄明白问卷的内容设计能够在多大程度上影响人们为防止鸟类死于石油污染而进行捐款的意愿。为此，他请求参观洛杉矶科学博物馆的 200 位游客作为志愿者来填写问卷。自愿者将随机抽到四份不同版本的调查问卷中的一份。

版本一，受访者愿意为此项目捐款多少？

版本二，受访者愿意为此项目缴纳多少税？

版本三，在得知其他人愿意为此项目捐款的情况下，受访者为此项目捐款多少？

版本四，在得知其他人愿意为此项目捐款的情况下，受访者愿意为此项目缴纳多少税？

（1）请你使用 R 、X 、O 符号来总结上述研究方案设计。

（2）简要评述作者对非随机（便利的）样本的使用是否会影响到研究的内部效度和外部效度。

11. 讨论比较组的前测设计和后测设计分别有什么样的优缺点。

12. 非连续性时序设计为什么会在公共行政和政策研究中经常被用到?

13. 请归纳非实验设计的优缺点。

14. 有份报纸曾这样报道：在进行一项减少上网成本的“实验”后，在弗吉尼亚州的黑堡市（Blacksburg），一半居民成为“国际网络的经常使用者”。具有强大的工程研究实力的弗吉尼亚理工大学，就坐落在拥有 37 000 人口的黑堡市。请论证这项研究设计，并分析其可能会有哪些内部效度威胁。

课后作业与讨论

1. 在一项试图确定重返社会训练所（halfway house）是否能够促进犯人转化的研究中，50 名将在一个月后释放的在押犯作为研究对象被随机分到两组中的一组中。其中一组的人员被分派到训练所参加“重返社会”项目，而另一组继续留在监狱直至刑满释放。在刑满释放后的两个月后，收集了关于这两个组“成功就业安置”的相关数据。

（1）请使用 R、X、O 符号来列出该研究设计的框架。

（2）有人认为，由于研究对象是有“极端社会行为”的群体——在押犯，该设计不能控制数据回归带来的威胁。你认为该设计有数据回归的问题吗？请解释。

（3）如何界定这项研究设计的内部效度和外部效度?

2. 在 40 个国家机构工作的 300 人被作为研究对象被分配到 X120 表格中。

（1）为了评估被提议做出修改的 X120 表格，你会随机指定办公室或个人吗?如果指定办公室，将有 15 个办公室使用这项被修改的表格中，而另外 15 个办公室继续使用原表格。如果指定人的话，大约 50%的办公人员会使用被修改的表格，而另外的 50%继续使用原表格。

（2）你将允许受试者自愿测试新的 X120 表格吗？请说明理由。

（3）你会选三个行动最为迟缓的办公室来检测新的 X120 表格，并以此评估这种修改的效率吗？请说明理由。

3. 拉伊县（Rye County）医院健康中心正在进行两项帮助吸烟者戒烟的研究项目。其中，暂时戒烟项目的实验在周二晚上进行，而永久戒烟项目的实验安排在周三晚上。有 90 名吸烟者自愿成为该实验的研究对象，并被随机分配到三组中去，即暂时戒烟组、永久戒烟组和非操作组（不同于前两组）。

（1）随机分组造成了哪些内部效度的威胁?

（2）当该实验开始时，香烟税开始猛涨。那么，这会影响该项研究的内部效度吗？请解释。

（3）几名永久戒烟组研究对象的时间安排与他们的有氧健身课程发生了冲突。因此，在实验开始前，一位秘书让他们和暂时戒烟组的研究对象进行调换。那么，请评估这位秘书的行为是否可能会影响该研究的内部效度。

（4）暂时戒烟组和永久戒烟组的实验开始时间和结束时间都在同一周内。分析人员在暂时戒烟组实验的最后阶段收集了相关数据，但是他们却忘了收集永久戒烟组的实验数据。三周后这个疏忽被发现了，于是分析人员又重新收集了永久戒烟组的数据。请评估这个疏忽可能会怎样影响到这项研究的内部效度。

（5）非控制组在这项实验中有哪些价值？

4. 某学校举办了关于虐待和忽视儿童问题的研讨会。参加者都是自愿的，其中有 30%的学校员工明确表示愿意参加。为了确定该研讨会是否应该继续举办下去，以及是否应该强制员工参加，研究者从没有参加研讨会的员工中选出一个比较组。在研讨会开始之前，两个组填写调查问卷，内容涉及儿童虐待和忽视、对家庭暴力的态度以及对新闻报道要求的认知等。在研讨会结束后，每组成员再填写一次同样的调查问卷。

（1）该设计属于什么类型？请使用 R、X、O 符号和图表说明。

（2）请指出该设计的每个效度威胁，并解释它为什么会成为一个问题。

（3）请评估该研究的外部效度。

（4）请重新设计一个能提供更加充分的证据的方案，这个替代性的方案会更便于实施吗？请解释。

5. 为了降低犯罪率，某个警察局决定采取由两位警员共同巡逻的联防措施。如果出现状况，联防小组可以呼叫巡逻车来增援。

（1）做出两个不同的设计来评估联防措施的效果。

（2）阐明每个方案是怎样避免内部效度威胁的。

（3）评估这些设计方案的外部效度。

6. 某州房地产商的主管想了解，改变房屋紧急援助项目的程序是否会加快申请的过程。他选取了 10 个县作为样本，然后随机选取 5 个县采取新的程序，而另 5 个县继续使用现有的程序。他分别测量了程序变更前后的申请所需时间长度。

（1）使用 R、X、O 符号绘制图示去表达该设计。

（2）修订该设计，做成一个随机性的后测设计。阐述这项研究将如何进行，并用图示来表达。新的设计同原先的设计相比有哪些优点？

（3）修订该设计，运用比较组做出一个非连续性的时序设计。在为期 6 年的时段内每 3 个月记录一次数据，并在第 4 年年底开始采用新的程序。如果新的程序成功，画图来表达这段时序。

7. 为了研究有机种植业，研究者将面积和土壤成分都相似的有机农场与无机农场逐一地进行配对。一些农业专家批评了这种研究设计，并指出应对相邻的小块农场进行比较——其中一个农场使用化学肥料和杀虫剂，而另一个农场没有。评估这种配对研究在确定有机种植的效率方面同经典实验研究相比有哪些长处。

8. 某学校在确定是否有要求九年级学生参加初级代数考试之前，将进行调查研究（当前，只有 30%的九年级学生参加了初级代数考试，极少学生在九年级之前通过该项考试；任何通过该考试的九年级学生将无须再次参加了）。以下列出了 3 个研究计划：

计划 A：6 月时，在已完成九年级课程的学生中随机选择一部分学生作为调查对象。将参加过初级代数考试的学生的数学成绩与未参加过初级代数考试的学生的数学成绩进行比较。

计划 B：要求一所典型高中的所有九年级学生在该学年都参加初级代数考试，然后比较学生分别在该学年开始和结束时的数学成绩。

计划 C：选取两个相似的高中，然后随机选取一个学校，并要求该学校所有九年级学生都参加该学年的初级代数考试。比较这两个学校在该学年开始和结束时的数学成绩。

（1）评估这三个设计，并指出学校应该实施哪一个。

（2）假定学校要求所有九年级学生都参加初级代数考试，学校想运用非连续的时序设计来评估这项措施的效率。时序设计中哪些特征将产生有用的信息？

9. 设计一个实验研究去判断行政管理人员能否更好地使用从图表中所获得的信息。这项设计应该特别指出研究对象的选择与分配以及将怎样控制自变量的作用。除非你计划去实施实验，否则不需要选择到底是前测还是后测，也不需要准备详细的图表。大致描述一下你将使用的测量工具、图示和表格等状况。

光盘作业

1. 从 21 世纪的头 10 年开始，北卡罗来纳州同意实施一项实验性的县级福利项目政策。其目的是减少县在这方面的支出。县的其他地方仍然保持原来的福利政策，同州的其他地方一样，采取州的福利制度。

（1）把数据分为两组——实施了实验性政策的地方或没有实施它的地方。在全国范围内实施了该实验项目的地方与没有实施它的地方相比，社会服务支出额与医疗支出额等变量发生了怎样的变化？有哪些差异？如果你发现了差异，你认为这些差异是由于参与了该项目导致的吗？如果没有差异，你惊讶吗？怎样解释其中的原因？

（2）研究者可以从实施相似实验的其他州那里获得这些研究成果吗？为什么能或为什么不能？

2. 对于有兴趣通过在县层面福利制度改革来减少它的社会服务支出额或医疗支出额的州，你将推荐哪个类型的研究？

3. 构建一个初步的实验模型，目标是在国内推行一些降低社会服务支出的实验性政策。模仿图 3—4 的样式来设计模型，再根据你对问题 2 所进行的设计研究来构建另一个模型。

推荐读物

T. D. Cook and D. T. Campbell，*Quasi-Experimentation*（Boston：Houghton Mifflin，1979）是一个完整地理解在特定场景下进行实验和准实验设计的有价值的

资源。作者还讨论并扩展了如下这本书中的观点，即 D. T. Campbell and J. T. Stanley，*Experimental and Quasi-Experimental Design for Research*（Chicago：Rand McNally，1966）。

推荐一本关于时序数据统计分析的教材：R. McCleary and R. A. Hay，Jr.，*Applied Time Series Analysis for the Social Sciences*（Beverly Hills：Sage，1980）。

Michael Lewis-Beck 讨论了非连续时序设计和用于分析从中获得的数据的统计工具。回归分析是其中的工具之一，大部分研究生已经学过。参见"Interrupted Time Series，" Chapter 9 in William Berry and Michael Lewis-Beck（eds.），*New Tools for Social Scientists：Advances and Applications in Research Methods*（Beverly Hills，CA：Sage Publications，1986）。

关于项目评估的教材讨论这些设计和提供一些应用案例。E. J. Posavac and R. G. Carey，*Program Evaluation：Methods and Case Studies*，5th ed.（Englewood Cliffs，NJ：Prentice-Hall，1997）. P. H. Rossi，M. W. Lipsey，and H. E. Freeman，*Evaluation：A Systematic Approach*，7th ed.（Thousand Oaks，CA：Sage Publications，2004）；*Handbook of Practical Program Evaluation*，ed. J. S. Wholey et al.（San Francisco：Jossey-Bass Publishers，2004）；以及 J. Valadez and M. Baberger，*Monitoring and Evaluating Social Programs in Developing Countries*（Washington，DC：World Bank，1994）提供了十个关于准实验设计的应用案例。

注　释

[1] T. D. Cook and D. T. Campbell，*Quasi-Experimentation：Design and Analysis Issues for Field Settings*（Boston：Houghton Mifflin，1979），9-36. 本书有关因果关系概念的讨论。

[2] F. J. Graveter and L. B. Forzano，*Research Methods for the Behavioral Sciences*，2d ed.（Belmont，CA：Wadsworth/Thomson Learning，2006）.

[3] Graveter and Forzano.

[4] D. T. Campbell and J. C. Stanley，*Experimental and Quasi-Experimental Designs for Research*（Chicago：Rand McNally，1966），and Cook and Campbell，*Quasi-Experimentation*.

[5] Cook and Campbell，*Quasi-Experimentation*，55-56.

[6] 这些因素中的任何一个都可能与操作共同发挥作用从而产生特殊的研究结果。尽管操作在其他案例中出现，但这些因素的特别价值可能并没有显现出来。因此，外部效度将是虚假的，并且结果不能推广。方法论者把这些因素与操作的联合称为交互作用。

[7] Cook and Campbell，*Quasi-Experimentation*，73，75-76.

[8] 这份关于配对的材料来自 L. S. Meyers and N. E. Grossen，*Behavioral Research*（San Francisco：W. H. Freeman，1974），126-127。一个更详细的关于配对的统计学讨论，参见 D. G. Killeinbaum et al.，*Epidemiological Research*（Belmont，CA：Wadsworth，Lifetime Learning Publication，1982），chap. 18，

or S. Anderson et al. in *Statistical Methods for Comparative Studies*（New York：Wiley-Interscience，1980）. S. Isaac，in *Handbook in Research and Evaluation*（San Diego：EDITS Publishers 1971），72，A. L. Edwards，*Experimental Designs in Psychological Research* 3d ed.（New York：Holt，Rinehart &Winston，1968），Chap. 9。

[9] 参见 M. L. Dennis，"Assessing the Validity of Randomized Field Experiments：An Example from Drug Abuse Treatment Research，" *Evaluation Review*，14（1990）：347－373，关于随机田野实验研究的参考书目。

[10] G. P. Waldo and T. G. Chiricos，"Work Release and Recidivism，" *Evaluation Quarterly*（February 1977）：87－107.

[11] Cook and Campbell，*Quasi-Experimentation*，344－382，讨论了田野实验研究的局限性以及适宜做田野实验实验的条件。P. H. Rossi，M. W. Lipsey，and H. E. Freeman 讨论了随机田野实验研究的局限性，见 *Evaluation：A systemic Approach*，7th ed.（Thousand Oaks，CA：Sage，2004），252－262。

[12] E. J. Posavac and R. G. Carey，*Program Evaluation：Methods and Case Studies*，*Studies*，4th ed.（Englewood Cliff，NJ：Prentice-Hall，1992），184－186.

[13] Cook and Campbell，*Quasi-Experimentation*，367－369.

[14] Campbell and Stanley，*Experimental and Quasi-Experimental Designs*，34.

[15] Posavac and Carey，*Program Evaluation*，167－170 讨论了与选择比较组、举出例证相关的问题。

[16] G. Glaster，K. Tempkin，C. Walker，and Noah Sawyer，"Measuring Impacts of Community Development Initiatives：A New Application of the Adjusted Interrupted Time-Series Method，" *Evaluation Review*（2004）28（6）：502－538. R. McCleary and R. A. Hay，Jr.，*Applied Time Series Analysis for the Social Sciences*（Beverly Hills：Sage，1980），chap. 3，阐述了证实这些模式的统计分析程序。Cook and Campbell，*Quasi-Experimentation*，chap. 5，讨论了设计效果的类型和若干种时序设计，以及怎样处理渐进的实施过程或延迟出现的因果关系。

[17] 一个戏剧化的例子是辛辛那提市每月收到求助电话的数量的时间序列，随着电话公司对求助电话收费，数量突然急剧减少，几个月后又开始增加。参见 A. J. McSweeney，"The Effects of Response Cost on the Behavior of a Million Persons：Charging for Directory Assistance in Cincinnati，" *Journal of Applied Behavioral Analysis* 11（1978）：47－51。

[18] S. G. West and J. W. Reich，"An Evaluation of Arizona's July 1982 Drunk Driving Law，" *Journal of Applied Social Psychology*，19（1989）：1213－1237.

[19] Cook and Campbell，*Quasi-Experimentation*，225－232 and chap. 6.

[20] "Biography of Mayor Rudolph W. Giuliani，" NYC Link，New York City's Official Web Site（http://www. ci. nyc. ny. us），February 13，1997.

[21] C. Spohn and J. Horney，"A Case of Unrealistic Expectations：The Impact of Rape Reform Legislation in Illinois，" *Criminal Justice Policy Research* 4（1990）：1－18.

[22] McCleary and Hay，*Applied Time Series Analysis* 阐述了运用于分析时序数据的统计程序。其他阅读材料有 L. J. McCain and R. McCleary，"The Statistical Analysis of Simple Interrupted Time-Series Quasi-Experiments，" chap. 6，in Cook and Campbell，*Quasi-Experimentation*。Michael Lewis-Beck 提供了一些直观的案例以及讨论了评估非连续时序的变化所用到的统计工具。Michal S. Lewis-Beck（1986），"Interrupted Time Series，" chapter 9，209－240，in William D. Berry and Michael S. Lewis-Beck（eds），*New Tools for Social Scientists：Advances and Applications*（Beverly Hills，CA：Sage Publications）. Meier，Brudney，and Bohte 讨论了怎样运用回归分析对干预时序变量的效果进行统计分析。Kenneth

Meier，Jeffrey Brudney，and John Bohte，*Applied Statistics for Public and Nonprofit Administration*，6th ed.(Belmont，CA：Thomson /Wadsworth，2006).

[23] Shadish，Cook，and Campbell refer to this method as "interrupted time series with non-equivalent，no treatment control group time series."（Shadish，Cook，and Campbell，2002，*Experimental and Quasi-Experimental Designs for Generalizing Causal Inference*.）

[24] George Galster，Kenneth Tempkin，Chris Walker，and Noah Sawyer，"Measuring Impacts of Community Development Initiatives. A New Application of the Adjusted Interrupted Time Series Method，" *Evaluation Review* 28（2004）：502－538.

[25] Galster，et al.，515－525.

[26] G. Pierre-Pierre，"Chinatown Crowd Reveals Unexploited Market for Fare Cards，" *New York Times*，May 16，1997，A16.

[27] J. Havemann，"Welfare-to-Work Program：A South Carolina Success Story，" *Washington Post*，April 21，1997，A7.

[28] 关于从截面设计获得的用于因果关系推理的信息的讨论，参见 H. B. Asher，*Causal Modeling*（Beverly Hills：Sage，Series on Quantitative Applications in the Social Sciences，＃3，1976）；O. Hellevik，*Introduction to Causal Analysis*：*Exploring Survey Data by Crosstabulation*（London：Allen & Unwin，Contemporary Social Research Series，＃9，1984），以及 Cook and Campbell，*Quasi-Experimentation*，chap. 7。所有这些著作涵盖了对统计技术的广泛讨论。聚焦于效度问题的讨论，参见 L. B. Mohr，*Impact Analysis for Program Evaluation*（Pacific Grove，CA：Brooks/Cole，1988），chap. 10。

第 *4* 章

测量变量

101 **本章要点**

1. 与定量或测量变量有关的术语：**概念定义和操作定义、测量、测量量表、信度、操作效度、灵敏度。**

2. 为何政策制定者与管理者需要考察一个变量的操作定义并评估其质量。

3. 用于描述测量量表的类别以及它们在发展测量中的角色。

4. 怎样设计一个具有良好信度、操作效度和敏感性的测量？

5. 评估测量工具的信度、操作效度和敏感性的策略。

研究者、报告者、管理者和公民应该了解测量，即如何用数据来解释事件。数据能够反映天气状况、经济状况、学生成绩、舆论或其他问题。数据能够影响政策制定、明确责任以及区分人群。因此，研究者必须谨慎设计测量工具，数据使用者必须理解测量的内涵。

测量开始于研究者确定相关变量的概念。我们可以把一个变量看作一个概念，并把这个概念的含义作为概念定义。**概念**（concept）是对观念的抽象。**概念定义**（conceptual definition）简明地说明一个概念的含义，可以是简要描述，也可以是全面、具体的论述。[1]例如，酗酒这个概念的定义包括：由饮酒引起的
102 生理或心理症状；不能承担工作、社会或家庭的责任；过度饮酒或自我认同的饮酒问题。研究目的决定了概念定义的恰当性。如

果一个大学想界定学生的酗酒行为，就可能将酗酒定义为过度饮酒；如果一个老板想要找出工作场所出现问题的原因，就可能将酗酒定义为影响工作表现的饮酒行为；如果一个医生要对酗酒做出诊断，就可能将酗酒定义为一系列可检验的症状。

其次，以概念定义为指导，研究者会找到一种给测量变量赋值的方法。**操作定义**（operational definition）是概念定义的确切表述，表明了如何给一个变量赋值。调查题项和调查题项的答案就是操作定义很好的例子。如果酗酒的概念定义是一个人是否沉湎于过量饮酒，那么对酗酒的操作定义可能是：酗酒者是那些对下列问题给出肯定回答的人，即“在过去一个月中，你是否有过一次性饮酒超过五杯的经历，包括葡萄酒、啤酒或其他酒精类饮料”。

再看一个调查雇员授权度的例子。首先，研究者可能考虑何种概念对这项研究有意义。一项概念定义认为投入工作的雇员具有四个特征：(1) 他们的工作是有意义的；(2) 他们胜任其工作；(3) 他们在工作中充分发挥主动性；(4) 他们的工作对组织产生影响。[2]这个概念定义表明操作定义应当测量雇员的意图、能力、主动性和影响。例 4.1 表明了能够构成雇员授权度调查的操作定义的问题。每个问题都与概念定义的组成部分相联系。被调查者可以阅读对其工作状态的描述，并选出每一陈述项下的最佳回答。研究者需要对每一个回答赋值，然后将这些值相加，并按预设的分析将回答分组。带有这些项目的调查也可以包括与其他相关变量有关的项目。

例 4.2 中，一位工程师想说服预算主管批准在城市路面重新铺设项目中采取更具生产率的方案。我们假设预算主管和工程师从来没有面对面讨论过生产率提高的概念定义，或工程师是如何操作性地定义这一概念的。工程师根据减少每铺一英里路的费用的概念性定义来阐述关于生产率的操作定义。然后运用这种操作定义，分析了重新铺设路面的替代方案。预算主管显然将生产率理解为铺设更多的道路但不必增加总支出，因此批准了这个铺设每英里路面可以节省 2 500 美元的方案。遗憾的是，他批准的这个项目比预算总支出多出了 187 500 美元。

例 4.2 中两人对概念的误解让人意识到概念定义和操作定义的重要性。如果我们使用不同的概念定义和操作定义研究同一件事，可能会得出不同的甚至让人迷惑的结论。有些管理人员忽略了定义变量的细节，最后费钱又费时。运用错误的操作定义进行研究，将会产生令人误解的、错误的或无用的数据。一个合理的概念定义与数据的使用目的是一致的。操作定义也可能由于其基于错误的概念定义或操作定 104
义本身的缺陷而产生错误。（本章及第 7 章集中讨论影响操作定义质量的技术问题。）

例 4.1

雇员授权度的操作定义

问题和选项：

请从以下答案中选出最能描述您工作状态的选项。

1. 我做的这项工作对我来说很有意义。
——非常同意
——同意
——无所谓
——不同意
——非常不同意
2. 我知道在我的工作中我想要得到什么。
——非常同意
——同意
——无所谓
——不同意
——非常不同意
3. 过去的两年中，我能较灵活地工作。
——非常同意
——同意
——无所谓
——不同意
——非常不同意
4. 我从事的工作促进了组织目标的实现。
——非常同意
——同意
——无所谓
——不同意
——非常不同意

第一步：对每一个选项赋值：
“非常同意”——5 分
“同意”——4 分
“无所谓”——3 分
“不同意”——2 分
“非常不同意”——1 分

第二步：将 1～4 题的回答相加计算得分，以此考察被调查者认为的被授权程度。注意，所有问题回答完毕，分值应在 4 分（表明几乎不被授权）到 20 分（表明经常被授权）之间。

第三步：分类，如：
几乎不被授权：4～10 分
有时被授权：11～15 分

经常被授权：16～20 分

资料来源：改编自 *Merit Protection Survey* 2000，U. S. Merit Protection Board 中的调查项。事实上，研究人员还应建立若干测量概念定义中各组成部分的调查项。

例 4.2

概念定义与操作定义

问题：提高纽约市公路重新铺设项目的生产率。

预算主管对生产率的概念定义：用较少的资源生产更多服务的能力。

工程师对生产率的概念定义："效用价值"，即采用一种较高效的方式与采用一种较低效的方式之间的成本差别。

生产力操作定义（基于工程师的概念定义）：

效用价值 ＝ 每车道英里路铺设成本的减少×重新铺设的总英里数。

分析：比较两种方案：(1) 铺设 75 车道英里公路；(2) 铺设 100 车道英里公路。

1. 成本

人工：10 000 美元/车道英里（铺设 75 车道英里）

人工：7 500 美元/车道英里（铺设 100 车道英里）

沥青：7 500 美元/车道英里

2. 效用价值

a. 每车道英里路成本的减少

(1) 每车道英里路铺设成本（铺设 75 车道英里）＝10 000＋7 500＝17 500（美元）

(2) 每车道英里路铺设成本（铺设 100 车道英里）＝7 500＋7 500＝15 000（美元）

(3) 铺设 100 车道英里每车道英里路成本减少＝17 500－15 000＝2 500（美元）

b. 效用价值＝2 500×100＝250 000（美元）

采取的方案：预算主管接受了铺设 100 英里路的方案，认为这样可以节省 250 000 美元的成本。但要注意，铺设 75 英里路和铺设 100 英里路的实际成本为：

成本＝(人工/英里＋沥青/英里)×英里数

铺设 75 英里总成本＝(10 000＋7 500)×75＝1 312 500(美元)

铺设 100 英里总成本＝(7 500＋7 500)×100＝1 500 000(美元)

结果：超出预算 187 500 美元。

讨论：预算主管的生产力概念定义指城市可以用铺设 75 英里路的资源提供更多的服务（重新铺设 100 英里路）。这种概念定义要求一种不同的操作定义，即一种将年度项目成本与铺设路面的数量联系起来的定义。

资料来源：P. D. Epstein，"The Value of Measuring and Improving Performance，" *Public Productivity Review*，6 (September 1982)：157-166。

4.1 测量和测量量表

105 **操作定义**和**测量**（measurement）这两个术语相似。**测量**是指运用规则为变量赋值。例如，考虑“卧室的数量”这个变量。美国人口普查局把卧室定义为“主要用来睡觉”的房间。根据这个定义，小型公寓或其他单间单元里的卧室数量为零。如果卧室最主要的功能是用于睡觉，那么客房即使很少用到，也应该算作卧室。客厅是不能算作卧室的，即使客厅里的沙发床一直被用来睡觉。并非所有的操作性定义都如此简单。例如，为了测量空气污染程度，操作定义需要对怎样选取空气样本、选取多少样本、仪器的校正标准以及实验室人员的资质等做出明确的说明。[3]

确切地说，应当怎样去为一个目标或事件赋值？为此，你需要理解**测量量表**（measurement scale）或**测量等级**（level of measurement）。大多数作者写到测量时通常会讨论四种量表，即定类量表、定序量表、定距量表和比例量表。每种量表都涉及分类。每个可观测的目标或事物都应该可以用某个量表的有且仅有的一个值或分类来进行描述。换言之，所有的值和分类都应该是穷尽的和相互排斥的。正如我们将在第 11～14 章所讨论的那样，一个变量的测量水平影响到你选择的统计数据和你解读它们的方法。

定类量表

定类量表（nominal scale）通过识别和分类来测量属性。定类量表不对各种类别进行排列。因此，你不能把通过定类量表测量到的某个属性的不同值按连续区间进行排列。就单个的案例而言，不能按照它们在定类量表中的值进行排序。即使有时数值被赋到分类中，这些数值除了能帮助人们区分和清点每一分类中个案的数量外，起不到任何特别重要的作用。例如，在按部门对城镇就业人员进行分类时，你可以设计如下定类量表：

1＝规划
2＝人力资源
3＝金融
4＝预算
5＝市政工程
6＝公共安全

需要注意的是，如果给各个分类赋以其他数字，表中所表达的信息还是一样的。因此，这些数字只是识别不同类别的一种工具；字母表中的字母或是其他符号也可以用来替换掉这些数字而量表不会有所改变。还有，定类量表中的值是不能被排列的。换言之，编号系统并不意味着金融同预算相比孰轻孰重。用定类量表进行属性测量的典型例子有性别、地区和职业等。 106

定序量表

定序量表（ordinal scale）先对变量的值进行识别和归类，然后将这些变量按值排列。然而，在这个过程中并不考虑值与值之间的距离。定序量表通过确定某个个案比另一个个案具有更多或更少的某种特性来测量属性。如果你能够对一组变量值进行排序但不能确定它们之间的距离有多大，那么你就使用定序量表。赋予变量值的数值在排序上必须与量表排列的顺序一致。例如，由数字 3 代表的值比 2 代表的值大，而数字 2 代表的值比 1 代表的值大。然而，这里的数值并不代表测量属性的实际大小，仅仅是表示值之间的大小排序。下面的例子说明了怎样对定序量表项赋值。

5＝非常赞成
4＝赞成
3＝无所谓
2＝不赞成
1＝非常不赞成

你也可以尝试其他编号方案，只要数值代表了分类的排列顺序。例如，你可以将排序颠倒过来，将“非常赞成”编为“1”，将“非常不赞成”编为“5”。你也可以跳过其中的某些数字，将数值编为 10、8、6、4、2。因为你无法确定数值之间的距离，所以你不能说一位对所有问题都回答“非常赞成”的雇员在幸福指数上是另一位均回答“非常不赞成”的雇员的 5 倍。

排序时通常会用到定序量表。主管在对 10 位雇员进行排序时可以将最好的雇员编为“10”而将最差的编为“1”。编号为“10”和“9”的雇员可能都非常优秀，主管一时难以分辨谁更优秀。编号为“8”的雇员也很好，但不像前两位那么出色。因此，雇员“10”和“9”之间的差距可能非常小，而且远远小于雇员“9”与雇员“8”之间的差距。

定距量表和比例量表

定距量表和比例量表通过在量表上将属性的值进行排序并确定它们的数值差异的方式来测量特性。使用标准间距可以测定研究对象的被测属性之间的差距。例如，10 和 20 之间的差距与 30 和 40 之间的差距反映了相同的特征量。**比例量表** 107
（ratio scale）有一个固定的或绝对的零点，**定距量表**（interval scale）则没有。一个固定的零点使我们能够运用比例来描述量表中对象之间的关系。你可以对那些用定距量表或比例量表测量的对象进行加减，也可以对用比例量表测量的特征值进行乘除。温度计是定距量表最常见的一个例子。你可以说华氏 50 度比华氏 25 度高 25 华氏度，但不能说华氏 50 度比华氏 25 度热一倍。

比例量表在行政管理领域中得到普遍运用。最常用的比例测量包括总预算或其组成部分的份额、项目成本、人口规模及项目参与者的数量。在社会和行政管理领域的研究中，只有极少数的属性测量使用定距量表而不使用比例量表。在本书中，我们沿用社会科学研究的惯例，忽略定距量表与比例量表之间的差别，通常将两者都称作“定距量表”。

定距量表中的数值与被测项的幅度范围是一致的。因而，数值可以是某机构工作人员的实际数量、某年的无家可归者人数，或者某城市的人均收入。如果某县有 100 个雇员，辖区内的某个城镇有 50 个雇员，那么就可以说该县比该镇多出 50 个雇员，也可以说县里的雇员是镇里雇员数量的两倍。

在实践中，定序量表和定距量表之间的界限可能会被弱化，特别是当定序量表中有大量的数值出现时。有些定序量表非常接近于定距量表，亦即，它们都是根据基本的区间量表来估计每个点的值。例如，用于测量智商值的定序量表，体现了量表中各值的大小、类别以及由此表现出来的定距特性。然而，有些人认为这个量表没有均等的间距。例如，我们不能肯定地说智商 100 与 110 之间的差别与智商 120 与 130 之间的差别是一样的。然而分析者一般却将这样的求和量表视作定距量表，譬如例 4.1 中的雇员授权表。

学生们经常错误地以为，包含有定距数据或比例数据的分组构成了定距量表。事实并不是这样的。相反，这个量表应该是定序的。例如，虽然年龄构成定距量表，但年龄分组可以构成一个定序量表：21 岁以下、21～30 岁、31～40 岁，以此类推，其中任意两人的年龄的确切差距并不能确定。虽然我们知道属于“21～30 岁”这个年龄组的人比属于“31～40 岁”的人年轻，但是两人年龄实际差别可能是几天也有可能是近 10 岁。[4]

替代性术语

并非所有的统计学家都将量表或变量划分为定类、定序、定距、比例四种类型。定类变量（nominal variable）和定序变量（ordinal variable）可以称为**分类变量**（categorical variable），而定距变量（interval variable）和比例变量（ratio vari-
108 able）可以称为**数值变量**（numerical variable）。分类变量的值配有标签，数值变量的值是代表数量的数字。分类变量可以进一步划分为**有序分类变量**（ordered categorical variable，定序变量的别称）和**无序分类变量**（unordered categorical variable，定类变量的别称）。

变量还可以被描述为不连续的或连续的。不连续变量的取值是有限的，而连续变量的取值可以是无限的，这取决于测量方法的精确度。例如，一个组织内的部门数量是不连续变量。一个机构可能有 10 个或 11 个部门，但不可能有 10.3 个部门。而雇员在某项工作上花费的时间则构成一个连续变量。可以说某个雇员在某项工作上花费 5 个小时、5.4 个小时、5.46 个小时等。

对定类、定序、定距和比例变量的划分体系的使用已经很普遍，这对我们的研究目标而言算是很充分了。尽管如此，你还是会不时地遇到“分类”、“不连续”、和“连续”等术语。表 4—1 说明了这三种分类方案之间的关系。

表 4—1　　关于分类方案测量标准的参照术语

方案 1	方案 2	方案 3
定类	分类；无序分类	不连续；两分法；无序分类
定序	分类；有序分类	不连续；有序分类
定距和比例	数值	不连续；值取连续整数

测量量表的作用

在收集数据之前，我们需要确保所测变量能像设计的一样反映要测量的内容。一些人可能会尝试使用定距或比例标准来收集数据，因为大量的统计工具可以用于定距数据。然而，这并不总是可取的，原因在于：

第一，测量标准的变化可能引起变量的改变。举一个定类测量的例子，你要做一个办公自动化调查，因此你要了解不同部门使用什么型号的计算机硬件。通过询问他们拥有多少种不同型号的硬件或者是这些硬件花费了多少钱，你可以得到一组成比例的数据。然而，在此过程中，你可能完全改变了对变量的定义。在此案例中，配置价格与配置型号是两个不同的变量，因而不能等同。

第二，当我们在设计比例量表时，有时会涉及一些受访者不愿回答的问题。例如，当我们在询问受访者年龄时，受访者可能认为，这一信息与匿名调查中的其他信息结合起来会暴露他们的身份。又如，询问一些精确的、不查看相关记录就无法给出的信息，可能会激怒受访者。在一些调查中，激怒受访者可能会导致低回应率或受访者提供虚假信息。那么，在这种情况下，调查者就必须明确，一组精确度较低的数据是否符合研究目的的要求。年收入就是一个很好的例子。虽然绝大多数人都大概知道
自己的年收入，但却很少有人能说出确切的数字。如果受访者被问到这样的问题，他 109
们可能需要查看税收记录或给出一个粗略的估计值。以收入范围的形式调查受访者收入状况通常能更好地收集到数据。例如，我们可以这样询问，“你的收入大约在：A. 10 000～19 999 美元；B. 20 000～29 999 美元；C. 30 000～39 999 美元”。而且，分组可能会减少人们对透露个人收入的反感，增加愿意透露个人收入的受访者人数。

4.2　信　度

选择测量方法和测量量表的关键因素是测量的信度（reliability）、效度和敏感度。当你询问“不同目标间的测量差异或同一目标在不同时段的测量差异是不是真

正的差异”时，你质疑的是测量工具的信度。当你询问“这种测量事实上能否获得有价值的概念或变量数据”时，你质疑的是操作的效度。当你询问“测量方法是否充分精确”时，你质疑的是它的敏感度。

信度评价的是一种测量方法与测量结果之间的一致性。测量误差产生于不同测量时间之间或不同主体之间。**测量误差**（measurement error）是一种在测量过程中产生的随机误差。测量总会存在误差。受访者的性格、测量本身及赋值过程都可能带来误差。三心二意或注意力不集中的受访者在快速回答问题时会产生误差；模棱两可的措辞或不恰当的回答也会产生误差。每个调查者在给这些回答打分时可能会有不同的标准。

关于不可靠的测量，举一个熟悉的秤的例子。如果你在称体重时发现自己重了5磅，你的第一反应可能是立即重新称一下。假如第二次称重，轻了3磅，在短短几秒内就相差了8磅，你会觉得这个秤不准确或不可靠。实际上，当随机误差不能完全排除时，误差率应当保持在一个可以接受的水平上。而那种产生了太多随机误差的测量方法应当被认为是不可靠的并予以放弃。

信度的维度

信度有三个方面：稳定性、等值性和内部一致性。**稳定性**（stability）指的是当且仅当测量对象没有变化时，用某种测量方法测出的结果不随时间的改变而改变的能力。如果秤在测量同一物体时，每次都显示出不同的重量，那么这种测量就缺乏稳定性。当我们询问调查者是否每次给同样的现象赋予相同的数字时，这其实就是有关稳定性的问题。如果一位学校辅导员通过查阅学生档案的方法来确定哪些学生有学习困难，那么她选择的评估标准是否前后一致呢？她测量学生学习困难的标准是否会伴随她的心情、疲劳度、注意力集中程度或其他无法控制的因素而改变呢？她应当选取她工作中的一个样本进行考察，以确定每一个案例的甄别和记录都是前后一致的。她是否要对同一个学生评估两次呢？如果她在样本中发现相对较少的不一致，那么可以假设她的测量是可靠的。

110 **等值性**（equivalence）考虑的是（1）两个或两个以上的使用同一种测量方法的研究者是否对同一现象赋予了相同的值，或者（2）不同的测量方法是否对同一现象赋予了相同的值。例如，不同的评估师在评估房屋质量的时候应当给予相同的房子以同样的评分。为保证测量量表的信度，每位评估师都要评估同一个房屋样本中的所有房屋。该样本应当涵盖在实际调查中可能遇到的所有房屋的类型和状况。如果评估体系可靠，每位评估师对每一幢房屋的评估应当是一致的。无论如何，我们必须预见到一些随机误差，并确定一种可靠的测量手段可以容纳多少误差。

有时，我们必须为一个测量工具（如问卷）设计不同的使用版本。这在测量中最为常见。设计不同版本的测量工具是为了避免作弊行为的出现。例如就驾照考试中的笔试部分而言，如果测试者使用的都是同一种试卷，那么作弊现象就可能会很严重。因此，准备多种试卷是很有必要的。等值性要求任何一个参加考试的人，无论使用哪种试卷，都能得到同样的分数。

内部一致性（internal consistency）则运用在多项测量中，它关心是否所有的调查项都与同一个现象有关。例如，雇员调查可能包括这些问题：(a) 工作满意度，(b) 权力委任度，(c) 公平待遇，(d) 培训。为达到内部一致性，对每个概念的测量应该采用同一种的测量方法。通常来讲，测量的信度会随着问题数目的增加而提高。使用不止一个的调查项来测量变量的重要性取决于基本概念。对于一个人的年龄、性别或类似的人口统计学的特征，单独一个调查项就足够了。然而，要测量一个个体的成就、态度及智能，通常需要多个调查项。例如，在例 4.1 中，我们就使用了四个调查项测量雇主对雇员的权力委任度。

以下是对信度维度的总结。

信度的维度

稳定性：当对同一事件进行多次测量时，得出的结果是相同的。也就是说，只有当被测量的现象本身发生变化时，才会出现不同的测量结果。

等值性：当一个以上的调查者对同样的现象进行测量时，得出的结果是相同的。也就是说，当一种测量工具的不同版本应用于同一现象时，能够得出相同的测量结果。

内部一致性：一个测量的所有调查题项是同范畴的，它们都指向同一概念。

建立测量方法的信度

你不能期望一种测量完全没有随机误差。情绪、测试环境及其他因素都可能无时无刻不影响着你的表现。因此，我们必须允许在测量中存在些许误差。

例如，为了给地方教育局的领导提供修改课程设置的相关建议，在高中生变更 111
他们课程安排的一周中，辅导员需要查阅学校档案以了解课程变动规律。他把档案分成四类：没有课程变动、少量的课程变动、较频繁的课程变动、频繁的课程变动。并且他认为 15%的误差率是可以允许的。那么，为了确保数据的可靠性，他需要从每 100 份档案中取出至少 85 份，按照第一次的做法重新检查同一栏目中的信息。另一方面，如果他正在重新查阅档案以确定哪些学生有学习障碍而需要进行评估，15%的误差率又太大了。这需要有更低的误差率来降低错误案例的数量。该辅导员应降低两种误差：遗漏了需要评估的孩子，或错误地认定需要评估的孩子。

为建立一个信度的标准，行政管理人员或政策分析师应该考虑到随机误差可能导致的实际后果。随机误差最小化是人们所期望的，但很多测量手段无法得到更高一级的改进从而满足高标准的精确度。精确评估和降低误差水平可能需要很高的成本。评估信度层次的程序有其自身的前提和局限，这更加降低了我们确保测量信度的能力。

为评估信度或使用一种已知信度的测量手段，你应当记住信度并不只是测量的一种特性，而且还是它的应用条件的一种功能。例如，大多数浴室里的秤在测量极端的体重时是缺乏信度的，也就是说，这些秤不能够对婴儿或非常重的人提供一致的测量。与之类似的是，其他的测量手段也必须在特定条件下才能使用。

学校辅导员可以在他负责的学生档案中准确地拿出某个学生的档案。但如果没有经过特别训练或者没有在其他学校系统中工作过，他不可能从其他学校辅导员负责的学生档案袋中准确地取出学生档案。驾照考试对于那些英语水平有限、阅读能力差的人也可能是不可靠的。房屋质量评估表在城市和农村也可能会有不同的效果。

研究者运用定性和定量方法来评估信度。定性方法不能精确地评估某种测量的随机误差水平，因此，其重要性和价值可能被低估。在实践中，定性方法可能会发现严重的问题，从而使得某项测量被完全质疑。**定性方法**（qualitative method）要求调查者确信那些负责数据收集、赋值和输入等工作人员所受到的训练和监督是充分的，而且调查者需要去重新检查测量过程以确定下列问题：

术语的定义是否精确？
模棱两可的调查题项是否被排除？
受访者是否可以理解调查题项包含的信息？
多项选择的选项是否涵盖了所有可能的回答？
测量量表上的说明是否清晰且易于理解？

112 让我们从测量的特性着手来考察不精确项、模糊项、难以理解的信息、缺乏回应的选项以及不够清晰的说明等问题是怎样影响信度的。记住，缺乏信度的测量方法是指这样一种测量方法，其所使用的测量设备或数据收集的程序缺陷而不是测量对象的真实差异导致了测量值所反映的不同主体的差异或同一主体不同时期的差异。以上列出的五个方面的问题都可能导致相似的调查主体给出不同的回答，或不同的调查主体给出相似的回答。

为考察囿于不够精确的术语所导致的信度问题，我们可以看一项由火灾引起的死亡数量的调查。如果你询问市政部门的职员，去年他们的城镇有多少人死于火灾，你可能会错误地认为每个城镇都采用同样的方式来计算火灾中的死亡率。事实上，有些地区只将在某一时间段内死亡的人计算在内，比如在火灾发生后的 72 小时以内。其他地区则可能只将烧死或窒息致死的人计算在内。因而，一个在逃跑过程中死于心脏病突发的人在城镇 A 中不计入火灾致死，而可能在城镇 B 中被计入。

与术语不精确类似的问题是表达含混不清。由于这些原因，一个在研究者看来表达已经是足够清晰的调查题项在受访人看来却可能不知所云。我们只要看以下的例子，就很容易理解由含糊的调查题项所引起的信度问题。

您的婚姻状况是？
——单身
——已婚
——分居
——离异
——丧偶

我们知道，很多成年人的生活状况十分复杂，如果“目前”这个词没有在问题中出现，人们实际上可以做出不止一个选择。同样，由于很多曾经结过婚的人会认为他们现在算是单身，因此，“单身”这一栏，应该改为“单身，且从未结过婚”。如果只是使用“单身”，一些目前已经离婚的人可能会选择“单身”，而另一些人则会选择“离异”，甚至还有人会同时选择“单身”和“离异”。

如果受访者不知道调查者询问的意图，他们可能就会猜测或运用不同的规则来估计他们认为正确的答案。以火灾死亡人数为例，如果某个城镇将所有死于火灾的人数记录于同一栏里，而没有分别记录各自具体的死亡原因，那么他们就没有办法回答“有多少人死于窒息”这样的问题。

如果多项选择没有穷尽所有可能的答案，受访者可能猜测调查题项的意图。还记得你读书时做多项选择题的经历吗？如果所列出的答案中似乎没有一个接近你认为正确的答案，那么你会怎么做？你只能猜一个来碰碰运气。当一些受访者没有遇到一个恰当选项时，他们也会这样做。不清晰的或太过复杂的说明也会使数据缺乏 113
信度，因为受访者可能会误解说明，或者因为感到受挫、恼怒或无聊而随意回答问题。

从事数据收集的人员必须经过培训并接受监督，以减少信度问题的出现，即降低个人决定和集体决定相冲突的数量。因此，如果调查者被派往消防局收集数据，那么每个调查者应该对火灾死亡做出相同的定义，并运用相同的方法来处理难理解的或模糊的信息等问题。同样，评估人员也可能无法确定如何处理问卷中的某些情况。例如，有些被调查者将多个回答选项合并在一起；有些用他们自己的想法来修改回答选项；有些自行增加回答选项，这些做法都改变了回答选项。如果每个评估者都采取逐一个案分析的方法来确定怎样处理那些模糊反馈的案例，那么他们做出的判断将是不一致的，而数据也就更不可靠了。

信度可以通过数学程序加以评估。[5] 特殊的测量方法可以估计出某个测量方法信度的各个维度的错误。我们把此处的讨论限制在最普遍的关于内部一致性、等值性和稳定性的测试中。那些从事大量工作调查、绩效调查和性格测试的管理人员希望熟练运用数学方法来估计测试的信度。

内部一致性检验确定了测量量表中不同问项的同质性。当一个测量量表包括几个问项时，分析师应当保证它们的内部一致性。用统计软件可以轻松完成**内部一致性检验**（test of internal consistency），看看某个测量工具是否由于缺乏信度或异质的调查项而产生大量的随机误差。[6] 例 4.3 将内部一致性检验应用于对警察专业水平的测量中。调查项包括市民对民警态度、能力、表现、礼貌的评价，还有一项是关于警察的出警频率。其中关键的统计量是 α（alpha），一个信度系数。α 越接近 1.0，测量方法越可信。如果 α 接近 0.0，则说明该测量的调查题项太少或调查题项之间缺少关联。（一个负的 α 代表调查项与同性质的假设相抵触。）在这个例子中，$\alpha=0.7795$；删除“可见度”，调查项会将 α 提高到 0.878 7。

很多时候，α 没有确定的可接受标准。信度检验的一个主要的好处就在于可以发现哪些调查题项降低了测量方法的信度而应当被删除。一个调查者提交了内部信度报告就表明他进行了信度检验。他提供的信息让读者可以判断这个测量方法的内部一致性是强是弱还是一般。

间信度（inter-rater reliability）测量了两个或两个以上观察者提供的报告的等值性或者一致性。间信度广泛应用于两个以上研究员参与的调查数据收集工作中。如果两个或两个以上招聘官对同一个应聘者打分，他们应当在谁是最好的应聘者这个问题上达成一致。间信度只有在不同的调查者采用同样的调查方法对同一现象进行独立评判的时候才适用。不同的评分应按一定程序来比较以确定间信度是否符合要求。

例 4.3

内部一致性分析

问题：分析警察敬业度测量的信度。

程序：

1. 将反馈者给出的答案添加到以下调查题项中以制作一个调查问卷：

在我最近一次与警察局官员的接触中：

这位官员很有礼貌（礼貌）

(1) 同意　(2) 非常同意　(3) 不同意　(4) 非常不同意

这位长官很有能力（能力）

(1) 同意　(2) 非常同意　(3) 不同意　(4) 非常不同意

这位长官表现出专业态度（态度）

(1) 同意　(2) 非常同意　(3) 不同意　(4) 非常不同意

这位长官的总体表现很好（表现）

(1) 同意　(2) 非常同意　(3) 不同意　(4) 非常不同意

当我在城市里走动时，警察

(1) 经常看得到 (2) 有时看得到　(3) 很少看得到　(4) 从来看不到

2. 查看相关性矩阵。相关性系数越接近＋1.00，关联度越强。

	态度	礼貌	能力	表现	可见度
态度	1.000 0				
礼貌	0.612 1	1.000 0			
能力	0.640 3	0.665 2	1.000 0		
表现	0.631 1	0.650 5	0.667 5	1.000 0	
可见度	0.058 0	0.029 8	0.082 7	0.023 3	1.000 0

注意，可见度这一变量实际上与其他任何调查题项都没有关联，也就是说，某个人如何评价警察的态度、能力或表现与是否经常看到警察是没有关联的。

3. 注意 α 的值。对这五个调查项而言，$\alpha= 0.779\,5$。

4. 注意，删除任意一个调查项，α 值可能提高。

调查项	如果删除该项，α 为
态度	0.694 0
礼貌	0.692 3
能力	0.674 9
表现	0.688 4
可见度	0.878 7

5. 决定将“可见度”从量表中删除。剔除“可见度”显然提高了量表的信度，例如，它的同质性。“可见度”的低相关性系数说明它与量表中的其他调查项无关。剔除其他调查项会弱化量表的同质性。

6. 信度测试报告只要关注 α 的值就可以了。“警察表现是通过受访者对警察的态度、礼貌、能力、表现四方面的看法相加起来测量得到的（α=0.878 7）。”

例 4.4 概述了研究者为保证在对每个司机的种族情况存在同样判断的条件下收 115
集关于种族歧视的数据而采用的几个步骤。类似的程序可以用于考察招聘员工时给
应聘者的打分是否存在种族歧视。种族歧视的研究发现，88%的人认为要考察个人
的种族背景。当我们使用 α 值测试内部一致性时，调查者应当在测量之前判断一下 116
88%的一致性是否足够，在这个比例下进行测量会产生什么结果。

例 4.4

确立间信度

问题： 测定警察是否存在种族歧视倾向。

关键变量：

随意阻拦：警察对行人和车辆的所有的阻挡行为不开罚单。

流动人口的人种构成：亚洲人、黑人、白人、中东地区的人、其他、未知。

测量流动人口种族构成的步骤： 两个调查者站在十字路口分支，分别记录该车道上的司机的种族背景。

建立种族构成测量的信度：

$$信度=A/(A+D)\times 100\%$$

式中：　A——一致数（两个调查者认定的同一个种族的司机数目）；

D——不一致数（两个调查者认定的不同种族的司机数目）。

说明：(1) 这个测量方法暗含了两个调查者如何识别一个人的种族，而没有测量这个人真正的种族情况。(2) 研究者可以将这个关于流动人口种族构成的结果再拿去和跟以警察阻拦为依据测定的种族构成比较。

资料来源：改编自 John C. Lamberth，“Ann Arbor：Police Department Traffic Stop Data Collection：Methods and Analysis Study”（Chadds Ford，PA：Lamberth Consulting，2004）。

两个或更多测量版本之间的等值性可以通过**复本问卷技术**（alternative forms technique）来确立。先准备好两个或更多的测量版本，请受访者分别回答两个测量版本，然后比较两个测量版本的分数。如果得到了相似的分数，这个测量工具被视为可信的。为一个测试去建立两个可以比较的版本是一项困难的工作。因此，对需要对大量人群进行长时段测量的工作常常用复本问卷进行，例如驾照考试。[7]

测试—复测（test-retest）技术能够确立测试的稳定性。测试—复测要求在两个时间点上把一个方法或测试加诸同一个对象。如果结果不相似，测量可以被认为缺乏信度。这一程序看上去直接而且合理，但是如果仔细考虑，你会发现它的局限性。第一，初试有可能影响被访者对以后测试的回答。假设你请求被访者评估他们所在社区治安保护力度。对该问题的回答会使得他们的注意力集中在社区警力上，进而导致他们认识的改变。这样，他们在复测时的回答也会改变。这样的变化并不意味着所用测量方法是不可靠的。反过来看，被访者也可能记得他们第一次的回答而只是在重复答案。在这种情况下，第一次和第二次的回答没有变化并不能说明测量工具是具有信度的。第二，在实践中受访者的表现可能会改变。他们可能得益于熟悉了先前并不熟悉的问题或任务。第三，一个与第一次测试无关的、实质性的改变可能会在两次测试之间发生。而且间隔的时间越长，实质性的变化越可能发生。如果测量对象的属性不受到第一次测试的影响或不在两次测试之间发生改变，测试—复测程序就是合格且有效的。对一部分测量量表一致性的再检查就是一种形式的测试—复测方法。如果调查者用这种方法检验自己的工作，他需要等待足够长的时间以保证自己忘记第一次是如何测量的。显然，为了确保信度他也不能加入在第一次测量之后发生的数据。

测试—复测对于测定有关管理人员利益的调查的信度是不合适的。当你读到行政管理、政策分析或社会科学方面的文章时，你会注意到作者声明他们运用测试—复测来确定他们测量信度的情况相当少。主要问题在于第一次测试带来的影响，即受访者会记住他们第一次测试时的回答。正如一个人被要求给警察的服务打分可能使他关注附近当警察的人，并且改变原来的评判。另一些与环境相关的测量也有着类似的问题。还有，受访者可能反复琢磨选项，最终认为另一个选项更为恰当。

从教学经验来看，我们发现学生往往（1）低估了用测试—复测估计可信度可能出现的问题的复杂性，（2）混淆了测试—复测与前测/后测检验。所有的研究设
117 计，包括实验设计都应当运用信度良好的测量方法。为实验收集来的数据只有在测量方法通过了信度检验后才可以使用。

由于行政人员与数据打交道的程度和能力不同，他们表现出不同的对信度的关心程度。他们的最低要求是不产生显著的错误。如果他们知道操作定义，就能采用定性方法来准确估计测量方法的出错率。这种情况下，他们就会更加关注信度。对他们的最低要求是要知道用于完成手上任务所用的测量方法的信度是多少。以下总结了信度的特点。

信度：为行政管理人员所做的总结

信度：是指某种测量方法能准确区分不同测量对象或在不同时间点上同一对象

的证据。如果测量方法可靠，我们可以认定不同对象之间的区别或不同时间点上同一对象的区别是真实的。

信度测量的判定方法

定性方法：用于评估任何测量方法的信度。

内部一致性：用于从经验上证明一种单一测量过程中几个测量项具有同质性。

间信度：在两个或更多调查者采用同一种测量方法收集数据时，间信度从经验上证明不同的调查者给予对同一个测量对象等值的分数。

复本问卷：用于从经验上证明针对同一对象的两个版本的问卷对测量对象的评分是等值的。这种方法通常为那些问卷的建立者所使用，而行政官员很少使用。

测试—复测：用于从经验上证明某种测试的稳定性。如果第一次测试很有可能影响复测的答案或效果，或被测现象很有可能在前后两次测试的间隔期内改变，测试—复测方法就不可靠。

确立信度的时机：信度应当在假设检验、数据收集或引入干预之前确立。内部一致性应当在数据收集之后和数据分析之前确立。有些问题，如模糊的术语，应当在最初的测量方法审查过程中检查，但只能在数据收集或分析完成后才能确定。

信度的相关性质：要求的准确度取决于测量目的。一项测量可能用于某种目的时是可靠的，但用于另一种目的时就变得不可靠了。

由定义可知，一个缺乏信度的测量方法，可能包含了过多的随机误差量。由缺乏信度的测量方法产生的数据应当被放弃。测量方法本身也需要进行简单的修改甚至可能被放弃，这取决于信度缺乏的程度及原因。一种有足够信度的测量也会产生具有信度的但无效的数据。例如，我们知道浴室的秤可能总是测量出比实际体重轻五磅的体重。这样的秤可以提供有信度的但并非有效的数据。检验一项测量的信度 118
只是衡量其价值过程中的一个步骤。

4.3 操作效度

我们除了知道一项测量具有信度之外，还要知道它是否被恰当地命名，以及是否如我们所设计的那样进行测量。若一种测量工具可以进行符合设计要求的测量，我们可以说它具有良好的**操作效度**。操作效度常常被简单地误当作有效性。学生们常常把它和与实验以及准实验研究中的内部效度和外部效度弄混。为了避免混淆，本书使用操作效度这个词。

如何判断操作效度呢？下面以一项旨在对美国城市的生活质量比较排序的调查为例。该调查打算确定一个社区怎样才能被人们认为是一个良好的生活空间。如果一位研究者选择调查题项时集中于文化和娱乐资源，而另一位研究者集中于社会氛围，如犯罪率、失业率以及罢工的次数，那么，测定结果肯定不同。第一位研究者可能会得出大城市是最佳居住地的结论，而第二位研究者可能会将较小的、较和谐的城市排在更前面。任何一种测量方法的操作效度都可能受到质疑，被认为没有真实地测量生活质量。

测量犯罪的影响范围似乎是一个更简单的任务。乍看之下，人们可能会认为警察局的报案次数可以清楚地测量犯罪率。然而，并非所有的犯罪都被报案。结果，那些高报案数的城市官员会说，报案的数量实际上衡量了警察的警惕性而非实际的犯罪率。官员们还可能觉得那些低犯罪率城市中的警察不鼓励受害者报案，或者那些城市没有保证精确记录犯罪的程序。使一项真实的犯罪成为犯罪报告中的一部分需要具备五个要素：[8]

> 1. 犯罪行为必须被罪犯之外的其他人知道或察觉。例如，你必须知道你家中失窃了。
> 2. 知道该行为或其结果的人必须认定它是犯罪行为。例如，国内暴动行为可以不被受害者认定为犯罪行为。
> 3. 必须有人向警察局报案。
> 4. 警方必须将所报告的行为鉴定为犯罪行为。
> 5. 警方必须对犯罪行为记录进行恰当的归类。

必须知道被报案的犯罪行为、认定它是犯罪、向警局报案、被警官认定为犯罪
119 而且准确地记录等要求，并不意味着犯罪记录构成了犯罪率操作效度的测量。前四项可能使得犯罪行为没有被记录，犯罪率有可能被低估。第五项可能使得某项罪行的犯罪率下降，而其他罪行犯罪率上升。

政策制定者和项目管理人员必须仔细考虑一个测量方法的合适用法及具体操作步骤。这决定了测量方法是否能够测量和解释收集来的数据。在一开始就要知道要找什么样的信息。以对贫困的调查为例，研究者应当收集以下信息：贫困率随着时间变化如何变化、确定谁应当获得财政援助、贫困对个人和社区造成了什么样的影响。[9]美国人口普查报告认为如果一个家庭的税前收入低于贫困线，则这个家庭是贫穷的。这是在 20 世纪 60 年代确立的方法。为了确定贫困线，为了估计养活不同规模的家庭的最低成本，我们用最低限度食品费用乘上系数 3，使用这个系数是因为在 1955 年一个普通家庭有 1/3 的收入花费在食物上。

现有的贫困线已经在贫困率的调查中使用了近半个世纪，当其用于决定谁需要财政援助的时候就有人提出问题了：怎么能用 1955 年环境下的标准应用于 21 世纪呢？比如，普通美国家庭花在购买食品上的花费已经低于 15％了。[10]难道非收入福利不应当被考虑吗？现今的收入是如何组成的？美国人口普查局是在 15 个收入的定义基础上收集数据的。难道不同地区的生活成本差异不应当被考虑吗？包含了社会不公情况的相对贫困是否能够更加深刻地反映贫困的影响呢？

测量时所采用的标题会影响我们的意识甚至行为，管理人员基本上只处理选摘的信息。通常他们只有时间阅读报告要旨和简要介绍，结果是贴在测量表上的标题会引导或者误导管理人员。一个浮躁的管理人员可能会在没有了解评判标准的情况下只记得所谓的“最好”城市的评比结果。如果你打算根据你道听途说来的结论来

采取行动，你应当更多地了解一下其所采用的测量方法，这样你就能更好地掌握方向，达到你要的效果。

建立一个测量方法的操作效度

发展测量方法和积累其操作效度的证据是一个长期的过程，研发者和使用者都对此都负有责任。研发者提供测量方法具有解释力的证据，使用者可以对这些证据进行评价。需要什么样的例证是由一个测量方法使用时的具体情况决定的。[11]这些证据可能以测量的内容及其与其他变量之间关系的为基础，其是否有力取决于测量的潜在影响。[12]如果有证据证明一种测量方法有缺陷，不能依照设计的意愿起作用，那么就算是前进了一步。证据可以让我们更明白一个测量方法到底在测量什么。调查者可以依据这些证据来改进测量方法。[13]在接下来的部分里，我们将探讨依据测 120
量内容和测量变量间关系的证据。

通过内容检验效度：一个重要的显著的关于操作效度的例证能够表明操作定义和概念化定义是一致的。以例 4.1 为例，在对员工的权力下放的测定过程中，为了与概念定义达成一致，操作定义就需要测量员工是否认为（1）他们的工作有意义，（2）他们能够胜任其岗位，（3）他们在工作上有自主权，并且（4）他们的工作对组织有重要意义。操作定义采用的数据只有在调查方法的潜在使用者同意了概念化的定义时才有价值。在例 4.2 中，工程师和预算主任对于生产效率的概念定义不一致，如果预算主任检查了操作定义的内容，就可能对效度提出疑问。

了解研究者如何依据内容找到例证可以参考员工选择的程序。一个完美的选择程序会根据申请者的工作能力来给他们做鉴定和排序。最初的步骤是给工作做一个概念定义，即概括出这份工作所需要的知识和技能，接着，负责人员就可以评判应聘者。

如果公司的空余职位有限，应聘者却很多，则公司就可能需要更精确的招聘流程。招聘人员会更加系统地鉴定应聘者所掌握的工作知识和技能，尤其是需要某种技能或者知识时。在这些工作之后，招聘的流程图就建立了。它概括出所需的工作元素和各自的重要性，进而可以开发出合适的各种因素的测量指标，重要的知识和技能可以获得更大的权重，这些指标分值可以通过客观测试、模拟实验或者面试来评判。[14]

在使用一个测量方法之前，你需要检查一下操作定义和对它设计描述的文书，你要判断这个定义是否是相关的或者有代表性的。一个相关的操作定义才能测定你所要测量的内容。因为它体现出概念化定义的本原。[15]

一个有代表性的问项是应当与概念化定义充分一致的，例如国民财富的代表性指标就受到了质疑，因为它的测量方法只计量了所有的商品本身而没有考虑其社会价值。一些批评家提出是否要把对国家资源的消耗、武器的生产、烟草的生产以及有毒物品的生产排除在对国民财富的贡献之外。

让我们看看官方统计数据的关联性。尽管操作定义没有变，但是其与概念定义的关联性随着时间的变化而减弱。为了预测通货膨胀率，政府跟踪调查一揽子商品和服务的价格，但是在消费者行为发生变化之后，问题就出现了。长期以来，典型

121 的美国家庭的食物以肉、蛋和牛奶为主。但是现在，美国人吃的更多的是家禽、水果、蔬菜。所以反映 20 世纪 50 年代美国家庭生活成本的数据和指标不能反映当今美国家庭的情况。

那么为什么不改动这些调查项呢？第一，构建一个典型美国家庭食物消费指标体系需要进行一次巨额成本的营养调查。[16]第二，如果指标发生变动，现在的调查结果就不能再和过去的情况进行比照了。为了保持可比性，对指标体系的修订必须使其可以应用于原有数据，或者对同一时期的情况出台两个报告。[17]如果指标体系在 2005 年改变了，那么 2005 年以前的数据就要调整以适应变动，或者从 2005 年起分别出台两个体系的报告。第三，变动指标体系可能为政客们带来责任。试想谁会提倡建立一个可能会使得自己灰头土脸的指标体系呢？

通过与其他变量的关系检验效度：检查一个测量量表的内容不能解决全部问题。调查者如果把测量值与一个效度标准联系起来就能对测量工具的效度认识得更为清楚，**有效度标准测定了相关概念，它可能是一个可替代的或相似的测量，可能是对未来结果的测量**。调查者要找出一个具有效度的测量和作为效度标准测量之间的相似的反应模式。关于测量与相似标准的例子如下：

测量	标准
市民或使用者对一项服务的满意度	客观的服务质量评分
雇主对其雇佣的经理管理风格的描述	经理本人对自己管理风格的描述
自我健康状态的报告	个人的医检报告

基于有效度标准的效度检验只有在存在合适的有效度标准及其适用于同样总体的情况下才有效。例如分析者可以把他们对投票与否的回答测量值与实际的投票记录（有效度标准）相比较。

测量值与有效度标准之间的微妙联系可能让人感到困惑，但会引发人们探索这个调查项到底可以提供什么信息。例如，当人们观察到调查时填写愿意投票的人数多于实际票数，就会引发对被调查者如何报告其行为的研究，最终可能会用测量值来代替这个标准。[18]

在公共部门中，类似的材料内容检验了市民的满意度。例 4.5 借鉴了两项研究来描述基于有效度标准的证明是如何汇集的，以及其如何有助于理解市民满意度调查到底能够调查出什么内容。两项研究都发现由测量量表数据得到的公路状况与公路的实际质量情况相差甚远。这个结果会影响你如何解释回答满意的数据，显然，市民满意度的数据不构成公路情况的决定性数据，市民对质量情况的判断可能和专家不一样。以预期做出的评定为基础，测量会更加有效。

例 4.5

基于有效度标准的操作效度例证：市民对政府服务的满意度

研究 1

分析资料：美国 13 个城市的市民和行动表现的调查数据。

调查项：以 100 分为总分评定对一项服务的满意度。受访者被要求对街道保养的服务进行打分。

有效度标准：工程师评定的街道质量良好里程占全部里程的百分比。

测量结果：调查结果与有效度标准之间存在较弱的负相关关系（$r=-0.36$，$n=7$），这一情况说明，要么是市民对公路质量的判断能力比较弱，要么是工程师评判时对公路质量的要求比市民还低。

研究 2

分析资料：99 个人口在 500～10 000 之间的艾奥瓦的市镇。

调查项：被调查居民对(市镇名) 镇街道条件按照差、良、好、很好四个等级打分。

有效度标准：培训过的观察者在每个市镇中随机抽取四条街道根据路面、路沿、是否有杂草和碎石的情况来打分。

调查结果：测量量表调查结果和有效度标准之间联系不大（$r=0.49$）。

结论：市民对街道好坏的判断取决于市民看街道的视角而非街道的实际质量。

经验教训：

1. 基于有效度标准的证明可能受到限制，原因是缺乏恰当的有效度标准（在研究 1 中，n 很小是因为很少有社区同时收集了测量量表信息和有效度标准信息）和可行性（研究 2 中采用培训过的观察者来收集信息）。

2. 较弱的或者相反的证据让人们更加清晰地了解了这个测量工具的性质以及到底能测量出什么内容。

3. 这些研究是对于满意度调查的部分分析文字，主要是说明"即使例证说明一个测量工具无效只是一小步，真正的挑战在于如何改进这个方法并证明其效度"。

资料来源：根据 D. Swindell and J. M. Kelly 的研究"Linking Citizen Satisfaction Data to Performance Measures: A Preliminary Evaluation," *Public Performance and Management Review* (2000), 30-52；以及 M. J. Licari, W. Mclean, and T. W. Rice, "The Condition of Community Streets and Parks: A Comparison of Residence and Nonresident Evaluations," *Public Administration Review* (2005), 360-368。

一种测量方法可能被设计用来预测未来趋势，例如：谁将会在学校获得成功、谁将成为富有的老板，或者谁会犯罪。对以上每一种预测目标都有各自的评判标准，例如老板的盈利能力、一个人的犯罪记录。研究者首先需要的是调查信息，然后是有效度标准的信息。即使确定了一个合适的有效度标准，如果过早地将之公布也会影响调查效果，如果在调查的同时公布了有效度标准，则调查效果会受到严重的影响。例如，一个人被雇用后的工作表现会比录用时的衡量标准更能反映其工作能力。 123

例 4.6 描述了如何使用预测证据来评估一个测量方法。它既包含了成功的预测也包含了失败的预测。同时包含这两种预测的测量很少进行，例如，大学不愿意接受被预测会在学校表现较差的学生，员工不愿意接受被预测为不合格的经理。在这个例子中，这个测量办法似乎很合情理地、正确地标识了不危险人群，而对危险人群的标识错误。错误地认定某人危险是要负刑事责任的。这个例子指出了用一种测 124

量方法来预测未来事件的两个局限性。首先，有效度标准未必有效，例如“有侵犯性举动”的标准应当不仅包括被抓的人，还应当包括有这种举动但是没有被抓的人。其次，没有被调查的属性以及外部事件也可能解释调查所犯的两种错误。

例 4.6

基于有效度标准的证明：预测危险行为的方法

研究分析的材料：435 个精神病人原来被认为是有攻击性的，其中 386 个被认为现在不具有攻击性，可以释放；另外有 49 个没有被建议释放，但是法庭仍然释放了他们。

测量方法：按照临床程序——某个人的动机（M），包括攻击性行为的历史（H）、内心的压抑（I）及环境因素（S）。然后，使用一种方法来综合这些因素，例如：$I-(M+H+S)$；如果 $I>0$，暴力行为就不太可能发生。

有效度标准：最近五年被释放者因严重暴力行为而受到逮捕的记录。

调查结果：

1. 那些被认为不具有攻击性的人中有 8%实施了攻击性行为（错误的肯定报告）。
2. 那些被认为有攻击性的人中有 65%没有实施攻击性行为（错误的否定报告）。

经验教训：

从错误的否定报告中我们可以看出，测量的效度具有局限性，这点只有当它被放入“错误地将一个人判定为危险的”之上下文中才能评估出来。粗略地计算，2/3 的被认为太危险而不能释放的人，在此后的一段时间内都没有被发现实施过攻击性行为。批评者质疑有效度标准的有效性。并质问在错误的报告中有多少实施了暴力行为而没有被抓住的人。同时，他们还提出了外部效度的疑问，因为用于归纳的数据是在控制条件下收集的，而其目标是在一个开放的社区中预测行为。

资料来源：E. I. Magargee，“The Prediction of Dangerous Behavior，” *Criminal justice and Behavior* 3 (March 1976)：3-21，and J. Monahan，*The Clinical Prediction of Violent Behavior* (Washington，DC：Alcohol，Drug Abuse，and Mental Health Administration，U. S. Department of Health and Human Services，1981). 数据和步骤改编自 H. Kozol et al.，“The Diagnosis and Treatment of Dangerousness，” *Crime and Delinquency* 18 (1972)：371-392。

研究者可能会指出一种测量方法正按部就班地发挥效用，这意味着调查中的变量与理论变量相互关联，而与其他变量无关。如果这些变量都相互联系则说明它们是收敛的，否则就说明它们发散了。例如，关于数字天赋的测试可能与数学成绩密切相关而与英语成绩关系不大。这种证明办法可能需要坚实的理论基础。如果这些变量并不相关，那么研究者就要考虑理论是否出错了。[19]

调查的后果

研究者可能指出一个测量办法所能产生期望的结果，管理人员和政策制定者可能以为第一次采用一个调查方法时会产生积极的效应。当真正使用这个方法时，人们应当保持监测，看是否真的有正面效应产生以及是否产生了未预想到的后果。有一个学派认为调查后果的证明应当从属于职业道德的领域或者政治考虑，而非操作效度。[20]1999 年的教育心理测试标准（the 1999 Standards for Educational and Psychological Testing）包含了可以作为关联效度证明的预想到的和未预想到的调查后果。这种后果对于依赖调查结果来制定政策的人来说尤为重要，我们在这里讨论调查后果是因为检验使用一种测量方法引起的结果与对效度的经验性证明是一致的。

决策者越重视一个或一系列的调查结果，他就越要考虑调查的后果，想一想《不让一个孩子掉队法案》（No Child Left Behind Act）吧，这个法案旨在保证所有美国学校学生有良好的数学和阅读能力，要求从三年级到八年级的学生参加年考，如果一个学校不能达标就要采取规定的补救措施。理论上，年考会激励学校聘用合格的教师、采用更有效的教学手段、帮助那些可能不及格的学生。但结果是学校放松了对其他课程——如社会和艺术——的教学。已经存在的标准和规定会束缚教师们对新的教学方法的尝试。

操作效度：为行政管理人员所做的总结 125

操作效度不是一个检验特征而是对一个测量量表是否设计恰当的评判。与数据打交道的行政人员应当反思一下：测量量表的操作效度是如何定义的？这个定义能否获得有用的数据？这些数据表明了什么？如何证明该测量方法的操作效度。下面我们总结了操作效度的主要特征。

操作效度：有证据表明某个测量被正确地命名，并按照研究者所设想的效果进行了测量。

操作效度的检验方法

内容效度检验：证明操作定义与理论定义是一致的，并具有充分的代表性。

标准效度检验：证明操作定义在经验上与类似测量、可替代测量以及预测的标准效度相一致。

检验测量题项与理论相关变量一致而与理论不相关变量不一致：需要坚实的理论基础来解释为什么变量之间产生了期望的联系。

对证据的评估：关于测量内容以及其与一个或更多标准之间关系的证据能强化研究者确认自己采用了适当的测量方法。然而，一种测量是否因为具有操作效度而被接受，取决于使用者的目标和概念界定。如果数据能促使调查者做出决定，调查者就要监测运用这种测量手段的后果。

判定操作效度的时机：应当在测试模型、收集数据或引入干预变量之前就对操作效度做出判断。由于这种判断所具有的作用，操作定义及其效度的证据支持应当由利益相关者进行审核。

4.4　灵敏度

测量的**灵敏度**（sensitivity）指的是测量的精确度或校准度。一个具有灵敏度的测量对于察觉受访者的变化十分有用，测量变量的变化程度应该同研究目标相适应。那些已经被证明可靠的测量手段也可能无法察觉到一些重要的差别。以一个薪资调查为例，假设雇员被问到：

你的薪资有多少？（选择合适的一项）

——低于 25 000 美元

——25 000～34 999 美元

——35 000～44 999 美元

126 ——45 000～54 999 美元

——55 000 ～64 999 美元

——65 000～74 999 美元

——高于 75 000 美元

这个测量量表中的分类对测量一个城市的中低收入阶层来说是可行的，但要是针对城市管理人员或者部门领导来说就力不从心了。该测量对城市管理人员薪资的变化没有做出灵敏的反应，因为大多数高级管理人员会选择最后一栏。因此，在设计一个测量时，调查者应该避免使被调查者聚集于某个单一的选项中。如果绝大多数被调查者选择了某一栏，那么调查者可以认为这个测量是不灵敏的。不灵敏的调查项使研究者不能对被调查者进行精确的比较分析。有些研究者统一收集不分栏的数据，然后在分析的过程中根据需要和是否合适来进行归类。

为研究某类人群而设计的测量方法会对其他更具同质性人群的差异反应灵敏。在前面提到的例子中，问题可以通过更多的、更加细致的分类来解决，尤其针对较高的收入水平。在复杂的测量——如工作满意度量表或智力测试——中，不同的人群需要不同的测量指数来保证灵敏度。例如，为某机构雇用的技术工人和一般工人、文书人员、技术人员、行政人员和专业人员而设立的工作满意度测量方法，如果用于研究大部分由专业雇员构成的工作单位，就很不适合了。如果个体差异很重要，那么这种测量在用于识别一个同质性强的组织中雇员的差别时就不那么灵敏了。在政策和行政管理研究中，灵敏度是一个相对概念，而且并没有一个关于衡量灵敏度水平的令人满意的标准。

本章小结

测量是一个量化的过程。量化使信息汇编、分析和比较的工作变得容易。然而，测量的过程牺牲了概念的丰富性。没有一种测量方法能充分地描述工作满意度、职员能力、生活质量或贫困程度。尽管测量所提供的信息有很高的价值，但是你还是应当意识到它的局限性。

测量过程开始于对每一个所要研究的变量概念的界定。概念的界定反映了研究者的意图。在设计或选择一个测量题项以及收集数据时，概念的界定应当与研究者的目的保持一致。概念的界定为进一步进行操作定义制定了框架。操作定义详细地表明一个概念或变量是如何被测量的，以及其测量值是如何确定的。

测量可以分为定类、定序、定距和比例四种类型。定类量表对数据进行分类， 127
但不进行排列。定序量表对数据进行排序，但不能确定两个数据之间的确切差距。定距量表和比例量表显示了两个数据之间的差距。与定距量表不同的是，比例量表有一个零值。

测量量表应当具有信度、操作效度和灵敏度。在进行数据收集之前，一个模型中所有测量量表的信度、操作效度和灵敏度都应通过检验。可信的测量允许测量对象之间的差别或同一测量对象在不同时间点上的差别是不真实的，而且不是由测量方法或测量过程造成的。只要测量对象不变，可靠的测量方法就能得出相同而且不随时间变化的结果。使用同一种测量方法的两个或两个以上的调查者，应该赋予同种现象以同样的取值。运用定性方法进行的仔细检查可以明显地提高信度。调查者应该使测量说明清楚而且容易理解、调查题项定义清晰、给出的选项应尽可能全面，且受访者能够得到问题的相关信息。从事数据收集或数据处理的人员应当经过专门培训，以避免大家使用不一致的测量方法。审查测量方法以及培训相关人员对于信度的确立可以说足够了。如果理解和限制随机误差的数量很重要，那么调查者应当使用数学程序来确立信度。不可靠的数据应当被抛弃。

操作效度并不是可靠的测量所必需的，但具有操作效度的测量能够实实在在地测量一些重要的概念。分析者和数据使用者分别应该核查内容效度和标准效度的证据。证据能够说明数据使用者的判断，但不能取而代之。内容效度的证据提供了操作定义是相关的和有代表性的记录。标准效度的证据在经验层面上建立了测量与标准之间的关联。标准可以是一个相似的测量、一个可替代的测量或一个未来的结果。标准效度的证据关注应该测量什么的问题，也可以收集证据并把它们作为实施测量的记录。有灵敏度的测量可以有效地区分每个案例，从而使这些案例可以被比较。

如果数据缺乏信度与效度，行政管理人员在做决策时将定量信息考虑在内可能会导致一些不适当的决定。如果管理人员觉得测量对他的决策没有意义或者不能提供充分的支持，那么定量信息可能会被忽略。管理人员不应指望由研究者去决定所有测量的适合度，也不应在引用数据进行决策时不去质疑获得这些数据的测量是否充分。

测量决策与研究的其他决策相互关联。测量的水平决定了调查者能够使用什么样的统计数据。在有关分析的章节中，我们将分别用定类、定序、定距等方法测得的数据来确定统计数据的适当性。在有关数据收集的章节中，我们将明确讨论测量方法。调查项的数量以及措辞必须与数据收集方法联系起来。使用既有数据的研究者必须判定测量的信度和操作效度。

下一章的内容是关于样本的。在实践中调查者将分别设计测量工具和样本。二 128
者之间潜在的联系是存在的。一种测量工具并不一定适合所有的测量对象。精确的程度会影响到数据收集或数据处理的成本，因此，样本的大小可能会限制测量的灵敏度。研究者可能会因为过于强调构建样本，而忽略了设计高质量的测量方法。

术语回顾

概念（concept）
信度（reliability）
操作效度（operational validity）
概念定义（conceptual definition）
稳定性（stability）
内容效度检验（content-based evidence of validity）
操作定义（operational definition）
等值性（equivalence）
标准效度检验（criterion-based evidence of validity）
测量（measurement）
内部一致性（internal consistency）
测量量表（measurement scale）
测试—复测（test-retest）
灵敏度（sensitivity）

复习题

下列问题可以测试你对本章是否有了基本的理解：

1. 指出下列各个陈述所描述的是一个概念定义、操作定义的一部分，或只是一个假设。

（1）非营利组织的组织能力由它们的关联性、回应率、效率和弹性等因素构成。

（2）为了确定警务服务的公平性，我们询问受访者认为自己所在社区的犯罪行为少于、差不多，还是多于其他社区。

（3）受访者的政治敏感性越强，对政府服务的满意度也越高。

（4）家庭保健服务被定义为一系列针对急性病或残疾而提供给病人以及抚养孤儿的家庭治疗和预防服务。

（5）受控的清单项必须是那些能够被识别、说明、保护、隔离并以特定方式处理的项目。

（6）不受控的清单项比受控的清单项具有更高的损耗率。

（7）校园破坏行为发生率的测量是通过清点有裂痕的和破碎的窗户来进行的。

2. 下列各项描述的是哪个类型的测量量表（定类、定序、定距和比例）?

（1）某州的县（A 县、B 县和 C 县）。

（2）食品券项目参与者的数量。

（3）大学声誉。

（4）利用一个 0～5 的量表测量得出的领导者能力。

（5）某个州的部门划分。

（6）存货清单可分为三类：加紧控制、一般控制、低度控制。

3. 职业培训项目的效果通过就业人数来测量，不把薪资和雇用时长等因素考虑在内，评估测量项目效果时的表面信度和操作效度。该项目应该怎样提高它对效果的测量水平？

4. 提出可能的操作定义测试如下假设：有小学学龄孩子（5～11岁）的父母，与那孩子年龄更小或更大的父母相比，去公共图书馆的次数更多。

5. 评估以下陈述：

(1) 某种测量可能对一项研究是可靠的，但对其他研究则未必。

(2) 一项可靠的测量每次对同一个对象进行测量时都会给出相同的值。

(3) 旨在建立信度的测试—复测同实验中的前测/后测是一样的。

(4) 一个机构应该为所有的测量工作建立一个最低的随机误差率指标。

(5) 所有的测量应该在用数学方法评估信度之前进行定性审查。

6. 考察一项涉及七种校园破坏行为说明的测量。

(1) 如果研究者声称对校园破坏行为的测量是可信的，他所指的是什么？

(2) 如果他发现该测量是稳定的、等值的并且具有内部一致性，他所指的是什么？

(3) 如果他说该测量具有操作效度，他所指的是什么？

(4) 他能够拿出怎样的证据来表明测量的效度？

(5) 如果他说该测量具有灵敏度，他所指的意思是什么？

7. 关于校园破坏行为的测量问题。研究者在10月运用该测量方法对8所学校的校园破坏行为进行了测定；6周后，对这8所学校又做了一次同样的测量。

(1) 研究者在确定该测量工具的信度时运用了什么程序？

(2) 在两次测量之间，校园破坏行为增加了。研究者是否应该认为该测量缺乏信度呢？请解释。

8. 一家社会服务机构设计了一个关于顾客满意度的测量方法，那么另一家同类机构在使用该测量方法来测定其顾客满意度时应该注意什么？

课后作业与讨论

1. 某个城市部门想使其用于评估项目质量的测量具有信度和操作效度。

(1) 提供一种策略，可以用于确定项目质量测量的信度。

(2) 提供一种策略，可以用于确定项目质量测量的操作效度。

2. 为收集工厂安全隐患的信息，某州相关机构计划派遣调查者选择数家工厂以获取安全信息。

(1) 该机构怎样确定这种工厂安全测量的信度？

(2) 你将寻找怎样的内容效度以判定工厂安全测量是否具有操作效度？

(3) 提供一个标准和策略来为其操作效度提供更多的证据。

(4) 如果这个安全测量和标准的关系很微弱，你将如何评价？

3. 学生观察员在城市某地测量交通流量。他们数着经过特定交叉路口的车辆数量。每个观察员工作四个小时。工程师注意到观察员在四小时快结束时开始心不在焉。这是一个信度问题、操作效度问题，还是两者兼而有之？

4. 一位规划者想评估道路质量。他向一组居民样本发放了调查问卷，请他们评估路面质量、修复质量和交通流量。他发现这项研究价值有限，于是，他派工程师到各个社区评估道路。他对工程师做了一般的指示，但没有书面的评估表。效果仍让人不满意，于是，他制定了一个评估表，列出了每英里路地面坑凹的数量、坑凹的深度、沥青的厚度、路面的宽度以及诸如此类的测量问题。

（1）评价上述每种方法的信度和操作效度。

（2）你认为那种方法具有更高的操作效度？考虑可以分别采取什么样的修改方式提高这些方法的信度和效度。

5. 在一次就业考试中，管理者编写并使用了 A、B 两套试卷。早上，一半测试者考 A 卷，另一半考 B 卷。下午则反过来，早上考 A 卷的人做 B 卷，而早上考 B 卷的做 A 卷。

（1）这个机构想做什么？

（2）如果随后，管理者了解到那些通过了 A 卷或 B 卷的人不能正确解读表格中的信息，这是测试的信度问题还是操作效度问题？请解释。

（3）如果测试者在三周后再次参加同一考试而且成绩有所提高，管理者是否可以认为该测试缺乏信度？请解释。

6. 人力资源部门组织了好几个大组的应聘者参加就业测试。为了降低欺骗行为，各组的应聘者应该使用不同的试卷。

（1）为什么建立测试信度很重要？

（2）简要描述考官怎样建立不同试卷的信度。

7. 某市议会想了解以发行“网球许可证”方式允许居民使用网球场将会产生什么样的影响。一组作为样本的打球者被问及：“如果一张网球许可证需要收取 10 美元，你还会使用公共球场吗？”讨论该问题的操作效度。你认为这能为网球许可证的效果提供正确的指示吗？

8. 表 4—2 分别显示了在关于贫困的两种操作定义下生活在贫困线下的人口数量。讨论你怎样选择其中的一个定义作为操作为效度。如果你是一位议员，或是预算官员，或是为客户提供服务的官员，你认为你的决策会是一样的吗？

表 4—2　　确定一个以贫困为对象的具有操作效度的测量

操作定义	贫困线以下人数（2002 年）	贫困线以下比例（2002 年）
货币收入（按家庭规模调整过；18 556 美元的四口之家）	34 570 000	12.1%
货币收入加上资本收益（或损失），减去工资税，再加上非现金转移价值	26 750 000	9.4%

资料来源：U. S. Census Bureau，www.://www.census.gov/prod/2003pubs/p60-222.pdf。

9. 登录 www.fedstats.gov，选择一组你感兴趣的官方统计数据。研究一下其中的主要测量方法是怎么定义的？数据是如何搜集的？又是如何使用的？关于信度和效度的信息有哪些？注意：当你输入“信度”和“效度”作为搜索关键词时，你可以看到最新的有关信息。

光盘作业

1. 利用ORB研究方法数据，选出三个变量创建一个测量某国家经济状况的方法。运用统计软件来检验这三个变量的内部一致性（SPSS软件中显示这个过程的是“信度”）。这些发现能告诉你关于信度的什么内容？

那么这个检验结果显示这三个变量的内部一致性如何呢？你能假定这些变量可以给你一个反映国家经济地位的操作效度指标吗？为什么可以或不可以？

2. 选出一组三个不同的变量，这次是测量一个县的贫困状况。进行同样的测量，这些变量可靠吗？如果可靠，这个指标的操作效度如何？这种测量结果中，一个反映县的经济状况，一个反映贫困状况，你认为哪一个指标要好些？它们所指的是同一个事物吗？为什么是或不是？

推荐读物

Standards for Educational and Psychological Testing（Washington，DC：American Educational Research Association，1999）. 这套标准是由美国教育研究协会（AERA）、美国美国心理学协会以及教育测试国家委员会联合制定的，并分别得到了其相应主管政府机构的确认。美国教育研究协会公开声明：“我们认为这套标准提供了公认的专家们目前对理想的测量实践所具有的一致性看法。设立者、倡导者、出版商和使用者应该注意到这些标准。”（*Standards*，viii）

Susana Urbina，*Essentials of Psychological Testing*（New York：John Wiley & Sons，2004）. 在此书中可以很容易地找到关于心理测验学的基本资料。所谓心理测验学就是测量包括知识、能力、态度和观点的性格特征。

David H. Hand，*Measurement Theory and Practice*：*The World through Quantification*（London：Arnold Publishers，2004）. 这本书对测量的理论和应用进行了深刻的讨论。在社会科学测量的有关章节中，包含了对效益指标、顾客满意度和犯罪的讨论。

M. H. Maier and Todd Easton，*The Data Game*：*Controversies in Social Science Statistics*，3d ed.（Armonk NY：M. E. Sharpe，1999）. 该书提供了关于社会科学统计学的一些有洞见的讨论，分析和批评了关于健康问题、劳动问题、犯罪问题和教育问题等统计问题，提出的案例研究问题令人深思而且受到高度评价。

注　释

[1] 关于详尽的概念定义与操作定义及其关系的极好例子，请参见 J. E. Royce，*Alcohol Problems*

and Alcoholism（New York：The Free Press，1981），15-19。

[2] K. W. Thomas and B. A. Velthouse（1990），"Cognitive Elements of Empowerment，" *Academy of Management Review* 15（4）：666-681，被 S. T. Shelton 引用，"Employees，Supervisors，and Empowerment in the Public Sector，" Unpublished Dissertation，North Carolina State University，2002。

[3] J. S. Hunter，"The National System of Scientific Measurement，" *Science*，210（Novembe1980）：869-874.

[4] 建立频数分布可以帮助按照刻度划分区间，通常，如果你对于想要引入的数据不是非常了解，我们一般不建议你对数据进行等级分析。更多讨论参见 D. J. Hand，*Measurement Theory and Practice*：*The World Through Quantification*（London：Arnold Publishers，2004），72-83。

[5] 参见 Susana Urbina，*Essentials of Psychological Testing*（Hoboken：John Wiley & Sons，2004），chapter 4 中关于公式及其正确使用的更详细的阐述。

[6] 关于内部持续性和第一系数的更详细的讨论，参见 Anne Anastasi and Susan Ubina's *Psychological Testing*，7th ed.（New York）：Mamillan，1997），91-102。

[7] 其他术语，如平行表格（parallel form），也经常被用来描述信度的类型。

[8] R. F. Sparks，*Research on Victims of Crime*（Washington，D. C.：U. S. Department of Health and Human Service，1982），14.

[9] 这个讨论源自 John Cassidy 的文章，"Relatively Deprived：How Poor is Poor，" *The New Yorker*，April 3，2006，42-47，链接在人口普查局网页（http://www. census. gov/hhes/www/poverty/poverty. html）。人口普查局网页有对贫困的界定、贫困与收入调查结果的公布，以及贫困替代定义的研究。

[10] "Consumer Expenditure in 2004"（Washington，DC：U. S. Department of Labor，U. S Bureau of Labor Statistics，April 2006），Report 992，3.

[11] Urbina，161.

[12] 参见 *Standards for Education and Psychological Testing*（Washington，DC：American Educational Research Association，2002），11-17 页中更多关于数据来源的讨论。我们已经将我们的讨论限定在这些数据源中——没有在测试与测量方面培训的读者最有可能遇到。

[13] Mark Wilson，*Construction Measure*：*An Item Response Modeling Approach*（Mahwah，NJ：Lawrence Erlbaum Associates，2005），156.

[14] M. W. Huddleston，*The Public Administration Workbook*，4th ed.（White Plains，NY：Longman，2000），exercise 9.

[15] M. H. Maier and Todd Easton，*The Data Game*：*Controversies in Social Science Statistics*，3d ed.（Armonk，NY：M. E. Sharpe，1999），99-102，讨论了国内生产净值（GNP）。

[16] 参见美国农业部食品消费调查，GAO/RCED-91-117（Washington，DC：General Accounting Office，1991），这个文件描述了收集这种类型数据的困难之处。对 1987—1988 年情况的调查花费了 620 万美元，而由于方法论的原因采集到的数据基本无效。

[17] J. A. Miron and C. D. Romer，"Reviving the Federal Statistical System，" and J. E. Triplett，"Reviving the Federal Statistical System：A View from Within" in *American Economic Review*（May 1990），329-332 and 341-344，respectively.

[18] 更多资料和参考书目参见 R. Bernstein，A. Chadha，and R. Montjoy，"Overreporting Voting，" *Public Opinion Quarterly* 65（2001），22-44。

[19] Hand，133. 关于聚集和分化模式的进一步讨论参见 Urbina，169-181。

[20] Urbina，208-210，讨论了测量后果对效度证明的作用。

第 5 章

抽　样

本章要点 

1. 抽样的原因。
2. 抽样的常见术语。
3. 如何鉴别、构建和解读常见的概率抽样和非概率抽样。
4. 确定样本规模的指导方针。

无论研究由 100、1 000 还是 1 000 000 个单位组成的集团，抽样都是认识其单个成员的既经济又有效的手段。它适用于对来自个人访谈、案例记录、机构或是电脑数据库的数据进行分析。但是，不熟悉抽样的人可能存在认识误区，他们对这种方法心存疑虑，认为研究应当涵盖整个总体。

我们先来看抽样的现实性因素。对于许多规模较大或成员众多的群体而言，我们无法识别其中的每一个具体的成员，因而也无法联络群体中每一个成员并采集其数据。况且，采集某些总体中每一个单位的数据也不现实。以某空气质量控制机构采集某一地区的空气数据为例，如果搜集整个总体的数据，那么成本无疑将异常高昂，因为联系数量众多或分布范围很广的所有成员，需要投入大量时间和财力。即使是在一个相对较小的群体里，抽样也使得研究者能够在较短时间内搜集到成员的信息。

调查者从总体中抽取样本单位，以点带面，目的在于用对样本单位的研究结果推论总体中那些未被研究的单位。读者应当明白，这里涉及了外部效度的概念。在第 3 章，我们已经讨论过将一项研究的结果推及研究本身之外，并将其定义为外部效度。将来自样本单位的发现推广到总体，是外部效度的又一例证。被适当抽取的样本使我们能够将群体成员特征的测量从样本推广到总体。

134 美国政府每十年就要进行一次全国人口普查。在 2000 年的普查中，普查局提议对人口进行抽样来提高计算精确度，而且还能减少开支。这一提议引起了广泛争议，美国国会就这一议题展开了激烈辩论，并最终否定了这项提议。尽管国会最终否决了普查局的提议，但是，如果大多数观察者对抽样原理有所了解，他们将会赞同普查局的提议。[1]

基于各种目的，抽样被应用于诸多方面，而最广泛的应用是在调查研究之中。研究者要研究一个较大的总体，就必须对数量相对较少的个体进行访谈以搜集数据。抽样调查就为学术研究和行政管理中的诸多问题提供了各种统计数据。在调查得以广泛应用的今天，我们不得不对抽样调查相对较短的历史感到惊讶。[2]直至 20 世纪早期，统计学家仍在争辩不对整个总体进行调查是否可以接受。[3]然而从那以后，抽样日益得到广泛的接受，大量相关技术也得到了发展。

抽样涉及几个相互联系的因素。这些因素包括抽样类型、样本规模、所关注的调查总体、期望达到的精确度以及研究者期望调查结果所达到的置信度。我们将在本章中对上述问题进行探讨。在描述抽样方法和抽样技术之前，我们需要对一些术语进行介绍和界定。

5.1 抽样术语

样本（sample）是从一个较大的同类单位组中选取的一个子单位组。它是被研究的对象并且为估计较大的单位组的特征提供数据。例如，像盖洛普这样的民意测验机构，用大约 1 500 人或者更少的人作为样本对两亿多美国人的看法进行描述。

总体（population）是调查者所关注的全部单位，即从中抽取样本的较大单位组。总体的特征以及这些特征之间的关系源自对样本数据的推断。研究者希望从对样本的研究中推出整个总体。总体的组成单位可能是人，也可能是诸如政府组织、家庭、企业、档案之类的单位，或者是一组像警车这样的设备，等等。

目标总体（target population）必须描述清楚。总体中的单位必须符合一定的标准，如“7 月 1 日居住在克拉克县的所有成年人”，这样分析者才能知道谁属于总体而谁不属于。对于研究结果的解读依赖于总体是如何界定的。假设在某个城市内要兴建一座新的大型剧场，为此需要发行债券以募集资金。要通过抽样调查来评估公民对此计划的支持度，就必须考虑下列与抽样有关的问题：总体应如何确定？哪些人应包括在内？注册选民？纳税者？仅限该市的居民？总体中人员的年龄下限应是多少？调查者发现，如果能在一开始就把总体确定为符合研究目标要求的理想总
135 体，将是十分有益的。这一理想总体就称作目标总体或是理论总体。考虑到实践中的限制因素，目标总体的定义将得以修正；继而形成的定义就是**研究总体**

(study population)，即研究者能够利用的一系列单位组。

总体一旦确定，随之而来的问题就是如何从中抽取样本。许多抽样类型都要求给出总体中所有单位组的列表。从中抽取样本的特定单位组就是**样本框**（sampling frame）。例如，要想从一个县中抽取一定数目的家庭作为样本，调查者就需要一个列表，列出该县的每一个家庭。完整的列表几乎是不存在的。但无论使用的是何种列表，这种列表就是样本框。如果没有列表，就需要用同等的程序建立样本框，以便组织总体，并从总体中抽取样本。

样本框中可能纳入了某些并不是总体组成部分的单位组，也可能不包括总体的某些组成部分。从电话簿中抽取家庭样本的例子就能说明这种情况。电话簿可能列出了企业，但企业并不是总体的组成部分；而电话簿没有列出那些未装电话或者电话号码未收录其中的家庭。关于样本框的另外一些潜在难题是：列表中的某些单位可能是单位集合而非单个单位，而某些单位可能不止一次列入其中从而造成了重复。[4]例如，一份房屋地址的列表可能包括很多公寓楼，而公寓楼里又有许多套公寓。如果某调查者对个人居住单位感兴趣，就有可能被上述样本框所误导，从而错过许多个人居住单位。我们往往将样本框看做单位的纸质或电子列表，然而实际情况并非如此。例如，你可以将坐标方格放到一张地图上，抽取坐标方格来进一步研究。这时，样本框就是那份标记了方格的地图。

分析单位（unit of analysis）是指某类研究对象，其特征引起我们的兴趣，且我们希望对其进行测量和研究。如果研究者收集的数据是关于消防部门的，那么分析单位就是“消防部门”；如果收集的数据是关于火灾的，那么分析单位就是“火灾”。一般说来，研究者测量的是有关分析单位的某些事物。行政研究则通常将机构而非个人作为其分析单位。无法正确辨别分析单位，或者用分析单位甲的研究结果来为分析单位乙下结论，就会导致从研究中推出错误的结论。

抽样单位（sampling unit）是指在某个抽样阶段考虑选取的单位或者单位组。抽样单位与分析单位可能相同，也可能不同。在某些抽样程序中，抽样单位包括多个分析单位。例如，如果研究者想要对高中的高年级学生进行访谈，他们可能会选取全国范围内多所高中作为样本。在这里，高年级学生是分析单位，但抽样单位却是各个高中。

参数值（parameter）是总体的特性。调查者进行研究就是为了找出这些特性。赞成发行债券募集资金来修建新剧场的公民百分比就是一个参数值，同样，新征募警员的平均年龄和退休人员的年龄跨度也是参数值。**统计值**（statistic）是样本的特性，来自于对样本成员信息的分析。我们利用统计值来估计参数值。通常情况下，调查者会获得样本统计值并估计相应的总体参数值，参数值就落在统计值所确定的区间内。例如，通过某个州的居住状况样本获知的平均住房成本，可以用作估 136
计该州内所有住房的平均成本的基础。但是，研究者并不能就此假定，统计值精确地对参数值进行了估计。就某个州的住房价格而言，研究者可以说，该州所有住房的平均成本很可能落在样本中平均住房成本上下波动几美元的区间之内。

总体参数值和用于对参数值进行估计的统计值之间的差距就是**抽样误差**

(sampling error)。对于任何有一定规模的既定样本，这种误差都是估计其参数值时允许存在的误差。**标准误**（standard error）是抽样误差的一个测量标尺，它的原理是理论上的抽样分布。理论上的抽样分布是指一项统计量数值的分布，当我们取无限多的规模相同的样本，并对他们的值和频数作图时，就形成了抽样分布。标准误就是这种理论上的抽样分布的标准差。

样本偏差（sample bias）是经由样本而对总体形成的系统性歪曲。这种歪曲偏向某个方向，并且通常是由设计中的缺陷或抽样程序的不完整造成的。抽样误差是随机的而且其大小能够通过数学方法估算出来，而样本偏差则是偏向某一方向且难以测量的。

抽样比（sampling fraction）是抽取的样本占总体的百分比。**抽样设计**（sample design）是指从总体中抽取单位以形成样本的一系列过程。两种主要的抽样设计是概率抽样设计和非概率抽样设计。两者之间的区别十分重要。在概率抽样中，总体的每一个单位都有已知的非零机会被选为样本。概率抽样有助于我们在抽取样本时避免主观偏见，利用统计理论通过样本统计值来估计总体参数值，进而评价这些估计的精确度。非概率抽样不允许研究者计算总体中的每一个单位被选作样本的概率。在非概率抽样设计中，其他原则占据优先地位。

下一部分我们将讨论常见的概率抽样设计和非概率抽样设计。每种设计类型都非常有用，但用于不同的情况以满足不同的目的。非概率抽样的缺点在于，它为主观因素打开了方便之门，使调查者无法恰当运用统计理论。但这种设计往往比概率抽样设计更加简便易行，对行政管理者来说非常实用。

下面的实例演示了上文所定义的某些术语。

抽样术语的实际应用

总体：本财政年度内所有州属机动车。

样本框：机动车管理部门于本财政年度 7 月 1 日所指定的已登记机动车列表上的所有机动车。

抽样设计：概率抽样。

样本：从样本框中随机抽取的 300 辆机动车。

137 **分析单位**：机动车。

统计值：样本中客车的平均驾驶里程为每年 20 000 英里。

参数值：该州所有客车的实际平均年驾驶里程。

5.2 概率抽样设计

在概率抽样中，总体的每一个单位都有可能被选为样本，这种可能性大于零并且可以计算。如果要通过样本统计值来比较精确地估计总体特征，就会用到概率抽样，它可以精确地估计出参数值。尽管读者没有必要熟知概率的计算和解释，但了解较为常见的概率抽样设计并且明确在哪些情况下它们可能有用是非常重要的。在这里，我们的目的是描述这些抽样设计，从而使读者能够判定抽样结果是否得到了正确的解释，并且能参与讨论选择样本的其他方式。

我们将探讨四种常见的概率抽样设计：简单随机抽样（simple random sampling）、系统抽样（systematic sampling）、分层**随机**（random）抽样和整群抽样（cluster sampling）。尽管还存在其他类型，但概率抽样设计往往是这四种设计的混合。上述四种设计展示了概率抽样的基本原理。

在**简单随机抽样**中，总体中的每一个单位都有已知的、同等的、非零的概率成为样本。每一个单位的选取都独立于另一个单位的选取，即总体中某一成员被选为样本不应当增加或者减少总体中任何其他成员被选为样本的概率。[5]构建随机样本的通行方法是使用**抽彩方法**（lottery method）或**随机数表**（random number table）。这些方法确保了不会因为疏忽而把某种系统偏差带入调查过程。在抽彩方法中，每一个小球代表了总体中的一个单位，这些小球被标上数字或名字，放在一个容器中。研究者从这些充分混在一起的小球中取出与样本规模相等数量的小球。要抽取 100 个样本，研究者就要取出 100 个小球。这样，样本就由所有与选取的小球相对应的总体单位组成。

从理论上讲，抽彩方法就已经能让人满意了，但使用随机数码表往往更加方便。要采用这种方法，调查者首先对总体中的每一个单位进行编号并且将排序打乱，然后随机选取一个起始点，沿着该起始点所在的行或列，列出被选取的所有数字。总体中那些带有所选数字的单位就组成了样本。研究者随机选取起始点是为了避免其从某个特殊起点出发的偏好。

随机数码表是由计算机产生的一系列数字，这些计算机中的程序可以给出一组随机的数字。一般来说，人无法给出随机数字，于是计算机就派上了用场。例如，有人可能倾向于列出更多的偶数，也有人倾向于那些以 3 或 7 结尾的数字。 138
随机数码表中的数字没有特别的排列顺序或者模式。随机数码表的应用确保了样本选取的随机性，而不受研究者选择偏好的影响。以随机数码表的原理运行计算机程序来选择研究案例，是可以办到的。许多机构都有经计算机处理的记录，这些记录构成了样本框，计算机程序则能从中选取一个简单随机样本。甚至一个电子数据软件也可以用来选取简单随机样本。

在用随机数码表抽样时，一个单位的数字可能会被抽到不止一次。抽彩方法不存在这种情况，这是因为代表单位的小球一旦被抽取，就不会被重新放回，因而也就不会被再次抽取。如果一个被选择的单位或者其代表数字被重新放回总体并可以再次选择，这样的抽样方法就叫做可重置的简单随机抽样。如果抽样程序不允许样本被放回原处，这样的抽样方法叫做简单随机抽样。由于不可重置的方法更为常用，因而这里我们将着重探讨这种方法。例 5.1 描述了简单随机抽样的应用。

例 5.1

简单随机抽样的应用

问题：某县政府想通过发行债券来募集资金，为一所高中兴建新的侧楼。为此，当地官员想要评估债券发行能得到多大程度的支持。

总体：对发行债券以募集资金这一提案进行全民表决时拥有投票权的人。

程序：

1. 确定总体：全县注册选民。

2. 确定并选择样本框：县选举委员会已登记的 40 000 位选民的名单。名单存在委员会的计算机上，姓名已用数字连续编号。

3. 确定样本规模：500。

4. 选择随机数码表，选取随机起始点，用统一样式对名单进行检索，找出 00001～40 000 之中最先出现的 500 个五位数编号。

5. 选出姓名与随机数码表中选取数字相对应的每位选民。

讨论：样本框是总体成员的准确的名单。例中的总体是对发行债券这一要求进行公民表决时拥有投票权的居民。简单随机抽样操作起来相对简单。计算机产生的样本可以达到同等的高质量，而且节省时间。计算机程序可以运用其内部产生的随机数码表随机选择样本，并将对应的姓名输出打印。列表中的每一位选民都拥有同他人相同的概率被选入样本，而且任何一个选民的中选并不影响任何其他选民中选的概率。

使用随机数码表来选择简单随机样本是可行的，但可能会非常繁冗费时。当总体规模较大时更是如此。尽管在选择样本方面有了新的进展，如随机电话拨号可以让选择的过程更为简单和快捷，但在许多情况下，这些方法并不适用。[6]作为简单随机抽样的替代方案，**系统抽样**得到了广泛的应用，它减少了抽取样本所需的努力，且常常可以达到同等的效果。系统抽样需要总体单位的列表。要构建系统样本，调查者首先必须将样本框（N）中单位的数目除以想要抽取的样本数（n）。由此得到的数目被称为**抽样距离**（skip interval）（k）。如果样本框包括 50 000 个单位，而需要的样本数是 1 000，那么抽样距离就等于 50（50 000/1 000）。确定了抽样距离后，调查者要选择一个随机数字，回到样本框，用这个随机数字来选出第一个单位。然后，调查者就选取每个第 k 个单位组成样本。在上面的例子中，样本框中起点以后的每个第 50 个单位都将入选。如果随机数字是 45，则编号为 45、95、145 等的单位就将组成样本。

在系统抽样中，总体单位列表是循环的，这样最后一个列出的单位接着第一个单位。对构成样本框的整个列表进行全面选择是非常重要的。如果列表上的项目是按某种规则的样式排列而且抽样距离恰好与这种样式相符的话，样本就会有偏差。让我们考虑一下对治安管理部门的活动日志进行抽样时的情况。如果抽样距离是 7，样本中的活动日志就会都是同一天，也就是说，都是周一或者都是周二，诸如此类。如果抽样距离是 14、21 或者其他任何 7 的倍数，那么结果都是一样的。经验丰富的执法官员告诉我们，每周的特定日子往往有更多的活动。如果抽样距离正好与循环周期相一致，那么样本就无法精确地代表总体。.

解决以上被称为**周期性**（periodicity）问题的方法之一就是二次抽样，即在抽 139
样前首先将抽样距离乘以 2。在我们的例子中，我们将抽样距离设为 100，随机选取一个起始点，然后对样本框进行一次全面的选择，从而得到一半的样本。接着我们选择另一个起始点并对样本框进行第二次的全面选择，得到另一半的样本。解决周期性问题的另一种方法是在选择样本之前将列表打乱，但这种方法可能不太现实。有证据表明，在系统抽样中，周期性问题是相对少见的。[7]

要对规模未知的总体抽样，如参加社区活动的人或者诊所的病人，系统抽样可以说是概率抽样中唯一现实可行的方式了。在这些案例中，研究者可以对总体规模（访问者或者病人的数量）进行估计，确定抽样距离，比方说 50；并且选取一个随机的起始点，比方说 6，然后就可以把第 6 位、第 56 位、第 106 位等到访（或离开）者列入样本，直到抽样期限结束为止。

系统抽样的结果同真正的随机抽样结果并不相同。尽管总体中的每一个单位都 140
有相同的概率被选为样本，但是一个单位的入选会影响其他单位入选的概率。例如，在上面的例子中，第 1 个单位和第 2 个单位都被选入样本的概率是 0，而第 1 个单位和第 50 个单位都被选入样本的概率则不为 0。在抽样距离内，相邻的单位同时入选的概率也为 0。

要想将样本统计值应用于系统抽样，调查者就必须对样本框做出明确设定。与此相关的最主要设定是，列表上的单位必须根据有关变量随机排列，或至少近似于此。满足了这一点，系统抽样就能被当作简单随机抽样来看待。以字母顺序排列的列表就是如此。系统抽样在实践中得到了广泛的应用，并且发挥了良好的作用。尽管认识到这里提到的问题不失为明智的，但亦无须过多地关注它们。系统抽样也称准随机抽样（quasi-random sampling）。例 5.2 展示了系统抽样的应用。

例 5.2

系统抽样的应用

问题：某县妇女委员会主席想编撰一份摘要，以描述在该县求职人员库中登记的妇女的特征。该求职人员库已经运作了 10 年。

程序：

1. 确定总体：在求职人员库登记的 6 500 名妇女。
2. 确定样本框：求职人员库保存了 10 年的文件组，每份文件对应一位登记者。
3. 确定样本规模：500。
4. 计算抽样距离：k=6 500/500=13。
5. 在 1 到 13 之间抽选一个随机数字作为起始点。数字 7 被选中。
6. 从文件柜中抽出文件作为样本，从选取第 7 份文件开始，继而选择第 20、第 33、第 46 份文件，直到选完整个文件组为止。

7. 选出的 500 份文件组成了要研究的样本。

讨论：在文件保存完好的情况下，系统抽样能够顺利进行。这些按年份排列的文件为我们提供了一个有益的样本框。要对全部文件进行仔细检查，为每份文件编号，然后将这些编号与随机数码表上选取的数字一一对应，这些工作十分繁重。调查者无须担心存在周期性问题，因而可以一次选完样本框而选出所有的样本。注意：如果抽样距离不是一个整数，可以选择与之相邻的整数。这套程序中最重要的是要随机选取一个起始点，并确保选完整个列表或记录组。

141 **分层随机抽样**（stratified random sampling）确保样本充分代表总体中的特定集合。如果研究者关注的集合是总体中相对较小的部分，或者当他们计划在不同集合之间进行比较时，分层抽样就派上了用场。这种抽样技术的假定是研究者对总体特征已经有所了解。幸运的是，我们对于要研究的总体往往已有一定程度的认识。人口统计特征方面的信息，如不同种族、团体和年龄的百分比及制造业从业者的百分比等，通常都是可以获得的。

分层随机抽样的第一步，是根据诸如性别、种族等一般特征，或者根据其组织化联系，如学校、机构等，将总体划分为不同的层次或者集合。通过分层或分类，总体中的每一个单位出现并且只出现在某一层或某一类中。之后，再从每一层次中分别抽取随机样本。

例如，一名研究管理信息系统的研究者想要在公共部门和私人部门之间进行比较，并且设计了一套分层抽样程序。他设计了两个样本框，一个是关于公共部门的，另一个是关于私人部门的，并且从每个样本框里分别抽取了样本。[8]分层的好处在于，研究者可以决定从每个层次中选出单位的数量。与具有较大异质性的一个总体相比，将其分为几个同质性的总体所进行的抽样所产生的抽样误差要小得多。分层减少了每一层内的异质性。因此，与同样规模的简单随机抽样相比，分层样本能提供更高的精确度。[9]

这里我们将讨论两种分层抽样，即等比例分层抽样和不等比例分层抽样。在**等比例分层抽样**（proportionate stratified sampling）中，总体成员被分层，从每层中选取的单位数量直接反映该层在总体中所占的比例。也就是说，每个层次的抽样比例是相同的。

例如，如果一名研究者想要比较三种类型的工作人员——专业人员、技术人员和文职人员——她首先会把每一类别指定为一层，然后通过在每一类中选取相同百分比的成员来获得样本，比如抽取 10%的专业人员，10%的技术人员和 10%的文职人员。最终的样本将包括三个层次，并且样本中各层所占的比例等于它们各自在整体中所占的比例。简单随机抽样或者其他的概率抽样方法被用于从每个层次中产生最终的样本。例 5.3 是等比例分层抽样的应用。

 **例 5.3**

等比例分层抽样的应用

问题：州执法服务机构招聘部门主任，希望掌握过去 4 年内申请加入该机构的人员的信息。

总体及样本框：过去 4 年中所有申请加入该机构的人员。

程序：以申请的年份为层，构建等比例分层抽样。从每年的所有申请人中随机选取样本。每一年所抽取样本的百分比相同，并且这一百分比已经确定。具体数字见表 5—1。

表 5—1 **恒定抽样比**

层	申请人数	抽样比	样本数
第一年	400	15%	60
第二年	350	15%	53
第三年	275	15%	41
第四年	250	15%	38
合计	1 275		192

讨论：分析者根据其对总体的了解将总体按年份划分为不同的集合，并且在每一个集合里按 15%的比例抽取样本。这样，就可以对每一个年份集合的信息进行比较，或者将它们整合为一个大样本。

样本中每一层次成员的比例并不一定等于每一层在总体中所占的比例。在**不等比例分层抽样**（disproportionate stratified sampling）中，从某一层抽取样本的比例要大于其他层。如果某一有意义的特征在总体中出现得并不频繁，简单随机抽样或比例抽样中具备这种特征的单位很可能太少，而难以进行全面的分析。在这种情况下，不等比例分层抽样就是一项有效的技术。[10]当总体中的重要分层集合在规模上有较大悬殊时，不等比例分层抽样也是非常有用的。例如，州人力资源部门想获得
一份州政府所有部门的雇员的样本，其中最大的部门有 18 000 名雇员，而最小的部 142
门只有 50 名雇员。利用不等比例分层抽样方法，研究者很可能从总体中一些代表不足的集合中选取了较大比例的成员。这里研究员假定样本中每一分层所包含的单位数都足够大，从而允许分别对每个单独的分层进行分析。由于许多调研项目要求样本不仅仅能够被用来估计总体，而且还要反映总体中的不同分层的集合，所以不等比例分层抽样通常是一种有效的技术。需要强调的是，每一分层中的样本又组成了可以被单独进行分析的子样本。由于从某些分层中抽取的样本比例要高于其他分层——采样过密，因此，在子样本组成一个新的样本之前，就必须通过一个加权过程来弥补过度抽样造成的偏差。要正确地对子样本进行加权，分析者就必须清楚每一分层的大小。例 5.4 揭示了不等比例分层抽样及其加权过程。不等比例分层抽样的缺点在于，要想获得与简单随机抽样或等比例分层抽样相同水平的精确度，就必须有一个更大的样本。

例 5.4

不等比例分层抽样的应用

问题：一项县级交通计划需要了解居民的交通需求。

总体：该县的 27 500 名居民。

样本框：该县纳税记录上的家庭列表。

程序：

1. 按照该县的三个乡镇对总体进行分层：纳税记录是按乡镇归档的，并且每个乡镇的人口结构是有区别的。

2. 记录每个乡镇中的家庭数量。

3. 确定样本规模：500 左右。

4. 在等比例抽样和不等比例抽样中做出选择：如果抽样比为 5%，由此可产生 480 个样本，但其中来自西南乡镇的家庭数只有 26 个。由于计划中的位置因素十分重要，研究者决定增加来自西南乡镇的样本。

5. 样本中的每一个家庭都是以随机的方式从每个乡镇的纳税记录中抽取的。对每一个样本家庭中的一位成员进行访谈。具体数字见下表。

层	家庭数	所占总体比例	抽样比例	样本规模
北部乡镇	5 760	0.60	4%	230
东南乡镇	3 330	0.35	4%	133
西南乡镇	510	0.05	10%	51
合计	9 600			414

讨论：正常情况下，应该分别分析三个集合并对它们进行比较。如果分析者想要将子样本合并成一个较大的样本，就需要对子样本进行加权。具体说来，每个子样本的结果都要按每个层次在总体中所占的比例进行加权。例如，北部乡镇中居民的平均年龄应乘以该集合在总体中所占的比例，即 0.60，东南乡镇乘以 0.35，西南乡镇则乘以 0.05，以此来确定整个总体的平均年龄。

整群抽样和多阶段抽样

143 在许多抽样问题中，总体中的单位是以集合或**群**（cluster）的形式存在的。举
个例子，如果我们想要调查某一州的居民对该州某项服务的使用情况，分析单位是
144 单个的居民。但他们可能会以不同的方式结合为不同的群体。每个县、市、规划区
甚至街区都有居民组成的群体。所以，我们也可以将城市街区看做是一个单位，这
样，每个城市就都有街区形成的群，而每个街区又都有居民形成的群。在整群抽样
中，我们从样本框中选取多个集合作为样本，并且从所选集合的每个个体单位中获
取信息。如果样本单位是从每个被选中的群中获得的，这一设计就称为**多阶段整群**

抽样（multistage cluster sample）。

从某些总体——如某州居民——中抽样可能会非常困难，不仅是因为缺少总体的样本框，而且后勤方面的难题也可能导致无法直接从样本框中进行抽样。在这种情况下，多阶段整群抽样就成为一种更有效率的方式。

假设研究者想要获取涵盖五个州的某地区心理健康设施使用和需求情况的数据。其多阶段整群抽样的步骤为：

1. 第一阶段：研究者选取一个较大单位的样本，该单位包含了几个较小的单位形成的群。这里，县可以被看做是较大的单位。

2. 第二阶段：从上一步选出的县中，选取较小的地区——乡镇，作为样本。

3. 第三阶段：根据人口数量，从第二阶段选出的乡镇中再选取更小的地理区域样本。在这一阶段中，可以使用人口普查的结果。

4. 第四阶段：从第三阶段选取的更小单位中选择住宅、自住公寓和出租公寓等居住单位作为随机样本。

5. 第五阶段：在本阶段，研究者要走进这些选中的居住单位并对居民进行访谈。当然，由于很多居住单位中有一名以上成年居民，所以研究者还需要按照一定程序来决定将哪位居民作为访谈对象。

每一个阶段所选取的单位被称为**抽样单位**，抽样单位可以不同于分析单位。在上面的例子中，分析单位是居民。并且，不同阶段所选取的抽样单位也是不同的。

利用整群抽样的时机

整群抽样适用于那些涉及广大地理区域的研究。如果无法把样本限定于分散的区域，即特定的群，要对分布在广阔区域的人口进行概率抽样，即使可能，其成本及后勤问题将使概率抽样十分困难。如果要使用现场访问的方法来收集数据，而样本又较为分散，交通成本就十分昂贵了。整群抽样可以帮助降低这一成本。

整群抽样能够弥补样本框的缺失。将整群抽样和其他抽样设计方式结合起来使用，可以使研究者在抽取特定的样本时只需制定一个样本框。在上面的例子中，研究 145
者直到第四阶段才制定了样本框。他们列出了入选区域内的所有居住单位，并且就从这一列表上选取样本。如果他们在一开始就试图找到或制定一个样本框——该样本框要包括五个州内所有居民的住址，成本就会非常高，而且过程也会非常复杂。

尽管整群抽样大大降低了奔波的时间和成本，但是同其他抽样方式相比，它要想达到同样的精确度就需要更大的样本。值得注意的是，在多级抽样的过程中，每一个阶段都必须选取概率样本。每选取一个样本都会产生抽样误差，且每一阶段的抽样误差会进行累积，所以整群抽样就需要比其他概率抽样更大的样本。例 5.5 是一个四阶段的整群抽样，在这里，研究者四次运用了随机抽样技术来选取样本成员。[11]

例 5.5

多阶段整群抽样的应用

问题：某州立卫生机构需要获得农村地区高中生的信息。

总体：该州农村地区所有在校高中生。

样本框：县、高中、班级和学生的列表。

程序：构建一个四阶段整群抽样。

1. 从该州可被看做是农业县的所有县中选取县的随机样本。
2. 从入选的县里获取所有高中的列表，并且从中选取高中的随机样本。
3. 从入选的高中里获取所有班级的列表，并且从中选取班级的随机样本。
4. 从入选的班级里选取学生的随机样本。
5. 对所选学生进行访谈。

抽样技术选择的正当理由：

1. 无法获得全州乡村地区所有在校高中生的样本框。
2. 该研究要求进行现场访问。整群抽样允许研究人员集中在较少的地点进行访谈，从而避免了在整个州内奔波带来的成本。

如果将要从中抽样的初始群体在总体规模上存在很大差别，将会发生什么？如
146 果其中的一个群在总体中占据了很大比例，那么多阶段抽样很容易忽略这个群，进而忽略了总体中的很大一部分。为了纠正这一情况，调查人员有时候会运用一项被称为“概率比例抽样”（probability proportional to size，PPS）的技术。整群抽样的普遍应用中有这样一项研究：研究者想要获取一个有代表性的全州范围内的成人居民样本。如果可以取得该州每个县中的成人数目的精确列表，那么多阶段整群抽样就可以适用。抽取十个县的概率样本是第一阶段，从这些县里选取居民的样本就是第二阶段。然而，研究者希望该州的每一名成人都有相等的机会被选中。如果一个或者几个大县在该州人口数中占有较大比例——这种情况在很多州存在——调查者就需要对此作出修正。修正必须在第一阶段进行，否则就极有可能忽略这个最大的县及大量的人口。

研究者必须按照人口规模对每个县进行加权。如果在第一阶段的选取中向各县分配了随机数目，它们就应该根据每个县的人口规模按比例地分配给各县：一个县的人口越多，分配到的数目就越多；反之亦然。因此，相对于较小的县，较大的县就拥有更大的入选机会。加权可以保证大县的居民拥有同小县居民相等的获选机会。[12]

众多单位组成的较大集合，其本身也是样本，从这种集合中抽取的样本，也是合理的。例如，研究型大学的学生可能有机会接触到数据库，这些数据库包含了大量个体样本的调研回馈。如果有人想要研究一个相对较小的样本，他就可以对计算机发出指令，随机选取一个样本来使用。实际上，这种做法构成了多阶段抽样的另一种类型。

当与可靠的统计方法一起运用时，概率抽样设计能让我们通过归纳样本而推断总体。概率抽样的显著特征就在于样本单位的随机选取。随机操作剔除了那些可能会影响样本选取的偏差，也使得抽样统计值的正确利用成为可能。简单随机抽样所暗含的原则构成了其他概率抽样设计的基础。尽管还有其他抽样设计得到广泛运用，但是，在简单随机抽样很困难或不可能实施的情况下，概率抽样设计在提供近似简单随机抽样的方法上做出了有益的尝试。

5.3 非概率抽样设计

研究人员也使用各种非概率抽样设计。对于许多研究类型，尤其是探索性研究和那些有待进一步研究来充分验证的研究，非概率抽样非常适用。在非概率抽样中，对于信息的利用，选取单位组成样本时的标准，以及它们对所关注总体的代表性皆取决于研究者的目的。当不需要对总体的特性做出精确估计时，非概率抽样也
十分有用。例如，调查一两个为无家可归者提供服务的收容所，可以给正在试图变 147
革住房政策的行政管理人员提供有益的信息。因为非概率抽样设计并不来自随机抽样，因而不能将其结果推广到更大的总体。

非概率抽样应用广泛。同概率抽样相比，它在操作上更加简单，成本也较低。它最主要的缺点是无法通过样本统计值来估计总体参数值。调查人员试图通过某些方法来做到这一点。然而，在非概率统计中，统计理论并不能应用于这种估计，也就无法评估其精确度。非概率抽样的充分与否只能通过主观方式进行判断，用数学方法进行精确评估是不可能的。在非概率抽样中，人们无法确定总体中某一单位被选作样本的概率。因此，要在数学上精确地计算样本对总体的代表性也是不可能的。

非概率抽样的不同类型是根据抽样的首要标准来命名的。在**任意抽样**(convenience sampling)中，抽样的基础就在于抽样单位的易得性或者就近性。例如，研究者可能要求某一教室的学生填写态度调查问卷。这样做的目的是发现更大总体的一些情况，如美国青年。要实现这一点，研究者必须假定其样本具有现实代表性，但这一点却是无法证明的。任意抽样并不适用于产生某种确定的推理结果。但它可以提供例证性的案例材料或充当探索性研究的基础。例如，研究者可以利用上述调查以确定问卷中是否有难以理解的题目。

任意抽样的例子包括研究项目的志愿者、在商场这样的便利地点进行的访谈、填写报纸问卷的读者、打给电台脱口秀节目的电话等。任意抽样也称偶遇抽样(accidental samples)。[13]任意抽样存在偏差的风险很高，其中某些方法尤甚。尤其糟糕的是，研究者选取其自身作为样本或者只期待那些具有强烈观点的人做出回应。由于任意样本出现偏差的高风险性，用它们对一般总体进行推断是不明智的。不过，如果目的在于认清较大总体中潜在关切的问题，或一个机构采用的预测试形式，或为了其他类似目的，任意抽样还是经济适用的。

非概率抽样的另一种类型是**立意抽样**（purposive sampling）。[14]在这一抽样程

序中，从总体中选取任何一个单位的主要标准是研究者的如下判断：该单位在某种程度上代表着总体。正因如此，它也被称为判断抽样（judgment sampling）。由于样本单位的选取完全取决于研究者的判断，所以任何单位被选中的概率都是未知的。通常情况下，这种抽样中的单位都是根据那些可能代表了总体的已知特性选出
148 来的。研究者同时假定选中的单位代表了总体的未知特性。然而，即使在收集了数据之后，研究者也无法核实样本对未知特性的代表程度，所以，他必须对估计的精确度持怀疑态度。

当地方政府想要搜集以管理而闻名的县市的信息时，立意抽样就会适用。研究者可能会对这些政府中的工作人员进行访谈，询问他们在对外采购服务方面的经验、他们所使用的绩效考核方式，以及他们如何监测居民满意度等。与上述列子相似的是，研究者可以选择获得了最大成功的学校系统，或者那些在执行规章方面经历过失败的学校。研究者也可以关注于那些不寻常的案例，这些案例同其他案例呈现出最大程度的差异，所以选择它们进行研究。**专家抽样**（expert sampling）是立意抽样的一种，即选择那些在某一领域有丰富经验或者专长的人组成专家小组，向调查者提供专业人士的观点。[15]例 5.6 是立意抽样的具体应用。

例 5.6

立意抽样的应用

问题：某县负责人计划购进一套新的计算机系统，想了解类似的县在计算机系统方面的经验，尤其是计算机的应用、成本、安装和维护问题。

总体：同该县相类似的所有县。

程序：该负责人决定与同类县的工作人员进行详谈，了解这些县利用计算机来处理行政事务的情况。

1. 就其对本地区的了解，该负责人决定联系五个县，这些县在人口数量和构成、财政预算以及公共服务方面同本县有相似性。

2. 五个县的负责人及行政人员接受了访谈并被问及：

a. 拥有、租用或共享哪些设备？

b. 考虑过哪些替代品？为什么选择了现在的系统？

c. 计算机系统用途何在？

d. 系统运行如何？发生故障的频率如何？

样本特征：样本县的人口数量和构成、财政预算以及公共服务的代表性是已知的。它们所做的与计算机相关的决策的代表性是未知的，并且无法通过该抽样技术来确定。

讨论：该负责人熟悉其所在县及其运作，熟悉几个样本县，了解供选择的卖方的声誉。因此，她确信一个有限非概率样本可以为良好决策提供足够信息。

149 非概率抽样的第三种类型是**配额抽样**（quota sampling）。在这种抽样方法中，研究者试图构建这样一个样本——样本是总体的一个横截面。对于行政管理人员来说，它比具有可比性的概率抽样更加简单并且节省成本。研究者试图选取一定名额

的具有明确特性的单个单位，并且要求这些单位在样本中所占的比例与具有该特性的单位在总体中所占的比例相同。如果研究者认为性别和年龄是重要的特性，而总体中男性的比例为55%，40岁以上者有35%，那她就会要求样本中55%的单位是男性，同时要求样本中35%的单位为40岁以上。用于指导样本单位选择的特性可能是独立的，也可能是相互联系的。例如，某研究者寻求对某机构雇员进行访谈，在构建该机构雇员的配额样本时，就可以如此分配定额：

> 40岁以下的男性10人，40岁以上的男性5人；
> 在该机构服务年限在5年及以下的女性6人；
> 在该机构服务年限超过5年的女性7人。

在调查中，如果访谈者要选择特定的个人进行访谈，也会用到配额抽样。配额抽样的优点在于它不需要一个样本框，也减少了返工的必要。当访谈者要进行访问时，如果某个符合条件的被访谈者无法接受访谈，那访谈者只需前往下一个住所或者对下一个符合条件者进行访谈即可。

设置配额的一个目的就在于减少由选择偏好带来的风险。如果给予充分自由，访谈者会受到个人偏好的影响，这就降低了样本的代表性。这是因为，如果可以选择，访谈者更愿意去访问那些让他们感觉舒服、方便访问或者最愿意接受访问的人。然而，配额抽样并不能完全避免这些偏好，由此导致的结果是，这些样本可能过多或者过少地代表了未曾明确指定的特性。正因如此，当样本中必须包含来自特定集合的足够多的单位时，分层抽样要比配额抽样可取得多，尽管两者具有一定的相似性。在分层抽样中，不同的层次或次级集合是可以事先确定的，抽样单位就从每一层次中随机抽取。

当总体中成员所在的位置无法简单地通过其他手段得到确定，并且成员之间互相认识时，我们就用到了**滚雪球抽样**（snowball sampling）或连环抽样（referral sampling）。我们可能想获得无正式网络的职业团体成员或其他精英人物的样本。我们还可能想抽取极少数人口的样本，他们无法轻易从总人口中被识别出来或不想被识别出来，如吸毒者。在滚雪球抽样中，总体中一个成员的位置一经确定，就可以通过他了解其他成员的姓名和地址。滚雪球抽样的一个偏差是，某个已知的人被提到的次数越多，他就越可能被包括进样本。而那些最被熟知的人则可能是总体中最不具典型性的人。

非概率抽样设计的优点是简单、快捷，并且通常比概率抽样更节省资金。如果 150
目的是对较大总体进行精确的推断，那么概率抽样是必要的。然而，如果目的在于从事某些探索性调查，非概率抽样可能就足够了。如果样本规模非常小，那么非概率抽样可能同概率抽样一样准确，这时概率抽样的不便利和成本就没有必要了。这里需要再次强调，这种情形只可能出现在调查的探索阶段。

5.4 样本规模

关于抽样，行政管理人员提出的首要问题之一是关于合适的样本规模的。那些不熟悉抽样程序和理论的人经常假定决定样本规模的主要因素是整个总体规模的大小。但是要恰当地确定样本规模，抽样专家还需要知道一些其他的信息。

直觉告诉我们，较大的样本可能会更好地估计出总体参数值。通常情况下，这种认识是正确的。然而，多余的单位也会带来额外的开支，而且扩大样本规模超过了某一特定的点并不会为我们推断总体带来任何改进。因此，在确定样本规模时，行政人员必须处理好必要的精确度与合理的成本之间的关系。进一步而言，非常大的样本规模可能反而导致数据质量的下降，例如，当少数工作人员必须对大量人员进行访谈时。如果样本规模太大，工作人员会发现，对难以联系到的受访者，再次联系也很难进行。额外样本还增加了数据转录过程中产生误差的可能性。

注意，下面的讨论只针对概率抽样。只有当人们计划用样本数据来估计总体特性时，这里将要讨论的所有因素才有意义。由于我们无法通过非概率抽样来估计总体特性，因此，样本规模只能由其他因素来确定。例如，在非概率抽样中，抽取较大的样本不仅不会降低偏差，反而可能使情况更加糟糕。

研究者认为，样本统计值无法精确估计总体参数值。每一种估计值可能都或多或少地具有片面性。然而，如果选取了一个巨大的样本，研究者将期望大多数估计值都落在参数值的特定范围内；否则，这种估计就没有什么价值了。样本越大，我们对于估计值接近真相的期望就越高。

统计值与参数值之间的差距是由**抽样误差**（sampling error）和**非抽样误差**（nonsampling error）共同造成的。抽样误差是由抽样本身导致的，参数值与估计值之间的差异是随机的，应归因于选取某个单位而非另一单位的概率。由于抽样误差的存在，每一个潜在的样本都有可能低估或者高估参数值。非抽样误差，又名**偏
151 差**（bias），通常是由于设计中的某些缺陷或者抽样设计的执行方式所造成的。如果存在非抽样误差，那么用同一种方式抽取的所有样本也将低估或者高估参数值。本章稍后的部分将讨论非抽样误差的来源问题。

抽样误差的大小影响了估计的精确度。既然研究者通常并不知道确切的参数值——如果知道就没有必要进行抽样了——就必须对抽样误差的大小做出估计。这种估计可以通过抽样本身实现。估计抽样误差的公式见附录 5.1。

由于精确度是决定样本规模的一个重要因素，因此合适的样本规模就取决于研究者愿意接受的抽样误差大小。确定样本规模的另外两个因素是研究者期望结果所达到的置信水平和从中选取样本的总体差异，它们都与精确度相关。要获得较高的精确度，研究者通常可以选择一个规模较大的样本，或接受另外两个因素的较小限定值。

计算必要样本规模的公式用到了抽样误差、置信水平和总体差异三个指标。这个公式的特别之处在于其考察的是二分变量，即包含类似于赞成或反对债券发行所对应的两个取值的变量。当研究中伴有区间变量时，常用一个类似的公式来计算样本规模。对于区间变量的计算公式如附录 5.2 所示。

当总体特性用比例来表达时，确定样本规模的计算公式：

$$\sqrt{n}=\sqrt{p(1-p)}\times(\text{表示置信水平的 } z \text{ 分数})/\text{精确度}$$

式中：　n——样本规模。(注意：大写的 N 常用来表示总体的大小。这里不包括修正总体大小的因素。)

p——二分变量中一个类别所占总体的比例。$\sqrt{p(1-p)}$ 是该比例和总体差异的标准差。

z 分数——同适当的置信水平相对应的标准数值。它取自所有样本统计值的理论分布。若置信水平为 95，z 分数将为 1.96，或约等于 2。(标准分数的探讨见第 12 章。)

样本统计值的属性在理论上可以通过考虑给定规模的所有可能样本的结果而获得。这些可能样本的特定百分比的估计结果将非常接近总体参数值，有些可能不够精确，有些则将非常不精确。图 5—1 揭示了从总体中抽取几个样本时的可能结果。参数值是 60%，四个样本的统计值如图所示。如果大量的样本被选取，那么它们的
估计值中的大多数将接近参数值。然而，如图所示，有些值将大大低于参数值，也 152
有些值则大大高于参数值。即使研究者只抽取一个样本，也会出现这样的风险，即任何单个样本都可能是那些对参数值的估计并不精确的样本中的一个。**置信水平**(confidence level) 是指研究者对入选样本所持的信心，即认为其对总体参数值的估计值将落在可接受范围内。置信水平通常用参数值落在样本统计值的范围内的概率来表示。这个范围被称作**置信区间** (confidence interval)，通常以标准误的单位来表示。在其他因素不变的情况下，研究者想要获得的置信水平越高，所需样本的规模就越大。

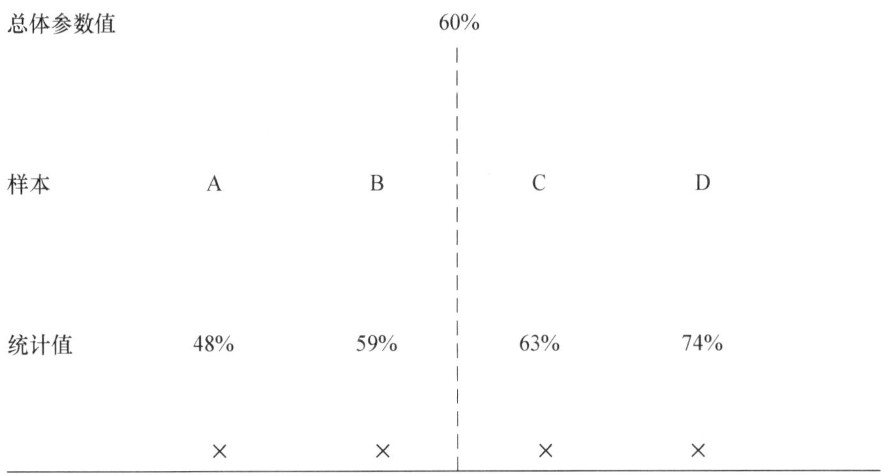

支持市县合并的百分比

××××××××××

(大多数估计的样本将落在此处)

×××
(但有些样本会在这儿)

×××
(另一些样本会在这)

图 5—1　估计参数时的抽样误差

对置信水平的讨论通常是根据我们对自己有多少信心来进行的。当研究者宣称自己对参数值落在统计值的特定范围内抱有95%的信心时，就意味着用同样的抽样程序，在100次试验中会有95次总体参数值落在样本统计值的范围内，5次总体参数值落在样本统计值的特定范围之外。

某一样本的**精确度**（accuracy）是指样本统计值同总体参数值的接近程度。精确度的一种测量手段是标准误。如果标准误较小，则基于该样本规模得到的样本统
153 计值往往就与总体参数值相同或接近参数值。如果标准误较大，则样本估计值往往就与总体参数值不同，或同总体参数值差距较大。

如果围绕样本统计值建立一个－1.96～＋1.96的标准误区间，那么，在一定程度上我们可以断定总体参数值就位于这个区间。这意味着，我们有95%的信心认为总体参数值会落在样本统计值的－1.96～＋1.96这个标准误内。我们出错的概率为5%；也就是说，总体参数值并不落在这一区间之内。置信水平是我们对总体参数值落在置信区间内的信心的程度。表5—2表明，当置信区间较狭窄，即所欲达到的精确度增加时，研究者对参数值落在该区间内的信心变小了。

表5—2　　置信水平与精确度之间的妥协

置信水平	通过置信区间体现的精确度
99%	－2.58 ～＋ 2.58
95%	－1.96 ～＋ 1.96
90%	－1.65 ～＋ 1.65
50%	－0.68 ～＋0.68

注：这些数字假定样本规模保持不变。

如果研究者不愿意冒5%的不正确的风险，他可以采用不同的置信区间。参数值落在样本估计值的－2.58～＋2.58个标准误之内的机会是99%。需要注意的是，对于同样规模的样本，样本估计值却不会保持同样的精确度。研究者对样本估计值不超出2.58个标准误的界限，而非不超出1.96个标准误的界限抱有99%的信心。如果研究者对于结果无法适用于总体这种情况有更高的接受度的话，置信区间就可以更窄一些。这样，对于规模相同的样本，研究者可以得到更加精确的结果，但有可能对这一结果不那么自信。研究者可以采用一个置信区间在－0.68到＋0.68的标准误（这一估计非常精确），但是却只有50%的机会正确的假定总体参数值将落在置信区间内。想要更加精确，而又不想冒更大的风险，研究者就需要扩大样本规模。

通常情况下，研究者会说他们希望至少精确到某一数字，或者对参数值的估计要落在某个特定的标准误区间并且对结果要有一定程度的信心。这就意味着，一定程度的样本规模是必需的。

对于置信水平的解读是比较困难的，其原因就在于研究者不仅需要将最终的样本纳入考虑范围，而且还要考虑到其他可能被选中的样本。对于一个95%的置信水
154 平，如果选定了同样规模的100个样本，那么它们中的95%应该会产生将总体参数值包括在内的置信区间，而其余的5%则不会。

例5.7反映了这些概念。例子中的信息表明，样本中的成员的平均年收入为16 000美元。这一估计的标准误是250美元。置信水平揭示了总体的平均年收入有多大可能会落入样本的平均收入的1、2、3标准误之内。在95%的置信水平之下，总体平均年收入将会落入样本平均值的1.96个标准误之内。注意，标准误的测量单位同样本统计值相同，在本例中，测量单位是美元。标准误具有双向性，即总体平均值可能低于也可能高于样本平均值。

例5.7

样本统计值对于概率抽样的应用

问题：某州的政府官员想要测量参加了某一工作培训项目的人员在完成培训后的平均收入。

总体：所有完成了工作培训项目的参加者。

策略：构建一个由100个成员组成的概率样本，并且联系样本中的成员以获得关于他们年收入的信息。

发现：样本中参加者的平均（预计）年收入是16 000美元。由样本数据进行估计的标准误是250美元。

解读：州政府官员有95%的信心认为所有项目参加者的平均年收入在15 510～16 490美元之间（平均数的1.96个标准误之下和之上）。

解释：如果100个工作培训项目参加者的所有可能的样本都被选取，那么他们中95%的人的平均年收入会落在真实数字之下和之上的1.96个标准误之内。

如果参数值是一个比例，如完成高中学业的培训者的百分比，则标准误也要用百分比的形式来表示。如果样本中60%的培训者完成了高中学业，并且这一估计的标准误的计算结果是1.5%，那么研究者就可以说他有95%的信心推断：所有完成高中学业的受培训者的比例为57%～63%，或者在60%的1.96个标准误之内。特定的范围依赖于所选择的置信水平。你可以选择68%的置信水平从而保证总体参数值在1个标准误之内。而标准误的范围若是3，则可以选择99%的置信水平。1.96个标准误同95%的置信水平是相配套的。有时候将1.96约作2。通过阅读报纸上公布的民意测验机构的调查结果，你可能对精确度的测量已经比较熟悉了。他们的典型做法是将置信水平设为95%。

如果总体中的所有单位都完全相同，那么规模为1的样本就足以推断出总体的
特征。例如，如果某市中的每一个人的年收入都是45 000美元，则容量为1的样本 155
就足以估计该市的平均年收入了。然而，一个总体中的某一单位在某些方面总会同其他单位有所不同。**总体差异**（population variability）是指总体中的单位不同于他者的程度，这种不同体现在我们想要调查的变量方面。差异越大，用于估计总体参数值所要求的样本规模就越大。总体差异的一个常见的测量单位是被称为**标准差**（standard deviation）。这一测量单位用于确定样本规模的公式中。

样本规模是所要求的精确度，所要达到的置信水平、总体差异，以及总体规模的函数。这些因素彼此相关。在其他因素保持不变的情况下，每一个因素同样本规模的关系如下：

1. 精确度：所要求的精确度越高，需要样本规模越大。这也意味着研究者能够接受的标准误越小，样本规模就要越大。

2. 置信水平：所要达到的置信水平越高，需要的样本规模越大。

3. 总体差异：总体中成员的差异性越大，需要的样本规模越大。

4. 总体规模：总体规模越大，所需的样本规模越大。然而，只有当总体非常小时，总体规模才是需要关注的问题。在某一点上，增加样本并不提供更多的信息。

关于样本规模的一个误解是：样本必须包括特定最低比例的总体。这种观点暗示，如果总体规模扩大，那么样本也必须增加相应的量。但事实并非如此。正如你所期望的，较大总体中的成员往往比较小总体中的成员更加分散。通过这种间接的方式，总体规模影响样本规模。统计学家用有限总体校正（finite population correction，fpc）系数来调整总体规模。然而，如果总体大小是样本规模的至少 5 倍以上，这一系数通常对样本规模影响不大，所以在计算样本规模的公式中常忽略不计。而对于从非常小的总体中选取的样本而言，总体校正系数就非常重要了。[16] 附录 5.1 就是计算从规模为 100 的总体中抽取的样本规模的例子。附录 5.3 是一个揭示了在小规模总体中针对所要求的精确度和置信水平所确定的样本规模的表格。

要想使精确度和置信水平更高，研究者需要选取一个更大的样本。在不增加样本规模的情况下要提高精确性，调查者必须适用较低的置信水平。要增强置信水平且保持样本规模不变，就必须牺牲一点精确度。

简单随机抽样中样本规模的计算较为直接明了。整群和分层抽样中，样本规模
156 的确定基于相同的因素，但需要更加复杂的计算。如果计划实施复杂的抽样设计来
估计总体参数值，我们建议你寻求专家的意见。

虽然精确度和置信水平可以通过增加样本规模提高，但是从增加的单位中可以看到的改进程度却越来越小。下面是报酬递减的典型例子。当样本规模较小时，比方说 100，将之增加到 400 将会极大地提高精确度和置信水平。然而，将样本规模从 2 000 增加到 2 300 则只能带来极小的改进，尽管在两个情况下增加的成本可能是相同的。超过一定的数量，样本规模的增加带来的精确度和置信水平的提高通常与花费的成本不成比例，且非常有限。基于这个原因，对精确度的常用限定是 4%左右，对置信水平的限定则是 95%。

下面的例子基于二分变量提供的信息应用了样本规模的计算公式。某研究者试图确定支持债券发行者在总体中所占的比例，为此他需要分析一个二分变量。对债券发行的反应可归类为“支持”或“反对”。总体参数值以支持者的百分比来表示。

这个例子显示了上述变量的计算过程，在该变量中，总体的 50%支持发行而其

余的50%反对发行。要达到的置信水平是95%，要达到的精确度为±4%。

$$\sqrt{n}=\sqrt{(0.50)(1-0.50)}\times(1.96)/0.04$$
$$=(0.5)\times(49)=24.5$$
$$n=600$$

表5—3显示了考察仅有两个取值的变量时，精确度、置信水平和样本规模之间的关系。在计算中，我们假定总体的50%为一类，另外的50%为另一类。这两个百分比以比例的形式（0.50/0.50）表达，并用以衡量总体差异。这就是最大差 157
异。总体中有一类别占有较小的百分比，比如30%，该总体的差异就比较小，因而只需要较小的样本规模就可以在给定的置信水平下获得同样的精确度。如果调查者对总体所知甚少甚至一无所知，最容易和最保守的方法是假定总体五五开。

表5—3　与不同精确度和置信水平相对应的样本规模

欲达到的精确度	置信水平		
	99%	95%	90%
1%	16 576	9 604	6 765
2%	4 144	2 401	1 691
3%	1 848	1 067	752
4%	1 036	600	413
5%	663	384	271
10%	166	96	68
20%	41	24	17

计算等式：

$\sqrt{样本规模}$＝总体差异×表示置信水平的z分数×1/精确度。其中，对于二分变量而言，总体差异已达到最大，即$p=0.50$。

表5—3为所需的样本规模提供了保守估计，也就是说，实际抽取的样本规模也许要大于真正所需要的样本规模。如果总体不是五五开，总体差异就将较小，其结果是所需的样本规模也就更小。注意，我们通常使用的4%的抽样误差和95%的置信水平需要一个包含了600个单位的样本规模，而1%的抽样误差和99%的置信水平则需要多于16 000个单位组成的样本规模。表5—3中的数字假定总体足够大以至于其规模在决定样本规模方面可以被忽视。读者可以将表5—3中的样本规模同附录5.3中表5—4中的样本规模做一比较。

在计算包含定类变量和定序变量的样本规模且这些变量包含两个以上的类别时，上述方法也适用。研究者把关注的变量当作二分变量来对待，并为公式选取两个比例，推测某一个百分比属于一个类别，剩下的则属于另一个类别。举个例子来说，就业部门的主管想要进行一项研究，在这项研究中，变量之一为职业。这一变量包括以下几种类型：专业人士、管理人员和技术工人。要计算出合适的样本规模，数据处理助理假定总体中的34%属于专业人士，66%为其他两个类别。

附录5.2是对于一个间隔水平变量的样本规模的计算。需要注意的是，合适的样本规模比表 5—3 所显示的要相对小一些，它包含了定类变量和定序变量。相较于定类变量和定序变量，定距变量和比例变量可以得到更精确的测量，并且允许用较小的样本得到同样的对参数值的估计水平。

回应率也影响我们对于样本规模的选择。在样本研究中，并非所有被选中的研究单位都能做出回应。那些收到邮寄问卷的人中有很大一部分并不会寄回问卷。有些通过电话或者人员接触而联系上的受访者可能会拒绝接受访谈。被选中来发问卷或进行访谈的人中，真正完成并交回问卷或同意接受访谈的人所占的百分比被称为**回应率**（response rate）。表 5—3 中的计算是假定可以收集到被选作样本的所有单位的数据。遗憾的是，如果研究单位无法找到样本中的个体或者其中某些拒绝回答，那么样本的准确度就会受到影响，这一影响表现为无法精确地确定样本精确度。所以，研究者就要考虑未回应者占被调查者的比例这样的因素并据此修正样本规模。当然，可以利用的时间和金钱的多少也会成为样本数量的限制因素。[17]

158 行政管理人员应时刻关注研究目的。除非某一研究的目的得到了较好的设计，且有理由对保证变量测量的有效性抱有信心，否则，用小样本进行探索性研究会比在较大样本上花费资源效率更高。探索性研究非常有用。在定量研究中，经常性地收集和检查数据可以使研究者更好地了解其研究对象并做出可能的调整。数据收集也有受挫的时候。如果大规模研究缺乏成熟的模型，即其严格测量作用已经在可靠性、有效性和敏感性方面经过了检验的模型，那么建议你最好不要在这一研究上挥霍资源。

决定样本规模的另一个重要因素是下面将要进行的分析。小样本尤其经不起精细的统计考察的检验，有些统计程序要求大样本。例如，如果存在大量的自变量或控制变量，通过小样本得到的结果将使分析者只关注单个事件而非真实样本。把样本划分为很多次级集合将得到同样的结果。位于美国东南部的某州每年都在全州范围内对大约 1 300 名居民进行调查。这一规模的样本对于估计整个州这一总体的特性已经绰绰有余了。然而，要在县的层次上进行有意义的分析，该样本就远远不够。例如，若分析者要比较该州所有 100 个县中男性的工作经验，那么这个样本就太小了。

不同种类研究的样本规模

可信研究必需的最小样本规模因研究种类的不同而存在差异。民意调查和流行病研究中的样本规模很少有少于几百的，1 000 以上的样本规模在这两类研究中不算罕见。一般来说对一个大的地理区域所进行的人口普查需要的样本规模最大。旨在发现罕见事件或情况的研究也倾向于采用大样本。其他类型研究的样本规模，如受控制的实验，样本规模则要小得多。

实验所需样本

在实验研究中，研究者很少会为了具有整个总体的代表性而进行抽样。研究者在实验中的一个重要考量是，研究对象应具有与实验有关的特性的代表性。在实验中，单位被随机分配给实验组或者对照组以确保这些组在实验的一开始是相同的。一个足够大的样本的主要好处在于其能把控制组和实验组间的区别归因于自变量。

实验研究的首要原则是给每个实验情境提供至少 30 个研究对象，比如，实验组中的 30 个研究对象和控制组中的 30 个研究对象。[18]基于多种原因，较之于截面调查设计，实验设计所要求的研究对象可以比较少，且进行比较的组也比较少；这也就是说，实验研究并不像截面调查分析经常做的那样，将样本划分为许多子样 159
本。实验研究者实际上控制了较多变量，而在数据收集完成后的分析阶段，研究者则采用了统计控制。调查分析人员将得到的样本数据分成许多次级集合，这些次级集合的成员在重要的变量上是相等的，然后，他们对这些不同的次级集合进行比较。在全州范围调查的例子中，如果分析者想要比较不同县中不同年龄、性别和教育背景人员的工作经验，就需要一个比只想分析工作经验时大得多的样本。

如果可能的话，实验应当采用大于最小样本规模的样本。如果在研究的后期，所预期的不同集合之间的差别很小，小的样本规模就会使这些差别很难显现出来。统计技术可以用于估计实验调查中所要求的样本规模。利用这些技术要求了解总体的一些事实或相应的假定，例如，集合间的预期差异和总体因变量的差异度。获得有关这些因素的初始信息，对探索性研究将大有裨益。

样本规模与统计效力

统计**效力**（power）是指某一统计检验能够由样本正确推算两个平均数的差额或者两个变量间关系的强度的能力。[19]平均数间的差额越小或者两个变量之间的关系强度越弱，就越难对它们进行精确的估计。显示了不同精确度、置信水平和统计效力的表格是可用的。[20]当检验一项假设时，调查者希望在样本中纳入足够的对象来证明这一假设是真的。例如，一个容量为 50 的样本可能只能在 46%的情况下通过任意统计的标准推算出自变量对于因变量的适度的影响，而采用同样的标准，一个容量为 1 300 的样本则在 95%的情况下推算出非常轻微的影响。在第 12 章中我们会对此给出更详细的解释。另一方面，研究者又不想因为抽取超出需要的过多研究对象而浪费资源。

考虑下面两个假设：

> 假设 1：在工作时间和工作经验相同的情况下，市管理人员所得薪水要高于县管理人员。
>
> 假设 2：雇员受训时间越长，在工作中发生的问题就越少。

要了解在研究关注的总体中，即在市管理人员和县管理人员以及雇员中，上述假设是否成立，研究者可以在一开始抽取比适度集合更大的样本。要想确定抽取多少对象组成样本，研究者就要确定自变量对因变量的可能影响有多大。

研究者假定研究者预计市管理人员和县管理人员的薪水差别相对较小，但他希 160
望确认这一区别到底有多大。研究者也可以相信较长时间培训对发生问题数量的影

响相对较大，但是他要考虑到如果接受培训时间的延长只带来较小的进步，他的假设将无法获得支持。因而，较之于推算较长时间培训所增加的益处，他在推算薪水的区别时所需的样本将更大。

非抽样误差

抽样误差是指由抽取样本而非研究整个总体所造成的误差。其产生应归因于数学概率——我们选择了那些不能正确估计总体参数值的事件的概率。如果应用了概率抽样的方法，那么就可以运用统计理论来估计引起的误差的大小。这是概率抽样非常显著的优势之一，而其他类型的误差会导致样本统计值无法达到精确的程度。非抽样误差往往来自抽样设计本身或执行过程中的缺陷。这些误差导致参数值的估计出现歪曲，从而无法运用统计理论来进行评价。不同于抽样误差，非抽样误差很可能造成统计值和参数值之间的差别朝着某一方向发生扭曲，也被称为**偏差**。有时候我们意识到了偏差，但却无法估计它的影响，至少在数学上是如此。有时候我们就根本意识不到它。使用电话号码簿作为住房主人的样本框就是由不合适的样本框而导致偏差的例子。高等收入的住房主人比中等或低收入的住房主更不可能去登记公开的电话号码。年轻人比年纪大的人更不可能拥有固定电话（因此也就更不可能有登记的电话号码了）。上述同收入和年龄相关的特征可能与人们的投票方式也有一定关系。

非抽样误差导致的后果是严重的，它对研究结果的影响无法在统计上轻易或直接地估计出来。抽取更大的样本也不一定会减少非抽样误差。事实上，非抽样误差反而会随着样本规模的扩大而扩大。举个例子，如果编码者仓促编码或者转录数据，就会犯比编排较少数据时更大的错误。与此相似的是，更大的样本规模可能导致调查者在遇到那些不在家的受访者时更不愿意做出努力来再度调查，这样就增加了未回应率。简而言之，从较大样本中产生的较多数据反而会影响数据收集和处理的质量。

那些未对调查或是问卷做出回应的被调查者就为需要其参与的研究造成了非抽样误差。有些人会照例拒绝提供信息，还有些人会轻视那些有问题的或未经周全考虑的调查。调查者也会对联系样本中的某个成员而感到无能为力：这个人可能搬家了，可能漏接了电话，也可能根本就联系不上。没有作出回应及给出了回应但不可用的样本成员的比例越高，非抽样误差就越大。[21] 如果样本成员中的回应者与未回
161 应者始终没有重合，该样本就会出现偏差。其他非抽样误差包括不可靠或无效的测量、记录或转录数据时出错，以及未能跟进未回应者。如果样本框不包括次级集合中的某些成员，如低收入或高收入者，实质偏差就会深深存在于样本之中。并且，如前所述，选取更大的样本规模并无助于减少这些问题。研究者应该谨慎地选取、构建合适的样本框，调查中的其他步骤也应如此。

评估样本质量

在工作中遇到一定的样本时，行政管理人员应该会对自身评价样本质量的能力

感到自信。他们必须经常依靠对有限样本的研究，比如，从进行了严格界定的总体中抽取较小的样本。例如，一位研究老年人所受跌倒伤害的研究者只研究了老年医院的跌伤现象，这种情况也许仅仅是因为其缺乏资源或者联系手段来研究私人医生或其他医院报告的跌伤现象。然而，只要人们意识到了特定抽样设计的局限性，那么收集到的信息或许是非常有用的，人们也就不会从中做出不适当的推断了。

在对给定的样本进行评估之时，行政管理人员应当考虑到样本的规模、其对所关注总体的代表性，以及抽样设计的执行情况。[22]必须根据研究目的来评价样本规模。小的样本对于相对同质性的总体而言可能是合理的，尤其是当研究者不打算对较大总体进行精确推断时，就更是如此。然而，样本规模部分取决于分析的程度，如果调查涉及很多变量的共同关系，小样本就经不起这一调查的周密的分析。如果总体参数值需按照精确度和置信水平的要求从样本中估计出来，那么就需要较大的样本。与此相类似，如果分析者计划把样本划分为许多次级集合，样本就必须大于不这么做时的样本规模。**美国当前人口普查**（the U. S. Current Population Survey）为全国和各州提供了人口特征的统计估计值，它使用了 60 000 多个家庭组成的样本。即便如此，要估计单个市或县的特征，该样本还是太小了。

从样本推断总体，其重要性取决于样本和行政人员计划如何利用这一样本。一个只代表了一个学校的样本对于校长而言可能是足够了，但却不能引起州教育部长的浓厚兴趣，除非它揭示了该学校的某些问题或有趣的现象。对研究总体及其样本框有清楚的认识，可以让行政人员对那些未经抽样而无法概括为同类总体的调查结果保持警惕。

另一层重要的考虑是，我们的研究被执行得如何。对抽样设计较弱的执行将会导致本可以避免的非抽样误差。数据收集马虎、人员监督不力、质量控制不当，以及低回应率等现象会严重削弱抽样设计的效果，哪怕这一设计是经过最严密计划的。许多人拒绝参与看起来似乎未经良好构思而开展的研究，这是可以理解的。即 *162*
使是经过良好设计的样本也无法克服设计不良的问卷中的缺陷。虽然抽样是研究的重要组成部分，行政管理人员也不应该想当然地认为设计精良的概率抽样一定会带来高质量的研究。

本章小结

抽样是研究某一总体的一个高效的方法，无论这一总体是由人员、档案、机构还是其他单位组成。通常情况下，我们倾向于进行概率抽样。这是因为，利用概率抽样，调查者可以将统计方法应用于估计总体参数值，而且它有助于控制在构建样本时不可避免的偏差。四种常见的概率抽样设计是简单随机抽样、系统抽样、分层抽样和整群抽样。在简单随机抽样中，调查者利用抽彩方法或随机数码表来抽取样本。样本中的每一个成员都有相等的机会入选，且一个成员的入选并不影响其他成员入选的概率。在系统抽样中，先用总体规模除以欲达到的样本规模来确定抽样距离，然后在总体成员的列表中选取一个随机起点，再根据抽样距离的划分来选取样本成员。

在分层抽样中，调查者把总体进行分类或分层，并从每一类或层中随机抽取单元作为样本。分层抽样可能是等比例的也可能是不等比例的。等比例抽样的样本包括来自各层的成员，他们在样本中所占的比例与各层在总体中所占的比例相同。在不等比例抽样所包括的成员中，有些层成员所占的比例要高于其他层成员所占的比例，对某些层抽取高于其他层的样本的目的在于为细节分析提供来自这些层的足够的单位。在整群抽样中，调查者从所关注的总体中随机抽取单位，然后再从中随机选取样本成员。如果样本成员是随机从已选的群中抽取的，那么这整个抽样就是多阶段整群抽样。

非概率抽样适用于探索性研究。目标样本依赖于调查者的判断；任意抽样则取决于接近样本单位的难易程度。如果没有明显的偏差的话，那么这些样本就足够了；然而，抽样统计方法对于它们却不适用。对于配额抽样，要先确定单位的某些特性，再明确具有这些特性的单位数量。通常这种方法不能令人满意，我们也不推荐使用。在滚雪球抽样中，样本中的每一位回应者都被要求向调查者推荐总体中的另一个成员。尽管这种方法存在严重的偏差，但是当利用其他方法难以接近总体时，它是非常有效的。

对于任何一项特定的研究，合适的样本规模都是所要求的精确度、总体差异、所期望的结果的置信水平以及将要进行的分析等变量的一个函数。总体规模有时候也是影响因素之一，但通常只是给样本规模带来间接的影响。提高精确度，即数据的精确度和置信水平，需要更大的样本规模。然而，这种做法也将增加研究的成本，并且有可能增加非抽样误差。

163 样本调查也许是概率抽样最著名的应用，许多其他领域也用到了概率抽样的原则。实验设计很少使用样本来代表一般总体。然而，他们使用抽样策略来随机安排实验组和控制组的成员，使调查者可以把因变量的变化归因于自变量。

样本容易出现两种类型的误差。抽样误差是抽样过程的产物。人们没有理由期待每一个样本都能完整而精确地代表总体，人们也不能绝对肯定地宣称样本只有低度误差，但是统计理论为估计抽样误差的程度奠定了基础。非抽样误差也影响着样本的质量。常见的非抽样误差包括未回应偏差、数据收集马虎，以及数据处理草率。抽样设计的恰当执行在减少误差方面同设计本身一样重要。

接下来，我们将开始探讨数据收集方法。第 6 章讨论样本调查的实施过程，第 7 章论述调查工具的设计和制作。

术语回顾

样本（sample）

立意抽样（purposive sampling）

抽样单位（sampling unit）

总体（population）

简单随机抽样（simple random sampling）
配额抽样（quota sampling）
样本框（sampling frame）
系统抽样（systematic sampling）
选择偏好（selection bias）
参数值（parameter）
抽样距离（skip interval）
滚雪球抽样（snowball sampling）
统计值（statistic）
分层随机抽样(stratified random sampling)
抽样误差（sampling error）
抽样误差（sampling error）
等比例分层抽样（proportionate stratified sampling）
非抽样误差（nonsampling error）
标准误（standard error）
不等比例分层抽样（disproportionate stratified sampling）
置信水平（confidence level）
样本偏差（sample bias）
整群抽样（cluster sampling）
置信区间（confidence interval ）
抽样设计（sample design）
多阶段抽样（multistage sampling）
精确度（accuracy）
抽样比（sampling fraction）
任意抽样（convenience sampling）
总体差异（population variability）
概率抽样（probability sample）
标准差（standard deviation）
非概率抽样（nonprobability sample）

复习题

下列问题可帮助检验你是否掌握了本章所涉及的基础知识：

1. 同非概率抽样相比，概率抽样的优缺点分别是什么？

2. 请解释系统抽样是如何违反简单随机抽样的原理的。

3. 分层抽样可以减少总体差异，因此只需较小规模的样本，请就这一说法作出说明。

4. “那些不理解或不信任概率抽样的人使用配额抽样。”讨论并解释这一说法。配额抽样的吸引人之处何在？

5. 比较整群抽样和多阶段抽样。为什么两者经常一起使用？

6. 请描述决定样本规模的诸要素。为什么说总体规模通常是不重要的？

7. 样本规模的决定因素是如何同样本规模联系在一起的？

8. 区分抽样误差、非抽样误差和偏差。在利用政府档案（如警察的犯罪报告）进行的调查中，非抽样误差的常见来源是什么？

9. 进行不同类型研究——如样本调查和实验——的研究者，如何解决确定适当样本规模的问题？

10. 指出例 5.5 中各个抽样阶段的抽样单位。

课后作业与讨论

1. 从以下各个描述中，辨识出总体、样本框、分析单位和抽样类型。并估计该抽样策略的适当性。

（1）问题：研究同老年人跌伤相关的医学因素。样本：从 2006 年跌伤并在老年特色医院接受治疗的 311 位居民中随机选取 150 位，从同一年中在该医院中接受治疗但并非跌伤的 850 位居民中随机选取 339 位。

（2）问题：研究市内交通模式。样本：管理委员会对一年内发生的 110 000 个行程构成的数据组进行了计算机处理，其中有 10%被随机选取用作精细分析。

（3）问题：研究被雇佣者在接受一项培训项目后行为是否有所变化。样本：从 2003 年举办的培训课程中随机选取 5 个，确定所选培训课程中的受培训者，并比较受培训者参加课程前后的表现。

（4）问题：确定报纸出版机构发生变化给报纸带来的影响。样本：随机选取美国的 7 个市，确定并研究在过去的 1 个世纪中这些城市所发行的所有报纸。

（5）问题：确定某市当前出租房的空房率。样本：在计划包含的区域内随机抽取街区，并确定每个街区的出租房。抽样持续进行直到样本包含了各个计划区内 32%的出租房。出租房被划为三种类型：1960 年之前竣工的拥有不超过 4 个单元的建筑；1960 年之前竣工的拥有至少 5 个单元的建筑和 1960 年及之后竣工的建筑。直到三种类型中的出租房在样本中所占的比例分别与该类型在全市所占的比例相同，否则仍须调整样本。

（6）问题：确定福利服务对象所接受的救济总数。样本：代表了不同的地理区域的 13 个州，选取这些州时考虑到了支付额在不同区域的高低区别。在这些州中的大城市统计区内选取 1～3 个县。在每个选取的县中，福利部门主管询问前来重新确认其接受救济资格的 50 名服务对象以收集数据。

2. 你和继续教育办公室签订了合约，要建立样本来确定你所在大学晚间课程发布的公共服务通告引起的反应。这一通告意在吸引更多的成年人参加到晚间课程中。请运用公开的材料：

（1）设计一个简单随机抽样。确定总体和样本框。建议样本规模并证明其合理性。就如何选取成员组成样本给出说明。

（2）设计一个系统抽样。确定总体和样本框。就样本规模给出建议。就如何选取样本成员给出说明。

（3）设计一个整群抽样。确定总体和样本框。就样本规模给出建议。就如何选取样本成员给出说明。

（4）探讨这三个抽样的样本框的适当性。

（5）你更倾向于使用哪种抽样设计？请解释原因。

3. 研究者通过研究从 189 个取消职位中抽取的由 20 个职位组成的随机样本，调查了职位取消对州政府机构总报酬大规模减少的影响。研究者称样本“在 95%的置信水平上具有 69%的精确度”。请对研究者的这一描述给出解释。

4. 分析者构建了一个包含有 200 项取材于州健康计划的目标和相关对象的随机样本，其目的是要评价这些计划。分析者的报告宣称样本目标中有 44.4%是特定和量化的目标。他们的报告说抽样误差为 6.9%。分析者还发现 26.2%的目标没有为其实现进行策略建议。他们的报告说其中存在6.1%的抽样误差。请解释这些发现中抽样误差的含义，并解释为什么抽样误差会出现不同。

5. 为例5.1和例5.2的研究选择一个置信水平和精确度。并且证明其合理性。在提供正当理由时，你应对抽取文件为样本所需要的成本做出说明。

6. 在例5.1中，如果总体按照主张平均分为两部分，那么要想使得研究结果在95%的置信水平上达到±5%的精确度，该县所需的样本规模是多少？如果在债券发行议题上社区分成了6∶4的两部分，会给样本规模的选择带来什么样的变化？

7. 在例5.1中，研究设计要估计的总体参数值是多少？

8. 国家城市联合会的地方支部想要研究何种类型的培训或者教育对于城市低收入者获得较高收入的工作是最有用的。支部的执行人员希望调查焦点小组。请设计一个滚雪球抽样程序，从而获得焦点小组的样本。确认总体并描述抽样程序。

9. 与同学合作构建一个包含50名成员的总体。给出总体中每个成员的收入。计算总体收入的平均值及其标准差。从每10个成员中随机选取5个样本和从每20个成员中随机选取5个样本，对每个样本计算收入的平均值及其估计值的标准误（给定以下等式：标准误＝标准差/n）。针对每一个样本规模，指出有多少样本落在平均收入的±1、±2和±3之内。从中你能得出什么结论？

10. 市就业与培训部门的一名实习人员正在设计一项研究，以评估三个培训计划是否给工作培训合作行动（Job Training Partnership Act，JTPA）的参加者未来的工资水平带来了不同影响。她计划在每个项目中联系25～40名参加者，但她因为认为样本调查通常需要比这更多的研究对象而感到焦虑。

（1）给她写一封便函，解释为什么说她可能已经获得了该研究所需要的足够的样本。你认为她的样本是否已经足够？请给出解释。

（2）这名实习人员认为，如果计划之后不同小组中的参加者的工资水平的区别低于15%，那么这一区别就是不重要的。这一认识会影响她的样本规模吗？请解释原因。

（3）讨论参加者参加计划后工资区别的大小及其重要性会在多大程度上影响统计检验的能力。

（4）为这名实习人员的研究草拟一份研究设计。

11. 对布雷特施耐德（Bretschneider，注释［8］）的文章中提到的抽样程序进行概括。辨别其用到的每种抽样的不同类型。确定或描述下列各项抽样内容：总体、样本框、样本规模、回答率。

光盘作业

下载ORB研究方法数据，通过它了解样本统计是如何工作的。利用统计软件来确定县公立学校入学、平均SAT总成绩以及公立学校开支的频数分布。获取每一个变量的平均值、标准差和平均值的标准误。进而利用软件从数据库中获得

20%的样本并且确定这三个变量的频数分布。然后确定每一个变量的平均值、标准差和标准误。

1. 就总体和样本而言，哪一个变量的差异性最大？哪一个变量的差异性最小？请描述你所观察到的差别。

2. 比较20%的样本的平均值和整个样本的平均值。针对每一个变量，确定20%的样本的平均值是否落在了整个样本平均值的1个标准误、2个标准误或者3个标准误之内？

3. 一个变量的变化是如何影响样本的精确度的？从这一练习中找出证据来支持你的答案。

4. 比较你的样本的平均值同其他同学所收集样本的平均值。对于每一个变量，确定有多少样本的平均值落在了整体研究样本平均值的1个标准误、2个标准误和3个标准误之内。

推荐读物

Leslie Kish，*Survey Sampling*（New York：Wiley，1965）．该书对抽样设计和抽样统计展开了极佳的探讨。

对于抽样设计的大量现实应用的清晰而现实的探讨，可以参见 Seymour Sudman，*Applied Sampling*（New York：Academic Press，1976）。作者讨论了不同情况下不同抽样设计的优缺点。

Graham Kalton，*Introduction to Survey Sampling*，Sage University Paper Series on Quantitative Applications in the Social Sciences，07−035（Beverly Hills：Sage，1983）对不同的抽样设计进行了很好的描述，其中还包括本章介绍的那些设计的混合形式，作者还阐述了确定这些设计的样本规模和抽样误差的计算过程。

Gary T. Henry，*Practical Sampling*（Newbury Park，CA：Sage Publications，1990）是关于抽样的一本简短易读的小册子，其中还提供了实际应用的不错的例子。

Steven K. Thompson，*Sampling*（New York：John Wiley and Sons，1992）是关于抽样和抽样设计的十分全面的著作。该书中的一些讨论需要具备微积分的知识。

Helena Kraemer and Sue Thieman，*How Many Subjects? Statistical Power Analysis in Research*（Newbury Park：Sage，1987），该书讨论了统计检验的能力并且提供了反映不同检验能力的样本规模的表格。尽管该书的大部分技术性非常强，但第2章对于非统计学家的能力进行了卓越的一般性探讨。

Robert M. Groves，*Survey Errors and Survey Costs*（New York：Wiley Interscience，1989），该书为减少偏差和提高回答率提供了非常好的方法，并且涉及了一些折中手段。

Jennifer Williams，*Census 2000：The Sampling Debate*（Washington，DC：Congressional Research Sevice，2000）。这次再版讨论了抽样是否可用于2000年人口普查

这一争论所涉及的一些问题。在书中作者引用了其他的报告、相关的判例和法令。

注 释

[1] Jennifer D. Williams，*Census 2000：The Sampling Debate*，*CRS Report for Congress*（Washington，DC：Congressional Research Service，2000）.

[2] Graham Kalton，*Introduction to Survey Sampling*，Sage University Paper Series on Quantitative Applications in the Social Sciences，07-035（Beverly Hills：Sage，1983），5.

[3] L. O'Muircheartaigh and S. T. Wong，"The Impact of Sampling Theory on Survey Practice：A Review，" *Bulletin of the International Statistical Institute* 49（1981）：465-493；Kalton，*Introduction.*

[4] Leslie Kish，*Survey Sampling*（New York：Wiley，1965），53-59.

[5] Ibid.，20-21.

[6] 由于随机数字拨号（RDD）中并未包含新的抽样原理，我们将在第7章中与其他数据收集方法一起来探讨它。

[7] Seymour Sudman，*Applied Sampling*（New York：Academic Press，1976），56-57.

[8] Stuart Bretschneider，"Management Information Systems in Public and Private Organizations：An Empirical Test，" *Public Administration Review* 50（September/October 1990）：536-545.

[9] Sudman，*Applied Sampling*，110，130.

[10] M. Hansen，W. Hurwitz，and W. Madow，*Sample Survey Methods and Theory*（New York：Wiley，1953），40-48.

[11] Surveyor Research Center，*Interviewers Manual*（Ann Arbor：University of Michigan，Institute for Social Research，1969），chap. 8，描述了一个用于全国调查的七阶段整群抽样过程。

[12] Kalton，*Introduction*，38-47；E. Terrence Jones，*Conducting Political Research*（New York：Harper & Row，1971），61-63，对此进行了明确阐述。Earl Babbie，*The Basics of Social Research*，3d ed.（Belmont，CA：Wadsworth，2005），219-220.

[13] Kalton，*Introduction*，90；Kish，*Survey Sampling*，19. 这些样本也被成为"幸运"（fortuitous）或"碰巧"（haphazard）样本。

[14] William Trochim 将所有非概率抽样设计分类成偶遇抽样和立意抽样两种。参见 William M. K. Trochim，*The Research Methods Knowledge Base*（Cincinnati，OH：Atomic Dog Publishing，2001），55-59。

[15] Trochim，57.

[16] 参见 Kalton，*Introduction*，13，14，82-84，以及 William F. Matlack，*Statistics for Public Managers*（Itasca，IL：Peacock，1993），132-135。本书中有对"有限总体修正系数"及其应用时机的探讨。若样本在总体中占较大部分，比如10%或更大，则这一修正就很重要。对小规模的总体抽取样本时也同样如此。如果总体很大而样本只占总体的很小一部分，这一修正系数的影响非常小，因而可以忽略不计。

[17] Norman M. Bradburn，"A Response to the Nonresponse Problem，" *Public Opinion Quarterly* 56（1992）：391-397. 我们将在第6章中讨论回应率以及提高回应率的途径。

[18] L. R. Gay，*Educational Research*，4th ed.（New York：Macmillan，1992），137.

[19] H. C. Karaemer and S. Thieman，*How Many Subjects? Statistical Power Analysis in Research*（Newbury Park，CA：Sage，1987），22-29.

[20] R. J. Krijcie and D. W. Morgan，"Determining Sample Size for Research Activities，" *Educational and Psychological Measurement* 30（1970）.

[21] C. A. Mosher，*Survey Methods in Social Investigation*（London：Heineman，1969），139－144. 另外可参见该书第246－250页对非抽样误差来源的进一步探讨。G. T. Henry，*Practical Sampling*（Newbury Park，CA：Sage，1990），该书讨论了针对无回答进行修正的公式。

[22] Sudman，*Applied Sampling*，page 27 提供了关于这一点的更详细的讨论。

附录 5.1　标准误的计算

本附录中的三个例子阐明了当样本规模和标准差（差异性的一种测量）已知的情况下，标准误的计算方法。

标准误是由标准误公式估计得出的。这一公式其中一个组成部分是同所要求的置信水平相应的 z 分数。对于95%的置信水平，z 分数是1.96（通常将其看做约为2）。这也是在行政和管理工作中最常采取的置信水平。如果置信水平是99%和68%，则相对应的 z 分数分别是3和1。

1. 比例的标准误的计算公式是：

$$SEp=\sqrt{p(1-p)/n}$$

式中：SEp——比例的标准误；

p——在某一类所关注的变量上所占的总体比例；

$\sqrt{p\ (1-p)}$——标准差的计算公式，总体差异的测量工具；

n——样本规模。

请读者注意该公式同文章中提到的决定样本规模的公式之间的关系。

举个例子，请思考这种情况：展开某项调查，其目的是要确定在东南部某城市进行市县合并的支持率。获得了以下信息：

p——公民对于合并的支持率，$p=0.53$

$1-p$——不支持合并的比例，$1-p=0.47$

n——样本规模，$n=590$

$SEp=\sqrt{(0.53)(0.47)/590}=0.0205$ 或者 2.05%

2. 平均值的标准误的计算公式是：

$$SE\overline{x}=s/\sqrt{n}$$

式中：$SE\overline{x}$——平均值的标准误；

s——样本的标准差，它是总体差异的测量工具；

n——样本规模。

在平均值的标准误的应用方面，请考虑这样一个例子：在三个州的区域内抽取县管理人员组成样本，从而估计这一区域内县主管的平均年龄。得到以下信息：

$s=4.5$ 年

$n=35$

$SE\bar{x}=4.5/\sqrt{35}=4.5/5.92=0.76$ 年

3. 当样本来自包含了有限总体更正系数的小规模总体时，标准误的估计公式。下面的例子来自这样一项研究：调查者从一个由 100 个县组成的总体中抽取样本，以研究疗养院的护理情况。

$$SEp=\sqrt{p(1-p)/n}\times(N-n)/(N-1)$$

式中：SEp——比例的标准误；

p——在某一类所关注的变量上所占的总体比例；

$\sqrt{p(1-p)}$——标准差的计算公式，总体差异的测量工具；

n——样本规模；

N——总体规模；

$(N-n)/(N-1)$——有限总体更正系数或者 fpc。

为了便于同前面的例子进行比较，我们做出如下假定：

$p=0.53$

$1-p=0.47$

$n=60$

$N=100$

通过计算，我们得出：

$$SEp=\sqrt{(0.53)(0.47)/60}\times(100-60)/(100-1)$$
$$=(0.064)(0.404)=0.026\text{ 或者 }2.06\%$$

对于规模非常小的总体，即使有限总体更正系数产生了较大的影响，调查者通过抽样也只能收获甚少。有人可能会质疑，研究所有的 100 个县不如抽取 60 个县进行研究方便。在例子中所涉及的研究中，研究更多的县使得通过抽样减少研究数量更值得去做。(参见 Kalton，*Introduction*，pp. 13-16 and 82-84。)

附录 5.2　平均数的样本规模的计算

本附录中的例子揭示了当通过预调查或者做出假设总体差异已知时，样本规模的计算方法。研究者通常利用预调查来获得对于总体差异的估计。

这里的例子是一项同附录 5.1 中的例子相似的研究，它由公共事务中心策划进行。研究者想要计算研究所需的样本规模。他们希望对抽样研究结果，即所估计的区域内县主管者的平均年龄同这些人的真实平均年龄相差不超过 1 岁，持有 95%的信心。95%的置信区间可以这样确定，即从平均数估计中加上或减去一个同 1.96 个标准误相等的数字。(同所要求达到的置信水平相适应的 z 分数也被称为可靠性因子。在本例中，z 分数是 1.96。）估计中的标准误是 1.96 乘以 $SE\bar{x}$。

$$\bar{X} \pm 1.96 \times SE\bar{x}$$

对于研究者而言，问题在于要想将误差缩减到 1 年，应该将样本确定在怎样的规模上。

计算样本规模的公式在本章中已经给出过：

$$\sqrt{n} = \text{差异} \times \text{可靠性因子} / \text{精确度}$$

差异通过标准差来测量；总体的标准差通过样本数据、已有的知识来进行估计，或者假设为某一特定值。从这个例子已进行的研究中，调查者获得以下信息。

$$\sqrt{n} = 4.5\text{ 年} \times 1.96 / 1\text{ 年}$$

$$n = 77.79\text{ 或者 } 78$$

要想达到所希望的置信水平或者精确度，调查者将需要一个容量为 78 的样本。

附录 5.3 小规模总体的样本规模

表 5—4 精确度和置信水平给定情况下的小规模总体的样本规模

所需精确度	置信水平：95%					
	总体规模					
	100	500	1 000	5 000	10 000	20 000
±1%	n. a.	n. a.	n. a.	n. a.	*	*
±2%	n. a.	n. a.	n. a.	1 248	1 825	2 113
±3%	n. a.	n. a.	n. a.	839	953	1 010
±4%	n. a.	n. a.	*	528	564	582
±5%	n. a.	*	237	355	369	377
±10%	*	78	87	94	95	96
±15%	24	40	41	43	43	43
	置信水平：99%					
±1%	n. a.	n. a.	n. a.	n. a.	n. a.	*
±2%	n. a.	n. a.	n. a.	*	2 427	3 287
±3%	n. a.	n. a.	n. a.	1 163	1 503	1 673
±4%	n. a.	n. a.	n. a.	822	930	983
±5%	n. a.	n. a.	*	575	619	641
±10%	n. a.	111	139	161	163	165
±15%	*	63	68	73	73	74

注：表中的差异取二分变量的最大值。

n. a.：不可用。

* 有些统计学家在报告中称，在这里所揭示的情况中，一个等于总体的 50%的样本规模将提供所要求的甚至更高的精确度。例如，Taro Yamane，*Elementary Sampling Theory*（Englewood Cliffs，NJ：Prentice-Hall，1967），398-399。Yamane 同时还认为，当样本规模 n 大于总体规模 N 的 50%时，用于计算样本规模的一些公式就不再适用。

第 6 章

联系和访问调查对象

本章要点

1. 如何操作和使用邮寄、互联网、电话和现场访问等调查方法。
2. 如何处理邮寄调查中的低回应率问题。
3. 构建随机数字拨号样本的方法。
4. 深度访谈和焦点小组的价值。
5. 实施访谈和焦点小组调查的基本要求。

在确立了研究目的和勾勒出研究模型后，调查者就要设计收集数据的策略。这个设计包括：(1) 联系调查对象从而获取数据的计划；(2) 问卷或其他数据收集工具。数据收集设计影响着调查的质量。进一步说，实践中的调查设计和数据收集之间的关系是动态的。当数据收集出现问题时，调查者可以调整原来的设计。比如说，样本的特性会影响进行现场访问、电话或邮寄调查的可行性；问题的措辞则决定了测量的信度和操作效度。

每个学科都有自己看待事物的方式并依赖一些数据收集方法来回答大多数的经验问题。行政和政策方面的问题几乎涉及所有学科。因此，行政学专业的学生可能需要很多方法论的背景知识。在实践中，行政人员和政策分析者常常要使用调查研究、实验设计、准实验设计或经济学分析等研究方法。这些方法为回答各种行政和政策问题提供了辅助。

调查研究（survey research）即截面研究，是指调查者利用问卷、表格或者访谈计划从个别调查对象那里收集数据。实验和

173 准实验是指将调查对象置于事先设计的情景中进行研究，至于情况如何发展则可能不在研究人员的掌控之内。**经济学分析**（economic analysis）是指调查者收集并分析成本或其他经济数据的研究，其技术细节不属本书的研究范围。不过，经济学分析也依赖于具备一定可靠度、操作效度和敏感度的手段。

我们不是只关注上述某一种研究方法，而是注重组织数据采集、联系调查对象及说服其合作、编写问题和设计研究工具的过程。这些技术虽然大多数都是由调查研究人员开发的，但对所有实证调查者来说都有所裨益。这些技术甚至还有助于开展最基本的数据收集工作，如让雇员填写表格以报告组织和个人的工作绩效。

本书第 6～9 章概述了基本的数据收集方法，提醒你注意实证研究中的决策和步骤。本章探讨如何联系调查对象并从他们那里收集数据。

第 7 章主要探讨问题措辞和问卷设计，除此之外都与数据收集有关。第 8 章考察数据收集中将人作为调查对象时涉及的伦理问题。第 9 章探讨分析既有数据库的价值。第 10 章则说明如何合并若干指标去衡量某一现象。由于合并多个指标与数据收集的其他方面存在一定的联系，我们把第 10 章放在数据收集部分。

本章首先探讨邮寄问卷这一相对不唐突也不昂贵的数据收集方法。对邮寄调查的评述也适用于其他自填式问卷。之后，我们考察互联网和电话调查这两个日益普及的联系和访问调查对象的方法。电话调查部分包括对随机数字拨号的说明。接下来，我们讨论现场访问和焦点小组。

我们的探讨集中于数据收集方法与回答的质量、回应率、成本之间的关系。两项数据收集技术——随机数字拨号和非结构化访谈——与其他方法的考察有着直接的联系。随机数字拨号可以解决建立电话调查的概率样本中存在的一些问题。深度访谈和焦点小组构成了建立模型、进行案例研究和对测量进行评估的基础。

6.1 联系调查对象

行政管理人员应与调查者共同决定如何联系调查对象以及由谁来联系他们。如果调查对象将调查者视为某一计划的代表，那么调查者的行为就会关乎该机构或计划的声誉。为了避免侵犯隐私，行政管理人员不应让调查者与顾客或雇员进行直接接触。相反，应由中介机构来联系顾客或是雇员。恰当的做法是由中介机构出面，
174 要么征得顾客或雇员的允许继续联系，要么通知他们将被调查。无论哪种情况，中介机构都应该向受访者说明调查目的，以及其隐私将如何得到保护。

通常，调查者一开始会通过信件、电子邮件、电话或现场的交流来联系研究对象。联系和访问调查对象往往是同步进行的。调查者会选择打电话来约定个人访谈的时间和地点。潜在的调查对象也可能会收到一封信，通知他们将于最近接到电

话、受到访谈或是收到邮寄问卷。

调查者必须确定调查对象的地点并吸引他们参与研究。低**回应率**可能说明了研究的设计或实施存在问题。如果无法找到大部分潜在的调查对象，或者他们拒绝合作，那么调查结果就没有代表性。要确定回应率和未回应的理由，调查者需要如下数据：

原始样本中调查对象的总数；

未能确定位置的调查对象的数量（无住址或电话号码、无法寄送邮件、电话不通、住所无人居住）；

未能联系到的调查对象的数量（不在家、不懂英语或其他调查语言、生病）。

不合格的调查对象的数量（样本成员不属于目标总体）；

拒绝提供信息的调查对象的数量。

如何确定某调查对象应属于未联系到的调查对象存在一定的疑问。电话无人接听或叫门无人应答也许是因为电话坏了或家里没人。未能联系上的人可能属于或者不属于目标总体。计算回应率的方法是多样的，保守的方法是用提供了数据的调查对象的数量除以调查对象总数减去不合格对象后所得的差。这一算法要求调查有样本框并做足了资料收集工作。[1]

网络和手机等新技术的发展和广泛应用产生了新问题、新挑战，同时也是调查研究人员的新机遇。很多家庭及办公场所都有答录机和来电识别装置，这些技术的使用对电话调查有一些影响。此外，手机的使用导致安装固定电话的家庭数量减少。一些家庭和个人只使用手机，这使得调查人员通过随机数字拨号很难获得回应。2004 年总统大选的民意调查显示大约 7%的选民没有固定电话，仅使用手机。其他研究表明这一数字在 2008 年将达到 10%。虽然有些选民只能通过手机联系，但是民意调查的准确性似乎并没有受到这些被遗漏选民的影响。[2]

互联网的广泛应用使我们能通过新的方法联系到受访者。调查可以通过电子邮 175
件或网站来进行。问卷可以用电子邮件或其附件来寄送，受访者填完后可以用电邮或是普通邮件寄回答案。网页调查比电子邮件调查更受欢迎。[3]网页调查可以处理更复杂的设计，兼容跳跃模式，直接将数据发送到数据库。这样一来，受访者就可以登录网站完成问卷，不用担心泄漏个人信息。而在电子邮件调查中，收到问卷的受访者会觉得隐私保密性打了折扣。在网页调查中，通过电子邮件可以联系到潜在的受访者，邮件会指引他们访问问卷所在的网站。

有一项研究对比了这两种调查方法，结果发现它们在大学生受访者的回应率上没什么差别。[4]主要的不同在于网页调查的受访者比电子邮件调查的受访者更年轻，而且前者更便宜。在这两种调查方法中，如果能事先给抽样对象发个通知，回应率都会有所提升。在大学校园里做调查，研究人员很容易得到样本框。[5]

6.2 调查策划

调查的策划和实施在很多不同的研究中一般都需要很多相似的步骤和考量才能完成。但是调查的个别部分需要格外的注意。策划调查的步骤包括确定调查目的和目标人群，确定如何收集、分析、汇报数据，以及其他一些考量。调查研究的步骤包括一系列相关的考量和活动（总结如下）。前期的决定将会影响后期进程中活动的开展。

调查研究过程的步骤

1. 概念化：调查的目的是什么？研究想要发现什么？结果适用于什么情境中？

2. 学习设计和数据收集方法：样本的性质是什么？什么样的数据收集方法最合适？受访者会不会被重复调查？是否有隐私问题，是否需要机构性审议委员会（Institutional Review Board，IRB）的审查？（IRB 将在第 8 章讨论。）

3. 数据分析和管理：数据是如何被管理和分析的？这是否会影响数据收集方面的决定？现有的人员及资源能满足分析所需吗？（这些问题应在过程开始时就应被考虑，而不是等到数据已收集之后。）

176 4. 文案设计：这包括调查文案的一般设计，也包括一些细节问题——类型、顺序和措辞。这需要花很多心思。

5. 抽样：研究者要决定需要多少受访人。（如果精确估算很重要，就需要咨询统计学家从而确定抽样的规模和设计。）使用何种数据收集方法？样本大小会不会影响数据收集方法的选择？

6. 培训：研究者应该认真培训负责收集数据的人员。

7. 预测试：所有的调查都应该至少进行一次预测试。通常情况下，多进行几次预测试是明智的做法。

8. 试点研究：也称作彩排。这一过程中我们将联系受访者、获取数据并将其输入数据库。整个过程和结果将受到评估和改动，以消除发现的问题。

9. 管理：收集和记录数据及信息。

10. 数据录入和分析：数据经过梳理后输入数据库，然后进行分析。

11. 报告：考虑你的听众。合适的报告类型取决于研究目的和听众类别。

6.3 邮寄问卷

当谈及或撰写问卷时，我们常常会想到邮寄调查。在家里或工作场所，我们都收到过市场调查人员、专业协会、大学行政人员、从政者或非营利机构的问卷。邮寄调查人员无须担心调查对象是否在家或自己会否打扰他们，同时也应明白调查对象有可能对问卷置之不理或忘记填答；可能把问卷交给别人去回答；也可能没弄明白问题是什么就回答了；甚至可能草草填答而不管回答是否准确或完备。

邮寄调查比其他数据收集方法所需成本更少，给调查对象造成的不便也最小。调查者可以收集到详细的、经过深思熟虑的数据，特别是那些要求认真思考后做出回答或要求精读问题方能提供的信息。同时，邮寄调查也有明显的缺陷处。设计一份清楚的问卷并将之邮寄、分发出去和回收的整个过程要花费一定的时间。邮寄问卷通常只有较低的回应率。再次联系未回答者会显著提高调查的回应率。当然，每次追寄都会增加时间成本和开销。

进行邮寄调查时，调查者无法辨别受访者为什么不回答。一个糟糕的样本框，比如一份过时的名单，有可能降低回应率。受访者也许未收到调查材料，或忘记作
答，或置之不理。受访者可能并不适合作为调查对象。类似例 6.1 所附的明信片能 177
让调查者更多地了解人们不回应的原因。明信片也可以用来追踪调查那些匿名填写问卷的受访者。（匿名不同于保密。匿名要求不能把某一特定个体与一份特定问卷或数据组对应起来；保密意味着研究小组的某些成员可以把某一个体与一个数据组对应起来，但该个体的身份是保密的，只有研究人员知道。）不过，明信片并不十分可靠。我们有过一些例子，未回应者说自己做出了回答，而回应者却没有寄回明信片。

例 6.1

用明信片来检查邮寄调查的参与情况

问题．调查者希望对一些大学进行调查以了解库存管理课程的情况。调查者想知道哪些学院接受了调查，哪些学院是因为自身不是合适的调查对象而无法对调查做出回答，以及哪些学院拒绝回答。

解决办法：随寄一张下面所附的明信片。

录入控制课程的调查已收到。
(　　) 我们打算在 9 月底做出回答
(　　) 我们不打算回答
　　(　　) 因为我们没有库存管理课程
　　(　　) 虽然我们有一些库存管理课程

姓名
学院
市和州

备注：

1. 调查者可以假定那些没有回寄明信片的大学是因为没有收到调查材料。调查者可以集中精力设法与这些大学取得联系。这一策略可以减少后续工作的开销。

2. 调查者可确定由于调查本身不当而不作回答的样本成员的百分比。此外，调查者还应该掌握未提供库存管理课程的学院的资料。

3. 明信片可激励相应大学做出回答。也可以采用其他可选策略（比如查看大学的公告栏）来收集那些开设了相应课程而未回答的大学的资料。

178 数据收集方法影响着开销。邮寄调查者无须支付访谈培训、交通和报酬方面的费用。不过，成本较低的优势也可能被邮寄调查材料和回收答复所需的时间抵消。如果一位受访者必须参考某些记录才能回答调查问题，那就必须给出额外的时间。调查者还必须考虑的是邮寄的时机。比如，在预算季度的中期送抵政府机构的问卷不会马上引起注意或被优先考虑。在美国，节假日和其他年终活动可能使 12 月成了组织或个人邮寄问卷的最差时机。

一份有效的邮寄问卷或其他自填式问卷应该易懂易答。为了做到简单明了，设计者有可能把问题设计得过于简单，而因此牺牲了操作效度。受访者不可能来找调查者并要求其对问题做出解释或澄清误解。

措辞不当的问题会影响所有受访者。还有，并非所有人都会对一份问卷做出同样的反应。受教育水平高的群体或个人通常能最轻松地填写邮寄调查的表格。他们能够理解并遵照问卷的指示，准确地处理各种各样的问答形式。有的人平常就会写下自己的想法和意见，而另一些人在表达自己的意见或填写开放式问题时就感到不自在。上了年纪或受教育水平较低的人会觉得邮寄的问卷难以读懂，他们害怕出错。由此，样本的特征会给回应率带来与问卷本身同样大的影响。

行政人员、管理人员和其他专业人士可能宁愿接受邮寄调查而不喜欢更为唐突的电话访谈。邮寄的问卷和其他自行完成的报告，比如总结单位活动的月度、季度和年度报告，是专业人士工作的组成部分。专业人士通常都很忙，事务缠身。调查者会发现通过电话找到他们是件费时费钱的活儿。进一步来说，填写表格、答复书面要求和撰写工作备忘录通常是行政人员日常工作的组成部分，他们可以在自己方便且不与其他工作相冲突的时候安排时间回答问卷。要收集某一机构的特定信息，如所服务顾客的人数、他们的特性以及顾客受到的服务等，一份邮寄的问卷就可以产生不错的效果。受访者会回答问卷中的部分问题，再把问卷传给其他同事补充更多的细节。

一位行政人员或其他受访者会有意或无意地做出要不要花时间来提供信息的决定。让我们假定大多数受访者一开始就愿意对调查做出回答。那么是什么因素使他们选择别的做法（忽视调查）呢？

第一，他们会因为调查看上去太复杂或问题问得含混不清而推迟对调查做出回答。问卷最终被湮没在了文件堆的底层。几个月后它被重新翻出来时就会被扔掉。

第二，受访者会忽视那些涉及无法得到或很难获得的数据的问卷。大概没有人会花时间来整理问卷所需要的数据。也许受访者排斥调查者让他们来搜集数据。我
179 的一位同事收回过一份来自市政当局的未作答的问卷，附有一个说明，说是由于预算被砍，该市镇将不再回答问卷。

第三，受访者会忽视那些看上去存在偏见的问卷。例如，有些问卷假定了与受

访者不相称的事件。一份问卷问及受访者为什么辞职，供选择的回答集中于工作问题或生活方式的变化。那些利用换工作的机会来寻求专业发展或个人成长的人并不情愿把自己换工作的原因和列举出来的因素相提并论。他们可以填写“其他”这一选项，但却不愿花时间做这件事。此外，他们还会怀疑调查者能在多大程度上关注开放式问题的答复。

受访者对内在偏见的看法大多集中在给定选项的恰当性上。所列选项越不恰当，他们就越不乐意完成调查。选项中包含“无所谓”、“不确定”和“不使用”等，可能提高那些认为模糊的回答更为恰当的受访者的积极性。

邮寄调查的收件人也会按照调查的发起人和调查的表面意图而做出不同的反应。收件人越是相信调查对他们有所影响，就越可能做出回答——即便他们不得不花时间来收集数据和填写答复。相反，如果收件人对调查会对他们有所帮助产生了疑问，那么复杂问卷中模棱两可的选项和查找或收集数据的麻烦就可能使他们不予回答。

调查的发起人会对回应率产生影响。在为某个机构进行研究时，我们发现机构领导签字支持调查和鼓励收件人回答的信件有助于确立调查的正当性。领导签字看来也可以提高回应率。有一次我们把问卷分发给大学教员，并附上了校长的封面信（cover letter)，结果我们得到了 95%的回应率。一位评论家曾对此指出，在附送了来自哈佛教育学院院长的封面信后，他从马萨诸塞州的学校主管那里得到了 99%的回应率。

发起人还会在回答的导向方面产生影响。这也许是对工作环境进行调查时特有的问题。如果雇主开展或发起一项调查以了解雇员的满意度及其他工作环境方面的有关问题，员工们就会担心他们的回答能否被保密。这样一来，他们就会根据自身利益考虑而歪曲自己的回答。

不做回答可不是个小问题。未回应会增加非抽样误差，并由此削弱调查者就样本做出推断的能力。我们对有那么多已发表的文章提出回应率不高的问题而感到惊讶和诧异。无论分析单位是个人还是组织，都会出现低回应率问题。

在考察回应率时，我们集中关注了具有实质意义的研究事项，即调查的意图、发起人和选项的效度与信度。此外，一些“诀窍”也可减轻人们的抵触情绪。回应率与问卷的长度、易于填写程度、受访者对调查事物的兴趣、格式与设计以及其他 180
大量因素（包括纸张的颜色、在回邮信封上贴好邮票的设计等）有关。下面列举了如何提高回应率的更多研究细节。

影响回应率的因素

A. 样本框

1. 准确性：若样本是从一个过时的样本框中抽取的，样本成员就可能不会接受调查。

2. 相关性：若认为自己不属于目标总体，调查收件人就会不做回答。

B. 问卷设计

1. 问卷的长度：研究表明回应率是多种因素混合作用的结果，但当调查具有显著特色且被不断追寄时，较短的调查将比较长的调查得到更高的回应率。

2. 选项的内容和顺序：选项应按照主题逻辑顺序排列。

3. 问卷版式和格式：问卷应用耐用的、高质量的纸张排印以提高吸引力；选项应按数字排序且选项间应留下充分的空间。

C. 寄送

1. 预先通知：提前寄封信或传个口信提示潜在回答者将收到一份问卷或受访，能提高回应率。

2. 封面信：两种情况提高回应率，即如果封面信（a）显示了研究的重要性和受访者参与调查的价值，或（b）对被调查者有好处。

3. 回邮信封：贴好了邮票或者盖有邮资已付印戳的信封可明显提高回应率。

4. 追寄：最好进行两次或更多追寄以获得更高的回应率；在追寄信中随附问卷会比仅仅发出追寄信件产生更高的回应率。[6]

5. 激励：问卷内含现金或其他奖品（比如参加抽奖、为慈善活动募捐或提供纪念品）可以明显提高回应率。[7]

上述所列乃是提高回应率的研究的一部分方法。最初的调查得到了 34%的回应率。受访者为警官，他们以对调查者的怀疑而著称。问卷并不简单，其中包括矩阵且每个选项下又嵌套五个不同的问题。问卷没有经过预测试，也没有进行追踪调查。

181 修订后的问卷要求受访者在恰当的回答上打钩。警官们无须阅读填写说明就可以轻而易举又准确地对选项做出回答。在邮寄问卷之前，一组警官复查了这些问卷。调查者给未回应者递送了追踪提醒函。这些修订后的调查得到了 76%的回应率。

最初的问卷中出现的问题对我们来说并不陌生。我们收到并阅读了太多拙劣的问卷。这些问卷暴露了设计未经缜密思考、前测不充分，以及程序过于简单而忽略了可靠性等缺陷。如果你计划做一次邮寄调查，你就不能仅仅依靠自己的直觉。你应该认真阅读一本入门性的书籍、一本参考书目中的书籍或类似的文本，并安排不同的人，包括研究总体的成员，复查和评述问卷、对问卷做出预测试和试点研究。

追踪邮件会提高回应率，二次追踪后回应率会提升更多。在对 2000 年人口普查的预测中，普查局研究了提高回应率的策略。如果各个家庭收到的只是最初的封面信、问卷和邮资已付的信封，那么只有 40%多一点的对象会给予回答。追寄的联系信件，例如明信片提醒函和备用的问卷，将回应率提高到了 70%多。[8]

例 6.2 展示了一张给校友的明信片提醒函。当然，我们并不主张把类似的提醒函递送给由大学发起的研究的调查对象，因为有些行政管理人员会认为它有损于调查的严肃性。

明信片可用于提醒调查对象，且成本低廉。无论在第一次还是第二次追踪中，都应该附送额外的问卷和邮资已付的信封。也可以通过电话联系未回应者，询问其是否收到问卷。研究者可以递送额外的问卷，或是通过电话对未回应者做出调查。

研究表明如果调查中有奖励会产生实质性的积极效果。收到 1～5 美元的各组比控制组拥有高出 19%的平均回应率。收到非现金奖品的各组比控制组拥有高出

8%的平均回应率。在调查完成后再赠送奖品（无论现金还是非现金）只能发挥很小的作用或根本不起任何作用。[9]

无论一项调查是否含有奖品，提醒函总是能提高回应率。在由同一调查者进行的两项研究中发现，当调查者没有进行追踪因而调查对象没有收到奖品和三封提醒函时，收到 1 美元、5 美元或 10 美元奖励的调查对象拥有的回应率是相同的（52%）；而收到 20 美元加三封提醒函的调查对象拥有 79%的回应率。[10]

并不是所有调查者联系了的人都会做出回应，这些人造成了**未回应率**（nonresponse rate）。调查者应对未回应者与回应者基本情况类似这一假设做出验证，他可以对未回应者进行抽样，特别是努力说服他们通过电话或直接访谈对问卷做出回应。由此，他就可以确定回应者和未回应者间具有随机差异的假设是否继续有效。
至少他应该比较回应者和未回应者的人口统计资料（例如年龄、性别和所在国家或 182
地区），以查明可能存在的偏差。[11]在地图上标注出未回应者有助于辨别地区偏差。

例 6.2

用作后续提醒函的明信片

情景：研究者需要给那些对一项校友调查未予回答的人追寄一份成本低廉的后续提醒函。

方法：我们断定一张有趣的明信片可用作给校友的第一份提醒函。

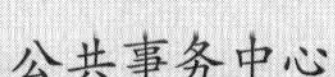

您忘记了某些事吗？

请务必在今天寄出您的公共管理硕士调查材料。

如果您尚未收到公共管理硕士调查材料，请与杰伊·格林联系。

公共事务中心，555-3926/4006。

备注：

1. 复制和邮寄明信片都很便宜，既简单又便捷。
2. 给那些对明信片提醒函未予回应的校友寄送一份附有问卷复件的短信。如果必要的话，下一步的行动将是打电话给那些仍未回应的校友并向他们询问关键问题。

6.4 互联网调查

互联网调查（Internet survey）需将问卷公布在网络上或随电子邮件附寄。互联网调查比电话或邮寄调查都来得快速、便宜，它无须雇用和训练访谈者，无须支付邮费或打印费，研究人员也无须从纸质问卷上录入数据。除此之外，互
183 联网调查与传统邮寄调查相似。除非要发一个笼统的邮件（blanket mailing），研究人员只需要从样本框中抽取一个样本。如果这个调查包含在电子邮件中，就要好好地设计，因为完成这样的调查是很乏味的。以附件形式发送的调查可以像一般的邮寄调查那样完成，然后在线回寄，或者打印出来像普通邮件那样回寄。互联网调查也应操作简单、明了易懂。电子邮件调查很快捷，而且通常比传统的邮寄调查便宜。较之传统的邮寄调查，电子邮件调查的问题多集中于保密性、受访者的安全性和病毒问题上。[12]由于互联网调查是一个新生事物，其质量尚存在疑问。确切地说，调查研究人员才刚开始研究如何才能改进互联网调查的样本和问卷设计，提高回应率。

抽样问题极具挑战性。[13]如果把现成的电子邮件地址当作样本框，调查者就可以从中选取一个样本，向其发送一封电子邮件，附寄调查材料或告知包含调查材料的网址（如果这个调查在网上进行的话）。如果没有电子邮件地址的清单，那就更加难以找到目标总体。调查者可通过邮件列表服务器、简讯、新闻组、与相关网页进行链接或类似的交流方式来公布调查内容。尽管互联网的应用很普及，但不是人人都用，所以我们不能臆断使用了互联网的调查就会得到有代表性的样本。

如果调查是通过多个渠道发布的，那就更加难以确认具有代表性的总体和回应率了。调查者可能无法了解到有多少人或什么样的人群获悉并参与了调查。刚好访问了网站的目标总体之外的人也会回答公布出来的调查问题。有人会重复回答，他们会从不只一个链接上参与调查，或重复提交一份调查材料以确保自己的回答确实发送出去了。调查者也许不知道参与了调查但没提交就退出了。由于调查者不知道多少人“收到”了调查，所以他也没办法定义目标总体或是统计回应率。有人建议设定进入网页必须使用的密码，以此来控制重复进入或黑客入侵。[14]密码的设定常常是个人参与的需要。有时我们进入调查网站并尝试登录时就要设定密码。当调查提交后，允许进入只有一个调查副本页面的密码就不再有效。但是，这种方法仍然不能计算出回应率。

为了弄明白从邮寄调查中得到的经验是否有助于提高电子邮件调查的回应率，研究人员向随机选取的大学教职员工组发送了预先通知、信件与调查材料、提醒函以及备用的调查材料。其中一组通过电子邮件收取了所有这些材料，而另一组通过邮递收取了纸制调查材料。两个组的回应率事实上是一样的。电子邮件的受访者更倾向于完成调查、遗留更少的漏答题、回答开放式问题并对开放式问题给出更长的

回答。[15]

有效调查的其他特征也适用于互联网调查。与邮寄调查相似，互联网调查应更容易参与、回答和回收。任何调查都需要通过预测试来确保易于回答和问题明 184
确。因为被调查者不可能让调查者对问题加以澄清或写明访谈者是如何诠释该问题的。

关于网站调查的研究表明，调查的格式和设计影响回应率和数据的质量。很多影响传统邮寄调查的特点同样适用于电子邮件和网站调查。例如，问卷的长度和问卷追踪、完成的便利程度影响着回应率和数据质量。[16]互联网调查的被调查者被局限在设计者的框架内。除非提供了一个备注框，被调查者也无法清楚地给出更为恰当或准确的回答。对于被调查者来说，互联网调查甚至比白纸黑字写出来的问卷更费时间，某些情况下电子邮件调查比以网站调查更便捷。例如，被调查者不得不持续滚动网站调查的页面才能完成这些问题。现在，几家供应商推出了应用在网站调查中的软件。在设计出自己的网站调查之前，研究人员也许应该考察使用这样的软件。[17]有些调查软件还提供即时结果。

6.5 电话调查

过去，电话调查数据的价值因大量家庭未安装电话而受到限制，调查者也无法联系到未公开电话号码的家庭。因此，调查者难以期待通过电话联系到具有代表性的个人样本。

然而，现在电话调查的条件发生了戏剧性的变化。到 20 世纪末，普查数据表明，大约 94%的美国家庭拥有常规电话服务。未能拥有电话服务的家庭被称为“边缘人”，他们大多收入较低、常常搬迁、家庭成员较少且不经常与社区接触。还有些家庭（大约 3%）断断续续使用电话，这些家庭出于经济上或搬迁的原因时不时地中断电话服务，它们与那些没有电话的家庭看起来没什么两样。[18]最近，随着手机的使用越来越普及，完全依赖手机而不用固定电话的家庭很普遍。

研究者估计只使用手机服务的人口比例正以每年一个百分点的速度增长，到 2008 年将达到 10%。持续增加的只使用手机的人数给调查研究带来了新的挑战。例如，手机用户接听来电可能得花钱。一项调查对比了手机抽样和固定电话抽样，发现手机抽样用户不太可能被选作调查对象，因为他们通常太年轻，而且不太愿意合作。[19]

研究者预计由于固定电话的某些优势，大部分家庭仍将使用。[20]关于 2004 年总统选举民意预测准确性的研究表明，使用手机的选民只是选民总体的一小部分， 185
而且他们的意向与同龄人相同。尽管手机用户并没有被包含在样本框里，2004 年国家和州一级的电话民意调查仍然很准确。[21]

随机数字拨号（random digit dialing）技术（下一部分将介绍）可以产生随机生成的电话号码样本。随机数字拨号克服了把电话号簿当作样本框的局限性。这种技术的发展和改进使调查者可以联系到未公开电话号码的家庭。调查者可以确信通过电话能联系到一个有代表性的样本，包括那些电话号码未列入最新号簿的用户。

除了电话覆盖面的日益扩大和抽样方法得到改进外，还有两个因素为电话访谈的推广提供了推动力。第一，现场访问的可行性降低了。访谈者要花费一定的时间和差旅费。在某些居民区，居民和访谈者都会担心安全问题。潜在的调查对象不愿意为陌生人开门，而访谈者也会感到不安全。人们的生活方式不同也就意味着常常无法在通常的访谈时间内联系到某些人。第二，电话访谈的调查报告带来了与调查理念背道而驰的剧变。对重大公众事件的反应，在一夜之间做出民意测验的报告，现在已很平常。

电话调查程序还有其他一些明显的优点。电话调查把访谈的差旅时间和费用降到了最低。访谈可以较快地覆盖一个广大的地理区域。访谈者可以通过电话居中协调，从而比现场访问更能就近掌控自己的工作。

调查过程的计算机化更进一步地推动了电话调查的运用。电脑可以生成电话样本并进行拨号，**电脑辅助电话访谈**（computer-aided telephone interviewing，CATI）系统简化了复杂的访谈以及调查监控方面的行政事务。访谈者只需从一个终端屏幕上读取题项并键入回答。电脑可以追踪访谈过程，为列联式问题提供更多的分支问题，以及对不一致的回答进行检查。此外，电脑还可以保存那些做出回答、拒绝回答或完成回答的电话号码或类似的资料，如此一来，调查者即可随时了解调查进度。

电话调查的问题首先集中在抽样上。电话用户在多大程度上足以成为研究总体呢？由于不包括那些未公开电话号码的人或把那些拥有多个电话号码的家庭重复包括在内，样本框很快就会趋于陈旧，这时，人们怎样才能采集到具有代表性的样本呢？人们怎样才能确保联系过的样本单位恰好与要调查的分析单位及目标总体相一致呢？与电话访谈相联系的未回应率是多少？第二类问题集中于问卷设计上。电话问卷和邮寄问卷及其他自主管理式问卷有何区别？可以问哪些类型的问题？电话调查要进行多长时间？第三类问题是前两类问题的延续，即电话调查可达到多大程度的保密性？让我们依次来思考这些问题。

186 要从组织和职业机构中抽样，电话号簿也许是合适的样本框。组织或职业机构的号簿会相对稳定而不会出现太多问题。如果一位调查者打算从当地的电话号簿中抽取样本，样本框就成问题了。电话号簿并未包括手机用户、未公开电话号码的家庭、新近迁入某一社区的家庭，以及那些更换过电话号码的人。随机数字拨号能克服很多问题。此外，随机数字拨号还可以减少抽取随机样本时的行政工作。

正如上文提到的那样，很多类型调查的回应率都下降了。在过去的25年内，由密歇根大学的调查研究中心（Survey Research Center，SRC）主持的很多年度调查的回应率都大大下降了。这种下降在近几年里有加剧的态势。研究者无法确定回应率下降在多大程度上是由拒绝参与人数的增多引起的，多大程度上是由联系受访者失败引起的。根据分析，他们认为未回应偏差还不至于坏到引起恐慌的程度。[22]

但是，回应率的下降确实增加了电话调查的成本。

随机数字拨号

随机数字拨号产生了随机生成的电话号码组成的一个样本。该样本是地区内所有电话号码，无论公开还是未公开的号码、住宅的还是非住宅的号码的一个等概率样本。纯粹的随机数字拨号系统从七位数的随机号码产生一个电话号码样本。由于某些随机数字组合可能被分配给不在该社区内运作的电话交换机，样本的列表就会包括很多空号。为了降低空号的出现频率，调查者就要确认目标地区内所有正在使用的电话交换机。调查者应只给正在使用的电话交换机分配四位随机数。在较大的社区中，特定的电话交换机号码可能被分配给了非住宅电话的用户，比如市或州政府的办公室、大学或企业。如果个人或家庭构成了研究总体，调查者就要在构建样本前略去所有非住宅用户的电话交换机。

在调查者确认了适用的电话交换机后，即可从中选取一台交换机并运用随机数字拨号的某一变化方式来收集电话号码。他们可以在 0000～9999 之间选取一个四位数的随机数字。例 6.3 展示了这一过程。有些电话公司会提供正在使用的电话交换机的清单、分配给每台交换机的电话号码，以及分配给每台交换机的住宅电话的大概比例。有了这些信息，调查者就可以建立例 6.3 所展示的比例样本。

有了传真、传呼机和供电脑使用的电话线，调查者可以利用四位数的随机数字联系到少数合适的受访者。由于电话公司通常按街区来分配电话号码，调查者也可从电话号簿中随机选取一个住宅电话的号码并用随机数字来代替最后几位数。[23]

例 6.3

构建随机数字拨号样本：一个假定和演示用的例子

问题：调查者欲通过电话访问某社区内三台电话交换机（其前三位号码分别为 111、112、555）上的 500 个家庭。

策略：电话公司把每台交换机上的住宅电话的号码交给了调查者。

交换机	住宅电话数	占总数的百分比
111	2 000	20%
112	3 000	30%
555	5 000	50%

1. 选取 2 000 个四位数的随机数字。

2. 把 20%的随机数字分配给交换机 111。如果第一个随机数字是 8752，那么拨叫的号码就是 1118752。

3. 把 30%的随机数字分配给交换机 112。

4. 把50%的随机数字分配给交换机555。

5. 遇到不用的或是企业的电话时，从所剩随机数字的列表中选取替代号码。

备注：

1. 调查者应预计到大部分从随机数字的样本中生成的电话号码可能是空号或企业的电话号码。假定调查者需要拨四个号码才能成功地联系到一个家庭。

2. 如果给每台交换机都分配同样数量的拨叫号码，即667个号码，那么在交换机111上的家庭每3个中有1个可以通过电话联系到，而交换机555上的家庭则每7.5个中有1个可以通过电话联系到。由此，交换机111上的某一家庭被纳入样本的可能性是交换机555上的某一家庭的2.5倍，样本将过多地代表交换机111上的人口的独有特征。

187 调查人员通常会与电话公司或某家私人企业联系，以抽取符合特定规格的样本（例如只纳入住宅电话号码的样本）。至少有一家国有企业为抽取电话样本创立了特定的邮政编码（ZIP code），这就使得调查者能够去研究特定的人口组合。这些样本具有多大程度的代表性取决于调查执行者所采用的程序，而执行者对于把未公开的号码纳入样本的策略会各不相同。

随机数字拨号解决了未公开号码的问题，但却没有解决多个号码的问题。我们假定这种情况比家庭成员用手机作为独立号码发生的频率还高。拥有或公开不止一个电话号码的家庭被选入样本的概率更大。为了处理多个号码的问题，访谈者可询
188 问家庭有多少个电话号码或公开的电话。之后，分析者将据此对家庭的回答进行加权。例如，可以用电话号码或公开的电话数目的倒数来对回答进行加权；从拥有两部电话的家庭那里得到的回答将得到0.5的权重。调查者可以决定是否忽略这一问题。[24]然而，人们还是应该认识到拥有多个公开号码的家庭更可能被选中，而这些家庭各有其特性（例如从事不同的职业或家中有十几岁的孩子）。

电话调查把家庭当作了默认的分析单位，但也许个人才是真正的分析单位。如果调查者打算联系个人，他就不应不假思索地随机访问任何一个接听电话的人。我们假定接听电话的家庭成员和那些不接听电话的人有所不同。例如，研究人员发现，妇女接听电话的比例较高。对于某些电话调查来说，访谈者将拥有样本成员的姓名并应该要求与此人通话。调查者也可选择寻找特定类型的人，比如最终将成为医生的人。

从理论上讲，访谈者可以和任一家庭成员通话，但这时他就需要通过某些方法来确保样本具有代表性。目前已经开发和检测了多种方法来为访谈选取特定的家庭成员。其中有些方法过于复杂，此处不予讨论。其中一项较不唐突的方法是要求与家庭中最近刚刚庆祝过生日的成员进行通话。其他调查可能要求与符合要求的最年轻的男性成员进行通话，因为当调查者打去电话时最不可能在家里的就是年轻人。[25]这个程序帮助调查人员接触到更多类型的受访者。

最后一个与样本相联系的问题与回应率有关。总的来说，电话调查比邮寄调查有更高的回应率，尽管递交多个邮件的邮寄调查也可以取得同样的效果。[26]不同于

邮寄调查，电话调查可以区分出哪些是无法联系到（难以接近）的人，而哪些又是拒绝合作（不愿回答）的人。与邮寄调查一样，电话调查的回应率也取决于时间和金钱。由于生活方式的改变，人们待在家里的时间更少了，也比过去更难联系到了。人们靠自动应答设备、语音信箱或来电显示筛选来电。然而，他们仅仅是在筛选来电，并不意味着他们拒绝对调查做出回答。[27]调查者常把自动应答的电话标记为“不在家”，但他们也可以留下一个口信，说明打这个电话的意图以及下次再打的计划。[28]为了提高成功联系到家庭的比例，调查组织必须在整周内（包括周末）不分昼夜地拨打电话。

研究哪些因素影响电话拒访的比率，会受到一定限制。影响调查成本的一个主要问题在于，努力说服受访者参与调查是否会使他们在回答时产生偏见。最近的一项研究表明，家庭成员越年轻、教育水平越高，就越难联系上。分析者比较了一项为期五天的调查结果和一项为期八周的调查结果，结果发现回答者的意见并无太大差别。[29]调查研究方法研究者罗伯特·格罗乌斯（Robert Groves）写道，高合作率要求有“能够在合理的时间里联系到的人、可以使用一小段通用语言加以考量的人、乐意与陌生人讨论范围广泛的话题的人，以及相信自己提供的回答将得到保密 189
的人”[30]。在一个全国性的样本中很少会见到这些特性。如果构成样本的成员发现该研究主题比较有趣或对他们来说比较重要的话，在这些特定的样本中上述特性就会更为常见。

现在让我们把注意力转向有关提问的事项。电话调查依赖于听觉提示，访谈者必须诱导调查对象参与研究并留在电话机旁回答问题。她必须依靠自己的谈吐和敏锐地收集关键信息的能力。目前，房地产或其他产品的推销电话，仍会在最开始的时候声称他们在做某项“调查”。“黑名单”可以减少此类推销电话，但是真正的调查者还是会遇到很大的阻力，毕竟回答问题的要求来自一位陌生的来电者。

在电话访谈中，绝大多数拒绝参加调查的情况都发生在自我介绍之后和开始提出第一个问题之前。因此，自我介绍必须清楚且引人入胜。让我们思考一下电话访谈的常见情况，即正在做其他事情的家庭成员突然接到一位陌生人不期而至的电话。访谈者必须说服调查对象，使他相信这些问题值得放下手中任何事情来花些时间回答。访谈者首先要介绍自己和调查机构，接下来再解释是怎样选中该调查对象的、调查的目，以及调查所需的大致时间长度（见例 6.4 中表达这些信息的陈述）。访谈者还应准备好回答有关调查机构、调查项目和回答的保密性等方面的问题。

关于建构电话访谈的工具，笔者接下来将考察访谈的时间长度、问题的排序及其长度与复杂性等事项。问题和可能的答题项都必须清楚，这样受访者才能正确地把握它们。第一个问题应强化访谈者所陈述的调查目的。“错误的”问题会引起受访者的怀疑。在提问过程中，受访者应能感受到问题中隐含的逻辑；否则，他会被搞糊涂、失去兴趣或怀疑该研究的正当性。

不同于邮寄调查，受访者无法“事先阅读”，故而调查者应考虑到问题如何排序及其可能对随后的回答产生的影响。问卷应平稳地展开，这样当访谈者从一个主题到另一个主题进行提问时就会感到比较轻松自在，而受访者也可轻松地进行回答。在这方面，所有的电话访谈者在开始做第一个正式访谈前都应该被好好培训并熟练练习。

尽管访谈者可以重复提问和做出解释，并澄清语句的意思，但过分依赖于访谈者，对访谈者和受访者来说都是个负担。访谈者无法直观地了解到受访者是否理解问题。编写问题的人应把问题写得简短易懂。编写者必须警惕那些会使受访者对问题产生歧义的措辞。调查者不应假定受访者会要求访谈者重复问题，或者抱怨无法理解这些问题。

必须仔细考虑答题项，因为受访者可没有空闲的时间来反复阅读及思考答题
191 项。受访者可能无法记住很多选项。为了方便他会选择最后一个被说出的选项，或是让访谈者中途停卜选择一个选项。要求受访者对选项加以排序往往效果不佳，这是因为他必须先记住若干个选项才能对它们进行排序。这时访谈者可以要求受访者在一个数值范围内给各选项评分（比如从最低为 1 到最高为 10 的数值范围）。

例 6.4

电话调查简介

所遇情形： 选取某机构参加了 DECIDE 管理培训项目的雇员作为样本进行电话访谈，以了解他们在自己的工作中是否应用了 DECIDE 以及他们是如何应用的。

第一步： 为避免出现有关访谈者的正当性的问题，培训部经理给样本成员送交了一份备忘录，以解释该调查的目的在于查明雇员的培训需要，备忘录如下：

收信人：某某

发信人：培训部经理某某

主题：对培训的调查

人力资源开发部将于 11 月 7—14 日进行一项电话调查，内容有关管理/职业发展课程。

你被选取为一个随机样本来参加该项调查。我们的访谈人员会在这段时间内给你打电话，请你回答一系列有关你所接受培训的问题，请坦诚地回答。访谈不会超过 10～15 分钟。

我们知道你的时间表都排得满满的，但为了继续提供高质量的培训，我们需要你的反馈。

第二步： 备忘录送达三天后，访谈人员开始拨打电话。每个访谈人员都用如下方式自我介绍（打印在每份调查文件上）：

早上（下午）好，我是某某某。想必你已经收到人力资源开发部经理某某发出的有关培训调查的备忘录了，我就是在做这项调查。正如备忘录所说的，访谈大概要花 10～15 分钟，主要是有关你所接受的人力资源培训。感谢你花时间配合我们的工作。如果你没问题的话，我就开始了。

备注：

1. 自我介绍时不要提及 DECIDE 项目，既然访谈者并不想从一开始就这样提及而使

受访者有先入为主的成见。（先问受访者他们使用哪些管理上的决策手段。如果受访者认识到调查所要研究的是 DECIDE 项目，他们很可能会提及它。）

2. 访谈者可根据几次预测试说明访谈的可能时间长度，这样可以防止事务繁忙的受访者拒绝访谈。

3. 自我介绍相对要短（就如同备忘录），但访谈者要给受访者提问的机会。

在例 6.4 中，我们描述了进行 DECIDE 项目研究、复制送交样本成员的备忘录以及访谈者使用的自我介绍等调查内容。培训部的员工给受训者送去一份备忘录，告知将对后者进行访谈。要注意，访谈者刚开始介绍就应提及这份备忘录。

如果在电话调查中访谈者能够对受访者匆匆给出的、肤浅的回答进行追问，那么开放式问题的效果就比较好。如果访谈者没有受过怎样倾听、追问和记录的良好训练，那么开放式问题的效果就很差。有时候我们试图对已完成的电话调查进行分析，结果却发现自己被访谈者用词含混的记录给搞糊涂了。这一问题与访谈记录的可信性问题（记录什么往往因访谈者而异）有关。

调查工具的长度会对数据收集产生影响。电话访谈研究发现，很少有受访者在回答最初几个问题之后就终止访谈。不过，电话访谈也不能漫无节制。随着访谈的推进，受访者会感到疲惫。要记住，调查通常是一个问题接着一个问题，其节奏由访谈者控制。感到疲惫或不耐烦的受访者会给出不可靠的回答。相似地，受访者也会急于挂断电话，或只给出干巴巴的、简略的回答。

访谈时间长、成本高、数据质量降低都会使电话访谈难以令人满意。不过，与邮寄问卷一样，我们实际上并没有办法对其长度制定绝对的原则。长度取决于研究总体、问卷的属性、做出回答的动机以及访谈者的技巧。让一位从事专业工作的受访者接 20 多分钟的电话来回答与其专业领域相关的问题，我们都能想象得到那会是怎样的情形。

最后让我们来考察一下电话调查中的保密性问题。随机数字拨号相当于匿名进行调查，但通过随机号码联系到的受访者可能并不愿意透露敏感信息。[31] 如果根据电话号簿拨叫对方，那就可以知道受访者的姓名。如果想打电话给机构客户或雇员这样的个人，我们可以请该机构合适的管理人员给他写信，向他解释研究目的。该信件可说明对回答加以保密的规定。对于客户或雇员来说，在访谈前进行事先接触可以把为什么拨叫他们的疑虑降到最低。访谈前的事先接触不仅可以降低受拒的可能性，还可以避免花较长时间去解释研究目的和对数据加以分析与保密的程序。

6.6　直接访谈

直接访谈或称现场访问，使得调查人员可以获取大量的数据、进行深入的追问、提出更复杂和敏感的问题，或联系到难以联系上的人（比如无家可归的人）。直接访谈主要有两种类型：（1）结构式访谈，即所有访谈者以同样的顺序对每个调 192

查对象提出同样的封闭式问题或简单问题；(2) 深度访谈，即访谈者提出综合性的开放式问题。在结构式访谈中，需要几个访谈者参与其中，每一个都要以同样的方式问同样的问题。在深度访谈中，访谈者一定要很有经验，并且具备访谈主题领域的专业知识。在这两种相对的类型中间，还有半结构式访谈（semi-structured interview），在这种访谈中提出的问题是相同的，但访谈者可以灵活处理提问的顺序和问题之间的衔接。另一种访谈类型是焦点小组，即在一个小组里由主持人提出问题，成员回答问题，并且彼此可以进行评论。

调查者在研究中会混合运用多种数据收集方法。访谈者可以打电话给大多数样本成员，只需直接去访问那些没有电话或难以通过电话进行访谈的样本成员。直接访谈的访谈者可以给受访者一份自填式问卷，以此来增加其回答的确定性。

运用直接访谈的研究需要依靠访谈者来恳请调查对象参与调查。对研究目的（包括信息保密和数据使用）给出含混或错误解释的访谈者会挫伤调查对象参与调查的积极性。提问、追问或记录的扭曲变形也会降低测量的信度或操作效度。访谈双方互动的情况同样会对回应率、信度和操作效度产生影响。

不管是通过电话还是直接会面进行访谈，访谈者都会不可避免地介入到研究场景中。他的仪态举止会对他的所见所闻产生影响，他的个性会对他的观察产生影响。他要与被访者建立良好的关系，对问题加以解释，并引导对方有效回答，所有这些又会对受访者的回答产生影响。电话访谈者处于调查的中心点且受到监督，因而不太可能对回答形成偏见。在直接访谈中，访谈者较为自主且受到的监督很有限，故而他们更有可能对访谈造成偏见。

结构式访谈

结构式访谈（structured interview）是指由访谈者对所有受访者按照同样的问题次序进行提问的调查。调查者想要获得的有差异的回答，应该能够反映调查对象间的区别，而不是访谈者间的区别。为了把访谈者对回答的影响降到最小，调查者可以雇用并训练一些访谈者，使他们在如下工作中保持一致：

1. 解释研究目的；
2. 提问；
3. 对未完成或不恰当的回答加以处理；
4. 对回答进行记录；
5. 处理人际互动关系。[32]

193 当研究文案较长或较复杂时，结构式直接访谈会产生良好效果。研究人员注意到，如果电话访谈的时间过长，受访者就会感到疲乏；然而，直接访谈却可以顺利地持续几个小时。访谈者需取得受访者的信任，才可以逐步询问敏感问题。访谈者可以依据观察来判断受访者是否理解问题或是否可以对开放式问题继续追问。访谈者可以用可视化资料作为问题的组成部分，比如，可以让受访者对一系列选项进行研究和排序。

结构式访谈依赖访谈者的标准化操作：对研究目的给出相同的解释、提问时用词不变、追问时不能对回答加以引导、对回答逐字逐句加以记录。进一步而言，访谈者要集中精力于调查本身，避免谈及自身或对受访者透露自己对研究问题的看法。

电脑辅助构成了大多数大型直接访谈的重要组成部分。电脑辅助允许使用更为复杂的调查工具，使访谈趋于标准化，降低了数据录入的成本，并减少了从数据收集到数据分析之间的时间消耗。运用电脑辅助直接访谈（computer-assisted personal interviewing，CAPI）的访谈者可以从电脑屏幕上读取问题并录入数据。运用电脑辅助自我访谈（computer-assisted self-interviewing，CASI）的访谈者可以让受访者读取问题或听取受访者的讲述，受访者可以键入自己的问答或进行口头回复。电脑辅助自我访谈有助于收集敏感信息并对受访者的回答保密。访谈者给出指令并答复有关问题，他们应注意不要去评述或偷听受访者的回答。[33]

深度访谈

另一种直接访谈更像日常交谈，访谈者会提出一系列综合性问题，所提问题、问题的措辞以及提问的次序都因访谈而异。当访问对象是个人时，这种访谈即被称为**深度访谈**（intensive interviewing）。一些专家也称这种访谈为**回应访谈**（responsive interviewing），表明访谈者可以改变问题，而且提问的次序取决于受访者的回应情况。[34]研究者在访问一个小组时也可采用深度访谈技术。

对于行政研究人员来说，结构式访谈和深度访谈的方法都能获得丰富的数据，这样就能改进研究设计或对统计结果做出详尽的说明。在阐述访谈过程之前，我们先了解一下它对研究设计的价值。首先，个人和群体的访谈都有助于检验假设。本书作者之一对性侵犯受害者服务中心（这些中心在 20 世纪 60 年代的激进政治实践中建立）进行了研究。刚开始对这些中心的机构进行研究时，这位作者强烈认同非结构性的、无领导者的服务中心的价值观。通过对来自高度结构化的传统社会服务组织的员工进行访谈，她了解到这些组织中有很多地位同等的顾问人员，而非结构性服务中心甚至没有足够的志愿者去接听热线电话。并且，传统的服务中心似乎满足了社区更为广泛的需求；而非结构性服务中心则很少为孩子、上了年纪的受害者或受害者家庭提供服务。194 访谈之后，她改变了自己的想法并断言：传统结构性团体在为受害者提供服务方面做得更好，而非结构性团体则在提出有关性侵犯及受害者服务的社会问题和政治问题方面做得更好。

其次，访谈有助于确认测量指标是否恰当（特别是在项目评估方面）。我们曾做过一项简短的研究，想看看对接受了肾透析的低收入病人取消免费移植会产生什么后果。行政人员想知道“结果是不是有人死了”。我们构建了样本并打电话给病人或他们的家人，询问病人是否错过了透析治疗期以及他们目前的健康状态。我们还和透析中心的员工进行了交谈。有位员工提醒我们：健康状态是错误的结果测量指标，“因为病人会不惜一切避免死亡”。他指出，饮食状况和遵照疗程是测量取消免费移植的影响的更有效指标。他的意见使我们重新评价了自己设计的项目评估方案；在设计的时候我们就开始考虑对项目委托人或资助者进行访谈。[35]

访谈有助于项目评估人员了解项目的背景、目标、过程和成效。评估人员要确认自己想要访问谁以及想了解什么内容，他们要编制出希望在访谈中得到考察的综合性问题或提纲挈领的主题。访谈者会提出为什么要启动这一项目、其目标何在、该项目怎样实现其目标、目标是怎么发生变化的等问题。

有效的访谈应该经得起实践的检验并需要做精心准备。特定人群会带来特别的挑战。例如，一位同行谈到对一个“白人优越论团体”的成员们的访谈。在被问了很多问题并让他们确信这不是一项刑事调查后，他和他们约定在街角碰面。而且，受访者坚持进行匿名访谈，这就需要有精心准备的程序才能实施访谈。

有时候你会读到基于非结构式深度访谈做出的研究。通常，访谈者都受到过临床访谈（clinical interviewing，即深度访谈）的训练，例如心理咨询、社会工作、心理学或类似的治疗学。我们这里提到的访谈要普通得多。不过，访谈者也借用了临床访谈中得以改进的一些技巧（例如良好的倾听技巧）。访谈者需充分理解访谈中的主观事物。最后，访谈者还需拥有丰富的访谈经验，以免浪费调查对象的时间、忽视重要的材料或曲解回答。执行深度访谈的访谈者必须经过良好的训练，经验丰富，要比那些执行结构式访谈的人拥有更多关于访谈主题（the subject matter）的信息。

访谈的对象和时机取决于研究和后勤上的安排。以下这些简单的指导原则对大多数访谈均适用。第一，访谈者不能一开始就与最重要的受访者进行交谈。所谓最重要的受访者是指那些其信息、看法和见解被认为最富价值的人。通常，访谈者都能确认谁是最重要的受访者。最重要的受访者会更难以联系到、更在意自己的时
195 间。访谈者并不想从最重要的受访者那里获得基本的描述性或事实性信息。切勿首先访问重要受访者这一原则的逻辑在于，访谈者不想因为提出“错误的”问题而白白丢掉重要的访谈。最初的访谈也往往建议多增加一些条目。

涵盖了众所周知的或可以轻松获得信息的事实性问题，对某些受访者来说可能是一种“错误的”问题。评估人员常常首先接触到那些愿意描述项目的运作和成就的、知识渊博的项目工作人员或项目委托人。这些初期访谈可以使访谈者了解项目的最新情况、项目的运作与当前面临的问题。

为特定项目练习了自身的访谈技巧、找出当前问题以及开始酝酿假设之后，访谈者就能从后来的受访者那里了解到更多的情况。他可以利用这些受访者来检验自己的假设。进一步而言，访谈者会将观察结果或真知灼见添加到访谈中，从而使受访者感到访谈很有价值。我们常常会忘记一项访谈可以让受访者受益。在日常工作中，管理人员常常没有时间去反思自己的项目，比如这些项目为什么会发展到现在这个局面、它们是怎样运作的以及怎样才能改变它们。

第二，访谈者不应回避那些拥有不同甚至对立观点的受访者。访谈者不应首先访问他们，但是也不应该拖到最后。最初几次访谈尚处于了解情况的阶段，在此期

间，调查者要寻找那些对提问中存在的缺陷或所犯的错误表示理解的受访者。对那些较难应付的受访者的访谈拖延太久是有代价的。在最初几次访谈中，访谈者是最开明和最具可塑性的。之后，随着访谈者变得越来越确信自身假设的正确性，观点不同的人就会被当作“例外”，他们的见解会被有意无意地忽略掉。访问持有各种不同观点的受访者有利于找出某些项目或政策引发的出乎意料的结果。

访谈者需拥有良好的倾听技巧来引导受访者说出自己的见解，否则就可能误解受访者的意见或者使自己的观点或议事日程凌驾于受访者之上。倾听时出现的常见错误是过早地下定结论。访谈者这样做的时候很可能会停止聆听。或者，一旦出现沉默，访谈者会变得焦躁起来，要么开始连珠炮式的发问，要么向受访者强加一些叙述。在上述两种情况下，访谈者都失去了从受访者那里了解情况的机会。对访谈者的另外一些常见抱怨有：访谈者所知甚少，访谈者不能用正确的措辞表达，以及访谈者发表不相关的评论而打断访谈或解释过多。这些错误都让受访者反感，使他们更不愿积极参与访谈。

例 6.5 对一个项目进行了总结，该项目建立在对女警官进行访谈的基础上。我们中的一位同事与另一位同行一起调查了女警官是怎样在警局中工作的：她们对自己的工作有何认识？她们参与了哪些警务活动？她们的职业目标是什么？她们打算怎样实现这些目标？

我们将女警官分组，将警察通常所持的对调查者的警惕降到最低限度。我们认
为小组可以缓解紧张，鼓励她们自由交谈并进行互动。在这项探索性研究中，分组 197
访谈产生了不错的效果。

例 6.5

对女警官的访谈

问题： 学术研究人员想了解女警官的社会化情况，特别是她们对使用武力或军队的态度。

过程：

1. 获得警察局长对访谈的许可。
2. 安排 2～3 名警官一起进行约一个小时的访谈。
3. 编制访谈的问题：

(1) 从事警察工作的方法方面，女性与男性有何区别？

①在执法、服务、社区关系等方面，两者的侧重点有何不同？

②两者中谁会更经常地违反警察条例？

③在警察工作中，两者中谁更能服从任务的需要？

④两者中谁更能承担起警察这一职业的社会服务功能？

(2) 在你走出学校后，是谁帮助你成为一名有经验的警官的？

①你有过哪些搭档？

②其他女警官对你有帮助吗？

③你的直属上司对你有帮助吗？

④你最常遇到什么样的问题？是谁教你解决的？

⑤你是否感觉到对女警官的敌视情绪？

(3) 作为一名警官，你认为自己有哪些主要问题？

①工作问题——与公众、其他警官、上司打交道，处理日常或其他方面的任务。

②个人问题——家庭关系、社会形象。

(4) 在对本警察局的一项调查中，我们发现大多数回答问题的警官认为武力是警察职业里最让人不喜欢的东西。但一些对警官做过研究的人却发现，最好的警官是那些不回避使用武力并很自然地认为武力有时十分必要的人。

①你能解释为什么本警局的警官回答说自己最不喜欢武力吗？

②在工作中你曾经不得已而使用过武力吗？

③你认为男性更适合这份工作吗？

④这对女警官来说是个问题吗？

(5) 这份工作对你的整个职业生涯产生了什么影响？

(6) 在接受警察训练以及工作过程中，你有没有一直把成为一名“职业”警察当作自己的目标？所谓“职业”警察的内涵是什么？

(7) 对女性来说，警察工作中最吸引人的和最让人苦恼的东西是什么？

4. 访谈的日程安排：把有专长的警官和高级警官安排在访谈的中间部分；访谈的日程安排要视警官是否有空而定。

5. 实施访谈：

两位调查者介绍自己和研究目的。

(1) 访谈主要通过对话进行。

(2) 两位调查者在访谈中都要做笔录并在访谈结束后马上整理。

访谈一开始，我们进行了自我介绍并说明了研究目的，并谈到了自己对刑事执法活动的已有知识。我们与大多数警官的访谈进行得很顺利。我们询问了基本的问题，紧接着根据需要提出了一些具体问题。在提出下一个问题之前，我们通常会先看一眼访谈的日程表，确定自己已经讨论过计划中的所有话题。偶尔我们也会插上几句话，诸如“你能解释一下吗”或“你能举个例子吗”，以此鼓励警官们回答得更详尽一些。为了确保不把我们自己的专业经验带进回答中，我们也常常重复女警官说过的话。例如，我们中的一位同事会说：“我想我理解了你的意思，不过还是让我重复一遍你说过的话，这样可以确保我没有搞错。”

在访谈前，调查人员必须决定怎样进行笔录，这可使访谈者愉快地与大多数调查对象进行访谈。比如，使用录音机的访谈者很少碰到调查对象加以抵制的情况。不过，使用录音机的访谈者也想简单记录下访谈要点，转录或听完整个访谈要花费很多的时间或金钱。最终，我们选择了做笔录，并在访谈结束后马上花足够的时间来补充和梳理我们的笔录。我们应该马上做上述工作，否则访谈细节会很快被忘掉。访谈者应避免接连进行访谈，否则访谈者会变得疲惫不堪，而且如此一来，一次访谈的内容就会与下一次相混淆。有些访谈者两人一组工作，一个进行访谈并把它录下来，另一个做笔录。

焦点小组

调查人员构建焦点小组（focus group）的意图在于获得深入的信息和对某些话题的反馈。调查研究人员、项目评估人员和项目制定人员常会构建起焦点小组。调查人员利用焦点小组来确认调查的问题是否恰当，或调查所得是否有遗漏。项目评估人员利用焦点小组来深入研究该项目服务对象的经验。项目设计人员则利用焦点小组来获知潜在的服务对象对项目的反应。焦点小组的标志是形成群体互动——小组成员会对组内其他人提出的问题做出回应。调查人员相信互动中会产生向独立个体收集数据时很少能收集到的数据和见解。

任何一个焦点小组都不能代表总体。不过，包含有若干个焦点小组的研究却可以确保自身的见解和观察超越了小组，而有更广泛的意义。我们应该还记得证明外在效度的最佳依据是重复出现同一结果，亦即在存在一定区别的不同情况下得出同样的结果。同样，如果若干个焦点小组呈现出同样的态度或经验，调查者就可以令人信服地宣称这些小组代表了更大总体的意见和经验。

焦点小组研究主要分为四个阶段：准备阶段、建立焦点小组阶段、实施访谈阶段，以及分析和报告调查结果阶段。焦点小组研究的准备阶段类似于其他所有经验调查项目的准备阶段。调查者须弄清楚研究目的、需要什么样的信息、为什么需要以及通过谁来获得信息。他们要编写一定数量的开放式问题供集体讨论。焦点小组
的每一成员都应该有机会参与每个问题的讨论并对他人的观点做出回应。因此，调 198
查者必须仔细考虑将要提出的问题以确保每个人都将被激发出兴趣并提供所研究需要的信息。

焦点小组研究须集中 4～15 人组成一个小群体，这些人应互不相识且同意参加对某个焦点问题的聚会讨论。该团体不能太大，它应该能够让每个人都有机会参加讨论，但它又不能太小，它必须具备一定的多样性。在较大的群体中，有些成员会在讨论中喋喋不休，另一些成员就会很少有或根本没有机会发言，因为根本没有足够长的停顿让他们加入进来；较小群体则可能缺乏足够的多样性而使谈话出现冷场。专家们在小组最大规模的问题上有不同的建议。当然，最优的规模说到底取决于研究主题、目的、参与者和主持人的技巧。[36] 例如，知识渊博的参与者在人数较少的小组讨论复杂议题，效果往往会比较好。

研究人员招募的焦点小组成员应具备某些共同的重要特性。他们也许从事相同的职业、处于相同的收入水平、接受同一公共机构的服务或拥有相同的经历（如刚刚失业或刚接受过心脏手术）。群体成员必须充分具备共同点，如此方可促进公开讨论。从社会动力学的角度来看，如果群体成员在社会经济水平或生活方式上的差距太大，这一差距就会阻碍群体成员进行富有成效的自由交谈。生活经历有着显著

差别的人难以在同一个群体中进行充分有效的交流。例如，大型农场主和家庭农场主对实施新农场法有着共同的兴趣，但他们的观念、关注点和需求都存在差别，这就导致群体要把大多数时间花在澄清并克服这些差别上。

焦点小组的成员是从具备预定特性的人中挑选出来的。调查者通过信件或电话询问潜在的成员是否愿意加入焦点小组，然后再对潜在的成员加以筛选（往往问得更加深入），以此来确认他们是否符合参加焦点小组的标准。例如，由农场主组成的每个焦点小组包含的是负有实际经营责任的农场主，他们经营规模大致相同的农场，农场产生的年收入也大致相当。

实施焦点小组调查需要一定的工作人员，其中包括 1 位主持人，1～2 位做笔录或操作录音设备的工作人员。其他调查人员可以在单向透视玻璃后面或在房间一侧进行观察。主持人应熟悉讨论的主题，但也没有必要像深度访谈者那样学识渊博。他可以了解自己要提出的问题以及提问目的从而“快速进入角色”。

焦点小组的会议一般不超过两个小时。会议首先由主持人简单描述该项研究，然后按照自愿的方式，引导群体讨论完成所有问题。主持人的任务是确保讨论一直进行下去并防止陷入不知所云的谈话而使会议成为毫无成效的泥淖。焦点小组的会议一结束，主持人和所有在一旁观察的人就应该开个会来讨论并记录下他们对群体和访谈的印象。

例 6.6 揭示了一项焦点小组研究的某些片段，这项研究旨在评估在监狱中提供大学课程项目。该项目负责人想了解犯人对该项目的想法。焦点小组研究似乎是获取此项信息的最佳途径。

例 6.6

在犯人中进行焦点小组研究

问题：在监狱中为犯人提供大学教育这一项目的负责人想知道项目能否达到他们的期望效果。评估人员决定先对那些参加了该项目大学课程的犯人展开问卷调查，再用从焦点小组中收集的信息来补充调查结果。

过程：

1. 编制调查问卷，编写供焦点小组讨论的问题，并获得进行调查所必需的批准和许可。

2. 评估人员会见了三个监狱的犯人。在各个监狱里，评估人员都在同样的地点会见了犯人。评估人员作了自我介绍并向他们介绍了研究目的，之后就由犯人填答问卷。

3. 随机选取一些犯人，请他们留下来参与教育项目的讨论。

4. 调查小组的一位成员充当主持人并引导这些犯人完成由下列问题组成的讨论。

（1）你怎样看待这项调查？

（2）你认为教育会产生什么价值？

（3）你认为自己学习的课程将产生什么价值？

(4) 你在这里参加课程学习是想得到什么样的好处?

(5) 监狱行政人员是如何看待这一项目的?

(6) 你希望项目提供哪些课程?

(7)"普通民众"所缴纳的税收用来支付罪犯学习大学课程的费用，对此你会向"普通民众"做出怎样的解释?

讨论进展得很顺利，犯人们对彼此的看法进行了评述和辩驳。由于安全规定的限制，调查人员不能在最高安全级别的监狱中对焦点小组的讨论进行录音，除此之外，其他小组的讨论都做了录音。

5. 调查小组在每场讨论后都开会讨论了有关信息并记录了信息，并对磁带进行了翻录，以备进一步研究之用。

6. 从焦点小组那里收集到的数据被纳入书面和口头的评估报告，其中有些意见对问卷调查的数据作了补充。对教育的价值和想学习的课程的讨论进一步揭示了无法通过问卷轻易说明或确定的一些问题。其中，对看守人员的敌视态度的评述在问卷调查中被完全忽略掉了。

讨论：本研究违反了在焦点小组这一研究模式中小组成员必须互不相识的原则。焦点小组研究揭示了犯人们对该项目的看法，群体间互动产生了问卷或个人调查无法采集到的信息。问卷调查有助于形成讨论焦点和提供概要性的资料。

该项目的调查小组此前并无进行焦点小组研究或在狱中进行调查的经历，但他 *200*
们发现焦点小组所提供的信息要比只进行问卷调查获得的信息有价值得多。他们的判断印证了我们的经验：焦点小组能使调查人员在其服务对象如何看待一个项目以及项目发挥了哪些作用这两个问题上难以估量地提高认知。

对来自深度访谈和焦点小组的数据加以分析

我们将在后面几章中探讨定量分析。前面提到的深度访谈和焦点小组主要提供了定性信息，我们现在来讨论分析定性信息的有关事项。

对来自焦点小组和深度访谈的信息的分析取决于调查人员所作记录的质量。调查人员应掌握完备和准确的访谈笔录或录音，最好是两者兼有。此外，他应该在每次访谈或焦点小组讨论后留出一定的时间来记录自己的观察所得，或补充完整自己笔录中空缺的部分。个人访谈或焦点小组讨论能提供大量的数据。研究人员在回顾自己的笔录或录音时，应该找出在不同的受访者或小组中反复出现的趋势和模式。

分析必须是系统的和可检验的。所谓系统的分析，是指按照预先规定的连续过程做出分析。所谓可检验的分析，是指另一调查者可以按照同样的过程、利用同样的信息和文献得出同样的结论。

对来自深度访谈和焦点小组的数据的分析是在研究目的的推动下进行的。这一分析与调查者提出的问题直接相关。分析人员须始终关注研究目的，目的引导着分析。调查人员须根据研究目的澄清和陈述目标、根据研究目的提出问题并获取信息。所提的问题最终将引出用于分析的材料。清晰、表述充分、与研究目的相关的问题能够使分析更为轻松。对复杂或含混的问题的回答，即使仍能进行分析，但也非常困难。分析者通常会分别考查不同的问题并对信息加以概括。他还应该考虑做出评论时的情境以及哪些因素引发了这些评论。

分析人员一开始就要关注大体的趋势和模式，然后再进行更为细致的分析，其中，要对相近的主题甚至语句进行编码并对此加以分组。他还要考虑信息的广度和多样性。在总结完信息后，分析人员应对其做出诠释。当然，诠释的质量在很大程度上取决于分析人员的洞察力和智慧，以及分析人员对此项目题材和定性分析资料的既有经验。[37]

6.7 数据收集方法的选择

数据收集方法的选择在很大程度上取决于研究的性质。研究主题和样本两者共
201 同决定了恰当的资料收集方法。例如，对于一位善于表达且积极性很高的样本成员，调查者就应该考虑邮寄一份复杂的或含有开放式问题的问卷。而对不善表达或不善交际的人群，直接访谈就比较合适。如果调查想获得大量定性信息，深度访谈或焦点小组调查将最为有效。要探究利益相关人是怎样看待项目计划的，或项目客户对既有项目有何反应，焦点小组调查也许最为有效。

研究人员对结构式数据收集方法（即邮寄、电话、互联网和直接访谈调查）做过比较，结果发现没有一种因素（成本或许除外）可以自动表明某一方法比其他方法更可取。诸如回应率、问卷长度、复杂程度或敏感性等问题都可以解决，以适应数据收集方法的种种限制。在本章的讨论中，我们鉴别了每种数据收集方法通常具有的优缺点，其特性概述如下：

邮寄、电话、互联网与直接访谈调查之比较：简单回顾

成本：

邮寄调查：成本相对较低（打印、邮件、邮资和提高回应率用的奖品）。

电话调查：成本较高（人工、设备、电话费）。

互联网调查：成本低。

直接访谈调查：成本最高（人工、差旅费）。

有关抽样的问题：

邮寄调查：需要一个良好的样本框；如果无法投寄的问卷被退回，研究者应该能够区分出未回应者和未收到者。

电话调查：用随机数字拨号可以提供一个相当好的普通大众构成的初始样本，但当在家庭中选取受访者时，调查者必须有一定的机制来确保调查具有普遍性。日益增强的对手机的依赖制约了抽样覆盖面。

互联网调查：无法提供一个相当好的普通大众构成的样本；但是，一个好的样本框可以使调查者对特定人口展开调查。

直接访谈调查：没有什么特别的问题。

回应率：

邮寄调查：低。

电话调查：较高（可能需要打多次电话来获取一个有代表性的样本）。

互联网调查：有些难以确定；如果全体大众都是调查对象，它的回应率就是最低的。

直接访谈调查：最高（对经常不在家的人进行调查时会出现问题）。

周转时间： 202

邮寄调查：最长。

电话调查：短。

互联网调查：短。

直接访谈调查：长（取决于样本的大小和分布状况）。

有关受访者的问题：

邮寄调查：便利（尤其是对那些难以联系到的职业人士），但对上了年纪或教育水平不高的调查对象来说并不方便。

电话调查：最为唐突，但易于调查分散的人群。

互联网调查：要求潜在的调查对象能够上网、了解调查并拥有加入和回答调查的动机。

直接访谈调查：便利（如果预约过的话）；能够对难以联系到的人群展开调查。

内容：

邮寄调查：积极性很高的受访者可以自行查找信息并做出详尽的回答，其他受访者要求所提的问题清楚易答。

电话调查：避免了因受访者先看问卷而产生的偏见；能够对回答加以深究或详析；可以获得准确细致的回答；时间太长会使受访者疲惫不堪。

互联网调查：拥有电脑辅助访谈的某些益处；会遇到一些关注个人隐私而引起的问题；如果问题看上去模棱两可或答题项不恰当，受访者的交流水平就会受到限制。

直接访谈调查：能够提出一些有深度的、寻根究底的问题；易从中获取定性资料的细节；对于探索性研究来说有一定的价值；受访者与访谈者之间的互动会导致偏见；运用自行完成的访谈可以鼓励受访者披露一些令其尴尬或者比较敏感的信息。

在选择数据收集方法之前，调查者应仔细考虑其所实施的调查是否合适。从1950 年开始，普通大众对调查的拒绝率有所提高。[38]在电话调查中，40％的拒绝率是很常见的。无法成功联系到受访者会进一步降低回应率。在一夜之间或一天之内完成的民意测验的回应率还不到30%。[39]

调查人员注意到的另一个发展趋势是发生了参加多项调查的情况，即一名受访者在一年中参加了不止一次的样本调查。几年前，本书作者之一在一个月时间内受邀参加了三项电话调查（其中一项属于政治调查，另两项则为市场调查）。他亲身感受了一项访谈会怎样打扰家庭的日常生活，并给正在等电话或要使用电话的家庭成员带来不便，此后他对一次电话调查应花多长时间的看法就改变了。

203 1984年一项对调查参与状况的研究发现，接受访谈的受访者中有23%在该年度内接受过调查，其中一半以上的人在该年度内接受过不止一次的调查。相对于没有接受过访谈的人群而言，更可能接受调查的往往是女性和较年轻、富有以及教育水平较高的人。调查者得出结论，这些差别反映了由市场调查人员特别设计的抽样技术，而这些市场调查人员是想获得部分特定人群的意见。他们提示说，过多的调查会使民众对调查的拒绝率提高并同时使反复参加调查的情况增加。[40]

迄今为止，研究者对反复参加调查这一问题尚未进行详尽的研究。调查人员想知道合作对象是否过度地代表了调查中测量的特性，以及多次参加调查的人是否已变成“职业受访者”，这会对数据的代表意义产生影响。

就我们自己的经验来看，对组织进行研究时也会碰到类似的问题。正如市场调查人员瞄准了特定的人群一样，行政研究的发展趋势聚焦于特定的组织和职业。我们可以想象一下在做学术研究时由学生和教师发送给市管理人员、市警察局和公共行政人员的问卷到底有多少。这还没有算上那些需要编制统计数据或实施研究来回答特定问题的专业协会和政府机构。并且，市管理人员和市警察局还不得不应付公众、公共官员和新闻记者提出的要求。想必你已经明白反复多次的收集信息会给大多数合作者带来多大的痛苦。

在决定进行一项最初的调查之前，调查人员（特别是学术研究人员）应该想办法找到既有的数据库。如果找不到合适的既有数据，那就只有在对数据收集工具进行了仔细的预测试后才能决定是否实施调查。调查人员对手头问题的经验越少，在是否进行调查这一问题上就应该越慎重。如果调查人员把自己的调查限定在经过深思熟虑和精心设计的工具上，在设计这些工具时充分尊重了受访者的时间和经历，那么机构成员和特定样本成员的拒绝回应率就会降低，数据的质量就会提高。

本章小结

数据收集策略是研究计划执行的有机组成部分。调查人员如何联系潜在的调查对象并从中获取数据决定着项目的成败。邮寄、电话、互联网和直接访谈调查都有各自的长处和短处。然而，没有一个特性（成本或许除外）可以自动表明某种数据收集方法比另一种更可取。相反，调查人员应同时考虑研究本身及其总体，以此来选取与自身目标最相符的数据收集方法。

在所有调查方法中，邮寄调查花费最少，但成本较低的好处会被数据收集所需

要的时间所抵消。邮寄调查能使积极的受访者自行查找所需信息并对开放式问题做 204
出详尽的回答。邮寄调查要求调查人员花时间去确定最终问卷的选项明白无误或没有歧义，因为调查时没有人在现场对受访者做出解释，告诉他们自己想要哪些信息。复杂的、多层次的问题也要尽量减少。

邮寄调查最适用于受过良好教育的受访者，因为他们比较习惯填表，也不会被必须自己组织语言表达观点的开放式问题吓倒。邮寄调查也适用于对大多数机构进行研究，其受访者必须自行查找数据且调查所涉及的回答者往往不止一个。并且，在对组织的调查中，邮寄调查可以纳入受访者的日程安排，而电话或直接访谈调查则可能打乱受访者的日程安排，如此一来，调查者就难以预计调查日程。

邮寄调查的主要缺点是回应率低。调查人员已经发现，即便是在对普通大众（他们对回应大多数调查漠不关心）的调查中，如果调查人员对未回应者进行了追踪调查，那么邮寄调查的成效将与电话调查或直接访谈调查的一样好。为了检验未回应者与回应者具有相似性这一假设，调查人员应该对未回应者和回应者的已知人口统计特性加以比较。在进行邮寄调查时，还应从未回应者中抽取随机样本并打电话给他们或上门拜访，请他们对问卷做出回答。他们的回答还应与其他回应者的答案比较，以使研究者确信回应者和未回应者特征基本相同。

对分散但能上网的人群进行调查时，互联网调查可以起到较好的效果。互联网调查费用低，但缺点也相当多，比如难以找到一个好的样本框、难以使潜在的受访者了解调查，以及难以激发潜在的受访者做出回应等常见缺陷。但对于一个确定的样本来说，如果这些人能被通知或追踪联系上，那么互联网调查就非常适用，而且效果很好。互联网调查常常由软件执行完成，这些软件对于一些简单条目可以提供即时结果。

由于直接访谈调查费用的增加和电话在美国家庭中的普及，电话调查得到了广泛的运用。随机数字拨号能联系到电话号码未公开的家庭，并减少了选择具有代表性的样本的费用。电话调查中数据收集的周期较短并能充分利用计算机。电脑辅助电话访谈依靠计算机的协助进行调查。访谈者键入答案后，即由计算机来选取合适的下一个问题，这样就解决了访谈者选择列联式问题的主观性问题。计算机可以记录下不连续的回答，存储数据，掌握访谈者的表现，并可以使用软件来提供即时统计结果。必要的设备、为每项调查编程以及对受访者加以训练等方面的费用，使电脑辅助访谈只对那些经常实施大型电话调查的机构具有实际意义。

对于那些不用电话的人，电话调查的联系能力最为有限。电话调查也不适用于 205
对机构的调查，因为在这里受访者必须自行查找信息或要联系不止一位受访者。管理人员和其他的专业人士会很难通过电话联系到，这会大大增加调查所需的费用和时间。

电话调查的其他局限性表现为时间过长且无法从敏感的调查对象那里获取信息。大多数未回应者不等提问开始就已经拒绝接受电话调查，而对电话调查最为常见的抱怨还是时间过长。长时间的调查会使受访者拒绝回答后面的问题。此外，当一项长时间的调查接近尾声时，回答的质量会随之下降或者受访者干脆退出答题。

直接访谈近似于电话访谈，目前，电话调查方法的改进及其费用的降低使直接访谈变得更不可取，故而直接访谈的运用较为有限。不过，在必须保证访谈者和调查对象之间存在和谐关系的复杂研究中，直接访谈效果不错。

结构式访谈的效果取决于访谈者是否进行了标准化的操作。没有这些进行标准化操作的访谈者，调查研究人员就不知道获得的回答到底是受访者特性的产物还是访谈者特性的产物。要进行结构式访谈，访谈者就必须在解释研究目的、提出问题、处理不够充分的回答以及记录信息等方面保持一致。最重要的是，访谈者不应把受访者的注意力吸引到自己的经验和看法上。

深度访谈是直接访谈的一种类型，它和焦点小组调查都可以大大改进行政研究。深度访谈能够推动调查人员去思考其模型是否合适、其测量指标是否恰当。并且，深度访谈为问题是什么、问题怎样产生、尝试过哪些解决办法以及这些办法产生了什么作用等方面的理解提供了必需的重要背景信息。

深度访谈是否有效需要通过实际运用才能检验。调查者通过一些简单的步骤就能够把常犯的错误减到最低限度。最初几次访谈常用于收集基本信息，故它们集中关注事实性信息。访谈者一般要避免向“最重要的”调查对象询问比较常见的信息，而应该等到自己对手头的项目或问题有了较全面的理解后再对关键的调查对象进行访谈。访谈者应避免自己的早期访谈对象只限于那些与自己观点相近的人，而应在早期访谈中就访问有其他观点的人，否则他们的见解和信息就会在不经意间被过滤掉。

访谈者必须仔细倾听调查对象的陈述。访谈者受过的训练常常发挥着消除某些倾听习惯的作用，这些习惯会使访谈者忽略或误解调查对象所说的话。类似的是，访谈的准备工作要包括使访谈者本人熟悉访谈的主题及一些术语或行话，否则调查对象就可能要花大量的时间来对访谈者加以解释。

焦点小组调查与深度访谈有着同样的好处。它们也促进着群体之间的互动和讨论，如此即可为项目评估和项目制定提供更多的信息。焦点小组调查需要多位调查
206 者，主持和记录的责任不应该落在一个人身上。实施焦点小组调查的一个挑战在于，必须使那些可能激发讨论的、主题分散的开放式问题与研究目的保持一致。由于焦点小组研究涉及的只是那些同意加入群体的少数人，其调查所得就应审慎地应用到更大的总体上。问题的提出也许比数据收集方法的选择更为重要，譬如“是不是需要原始数据”。当调查人员的数量增加且调查所得的价值提高时，人们就会被问及越来越多的信息。市场调查人员瞄准了那些消费力强的人群，学术与行政方面的调查人员也有类似的目标人群。所有这些调查活动最终会造成对信息的多重要求，由此产生的问题是：参加多个调查的受访者是否真正具有代表性？以及从长期来看，他们是否愿意继续对问题做出回答？我们认为问题不在于一个人被问了多少次，而在于受访者认为他们参加的调查有多大的价值。如果调查对象质疑一项研究本身或参加这一研究的价值，我们估计他会要么不予回答要么就只给出敷衍的回答。

在下一章中，我们将考察编写问题和问卷的策略。它把问卷设计和研究目的、研究模型以及各选项的信度和操作效度联系在一起。包含不必要、不可靠或无效选项的问卷是在浪费资源；未能纳入关键变量的问卷同样是在浪费资源。因此，该章强调必须对所有调查进行预调查，评估每个问题、数据分析和调查结果的有计划使用。

术语回顾

回应率（response rate）
电脑辅助电话访谈（computer-aided telephone interviewing，CATI）
结构式访谈（structured interview）
未回应率（nonresponse rate）
深度访谈（intensive interview）
随机数字拨号（random digit dialing）
互联网调查（Internet survey）
焦点小组（focus group）

复习题

下列问题可以看出你是否掌握了本章内容涉及的基础知识：

1. 为什么调查人员要担忧低回应率问题?

2. 对回应率和拒绝率做出区分有什么价值? 调查人员能对邮寄调查中的回应率与拒绝率做出区分吗? 电话调查呢? 互联网调查呢? 直接访谈调查呢? 请说明原因。

3. 你认为回应者与未回应者相类似这一假定是否明智? 打电话给邮寄调查的未回应者的一个样本有何价值?

4. 说明随机数字拨号的含义及其对电话调查的价值。

5. 比较和对照你用来对邮寄、电话、互联网调查进行前测而收集的信息。

6. 什么时候应运用结构式的直接访谈而非电话访谈?

7. 深度访谈有何价值? 选择深度访谈的对象时，你最倾向于瞄准哪种类型的人? 为什么?

8. 倘若必须进行深度访谈，有些学生倾向于到时候再“即兴发挥”。请评述这种策略的危害性。

9. 在了解下述情况时，运用焦点小组进行研究的优点将是什么?

(1) 校友对你正在研究的项目的看法。

(2) 父母对计划在全县实施的课外教学项目的反应。

10. 就下列每项研究提出数据收集方法的建议并说明理由：

(1) 了解有多少机构的雇员参加了继续教育的课程。

(2) 了解假释委员会成员是如何做出假释的决定的。

（3）估计会参加公民投票且支持发行某种学校债券的投票者所占的比例。

（4）确认某州城市管理人员的人口统计特征。

（5）了解从事教养改造工作的官员把什么看作“受到了成功改造”的恰当测量指标。

（6）了解社区对色情文学的衡量标准是什么。

课后作业与讨论

1. 查阅一本期刊，例如《公共行政评论》（*Public Administration Review*）或《行政学季刊》（*Administrative Science Quarterly*）。找出所有以从个人或组织中收集的数据为基础的文章，并注意：

（1）调查总体是什么？

（2）调查对象是怎样联系到的（邮寄、电话、互联网还是直接访谈）？

（3）回应率是多少？

（4）调查者是怎样处理那些对第一次联系不作回答的调查对象的，即追踪调查的次数是多少？

把你的发现和同学的做一比较。你能对研究总体的属性和联系调查对象的方法之间的关系以及追踪调查的次数和回应率之间的关系做出概括吗？

2. 构建一个电话调查样本。估计本地电话号簿一个类别中电话号码清单的数量（例如一个社区的电话号码清单或本市住宅电话的清单）。要选取五个电话号码并以此为基础拨打电话，请为此制定一个选择的程序（注意不要制定出需要对每份清单进行逐个尝试的程序）。选取五个电话号码，并注意你花了多长时间来选取这五个电话号码。

3. 设计两项互联网调查。第一项调查是向州、市或县的管理人员询问他们给雇员提供了什么样的待遇。第二项调查是向公共部门雇员询问他们从雇主那儿获得了什么样的待遇。对于这两项调查，你会如何去联系受访者？比较两项调查的样本质量。

4. 你想了解更多与调查有关的知识：项目是如何选取的、模型是怎样建立的、测量指标是怎样通过实际操作而确定下来的，以及新数据是怎样收集的。

（1）现在需要在你所在的大学对一位教师进行一次无结构式访谈，请编写一份提问的大纲。

（2）请你们班的一位同学对一名教师进行访谈，请对访谈进行摄像。对这次访谈加以点评。

5. 你决定制定一项研究来了解你的学术计划是否能产生良好的效果。对于本章所述的数据收集方法，你会运用哪一种？你要对谁进行访谈或调查（介绍一下潜在的被访问者或受访者的总体特征）？你会把多少人纳入研究计划？你将怎样对他们进行选择？如果你想覆盖不同的人群（如学生或教师），那么你会按照什么样的顺序对他们进行访谈或调查？你会提出什么问题？概要说明上述研究的调查计划。在课堂上比较和讨论前述调查计划。你会把整个研究建立在自己选取的方法的基础上吗？若非如此，你会运用哪些替代性的数据收集方法，还有，你会在什么时候用到它们？

6. 找出两个基于网络的可用于调查研究的软件。为你的导师写一份备忘录，介绍你将如何使用其中的一个进行调查，并解释你为什么选了这个而不是另外一个。

班级调查项目

你认为参与性群体和独裁性群体哪一种会产生更好的效果？在什么情况下一种管理模式的效果会比另一种管理模式的更好？在本项目中，将有三组学生分别就上述问题准备好调查报告，这三组学生都要利用由第四组学生演出的单词工厂中发生的情节。在第四组学生演示单词工厂运转情形的同时，一组学生将负责观测，一组学生要做好调查的准备，还有一组学生则做好对工厂工人进行访谈的准备。

1. 指定一组学生为单词工厂的成员。每个学生到工厂去的时候都要带上一个元音字母和一个辅音字母。工厂将运行 20 分钟，其目标是生产尽可能多的单词。（由指导老师、全班或工厂成员制定出生产规则，例如，成员们应怎样选取要带来的字母，在一个单词中是否允许多次使用同一个字母，以及对可以出现哪些单词是否加以限定。）

2. 由大约 3 个人组成的一个小组负责观察工厂的运作。工厂停止运转后，他们应该撰写一份报告，其中要对工厂的领导方式加以描述。

3. 工厂运转过程中，另外一组学生要编写一份问卷，以了解工厂的领导方式和产量。（这份问卷也可在工厂开始运转前发放下去。）在工厂停止运转后，其成员即开始填写问卷。之后，本组学生将对回答进行分析并撰写一份报告，其中须对工厂的领导方式加以描述。

4. 工厂运转，第三组学生要决定如何来对工厂成员进行访谈，访谈的主题即为工厂的领导方式和产量。在工厂停止运转后，本组学生即实施访谈并撰写一份报告，其中须对工厂的领导方式加以描述。比较这三份报告，你的结论是什么？

推荐读物

关于调查研究有很多指南性的书可供选择。下面这两本书涵盖了从研究设计到结构分析的整个过程：Louis M. Rea and Richard A. Parker's *Designing and Conducting Survey Research：A Comprehensive Guide*，2d ed.（San Francisco：Jossey-

Bass，1997）；Arlene Fink，*How to Conduct Surveys：A Step-by-Step Guide*，3d ed.（Thousand Oaks，CA：Sage，2006）。公共行政人员也可参考 David Foltz，*Survey Research for Public Administration*（Thousand Oaks，CA：Sage Publications，1996）。调查方面的经典参考读物是 D. A. Dillman，*Mail and Telephone Surveys*（New York：Wiley，1978）。也可参考他的 *Mail and Internet Survey：The Tailored Design Method*（New York：John Wiley，2000）。下面这本书则囊括了研究指南、实践建议和理论基础：*Survey Methodology*（Hoboken，NJ：Wiley Interscience，2004），by R. M. Groves，F. Fowler，M. Couper，J. Lepkowski，E. Singer，and R. Tourangeau。

有本非常不错的参考书考察并比较了邮寄、电话和直接访谈调查中易犯的错误：R. M. Groves，*Survey Errors and Survey Costs*（New York：Wiley Interscience，2004）。

关于非结构式访谈的一部经典是：L. A. Dexter's *Elite and Specialized Interviewing*（Evanston，IL：Northwestern University Press，1970）。Herbert Rubin and Irene Rubin's *Qualitative Interviewing：the Art of Hearing Data*，2d ed.（Thousand Oaks，CA：Sage Publications，2005）也很翔实。

关于进行焦点小组调查的指南，可参见 R. A. Krueger and Mary Ann Casey，*Focus Groups：A Practical Guide for Applied Research*，3d ed.（Thousand Oaks，CA：Sage Publications，2000）。

对焦点小组感兴趣的读者还可以参考 David L. Morgan and Richard A. Krueger，*The Focus Group Kit*（Thousand Oaks，CA：Sage Publications，1998）。全书共六册，在阐述其他主题的同时，该书覆盖了焦点小组调查中包括计划、问题编写、主持以及分析和报告调查结果等在内的所有方面。这六册也可分别单独使用。

关于调查策略的最新研究发现，可参阅《公共舆论季刊》（*Public Opinion Quarterly*），该季刊由美国民意调查协会主办，由芝加哥大学出版社出版。还可参阅由 Sage Publications 出版的 *Social Science Computer Review*，该杂志即时提供了有关网络调查与数据收集软件的信息。

注　释

［1］这一潜在样本成员的分类出自 M. A. Hidigoglou，J. D. Drew，and G. B. Gary，"A Framework for Measuring and Reducing Nonresponse in Surveys，" *Survey Methodology* 19（1993）：81－94。参见第 82～84 页对不同回应率的成分和计算的探讨。

［2］Scott Keeter，"The Impact of Cell Phone Noncoverage Bias on Polling in the 2004 Presidential Election，" *Public Opinion Quarterly* 70（1）（2006）：88－98.

［3］Katherine Newcomer and Timothy Triplett，"Using Surveys，" in J. S. Wholey，H. P. Hatry，and K. E. Newcomer，eds，*Handbook of Practical Program Evaluation*，2d ed.（San Francisco：Jossey-Bass，2004），292－309.

[4] M. Kaplowitz, T. Hadlock, and R. Levine, "A Comparison of Web and Mail Survey Response Rates," *Public Opinion Quarterly* 68 (2004): 94-101.

[5] 作者采用 Dillman 的追踪设计方法。参见 D. A. Dillman, *Mail and Internet Survey: The Tailored Design Method* (New York: John Wiley, 2000)。

[6] 参见 F. J. Yammarino, S. J. Skinner, and T. L. Childers, "A Meta-Analysis of Mail Survey," *Public Opinion Quarterly* 55 (1991) : 613-639, 其中有关于回应率问题的更详细的研究讨论。

[7] A. H. Church, "Incentives in Mail Surveys: A Meta-Analysis," *Public Opinion Quarterly* 57 (1993): 62-79.

[8] D. A. Dillman, K. K. West, and J. R. Clark, "Invitations to Answer by Phone in Mail Survey," *Public Opinion Quarterly* 58 (1994): 557-568.

[9] A. H. Church, "Incentives in Mail Survey," 71.

[10] J. M. James and R. Bolstein, "Response Rates with Large Monetary Incentives," *Public Opinion Quarterly* 56 (1992): 442-453; and J. M. James and R. Bolstein, "The Effect of Monefary Incentives and Follow-up Mailings on the Response Rate and Response Quality in Mail Surveys," *Public Opinion Quarterly* 54 (1990): 346-361.

[11] 关于调查中不回应以及如何处理不回应的探讨, 可参见 N. Bradburn, "A Response to the Nonresponse Problem," *Public Opinion Quarterly* 56 (1992): 391-397。参见 R. M. Groves, *Survey Errors and Survey Costs* (New York: Wiley Interscience, 2004), 其中描述了对"转变过来的"未回应者的一个样本的回答进行加权的方法。I-Fen Lin and N. C. Schaeffer 对来自未回应者的信息的两种模型做出了评价, "Using Respondents to Estimate Nonresponse Bias," *Public Opinion Quarterly* 59 (1995): 236-258。

[12] Newcomer and Triplett, "Using Surveys."

[13] 这部分依赖的观察和调查来自 B. K. Kays and T. J. Hohnson, "Research Methodology: Taming the Cyber Frontier," *Social Science Computer Review* 17 (1999): 323-337。

[14] C. Hewson, P. Yule, D. Laurent, and C. Vogel, *Internet Research Method: A Practical Guide for the Social and Behavioral Sciences* (London: Sage Publications Ltd., 2003), especially chapter 5.

[15] D. R. Schaefer and D. A. Dillman, "Development of a Standard E-Mail Methodology," *Public Opinion Quarterly* 62 (1998) : 378-397.

[16] M. P. Couper, M. W. Traugott, and M. J. Lamias, "Web Survey Design and Administration," *Public Opinion Quarterly* 65 (2001): 230-253. 也可参见 Hewson, et al., chapter 5, "How to Design and Implement an Internet Survey," 该书提出了这里讨论过的几个问题。

[17] Hewson, et al., chapter 5.

[18] 关于无电话家庭和电话服务时断时续的家庭的信息可参见: S. Keeter, "Estimating Noncoverage Bias from a Phone Survey," *Public Opinion Quarterly* 59 (1995): 196-217。有关无电话的家庭成为边缘的评述可参见: T. W. Smith, "Phone Home? An Analysis of Household Telephone Ownership," *International Journal of Public Opinion Research* 2 (1990): 369-390, 被 Keeter 在 198 页引用。电话时断时续的家庭的覆盖率为 3%, 这一数据来自 *1992—1993 Current Population Surveys*, 被 Keeter 在 199 页引用。

[19] "The Cell Phone Challenge to Survey Research National Polls Not Undermined by Growing Cell-Only Population" (Washington, DC: Pew Research Center, May 15, 2006). 参见 http://people-press.org/reports/display.php3? PageID=1054。

[20] Keeter (2006): 88-98.

[21] Ibid.

[22] Richard Curtin, Stanley Presser, and Eleanor Singer, "Changes in Telephone Survey Non-Re-

sponse Over the Past Quarter Century," *Public Opinion Quarterly* 69 (2005): 87－98. 调查研究中心(SRC) 开展了很多高品质的社会科学研究，包括一些国家级的研究。社会态度调查和大选研究就属于其常规研究范畴。

[23] 对一项通用的随机数字拨号方法的描述可参见：J. Waksberg, "Sampling Methods for Random Digit Dialing," *Journal of the American Statistical Association*, 73 (1978): 40－46。该方法如下：通过一个基准电话号码（一个基准电话号码就是以区号打头的电话号码的前八位数）上随机加入一个 2 位数的数字来构建第一个随机号码。之后即拨叫这一号码。如果这是一个住宅电话的号码，那就用同一个基准电话号码产生若干其他随机号码并拨叫这些号码。如果第一个电话号码不是住宅电话的号码，该基准号码即被排除。J. M. Brick et al., "Bias in List-Assisted Telephone Sample," *Public Opinion Quarterly* 59 (1995): 218－235，其中甄别了根据基准电话号码中是否包含任一住宅电话的号码而对基准电话号码进行分类的商用电话目录。

[24] Backstrom and Hursh-Cesar, *Survey Research*, 115. D. S. Voss, A. Gelman, and G. King, "Review: Preelection Survey Methodology," *Public Opinion Quarterly* 59 (1995): 98－132，收集了来自进行总统竞选民意测验的 8 个组织的数据。其中只有 2 个组织用电话的数量进行了加权，这 2 个组织对只有一部电话的家庭使用的权重都为 1，对拥有一部以上电话的家庭使用的权重均为 0.5。

[25] 有关选取个人进行访谈的策略的探讨和评价，可参见 Frey, *Survey Research by Telephone*, 2nd ed. (Newbury Park, CA: Sage, 1989): 78－85。有关特定民意测验组织的运作，可参见 Voss et al., "Review: Preelection Survey Methodology," 110－112。

[26] D. A. Dillman, *Mail and Telephone Surveys: The total Design Method* (New York: Wiley, 1978), 248.

[27] M. W. Link and R. W. Oldendick, "Is Call Screening Really a Problem?" *Public Opinion Quarterly* 63 (1999): 577－589.

[28] Backstrom and Hursh-Cesar, *Survey Research*, 115，其中指出，反复拨叫三次以上意味着低效率，即便能得到提高回应率这一好处，那也是不值得的。Dillman, *Mail*, 47－49，其中对电话调查中的备用样本成员做了出色的探讨。有关如何处理自动应答设备的问题，可参见 R. W. Oldendick and M. W. Link, "The Answering Machine Generation," *Public Opinion Quarterly* 58 (1994): 264－273; T. Piazza, "Meeting the Challenge of Answering Machines," *Public Opinion Quarterly* 57 (1993): 219－231；以及 M. Xu, B. J. Bates, and J. C. Schweitzer, "The Impact of Messages on Survey Participation in Answering Machine Househould," *Public Opinion Quarterly* 57 (1993): 232－237。Piazza 的研究以加州的数据为基础，考察了打进电话的概率和最佳时间以及反复多次拨叫的效果。

[29] S. Keeter et al., "Consequences of Reducing Nonreponse in a National Telephone Survey," *Public Opinion Quarterly* 64 (Summer 2000): 135－148.

[30] Groves, *Survey Errors* (1989), 238. 参见 Groves, *Survey Errors* (1989; 2004), chapter 5，其中对拒绝合作、如何提高合作有深入的探讨，也有关于不合作的研究。

[31] W. S. Aquilino and D. L. Wright, "Substance Use Estimates from RDD and Area Probability Samples," *Public Opinion Quarterly* 60 (1996): 563－573.

[32] F. J. Fowler, Jr., *Survey Research Methods*, 2d ed. (Newbury Park: Sage, 1993), chap. 7.

[33] 目前的研究集中关注于调查的方式和披露敏感信息的意愿。应用自我完成的调查的受访者似乎更可能披露令其尴尬的信息。如果受访者在回答问题时身体挨得很近的话，那么在学校中进行的电脑辅助自我访谈就会使回答的准确性降低。参见 R. Tourengeau and T. Smith, "Asking Sensitive Questions," *Public Opinion Quarterly* 60 (1996): 275－304，该文还对与意在解释敏感信息的调查方式有关的以往研究进行了总结。D. L. Wright, W. S. Aquilino, and A. J. Supple, "Comparison of Computer-Assisted and

Paper-and-Pencil Questionnaires in a Survey on Smoking，Alcohol，and Drug Use，" *Public Opinion Quarterly* 62（1998）：331－353；Y. Moon，"Impression Management in Computer-Based Interviews：The Effects of Input Modality，Output Modality，and Distance，" *Public Administration Quarterly* 62（1998）：610－622.

［34］Herbert Rubin and Irene Rubin's *Qualitative Interviewing：the Art of Hearing Data*，2d ed.（Thousand Oaks，CA：Sage Publications，2005）.

［35］参见 E. O'Sullivan，G. W. Burleson，and W. Lamb，"Avoiding Evaluation Cooptation，" *Evaluation and Program Planning* 8（1985）：255－259。

［36］Richard A. Krueger and Mary Ann Casey，3d ed.，*Focus Groups：A Practical Guide for Applied Research*（Thousand Oaks，CA：Sage，2000）.

［37］有关对来自焦点小组的调查结果做出分析和报告的其他信息和例子可参见 Krueger and Casey，chapter 6 and 7。

［38］数十年的研究确认了持续下降的态势。C. G. Steeh，"Trends in Nonresponse Rates，1952－1979，" *Public Opinion Quarterly* 45（1981）：40－57；P. Farhi，"How Would You Answer This One?" *Washington Post*，April 14，1992，A1，A4；R. Rothenberg，"Survey Proliferate，" A1，A6；and T. W. Smith，"Research Notes：Trends in Nonresponse Rates，" *International Journal of Public Opinion Research* 7（1995）：157－171.

［39］Farhi，"How Would You Answer，" A4.

［40］S. Schleifer，"Trends in Attitudes Toward and Participation in Survey Research，" *Public Opinion Quarterly* 50（1986）：17－26.

第 7 章

数据采集：问题与问卷

212

本章要点

1. 模型与模型构建在设计调查时的作用。
2. 开放式问题和封闭式问题的适当运用。
3. 问题的内容和措辞如何影响数据的信度与操作效度?
4. 避免提出不必要的问题或忘记提出重要的问题的方法。
5. 在调查中防止资源浪费的前测方法。

编写问题和设计问卷是行政机构调查者的一项重要研究技能。各种机构利用问卷进行项目规划、监控和评估。调查能够发现问题、评估政策措施的支持度并了解所需提供的服务，有助于机构规划相关项目。行政管理人员也可以利用问卷搜集客户的特点及其在何时使用何种服务，以及多久使用一次这种服务等信息，从而实现对项目的监控。评估人员利用问卷从客户那里采集客户对项目本身、项目实施状况及其效果的满意度等信息。社会科学家则依靠问卷广泛采集个人与组织的数据。

编写问卷看似简单，然而，正如我们在讨论截面设计时所指出的，劣质的问卷很常见，它们可能导致回应率偏低、数据不可靠或无效、信息不够准确充分等后果。在教学中，我们发现，一旦确定某个问题需要数据支持，学生们往往会立刻编写问卷，在头脑风暴中，他们迅速记下闪过脑海的问题。我们相信，在机构内部，当人们需要其他人和组织的信息时，类似的情况也必定存在。

如此产生出来的问卷会有什么问题？这种问卷提出的问题可

能太少或者可能提出了错误的问题，因而与研究目的不相适应。除非进行了充分的预测试，否则那些影响调查信度的严重错误，诸如模棱两可的问题或含糊不清的说明等，将无法被发现。隐含的概念可能得不到阐明，从而导致无效的测度。 213

优质的问卷要求问题措辞讲究、答题选项清楚、版面设计有吸引力。另外，调查人员必须成体系、有步骤地确定所有提出的问题。第一，调查人员必须明确研究目的，确保将要提出的问题与研究目的相符，并确认行政管理人员是否认为调查的信息量已足够大。第二，调查人员要确定问题和全部的数据采集策略能够生成可靠并且具有操作效度的数据。第三，调查人员要查证这些数据能够满足潜在用户的需求。

调查人员可以与潜在用户见面，确认该项研究将产生适当的、充足的信息以满足他们的需求。例如，一个城市进行公民调查以了解人们最想要什么服务以及什么人需要这种服务。计划使用调查数据的工作人员应该与调查的设计者会面，讨论他们将如何使用这些数据，并审阅调查草案。如果调查的设计者没有询问受访者住址或年龄等问题，那么工作人员就无法知道改善娱乐设施的要求在不同地区或不同年龄群体中是否存在差异。又或者，调查设计者也许会问及市政府不打算提供的服务项目，这种不必要的问题就会增加受访者的负担，还可能错误地暗示城市有改进服务的计划，从而激怒那些认为市政府做得太多的人、误导那些认为市政府做得不够的人。

本章考察编写能采集有用数据的问卷的策略。本章首先将探讨提出正确问题的策略，然后讨论编写有效问题和问卷的技巧，并且提出编制详细问卷并确保问卷完整的策略。本章还将讨论如何对问卷进行预测试。如果没有预测试，调查人员就不能精确地评估问卷的清晰程度或完整性。本章强调了对所有问卷进行彻底前测的必要性，在使用问卷采集数据之前，应通过实施试点研究来了解问卷和数据采集策略的运作效果。

7.1 问卷与问题的内容

一份简短易答的问卷似乎无须费力就能写成。但实际上，问卷编写的过程是冗长乏味的，需要数易其稿，并进行多次预测试。一份清楚整洁的问卷是编写者所付出的时间和努力的见证。问卷编写的步骤主要包括：确定要测量的变量；编写能够精确充分地测量这些变量的问题；将这些问题按逻辑顺序排列在问卷上；对这些问题进行预测试并实施试点研究。

在确定问卷所要包含的内容时，研究者需要明确他们所要测量的变量、用来测量这些变量的问题类型，以及确保信度和操作效度所需的问题数量。很多分析人员，包括我们自己在内，费心尽力地设计问卷，结果却发现其中有些问题在分析过程中根本没用。部分问题是没必要问的，还有些问题则因为受访者的误解而无效了。有些研究者甚至在问卷中忽略了关键问题。久而久之，我们对这种失败做出了 214

具有哲学意味的结论——毕竟人无完人。

界定调查内容的第一部分是模型。我们可以肯定很多问卷调查在编写时没有参考模型。模型可能已经被渐渐淡忘，但是更有可能的情况是，未曾有人为研究构建过任何清晰的模型。模型构建要求调查人员找出回答问题或解决问题所要用到的变量，并在这些变量之间建立起关联。在构建模型之前，调查人员要知道为什么要构建这个模型，换句话说，调查人员要知道建立模型的目的。同样，调查人员也要知道调查的目的。他们应该确信该研究是必要的，而且调查是适用此项研究的最佳数据采集方法。

调查人员应该确定哪些变量需要采集数据。他们必须找到或创建测量模型中每一个变量的方法。只有在有明确目的的情况下才需要添加其他变量。接下来，调查人员要确定变量之间的哪些关联是需要加以研究的。在讨论是否需要某个问题时，清楚地列出变量及其之间的关联可以起到指导作用。

尽管模型构建很有价值，但对某些项目来说，构建一个紧凑完整的模型也许并没有什么用处。一些用户会极力反对构建一个非常清晰的模型。例如，调查人员为特定的用户——如想要获得信息以辅助决策的行政管理人员或议员——实施一项研究时，会更关注用户想要得到答案的那些具体问题。迈克尔·巴顿（Michael Patton）在一段有关方案评鉴的经典论述中提出，调查人员首先应明确研究的目的和主要用户，其次应要求主要用户简要地说明他们打算怎样使用该研究来回答或解决他们的问题。[1]调查人员应该与主要用户详细讨论这样一些问题：他们需要什么信息，他们将怎样使用这些信息以及这些信息是否充分。掌握了这些信息，调查人员就可以制定出问题进而得到所需要的数据了。

需要包含哪些问题这一讨论贯穿整个规划期。本章后面的例 7.7 展示了问卷中的每个问题被使用的过程。在这一过程中，应该防止提出不必要的问题或遗漏需要提出的问题。调查者应该对在预测试或试点研究中所采集到的数据进行分析。数据分析有助于调查者和用户评估问卷的完备程度。

第二部分是所提出的问题的类型。了解问题的类型有助于判断测量方法的操作效度。在采集信息时，调查分析员可将问题归为如下几类：

事实问题
行为问题
意见问题
215 态度问题
动机问题
知识性问题

事实问题（factual question）是从受访者那里获得客观信息的一类问题。最常见的事实问题是人口统计问题，比如性别、年龄、婚姻状况、受教育程度、收入水平、职业以及工作经历。事实问题可以是调查者想要知道的任何信息，比如，慈善机构的一个工作者到处奔波能够募集到多少钱？市政府发放一张建筑许可证需花多长时间？一个州每年修建高速公路多少英里？

行为问题（behavior question）是事实问题的一个类型，问及受访者平常做的或已经做过的事情。例如，居民会被问及他们上班的路有多远，或者他们是否参加过公众听证会。他们也可能被问及是否当过志愿者，如果当过志愿者，每个月志愿服务多长时间。

意见问题（opinion question）询问人们对某一具体问题或事件的看法。意见是态度的口头表达。**态度问题**（attitude question）要求人们阐明较稳定的信仰或对事物的看法。**动机问题**（motive question）要求受访者说明他们为什么会具有某种特定的行为方式或他们为什么持有某种观点或态度。

知识性问题（knowledge question）近似于考试题，用来判定人们对某一主题了解些什么以及了解的程度和精确度。知识性问题就像过滤器一样剔除掉不了解情况的受访者的答案。知识性问题通常出现在对培训项目的评估中，用来发现受培训者是否掌握了教授给他们的东西。知识性问题可以测出有多少人了解某项政策或某个问题，可以表明市民们是否了解某项正在实施的服务或项目。

调查人员了解模型的目的，明白不同类型的问题产生不同的信息，就能避免采集“错误的”数据。现在我们来看项目评估中的一个问题。参加培训项目的人会被问到他们对项目的意见。例如，受训人会被要求评价他们接受的培训项目的质量。行政管理人员想知道的是培训是否增加了受训人的知识或改变了他们在工作中的行为。他们会质疑一个没有成效的项目是否还有必要继续保留。他们会发现受访者的意见非常有趣，而且是很有帮助的。受访者的意见可能会促使该项目在将来有所改变。但是，这些意见仍不足以表明该项目达到了预期目的。

问题的措辞、重点安排和排列次序对意见问题和态度问题的影响要大于对事实问题的影响。无论哪一类型的问题，受访者都必须清楚地知道调查者需要什么信息，例如，在住房调查中，受访者呈报的卧室数量比实际拥有的要少，因为他们认为书房、活动室或工作间不是“卧室”。如果问卷编者的本意是将这些房间算作卧室，那么他就会采集到不可靠的数据。

第三部分是测量每个变量所需问题的数量。记住，问题和指标的数量会影响测 216
量的信度。为了不增加受访者的负担，我们应该尽量减少问题的数量。因此我们必须考虑在较低的信度和较高的受访率之间的平衡。

问题的数量也影响操作效度。很多变量只用一个指标是无法充分测量的。回想一下第4章中雇员授权那个例子。授权由4个变量加以测量，它们是雇员的几个信念：(1) 他们的工作是有意义的，(2) 他们有能力做好他们的工作，(3) 他们有处理工作的自主权，以及 (4) 他们的工作会对该机构产生影响。对警察部门满意程度的测量指标需要市民评价：警察的反应速度；预防犯罪和迅速破案的能力；警员是否对所有公民都一视同仁，尤其是对年轻人和少数民族裔；以及该部门的总体能力等。

在采集组织的数据时，问题的数量和操作效度问题尤其需要加以注意。确定某个组织或项目的效力需要的指标不止一个。如果对一个工作培训项目所采集的唯一的信息是有多少受训人获得了工作，那么依靠这个数据就可能无法精确地测量该项目的效力。受训人工作的质量，例如工资水平、获得的技能及工作的稳定程度，更能全面有效地反映培训项目的效力。此外，涉及内容不够充分的测量方法会影响项目培训工作人员的行为。项目培训工作人员会集中精力只关注一种测量指标，例如就业比例，从而只接受具有较高就业潜力的人，或者把大学生置于低工资水平或临时性的工作岗位上以保持高水平的就业率。

7.2 问卷的结构

开放式问题

问题可以分为开放式问题和封闭式问题两种。**开放式问题**（open-ended question）要求受访者用他们自己的话回答问题。**封闭式问题**（closed-ended question）则要求受访者从一些给定的回答中选择答案。例如，受访者要选择对某段论述“非常同意”、“同意”、“不同意”或是“非常不同意”，或者他们可以指定一个数字来代表最合适的答案。

研究者采用开放式问题的原因至少有以下三个：第一，开放式问题有助于研究者确定可能出现的回答的范围，避免预先列出来的答案带有偏向性。第二，开放式问题会带来大量详细的评论。它们使受访者有机会详细阐述他们的答案。所谓“百闻不如一见”，受访者的一条评论能够为调查者提供不可估量的重要信息。第三，在回答某些问题时，受访者用几个字就可以很方便地做出回答，而不用从一列长长的答案中去选择。例如，在回答“你住在哪个州”这样的问题时，受访者直接写出州名
217 比到列表中去寻找答案要方便得多。开放式问题也有两点不足之处：第一，人们常常不回答开放式问题。时间紧张或者不善交流的受访者会忽略掉这些问题。第二，开放式问题使数据汇集整理更为复杂，对答案进行分类并计算是一项艰巨的任务。

开放式问题在问卷设计的早期阶段最具优越性。当研究受训者如何使用管理培训项目即决策技术培训（DECIDE）时，我们不知道受训者是如何使用决策技术的，也不知道受训者是否觉得所学的技术特别管用。我们让受训者举例说明他们是如何运用 DECIDE 的。有些受访者举不出与工作相关的例子，而是举出了运用 DECIDE 决定个人事务的例子。如果列出选项让受访者选择，那么我们就会遗漏掉“DECIDE 有助于决定个人事务”这个答案，从而我们也就可能忽视了这一课程之所以受员工欢迎的理由之一。通过这些例子，我们可以分类归纳他们是如何使用 DECIDE 的。确定了用途并对回答作了整理归类后，我们就可以编写出适当的封闭式问题了。例如，我们会问“你运用 DECIDE 来决定预算申请的频率”、“你运用 DECIDE 来做采购决定的频率”、“你运用 DECIDE 来决定人事分配的频率”，在设计这些问题时，我们可以从常见用途的列表中选择具体的决策来提问。

在政治性民意测验中，开放式问题能够很好地向封闭式问题转换。在政党和选

民对某位总统候选人正式表达偏爱之前的早些时候，调查者会要求受访者说出他们所期望的下届总统人选。这一过程能够使调查者发现在早期获得支持的候选人，不仅避免受访者随便从列表中选择一个熟悉的名字的情况，也不至于使民意测验由支持度调查变成名字熟悉度调查。随着选举日的临近，开放式问题就不再适用了，取而代之的是聚焦活跃的实际候选人的封闭式问题。

决策者研究政策选择时也有类似的情形发生。行政管理人员要求选民指出他们希望采取的政策。例如，在各县的卫生主管官员中做一个州卫生计划的调查，例7.1列出了几个相关的开放式问题。州卫生计划制定者要求各主管官员针对未成年人怀孕问题提出方案和政策建议。问题1要求主管官员描述一下自己管辖的县里未成年人怀孕的情况。根据主管官员们的描述，计划制定者可以了解当地未成年人怀孕的情况及其所采取的应对办法、行政机构对未成年人怀孕的态度，以及能够采取的措施。例如，哪些信息表明未成年人怀孕已经成为一个问题？未成年人怀孕的原因是什么？在未成年的父母中，较年轻的父母和较年长的父母的需求有什么不同？

问题2要求各主管官员针对各县的未成年人怀孕问题提出方案和政策建议。根据主管官员们的建议，计划制定者可以推断哪些措施能被接受，哪些措施不能被接受。受访者可能会提出富有新意的解决方案或计划措施，并指出这些方案措施将带来的出乎意料的益处或成本。受访者对问题1和问题2的回答有助于计划制定者更
多地了解政策环境。他们能确定各县的主管官员花了多少时间来思考和了解防止未 218
成年人怀孕的方案、是否曾计划或实施过某种方案措施，以及什么样的当地条件会影响方案的成功实施。

在问卷设计阶段，开放式问题能够减少封闭式问题列出的回答所带有的偏向性。在封闭式问题中，受访者会囿于可选择的选项或者根据选项的性质来选出最合适的答案。在DECIDE这个案例中，我们看到，列出一些与工作有关的用途无法涵盖DECIDE的个人用途。再比如，用封闭式问题让受访者评价全球气温变暖的影响，就会促使他们评价从来不曾在他们身上发生过的影响，而忽视了给他们制造了很多麻烦但却没有列出来的一些事情。

例7.1

开放式问题的运用

问题： 州计划制定者正在研究针对未成年人怀孕问题的政策措施。各县的卫生机构将负责实施这些措施。

策略： 为了确保拟订的方案措施能够被采纳，计划制定者编写了一些问题在各县的卫生主管官员中进行调查以采集信息。这些问题包括：

1. 描述本县未成年人怀孕的情况。
2. 你认为什么样的政策措施能够帮助解决未成年人怀孕的问题？请就这些解决方案的优点和缺点提出尽可能多的意见。你的意见将有助于我们制定全州范围内的计划。
3. 你的年度预算是多少？

讨论：首先，计划制定者粗略地审阅获得的答案，从中选出最切实可行的政策措施。然后他们将这些答案进行汇总编辑，并用报告的形式系统地呈现出来。对问题 1 的回答揭示了各县的主管官员是如何看待未成年人怀孕问题的，这样的提问避免了预先设定一套答案所产生的信息失真。对问题 2 的回答能够提供一些富有创新性的政策措施；随后的封闭式问题及其回答选项可以从对问题 2 的回答出发进行设计。对这些回答进行分类是非常费时乏味的。如果主管官员用不同的措辞来描述相似的政策措施，或者用相似的措辞来描述不同的政策措施，数据的信度就可能受到影响。

问题 3 采用了开放式问题的形式，因为计划制定者不知道可能得到多少种回答。如果事先列出回答选项就会无法顾及各种不同的情况，或者显得过于冗长。而采用开放式问题的形式进行提问，然后对各种回答进行分类并进行量化表达就相对比较容易。

开放式问题所获得的回答为采集大量数据提供了丰富的细节。如果一项政策正在计划或评估中，那么受访者的意见将大大加深调查者对该项政策的理解，并使他们更好地了解公众是如何看待该项政策的。这些对开放式问题的回答有助于解释调
219 查中的某些发现，也能说明受访者对这个问题的理解。有时，受访者会被要求对前一问题的回答进行解释。例如，受访者会被问到他们今年的表现从经济上看比去年更好、更差，还是跟去年一样。然后，他们将被要求解释他们为什么这样回答。从这些解释中，调查者能够了解到受访者是如何评估他们的经济状况的，以及受访者认为什么因素能够促进经济福利。一般来讲，开放式问题采集到的意见会被整理进调查报告。这些意见增强了报告的可读性，使不善于阅读量化报告的读者有兴趣读下去。

调查者或研究项目的发起人可以通过调查聆听受访者的意见。受访者可能会就相关问题发表意见，从而引起他人对这些问题的关注。在结束对 DECIDE 受训者的调查时，我们问受访者他们是否有什么意见想让我们传达给培训部门。其中有一名受访者对计算机培训中存在的问题抱怨良多。在社区调查中，受访者会针对正在审议的政策或其他政策发表意见，或者评论其他与地方政府机构运作相关的事情。

宽泛的开放式问题的答案能增加行政管理人员的总体信息量。它们也有助于受访者对调查产生积极的情感。受访者配合调查，付出了时间和精力，向受访者征求意见可以作为对他们的最低回报。

从例 7.1 中你可以找出开放式问题存在的一些缺点。首先，调查者必须动员受访者花费时间和精力去回答开放式问题。我们认为，对主管官员而言，未成年人怀孕的问题有其重要性，所以他们才愿意花费时间深思熟虑地详细回答问卷中的问题。主管官员回答问题的动机可能不仅仅在于调查的内容。由于该调查是由州卫生部门发起的，因此主管官员会认为他们的回答将影响州的政策。而在通常情况下，受访者不会那么积极地回答问题。

我们认为，在很多研究工作中，调查及其结果对调查者比对受访者更为重要。因此，调查者往往会高估他们工作的重要性，进而高估受访者提供详细答案的意愿。我们认为，在一般情况下，受访者希望避开需要长篇大论的问题。当然，如果

回答会影响到与受访者利益攸关的政策决定，那么，这一假设就不成立了。

如果通过电话或者亲自上门进行访问，受访者可能会更乐意回答开放式问题。但采访者必须训练有素，否则，他们会在受访者的回答中加入自己的解释，或者违背调查者的目的进行提问，或者不能精确地记录受访者的意见。

开放式问题的另外一个难点在于研究者如何有效利用采集到的信息。如果受访者人数相对较少，研究者可能会仔细地阅读、分析、引用他们的回答。但如果受访者人数很多，那么研究者仔细阅读答案的可能性也就很少了。解决这一问题的一个办法是，随机抽取一个开放式问题的回答样本进行详细分析。

无论是研究所有的回答还是仅仅研究一个样本，对这些回答进行分类并计算都
是有难度的，需要大量时间，并且需要集中精力思考。由熟悉研究模型的人对问卷 220
进行仔细审阅有助于对回答进行恰当的分类。困难在于如何始终精确地分类处理这
些回答。为了确保开放式问题的数据的可靠性，调查者应该对随机抽样的样本进行
反复验证。如果有多个分析员在对回答进行分类，那么评定者间可信度也应该得到
保证。为此，每个分析员都要对相同的样本进行分类，然后，由调查者对比不同分
析员的工作，看是否得到了相似的结论。

封闭式问题

封闭式问题有几种类型。所有的封闭式问题都要求受访者从答案选项列表中选择一个或多个合适的回答。封闭式问题的信度和操作效度部分依赖于所提供的选项列表。

一个列表包含数个选项，并附有文字说明“选择所有适用的选项”。尽管这种列表能减轻受访者的负担，但是受访者可能不会真的将所有适用的选项都选中。没有选中的选项可能是：（1）不适用的；或者（2）被遗漏了。如果要求受访者对每个选项作出回答，比如“是”或“否”，那么被选中的选项可能会更多。[2]

即使有“其他”这一选项，受访者也不一定会给出更多合适的回答。有些受访者作答时局限于列表上的选项。他们这么做可能是出于懒惰，因为他们已经在列表上找到了他们想要选择的选项，或者因为该列表导致他们接受了调查者设计好的框架。但即使受访者选择了“其他”这一选项并写下了回答，调查者还是可能在对这些回答进行解读和归类时遇到麻烦。

有些答案选项列表没有“其他”、“无意见”、“不确定”或“不适用”等选项。或者，一个问题包含偶数个可能的回答，以防止受访者在回答问题时采取中庸的立场。上述两类问题都被称为**强迫选择性问题**（forced-choice question）。当然，没人能真的强迫受访者从列表中选择答案，有些受访者会写出他们自己的答案或者干脆忽略掉这个题目。一般来讲，调查者应该为受访者提供相关选项，使他们能够表达对这个问题“无意见”或者表明“这个问题对他不适用”。否则，调查者就无法知道为什么受访者没有回答这个问题。如果一个通过网络进行的调查不允许受访者跳

过一个题目继续回答下一题，那么受访者就可能会放弃做问卷，或者随便选一个答案。同样，答案选项列表中含有一个中立的回答，例如“既不同意也不反对”，可以增加问卷数据的信度。研究发现，无论是否提供中立的答案选项，积极回答和消极回答的比例都是一样的。[3]

例 7.2 从州雇员协会对其成员的调查中选取了一些问题。这些问题展现了封闭式问题的一些常用格式。你或许认为调查者编制这些回答选项是一件非常容易的事，同时你也能想到这些选项可能会被误解。例如，有些受访者在回答为什么其他人不加入雇员协会这个问题时，会从自己对该协会或类似组织的不满出发进行回答，而曾经努力招募他人加入该协会的人可能就持有更准确的看法。在
221 编写问卷时，分析人员无法区分这两类受访者，因而他们的回答也将被放在一起考察。

例 7.2

封闭式问题的运用

背景：州雇员协会（SEA）想要在其成员中进行一项调查，以了解他们对该协会以及该州就业状况的意见。

策略：设计一份封闭式问卷对其成员进行调查。采用的格式应当便于成员迅速作答，也易于制成表格。要问的题目包括：

1. 在你看来，为什么有些雇员不加入州雇员协会？选择所有你认为有关的选项。

——钱（会费）

——不喜欢加入某个组织

——州雇员协会不能充分代表雇员利益

——认为自己的工作不稳定

——不关心

——不知道

2. 你认为州雇员协会的一般成员在协会中有多大的影响力？

——很大

——相当大

——有一些

——很少

——没有

——不知道

3. 按照优先顺序排列下列选项：1 为最高，2 次之，依次类推。你认为雇员协会应该开展哪些工作？

——为因病离职的成员提供病假工资

——进行集体谈判

——加班获 1.5 倍报酬
——减少退休者缴款
——牙科保险
——更高的工资
——增加按里程和天数计算的旅行补贴

另一种类型的封闭式问题要求受访者为答案项排列等级。例 7.2 的问题 3 要求受访者对雇员协会准备开展的工作进行分级排列。不可避免地，有些受访者会选择数个答案项并把每一个都排为 1 个号。还有一些受访者可能把排列次序弄反。在这样的例子中，他们可能会把最优先的项评为 7，把最不重要的项评为 1。另外，一些受访者会给所有的选项排序，另一些人则可能会忽略掉一些选项。与分级排列问题类似，有一些问题要求受访者针对列出的活动项目回答他们在这些活动上所花时间的百分比。结果许多人给出的值加起来超过了 100%。

我们还注意到，问题 3 没有“其他”这一选项。因此，希望州雇员协会致力于推 222
动（pursue）现场日托或者推行弹性工作时间的受访者就没有机会表达他们的意见。

开放式问题的优势正是封闭式问题的局限所在。封闭式问题促使受访者接受调查者已设定的回答选项。调查者认为他们和受访者在理解问题和回答选项时思路一致。我们曾经就志愿者的特点这一问题访问过某个机构的主管人员。题目要求受访者写出他们机构中有多少志愿者具有某一特点。选项中有一条是“Native American”，我们所写的“Native American”是指美洲印第安人、夏威夷人、爱斯基摩人和阿留申岛民。但当我们收到一些调查结果并发现这些调查显示“所有的”志愿者都是“Native American”时，我们才意识到我们的措辞被受访者理解错了。①

为了尽可能减少回答选项被误解，避免出现不充分或不精确的回答选项列表，应当对封闭式问题进行仔细的预测试。调查者也应该确保他们的测试包含了对回答选项信度和操作效度的评估。

决定采用开放式问题还是封闭式问题取决于以下几个因素：所需信息的类型、提供信息的对象、数据采集的方法，以及完成该项研究可用的时间。开放式问题在问卷设计的初始阶段非常重要。它们有助于问题的措辞和编撰合适的回答选项。受访者的类型和数据采集的方法也会影响调查者对开放式问题或封闭式问题的选择。正如例 7.1 所显示的，如果将调查问卷寄给感兴趣的受访对象，那么，在这种邮寄调查中，需要经过慎重考虑并详尽回答的（开放式）问题会非常有效。不太感兴趣或缺乏动力的受访者则会避而不答开放式问题，因为回答这些问题要费不少笔墨。如果在访问中提出开放式问题，访谈者更能成功地获得完整的回答。但是，访谈者必须训练有素，否则采集到的信息就可能缺乏信度和效度。另外，封闭式问卷的编写和分析更为迅速。如果调查者不能安排出时间对回答进行妥当的分析，就不应该提出开放式问题，这只会浪费受访者的时间。

① 英语表达“Native American”会产生歧义，既能解释为美国土著居民，也能理解为美国本国居民。——译者注

过滤性问题

过滤性问题（filter question）用于确定哪些受访者应该回答后面的问题，并引导受访者或访谈者去做问卷中适合他们做的部分内容。过滤性问题几乎都是封闭式问题。在住房调查中可能会有这样的过滤性问题：

你现在住的房子是租借的还是拥有其产权的？

——拥有其产权（回答第 10 题）。直观的提示引导受访者去回答他应该回答的问题。

——租借（回答第 11 题）。

223 有哪些问题适用于房产拥有者而不适用于租房者呢？例如，关于抵押贷款、利率以及财产税的问题适用于房产拥有者，但与租房者没有直接关系。

有效的格式能引导受访者去回答他应该回答的问题，避免遗漏适用于他的问题而去回答不适用于他的问题。前面所述的过滤性问题在每个选项后面附带了说明性文字，告诉受访者接下来回答哪一个问题。在这个方面，图形标记尤其有效。箭头可以用来引导受访者回答相关的问题。在设计过滤性问题时，必须注意要保持问卷的简洁和说明文字的清楚明白。例 7.3 是过滤性问题应用图形标记的一个例子。

例 7.3

应用图形标记的过滤性问题

背景：这是某个州就教育政策问题进行的民众调查。问题考察的内容有：是否遵守定期测验的要求、家长与教师之间的接触交流情况，以及对相关教育政策的支持度。

策略：有关定期测验的问题只适用于某些家庭，这些家庭里的孩子在某个公立学校上学并且已经读到了特定的年级；有关家长和教师关系的问题只适用于有子女在学校就读的家庭；关于教育政策的问题则适用于所有的受访者。该调查通过电话进行。当访谈者根据受访者的回答选择适当的问题时，使用箭头可以节省时间。

1. 去年你家中有没有孩子正就读于公立学校的一年级、二年级、三年级、六年级或九年级？

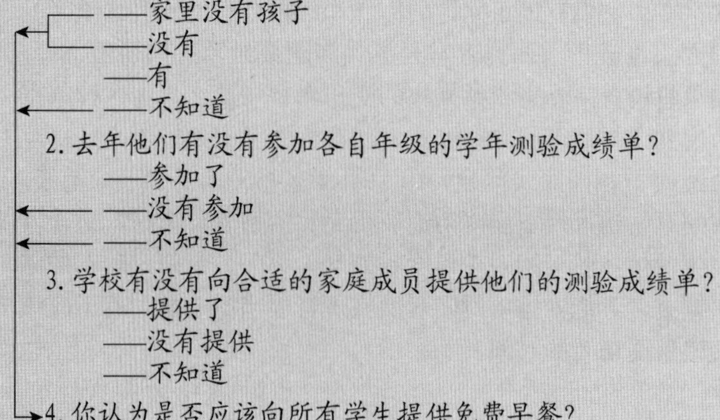
——家里没有孩子
——没有
——有
——不知道

2. 去年他们有没有参加各自年级的学年测验成绩单？
——参加了
——没有参加
——不知道

3. 学校有没有向合适的家庭成员提供他们的测验成绩单？
——提供了
——没有提供
——不知道

4. 你认为是否应该向所有学生提供免费早餐？

——应该
——不应该
——不知道

资料来源：北卡罗来纳州公民调查问卷中的问题，1979 年秋。

7.3　问题与回答的措辞

问题的措辞与格式

受访者必须理解问题的价值所在。在为业绩鉴定、方案评估或其他管理研究项目提供信息时，受访者不会为他们不重视的问题耗费时间去采集和记录数据。如果他们认为某些数据会对他们带来不利影响，他们就会篡改数据。他们会估计或编造一些数据，以便迎合管理层的期望或尽快完成调查。行政管理人员以及其他经常接受调查的人常有类似的抵触情绪。当他们开始做一份问卷时，如果发现做这份问卷太费时间或者认为做这份问卷得不到任何对其有价值的信息，他们就会停止。我们认为受访者的感受是在他们阅读具体的问题时形成的。 224

每个问题的措辞都必须使受访者能够准确理解问题的含义并做出实事求是的回答。调查者要确保她想要获得的信息与受访者对问题的理解是一致的。设想一下这样一个问题："你有 stock 吗?" 人们可以将 stock 理解为投资工具、牲畜或者肉汤。我们已经讨论过被错误理解的问题对信度和操作效度的影响。"stock" 这个词的含义的模糊性反映出了精确定义关键术语的重要性。

问题应该清楚、简短并且具体。常用词和没有歧义的词能使问题更加明晰。冗长的问题往往会复杂不清，从而容易被误解。受访者在回答一个冗长的问题时通常只会思考问题的某一部分，而忽视了该问题更广泛的内涵。

具体的问题往往能清楚表达出相关的时间、地点或数量信息。例如，为了了解一个城镇的诊所使用情况，调查者会问："今年 9 月 1 日至 12 月 31 日之间你去过几次城内的医疗诊所?" 如果问题中没有提到"城内"，受访者就会把到城外诊所就医的情况也算进去。如果问题中使用了"近来"而不是"今年 9 月 1 日至 12 月 31 日之间"，那么受访者回答问题时所考虑的时间段就会各不相同。有些受访者可能会想到上个月去诊所的次数，而另一些受访者则可能想到去年去诊所的次数。

问题简短与意义精确之间可能会有冲突。一个模糊的术语会使受访者迷惑，结果产生不可靠的数据。如果问未成年人工作了几个小时，或者问成年人锻炼几个小时，就会存在"工作"和"锻炼"到底包括哪些内容这个问题。研究者必须清楚地知道他们想要测量的是什么，是否把照看孩子定义为"工作"，或者是否把在后院劳动也算作一种"锻炼"。为了解决这个问题，调查者必须在说明文字中对概念下个定义，或者，在题干中给出概念的定义。例 7.4 举例说明了：(1) 如何在说明文字中给出概念的定义；(2) 如何在问题中给出概念的定义。在实际操作中，策略 2 还将就高级管理层和工作组的行为问题对这两组调查对象分别提出一些相互对应的问题。

例 7.4

调查中定义模糊术语的两条策略

策略 1：在说明文字中给出关键性术语定义，其实际措辞和格式放在封面页中。

本调查包括下列术语：

高级管理层，指总裁/首席执行官和副总裁，或高级行政管理人员。

主管，指你每天要向其汇报工作的人。

工作组，指每天与你一起工作的人。

策略 2：在问题中定义术语，其在问题中的实际措辞和格式如下：

"你的主管，即你每天要向其汇报工作的人，是否经常否决报告的发现或结论，并且要求做出修改?"

1. [ ] 从不或几乎从不
2. [ ] 有时
3. [ ] 大约一半时候
4. [ ] 大多数时候
5. [ ] 总是或几乎总是

资料来源：有关策略 2 的内容改编自 *Federal Personnel Management: OPM Reliance on Agency Oversight of Personnel System Not Fully Justified* (Washington, DC: General Accounting Office, GAO/GGD-93-94, December 1992), 51。

将问题进一步细化，使每个细化了的问题都包含概念定义的不同部分，可以改
225 进测量的操作效度。例 7.5 列出了一些细化了的问题，这些问题要求员工评估他们对员工福利的满意度。也可以采取另一种更受欢迎的形式，让受访者对具体陈述做出回应。[4]例如，员工可以用下列陈述表明他们认同的程度："我对工作中获得的医疗福利感到满意"、"我对工作中获得的人寿保险福利感到满意"、"我对工作中获得的养老抚恤金感到满意"。可能的回答涵盖了从"非常不同意"到"非常同意"之间的不同程度。向人们询问他们对各种福利的满意度所产生的数据能更好地反映他们对福利的总体满意度。然而，有时为了获得更精确的信息而付出的成本必须与收益相权衡。追求过多的具体信息有时会误入歧途，全国食品消费调查就是一个例子。该调查要求受访者记录两天内他们吃了什么、在家吃的还是在外吃的、食物如何烹制以及食量是多少。数据通过一个很长的列表来采集，其中列出了 350 种食物。把受访者的回答汇总到一起，调查者的发现却只是某天某人在家里吃了一片尺寸为 2×1.5×0.25 英寸的无骨鸡胸烤肉。该调查的回应率低至 34%，部分归咎于过于烦琐的问卷。[5]

例 7.5

将一个问题细化为不同的问题

策略：调查者会把一个问题分成一系列小问题，而不是问一个宽泛的问题。下列问题要求受访者表明他们对各种员工福利的满意程度。调查的说明部分指示受访者用 X 作为标记选出代表答案的数字。在说明部分提供了一个样板，用以说明在某个数字上画上×就表示选中该数字。

确切措辞和格式：在下列问题中，请指出你对以下每一项员工福利的满意程度（1=非常不满意；2=不满意；3=比较不满意；4=无所谓；5=比较满意；6=满意；7=非常满意）。

你对下列各项福利的满意程度

医疗——员工部分	[1]	[2]	[3]	[4]	[5]	[6]	[7]
医疗——家属部分	[1]	[2]	[3]	[4]	[5]	[6]	[7]
牙科保险	[1]	[2]	[3]	[4]	[5]	[6]	[7]
人寿保险（员工）	[1]	[2]	[3]	[4]	[5]	[6]	[7]
家属人寿保险	[1]	[2]	[3]	[4]	[5]	[6]	[7]
长期残疾补助	[1]	[2]	[3]	[4]	[5]	[6]	[7]
养老金计划	[1]	[2]	[3]	[4]	[5]	[6]	[7]

备注：这个问题没有“不适用”这一选项，这可能会影响结果的精确度。既没有家属医疗保险也没有人寿保险的员工会选择“无所谓”这个选项或者不回答该问题。这两种情况都会导致误解。

在设计选项列表时，调查者要列出所有可能的回答，只有这样才能确保一定的 226
信度。受访者会对选项没有体现他们的观点感到不满。例如，如果列出来的回答选项没有考虑到只从事临时工作的年轻人，或者是依靠公共交通系统的残疾人，那么这类受访者就会感到沮丧或生气，并把问卷丢到一边。某些机构的反应也类似。例如，一家由志愿者提供客户服务的机构，如果发现回答列表只把资金募集和行政事务列为志愿者的工作而没有提及客户服务，那它就会对调查者的动机产生怀疑。

问题和回答选项列表应当向受访者表明该调查期望得到怎样精确的回答。一位县政府官员想了解实施付费制度将如何影响县娱乐设施的使用。他在娱乐部门主管中进行了一次调查，问他们：“实施收费对娱乐设施和娱乐项目的使用产生了多大的影响?”他收到的回答是“很大”、“很小”之类。但是，如果使用封闭式问题进行提问，并给出“设施利用率下降不到 10%”、“设施利用率下降了 10%～25%”等回答选项，就可以避免不够精确的回答。

要得到更具体的回答，所提的问题必须是受访者已经掌握的或者容易了解到
的信息。受访者要提供具体信息，首先就得寻找或思考他们能精确地估计出的数 227
据。提问者必须牢记研究的目的，并力求实现信息采集成本和精确程度之间的平衡。

编写有关受访者陈述自身行为和看法的问题

在要求受访者陈述他们自身的行为、态度和动机的调查中，问题和回答的措辞尤为重要。用界定清晰的问题对可获得的信息进行提问，就能得到关于某个机构的相当精确的信息，例如，全职员工的人数或者预算大小等。而且，调查者还可以检验这些信息的精确度。但是受访者的自我陈述很难验证，甚至根本无法验证，因此，调查者就会对调查的信度和操作效度缺乏信心。

人有其自身的行为模式，他们回答问题的根据往往是他们觉得应该怎样做，而不是他们实际是怎样做的。另一种情况是，人们做出的回答可能取决于他们储存和回忆信息的方式。例如，考察关于谁参加了投票的信息。研究者会不时地核对投票记录以确定自我陈述的效度。他们发现，在选后接受调查的人群中，大概有15%的人没有真实陈述他们是否参加了投票，在选后民意测验中说自己投票给了获胜候选人的比例要高于实际投票结果。

出现不实陈述并非偶然，通常的情况是，没有投票的人“错误地”说他们投了票。出现不实陈述的理由有三条：第一，不实陈述者可能想要给出符合社会期望的回答。第二，他们可能经常投票，所以忘记了是否在最近一次选举中投了票。第三，投票记录可能有误。例如，核对投票记录时可能会漏掉某位投票人的名字，因为他在投票人名单上的名字与他告诉调查者的名字不一样。[6]人们对投票信息的精确性进行了大量的研究，这既是因为这一自我陈述可以被验证，也是因为相当多的不实陈述可能使人们曲解美国人的投票行为。鉴于投票这样一个简单明了的行为都总是被不实地陈述，我们建议在解读自我陈述时要更谨慎。

与迎合社会期望和不实陈述类似的情况也会出现在意见性问题上。有时可能会有不了解情况或不感兴趣的受访者需要表达意见，“不知道”这个回答选项有助于解决这个问题。但是，调查者无法推断出“不知道”意味着什么。受访者回答“不知道”也许是因为他们在回答问题时遇到了困难，或者可能是因为他们对问题的看法模棱两可，也就是说，他们思考过这个问题，但还没有形成一个坚定的看法。有些受访者在听问题时可能会走神，或者觉得这个问题难以理解，于是他们会选择回答“不知道”以省去重复问题或者深究该问题含义的麻烦。因此，调查者必须仔细检查那些有很多人回答“不知道”的问题，以确定这些问题没有歧义或漏洞。

如果只是想要大致了解公众的看法，就不太有必要去区分不感兴趣的受访者和
228 模棱两可的受访者了。[7]如果调查者想要识别出不感兴趣的受访者，他可以提一个过滤性问题。例如，可以询问受访者：“你对修建市民中心的公民投票有多大兴趣?”还有一种解决办法是，像下面举例说明的那样，问一个二分的问题，随后再问一个关于热心程度的问题。由于问一连串问题会使受访者失去耐心，因此只需要提醒他“不感兴趣”是一个适合的回答就可以了。

1. 你支持还是反对修建市民中心的投票?

——支持

——反对
——不知道
2. 你对修建市民中心的投票有多大兴趣？
——很感兴趣
——有一些兴趣
——不太感兴趣
——不感兴趣

调查者可以假定，在对第 1 个问题回答“不知道”的受访者中，不感兴趣的受访者对第 2 个问题的回答是“不太感兴趣”或“不感兴趣”，而模棱两可的受访者对第 2 个问题的回答则是“很感兴趣”或“有一些兴趣”。

询问受访者他们做某件事的频率时，要限定一个时间跨度。有些人能精确地记住上个月他去过几次图书馆。如果问他去年去过几次图书馆，他也许会把上个月去图书馆的次数乘以 12。受访者不太会调整自己的估计来试图表明他去图书馆的次数高于或低于正常水平。然而回答选项列表却给受访者提供了一个参考框架，如果他觉得自己的情况异乎寻常，他就可能修改回答。[8]

如果在调查中一些问题有相似的回答，比如，都有“同意”和“不同意”等选项，受访者就可能会无视问题的内容而全部选择相同的回答。如果受访者试图猜测问题的目的，那回答就可能出现严重的失真。例如，一个调查要了解人们对社区开发的看法，其中会有一些关于开发的类型和程度的问题。通常反对开发的受访者会无视不同问题的具体内容而全部选择“不同意”。如果每个问题的说明各不相同，那么出现这个问题的可能性就会降低。也就是说，在一些问题中，“不同意”是支持开发的选项，而在另一些问题中，“不同意”是反对开发的选项。不过，如果问卷中问题的说明随意地变来变去，受访者可能会感到厌烦或者迷惑。如果受访者漏看了“不”这样的关键词，他们就会误解问题。

下列几个题项出自一个客户满意度调查，它们说明了如何对问题进行措辞以避 229
免一成不变的回答。调查者想通过这项调查了解顾客对客户支持人员的评价。受访者用从“非常同意”到“非常不同意”范围内的多个尺度分别评价每条陈述。

1. 机构工作人员能回答我的问题。
2. 机构工作人员接听电话的态度良好。
3. 打电话可以找到机构工作人员。
4. 向其提问时机构工作人员态度粗鲁。
5. 机构工作人员在我与其交谈时打断我的话。

对机构工作人员感到满意的受访者会同意前三项，不同意第四、第五两项。从“同意”到“不同意”的转变相当于说明的变化，而且这种转变的实现不需要使用拙劣的措辞，所以受访者应该可以快速而准确地领会每个问题的含义。但是没有哪种解决办法是万灵的。有个研究小组在一项网上调查中把一些类似题项集合在了一起。结果他们发现受访者更有可能对所有的题项，包括那些措辞完全相反的题项，都给出同样的回答。[9]

在汇编数据的时候，改变各个题项的说明文字可能会产生大问题。在对数据进行编码并将其输入电脑文件时，不应该改动说明文字。保留原来的说明文字，能降低分析人员数据输入错误的风险。但是作为电脑程序的一部分，说明文字其实很容易被改变。

倾向性问题

倾向性问题（biased question）的措辞使受访者更容易偏向某种回答，由此会得出不精确的信息。尽管提问的措辞是为了引导受访者给出某种具体回答，但倾向性会在无意间产生。回答选项列表常常是导致问题出现倾向性的根源。回答选项应该包含所有可能的回答，否则就会出现所使用的评定量表中肯定选项与否定选项的数目比例失衡的错误。例如，一个包含有“很好”、“好”、“满意”、“差”这样四个选项的评定量表中，有三项回答是肯定性的，这就增加了受访者表达某种程度的肯定态度的可能性。另外，回答选项列表中某个特殊答案选项的缺失也会导致问题出现倾向性。由于没有适当的选项可选，受访者就只好选择仅次于最佳答案的那个选项了。

先入为主的问题（loaded question）措辞迫使受访者给出能让调查者满意的回答。这类问题中有一些形容词或短语往往含有肯定或否定的价值判断，从而使受访者忽视了问题的主要内容。例如，如果在提问时就给一项拟议中的政策贴上“自由主义的”、“放任自流的”或“官僚主义的”标签，那么测量出来的信息往往只是受访者对这些词的反应而不是他们对该项政策的总体看法。这类问题也可能带有一些
230 会影响回答的假设。例如，如果我们问人们是否赞成“州应该建造更多的监狱来减少暴力犯罪”，我们就是在假设建造监狱将会减少暴力犯罪。于是，这种问题就会不知不觉地引导关注暴力犯罪的受访者选择支持建造更多的监狱。

另一种常见而无意间产生倾向性的情况是把两个问题合并到一个问题中。我们很容易通过连词“和”发现这些问题。例如这个问题：“你是否赞同州加强关于酒后驾车的法律和禁止家长在家中向未成年人提供酒精饮料?”有的受访者可能赞同加强关于酒后驾车的法律但是不同意禁止家长在家中向未成年子女提供酒精饮料。在这种情况下，受访者怎样才能准确地表达他们的看法呢?

还有一个产生倾向性的原因是，可供选择的回答与所问的问题不符。例如，我们收到的一份问卷有这样一条内容：

> 你认为州的合并法律①需要修改吗？或者你认为目前这些法律合适吗？
> ——是
> ——否

① 指有关城市与周边地区合并的法律。——译者注

问题的编写者遵循了问题措辞的规范，不带有赞同修改法令或赞同保持现状的倾向。但遗憾的是，回答项编写得不妥。除非我们不嫌麻烦地自己写下回答，否则我们根本没有办法准确地表达我们的观点。不过这个问题很容易解决，只要改变回答选项的措辞就可以了。该条内容的两个回答项可以是这样的：

——是，应该修改法律。
——否，目前的法律是合适的。

其他思考

没有经验的问题编写者会无意间写出具有倾向性的问题，而某些有着自己的特殊利益的集团则是有意通过措辞来获得某种回答。《纽约时报》报道过一项研究，该研究将利益集团编写的问题与专业调查者编写的问题进行了比较。[10]下面的例子举出了同一问题的两个版本，一个具有诱导性，而另一个立场中立：

版本 1：是否应该立法禁止特殊利益集团向候选人捐助大量金钱？

版本 2：是否应该立法禁止利益集团赞助竞选？利益集团是否有权捐钱给他们支持的候选人？

两个版本之间措辞的差异非常明显。第一个问题使用了诸如“特殊利益”和“大量金钱”这样语气强烈的词语，而且也没有提供立场相反的选择以保持内容中 231
立。当然，如果回答选项仅为“是”和“否”，那么版本 2 的问题也是无效的，因为版本 2 的回答选项包含了“应该立法禁止利益集团赞助竞选”和“利益集团有权捐钱给他们支持的候选人”。

我们无法比较这两个版本的问题所收到的回答，因为版本 1 针对的是志愿受访者，而版本 2 是随机抽样调查。结果发现，版本 2 的调查中有 40%的受访者支持禁止捐款，而版本 1 的问题是“请说出你支持还是反对以下建议：通过新的法案禁止特殊利益集团向候选人捐助大量金钱”，结果发现 70%的受访者支持禁止捐款。这个例子表明问题的措辞对回答模式产生的影响是多么重大，用问题测量受访者的态度和观点是多么不可靠。

询问受访者愿意为某样东西花费多少钱的问题受措辞影响尤为敏感。如果受访者觉得她的回答会影响到某种服务的价格，那么她说出来的数字可能就会比她实际愿意支付的金额少。某市的康乐部曾询问市民是否愿意花费 10 美元办理一个网球执照以便在公共网球场打球。一名网球爱好者可能很愿意花这 10 美元钱，但是为了影响政策的制定，他会回答说“不愿意”。相反，如果问人们愿意在各项环境保护计划上花多少钱，他们很可能会说出比他们实际愿意付出的金额更高的数字。[11]

有些研究涉及一些敏感话题，调查者必须注意受访者可能提供不真实的回答。有些问题针对的是吸毒或其他一些非法的或广受批评的事情，这样的问题可能会得到不准确的回答。小学生可能会就吸毒问题陈述自己的看法以显示她知识渊博，而吸毒者则会担心如实陈述自己的行为会带来不好的结果，因而否认或者拒绝陈述其吸毒的经历。

我们每个人都能意识到我们在什么地方取得了成功以及我们为什么会失败。问卷调查不可避免地要问到一些让受访者感到不愉快的问题。那些可能引起受访者不愉快的问题应该慎重考虑。第一，这类问题可能会引起道德问题，即该研究可能会伤害到调查对象。（道德问题与避免伤害受访对象的内容将在第 8 章中讨论。）第二，这类问题可能会使受访者不愿意参与研究，甚至对研究产生抵触情绪。第三，这类问题可能会导致受访者提供不准确的信息。

哪些问题具有潜在的危险性取决于调查对象。调查者不能想当然地认为他们对什么是敏感话题和危险问题的理解一定与受访者一致。试点调查能够找出敏感问题。另外，熟悉受访对象群体的调查者也能够注意到不合适的问题。一位来自印度的朋友发现，美国人似乎能够很大方地谈论他们对家庭成员的看法，但对收入却闭口不谈。相反，他注意到印度人能很坦率地谈论他们的收入问题，却不愿意谈论他们对家庭成员的看法。

232 在陈述问题时向受访者表明任何回答都是可以接受的，这无疑能够减少产生伤害的危险。例如，在提出问题时我们可以使用“有些人发现……”这样的措辞。适当排列问题的顺序也能减轻问题本身给受访者造成的不愉快。具有潜在危险性的问题不应该在问卷或访问的一开始就提出来，否则受访者会心存疑虑而不愿合作。另外，敏感问题也不应该放在问卷的最后，否则受访者完成调查后会担心调查有什么不可告人的目的。最后，正如我们在第 6 章所讨论过的，自填式问卷更能让受访者愿意分享敏感信息，这种自填式问卷包括受访者在电脑上填写问卷，或者受访者自己写出答案而让访谈者在一旁等候。

7.4 问题排序和问卷设计

问题排序

很明显，问卷上的问题不能随意排列，而应该有逻辑顺序地加以排列。开头的几个问题会影响受访者回答问卷的意愿。如果放在前面的问题使人迷惑、引起不快或者太费时间，受访者就可能会拒绝完成调查或者拒绝与访谈者合作。自填式问卷和访谈计划的设计应该遵循通用的顺序。

介　绍

介绍部分用来阐明调查的性质和目的。它确定实施该项调查的人或机构的身份。介绍部分的文字应该简明扼要，过于冗长地介绍调查目的会使结果产生偏差。就网络调查来说，如果其介绍部分的文字铺满了整个屏幕，那么调查就会显得很烦琐，从而导致人们不愿意参与调查。

调查对象必须被告知参与该项研究会有什么风险。调查对象必须明确他们参与该项调查是自愿的，他们可以拒绝回答任何问题，并且随时都可以退出该研究。“保护被调查者”的规定要求调查者告知调查对象他们参与调查的权利和风险。这些规定和相关道德问题将在第 8 章中讨论。

例 7.6 是两个问卷介绍。第一个介绍来自一项对城镇雇员的调查，第二个介绍来自一项对公众的电话调查。每个介绍都说明了调查的目的，并通过说明受访者的回答对调查的重要性来鼓励人们参与调查。要注意的是，这两个介绍都没有提到完成这份调查问卷需要花费多少时间。然而事实上，随着调查的日益频繁，这项信息对于人们决定是否参与该项调查是至关重要的。这两个介绍都暗示了该项调查是自愿参加的。在邮件调查或电话调查中，调查者通常不直接告诉受访者参与调查是自愿的，而只是隐晦地表达这个意思，因为如果告诉受访者参与调查是自愿的，那么他们完全有可能心安理得地不回复问卷或者挂断电话。

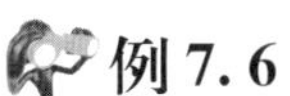

例 7.6

两个调查介绍的案例

样本 1：该介绍来自一项对城镇雇员的调查。调查直接面向雇员，由他们将完成的问卷寄给调查者。

实际说明文本：

设计这个问卷是要了解您及其他人对在橡树镇工作的感受。采集到的数据将有助于我们更好地了解人们在某一机构内工作时对职场生活质量的感受。

要使这份问卷对研究工作有所助益，需要您诚实坦诚地回答每个问题。这些问题的答案没有正确或错误之分，我们感兴趣的是您对在这个机构中工作的想法和感受。

您对这些问题的回答将受到严格保密。所有的问卷将交由州立大学进行分析。橡树镇机构内的任何人都无法获知您的回答。

为了便于分析和采集数据，这个问卷上有一个数字，这个数字将与州立大学名单上您的名字对应起来。请不要改动这个数字。

谢谢您的合作和支持。

样本 2：该调查问卷的介绍来自一次对社区居民的电话调查，其目的是了解人们对橡树镇警察的看法。

实际说明文本：

介绍：您好，我是×××（访谈者姓名），我在橡树镇给您打电话。

目的：我们和州立大学合作，电话采访橡树镇的 500 个家庭，想要了解您对橡树镇警察部门的看法。（访谈者注意：如果在下午 5 点到 6 点半之间打电话，再补充一句，现在打电话给您方便吗？或者，我是否该晚些再打来？）

确认：您居住在橡树镇吗？（如果回答为否，则结束访问。）这是家庭电话还是办公电话？（如果是办公电话，则结束访问。）

寄给雇员的调查问卷要在介绍中详细说明调查者将怎样严格保密受访者的回 233
答。雇员对这类调查会特别敏感，因为他们会对信息将作何用途有所疑虑。另一个调查通过电话进行，告诉受访者此次调查是匿名的。

调查对象的样本框并不是完美无缺的。某个样本可能会包含不恰当的受访者，调查者应该立即将之剔除。介绍部分或者第一个问题应该弄清楚该受访者是否适合完成
234 该调查。在例 7.6 的样本 2 中，受访者被问到他们是否住在橡树镇。在例 6.1 中，附上的明信片能让不恰当的受访者迅速将明信片回寄给调查者，告诉调查者他们不适合回答问题。不在调查样本范围内的受访者通常会被要求寄回没有完成的问卷。调查者手上也会有一套相应的说明，告诉他是否应该将不恰当的受访者换掉以及如何换掉。

开头的几个问题

说明文字的后面是一些比较容易回答的相关问题，这些问题使受访者参与到研究之中。在访谈中，这些问题使访谈者和受访者建立起融洽的关系。在自填式问卷中，这些问题则使受访者在心理上产生一种“责任感”，促使他们完成问卷。

对于接受邮寄调查或网络调查的人来说，开头的几个问题能避免他把调查放到一边而忘记回答。然而，如果调查过于混乱复杂，那么这些问题也就会变得毫无益处。在电话调查中，开头的几个问题，是让警惕性很高的受访者进行合作的关键所在，他们可能怀疑这个电话是来向他推销东西的。

在寄给橡树镇雇员的问卷中，前三个问题都要在非常赞同到非常不赞同的范围内回答。它们是：

1. 我对现在的工作非常满意。
2. 我努力工作。
3. 如果有机会，我想在本机构内换一个岗位。

主要问题

事实上，开头的几个问题和主要问题之间也许根本不存在差别。许多问卷会先询问一些介绍性问题，然后把问题按照调查的主要内容分成几个部分。在各个部分中，问题的排列顺序非常重要。亲临现场的访谈者会先问一些笼统的问题，然后再问具体问题。必须注意对问题进行恰当的排列，以免出现倾向性。

DECIDE 研究的介绍部分告诉受访者，该调查的目的是要更多地了解管理培训的需求情况。问卷先提出了一些有关受访者的管理职责的问题。接下来的一组问题向受访者询问有关管理决策工具的问题：他们熟悉什么工具？他们经常使用什么工具？这些工具有什么问题？

再接下来的一组问题则把 DECIDE 作为一种决策工具进行提问。在第 5 题中受访者被问到“你经常使用什么决策工具？”有一点需要提醒访谈者注意，“如果受访者需要提示，访谈者就使用价值分析法进行判断”。第一次提到 DECIDE 是在第 7
235 题中，在问过受访者关于管理决策工具的问题之后。在声称每个月数次使用 DECIDE 的受访者中，将近 90％的人在回答该问题之前就已提到 DECIDE 是一种管理

决策工具。如果我们在研究的开头就提到了 DECIDE，那么关于该项技术使用情况的报告就更不可靠了。

要合理安排问题次序以避免倾向性，但这一努力在自填式问卷中并无太大效果。受访者可以在回答问题之前先通读整份问卷，也可以回到前面修改自己的回答。

人口统计问题

问卷的最后一部分通常会问一些个人问题，比如收入、年龄、种族、受教育程度或工作等。在机构调查中也要问类似的问题。受访者更愿意在访谈的最后阶段回答这些个人问题。如果在调查的一开始提出这些问题，就会使受访者怀疑调查的真实目的。在某些地方，经常有电话推销员打着调查的幌子竭力不让潜在客户挂断电话，我们怀疑这些地区的受访者更容易产生上述反应。

有些调查者习惯于在调查的最后问一些标准化的人口统计问题。例如，他们会按惯例询问年龄、性别、种族、受教育程度和收入等。这些问题增加了受访者的负担，也增加了受访者个人隐私被侵害的风险，但却可能根本不会被分析。开展调查会耗费资源，这种资源也包括受访者的善意。因此，我们要专注于那些对研究有用的信息，剔除那些不在分析预案之内的问题。另外，过多的个人问题会使受访者感到忧虑，他们会担心自己的身份能否被严格保密。

问卷设计

问题的措辞和排列次序是问卷设计的重要组成部分，它们会影响回答的清晰度和效度。问卷或采访计划的布局会影响问卷的效用。在编排问卷时，设计者必须考虑该问卷对填写者和信息编辑者的影响。

在访问受访者和记录回答时，访谈者需要一张表格以便于阅读和理解。受访者也需要一份易于理解的、不会令人感到不知所措的问卷。便于快速回答的问卷能够减少其被搁置并遗忘的可能性。页面设计等因素也会影响问卷的回应率以及所获取信息的质量和数量。另外，设计出色的问卷能使受访者体会到该项研究工作的严肃性，从而乐意回答问题。

我们在下面列出了一个不完整的“工具清单”来指导你构建一项调查。如果你读过其他材料或参看过不同的数据采集工具，你也许会想要为这份清单补充一些内容。

构建调查的工具清单 *236*

自填式调查：

在介绍文字中阐明调查目的。

回答问题的说明文字要清晰明了。

通过使用筛选问题等方法，迅速辨别出不在目标群体范围内的受访者，并告诉他们怎样处理这份调查。

调查工具上应注明截止日期和回邮地址。

访谈式调查：

访谈者的介绍要清楚地阐明访问目的。

提问和记录回答的说明文字要清晰明了。

迅速辨别出不在目标群体范围内的受访者，“访谈者须知”中应说明访谈者是否应该替换访问对象以及如何替换。

所有调查和数据采集的工具：

界定关键术语。

不使用缩略语。

在问题陈述中避免使用“和”之类的连词，因为回答可能不同时适用于问题的前后两部分。

回答选项必须充分、适宜并且互斥。

所需数据必须容易获得。

内容组织要有条理。

意见问题：

问题措辞要中立，比如“你支持还是反对?”

回答选项要平衡，比如肯定回答与否定回答的数量应该一致。

问卷的效能

确定你所问的每个问题都是你需要的并且已都被问及，要做到这点很难。你越是能够预见调查将会得到的信息并且知道如何对此加以利用，你就会做得越好。在决定问什么问题以及如何提问时，构建模型是基础，但仅此还不够。预见调查将会产生什么结果能够提高调查的效能，并能启发调查者进一步改进调查的方法。

237 研究者应该描述他们计划如何分析数据。然后，他们应该将这一计划与问卷联系起来考虑，检查是否每个问题都是必要的。调查小组可以与研究的使用者一起讨论计划，并告诉他们该研究将会产出何种信息。为了使研究的使用者能够更好地预见他们将得到的信息，调查者应该给使用者看虚拟数据的格式化图表。此类讨论应该帮助使用者发现调查计划中的不足和那些不需要的信息。在完成数据采集之后，研究者可以参照该计划进行数据分析。

例 7.7 展示了帮助进行问卷设计的一部分提纲，该问卷要了解接受过决策技能培训（DECIDE）的机构管理者是如何运用这一技能的。DECIDE 培训项目要求两名持证上岗的培训师为 16 名机构管理人员开办一次为期一周的培训研讨班。在这一周内，受训人系统地分析问题，找到并评估可能的解决方案，选择一种解决方案，并形成实施计划。机构需要一些信息来帮助其判断培训是否物有所值。

例 7.7

用计划输出结果引导问卷的内容设计

背景： 调查者计划调查接受过 DECIDE 培训的管理人员，询问他们如何在工作中使用从培训中获得的技能。

第一步： 描述分析计划。说明调查将产生何种输出结果，确定产生各种输出结果所需的问题，并说明每种输出结果对研究的价值。标明分析所需类目的数量。

计划输出结果概要：

单变量输出结果： 受训人对 DECIDE 的使用

使用频率（问题 3）

对当前工作的影响（问题 5）

使用模式（问题 4）

具体的使用案例（问题 4，对开放式问题进行归类并分析）

双变量输出结果： 包括受训人使用决策技能的频率、使用模式以及存在的问题等因素。创建一张表格来考察下列关系：

1. 使用频率，参照：
   a. 培训后的工作时间
   b. 管理职能
   c. 职位
   d. 部门
   e. 受教育程度
2. 使用方式，参照：
   a. 培训后的工作时间
   b. 管理职能
   c. 职位
   d. 部门
   e. 受教育程度
3. 使用中存在的问题，参照：
   a. 培训后的工作时间
   b. 管理职能
   c. 职位
   d. 部门
   e. 受教育程度

双变量输出结果的价值与使用： 如果使用模式与培训后的工作时间相关，那么使用方式可能就归因于使用的衰退（随着时间的流逝培训内容逐渐被遗忘）、多年来受训人类型的变化、受训人工作的变化。（注：我们是否应该增加问题来测量后面的两个解释？）

如果使用模式与管理职能相关，那么受训人管理的员工数量和职位类型可以显示出不同的使用模式是否与专门的或者普通的管理职责相关。然后机构管理人员可以根据所获信息将培训限定于那些频繁使用 DECIDE 或有效使用 DECIDE 的使用者。

如果使用模式与工作部门相关，那么使用模式可能表明了 DECIDE 更适用于某些具体部门的工作，或者说某些部门的管理人员更欢迎 DECIDE。然后机构管理者可以根据所获信息将培训限定于那些会频繁使用 DECIDE 或者有效使用 DECIDE 的部门。如果 DECIDE 中的主管培训得到频繁的或有效的使用，那么机构管理人员可能会想到在培训一般员工之前应先培训主管人员。

第二步：对照问卷提纲检查问卷草案，确定问卷已包含所有分析所需项目；考虑删除提纲中未涉及的问题。

第三步：与研究的使用者一起讨论问卷与提纲，检查问卷与提纲是否包含了一些不必要的信息或者遗漏了必要的信息。

计划、预测试和试调查

238 好的数据采集工具能够生成有用的信息，但必须经过反复处理的过程。第一阶段，也就是本章讨论的重点，是计划并创设数据采集方法的阶段。当想法源源不断地涌现并形成一项实际的调查时，调查者应该充分了解调查的目的，以及该调查可能产生的发现或成果。在计划的过程中，关键参与者聚到一起来判断他们需要什么信息，是否需要进行调查，以及该调查是否能产生想要的信息。在各种讨论的基础
239 上，调查者应当确定一张变量列表。然后基于这张列表形成测量方法并设计测量工具。最后，将问卷内容整理成提纲（如例 7.7 所示）以评估所有拟订的内容是否都是必要的，以及是否所有需要的内容都已包括在内了。提纲形成后，调查者可以进一步向关键参与者征求更多的反馈意见。

接着，应该把问卷交给研究者及其同事审阅，由他们鉴定问题是否可靠：有没有模棱两可的内容？回答选项是否恰当？受访者是否能够方便地获得信息？也许人的本性会使问卷编写者不同意批评者的意见，他们会争辩说问卷内容没有模棱两可，回答选项没有问题，或者受访者会积极地去找出信息。然而，根据我们的经验，审阅者往往能发现让研究对象同样感到苦恼的问题。

编写问卷需要花费时间和精力。参与问卷设计的人都得是厚脸皮，因为只有经历大量的批评和争论，才能形成出色的问卷。水平不相上下的人相互讨论，每个人的看法都得到同等的考量，这样才会形成出色的问卷设计。根据我们的经验，参与者不仅平等参与讨论，而且还会做出激烈尖锐的评论。为了举例说明问卷编写的过程，我们从对 DECIDE 的调查中挑选了一个问题。例 7.8 显示出一个问题在多次的草拟过程中要经历数次修改。

问卷被修改后，应该对其进行**预测试**（pretest）。（注意：进行预测试是为了评估问题是否能够真正起作用，这与在介入调查之前为了收集数据而进行的前测不同。）实行预测试的方法是，让一小群人回答拟定好的问卷。这些预测试对象应能

代表目标群体的不同特征。例如，针对城市雇员的调查，它的预测试对象应该包括从非熟练工人到高级管理人员的不同人群。调查人员也可以选择代表不同市政部门的预测试对象，诸如公共事务部门、公共安全部门、规划部门和财政部门等等。

一般情况下，预测试是在与预测试对象面对面接触的情况下进行的。调查者要判断预测试对象是否理解并能够回答这些问题，以及他们的回答是否足够多样化而能够按照计划进行分析。调查者应该记录下每个人回答调查问卷所花费的时间，以及该调查是否能够使预测试对象始终保持兴趣和注意力。如果一项调查不能吸引受访者，那么它所获取的信息就可能缺乏信度，也可能经常出现回答不完整的问卷，或者，如果是邮寄问卷的话，回应率可能偏低。

回答完问卷后，调查者应该询问预测试对象他们的回答是什么，他们对问题以及整个调查有何看法。调查者要根据自己的观察、预测试对象的意见以及预测试对象对问题的回答来判断该问卷是否条理分明、清晰易懂，比如，说明文字是否清楚？问题的排列是否合乎逻辑？在预测试的基础上，问卷应该再次被修改。常见的改动主要包括对模糊的术语进行更正或澄清、对模棱两可的问题进行重新编写或者舍弃这类问题、修改回答选项，以及减少文字量等。

例 7.8

问题的形成过程

背景：设计一个针对 DECIDE 培训的调查问卷，以了解受训人对 DECIDE 在工作中的影响有何感受。

第一阶段：一个三人小组编写问卷。问卷的第一稿中有几个关于 DECIDE 在工作中的影响及使用的问题。第 1 题和第 2 题都是开放式问题。

1. 决策技能培训的课程目标和你的工作相关吗？
2. 你有没有在工作中使用 DECIDE 的处理方法？如果没有，为什么？

第二阶段：由另一组成员草拟出问卷大纲并重新编写问卷。

1. 总的来讲，你怎么评价 DECIDE 对你目前的工作的影响？（回答：很好、好、一般、不好、没有影响、不确定）
2. 你在工作中使用 DECIDE 的频率如何？（回答：一周一次、一月数次、大约一月一次、一年数次、很少或从来不用、不知道）
3. 请告诉我 DECIDE 是否有助于你考虑下列问题？（回答包括：设定优先考虑的事、设立目标、做出选择）
4. 请举出具体例子说明你是如何在工作中使用 DECIDE 方法的。
5. 在运用 DECIDE 的时候，你遇到过什么问题？

第三阶段：一个 7 人小组审阅草案并做出下列修改：

1. 总的来讲，你怎样评价决策技能在你目前的工作中的效果？（将“没有影响”改为“没有效果”。）

2. 问题不变。将“很少或从来不用”分成两个条目。引导回答“从来不用”的受访者跳至后面的问题。

3. 问题不变。删去两个跳至选项。

4. 请举出具体例子说明你如何在工作中使用DECIDE的决策程序。

第四阶段：对问卷进行预测试。打电话给十个人作为样本。检查其对每个问题的回应率。对上面的问题做出的唯一改动是将第3题的回答选项作进一步删减。

240 最后一阶段是**试点研究**，或者说演练。关于问卷设计有这样一种说法：“如果你没有资源测试问卷，你就不要做这项研究。”[12]即使没有时间，也不能不进行测试。在中等规模的研究中，试点调查和预测试可以合而为一，但是调查者最起码应该测试一下调查问卷的潜在问题，检查一下内容中的变量是否充足，并进行最
241 起码的分析以评估该调查是否能够产生有用的信息。预测试和试点调查对于测试问题和问卷中的技术性问题最为有效，比如，检测会被误解的问题，但在检测方法方面做得不怎么好，尤其在检验操作效度方面更是如此。要求调查对象大声回答问题的焦点小组以及其他技术正在发展起来，以便更好地鉴定出什么问题才能真正起到测量作用。[13]

设计糟糕的、不合格的问卷所浪费的资源是惊人的。更令人诧异的是，大量问卷在内容还无法提供足够分析数据的时候就被发送出去了。我们来看一个收到了33 000份回答的调查实例。一个平常不进行调查的部门，匆忙地花了几周时间仅仅对21个封闭式问题和2个开放式问题进行了编码。对每份问卷进行编码的时间大约是1分钟，工作人员总共花了550个小时。工作人员还阅读了对其他4个开放式问题的回答。数据分析缺少资源，除了对每个问题的回答进行统计和分类之外，问卷内容也没有多少分析空间。有两个问题没法进行分析，因为它们的措辞模棱两可，以至于回答无法解读。我们认为，如果对这次调查进行了预测试和试点研究，那么就不会出现这种调查成本远高于信息产出的情况了。可惜该调查并没有这么做。

试点研究要按照计划对一小组代表目标群体的样本人群实施整个研究项目。要按照计划执行问卷，即采用面对面、邮件或者电话访谈的方式；要按计划对回收的问卷进行分析。计划在采集或编辑数据的过程中使用的任何特殊方法，如计算机辅助访谈等，都应在试点调查中使用到。

到进行试点研究时，问卷应已基本不存在问题。调查者要更加注意抽样、数据搜集和分析方法的可行性。通过接触样本人群并取得他们的合作，这一正式调查前的演练应该找出任何存在问题的地方。调查者要估算出回答这份调查问卷、组织信息以及准备数据所需的平均时间，还要检查数据的准备与分析计划是否充分。之前未被注意到的、不可靠的或者无效的测量方法也可能被发现。在实施最后的研究设计之前，研究者应该把在试点研究中碰到的问题解决掉。

在本章前面的部分，我们提到过全国食品消费调查。这次调查获得了34%的回应率，暴露出了两个常见的问题：第一，仅仅在预测试或演练时发现问题是远远不

够的，必须采取有效手段解决在试点研究中发现的问题。第二，不进行演练就会放过或低估一些严重的问题。在进行食品消费调查前进行了两次预测试。访谈者和受访者都对花5.5个小时才能完成一次调查感到疲倦而有所抱怨，因此人们认为计算机辅助访谈的方法需要加以改进。对改进后的计算机辅助访谈方法进行的预测试表明，访谈者需要事先接受严格的培训。为了节省开支，原本计划的演练被取消了。
要注意，演练本身也可以用来鉴定访谈者的培训效果。最终，这一冗长的调查没能 242
缩减，对访谈者的培训也不够严格。结果，一项花费760万美元的调查就只获得了有严重瑕疵的数据。

本章小结

问题和问卷是数据采集的基本要素。在编写问题和设计问卷时，调查者要了解这些问题和问卷对实施研究所起的作用。每个问题或者说每类问题都关系到数据的信度和操作效度。

问卷构建的第一步是要大体列出问卷的内容框架。调查者要避免问卷提出无关紧要的问题，或者遗漏了重要问题。为了使研究目的和研究工具相匹配，调查者对每个问题在研究中所起的作用都要进行探讨和证实。调查者还应该确定是否每种问题类型都能引出想要的信息。弄错问题的类型，例如在需要问行为问题的时候问了意见问题，会影响到操作效度。常见的问题类型包括事实问题、行为问题、意见问题、态度问题、动机问题和知识性问题。

第二步要确定是采用开放式问题、封闭式问题，还是过滤性问题。开放式问题要求受访者写出他们的回答。这类问题在问卷的形成阶段非常好用，调查者可以用它来了解可能存在多少种回答。开放式问题能提供丰富详尽的信息，它可以和封闭式问题结合起来使用。开放式问题难以量化，而且可能会给受访者增加不必要的负担，并可能降低应答率，所以研究者更喜欢采用封闭式问题。封闭式问题要受访者从列表中选择一个合适的答案。如果问卷已经经过了仔细的预测试，并确定了问卷中所有的问题都能被理解，而且回答选项的分类恰当，那么这类问题就会非常好用。

过滤性问题或者筛选性问题引导一部分受访者恰当地跳至后面的问题。例如引导租房者回答一组问题而房东回答另一组问题。在邮寄问卷中，箭头可以用来引导受访者回答适当的问题。在引导受访者回答下面的相关问题时，访谈者可以使用相同的工具，也可以使用计算机软件来自动实现。

问题措辞是实现测量信度和操作效度的主要因素。一般说来，问题应该清楚、简短、具体。应该让受访者明白这个问题想要得到的信息是什么。在有意或无意的情况下，问题可能会产生倾向性。一个带有倾向性的问题会增加受访者选择某个答案而排斥其他答案的可能性。受访者视为肯定性的或否定性的措辞会造成回答的倾向性。回答选项列表中肯定性和否定性的回答选项配置不均衡也会使问题产生倾向

243 性。对于关涉敏感议题的问题要特别小心地处理。如果受访者的机密信息得不到充分保护，这类问题还会引起道德问题。

提问的顺序会影响问题的回应率和操作效度。通过访问调查对象进行调查时，安排提问的顺序能更好地避免问题产生倾向性；而如果受访者自己完成问卷，那么他们可能会先浏览所有的问题，或者修改他们的回答，因而排序的价值也就随之降低了。

问卷的开始部分是介绍文字，最后一般要有一些分析所需的人口统计问题。有些研究者习惯于按例询问一套固定的人口统计问题，而不考虑计划中的分析到底需要哪些人口统计参数。研究者应当避免询问不必要的问题。另外，人口统计问题会引起希望匿名的受访者对该调查的不信任。

调查者在处理调查时最好问自己："有必要进行这项调查吗?"为了确保调查的必要性并且确保该项调查不会浪费资源，调查者首先应该确定其所需要的数据目前确实还是空白的。（参看第 9 章关于二手数据的讨论，诸如 fedstats. com 的很多网站都能找到可供访问的数据库。）如果数据确属空白，那么只要经过试点研究，就可以开始进行调查了。试调查演练整个研究计划，包括对数据的分析。在分析试点研究时，研究者要注意问题的措辞、回答选项类目的敏感性、回应率以及回答调查所需的时间。研究者可能会忽视对分析计划进行评估的机会。然而，对分析计划进行审阅，将特别有助于避免开展不必要的调查，或提出不必要的问题。

下一章将讨论在向调查对象采集数据时产生的道德问题。我们将回顾一些关键案例，这些案例引发了保护调查对象的联邦法规和职业规范的制定。这些法规监管着数据采集，它们要求潜在的研究对象必须了解并认可该项研究及其后果。此外，自愿参与研究的规定给研究者带来了挑战，研究设计必须尊重受访者的隐私，同时还要吸引他们参与。

术语回顾

开放式问题（open-ended question）
预测试（pretest）
倾向性问题（biased question）
强迫选择性问题（forced-choice question）
过滤性问题（filter question）
封闭式问题（closed-ended question）
试点研究（pilot study）
先入为主的问题（loaded question）

复习题

下列问题可以看出你是否掌握了本章内容涉及的基础知识：

1. 列出编写问卷的步骤。
2. 你怎样确定问卷的内容?

3. 设想你正在编写一份问卷，用以评估新员工培训。(该培训旨在帮助雇员认识本机构、机构的目的及主要政策。)

(1) 分别写出问卷中可用到的事实问题、行为问题、意见问题、动机问题和知识性问题。

(2) 你如何评价每种问题类型（事实问题、行为问题等）在鉴定培训质量方面的价值?

(3) 经过思考，你是否会把（1）部分中所列的问题全都列入问卷中?

4. 一位年轻的研究者认为问卷往往会过于冗长，于是采用只问一个问题的办法来测量变量。评价这一办法是否可取。

5. 比较开放式问题和封闭式问题的价值。

6. 一般情况下，你会推荐向受访者提出进行按等级排序的问题吗? 说明你的理由。

7. 问题措辞的哪些特性会影响信度? 解释你的回答。

8. 调查总是需要问人口统计问题吗? 为什么? 如果你要问人口统计问题，你会把它们放在调查的什么位置?

9. 比较对问卷进行的预测试和试点研究。

10. 一位调查者编写了一份了解警察对其职业满意度的问卷。她针对一个刑事司法专业本科生班的学生进行了预测试。评论该预测试策略的充分性。

11. 假设你对街道和社区事务感兴趣。你发现一份供纽约大都会使用的问卷，该问卷所包含的主题是你想在一座中等规模的中西部城市里实施的研究课题。为了弄清楚该问卷是否适合你的研究，你会怎么做?

课后作业与讨论

1. 下面是一个城镇调查实例。确定调查的不同部分和问题的类型，思考该问卷所获结果的价值，并评价其中问题的措辞。

问题（1）～（4）可用“是”、“否”或“没意见”回答。问题（6）～（8）是开放式问题。

> 您好，我是×××，我在帮风谷市做一项人口普查。您介意回答一些问题吗? 这只需耽误您几分钟。
>
> (1) 您是风谷市的居民吗?（如果是，继续；如果不是，感谢他/她的配合并离开。）
>
> (2) 您是否支持对市中心商业区进行重新开发?
>
> (3) 您是否支持为了降低服务收费而每周只进行一次垃圾收集?
>
> (4) 您是否愿意接受更少的服务以换取较低的税率?
>
> (5) 如果必须减少某个领域的市政服务，您会选择哪个领域?（回答选项有：街道、消防、卫生、公园和娱乐、警务、图书馆、其他、以上皆不是。）

(6) 您在风谷市住了多久？

(7) 您家中有几口人？

(8) 您的家庭成员中有几位是 60 岁以上的？

2. 下列问题来自一个调查草案，该调查要了解社会服务工作者对美国印第安人的典型看法。阅读每个问题然后整体审阅这 5 个问题，评估问题的措辞，思考该问卷是否有可能造成固定的回答模式。注意：所有问题都用“是”或“否”回答。

(1) 您会因为印第安人的生活方式而看不起他们吗？

(2) 印第安人自身的文化是否正在丧失？

(3) 您是否认为白人社会已经将印第安人视为懒汉、粗人和酒鬼了？

(4) 在您眼里今天的印第安人是什么样的？

(5) 有相关工作人员了解城市或保留地印第安人的需求，您是否会通过他们向印第安人提供自己的帮助？

3. 问题 (1) 和问题 (2) 来自针对公共行政人员的“工作变动问卷”，评估这些问题，并提出您的修改建议。

(1) 放弃上一份工作的最主要原因（只能选两项）：

——工作不太令人满意（如缺少成就感、缺少认同感、缺少发展空间等）

——不认同机构的政策/管理

——工作中人际关系不佳

——工资偏少

——物质条件差

——歧视

——工作量大

——性骚扰

——继续深造

——家庭原因（如配偶迁移、新生儿诞生等）

——终止（合同期满、职位撤销、机构重组）

——其他，请说明

(2) 工作类型（仅可选一项）：

——行政

——咨询/社会工作

——研究工作/技术性工作

——秘书/办事员

——教学

——其他，请说明

4. 在一次社区调查中，访谈者登门拜访受访者。受访者——可以是家中任何一位成年人——被要求提供所有家庭成员的下列信息。请评估这个问题。

主要收入来源

	家庭成员 1	家庭成员 2
薪水	________	________
每小时工资	________	________
投资	________	________
退休金/养老金	________	________
父母资助/遗产	________	________
福利	________	________
自主创业	________	________
拒绝回答	________	________
不知道	________	________

5. 评估问题："你是否反对推动废除死刑的举措?"

6. 有一项针对疗养院疗养者的调查，评估这项调查中的下列问题及回答选项。你对措辞有何修改意见?

你经常使用下列服务设施或参加下列活动吗?

(1) 理发店/美容院
——经常
——偶尔
——很少
——从不

(2) 手工艺
——经常
——偶尔
——很少
——从不

(3) 晚间娱乐活动
——经常
——偶尔
——很少
——从不

(4) 宗教服务
——经常
——偶尔
——很少
——从不

7. 起草一份调查以了解你的学位课程中招收的兼读学生的需求和偏好。该调查要确定，为了更好地满足兼读学生的需求，这一学位课程应该做哪些改进。创建并使用计划表，以决定需要问什么问题、如何使用这些问题，以及信息的价值如何。

8. 设想全州职业协会的600名成员参加一次调查。该调查包括一个关于协会活动效果的开放式问题。细读问卷之后发现大多数成员回答了这个问题。

(1) 写一份关于调查结果的初始报告，但你没有时间检验所有的开放式问题。提出一个策略，保证你能在报告中反映开放式问题中所包含的信息。

(2) 描述你在最终报告中将怎样分析这个问题。

9. 比较下列两种行为的价值：

(a) 找到你能对问题进行改进的问卷；

(b) 与一群同事一起编写问卷。

10. 调查者经常添加一些他们不一定会加以分析的问题。请评估这一策略。

11. 了解并评估用来设计问卷的软件。

光盘作业

只有当你分析数据的时候，问卷及其产生的数据集所具有的局限性才会变得显而易见。为了掌握分析的这一作用，这个练习要求你使用ORB研究方法数据。

州长正在计划一系列全州城镇会议以联络公众，并希望会议得到很好的准备。她想知道州不同地区的人口有什么不同的特点。不幸的是，她需要立即得到信息，而你的办公室现在只有研究方法数据集中的信息。

1. 研究三个州地区之间平均人口密度、社会保障受益人口、医疗补助资格人口以及犯罪指数的差异。

2. 基于你的分析，给州长写一个备忘录（单倍行距下不超过一页）阐明你的主要调查结果。针对州长想要讨论或回避的主题提出一些合适的建议。

3. 根据你的分析，办公室的数据库还应该增添哪些信息，以便工作人员做更好的准备，以防再次出现这样的要求？给办公室主任写一个备忘录总结你的建议（单倍行距下不超过一页）。

推荐读物

关于调查研究和问卷设计有一些很好的书。我们建议你在编写问卷之前先参阅这其中的某本书或者其他类似的书。

Don A. Dillman, *Mail and Internet Surveys: The Tailored Design Method*, 2d ed. (New York: John Wiley and Sons, 2000).

Floyd J. Fowler, Jr., *Survey Research Methods*, Sage Applied Social Research Methods Series, 3d ed. (Thousand Oaks, CA: Sage, 2001).

Norman M. Bradburn，Seymour Sudman，and Brian Wansink，*Asking Questions：The Definitive Guide to Questionnaire Design*，rev ed.（San Francisco：Jossey-Bass，2004）.

Ellen J. Westland with Kent W. Smith surveys research on response accuracy and a meta-analysis in *Survey Responses：An Evaluation of Their Validity*（San Diego：Academic Press，1993）.

职业协会和研究者们发布了设计问卷和实施调查的指南。关于审阅要点和提供额外案例的两条指南是 H. P. Hatry et al.，*Customer Surveys for Agency Managers：What Managers Need to Know*（Washington，DC：The Urban Institute，1997），和 Thomas I. Miller and Michelle A. Miller，*Citizen Surveys：How to Do Them，How to Use Them，What They Mean*，ICMA's Special Report Series，2d ed.（Washington，DC：International City Management Association，2000）。其他一些关于"怎么做"的书也有助于唤醒你对一些关键点的记忆，参见 Mildred L. Patten，*Questionnaire Research*，2d ed.（Los Angeles：Pyrczak Publishing，2001）；以及由美国统计协会的调查研究组提供的一套非常有用的基础小册子系列，名为 *What is a Survey?*

要掌握当前关于调查研究课题的最新研究状况，如问题措辞、问卷设计、数据采集以及数据分析等，参见 *Public Opinion Quarterly*，the journal of the American Association for Public Opinion Research，published by the University of Chicago Press。S. Sudman，N. M. Bradburn，and N. Schwarz，*Thinking about Answers*（San Francisco：Jossey-Bass，1996），本书提供了很好的综述。

注　释

[1] M. Q. Patton，*Utilization-Focused Evaluation*，3d ed.（Thousand Oaks，CA：Sage，1997）.

[2] K. A. Rasinski，D. Mingay，and N. M. Bradburn，"Do Respondents Really 'Mark All that Apply' on Self-Administered Questions?" *Public Opinion Quarterly* 58（Fall 1994）：400－408. J. C. Smyth et al.，" Comparing Check-All and Forced-Choice Question Formats in Web Surveys，" *Public Opinion Quarterly* 70（Spring 2006），66－77.

[3] N. Bradburn，S. Sudman，and B. Wansink，*Asking Questions*，rev ed.（San Francisco：Jossey-Bass，2004），141－142，162－163. For discussion on neutral responses and their placement see Don A. Dillman，*Mail and Internet Surveys：The Tailored Design Method*，2d ed.（New York：John Wiley and Sons，2000），58－60.

[4] Dillman，*Mail and Internet Surveys*，102－104.

[5] *USDA's Nationwide Food Consumption Survey*，Washington，DC：General Accounting Office，GAO/RCED－91－117. 强烈推荐美国审计总署关于这次调查为何会获得劣质数据的报告。该报告生动地指出了在一个主要调查项目中存在的一些错误。关于营养调查的更新更详细的信息以及关于信度和效度检验的文章，请登录"粮食调查研究组"的网页：http://www.ars.usda.gov/main/site_main.htm?

mode-code=12-35-50-00。

［6］大多数关于验证投票数据的信息来自 S. Presser and M. Traaugott，“Correlated Response Errors，” *Public Opinion Quarterly* 56（Spring 1992）：77-78。关于选民记录为错误来源的讨论，参见 P. R. Abramson and W. Claggett，“The Quality of Record Keeping and Racial Differences in Validated Turnout，” *Journal of Politics* 54（August 1992）：871-880。

［7］研究者们报告说，不管提不提供“不知道”这一回答选项，肯定性回答与否定性回答的比例都是保持不变的。关于“不知道”选项的进一步讨论，参见 L. F. Feick，“Latent Class Analysis of Survey Questions That Include Don't Know Responses，” *Public Opinion Quarterly* 53（1989）：525-547；J. M. Converse and S. Presser，*Survey Questions：Handcrafting the Standardized Questionnaire*，Sage University Paper Series：Quantitative Applications in the Social Sciences 63（Beverly Hills：Sage Publications，1986）：35-39；以及 M. Gilljam and D. Granberg，“Should We Take Don't Know for an Answer，” *Public Opinion Quarterly* 57（Fall 1993）：348-357。

［8］S. Sudman，N. M. Bradburn，and B. Wansink，*Asking Questions*，rev. ed.（San Francisco：Jossey-Bass，2004），103-104.

［9］R. Tourangeau，M. P. Couper，and F. Conrad，“Spacing，position，and order：Interpretative Heuristics for Visual Features of Survey Questions，” *Public Opinion Quarterly* 68（Fall 2004）：368-393.

［10］D. Goleman，“Psychologists Offer Aid on Bias in Polls，” *New York Times*，September 7，1993，B5，B7. 该文的主要信息来源为 *The Public Perspective* 1993 年 6 月的一篇文章。

［11］有一个问题问及受访者在多大程度上愿意政府为清除石油泄漏出资，参见 P. Passell，“Polls May Help Government Decide the Worth of Nature，” *New York Times*，September 6，1993。

［12］关于前测和试点研究的深入探讨，参见 Converse and Presser，*Survey Questions*，51-75 and F. J. Fowler，Jr. “Presurvey Evaluation of Questions，” *Improving Survey Questions：Design and Evaluation*（Thousand Oaks，CA：Sage，1995），chap. 5。Fowler 探讨了焦点团体、深入访谈和实地前测的使用。

［13］S. Presser et al.，*Methods for Testing and Evaluating Survey Questionnaires*（Hoboken：Wiley-Interscience，2004）广泛深入地探讨了多种技术。Groves et al.，*Survey Methodology*（Hoboken：Wiley-Interscience，2004），chap. 8 也简要地探讨了多种技术以更好地审阅研究结果。

第 8 章

保护研究对象以及其他伦理问题

本章要点  248

1. 在以人为研究对象的研究中的伦理实践以及一些主要案例。

2. 在以人为研究对象的研究中的伦理实践的要素。

3. 从研究对象那里获取知情同意的要求。

4. 保护机密信息时需要考虑的问题。

5. 联邦政府对保护人类研究对象的要求。

6. 在允许研究者对其雇员或机构的当事人进行研究之前，管理人员应该考虑的问题。

在以人为研究对象的研究中，研究的本质决定了研究者和研究对象之间的特殊关系。研究者需要研究对象的合作来实现调查和研究。同时，研究对象需要研究者尊重他们、合乎伦理地对待他们。研究对象并不希望因为参与了研究而受到伤害。事实上，有的研究的确有可能给研究对象带来一些风险，包括肉体伤害、心理不适或隐私侵犯。

行政管理专业的学生可能觉得行政或者政策性的研究极少会**使研究对象处于风险之中**（put a subject at risk）。然而，当研究对象看起来确实不太可能受到精神上的伤害或者生命威胁时，实际上的危险却可能比看上去严重。表面上无害的研究却可能使得参与者感到气愤、沮丧、被羞辱或者担忧。他们可能因此不再那么愿意参加其他的研究了。他们也可能告诉其他人他们的经历，从而进一步降低公众对研究的支持。反过来说，明智稳妥、合乎伦理的研究实践可以大大地减少这些负面影响。

管理人员应当敏锐地意识到以人作为研究对象时存在的相关问题，并且认识到参与研究将如何给研究对象带来痛苦。否则，管理人员可能不能充分有效地保护其机构，以及这个机构的客户和雇员，甚至他们自己。在医院、学校、监狱和其他社
249 会服务机构中工作的管理人员应该尤其警觉，因为他们的雇员、病人、学生或者客户常常是研究者非常感兴趣的对象。当管理人员与研究者合作的时候，要负责保护其雇员和客户的权利。如果他批准调查者接触研究对象的请求，应该保证这些研究实践合乎伦理并且不会给机构招来非议。

我们将从一些著名的案例开始本章的学习。这些被引用的案例都是富有戏剧性的例子，但它们并不一定背离了当时的研究实践。因为种种理由，它们最终变得臭名昭著并且影响了当前对人作为研究对象这一现象的伦理思考。由于最近的案例发生于 1963 年，你可能会推论类似的伦理问题不会再发生了。然而，实际情况并非如此。1993—2001 年，有 4 起医学研究导致了 8 个研究对象的死亡。由此，生物伦理学家们出于保护研究对象的目的，开始重新审视相关政策。[1]对研究伦理的担忧不只限于医学领域。1999 年，家长们填写了一份诉讼申请，声称一项询问了青少年生活方式的调查侵犯了他们孩子的隐私权。[2]

当你阅读这些案例的时候，请站在法官、医院管理人员或者其他研究审批者的立场上；或把自己放在病人、陪审团或者旁观市民的位置上。想象你将如何应对一个问及你管理风格的调查。即使你从未在职业生涯中主持过一项研究，在思考了这些不同的情境之后，你可能会意识到保护研究对象直接涉及你本人的利益。

本章的第二部分把重点放在合乎伦理地对待研究对象的原则上，譬如，获得知情同意。一项针对机构雇员或客户的研究是否稳妥？如果管理人员熟悉知情同意的构成元素，他对这个问题的判断往往会有更可靠的依据。本章涉及了隐私和机密的问题，并且介绍了保护机密的策略。接下来，本章总结了现有的联邦政府保护研究对象的规定。在结尾部分，本章讨论了管理人员需要关注的问题，这些问题引导管理人员对是否配合研究做出决定。

8.1 具有说明性的案例

在美国，塔斯基吉梅毒研究是一个最广为人知的虐待研究对象的例子。[3]这项研究在 1932 年由美国公共卫生局启动，研究者监测两组非洲裔美国男性的健康状况。一组患有梅毒但未接受治疗，另一组则并未出现梅毒症状。这项研究记录了未经治疗的梅毒的发展情况。在这项研究开始的时候，对梅毒进行治疗有潜在的危险性，因而研究者未对研究对象进行治疗似乎有一定的正当理由。然而，20 世纪 50 年代中期以来，人们已经知道青霉素对梅毒具有显著的疗效，并且可以极其轻易地获得。但是直到 1973 年研究中止的时候，参与者依然没有得到青霉素治疗，甚至

被劝阻去别处寻求治疗。

这种不对研究对象进行治疗的行为令人担忧。因为尽管有纽伦堡法庭的裁决以 250
及后来对犹太慢性病医院（Jewish Chronic Disease Hospital）的起诉，这项研究依然没有受到质疑。在第二次世界大战结束之时，对纳粹暴行的揭露包括了医生和科学家进行人体实验的报告。纽伦堡军事法庭列出了十条进行人体医学实验的道德、伦理和法律原则，并以此控告这些医生和科学家。这些原则后来被称作“纽伦堡法典”[4]，并为后来对人类研究对象进行保护的规定奠定了基础。

塔斯基吉研究并没有遵从纽伦堡原则。它所违反的原则包括：研究对象的自由和知情同意权；研究者有避免造成研究对象不必要的肉体痛苦的义务；研究对象有随时终止参与研究的权利；在研究可能导致研究对象死亡的时候，研究者有终止研究的义务等。

1963 年，知情同意权又一次引起了公众的关注。一项诉讼调查质疑布鲁克林（Brooklyn）犹太慢性病医院中的 22 位病人是否在了解实际情况的前提下同意向他们体内注射活体癌细胞。[5]这些病人被问到是否同意接受一次注射，用于研究免疫系统反应。但是他们并没有被告知这个实验与他们所患的疾病及其治疗没有关系，他们也不知道注射物中包含活体癌细胞。调查做出结论，向病人征得对一个描述得很模糊的过程的同意，并不能被视作知情同意。犹太慢性病医院案例的公开依然没有改变塔斯基吉研究的进程。直到 1973 年，美国卫生部长的一个特别咨询委员会发现了塔斯基吉研究没有达到知情同意的要求。

纳粹医学实验、塔斯基吉研究以及其他案例的披露产生了持久的影响。最为显著的是，未向控制组提供有益的治疗被视为是不符合伦理的。一些对照研究在实验组产生了明显成效的时候便被终止。比如，一个 5 年的临床实验在两年半之后被停止了。研究者已经发现被研究的药物几乎能减少 50%乳腺癌复发的概率。[6]或者，如果一系列治疗都是有益的，但是研究者不知道哪一种治疗是最有益的，此时，控制组便被用来为某一种治疗提供对照。比如，在一项对抑郁症的研究中，所有研究对象都被给予了某种治疗。每一种治疗都肯定比不进行治疗要好，但是它们之间相对的有效性却不确定。

塔斯基吉研究的后果便是非洲裔美国人不再相信医学。非洲裔美国人相对更不乐意参与医学研究或者捐献器官用于移植。1990 年的民意调查显示，大约有 1/3 的非洲裔美国人认为至少存在艾滋病是一个灭绝他们种族的阴谋的可能性。[7]

缺乏知情同意就像是一个主题，贯穿着绝大多数虐待研究对象的案例。接下来的案例阐释了其他一些主题，这些主题同样有助于定义合乎伦理的研究实践这一概
念。1954 年，来自芝加哥大学法学院的研究者秘密记录下了陪审团的商议过程。 251
调查者希望知道更多关于陪审团商议过程的内容，以往这些过程只能从轶事传闻、审判后对陪审员的采访和模拟陪审中得知。研究者相信公开记录会影响甚至扭曲陪审团的商议过程。他们有意识地设计出了一套程序，既能获得没有扭曲的信息，还能保护所涉及的各方的权利。研究只涉及民事案件的陪审团商议，并且首席法官和诉讼人的代理律师给予了录音的许可。在记录完成之后，这些录音带由法官保存，

直到审判结束。

随着对陪审团进行研究的消息逐渐流传开来，一个美国参议院附属委员会举行了一场听证会以了解更多内容。尽管研究者们小心翼翼，想要保护陪审团成员和案件中的其他各方，他们也极力避免影响审判过程，但这项研究的确危及了陪审团商议的机密性。附属委员会主席的一句评论揭示了这项研究潜在的危害："一位陪审团的成员会不会因为可能有隐藏的麦克风在录音而犹豫是否要坦诚地表达他的意见？……他怎么能知道在这个案子中有没有一个麦克风在录音？"[8]

研究的参与者可能会丧失他们的隐私（privacy）。**隐私**是指个体防止他人获得有关自己个人信息的渠道的能力。当一个研究参与者没有被告知研究的真正目的时，这种欺骗性的研究可能会导致隐私的丧失。虽然极少有公共管理人员直接参与到欺骗性的研究之中，这却是一个与社会科学研究息息相关的问题。在一个知名的欺骗性研究中，博士研究生劳德·汉弗莱斯（Laud Humphreys）在研究那些随意、匿名与其他男人发生性行为的男人时，发现很难把这些男性从社区里的其他男人中区分出来。实际上，他们并非如人们通常认为的那样行为反常、离经叛道。

汉弗莱斯主动要求为那些使用公共休息室进行性行为的男子望风。他在这些男性毫不起疑、也没有表示同意的情况下记录下了他们的车牌号码，并且循着他们的车牌号码找到了他们的名字和地址。一年以后，他改变了自己的发型和着装风格，把自己打扮成一个调查员，前去拜访之前确定的研究对象，请求他们参加一个匿名的公共卫生调查。

批评者质疑汉弗莱斯的研究是否收获大于代价。[9]即使揭露研究对象身份的风险可以忽略，其他可能存在的风险也是不可知晓和不可估量的。假设与研究有关的一切一旦被公开，一个男子发现自己是他人的研究目标，隐私暴露的感觉会使得他觉得自己被汉弗莱斯利用和出卖了。

一些社会学家反驳称汉弗莱斯有权追求知识，而且他的策略相对于手头的问题而言是正当的。再者，由于他的研究揭示出这些研究对象并不像人们脑海中的刻板印象那么令人生厌，这些研究对象也从研究中受益了。也有人认为欺骗性研究有悖道德并且侮辱了研究对象。一些批评者担心欺骗性研究在被公开之后会导致广大公众对社会科学研究的反对。

另一个带有欺骗性的研究案例则表明研究对象可能会获得他们不想知道的有关自己的信息。心理学家斯坦利·米尔格拉姆（Stanley Milgram）设计了一个实验来
252 观察普通人会如何被诱使服从权威。研究者本人对理解大屠杀是如何发生的这一问题很有兴趣，他的研究题目正是被这一兴趣所激发的。研究对象被告知实验是为了研究学习理论。作为实验的一部分，这些研究对象被要求对其他参与者执行电击（研究对象对电击的真实性没有怀疑）。"其他参与者"实际上是演员，他们生动地表演出遭受电击的痛苦，但实际上这些电击并不存在。

一些研究对象拒绝继续执行电击并且退出了研究。其他人继续参与了研究但明显表现出了参与研究所导致的痛苦。批评者注意到的伦理问题在于，这些研究对象认识到了他们会服从命令而且对其他人造成严重伤害。如果不参与这个实验，他们

可能永远都不会获得这种自我认知。

除此之外，在不知情的情况下，研究对象被迫在两种强大而又相互竞争的价值观中做出选择。一方面，他们和研究者之间有一种隐形的契约关系，要求根据设计好的实验来帮助完成研究；另一方面，他们又持有不应伤害他人的价值观。

米尔格兰意识到了这项研究有可能会使研究对象不安，因而他的研究包含了一个仔细听取研究对象报告的环节。一个门诊治疗经验丰富的精神病学家走访了部分实验参与者。据说，他并没有发现实验对研究对象造成不良影响的迹象。[10]米尔格兰和其他人的一系列后续研究发现这种自我认知并没有持续的不良影响，甚至有一些参与者报告说从中受益了。不管怎样，这个案例成为了欺骗性研究历史上的一座里程碑。

8.2　合乎伦理的对待研究对象的原则

作为对以上这些以及其他一些被报道的虐待研究对象的案例的回应，保护生物医学和行为学人类研究对象全国委员会撰写了《贝尔蒙报告》(the Belmont Report)，明确了三项基本的伦理原则：尊重个人、仁慈和公正。尊重个人要求研究对象是自愿参加研究的并拥有足够的信息。仁慈要求不对研究对象造成伤害，在最大化可能收益的同时将可能伤害降至最小。公正要求研究对象的选择不是出于“他们很容易找到、持妥协的立场，或者具有可操控性，而是出于直接和眼前的问题相关的理由”。贯彻实施这些原则，要求研究对象给予知情同意、明确和权衡研究的收益和风险，并且公平选择研究对象。[11]知情同意体现了尊重个人，对收益和风险的评估体现了仁慈，而公平选择研究对象则体现了公正。

知情同意

研究对象**自愿的知情同意**（informed，voluntary consent）是合乎伦理的研究实践的基石。自愿同意是基于对个人自主权和尊严的尊重。潜在的研究对象必须得到充足的信息以帮助他做出知情地、自愿地参与研究的决定。第一，潜在的研究对象需要了解研究的大致目的。这一信息对研究对象权衡得失利弊提供了基础。第二，联邦政府的指导方针和合乎伦理的研究实践，要求向研究对象提供有关研究程序、研究目的、潜在的危险（包括未知的风险）等信息。换句话说，研究对象应该被告知他们被期望做什么及研究会对他们做什么。这些信息应当包括可能的不适、焦虑、不希望得到的自我认识或者麻烦。在低风险的研究中，研究对象更关心的可能是研究耗费的时间而非研究程序。

253

欺骗性研究，比如米尔格兰的实验，告知了研究对象关于研究程序和目的的虚假信息。欺骗性研究使得两种价值互相争斗：一项研究发现的潜在价值和对个体自主权的尊重。虽然关于可否接受欺骗性研究的争论仍在继续，但是既有程序可以使对知情同意的担忧降至最低。例如，一个研究对象可能被告知欺骗也是研究的一部分，他被要求同意在不知晓研究的所有细节的情况下参加实验。[12]

第三，潜在的研究对象应当了解为什么他们会被选中。虽然联邦政府的指导方针对这一条并没有做出要求，甚至没有建议，但是这可以帮助研究对象更好地理解研究目的、其在研究中的重要性和选择过程的公平性。[13]

第四，潜在研究对象应该被告知采集到的信息将被如何处理以及其保密程度。谁将得到从研究中获得的信息，哪些类型的信息将会被传播，研究者将采取哪些步骤来保护研究对象的身份，如果研究者发现了研究对象的违法行为或者健康危险将如何处理，如果制作了照片、录像、录音或者类似的记录，研究对象应该了解这些记录将被如何处理。曾有学生十分震惊地得知，有一卷作为实验的一部分录制的采访录音带，在她所在大学的课堂上公开播放。

提供有关研究目的、程序、风险的信息只是保证自愿参加的一部分。其他因素也可能损害研究参与的自愿性。

第一，研究对象必须了解潜在的风险和可能的收益。告知风险和收益的方式必须适合研究对象群体和研究本身。例如，在研究对象可能遭受一定风险的研究项目中，口头同意是不够的。仅仅签署一份声明也是不够的。研究者需要斟酌字句并选择恰当的技巧来确保研究对象真正意识到他们正在被要求做些什么。

第二，研究者和潜在研究对象之间的关系可能会影响潜在研究对象的判断。比如说，老师要求学生参加一项研究。这位老师可能会声称参加研究是自愿的并且不会影响成绩。学生们往往会自愿参与，因为他们觉得拒绝参加研究会影响老师对他们的看法。问题不在于参加与否的决定是否会影响老师的评分或者其他与教学有关
254 的行为，而在于一旦学生感觉到他的学业发展可能因此受到影响，那么参加研究的决定就不是自愿的。

第三，一些特定的环境可能会阻碍研究对象做出自愿决定的能力。监狱的囚犯、军队的军人、学校的学生，所有这些处于被控制的环境中的人，都可能把信息询问或参与请求理解为命令。凡有囚犯参与的研究项目都会被细致地审查。目前的联邦政策把囚犯参与的研究限制在对犯罪行为或者监禁的研究上。[14]联邦政府的规定提醒研究者，在囚犯中，即使是一些小小的激励，都可能会降低他们评估参与风险的能力，因而使得参与的决定不再是自愿的。

病人可能会错误地相信参与研究会有利于他们的治疗。自愿参与研究要求研究者提供关于参与收益和风险的清晰、切实的信息。研究者应该告知参与者研究中的干预将会如何影响他们现在的治疗。需要指出的是，那些病入膏肓的病人，无论他们说了什么，他们给出知情同意的能力是值得怀疑的。一篇《纽约时报》的文章如此总结这一问题：

> 潜在的参与者通常病入膏肓，并且想要抓住任何可能的救命稻草——他们甚至在签署一份文件时根本不去读它。基于这个原因，很多人认为根本没有所谓的知情同意，只有同意。[15]

第四，当研究涉及弱势群体时，我们尤其要小心。例如，儿童、老人以及智障人群。他们可能不具有做出知情决定或者保护自己利益的能力。通常，研究者会试图获得这类研究对象及其法定监护人的知情同意。

最后，自愿参与要求参与者有随时退出研究的权利。这一权利必须作为知情同意的一部分告知潜在的研究对象。此外，研究者必须告知潜在的研究对象他们享有的其他利益并不会受到他们退出研究的影响。比如，一个接受政府援助的人必须被告知，他继续享有接受援助的资格不会受到是否参与研究的影响。

知情同意与一张知情同意的表格是不能等同的。研究对象必须自由地决定是否参加研究。要做出这个决定，研究对象必须被告知关于研究的信息，并且给出参与的同意。一份签署了的知情同意书仅仅记录下了那些参与者已被告知理解并接受的信息以及他同意参与研究的声明。研究对象面临的风险越大，那么知情同意的程序就越详尽。如果是一份在线的调查，要获得参与者的知情同意，参与者可能只需要在网上读一读关于研究的介绍，然后用鼠标点击“接受”就可以表明他们愿意参与。对于那些研究对象不会面临超越日常生活或者普通工作职责之外的风险的研究，签署知情同意的声明可能是不必要的。但是，调查者也不能仅仅因为通过邮件或者电话接受调查的研究对象没有签署知情同意书，就免去了给予他们足够的信息 255
以及帮助他们做出知情同意的义务。[15]

明确与权衡收益和代价

人们可能对参与研究的收益和代价没有一致的意见。个体参与研究的责任感以及他们的教育、社会和职业背景会使他们对什么是风险、什么是收益及其重要性做出不同的判断。因此，知情同意需要研究者、中立的评论家和潜在的研究对象分别评估研究计划，判定收益是不是大于风险。研究者可能会错误地假设一项研究计划只有极小的甚至没有风险。他们也可能高估了研究的收益。当潜在研究对象来自一个与研究者差异很大的人群时，研究者需要格外警惕。譬如，研究者可能会低估研究新近的移民会对他们造成的潜在伤害。在这种情况下，研究者更容易对参与者的风险和收益的构成做出错误的判断。他可能会错误地认为他征得研究对象同意的方式不存在任何偏见并提供了足够的信息。

为了将忽视风险、高估收益和错误判断研究对象同意的知情自愿性等错误的可能性降到最小，研究者应当征求他人的意见。绝大多数隶属于大学的研究及生物医学研究应由机构性审议委员会①进行审查，它将判断研究计划能否充分地保护研究对象。（机构性审议委员会将在本章稍后部分详细讨论。）

那么，参与研究的收益有哪些？有时候，参与研究可以接受治疗以减轻生理或心理问题。有的时候，研究看起来可能能使一群人受益，这些受益恰恰是被潜在的

① 机构性审议委员会，又称制度性审议会，是正式成立以批准、监控、审核涉及人类研究对象的生物医学和行为学研究项目的委员会。——译者注

研究对象视作有价值的。比如，一个学校的校友可能会同意参与一项有关教育成效的研究，因为他们相信这项研究的成果会使后来的学生受益。对于一些研究，甚至可能是绝大多数研究来说，研究对象的参与是因为研究的问题看起来比较有趣，而且参与研究所带来的不便极小。

在另一些研究中，报酬被视为是一种很有价值的收益。我们知道一些研究生通过充当生物医学研究项目中的研究对象来获得一部分收入。因参与研究带来不便而给研究对象支付一定费用并不是不合伦理的，除非报酬数目大到可能会被视为贿赂或者疑似引诱行为的程度。那么，合理的报酬和不正当的引诱之间的界限在哪里？美国联邦法规并没有给出明确的指导方针。对于参与者是否应当获得比参与研究的直接成本更高的报酬，人们也没有一致的意见。不过美国联邦法规对按比例付款的问题并没有保持沉默，食品和药物管理局（Food and Drug Administration）规定从研究中退出的研究对象应按比例获得报酬。[17]

参加研究的风险有哪些？人们最常提及的风险便是肉体上的伤害、痛苦或不
256 适、难堪、失去隐私、时间损失和不便。研究也有可能揭露违法行为。其他风险，正如在说明性案例里提到的，包括伤害公众对公共机构的信心、破坏人与人之间的相互信任等。

作为告知信息的一部分，研究对象必须了解研究过程中或者研究可能导致的各种风险。如果风险是未知的，或者研究者们对风险的认知不同，那么这些信息必须被传达给研究对象。病危的病人可能会同意参与一项被寄望在将来治愈该病的研究项目。然而，研究者必须只能告诉研究对象在合理的期望范围内的收益。理论上讲，研究项目应当是开拓性的，但绝大多数研究项目都不是。因此，研究对象不应被告知一个研究项目可能创造非凡的研究成果；同样，研究者也不应当引导潜在研究对象去相信他们将获得理论上有可能但却未必能真正实现的收益。

尽管通常对知情同意的考虑仅仅限于参与者本身，但是管理人员应考虑到有时风险和收益可能并不仅仅局限于参与者自身。比如说，如果一个家庭成员参加了一个研究项目，他在参与过程中所耗费的时间，他在分享信息之后的反应，或者研究的后果都可能对他的家庭造成影响。那项对陪审团的研究说明了一个研究项目可能既不会给参与者带来伤害，也不会带来收益，但是可能会对一个重要的社会机构造成严重的负面影响。

研究对象的选择

研究对象的选择应该是没有偏见的，而且要考虑到谁会从研究中受益。像塔斯基吉研究和犹太慢性病医院这样的案例引起了与弱势群体研究相关的问题。后来的研究者和机构性审议委员会在审核那些研究对象来自弱势群体的研究时变得极其谨慎，同时也必须确保采取合适的措施征得知情同意。研究对象的选择从排除转向了包含。把某些群体排除在研究之外在伦理上也被认为值得怀疑，因为被排除在外的群体不能从研究中受益。比如，在20世纪90年代之前，女性通常都被排除在临床

实验之外。因此，人们对男性健康和男性对不同的治疗方案的反应比对女性健康有更多的了解。[18]这一情况导致的一个主要后果便是患有心脏病的女性和男性获得了同样的治疗。后来的研究则发现男女之间存在的差异，比如女性特有的症状、对治疗的反应以及后果等。[19]

招募研究对象是确保知情同意的第一步。公告应该申明是要寻求参与者参加研究项目。它们应该避免使用过分吹嘘好处或者强调诱惑的术语。在传单、媒体广告、互联网，或者给潜在研究对象的信件上出现的词汇可能会起到诱惑的作用。想象一下，如果你被要求测试一项令人激动的新治疗方案、参加一个免费的项目，或者“1 000 美元，你所需要做的仅仅是在我们的研究设备里待上一个周末”，那该是 257
多么的吸引人！如果参与者是通过私人渠道招募的，调查者必须注意不要强迫别人参与。[20]

招募的过程也可能会引发对个人隐私方面的担心。在本章后面的部分，我们将从机密的角度讨论隐私问题，例如个人对其信息的披露和公开的能力。个人隐私的另一个维度是肉体隐私，如果不是自愿的情况，这些隐私理应受到保护。[21]伦理学从各种角度讨论对于隐私的侵犯。如果某人想知道“他们是如何知道我的姓名的”，那么这其中就可能存在伦理问题。比如，在邀请一个社会服务的接受者评价一个项目之前，与这位服务接受者熟悉的社会机构的雇员应当取得他的同意之后再与他联系。沿着同样的思路，机构的当事人应当确保他们是否选择参与研究将不会影响他们通常所接受的服务。

在合乎伦理地选择研究群体的过程中，最关键的原则是分配正义：平等地分配研究的收益和风险、对相似的情况采取相同的处理方式、提供均等的参与研究的机会。[22]当前，在伦理学范畴内有关选择研究对象的争论被限定在生物医学研究中。在这个领域，个人风险和收益都相当高。因为群体间的巨大差异，一般性的原则将不适用于不同的种族群体、不同风俗习惯的人群和跨国研究。不仅如此，研究者应当意识到为什么他们正在研究一个特殊的群体，及为什么会选择如此规模的群体作为研究对象。

个体研究对象的选择应当是公正的。例如，在医学实验中，被指定去服用安慰剂的群体也许会感到被欺骗，而要求接受实质性的治疗。将喜爱的研究对象放到更有利的治疗组或者将不喜爱的研究对象放到更有风险的治疗组中是一种不合伦理的行为。需要指出的是，良好的研究实践和道德实践应该是一致的。

样本规模并不是知情同意的组成部分，但在行为学和社会科学的课本关于研究伦理的章节中也没有这方面的讨论。所需的研究对象的数量可能会影响到招募的积极程度，从而可能产生微妙的强制力。美国统计协会（American Statisitical Association）在其伦理守则中提到了样本规模。其指导守则指出那些知情并且对取样数量提出建议的统计员应当避免研究对象数量过多或者取样不足。[23]样本数量不足将影响统计分析的质量，比如有的时候人们不能判定他们从数据中得出的结论是不是只是偶然。相反地，仅仅为了减轻对分配正义的担忧而搜集一个容量过大的样本，可能会浪费人力物力，以及参与者的时间。

8.3 保护隐私和机密

理解**隐私**、**机密**（confidentiality）、**匿名**（anonymity）和**研究记录**（research record）等术语将为合乎伦理的研究实践提供基础。[24]就像我们之前所提到的，**隐私**是指个人防止他人获取其个人信息渠道的能力。**机密**指对信息的保护以保证研究
258 者不能或不会将带有个人身份信息的记录公开。**匿名**是指收集信息以使研究者不能将任何一份数据与某个特定的、有名有姓的个体相联系。**研究记录**是指为描述或概括不同族群的研究对象而收集和保存的记录。不同于管理记录或诊断记录，研究记录不应对个体做出判断或者用于支持直接影响个体的决定。

自愿参与和知情同意维护了个体控制个人信息的权利。当研究者对匿名和机密性做出承诺时，潜在的研究对象却不一定相信研究者会履行承诺。对机密性的保证既不能保证研究对象的坦诚也不能增加其参与研究的可能性；相反，有的研究发现，研究对象倾向于怀疑地看待研究者对机密性的承诺。[25]无论如何，研究者必须尊重参与者的隐私，并且将保护机密作为他们对研究对象应该履行的职业责任的一部分。

一些研究中所提出的问题似乎是对个人隐私的某种侵犯。一些问题将激起研究对象不愉快的回忆或者痛苦的感觉。这样的问题涉及对性行为、受侵害或歧视的研究。那些阅读色情文学、推理能力较差或持有广受争议的主张的人群可能更愿意保守自己的秘密。暴露自己吸毒、虐童或者从事犯罪活动将使研究对象产生被他人揭发的恐惧。如果一项涉及敏感话题的研究要合乎伦理，那么（1）相关的心理和社会风险必须是明确的，（2）研究对象回答研究问题的收益能够抵消潜在的风险，（3）潜在的研究对象必须被告知研究风险，（4）研究者必须恪守对机密性的承诺。[26]

为了避免在机密性这一环节出现问题，研究者可能需要收集匿名信息。如果没有记录显示受访人的身份且根据资料无法追踪到某个特定的个人，匿名参与便实现了。如果研究者正在为某个机构实施一项调查，一个近似于匿名的方法是在该机构收集信息后删除能够确认受访者的任何信息。如果向外界泄露某个机构当事人的身份会危及当事人的隐私，那么这种方式就可以被采用。一个机构可以从他们机构的档案中选取样本、分发问卷，或者搜集数据。另外，该机构可以请求当事人允许将他们的名字告知研究者。

通常，匿名是难以实现的。研究者必须知道和记录研究对象的名字来对没有给出反馈的人进行追踪，或者对回应者和未回应者做出比较；将受访者信息和机构的资料综合起来考察；对同一个体在不同的时点采集信息；或者对调查进行检查来确定研究已经完成并且所搜集到的信息是准确的。检查可能会危害调查的机密性，但是，如果不进行检查，不合格的情况便可能悄然无息地发生，引起更大的危害。

具体应当投入多大的精力来保护反馈者的身份，因情况而异。某些研究议题和

信息需要严格保护。在很大程度上，社会科学家记录个人信息只是为了追踪反馈者 259
和他们提供的数据。他们应当采取足够的措施预防个人信息的泄露。通常来讲，即使是很小程度的信息泄露，仍会使人感到忧虑。从数据中隐藏身份信息并且严格限制研究对象的名单的获得途径，对要求严格保护机密性的研究来说已经足够了。

对机密性信息的保护可能会因为管理人员的粗心大意、诉讼需要或者统计泄露而出现漏洞。为了避免偶然泄露个人信息，研究者应当从个体数据中分离出身份信息，可以对每条记录设置一组号码，名单和相对应的号码被单独保存在安全的地方。研究对象名单应当和他们的信息分开保存。对于纵向调查或者多来源收集信息的调查，每个人都应当被分配化名和个人信息相匹配。反馈者可能确定他们自己的化名，化名可能使用一种他人难以得到的信息，诸如其母亲的生日信息。这一方案的成功与否取决于受访人能否从始至终记着自己的化名。研究对象名单和化名名单应当同所收集资料分开保存。理论上讲，研究者可以保存他们的记录。联邦政策给予了参与者和研究者一些保护。《机密信息保护和统计效率法案》(Confidential Information Protection and Statistical Efficiency Act) 在 2002 年通过，该法案要求，如果个人信息将被用于非统计目的，联邦统计机构应告知反馈者并且征求他们的知情同意。[27]总体上讲，保密证明能够极大地保护调查诸如精神疾病和毒品滥用等敏感问题的研究者，使得他们免于提供调查对象的身份信息。如果一个研究者的研究对象可能会因身份暴露受到伤害，美国卫生与公众服务部门将为这些研究者提供保密证明。司法部门为那些从事刑事司法研究的研究者提供证明。在资料收集完成后，这种证明便无法获得。[28]

当报告数据时，研究者应当对疏忽造成的泄密保持警惕。举例而言，如果某州只有非常少的女性城市管理人员，那么分别列举男女城市管理人员答案的表格便可能会泄露这些女性管理人员的机密信息。同样，个案研究可能需要更多细致的程序来保护研究对象的身份，包括研究对象化名和个人信息的改动，比如职业的改动。

共享研究记录对机密性造成了很多特殊问题。我们在接下来的一章中将要讨论到，数据共享和二手数据分析将减少研究成本并增加研究质量。但是，一旦记录离开研究者控制，研究对象的知情同意和机密性便成了特别需要关注的问题。至于知情同意，研究对象可能已经同意为了特定的目的参与研究，但是并没有授权将信息留作他用。在这种情况下，研究者应当告诉研究对象那些信息将来可能的用途，包括用于对研究实施进程的独立验证或者复制分析结果。[29]在交出这些信息之前，研究者应当分离各种身份识别信息，如姓名、地址和电话号码。

一个更可怕的问题是**推断性披露** (deductive disclosure)。如果研究项目的参与 260
者姓名被知道了，那么就有人可以通过筛选数据来确定某个特定个体的身份。试想一项对国家部门雇员满意度的研究。如果有一份反馈者名单，有人就可以从数据中筛选出年龄、种族、性别、职务等信息并推断出该反馈者的身份。防止这种信息滥用的方法之一便是不要泄露反馈者名单。[30]人们对于公开使用的电子数据库有推断性披露的担忧。举例来说，如果人口普查资料被原封不动发布出来，人们可以详尽了解到关于某县三个西班牙家族或者某州由六个女性所有的公共事业公司的信息。

为了防止这样的滥用，人口普查局已经规定了一系列程序，尽可能在保护反馈者隐私的情况下发布相关信息。其中一项程序便是，如果案例数量达到了最小临界值，信息的发布将被冻结。[31]正如人口普查局的许多统计实践一样，这样的程序可以为其他研究者提供一个模板。

一个正在出现的让人担忧的问题是网络研究。研究者可以通过在网站上发布内容，在网络公告板上、列表服务器上、在聊天室内交流或者以相似的方式完成调查。对于哪些在线交流的内容应当被视作是公开的、哪些是私人的，以及研究者应当如何处理这些信息，人们持有不同意见。在没有特定要求的情况下，应当根据常识进行合乎伦理的研究实践。在网站上找到的信息，应同从其他文本材料中所得到的信息一样来处理，但是，研究者通常不会去征求知情同意或者考虑隐私问题。另一方面，邮件讨论的参与者不希望在一篇研究文章中读到他们的言论。尽管我们不能简单地假设任何在虚拟空间中进行的交流都是私人的，但是我们也不认为研究者可以放弃获取知情同意。获得同意的难度可能在于，定位现有的电子邮件地址并且获得同意来使用个人公布在网络上的信息。

8.4 保护研究对象的联邦政策和机构性审议委员会

1991 年，一项统一的保护人类研究对象的联邦政策——《共同规则》（Common Rule）出台了。[32]它要求每一个获取联邦研究资金且研究涉及人类研究对象参与的机构，必须成立机构性审议委员会并任命其成员。由**机构性审议委员会**判定项目是否符合以下要求：（1）研究对象的风险被降到了最低限度；（2）与预期收益相比，风险是合理的；（3）研究对象的选择是公正平等的；（4）研究征得知情同意并将其以合适的方式记录下来；（5）研究者监控某些数据来保证研究对象的安全；（6）保证研究对象的隐私和数据机密性的措施足够。[33]其中，有两个标准有必要进一步说明。第一，在确定参与者的收益与风险时，从研究中获取的知识所产生的长期效果应当被明确排除在外。第二，这一政策反映了对可能被侵犯的弱势群体的关
261 注。机构性审议委员会将判断对特定人群的研究是否遵循了公平、公正地选择研究对象的原则，并且确定潜在研究对象没有受到胁迫和不正当施压。

为执行这些任务，总体上来讲，机构性审议委员会应当能够在专业上胜任其工作：对日常收到的研究计划进行充分审查；对常规的伦理问题保持敏感，特别是那些会影响弱势群体的问题，如在押的犯人、儿童、孕妇、智障人士或身体有残疾的人士以及在其他方面处于弱势地位的人群。机构应当考虑每名被任命者的培训情况、种族、性别、文化背景以及对社群态度的敏感度。

不遵照《共同规则》将导致联邦资助的终止或中止，这为机构性审议委员会议的设立及实现职责提供了有力的保障。

机构性审议委员会议审查所有在机构范围内的涉及人类研究对象的研究。只审查有公共资助或私人资助的研究项目意味着只有受资助的项目才必须遵循伦理实

践。想要了解机构性审议委员会议工作的内容，就需要先明确什么是研究、什么是人类研究对象。

> 研究的内涵是："一项系统的调查，包括研究发展、测试或评估，旨在得出可普适的知识或对此作出贡献。"[34]
>
> **人类研究对象**是指"有生命的个体，研究者（无论是专家还是学生）对这一个体进行研究，以期通过对个体的干预或与个体的互动来获取数据或可辨识的个人信息。"[35]

机构性审议委员会主席或其指派的代表首先判断一个项目是否可以免除进一步审查，或应接受快速审查，或需要接受详细彻底的审查。免于审查或只需快速审查的项目不需要很细致地进行审查。这些类别的审查使那些风险极小的研究免于由全面的制度性审议导致大量的时间耽搁。这里所指的风险极小是指参与研究的风险类似于可能在日常生活中遇到的风险。

如果一个示范项目研究或者评估公共福利或者服务项目、在这些项目中获得福利或者服务的程序、这些项目或者程序的改动或者替换、这些项目中支付水平或方式的改变等，那么这个研究项目将免于《共同规则》的制约。[36]美国卫生与公众服务部希望示范项目被排除在外，因为，如果研究对象可以随时退出或即使拒绝参加也可以继续享受利益，那么所需要的研究就无法继续进行。1972 年的一项研究要求一个由可雇佣的福利接收者组成的实验组接受公共部门的雇佣；如果他们拒绝工作，他们的福利将会被终止。显然，假如研究对象可以随意改变他们的实验组身份，这样的研究将会遇到内部效度的问题。这一研究最终被呈递到了联邦法院，法院裁定该项试验是可以接受的，因为它与《社会保障法案》（Social Security Act）试图将福利名单上的人向有报酬的雇佣状态转移的目标相一致。[37]

《共同规则》暗示性地允许机构性审议委员会免除对公共场所行为调查的书面 262
知情同意。但是如果调查的反馈可以被追踪到具体的个人，或者这种泄露会导致刑事或民事责任，或者损害研究对象的经济地位、受雇能力和名誉，那么这种免除将不会被允许。

联邦法规比我们这里所呈现的更为复杂。进一步讲，随着实践的演进，法规被频繁地审查。[38]1999 年，一名 18 岁的参与者在联邦资助的基因治疗研究中死亡，这一个案导致了对机构性审议委员会制度的审查。他的身体不适是由于节食和吸毒引起的，但他并没有不治之症。联邦机构对此做出的一项迅速回应是对知情同意表格给予更多关注，并强调签署知情同意表格并不足以表明参与者理解了所有相关信息，特别是那些潜在的风险信息。

联邦机构、咨询委员会和研究组织起草并审查了相关政策，最终将可能达成"一项统一的、综合的联邦政策，该政策将具体化成一组独立列出的规则和方针……能适用于所有类型的人类研究对象参与的研究"。这些政策由从事生物伦理和生物医学研究的专家起草。无论如何，这些政策提议将会影响社会科学研究，社会科学组织也正在对它们进行观察和评估。

人们应当在何种程度上关注机构性审议委员会的审核呢？从事研究的各联邦部门、机构和个人必须遵从联邦保护研究对象的政策。如果你是接受联邦研究资助的高校、医疗机构或其他机构的学生或雇员，在进行那些需要与研究对象进行互动、操作或使用可辨识的个人信息的研究之前，你应当与机构性审议委员会进行协商。研究公共管理的学生或专业人士更容易倾向于“研究个人或组群的特点或行为……或使用调查、访谈、口述史、焦点小组、项目评估、人类因素评估或质量保证进行研究”[39]。所有这些都可能符合快速审查的条件。

8.5 知情同意和机密性以外：管理人员所关心的问题

作为管理人员，你也许在没有机构性审议委员会的环境下工作。无论如何，在实践中，你应当坚持《贝尔蒙报告》的标准。我们在前文中讨论过这些标准，它们是尊重个人、仁慈、公正、获得知情同意、合理的风险收益比和公正地选择研究对象。尽管你从来没有进行过人类试验，但是那些想要研究你的雇员和客户的研究者可能会接近你。如果你是学校、监狱或者医疗机构的管理人员，研究者会更想要接近你。在从合乎伦理的角度考虑一个研究项目时，管理人员的主要关注点是确保研究者实施标准的程序，从而减少风险。

263 第一，管理人员应当对计划好的研究有一个总体了解。为什么研究者想要对其部门的客户和雇员进行研究？研究对象将如何被挑选？他们是否是匿名的或是被保密的？研究者会采取哪些步骤来保护他们的身份？研究者将会要求他们做什么？研究需要花费多少时间？研究有哪些潜在风险？他应当保证对研究对象的选择或实验组的分派都是公平的，且对参与者和不参与者都是公平的。[40]为保护客户和雇员的身份及隐私，部门代表应当与研究所涉及的人士联系，对研究的性质进行解释，并请求他们同意将其姓名提供给研究者。最先联系潜在的研究对象的不应当是研究者，而是机构代表。他们应该注意在接触潜在研究对象的时候不使用强制性的语言。公开的告示，如海报，可以被用于来招募雇员或客户。当研究者使用公开告示而非个人请求的方式进行招募的时候，自愿参与更容易实现。[41]

第二，管理人员应当确保经过联系的客户明白他们享受部门项目或服务的资格不会因他们是否参与研究的决定而受到影响。对雇员进行研究可能会存在问题。为了保证雇员的参与是自愿的，他们是否参与的决定不能影响其业绩评价或工资，并且要对雇员解释清楚这一点。[42]

第三，管理人员应该审查知情同意的程序。如果研究对象将面临风险，管理人员应当记住，签署知情同意表格并不足以说明研究对象真正理解了他们被要求做什么以及其中的风险。管理人员需要知道研究者是否将研究提交给了机构性审议委员会审查，或者也可能需要知道谁审查了研究计划，以确保研究者没有被研究的激情

蒙蔽。来自研究参与者的代表提供的信息尤其宝贵，因为他们可能帮助发现潜在的重要问题。比如，犯人、有前科的人和监狱保安可以审核由犯人参与的研究计划。

管理人员希望研究者就研究的潜在风险参与讨论，以使管理人员能够判断研究者是否考虑到了研究所关涉的伦理问题。管理人员应该更多了解研究的风险并提高判断能力，以判断研究会给机构带来的风险。类似地，如果合适的话，管理人员应当观察，在研究对象参与研究之后，研究者有没有听取研究对象的意见。例如，在执行了某项研究任务后，有些研究对象会对自己的表现感到失望或受挫。听取研究对象的意见能让研究者观察研究的消极影响、回答研究对象提问或解释其关切的问题。

第四，如果研究需要制定一项方案，管理人员可能想要知道，研究结束后研究者计划做什么。在监狱或者精神病医院里，研究对象可能参加一个研究项目，比如说一个治疗小组。治疗小组可能会由于研究者完成数据收集而过早地结束。雇员和 264
学生可能会参与一个实验课程，结果却发现雇主并不需要他们的新技能或者实验课程与学校的课程不相适应。

一个棘手的问题是，研究发现将被如何处理。研究者是否计划将这些数据放进一份档案？如果是的话，那么他应该告知研究对象这些数据会存放在何处，以及他们的个人信息将如何得到保护。如果该机构觉得它应当得到研究的数据，而且研究者愿意遵循伦理并且告知研究对象资料将如何被处理，该机构应当预先对细节问题做出安排。如果该机构想获得研究对象的信息，无论该机构是研究对象的雇佣机构还是为研究对象提供福利的机构，都应该告知研究对象这一点，以此作为知情同意的一部分。比如，研究者应当告知研究对象：研究对象及其机构将获得哪些信息？他们会获得最终的报告吗？阶段性的报告呢？完成的问卷、记录或者其他研究文件将被如何处理？[43]

第五，管理人员应当考虑研究将如何影响机构的声誉。不论机构所起的作用是什么，如果研究被大家认为是有益的，机构的声誉将会提升；然而，如果研究被视作毫无价值且具有冒犯性的，机构的声誉将遭到损害。管理人员可能会质疑一项研究是否会过度侵犯反馈者的隐私或过度侵占他们的时间。他还应当考虑的是，一项研究是否占用了机构的资源，包括时间，以及是否对公共资金进行了合理利用。他应当确信该项研究会收获有价值的资料。不可靠或没有清晰目的的项目是不会获得有价值的信息的。如果一项研究的结果会被其他人使用，那就需要经过相关人审阅，或至少研究者应当尽量实事求是地记录。不可靠的、没必要的项目或没必要的研究只会浪费反馈者的时间。没有操作效度的项目会损害反馈者的美好意愿，因为在这种情况中，反馈的信息只能导致错误的或被误导的结论。为保证研究提供了可用的、有用的信息，管理人员需要审查研究工具，确认研究者预先测试了所有的工具并保证其信度和操作效度。

一项没必要的或设计拙劣的研究所产生的有害结果不仅仅限于反馈者，未来的研究也同样会受其影响。试图挖掘太多的信息或过于频繁地寻求信息，都会为未来的信息收集制造障碍。想想各种机构、州政府和地方政府的抱怨吧，它们拼命收集数据只是为了满足联邦政府对资料的要求。如果反馈者察觉到数据只是被收集但派不上什么用场的话，也会有类似的后果。

本章小结

无论研究者是进行研究还是从相关的组织、雇员、代理人身上收集相关的调查资料，管理人员必须确保所有的参与者被合乎伦理地对待。研究者必须坚决遵守《贝尔蒙报告》，并且确保参与者从中受到尊重、仁慈和公正的对待。

265 获得知情同意是大多以人为研究对象的研究的中心问题。知情同意意味着研究对象在明确研究的实际意图、潜在风险和预期收益后，同意参与到研究过程当中。研究信息应当被明确告知；调查者不能夸大研究给参与者带来的预期收益，也不能隐瞒研究过程可能带来的各种社会或者精神上的不良反应。研究对象必须被告知这项研究将对他们做什么，以及研究者对他们的预期。尽管知情同意可能需要被书面化，但是这一程序不应当在确保研究对象理解他们正在被要求做什么之前进行。

研究应当客观地选择研究对象，并考虑到谁将从这一研究中受益。研究对象参与研究必须是自愿的。研究对象可能会受到一定程度的激励，但不应过大或过分具有吸引力，以至于被视作对研究对象不恰当的诱导。与潜在研究对象存在工作或个人关系的研究者，应当意识到这种关系可能使参与研究的请求具有利用性，并且会损害自愿参与研究的可能。潜在的研究对象必须被告知，除了与参与研究直接相关的利益，他们所享受的其他利益并不受是否参与研究的影响。同样，如果他们从一项研究中撤出，他们继续享受利益的资格不应当受到退出研究这一决定的影响。作为知情同意过程的一部分，潜在的研究对象必须被告知他们随时都可以退出研究。

潜在的研究对象应当被告知，他们所提供的信息在研究完成后将被如何使用。没有研究对象的明确授权，研究者不得向不相关的人公开研究记录，包括研究对象的亲属、私人医生或雇主。当然，这些禁止条例并不应妨碍政府权威部门执行研究记录审查，从而确保研究内容的完整性；政府审查的过程应当谨慎并保证机密性，并且对审查者的公开的资料也应当是经过知情同意的。如果资料被送入资料库，研究者应当剔除身份信息并且谨慎地防止研究对象的个人身份信息通过推理被泄露。

受到联邦资金资助并且进行涉及人类研究对象的研究机构，必须成立机构性审议委员会。机构性审议委员会是一个审查并批准各种以人为研究对象的研究项目的机构。机构性审议委员会可能会对研究对象仅有极小风险的研究项目加快审核，对涉及调查、观察人类行为，以及由政府部门或政府官员发起的社会实验免除某些方面的知情同意。无论是否要求获取机构性审议委员会的批准，研究者和项目资助者们都应当在研究中给予调查对象足够的保护。

同意其管理的机构配合研究者进行研究的管理人员，应当会见研究者，确保其实践合乎伦理，并且通过正当程序获得知情同意。选择研究对象和分配实验组的过

程，必须对参与者和非参与者都是公平的。必须特别注意使客户认识到参与研究与否不会影响他们从相关机构获得的服务，同时让雇员了解到他们的参与将不会影响到他们的工作条件。如果合适的话，管理人员想要知道，研究者是否会听取研究对 266
象的意见，以及例如治疗组这样的研究项目将如何被终止。如果机构希望获取研究资料，他们应当提前做出安排，并且将这一信息包含在提供给潜在研究对象的信息中，以获得知情同意。

第 9 章将讨论对先前搜集并保存的研究资料的使用。获取既有的或二手的数据能减少数据搜集工具的设计和执行所需花费的时间和金钱。使用现有数据也能减少机构和相关人员被询问信息的负担。下一章的内容包括：研究者将如何查找二手数据，需要哪些信息来获取、核对数据并备案，一些由人口普查局进行的主要调查的内容。尽管二次数据有其独特的优点，但它们可能不够充分或不那么适用于计划中的研究。此外，正如本章中所指出的，出于伦理的考虑，研究者也可能无法使用现有数据。

术语回顾

处于风险之中的研究对象（subject at risk）

隐私（privacy）

研究记录（research record）

知情同意（informed consent）

机密（confidentiality）

机构性审议委员会(Institutional Review Board，IRB)

自愿参与研究（voluntary research participation）

匿名（anonymity）

人类研究对象（human subject）

推断性披露（deductive disclosure）

复习题

下列问题可以反映你是否基本掌握了本章内容：

1. 潜在研究对象必须拥有哪四条信息才能给予知情同意？分别解释原因。

2. 知情同意和自愿参与是如何相互联系的？

3. 为了了解吸毒是否伴随创伤事件出现，研究者试图就吸毒者的童年及青春期对其进行采访。研究者知道这种采访可能会导致痛苦和悲痛的情绪。机构性审议委员会在批准研究实施之前应该考虑什么？

4. 什么类型的收益应当告知潜在研究对象？在告诉潜在研究对象关于参与研究所带来的收益时，研究者应当如何把握描述的程度？

5. 什么类型的风险应当告知潜在研究对象？当告诉潜在研究对象关于参与研究所带来的风险时，研究者应当如何把握描述的程度？

6. 研究对象的意见重要吗？在降低研究对象风险的过程中，听取研究对象的意见起到了什么作用？在使研究者了解更多有关研究风险的过程中，听取研究对象的意见起到了什么作用？

7. 请解释为何下列行为被视为可能是不恰当的：

(1) 一位校长请求他所在学校的教师参与一项他对毕业班进行的研究。

(2) 在一项调查中，分发给每个反馈的信封一个不同的信箱号以确定每个参与者的身份。

(3) 用英语向刚从亚洲移民过来的潜在参与者解释研究计划。

(4) 一个社会机构将一份客户名单移交给一个正在研究客户对机构看法的研究者。

(5) 对成年残疾人进行研究，但仅获得其监护人，而非研究对象本人的同意。

8. 解释收集机密信息和匿名信息的不同之处。在什么情况下，研究者更偏爱收集机密信息？在什么情况下，研究者更偏爱收集匿名信息？

课后作业与讨论

1. 假设你领导着一个很大的机构，如学校。概述一项协议，用于同意一项涉及研究机构雇员和/或客户的研究。

2. 研究者如何确定其研究可能带来的风险？

3. 研究者计划在教学系统内对一群有天赋的三年级学生进行一项加快进度的数学教学计划测试。尽管参与者的数据收集将持续整个小学阶段，但该项计划只持续一年。对那些参与项目的孩子来说，你能够预见什么样的风险？

4. 一位年轻的研究者主张，永远不要将研究对象置于风险中是唯一合乎伦理的研究方式。请对此发表你的意见。

5. 美国统计协会的伦理指导方针暗示让太多或太少的研究对象参与研究都是伦理所关注的问题。你觉得为什么是这样的呢？

6. 你所在的大学或高校有没有机构性审议委员会？其成员有哪些？找到一份审议委员会关于“有人类研究对象参与的研究”的政策说明书。调查研究是如何操作的，设计机构的研究（如评估项目）又是如何操作的。

7. 找一份同意表并确定知情同意的关键组成部分。检查这张表中有没有关键的信息被遗漏。

8. 一位研究者正在研究提供给犯人的教育计划的有效性。在对犯人的采访中他得知，他们中有一些人走私毒品。他是否应该将这些信息提供给监狱当局？为什么？

9. 一位研究者对研究对象进行遗传测试。测试显示玛丽携带亨廷顿氏舞蹈症的致病基因。研究者应当对玛丽说些什么？

10. 研究者正在进行一个为期 24 个月的示范项目，以研究一个职业培训项目的有效性。研究者计划将研究对象随机分配到职业培训的实验组或控制组中去。控制组成员将得不到任何培训并不会被告知任何其他培训机会。就该项计划的伦理问题谈谈你的观点。

推荐读物

Paul Oliver, *The Students' Guide to Research Ethics* (Philadelphia: Open University Press, 2003) 是一部很好的对伦理问题介绍的著作。

关于影响以人为研究对象的研究的联邦政策的最新信息，可查阅主页：the Office of Human Subjects Research, National Institutes of Health home page is recommended (http://ohsr.od.nih.gov)。The ORHP 中的"政策指导"部分包括规则的副本和其他文件，*Responsible Research: A Systems Approach to Protecting Research Participants* (Washington, DC: National Academies Press, 2003) 评估了现有的保护人类研究对象的政策框架，并做出了改革的建议性方案。

一个宝贵的资料来源是 R. Amdur and E. Bankert, *Institutional Review Board: Management and Function* (Sudbury, MA: Jones and Bartlett, 2002)。它包括了很多政策文件和简短的 presentation 文件，内容涉及审核的过程、知情同意的组成、弱势群体，以及与研究手段相关的各种问题。

在修订本章的过程中，有一份对于涉及犯人的研究提出改进建议的报告问世了。这份报告对《贝尔蒙报告》的原则、机密和隐私的相关担忧以及联邦政策的实施等问题做出了出色的审查。L. O. Gosten, C. Vanchicri, and A. Pope, eds., *Ethical Considerations for Research Involving Prisoners* (Washington, DC: National Academies Press, 2006)。

Celia B. Fisher, *Decoding the Ethics Code: A Practical Guide for Psychologists* (Thousand Oaks, CA: Sage Publications, 2003) 包含了有关研究伦理和其他非研究的伦理问题。其他如历史学家、人类学家、统计学家、社会学家和项目评估人的职业联合会也有伦理指导纲领（在他们的主页上能找到），这些纲领也值得一读，从而可以获得对伦理问题更好的理解。

Expanding Access to Research Data: Reconciling Risks and Opportunities (Washington, DC: National Academies Research, 2005) 聚焦于获取数据和保护机密性这两种互相排斥的要求。

R. F. Boruch and J. S. Cecil, *Assuring the Confidentiality of Social Research Data* (Philadelphia: The University of Pennsylvania Press, 1979) 写到了与机密、保护机密的策略以及法律争端等相关的问题。

注　释

[1] L. K. Altman, "Volunteer in Asthma Study Dies After Inhaling Drug," *New York Times*, June 15,

2001.

[2] K. Sucato, "Education: Student Survey's Unexpected Lessons," *New York Times*, February 5, 2001.

[3] N. Hershey and R. D. Miller, *Human Experimentation and the Law* (Germantown, ND: Aspen Systems Corporation, 1976), 8-10，其中总结了塔斯基吉研究的官僚政治的历史。Hershey 和 Miller 发现，在尊重人权如此受关注的时期，塔斯基吉研究仍在进行。

[4] 在网上便能找到纽伦堡法典的文本。其内容被列入许多伦理学教材，如 R. Amdur and E. Bankert, *Institutional Review Board: Management and Function* (Sudbury, MA: Jones and Bartlett Publishers 2002)。

[5] Jay Katz, *Experimentation with Human Beings* (New York: Russell Sage Foundation, 1972), 10-65 根据调查记录作了少量改动，重新编写了一个版本。Hershey and Miller, *Human Experimentation*, on 6-7，归纳了这些问题。

[6] Richard Friedman, "Cases: Long-Term Questions Linger in Halted Breast Cancer Trial," *New York Times*, October 21, 2003.

[7] J. H. Jones, *Bad Blood: The Tuskegee Syphilis Experiment* (New York: Free Press, 1993), 221. 其他的对于涉及病人的信任以及参与意愿的研究可查询 http://www.phrusa.org/research/domestic/race/race_report/subsection/20_pttrust/chart.html。

[8] Katz, *Experimentation*, 68-103 页，作了修改的听证会材料。小组委员会主席为 Senator James O. Eastland，在 Katz 这本书的第 80 页可以找到相关引述。

[9] 这些批判性观点的总结来自 T. L. Beauchamp, et al., *Ethical Issues in Social Research* (Baltimore: Jones Hopkins University Press, 1982), 11-15。对关键的批判进行了再次的修订的版本见 Katz, *Experimentation*, 325-329。

[10] Katz, *Experimentation*, 358-365 页重申了 Milgram 的研究；在 403～405 页 Katz 重申了对 Milgram 研究的看法。

[11] *The Belmont Report: Ethnical Principles and Guidelines for the Protection of Human Subjects of Research* (Washington, D. C.: The National Commission for the Protection of Human Subjects of Biomedical and Behavioral Research, April 1976), 4-6.

[12] 在 *Ethical Principles of Psychologists and Code of Conduct* (Washington, DC: American Psychological Association, 2002) 中的标准 6.15 涵盖了欺骗性研究的使用。在 Donald N. Bersoff 的 *Ethical Conflicts in Psychology* 中的两篇文章值得一读：J. E. Siebert, et al., "Deception Methods in Psychology: Have They Changed in 23 Years?" 406-407，和 D. J. Pittenger, "Deception in Research: Distinctions and Solutions from the Perspective of Utilitarianism," 408-415. Siebert 等的文章评估了七种征求知情同意的策略的潜在伦理缺陷。

[13] Hershey 和 Miller 在 *Human Experimentation*, 33 页中提出这种建议。

[14] E. D Prentice et al., "Research Involving Prisoners," in Amdur et al., *Institutional Review Board*, pp. 394-398.

[15] L. K. Altman, "Fatal Drug Trial Raises Questions about 'Informed' Consent," *New York Times*, October 5, 1993, B7.

[16] R. M. Groves, et. al., *Survey Methodology* (Hoboken, NJ: John Wiley, 2004), 352-355；对知情同意总结性的研究可见 364～366 页。也可参见 J. M. Oakes, "Survey Research," in Amdur and Bankert, 430。

[17] B. G. Gordon et al., "Paying Research Subjects," in Amdur and Bankert, 183-190. 这篇文章涵

盖了正反两方关于补偿研究对象的观点，以及补偿研究对象的方式。

[18] N. Kass, "Gender and Research," in J. P. Kahn, A. C. Mastroianni, and J. Sugarman, eds., *Beyond Consent Seeking Justice in Research* (New York: Oxford University Press, 1998), 67-87.

[19] http//www. ahrq. gov/research/womheart. htm, 2006-07-22.

[20] 为进一步讨论伦理和招募程序，请阅读 R. J. Amdur and E. A. Bankert, *Institutional Review Board*. F. A. Khin-Maung-Gyi and M. D. Whalen 的如下文章："Recruitment of Research Subjects," 176-179; R. Hom, R. Kreb, and L. Medwar, "Advertisements for Research," 180-184。

[21] 为给进一步的讨论提供参考，可阅读 H. Cho and R. LaRose, " Privacy Issues in Internet Surveys," D. de Vaus, ed, *Social Surveys*, vol. Ⅱ (Thousand Oaks, CA: Sage, 2002), 206 - 222. J. M. Oakes, "Survey Research," p. 430，亦讨论了隐私和实验对象招募。

[22] C. R. McCarthy, "The Evolving Story of Justice in Federal Research Policy," In J. P Kahn, A. C. Mastroianni, and J. Sugarman, eds., *Beyond Consent: Seeking Justice in Research* (New York: Oxford University Press, 1998), 11.

[23] American Statistical Association, "Ethical Guidelines for Statistical Practice" (1999). 该准则已在协会网站上公开（www. amerstat. org/profession/ethicalstatiatics. html)。

[24] R. F. Boruch and J. S. Cecil, *Assuring the Confidentiality of Social Research Data* (Philadelphia: University of Pennsylvania Press, 1979), 23-27.

[25] A. G. Turner, "What Subjects of Survey Research Believe about Confidentiality," in *The Ethics of Social Research: Surveys and Experiments*, ed. J. E. Sieber (New York: Springer-Verlag, 1982), 151-165. 为总结近来公众对资料机密性态度的更多研究，请阅读 *Expanding Access to Research Data: Reconciling Risks and Opportunities* (Washington, DC: National Academies Press, 2005), 52-54。

[26] 为了进一步讨论保护隐私的程序、相关适用的联邦法律和更广泛的书目，建议阅读 *Protecting Human Research Subjects*, 3-27-3-37, 3-56。对识别和质疑敏感话题的方式感兴趣的读者，建议阅读 C. M. Renzetti 和 R. M. Lee, eds., *Researching Sensitive Topics* (Newbury Park: Sage Publications, 1992) 中的案例。

[27] 关于联邦法律保护的简要而又充分的介绍，见 *Expanding Access to Research Data*, 56-59 页，报告也考虑到了对与国家安全相关的信心的威胁。

[28] Ibid., 56.

[29] T. E. Hedrick, "Justifications and Obstacles to Data Sharing, "in *Sharing Research Data*, eds. S. E. Fienberg, M. E. Martin, and M. L. Straf (Washington, DC: National Academy Press, 1985), 136. Hedrick 所引用的材料从更深层次讨论这个问题，也可阅读 the *Ethical Guidelines in Statistical Practice*, D4, (Alexandria, VA: American Statistical Association, 1989)。

[30] 对于防止"推断性披露"的方法，参见 J. Steinberg, "Social Research Use of Archival Records: Procedural Solutions to Privacy Problems," in *Solutions to Ethical and Legal Problems in Social Research*, eds. R. F. Boruch and J. S. Cecil (New York: Academic Press, 1983), 249-261: and Boruch and Cecil, *Assuring the Confidentiality of Social Research Data*, chap. 7。

[31] 关于具体的策略以及它们在何时被使用的信息，参见 http//factfinder. census. gov/jsp/saff/SAFFInfo. jsp?_pageId=su5_confidentiality。

[32] U. S. Science and Technology Policy Office, "45 Code of Federal Regulation 46 (45 CFR 46) Federal Policy for the Protection of Human Subjects: Notices and Rules, "*Federal Register* 56. (June 18, 1991): 28002-28018.

[33] 45 CFR 46 Section 46. 111.

[34] 45 CFR 46 Section 46.102 (d).

[35] 46 CFR 46 Section 46.102 (f).

[36] 45 CFR 46 Section 46.110.

[37] Breger, "Randomized Social Experiments and the Law," 104-105，材料引自 *Aguayo* v. *Richardson*, 352 F. Supp. 462 (S. D. N. Y. 1972)。

[38] 关于当前活动的资料来源可参见 Office of Human Research Protection 的网站（http//www.hhs.gov/ohrp/）。关于社会科学的相关问题，参见"Protecting Participants in Social, Behavioral, and Economic Science Research: Issues, Current Problems, and Potential Solutions", *Responsible Research: A Systems Approach to Protecting Research Participants* (Washington, DC: National Academies Press, 2003), Appendix B。

[39] "Categories of Research that May be Reviewed by the Institutional Review Board (IRB) through an Expedited Review Procedure" (Washington, DC: Office of Human Research Protection), November 1998, 63 FR 60364-60367.

[40] 关于招募自愿者、雇员和弱势群体的更多讨论细节，可阅读 *Protecting Human Subjects*, chap. 6, 以及 A. J. Kimmel, *Ethical Issues in Behavioral Research* (Cambridge, MA: Blackwell Publishers, 1996), 215-235.

[41] *Protecting Human Subjects*, 6-35.

[42] Ibid., 6-55.

[43] Paul Oliver, *The student's Guide to Research Ethics* (Philadelphia: Open University Press, 2003), chapt. 4 有一些与此相关的有意义的讨论。

第 9 章

经典教材系列
公共行政与公共管理经典译丛

二手数据分析：寻找及分析现存数据

本章要点  270

1. 二手数据分析的利弊。
2. 如何识别、获取二手数据并评估其质量。
3. 美国人口普查局主要的人口普查内容与相关重要记录。
4. 如何使用普查数据。

当我们急于开展研究时，往往忽略了已经存在的可供使用的合适数据。同样，我们可能会回避某些问题，因为考察这样的问题所需要的数据超出了我们的数据收集能力。这时，使用现存的二手数据阐释或解决问题就是一种性价比很高的方法。

二手数据（secondary data）是指现有的数据，它是调查者为特定研究项目之外的目的收集的数据。它可能来自独立研究人，或是研究团队、机构部门或组织的研究成果。这些数据可能是为一个特定的项目收集的，或者是数据库的一部分，也有可能是为监控某机构的表现而留存的记录。背景、需求、问题各不相同的调查者经常参考并使用此类二手数据。

一般来说，为了保险起见，研究者收集的数据量往往大于实际需要分析的数据量。他们的调查中有些问题可信度不高，有些可操作性较差，并不是所有的数据都有助于研究项目。在撰写调查问卷时，调查者认为信息似乎是免费而唾手可得的。他们制定含糊的计划，不断增加问题数量，期望日后能分析所有问卷来得到反馈。但很常见的情况是，迫于时间压力或兴趣转向，调查者往往半途而废。

很多机构出于各种目的收集并贮存数据资料。经理查询数据是为了控制费用和
271 评估员工表现、资源的投入与获取、生产效率等等。作为日常管理的一部分，管理人员会定期检查某些特定的数据指标，如业绩指数等。他们依靠现有的数据跟踪下属部门的业绩表现，也依靠这些数据估算服务需求以及满足这些需求所动用的资源。无论当初出于何种目的收集并保留下这些数据，它们总会被不断翻出来并重新组织以解答后续层出不穷的新问题。

统计组织，包括美国人口普查局（the U. S. Census Bureau）、州人口统计部门（State offices of vital statistics）、民意调查公司，以及各大学的研究团队，如总部在密歇根大学的校际政治与社会研究联盟，都致力于收集、编辑并解读数据资料。专业协会，如国际市/县管理联合会（ICMA），以及其他的公益组织，也长期收集并公布其成员感兴趣的主题的相关数据资料。如 ICMA 每年会出版一本《市立年鉴》（*The Municipal Year Book*）。背景、需求、问题各不相同的调查者经常参考并使用此类二手数据。

在本章中，我们将大致了解使用二手数据的利弊，学习如何识别合适的数据、获取数据，并评估该数据的质量及其对研究项目的应用有效性。接下来，本章将介绍一些重要的数据来源。本章还将综述美国人口普查局进行的两次人口普查及政府统计的大概内容。

9.1 如何与二手数据打交道

使用二手数据分析的利弊

使用二手数据分析能够显著降低研究者在工具设计、数据收集与编辑方面的成本。除此之外，它还有其他的优势，如使某些实际操作不可行的研究成为可能，还能使研究项目坦然面对公众审慎的目光，所有的原始数据都向公众开放供验证、改进，甚至反驳。它还能提高研究的质量。

如果研究者需要在研究中使用比较数据或时间数据，二手数据分析就显得很有必要了。比如一项贫穷人口女性化的研究，认为在贫穷人口中妇女与儿童所占的人口比例过大。调查者需要研究美国及其他工业化国家中妇女就业模式、社会福利模式以及单亲家庭的分布状况。[1]

没有政府统计数据，研究者就无法完成他们的研究。在浩如烟海的记录，有些甚至是外文记录中，为了整理数据，他们将精疲力竭。搜寻记录需要金钱与时间，请翻译会增加更多成本。调查者还必须搜寻合适的数据记录，然后要得到一定的许可方能浏览这些记录。记录要是不存在的话，就不得不尝试其他截面研究。研究的财力支持限制了研究总体，也不可能将时序数据纳入研究。

272 依赖于政府统计数据同样也有缺陷。研究者必须确认数据的可信度与可比较性。如果某些国家的目标年度数据缺失或无法得到的话，就必须修改设计，这样的

修改容易导致偏差。比如，我们假设在共享数据和不共享数据的国家之间存在差异。

不同国家之间收集与发布数据的能力相差悬殊。如一个研究者研究国际性收入不平等的课题。有些国家的薪资数据比收入数据可靠得多。为了确保研究的代表性及包括尽可能多的国家，科研团队于是决定用薪资数据取代收入数据。然而，即使将薪资数据作为参照并扩大了研究的地域，但就世界范围而言，很大部分地区仍然无据可查，如中东和非洲等。

就上面这个例子而言，各个等级的政府与组织机构拥有的数据各不相同。国家层面的数据比省市级别多，省市级别又比地方上的多。例如，我们也许能够比较两个州之间的制造业平均薪酬数据，但没法获得同样两个州内的两个下属城市的数据。因此，认为市际间的薪资同样能反映各省间的薪资关系的假设本身就很有问题。

二手数据分析，允许他人对研究者的课题进行严格的审查对于开放科学而言十分必要。在公共政策领域，审查是必不可少的。如果研究课题的可信度遭到质疑的话，就必须借助二手数据的分析。影响公共政策制定的研究项目在不断改进或遭到质疑挑战时，二手数据分析就更有用武之地了。有的学术杂志，特别是健康领域的杂志，规定其发表的科研成果所使用的数据资料必须向大众公开。例如，期刊《分子系统生物》（*Molecular Systems Biology*）规定所有提交的课题论文在审核前必须将数据资料交到一个公共数据库。对于一些著名的科研期刊而言，如《科学》（*Science*）、《自然》（*Nature*）等，这样的做法向来是惯例。

通过补充数据、调整测量标准、运用新的或不同的统计模型，研究者可以用现有的数据重新检验研究结果，从而确认并扩展研究成果。结论与原有研究相矛盾的发现能对相关政策的复杂性与解决方案提供更深刻的洞见。

在理想的情况下，二手数据分析能够提高数据收集与整理的质量。研究人如果知道他的课题将受到严格的审阅，会更加重视研究的研究过程中的文本收集，其中包括决定应该包含哪些变量及如何测量这些变量、预测试的结果、抽样设计及其可能存在的非抽样误差，以及编辑并分析数据的一切细节。调查者使用二手数据还能启发思考，使研究的设计方案更具创新，发现更优的方案进行概念测量与数据分析。大多数研究者在分析自己的数据时会重新思考研究设计，包括他们的模型和变量测量方案，使用二手数据分析的研究者同样有类似的反应。

目前调查者可以利用电子传输共享数据，这使外部审核更加便利，更多作弊 273
事件被揭露出来。1995—2000 年间，哈佛大学的卡伦·鲁吉罗（Karen Ruggiero）一直是研究种族歧视与性别歧视心理因素影响的专家。因为拒绝披露其使用的原始数据，她最终被认为舞弊，其数据后来被证实纯属伪造。2006 年，一名大学研究员因使用虚假数据获得联邦科研经费而被判坐牢，成为美国历史上首个此类案例。[2]

二手数据资料虽然降低了二次分析的成本，但它却增加了最初调查者在数据的准备与记录方面的支出。[3]在中小型课题研究中，很多细节都仅存在于研究者的记忆中。这样类型的研究确有其一席之地，但研究者同样有必要妥当地整理与保存这些研究记录，以便后来者分析这些既有的数据，从而避免获取冗余的信息或重复早先犯下的错误。曾经有一位研究者将其导师的论文保存了 15 年之久。但就在这些文件被销毁的 2 个月后，另一位研究者正巧需要这些数据更新他的分析课题。

M. H. 梅尔的著作《数据游戏》（*The Data Game*）向我们揭示了二次数据分析在调查政策问题中的作用以及外部审核报告的价值。该书包含了一些公众开放数据的分析所引起的政策争议，比如“死刑是否可以阻止谋杀”、“是否富者愈富”、“工作场所是否安全”等等。梅尔最后得出结论：误用统计数据（如把短期数据当作长期数据）和对于某现象的定义差异（如“白领犯罪”、“文盲”、“国民经济健康”等）容易导致政策制定时的巨大争议。[4]

发现二手数据资料

如果你想知道是否有满足自己需要的现成数据，应该从何处着手？随着科技的发展，搜索技术日新月异，可供我们选择的数据库越来越多。通过互联网我们可以得到官方的统计资料、全国的民意调查统计及其他各类数据。搜索引擎虽然有助于鉴别相关数据库是否适合，但搜索引擎难免漏过某一个显而易见的重要网址，通过搜索引擎找到的也可能是一些过时的、偏差较大的或者维护不佳的数据库。至少在写作本书的时候，还没有出现 100%能找到所需数据的有效方案。比如在本书的早先版本中，为了第 2 章家庭作业中的某个问题，我们花了好几个小时寻找抽烟的数据，但在几年后，只要几分钟就可以找到相关的原始数据使该问题得到更新。随着科技的进步，比如网站架构与网页维护技术的改善及许可协议的变化，图书馆查询馆员也许是帮助进行在线研究的最好信息来源。

出版的著作应该标明其使用数据的来源，以便提示读者可能会查阅的数据库。有些著作会引用私有的数据，即某位研究者个人或某个私人机构拥有的数据资料。你可以从其样本的描述、研究目的、内容索引甚至这些机构赞助人的身份上推断
274 这样的数据库是否符合自己的需求。但是，能否取得这样的数据，完全取决于原作者的意愿，甚至对于某些公共数据的使用，也可能囿于被访者的保密协定而有所限制。

图书馆查询馆员还能提醒你找到相关数据库的其他渠道。某些数据库能被发现完全是靠运气。在众多大学与学术机构里，许多人掌握着浩如烟海的数据库。行政人员或分析人员进行调查、分析数据，并详细记录研究结果。这些数据或许已输入电脑，但能证明其存在的正式文本却很少甚至没有。某些调查问卷也可能放在某个办公室的角落蒙灰。完善保存这些机构数据库可以避免重复课题研究，还能补充相关课题的数据。但将这样的数据库编辑、存档与加密的工作量也有待权衡。

获取数据库

找到数据库仅仅是工作的开始。研究者还必须确认是否能获取这些数据，并且检查其文档整理情况。糟糕的文档整理与无法访问的数据库应被排除。有些时候，高科技其实是一把双刃剑。一名研究者曾经花了一年的时间与咨询顾问一起工作以获得一份数据，结果这个数据库竟然加密在一个独特的过时软件中。

对于某些课题的研究，调查者可以把范围限定在综合的公布的数据。例 9.1 显示了研究者从四个已公布的原始资料数据库中提炼出信息，研究公共机构雇员停工 276
的因素。由于地方政府在课题进行时未公布相关数据，研究者采用了州一级的停工数据。

编辑综合数据是一件很乏味的工作。汇总这样的数据往往会限制调查者的分析发挥。为了取得最大限度的灵活性，调查者必须获取记录以便开始分析工作。方案主要有以下三种途径：

1. 通过包含一部分数据的摘录文档，例如：
   a. 案例的样本。
   b. 所有案例的变量子集。
2. 直接访问数据库，其方法有：
   a. 购买光盘或其他数码载体。
   b. 数据库的网络链接。
3. 通过与数据库拥有者的协议来得到所需要的相关数据。

当然，调查者无法保证一定能获取相关数据，特别是非公共机构拥有的。因为这些机构的政策及调查人与该机构的关系密切程度决定其是否能得到访问数据库的权限。当然原作者的意愿也是一个重要因素。签订使用协议之类的方法既能保证也能禁止公开数据库。关于保密的考量也会限制调查者的访问权限，或者处理相关数据的权限。[5]

目前来说，寻找并获取公开数据已经越来越便捷。密歇根大学的文献中心（http：//www. lib. umich. edu/govdocs/stats. html）提供内容广泛的公开数据库，并提供主题索引。美国联邦政府统计网站（http://www. fedstats. gov）与之类似，它能指引用户获取公开的联邦数据，使用户能够轻易得到官方统计数据。通过这些站点，用户能够方便地找到相关数据，并获取其使用说明。有些数据库能够在线分析和下载，另外一些数据则必须购买。另外，每个州都有自己的数据中心，为用户查看和使用人口普查及其他公开数据提供技术支持。[6]

调查者必须保持不时对照实际数据与数据库整理文档的习惯。下载数据的时候必须同时标注变量的文件名、日期、原出处和数据的定义项。访问数据库必须有文档整理记录。很多数据库并不是一成不变的，而会定期更新。

例 9.1

合并综合数据

问题：研究者计划找出与停工（包括罢工、缺工、业主停工）相关的因素。

策略：

1. 收集为期一年的测量数据（1973 年）：政府雇员停工次数、参与员工人数、损失的工作日天数。

2. 找出测量的多组变量：州经济与社会特征、地方政府结构和财政、地方政府雇员特征、关于地方政府集体谈判的州政策。

3. 找出测量变量的数据来源。

4. 开展分析：使用因子分析将各变量代入概括测量方法中（见第 10 章）；停工次数、参与员工人数、损失的工作天数在概括性测量中共变。

分析单位：美国各州。

样本数：50。

衡量各州社会与经济特征的参数：

1. 各州城市人口的百分比，1970 年。
2. 参加工会的非农业劳动力人口百分比，1972 年。
3. 工作权利法。
4. 各州低收入水平以下的人口百分比，1969 年。
5. 各州人均收入，1973 年。
6. 各州中等家庭收入，1969 年。
7. 各州人口非洲裔美国人百分比，1970 年。
8. 各州非农业企业雇员百分比，1973 年。
9. 每百万非农业企业雇员闲置工作日，1972 年。
10. 各州人口密度，1970。

研究中各参数的数据来源：

1. Council of State Governments，*The Book of the State*（Lexington，KY：Council of State Governments）.

2. U. S. Dept. of Labor，*Summary of State Policy Regulations for Public Sector Labor Relations*（Washington，DC：U. S. Government Printing Office，1973）.

3. U. S. Census Bureau，*Public Employment in* 1972（Washington，DC：U. S. Government Printing Office）.

4. ——，*Statistical Abstract of the United States*（Washington，DC：U. S. Government Printing Office）

以亚拉巴马州为例，详解数据编辑的流程：

1. 参考《政府政策规章概要》（*Summary of State Policy Regulations*），查找亚拉巴马州是否有“工作权利法”，标记“有”或“没有”。

2. 参考《1972 年的公共就业》（*Puplic Employment in 1972*），摘录亚拉巴马州参加工会的非农业劳动力人口百分比与每百万非农业企业雇员闲置工作日。

3. 从其他数据来源摘录关于亚拉巴马州的其他数据变量。

讨论：

首先，实际研究收集了 40 个变量的数据。其次，所有数据都在州一级收集或汇总。其实在地方政府一级效果更好，但当时某些统计数据地方政府还没有公布。第三，所有因变量数据都是 1973 年的，自变量数据为 1973 年或者更早。早于 1973 年的数据是最近于 1973 年可获得的数据，并被认为是对 1973 年该值最好的估计值。

资料来源：J. L. Perry and L. J. Berkes, "Predicting Local Government Strick Activity," *Western Political Quarterly* 30 (4): 1977。

核实数据库

下载数据库后，必须核实其内容与缩放比例。分析者要了解原始数据是如何被收集、整理并应用到分析中的。

如果数据库过于陈旧，信息在几个中介间倒来倒去，开发数据库的机构规模 277
小、实力弱，那么二手数据的使用往往会出问题。开始时将数据库放在一边，分析使用时才发现有重大的漏洞，这样的案例屡见不鲜。为了核实数据库的内容，调查者必须确认以下几点：(1) 案例或记录的数量与文献中标明的数量一致；(2) 文献中所列出的变量确实已下载存放在硬盘或光盘中；(3) 文献中公布的数据概要能够得到证实。下载数据的过程中可能出错，或者发送了错误的信息。随着时间的推移，发现并纠正这些错误的可能性会越来越小，而且最初收集、编辑和整理成文原始数据的操作者也无法联系上了。

接下来是核实记录值。这一步骤可能在保存数据内容时已经做过。如果没有的话，研究者必须复核目标变量或变量样本，确认数据库使用的代码与文献代码相一致。譬如文档中标明男性代码为"1"，女性代码为"2"，缺失的数据为"9"，数据库中不能有其他代码出现。我们发现，在将数据输入电脑和编辑文献的打字过程中容易出现不一致。在使用数据库时，不管是有意还是无意，输入时经常会少打个变量或少画根线。某调查者曾经分析了数以千行的联邦预算数据，结果发现漏掉了一个小机构的数据，大概是在下载过程中不小心跳过的。他在数周之后才发现这个错误，所有的数据分析不得不推倒重来。调查者必须非常重视编辑错误，因为它可能导致研究人员使用错误的变量或给变量设定了错误的值。

如果分析者不熟悉数据库，或无法确定原始调查的质量及相关文献的精确性，他就想要验证样本的精确性。分析者可以试着回答这样的问题："这些数据真的是通过文献中描述的方法产生的吗？"分析者还可注意数据库中未反馈与缺失情况出现的频率。在合并数据库以及课题被用来预估某些参数的情况下，样本验证就变得非常重要。

从不同的数据库中选取数据进行合并要非常谨慎。即便简单如一个小公式都可能导致数据序列的合并错误。在合并过程中，稍有几个变量没被注意到，就会减少案例的数量，导致原始样本缺乏代表性。样本验证的技术可能会相当复杂，读者如果有兴趣了解这方面的内容，可以阅读 J. C. 福琼（J. C. Fortune）和 J. K. 麦克比（J. K. McBee）的文章及相关的参考文献。[7]

评估数据库

定量研究多多少少有点“以小制大”的缺点。研究者会有意无意将问题限定在
278 自己的方法能够解决的范围内。同时，他们也可能把整个问题改头换面，使其正好符合现有的二手数据资料。在处理二手数据的过程中，有时的确有必要转换一下原始研究的问题，但研究者必须清楚如此转换的后果，也应避免影响自己原本设定的研究目标。

在处理二手数据的过程中，研究者需谨记二手数据的价值和产生该数据的研究是一样的。测量方式拙劣以及数据收集草率所带来的后果，并不能由后期的精密分析来弥补。调查者在一堆杂乱的文档中进行数据分析时，需谨慎小心。要明确哪些二手数据才满足自己需求，研究者需要知道以下几点：

1. 样本由什么构成？
   a. 总体是什么？
   b. 样本框是什么？
   c. 所用的抽样策略有哪些？
   d. 回应率是多少？
2. 数据是何时收集的？
3. 数据是如何收集的？
4. 数据是如何编码和编辑的？
5. 测量的操作定义是什么？
6. 谁来收集数据，收集的目的是什么？

样本总体的信息让研究者知道这些数据是否代表了他们所关注的总体。如果研究者所关注的总体和数据库总体不一致，他们就要判断差异所带来的影响。这对在行政部门工作或者以非营利机构为研究对象的研究者尤为重要。例如，有关基层政府的数据向来很难获得。如果忽视这个影响，当研究者对本地政府的问题感兴趣的时候，他就必须判断区或州的相关数据是否适用。在有关停工的研究中，研究者之所以选择收集州数据而不是地方数据，是因为他们认为州数据能够揭示关系模式，供以后的研究使用。类似的是，非营利机构之间

在规模和类型上也彼此相去甚远。研究者无法从全国性非营利机构的数据库中得知基层草根机构的情况。

有关样本框、抽样策略、回应率的信息都影响着样本的质量。此外，过低的回应率会导致数据不足，无法达到研究者的目的。从过低的回应率也能判断出研究质量不高。

了解数据收集的时间，对正确解读研究结果往往特别重要。拿学校数据打个比方，收集四个年级的成绩分数，10 月和 5 月的成绩解读应该是不同的。时间会影响民意数据。研究者调查公众对环境气候变暖的关切的时候，会假设公众的观
点和天气情况息息相关。因而，研究者会想了解调查于何时进行，这样他们就能 279
知道极端的气温以及天气造成的灾难是否以及如何与公众观点的变化联系在一起。

关于如何收集数据的信息可以帮助研究者判断数据的质量。他要知道受访者是通过邮寄、网络、电话还是上门拜访的方式接受调查的，以及访问员是如何接受培训和监督的。有关数据编码和编辑过程的信息也与数据质量有关。研究者想知道是否有人在检查数据编码或输入电脑的过程中发生的错误。还有一些答非所问以及反常的答卷是如何处理的也是他们所关心的事情。在评估这些信息时，研究者要靠判断力确定这些信息能否反映出该研究的过程是合理可行的。

知道测量方法的操作定义有助于研究者确定测量的信度、操作效度和敏感性。理想状态下，文献已经解释并评估了其所用的测量方法。由数据库产生的研究也可以验证测量方法的质量。最后，用来收集数据的文案文本对研究者得出结论的帮助很大。

人口普查局公布的数据附有相当详细的文献。例 9.2 中，我们引用了一期《当前人口报告》（*Current Population Reports*）中附录的一部分。举这个例子是为了
说明查阅文献的时候该查看哪些信息，并提供一个模型，用来说明研究论文要包含 280
哪些内容。

为原始数据带来新用途的数据源也会发生变化。例如，人口普查局在 2001 年扩大了年度人口统计补遗（当前人口普查的一部分）的样本数量。这一举措主要是为了更精确地估计没有健康保险的儿童的数量。其重要性在哪里？国家儿童健康保险计划的联邦基金就是根据这些估计数据发放的。各州需要更精确的估计数据以便更准确地确定资金需求。于是原始数据源就被扩展了。如果研究者使用了国家儿童健康保险计划的数据，注意到估计数据中的增长趋势，他可能会认为符合该计划条件的儿童数目有所增加或者该计划的福利有所提高。而事实上，这种增长很有可能只是由于用作估计的样本的选取方式发生了变化。

知道谁在收集数据以及收集数据的原因是很有价值的。设想你发现了一组数据表明吃巧克力有益健康，你会怀疑该报告出自巧克力制造商商业协会之手吗？什么样的信息会让你相信数据没有偏差或者误导？有关样本、操作定义以及数据编码分析过程的信息将会减少你的疑虑。

**例 9.2**

评注二手资料：一个年度人口统计调查的例子

情况：每年 3 月，当前人口普查（Current Population Survey，CPS）进行年度人口统计调查，用教育、家庭以及家庭成员、上一年度收入等数据，来补充有关劳动力务工的每月数据统计。

总体以及样本：年度人口统计样本由 60 000 个家庭、2 500 个至少含有一名西班牙裔成员的家庭，以及被排除在 CPS 劳动力调查之外的武装军人组成。

样本框以及抽样策略：样本框选自 1990 年的人口普查文件，并随时更新以反映新的构成，当前的 CPS 样本定位于 754 个地区；每个地区由一个或几个邻近的县，或是新英格兰和夏威夷的小市区组成。

回应率：大约 50 000 个长期居住的家庭可以访谈。大约 3 200 个长期居住的家庭没有进行访谈，因为反复致电后确认居住者不在家，或是因为一些其他原因找不到人。92%～93%的家庭提供了基本劳动力信息，80%～82%的家庭完成了年度人口统计调查补遗。

数据是何时收集的：1996 年 3 月 19 日至 3 月 27 日。

如何收集数据：采访者使用笔记本电脑与那些以前未受过采访、英语水平很差或者没有电话的家庭进行面对面访谈。其他家庭通过电话进行访谈。

非自愿兼职的概念定义：一些个人提出经济原因来解释为什么一个星期工作 1～34 个小时。经济原因包括工作清闲或企业状况不佳，或者是找不到全职工作，以及用工需求的周期性下降。经常兼职工作的人也一定会表明他们想做全职工作，而且有时间从事全职工作，但他们往往由于经济原因而被划分到兼职工作的类别里。

操作定义（部分）：在（姓名/你）工作的数周里，1995 年有几周（姓名/你）工作少于 35 小时？（姓名/你）工作少于 35 小时的主要原因是什么？（1）找不到一份全职工作；（2）想做兼职或只能做兼职工作；（3）工作清闲或物资短缺；（4）其他原因。

资料来源：当前人口普查网站（http://www.bls.census.gov）。

9.2 美国人口普查数据

官方统计数字，即政府收集的统计数据，是主要的二手资料来源。在美国，多数的联邦内阁级别的机构为了决策而定期收集数据。统计数据的重要生产机构包括
281 教育部、卫生与公众服务部、农业部、司法部、劳工部以及商业部，主要的联邦数据库可以通过下面四个主要网站访问：

- www.fedstats.gov
- www.fedworld.gov

- www. gpoaccess. gov
- www. firstgov. gov

美国人口普查局进行定期专门研究，来描绘美国人及其政府和商业的特性。定期的研究包括：

政府普查
人口与住房十年普查
当前人口普查
美国社区调查[8]
企业主调查
经济普查

本章仅讨论美国人口普查局的调查，因为人口普查数据使用广泛，而且人口普查局长期致力于减少非抽样误差。这些数据对政治上和政策上的相关决策非常重要。人口普查数据使用者包括联邦机构、州和地方政府、非营利性协会和行业，以及追求商业利益和个人利益的公民。

本章讨论政府普查和人口普查局的两次主要人口普查，主要概述美国人口普查局在问卷内容和文档数据上是如何决策的。方法论的探讨可以帮助你增加关于数据收集方面的知识，增进对人口普查程序的理解。需要注意的是，人口普查局和其他联邦机构做的并不是民意调查。官方统计数据记录了有关政府、机构和个人的相关信息。

美国人口普查局

美国人口普查局的起源可以追溯到每十年普查美国人口的宪法要求。人口统计是重新分配美国众议院所占席位数的基础。根据法律，为期九个月的“人口统计日”内，人口普查局必须向总统提交一份州人口数的统计，以便正确分配议会代表席；一年内，州议会必须收到一份具体的政治分区人口总数，以划分选区。

人口普查局的一个特点是一直都在保护所收集信息的机密性。机密性的原则有 282
助于从公民和企业成功收集到所需的信息。当前关于机密性的法律声明如下：

人口普查数据只能用于统计目的；
人口普查数据不能让使用者辨认出具体的某个人或组织；
每个接触过个人数据的人都要发誓保护信息不被泄露。

人口普查局只有经个人特别同意才能公布其信息。例如，一些个人要求查阅普查记录，以确证他们的年龄，表明他们可以合法享受社保权益。调查局官员要预先考虑到，计算机用户可能会利用数据试图找到某些人或组织的真实身份和私人信息。[9]为了应对这种情况，普查局使用统计方法来避免不可预知的信息泄露，包括隐藏或修改一些数据，不让具体的企业或者个人信息露出痕迹。同时内部有一个信息泄露审查机构，在数据公布之前专门检查机密性是否存在风险。

人口普查局并不局限于收集关于个人或来自个人的数据。它同时也收集关于国家经济活动的数据，其中包括工业、农业、交通运输和政府等方面的数据。普查局保护商业信息的机密性，但关于政府的数据都是基于公共记录的，并不保密。

人口普查数据编撰完毕之后，下一步要关注的是它们所提供的对国家及其经济活动的简要描述。普查统计真正的重要性在于它们是时序数据的重要组成部分。因此普查局力图提供高质量数据，并确保数据在不同时间段内的可比性。

美国政府普查

以 2 或 7 结尾的年份里，人口普查局的政府计划部门会进行一次政府普查。此外，还有每年一次的样本调查，以收集政府财政和公共就业的数据。普查得来的数据被用来评估美国政府部门的经济活动。这些评估被并入国民收入和产出账户，该账户是用来计算国民生产总值的。[10]该普查在四个主要领域收集信息：政府组织、应征税财产数、公共就业和政府财政。

283 在比较不同政府或寻求财政健康模式的时候，官员和学者们可以引用这些数据。这些定期上报的数据可以回答如下问题：

> 加利福尼亚州从州发行彩票中可以实现多少收益？有百分之多少兑奖了？与纽约州发行彩票相比，它的收益率如何？
>
> 在艾奥瓦州，有多少县公民可以和县政府通过网络做生意？百分之多少的自治市提供相同的服务？大城市和小乡镇之间的差别有多大？
>
> 州和地方政府人员有百分之多少在劳改局工作？工资中多少归入劳改局？每个州之间是否有区别？

政府部门收集统计数据的规则和典型的普查运作有两个方面的不同。第一，之前提到过，政府的信息是不保密的，普查局会定期公布某个政府机构的统计数据。第二，美国各州可以让自己及其下属部门免受美国法典第 13 条的约束，从而不向人口普查局提供其所需信息。所以，这是一个自愿的调查。在 2002 年的政府普查中，30%的政府单位没有做出回应。

对于普查局的政府分局来说，最大的挑战在于取得可比较的数据。为了达成高回应率，收集到有可比性的信息，普查局就需要拥有一套不断发展的数据收集程序，且该程序不会给受访者带来额外负担。人口普查局从提交给其他联邦机构的报告中收集数据，同时从州政府那里获得一些地方政府的财政数据，其中一些信息基于早期调查的回应或是其他的普查数据库。这些策略都是为了避免让州或者地方政府反复提供同一信息。[11]为了进一步减轻被调查人的负担，工作人员检查了现有文档，充分利用从互联网得到的有效信息。有必要的话，他们会使用邮寄调查。

为了保证完整性和连贯性，工作人员会手动检查回函。电脑检查用以筛选出无用的数据，并显示与前几年的差异。工作人员会和政府一起进行大量的后续工作来完成未填完的数据、澄清含糊之处，或核实有疑问的回函。

数据的公布相对而言比较迅捷。人口普查局不断更新联络方式和法律地位的信息，为来年的政府普查做准备。2002 年的政府普查，官方调查时间段是 2001 年 11 月至 2002 年 4 月。初步的结果于同年 7 月发布。包含更多细节的结果会在接下去的几年里陆续公布。在政府财政方面，税收信息和养老金系统的信息一般是较早公布的信息；就业方面的初步信息于同一年公布，并定期地更新信息、补充细节、做 284
出修正。由于这些数据并不保密，绝大多数是公众可获得的，所以其中的错误总是能不断地被发现并得以修正。市长或者城市管理人员不可能对城市收入报告中存在的错误视而不见，听任其通过而不置一词。

人口与住房十年普查

普查局的重头戏是**人口与住房十年普查**（Decennial Census of Population and Housing），这一普查依据宪法而设立。正如我们提到过的，人口普查是一项非常艰难的工作，而且很难做到完全准确。从第一次人口普查以来，政府部门就不断增加人口普查的工作量，要求普查提供关于人口的其他信息。因此，普查局不得不完善普查程序来精确计算人口，同时确定应该从哪些人那里收集更多的相关信息。

普查局、政府部门以及研究机构都对如何提高普查的精确度投入了大量的精力。1990 年的普查中，有 75%的居住单元回应了调查，其中包括超过了回收期限的延迟回复。与 1980 年 83%的普查回应率相比较，呈现明显下降趋势，这不仅降低了普查质量，也将提高普查成本，因为必须雇用和培训更多的普查员。[12]低回应率的可能解释有：生活在非传统家庭的成员不愿意透露家庭成员构成，被访者对反复的电话和邮件调查产生了反感，被访者越来越注意保护自己的隐私，以及非英语族群的不断扩张。[13]

在 2000 年普查的准备过程中，普查局把工作重点放在控制成本和提高回应率上，千方百计力促人们回复人口普查表。[14]普查局寄出了追踪问卷；人们可以填写寄回普查表，也可以上网或打电话回复普查；州政府和宣传机构积极倡导公众回复普查。在 2000 年的人口普查中，普查局还首次通过付费的广告宣传来鼓励公众回复。下面这段话来自于俄亥俄州政府的网站首页，是吁请公众回复普查的一个例子，其中还提到了普查数据的重要作用。

> 2000 年人口普查，对俄亥俄州在新千年的成功至关重要。普查数据将被用于在全州范围内分配联邦财政资金，并为各地社区服务计划提供重要数据，这些公共服务包括学校、就业服务、住房援助、道路建设、医疗卫生以及对儿童和老年人提供的专门服务。企业将参考普查数据对选址和投资做出决策。

2000 年普查的精确数据将充分代表俄亥俄州，并让我们做好准备迎接未来。

285 2000 年的人口普查回应率达到了 78.4%（包括超过了回收期限的延迟回复），稍稍扭转了或者稳定了回应率不断下滑的趋势，这也被视为此次人口普查的主要成功之处。

人口普查中完全遗漏人口的现象被称为**不完全统计**（undercount）。该问题并不仅仅在于低估了美国人口的总数。一些群体，特别是都市的小群体，很容易在计算时被遗漏，他们对社会服务的需求也因此被严重低估。某地区未被统计的人数呈现一定规模，导致该地区既得不到相应的立法代表人数，也无法获取相应人数的政府拨款。为了解决这个问题，同时控制成本，普查局建议对未回复表格的家庭进行抽样调查。然而，抽样调查计划却遭到国会的抵制，最高法院在 1999 年做出判决，判定人口普查局不得以抽样结果来决定国会席位的分配。2000 年普查中，联系每个未回复家庭的高额费用，让人口普查局深陷泥淖，抽样调查计划于是不了了之。[15]估计此次普查的不完全统计为总人数的 1.18%，相当于 300 多万的人口；但根据人口普查的数据进行分配的财政资金，仅联邦计划一项就高达 1 000 多亿美元，更不用提其他财政资金。美国人口普查监察委员会给国会的报告里提到，2002—2012 年，2000 年人口普查的不完全统计会给所有州带来大约 5 亿美元的净损失。[16]

为了厘清普查的内容和范围，协商和评估是必不可少的。因为无论其他联邦机构，还是国家和地方政府人员、利益集团、公民个人，都会提出一些问题。在决定究竟要问哪些附加问题之前，普查局官员会先评估所提议的信息中，哪些符合大众的利益，同时考虑这些提议是否值得花费公款。所谓大众的利益，一般会将企业所感兴趣的问题排除在外，比如美国养宠物的人数等信息。

人口普查局为了不让被调查人负担过重，会限制问题的数目和内容，以便被调查人能在合理的时间范围内完成表格。十年普查通常有一短一长两种表格：短表要求所有家庭回答不超过两页的问题；1/6 的家庭可能会收到一张长表，除了包括了短表上的所有问题，还有一页半的住房问题和两页的家庭人员资料。

为了避免早些年普查中遇到的问题，2010 年人口普查正在做最大的改进：不再使用长表，而仅依靠短表。先前由长表收集的信息改由一种更有效的样本调查——美国社区调查来收集。[17]人口普查局计划使用先进技术来降低十年普查的费用，例如使用手提电脑来记录信息等。然而根据 2006 年的预估，即便有了这些改进，2010 年人口普查费用仍高达 110 亿美元。

2010 年人口普查问题只涉及每个家庭成员的姓名、与被调查人的关系、性别、
286 种族、少数民族背景以及年龄。在询问这些问题时，人口普查局会考虑历史信息的比较，因为问题一旦改头换面，或者回答类目发生变更，都会影响到最终的答案。这些改变会造成历史信息比较失效，人口普查局必须权衡其中的得失而谨慎行动。

哪些问题应该为了适应社会环境的改变而改变，哪些问题应该被继续沿用，如例 9.3 所示，种族和少数民族问题的历史很好地阐释了这其中的权衡。从下面简短的概述中，你应该能了解到，社会环境的改变不但引发数据收集策略的相应变化，

也为数次普查中民族变化之间的比较带来了不少问题。比如在例子中，1960 年之前，家庭成员的种族界定还一直基于调查员询问被调查人出身情况以及对其观察所得的结果；1960 年之后改为由被调查人自我界定得出结果；1960 年和 1970 年，每个收到邮寄表格的家庭可以自己认证自己的种族，除非普查员收集了数据以根据观察资料来决定适当的种族类别；到 1980 年，民族问题包括了 15 个类目，其中既有
传统的种族概念，也混杂了民族或地理身份。同样在 1980 年，所有地区的被调查 287
者可以认证自己为爱斯基摩人或阿留申人，而以前这些群体仅被列在阿拉斯加州的普查表里。2000 年的表格简化了如何鉴定西班牙语族裔人群（哥伦比亚人或秘鲁人）的细节问题。针对纽约市的分析报告表明，1990 年以来“其他西班牙语族裔”人数有急剧增加的趋势。与此同时，城市机构过高估计了某些西班牙语族裔群体的人数。除了措辞方面的原因，对该变化的解释也是必不可少的。一位评论家推测，在美国出生的西班牙语族裔青年一代可能不会认同他们的特殊民族性。[18]

在 2000 年普查的计划过程中，种族类别的选择成为了主要争议。[19]拥有多个种族背景的人表达了他们的不满，因为有时候他们不得不从中选择一个答案。普查局曾经考虑过在类目中增加“双种族”或者“多种族”，遭到了一些人的反对，因为他们认为很多非洲裔美国人会选择这个类目，从而影响分析员对各种种族歧视的鉴别能力。最后的解决方案允许被调查人在种族的选项上复选，或者在“其他种族”的选项上打钩，然后再填写自己的种族。[20]这种措辞上的争议在 2000 年人口普查中仍然存在。人口普查局发现 2000 年的那次普查，很多人选了“其他种族”之后，并不填写具体的种族名称。于是普查局弃用了该选项，让受调查人在已有的选项中选择，否则就跳过该项作答。然而，这一方案并没有如愿执行。国会直接干涉，在 2005 固定拨款法案中规定，在今后的普查中普查局必须使用“其他种族”选项。

距离人口普查日还有大约五年的时候，一系列的普查前测工作就要开始了，主要是收集普查过程的各方面数据。分析员会对问卷、计算机辅助采访技术以及回应率等问题进行评估。为了迎接 2010 年的人口普查，预演工作将于 2008 年在费耶特维尔（Fayetteville）、南卡罗来纳州、圣华金县（San Joaquin County）、加利福尼亚等地展开。每个地方的预演工作都会为当地带来数千个临时职位。另外，一些测试工作也在全国各地进行。

人口普查局会对普查的覆盖面以及内容进行结果评估，以显示数据质量，并提出改进方向。普查后的结果评估主要由被调查人提供的信息组成。当然，普查局也会对行政记录进行核查，例如，对比公用事业记录和被调查人提供的公用事业费用记录。医疗保险、所得税报告以及类似的政府记录都会被用来提高人口统计的准确性。[21]人口普查局效仿 2000 年的人口普查，进行了 87 项评估，其中覆盖了广告活动的影响力以及解释受访人行为的讨论组等各方面。2010 年，普查局将继续加强普查后工作，但这次会将针对覆盖面和准确度的审计数据和注重结果的普查计划评估区分开来。

人口普查局并不回避数据收集的问题，一般来说，和其他数据收集组织相比，
在数据收集方面，他们往往做得更好。人口普查局的资源，包括它的声誉，为它带 288
来很多优势，因为人们更乐意对官方提出的请求做出回应。所以，人口普查和其他

非官方机构及个人调研相比，很少遭到受访者的拒绝。

例 9.3

统计之间的可比性

关于种族和民族问题的历史小结

1920 年：普查者适当地进行分类，类别：白人、黑人、穆拉托人（黑白混血儿）、中国人、日本人、印度人、其他。

1930 年：穆拉托人类别撤销，被识别为穆拉托人的人当作黑人来统计。

1940 年：墨西哥人（墨西哥出生或父母是墨西哥人）类别加入。符合墨西哥人的标准但被辨认为黑人、中国人、日本人、印度人的人群不再算作墨西哥人。

1960 年：在邮寄的普查表格上填写自我确认的种族。如果数据由某个普查者收集，由他先进行观察然后填写种族数据。

1970 年：延续把自我确认和普查者观察相结合的做法。类别：白人、黑人、日本人、中国人、菲律宾人、韩国人、越南人、印第安人、印度人、夏威夷人、关岛人、萨摩亚人、爱斯基摩人、阿留申人、其他。

1980 年：加入 100%统计的问题，"这人是西班牙人/西班牙裔或血统的人吗?"类别：不是（不是西班牙裔/西班牙语族裔）；是，墨西哥裔美国人；是，拉美裔美国人；是，波多黎各人；是，古巴人；是，其他。

1990 年：更改了所有种族和西班牙人问题中"其他"这一回答类别，允许被调查者自己命名为特殊的亚洲人或太平洋岛屿居民、西班牙裔/西班牙语族裔。

2000 年：允许被调查者在多个种族选项上打钩。允许被调查者选择"其他种族"，并在空白处填写自己的回答。

资料来源：C. F. Citro and M. L. Cohen, eds., *The Bicentennial Census: New Directions for Methodology in* 1990 (Washington, DC: National Academy Press, 1985), 205-214; 1990 Census Questionnaire. 2000 Information from Census 2000 form available on Census Bureau web site.

当前人口普查

当前人口普查是一个收集现有人口和劳动力数据的每月家庭调查。美国劳工统计局每个月都会发布 CPS 数据，报告全国的就业和失业率。普查局会分析这些数据，并在《当前人口报告》里做出报告。

该数据描述了劳动力的个人特征，包括美国工人的年龄分布、种族和性别。哪些人工作、哪些人做全职工作、哪些人只做兼职工作、哪些人处于失业状态等数据，让我们对劳动力群体中谁领先、谁落后有了大致概念。例如，CPS 分别对白人和非洲裔美国人、男人和女人、青少年和成人、农村居住者和城市居住者的就业格局做出报告。这些信息的用途取决于当事人的职责。利益团体、记者和立法者引用这些数据为某些社会问题做佐证，或者倡导政策的改变。项目管理者，特别是教育和职业培训计划等项目的管理者，会在设计项目时参考这些数据，以满足客户的需求，或是单纯地为客户提供准确的信息和建议。

项目筹划人为特殊年龄群体（如果学龄儿童或老人）提供服务的时候，需要用当前人口年龄分布数据评估服务需求。商业分析师查看这些数据以掌握影响某种商品或者服务演化的群体性趋势。行政管理人员也会进行类似的研究，以改善他们的项目筹划和实施。

普查分析人员所构建的 CPS 样本，大约由 60 000 个家庭构成，他们足以代表国家的总人口，也足以对洛杉矶、纽约、哥伦比亚地区这样独立的地区进行参数评估。[22]例 9.4 给出的样本统计，告诉我们为什么能用已有的数据库来对一个州进行参数评估，却不适用于州内社区的评估。

在例 9.4 中，你应该了解一个小小的标准误在整个国家层次上意味着什么。2001 年，民用劳动力的数量是 1.418 亿，如果失业率评估为 5%，那么应有709 000人失业。如果分析师认定就业和失业之间的比为 95/5，标准误将会是 0.000 9（0.09%）。那意味着在 95%的置信水平下，失业百分比的评估会因为 0.18%的加减（0.09×1.96）而变得毫无用处。实际的失业数目可能会高达 5.18%，即7 345 240 人，或低至 4.82%，即 6 834 760 人。因此，即使低于 0.1%的极小标准误，也会导致 510 480 人的评估误差。

例 9.4

估算 CPS 的参数：一个假设的例子

问题：分析者能够适用 CPS 数据估算有某种特征的城市家庭的比例吗？假如特征分为 50/50，抽样标准误是多少？如果特征分为 75/25 呢？

样本	n	SE50/50	可信度区间	SE75/25	可信度区间
国家	50 000	0.002 2	49.00%～50.45%	0.001 9	74.63%～75.37%
地区	11 000	0.004 8	49.06%～50.93%	0.004 1	74.19%～75.81%
州	1 700	0.012	47.65%～52.35%	0.010 5	72.94%～77.06%
市	85	0.054	39.37%～60.63%	0.047	65.79%～84.20%

讨论：建立一个 95%的置信区间，SE 乘以 1.96。区间数据的标准误因区间数据易变化而变得更大。该例子假定分析者利用了子样本内的所有城市家庭的数据。在试图估算特定群体的特征分布，如西班牙语族裔家庭的收入时，样本数目变得更小，而标准误更大。

9.3　普查数据的使用

人口普查局按行政区划和统计区划汇总并发布十年普查得到的数据。行政区 289

划是指州、县、较小的市区（比如乡镇或新英格兰镇）和建制地区。统计区域用以描述在人口特征、经济地位以及生活状况有相似情况的综合区域。其中最重要的是**普查区块**（census tract）和**普查街区**（census block）。普查区块是指大面积的街区，平均有 4 000 人口，人口规模通常在 1 600～6 000 之间浮动。普查区块不会跨越县的分界线。2000 年人口普查，所有的县甚至乡都有普查区块。普查街区是普查区块的辅助单位，同时也是最小的地理单位。它被人口普查局用来进行 100%的数据收集——针对所有家庭，而不是一个样本的数据。2000 年的普查，有 800 多万个街区被用以进行数据收集。[23]

按传统来讲，普查数据作为**宏观数据**（macrodata）（按政治区划和统计区划汇总而成）可以被公开使用。自 1940 年人口普查开始，个人数据的样本（被称为**微观数据**（microdata））也可以被公开使用。这些数据是由个人填写的长问卷构成的有系统的、分层次的样本数据。美国社区调查以其“公开微观数据样本”作为为微
290 观数据的来源。[24]一份微观数据记录包括了一份回应人口普查局的报告，其中所有的个人标识都会被移除。包含地理位置的信息和微小但可见的子群体数据也会被消除，以保护受访人的私密信息不被公开。

微观数据的优势在于用户可以获得个人记录，并设计这些记录中的变量交互列表。用户可以用他们自己的组合方式来分析这些变量，而这些分析仅依赖宏观数据文件是没法进行的。既然微观数据代表了一个样本，那么通过样本推测人口的相关工作也是用户必须处理的事情。这些文件数量巨大，用户必须依靠计算机辅助才能进行分析。如今，几乎所有的普查数据都会被放在网上，可以通过下载得到电子版本。菜单驱动的应用软件方便人们通过 www.Census.gov. 查阅调查里任何地理级别的信息。例如，明尼苏达大学的人口中心开发了一套经整合的公开微观数据系列，将过往的高精度样本收集在一起，为社会科学以及经济研究所用。[25]

十年普查数据最直接也最为明显的用途是为议席再分配、基金拨划和决策服务。国家、州和地方政府的数据为政治家、行政官员和记者提供了某一时期的人口概貌。人口数据可以通过截面或纵向方式被观察。截面研究着眼于普查数据集中的各种变量模型，而纵向研究测量历次普查之间的变化。

普查数据的一个突出特点就是，为不同的地方以相同的格式提供相同类型的数据。用户可以分析国内任何一个州，3 000 个县中的任何一个，或任何一个城市或街区。数据以标准化格式提供给每个地方，这样任何管辖区内相同分析的重复进行会更容易些。普查数据的另一个重要特征就是它对小地理区域的覆盖度。正如我们在 CPS 的讨论中所暗指的，国家调查充其量也只能对个别州和大都市区域的人口特征进行评估。例 9.5 阐明了一个较小的社区如何运用普查数据挑选适当地区，以开展为贫困学前儿童提供服务的试点项目。

普查数据是人口统计分析（人口出生率、死亡率以及人口年龄分布特点的研究）的重要组件。公共事业依赖人口统计数据来帮助制定计划；学校规划者运用这些数据来预测，学校的容纳能力能否达到社区应受教育儿童的预期数量。最近几

年，社区已经对老人的需求给予了较多的关注。老人比例不断增加的社区，一定经历了某些服务需求显著变化的过程，比如，对疗养院和专业化医疗照料需求的增加。

十年普查数据的一个明显问题是时间性。在长达十年的历程中，计数的准确性大大降低。街区级别的人口变化往往迅速而又显著。短短数月内，空地、田地 291
以及森林面积都会被住宅所取代。而且，质量较差的住房可能闲置甚至被推倒。从原先十年普查长表转变为美国社区调查，则大大缓解了这个问题。美国社区调查每年都会对 300 万户家庭进行调查。2004 年，25 万人以上的都市地区、全部 50 个州、哥伦比亚地区的数据都是有效的。根据美国社区调查网站上 2005 年的更新，2 万人口地区的数据都是可用的，而 5 年内，更小单位的数据也都是有效的。

每个州都有一个被称为州数据中心的机构，负责发放普查数据给其他州机构以及地方政府，并辅助那些希望使用这些数据的人们工作。州数据中心是人口普查局和州及地方政府的主要纽带。许多州数据中心也会通过州政府机构进行数据收集、 292
整理和发放的协调工作。他们能为州及其隶属区域（县和市）更新美国社区调查的人口统计数据。每个州也会规划和评估本身及其隶属区域（特别是县）的未来人口。如果你确信某个州机构收集了某份数据，那么州数据中心也许能告诉你是否能得到这份数据以及如何得到它。[26]

在对普查数据及其运用的描述中，我们只做了浅显的探讨。我们只触及了每五年一次的政府普查和经济普查所收集到的数据，十年普查所带来的很多成果都没有被提及。我们还略去了很多其他重要的统计收集资料和机构。联邦机构会定期收集一些有关国民健康、教育、农业、犯罪以及刑事司法系统的数据。

我们有三个理由对普查数据进行详述。第一，提醒你数据的可获得性和使用潜力；第二，人口普查局通过不断对其数据收集和编辑过程进行评估，这能为社会调查方法论的发展提供重要的信息来源；第三，这些伴随着普查数据而产生的信息能为原始数据的记录提供模型。调查者需要类似的信息来确定某个数据集是否适合他们的需要。人口普查局通过不断努力使普查数据更实用更易用，伴随着网络和其他技术的飞速发展，更多的人可以获得这些二手数据。

例 9.5

使用普查区域的统计数据选择实施计划的地点

情况：某地方公共事业项目筹划为贫困的学龄前儿童发起一项试验计划。这项计划将把全托学校项目与营养健康服务进行合并。公共事业分析者已经查阅了城市普查区块的数据，以找出该计划可以实施的社区。具体情况如表 9—1 所示。

表 9—1　所选普查区块内贫困线以下的家庭

	普查区域				
	A	B	C	D	E
贫困线以下的人口	4 390	3 458	2 670	5 262	3 417
6 岁以下的相关儿童数量	151	114	91	173	41
单身母亲家庭里 6 岁以下相关儿童的数量	77	51	56	63	12
贫困线以下人口百分比（%）	28	25	29	21	16

讨论：在普查区块 A 或 D 中寻找一个地点。两个社区的指标显示了强烈的需求：生活在贫困中的幼儿数量；生活与女性主导家庭的幼儿数量；贫困线以下人口的高百分比。普查区域 E 对于社区计划来说并不是一个不合适的地点，因为儿童中目标人群数据较少，且指标表明了该社区的需求明显较低。

9.4　人口统计

人口记录是另外一个重要的二手数据来源，来自不同学科、有着不同关注点的调查者都使用这些数据。人口记录以及随之产生的**人口统计**（vital statistics）给出了关于出生、死亡、结婚、离婚、堕胎、传染病以及医疗保险的信息。许多国家有一整套系统来记录这些统计数据。这些数据最初由政府和非政府组织来收集。在全国人口普查执行之前，这些记录被用来估计人口数量。

在美国，联邦、州以及地方政府机构互相合作来收集、编辑、报告人口统计数据。数据由县和州独立收集，然后，州数据被发送到国家统计中心（National Center for Health Statistics）进行编辑。该中心公布美国人口动态统计报告，并为州机构和其他数据用户提供技术支持。像大多数二手数据一样，这些数据也可以在线获取。[27]

调查者利用人口统计数据来估计社会的心理和身体健康状态。政策制定者可以查阅人口动态统计数据，以评估当前项目的有效性，改变政策和项目，更好地满足现行需求和预测未来需求。

293 典型的做法是，县收集州法令所需要的数据，并把它们报告给州。医院管理人员、医生、丧葬承办人和验尸官会收集实际数据，大多数州的卫生部门维护着人口动态记录，并在去掉个人标识的信息之后，以纸质或者数字媒介的方式向公众发布这些记录。州人口动态统计办公室也发布定期统计报告，用以描述州及其社区的健康状况。所收集到的有关安全出生婴儿的信息很好地说明了包括在人口记录里的广泛信息：

出生地
分娩机构

母亲居住地
母亲的婚姻情况
母亲的种族
母亲的总怀孕期
母亲之前安全生产婴儿的数目
母亲之前胎死婴儿的数目
母亲最近一次安全生产的日期
母亲最近一次胎死的日期
母亲最近一次分娩的结果
母亲分娩之前所拥有的存活子女数目
产前保健
阿普加新生儿评分（小孩出生时做的医学评定量表）
本次怀孕的并发症
先天畸形

最初，人口记录看上去是客观的，用户不会去怀疑其数据的质量。然而事实上，任何一项记录的准确性都有受到可能存在的错误的影响。在婴儿安全出生信息中就有失实的可能。比如，一些曾经怀孕过的信息可能被误报。由于害怕遭到谴责，一些妇女可能会向医生或者助产士隐瞒先前怀过孕并最终流产、堕胎或者寄养的事实。很多妇女不承认自己流过产。记录数据过程中出现的错误以及分析过程中标准的差异都会产生误报。考虑到这些因素，你就会意识到维护数据质量的困难了。

类似的是，社会价值观念影响着死亡报告。关于死亡原因的统计可以从死亡证明处获得，并根据国际编码来编号。目前来说，要取得艾滋病死者的准确资料就相
当困难。艾滋病患者及其家庭都害怕病情被人得知后，成为污点。医生为了照顾患 294
者及其家属的感受，通常都答应在死亡证明上注明癌症或者其他相似疾病，而不写上“艾滋病”。自杀报告也有这样的偏差。认为自杀是一种耻辱行为的社会群体可能会尽量少报自杀的发生数。出于社会风俗的考虑，医生可能会把死亡归结为疾病或其他原因，以避免给其家庭带来尴尬。

人口统计以及其他健康记录基于相关个人的完整统计。卫生统计中心尝试统计出所有的出生和死亡，疾病预防控制中心则收集各种疾病和死亡原因的统计数。然而，大量有用的、与健康相关的信息都是通过样本调查来收集的。国家卫生统计中心、其他政府机构以及许多私人组织都在进行健康相关主题的广泛调查。大量健康调查的数据都是可以得到的。[28]

本章小结

二手资料是研究者为某个目的而收集的既有资料。二手资料是廉价的、高质量

的，而且足以阐释或解决一个问题。分析已有数据库比收集原始数据需要更少的资源。一些数据库所拥有的数据可能比研究者期望收集的数据质量更高一筹。专门收集数据的组织拥有训练有素的专业人员。他们检查数据的信度和测量手段的操作效度，设计、实施并记录正确的抽样过程，收集并编辑数据。

可以认为，二手资料分析有助于保证初级数据库的质量。首先，二手资料分析要求最初的研究者充分记录数据。其次，二手资料分析让研究者知道他们是否能验证最初研究者的成果。记录的需求以及检验结果的能力都会鼓励研究者更加注重研究质量。

随着数据整理成为例行程序，数据档案被保存，二手资料变得越来越容易取得，调查者们会更频繁地寻求现有数据的帮助来进行他们的初步研究，并修改研究课题。二手资料是否适合最终研究问题，取决于问题和数据。研究者在研究某个课题时，会开始了解什么样的人群和测量方法能解答他们的问题。有时候他们会修改问题以便与数据库保持一致。研究者要充分考虑这样的修改会带来什么样的损失，然后才能做出调整。

美国人口普查局是国家人口、政府和企业的主要数据来源。研究者之所以认为普查数据有价值，是因为该数据收集的质量和内容。普查数据可以在地理学、人口
295 统计特征以及时间性等各方面加以分析研究。在不断变化的社会里，保持可比性并减少被调查人的负担成为一种特别的挑战。

联邦普查局、州人口统计办公室、调研组织和专业协会定期收集数据。实际上任何一个组织或者个体研究者都是潜在的数据来源。网站可以帮你找到现有数据所在的位置。偶尔通过询问机构人员，调查者还能发现一些难以找到的未知数据库。

研究者找到数据库的位置，还必须找到获取它的途径。某些问题可以用公布的统计数据来作答，但大部分还是需要用到数据库。通过数据库的拥有者，根据数据发布合同条款，研究者可以直接获取整个数据库或其中的一部分，或是让数据库拥有者进行数据分析。然而研究者不能理所当然地认为数据库一定可以被获取。机构政策、合同担保以及研究者的方向是决定能否获取数据库的重要因素。

获取使用权后，研究者还要核实数据库的内容。有时候，研究者会得到错误的数据库，或者数据库中关于变量的信息以及编码是不正确的。研究者也需要检查有关样本、测量标准、数据收集的时间和方式以及编码程序等方面的信息，以此来推断数据的质量。

第 10 章主要分析合并指标形成单一测量的技术。以每个指标为基础进行数据收集，并作为各变量储存在一个数据库中，调查者通常逐一分析每个变量。然而，正如你所观察到的一样，合并变量能够将所考虑的现象更准确、更完善地展现出来。研究一长串单个变量只会使忙碌中的决策者被一两个突出的结果所吸引，而很容易被误导。

术语回顾

二手数据（secondary data）

美国社区调查（American Community Survey）
宏观数据（macrodata）
当前人口普查（Current Population Surveys）
人口普查的不完全统计（census undercount）
微观数据（microdata）
人口与住房十年普查（Decennial Census of Population and Housing）
普查区块（census tract）
人口统计（vital statistics）
普查街区（census block）

复习题

下列问题可以看出你是否已掌握本章内容所涉及的基础知识：

1. 二手数据的价值是什么？什么情况下我们建议研究者收集原始数据而不是依赖于二手数据？

2. 一个地方机构计划研究高速公路特征与事故发生率之间的关系。

（1）简要叙述你打算如何查找现有数据库。

（2）简要叙述你怎样确定现有数据库适合该项研究。

（3）假设你已经获得一个数据库的电脑拷贝，你需要什么信息去利用和解释这些数据？

3. 假设你在分析一个电子化的数据库。你检测并发现它报告了 70 位管理人员和 200 位非管理人员的数据，但文档中的数据代表 60 位管理人员和 210 名非管理人员，对此你将怎样处理？

4. 为什么在十年普查中的人口的不完全统计会被当作严重的问题看待？

5. 在规律性地执行调查过程中，如十年普查，改变问题的措辞或答案还是保持问题措辞不变，其中的权衡是如何作出的？

6. 为什么人口普查局会从十年一次的长表调查转为每年一次的美国社区调查？

7. 地方政府规划者如何使用美国社区调查数据？

课后作业与讨论

1. 参考例 9.5，在人口普查 A 区中：53%的成年人有高中学历；5 岁以上的人口 100%说英语；1 105 人租房居住；单身无子女性户主收入中位线低于 8 774 美元；家庭收入中位线为 12 580 美元。

（1）在人口普查 A 区中有一个项目汇总了社区服务方面的信息。下列哪项应该获得最高的优先权——关于租户权利的信息、高中级别的设备要求和资源、英语语言资源？提出你的建议并说明理由。

（2）在上述数据的基础上，你会首先建议采纳何种类型的资格要求，以确保那些最需要服务的人能获得这种服务？（你的建议将是实验性的，它们会随着你对社区越来越熟悉而逐步得到改善。）

2. 利用互联网或者大学图书馆，以获得以下对应你所选择的州和城市的普查数据：

（1）年龄在 65 岁以上的人口数量；

（2）年龄在 5 岁以下的人口数量；

（3）收入在 35 000～75 000 美元的家庭数量；

（4）自有住房家庭数量的中位数；

（5）在政府部门供职的劳动力百分比。

3. 假设你所在的社区有家医院正在评估是否需要成立一家长期护理机构（疗养院）。收集五个以内变量的普查数据，在这些普查数据的基础上，阐述你最初的建议，以及还需要其他哪些数据。

光盘作业

国家立法机构已经建立了一个限制性计划以促进国内最贫穷地区的经济发展。你所工作的机构负责对该计划基金的执行和监管工作。你必须挑选不超过 6 个县以接纳该计划的基金。挑选的主要标准基于当地的收入水平。

1. 选取一项操作定义来测量某个县对该项目的需求度。ORB 研究方法数据包含几个可能存在的变量：平均家庭收入、房屋拥有者收入中位线、贫困人群百分比、家庭收入中位线和贫困家庭数。

（1）在这些变量中，你会对贫困县选用哪种定义方式？请初步说明其操作效度。

（2）使用你的操作定义来选择适合该项目的县。

（3）通过检查数据，确定至少三个变量以支持你做出的选择（选出 6 个特殊的县）。

（4）为国家立法机构写一篇简短的记录（单倍行距下不超过一页）以确认你对县做出的选择，并提供证据证明其可行性。

2. 我们发现学生在处理宏观数据时，经常会犯一些常见的错误。为了表述这些错误，用 ORB 研究方法数据库检查以下几组县内存在的关系。

（1）家庭收入中位线与贫困家庭数的关系。这两个指标是否是对相同概念进行测量的？说出是或否的理由。

（2）贫困家庭数和暴力犯罪数。这两个变量有何联系？参考这些数据，你对于“贫困是暴力犯罪之源”这一假设有何看法？

（3）犯罪指数和家庭收入中位线。这两个变量有何联系？对于“贫困是暴力犯罪之源”这一假设，是否是一种更好的测试方式？请说出理由。

（4）家庭收入中位线和虐待或疏忽儿童的案件数。能否由此得出越是出身贫困的人越可能虐待或忽视自己的孩子？请说出理由。

推荐读物

关于二次分析的资料，参见 *Secondary Analysis of Available Data Bases*，ed. D. J. Bowering（San Francisco：Jossey-Bass，New Direction for Program Evaluation，1984）. 这些成果包括 J. C. Fortune and J. K. McBee's 关于数据库合并和证实的详细论文。

The Committee on National Statistics，Commission on Behavioral and Social Sciences and Education，National Research Council，*Sharing Research Data*，eds. S. E. Fienberg，M. E. Martin，and M. I. Straf（Washington，DC：National Academy Press，1985），包括了委员会报告和论文。其论文探讨了社会科学中的数据共享，并列出了一些数据共享设备以及适用于数据共享的合法政策。

M. H. Maier with T. Easton，*The Data Game*，3d ed.（Armonk，NY：M. E. Sharpe，1999）对一些通用数据库以及其局限性作出了精准概括。该书着重强调了如何识别曲解数据的几个常见问题。

J. S. and J. Stratford，*Major U. S. Statistical Series：Definitions，Publications，Limitations*（Chicago；American Library Association，1992）是另一部识别主要数据库以及测量标准的著作。

对人口普查局的成果、数据以及方法的描述可以在它的网站上找到（www. census. gov），由美国统计局的普通政府分部所准备的报告是各种详细资料的不错来源（www. gao. gov）。普查人员（包括美国统计协会调查研究方法部门）也在专业谈论会上就普查研究活动作出报告。Stephen E. Fienberg and Margo J. Anderson，*Who Counts? The Politics of Census-Taking in Contemporary America*（New York：Russell Sage Foundation，1999）一书对围绕不完全统计、抽样、种族分类展开的争论有详细论述。

要了解十年普查的变化所带来的各种问题，参见 *Reengineering the 2010 Census：Risks and Challenges*，Daniel L. Cork，Michael L. Cohen，and Benjamin F. King，eds.，Panel on Research on Future Census Methods，Committee on National Statistics Division of Behavioral and Social Sciences and Education National Research Council（Washington，DC：National Academies Press，2004）。

注　释

[1] G. S. Goldberg and E. Kremen，*The Feminization of Poverty：Only in America?*（New York：

Praeger，1990).

[2] "Former UVM researcher sentenced for falsifying work," *Boston Globe*, June 28，2006，http://www. boston. com/news/local/vermont/articles/2006/06/28/former_uvm_researcher_sentenced_for_falsifying_work/on August 1，2006.

[3] 关于二次分析成本的更多论述，参见 Committee on National Statistic，Commission on Behavioral and Social Science and Education，National Research Council，*Sharing Research Data*，eds. S. E. Fienberg，M. E. Martin，and M. I. Straf (Washington，DC：National Academy Press，1985，15-18。

[4] M. H. Maier with T. Easton，*The Data Game*，3d ed. (Armonk，NY：M. E. Sharpe，1999).

[5] J. S. Cecil and E. Griffin，"The Role of Legal Policies in Data Sharing，" in *Sharing Research Data* 论述了影响研究者使用数据的法律。

[6] 参见 http://www. cencus. gov/sdc/www/，2006-08-01。

[7] J. C. Fortune and J. K. McBee，"Considerations and Methodology for the Preparation of Data Files，"in *Secondary Analysis of Available Data Bases*，ed. D. J. Browsering (San Francisco：Jossey-Bass，New Directions for Program Evaluation，1985).

[8] 2010 年，美国社区调查打算以年度方式为所有等级的地理（其中包括可获得合计数据的最小单位——普查区域和区块）提供当前数据。它将会代替十年普查的传统长表形式。

[9] 关于机密性的进一步论述，参见 C. P. Kaplan and T. L. Van Valey，*Census'80：Continuing the Factfinder Tradition* (Washington，DC：U. S. Bureau of the Census，1980)，65-79；"Plenary Session V：Confidentiality Issues in Federal Statistics，" *First Annual Research Conference Proceedings* (Washington DC：U. S. Bureau of the Census，1985)，199-233。

[10] 有关国民收入和产出账户的资料，参见 Stratford and Stratford，*Major U. S. Statistical Series*，64-66。

[11] 每个主要政府分部的报告在序言内包含了数据收集部分，其中也包括任何样本。财政调查更加复杂并倾向使用在此所描述的整串策略。

[12] *Decennial Census：1990 Result Show Need for Fundamental Reform* (Washington，DC：General Accounting Office，GAO/GGD-92-94，1992)，chap. 2-5.

[13] Ibid.，37-38.

[14] *2000 Census：Progress Made on Design，but Risks Remain* (Washington，DC：U. S. General Accounting Office，GAO/GGD-97-142. July 14，1997).

[15] 想要了解更多围绕人口普查局抽样计划展开的政治活动，参见 M. J. Anderson and S. E. Fienberg，*Who Counts? The politics of Census Taking in Contemporary America* (New York：Russell Sage Foundation，1999). I. I. Mitroff，R. O. Mason，and V. P. Barabba，*The* 1980 *Census：Policymaking Amid Turbulance* (Lexington，MA：Lexington Books，1983)。其中对普查不完全统计的政治、法律和统计等方面进行的详细论述。

[16] 参见 PriceWatershouseCoopers 的最终报告，来自 http://govinfo. library. unt. edu/cmb/cmbp/reports/final_report/fin_sec5_effect. pdf。

[17] 对发生的变化和不断出现的设计问题的精确概述，请参考 *2010 Census：Cost and Design Issues Need to Be Addressed Soon* (Washington，DC：GAO-04-37，January 15，2004)。

[18] J. Scott，"A Census Query is Said to Skew Data on Latinos，" *New York Times*，June 27，2001.

[19] 涉及种族类别问题的出色论述，参见 L. Wright，"One Drop of Blood，" *New Yorker*，July 25，1994，46-55。

[20] A March 14，2001 press release，"Questions and Answers for Census 2000 Data on Race，" 论述

了与种族数据归类以及种族不同时期比较相关联的问题。查询详细信息可登录 www. census. gov/Press-Release/2001/raceqandas. html。

[21] N. L. Stevens, *Census Reform: Major Expansion in Use of Administrative Records for 2000 is Doubtful*（Wshington, DC: General Accounting Office, GAO/T-GGD-92-54, 1992), 4-6.

[22] *Design and Methodology: Technical Paper 63*（Washington, DC: Current Population Survey, March 2000): H-1.

[23] Dowell Myers, *Analysis with Local Census Data: Portraits of Change*（San Diego: Acadamic Press, 1992), 16-17。对研究普查数据，特别是当地区域调研感兴趣的人应该阅读该书。无论是初学者还是拥有丰富普查工作经验的人，都会发现其有用之处。

[24] http://factfinder. census. gov/home/en/acs_pums. html, accessed August 9, 2006.

[25] http://www. ipums. umn. edu/, accessed August 9, 2006.

[26] 相关例子参见 North Carolina State Data a Center at http://sdc. state. nc. us/, accessed August 9, 2006。

[27] http://www. cdc. gov/nchs/nvss. htm, accessed August 9, 2006.

[28] 政治学和社会学研究校际协会（ICPSR）是另一个通过计算机获取二手资料的好来源。其网址是 www. icpsr. umich. edu。

第 10 章

合并指数：构建指标

本章要点

1. 使用指标的原因。
2. 涉及指标形成的问题。
3. 形成指标的通用方法。
4. 如何对指标体系中所使用的测量方法进行标准化。
5. 指数的使用。

管理人员常常发现将指数合并成单一的测量标准非常有用。例如，要测量某个社区的健康服务需求、某街区的犯罪数量或卫生水平，一个指数往往是不够的。为了测量街区的健康状况，管理人员会用到不止一个指数（包括疾病和条件状况等），并把它们合并成一个综合测量标准，即指标（index）。**指标**是用来测量更抽象概念的标准，由一组变量构成。每个变量被称为一个项（或指数），而指标由两个以上的项（或指数）构成。

我们都非常熟悉一些通用的指标，比如消费价格指数（consumer price index，CPI）、追踪股票市场活动的全国证券交易商协会自动报价系统（纳斯达克指数），以及学生的平均绩点（grade point averages，GPA）。消费价格指数用来测量消费者购买商品的价格。很显然，为了得到准确而有效的测量结果，测量通常需要包括一种以上的商品。将一组有代表性的商品的价格合并得出 CPI 的值。纳斯达克指数则是将一组精选股票的表现进行综合评估，得出股票市场的业绩指标。我们对表 10—1 里的平均绩点应该相当熟悉，每个成绩被赋予一个数值，综合计算之后就可以得出学业成绩的测量标准。

表 10—1　　一个指标的实例：平均绩点

课程	字母等级	数值等级	课时	分数（等级×课时）
数学	C	2.0	3.0	6.0
历史	A	4.0	3.0	12.0
经济学	B	3.0	4.0	12.0
总计			10.0	30.0

GPA＝总分/总课时
　　＝30/10
　　＝3.00

我们使用一个包括了指标中的所有项的方程式来计算出指标的值。所得到的结 300
果是一个复合数，它包含两个以上数值，每个数值代表指标中的一个项。同时运用属性相同的几个组件，就能获得操作更有效且可靠的测量标准。对于街区犯罪的测量来说，需要综合几种不同类型犯罪的发生率，其中包括盗窃、人身伤害、杀人以及抢劫。这种测量方法比仅用一种犯罪（比如入室盗窃）的发生率要来得更有效、更可靠。构建指标，是为了用单个数字将看似不同的事物联系起来并予以描述。例如，环境健康指标就包括了儿童死亡率、水源质量、适当的卫生设施以及室内空气污染的测量。[1]

研究者通常不区分指标和量标，而是交替使用这两个术语。量标，是指依据反映某个概念的某个维度的规则，对指数进行组合。[2]严格说来，量标是根据案例与先前指数模式的匹配程度，赋予案例一个数值。而指标通常是将指数以各种方式进行合并。真正的量标要构建起来是相当困难而复杂的，其操作效度和信度也很难保证。大量公开的量标数据可以被用来研究态度、观点、信仰以及其他心理状态。量标包括的范围很广，有为专门项目而开发的量标，也有为普通概念（如管理压力和工作满意度）测量的标准化（且具有版权的）指数。对各种量标方法感兴趣的读者，可以参考本章末尾所列的书籍。本书中，我们只讨论指标构建，而深入研究量标。

一些指标通过长期的实验已经得到验证。在构建新指标之前，分析者应该尝试去了解一下其他类似研究的指标有何进展。在开发指标的过程中，有四个重要问题需要讨论，它们是：

1. 给需要测量的概念下定义。
2. 选择包含在指标中的项目。
3. 合并项目并形成指标。
4. 加权个别项目。

10.1　界定概念

分析者对于要测量的概念必须清晰地了解和界定。分析者理应能够解释概念的 301

含义，以及理论上包含哪几个部分。在第 4 章，我们已经论述过概念定义和操作定义。要开发一种测量方法，首先要界定和描述需要测量的概念。我们需要查阅文献，知道其他人所用到的界定方式，然后用同样的方式为某个概念下定义，除非有充分的理由不那么做。

概念的操作定义详细论述了概念应如何被测量，以及在剩下的步骤中如何去完成这个工作；概念定义决定了操作定义的每个可能的测量方法是否合适。我们希望两者之间联系紧密。在为测量方法选择项目的时候，分析者要能够论述每个项目怎样按界定好的规则来测量某个概念。

10.2 选择项目

为综合测量精心挑选项目非常重要。分析者要关注四点：第一，使用正确的项目，它们代表着研究所关心的维度，而非其他维度。第二，包含足够多的项目，以便区分维度的所有重要等级来增加信度。这里的重点是要在很多项目中做出选择。如果某一项目被运用后不能引起任何变化，那这种无用的项目就不应该被包括在内。这样的项目会把所有案例都归为一类，即使它们各不相同。第三，确定每个项目是否代表了分析者所关注的整个维度，或是否代表了维度的一部分。第四，通过排除那些不能提供额外信息的项目来节省成本，减少不必要的麻烦。

前面说过，一个能有效操作的测量方法应该是相关且有代表性的。为指标所选择的项目，应该能均衡地涵盖被测量的特性。分析者构建指标来测量某一机构的管理绩效，其中会包括他认为重要的方面，比如人员变动、旷工、抱怨的频率都被认为是重要方面，遗漏其中任何一点的测量方式都是有失偏颇的。

在进行项目选择的时候，有关被测量主题的学科知识是非常重要的。项目的挑选不能随心所欲；它们必须和分析者想要测量的东西有理论上或概念上的联系。那些与被测量的概念在逻辑上相关的项目必须予以优先考虑。如果有其他来源的证据表明某个项目与被测量的概念相关的话，也应该对其加以考虑。对于每个项目，分析者至少要略费笔墨解释一下他认为应该将其包括在内的原因。

分析者会使用几种方法来为指标挑选项目。他们会依靠自己的判断进行选择，或者也会和该领域内学识渊博的人以及潜在的指标用户交谈，判断他们认为哪些是
302 重要的。然而，和过多用户交谈的一个弊端，就是用户会建议把他们仅仅是可能用到的项目加入其中。而研究者应该避免纳入无用的项目。

分析者偏爱那些能够很好地评估一组项目是否连贯的方法。所谓连贯，也就是说，组内的每一个项目对某个界定完善的概念进行可靠测量都有巨大的帮助。如果组内的每一个项目都以大致相同的方式反映出暗含的维度，那么它们就是连贯的。如果几次测量互相关联都很紧密，这些项目就是连贯的。当这种情况发生时，说明不同的测量指向同一概念，分析者可能会去除其他一些项目。减少大量相关项目，

并合并成较少指标的方法被称为“因子分析”。本章稍后将论述因子分析，以及如何来利用它选择变量纳入指标。因为指标分析者希望一个测量方式能和其他的测量方式相关，但又不能联系得太密切，因为两种相互联系非常紧密的测量方式是不能同时包括进去的。

测量的效度在很大程度上取决于为指标选择的项目。通过观察与测量概念有关的项目，可以对指标内容的有效性加以评估。在形成指标测量员工业绩的过程中，主管要试图确定指标中的所有项目是否代表被评定的业绩内容。也就是说，指标内容必须与员工业绩相关内容相匹配。例 10.1 阐明了内容有效性对于指标构建的重要性。

例 10.1

操作效度与指标构建

问题： 管理人员想开发一个指标以评价其下属的业绩。

程序： 查阅所在机构的人事政策及所监督员工的工作职责，并与其他管理人员讨论了工作任务之后，管理人员确定下列特性非常重要：填写规范表格的准确性、产出（一周之内完成并输入办公数据库的表格数量）、了解所在部门的文件汇编系统、使用所在部门的文件汇编系统的能力，以及操作电脑软件的熟练度。然后，管理人员为该指标选择项目以测量员工在这些方面的表现。

内容： 为了使作为测量方法的指标有意义和代表性，管理人员选择的项目必须测量出员工在这些方面的表现。如果这些标准中的一个或更多没有被包括在指标内，批评者就可以认为指标内容不具备操作上的有效性。如果指标内容包括了其他特性的评估，如员工态度或衣着，也会影响指标的有效性。

10.3　合并指标中的项目

管理人员能采取多种手段将不同测量的值合并到一个指标中去。最简单也最 303
常用的方法就是把不同项目的值相加。城市压力指标就是将四个不同项目的等级简单相加的例子。这个指标的创建者们取得有关城市心理压力的四个指数的数据。这些数据分别是酗酒、离婚、自杀以及犯罪的发生率。他们根据每个指数对国内最大的 300 个城市进行排序，然后将所有排名相加得出每个城市的综合排名。[3]另一种常见的方法是算出各项数值的平均值，也可以通过更复杂的方程式计算出单一数值，来合并指标中所有项目。比如说，数值之间可以彼此相乘或者相除。

指标的范围包括了绝对范围，如最小值和最大值的项目。其他范围则使用相对标准，每个单独案例能达到某个项目的组平均数的什么程度。使用一个国家的识字率衡量该国家的发展程度，就是前者的例子，因为识字率包括从1%到100%的范围。一个国家的平均寿命能达到所有国家的平均寿命的什么程度，则是后者的例子。[4]

每个不同项目的值可能需要经过转换才能被合并。通常不同项目拥有不同的计量单位和值域。例如，在确定某个社区补助金发放资格的指标中，不能有意将失业成年人的百分比加进居民人均收入。本章稍后将论述转换测量的一些方法，以便能综合利用这些方式来准确测量分析者所关注的特性。

10.4 加权各个项目

每个项目都应该根据其重要性在指标中起相应作用。对于一些指标，我们希望其中每一个项目都起到相同的影响。而对于其他的指标，我们也许认为其中一些项目更加重要，并希望它们对最终指标有更大的影响。如果我们希望每个项目对指标有不同影响，可以对它们进行**加权**（weight）。例如，创建一个指标来评估不同工作机会的满意度，确定薪水、地点、假期很重要。假设你需要在两个工作之间作出抉择，构建以下指标：

工作机会 A	工作机会 B
薪水=1	薪水=2
地点=2	地点=1
假期=1	假期=2

304 表上的数字是每个工作机会中每一项的等级评分，数字越高，表示工作越好。例如，数字2意味着该工作某一项的等级比另外一个工作的要高。工作B的薪水比工作A更丰厚，但是工作A的地点对你来说看上去比工作B更适合，等等。你还可以明确，薪水是你目前为止最关注的一项，而假期的长度则不是那么重要。所以你决定通过重要性等级来加权每一项目，并用加权值来乘以每一项目的等级评分。

该指标得出的工作B的值比工作A的要来的高。如果你已经将合适的项目全部纳入并进行加权，那么你就会优先选择工作B。

工作机会 A	加权	工作机会 B	加权
薪水=1	×4=4	薪水=2	×4=8
地点=2	×2=4	地点=1	×2=2
假期=1	×1=1	假期=2	×1=2
指标总值	9	指标总值	12

统一的犯罪率指标把各种类型犯罪的每一类型（包括谋杀、过失杀人、强奸和

抢劫）中的每十万人中犯罪数加总在一起。表 10—2 给出了一个比较两个城市犯罪率指标的例子。我们注意到，尽管在这个指标中两个城市犯罪行为的每一项有着不同比例，但两个城市的犯罪等级在该指标上数值完全相同。指标中的每一项犯罪行为都被当作具有相同重要性来对待。由于犯罪指标主要是由财产犯罪主导，其他犯罪率的变化（比如更多的暴力犯罪）对指标产生的影响较小。[5]

把几个项目合并到指标中的时候，管理人员可能希望对不同项目赋予不同的权重。权重是由该项目对被测因子的重要性来决定的。如果一个指标被描述为“未加权”，通常就是表示每个项目被赋予了相同的权重。当我们有意允许一些项目对指标造成过度影响时，必须非常谨慎。比如说我们打算合并那些拥有不同大小和范围数值的项目时，就需要小心对待。值变动范围在 1～50 之间的项目与值变动范围在 1～10 之间的项目显然是不同的。前一项目中 5 和 10 的差别就不如后一项目中 5 和 10 的差别那么大。如果只是简单地把它们相加，它们就会对指标造成相同影响。305 例 10.2 讨论的用来测量社区财政压力的指标，就给出了上述情况的一个范例。在指标的项目 1 中所得到的值范围是 10～50，项目 2 中所得到的值范围为1～10。

表 10—2　　**两个城市的犯罪率指数**

A 城市

罪行	犯罪率
故意杀人	5
过失杀人	7
强奸	13
盗窃	35
合计	60

B 城市

罪行	犯罪率
故意杀人	8
过失杀人	6
强奸	10
盗窃	36
合计	60

例 10.2

社区财政压力指标

项目 1： 申请所有类型的公共资助的人口百分比：最低的社区＝10，最高的社区＝50，社区 C＝14，社区 D＝20。

项目 2： 与前一年相比，企业破产数量增加的百分比：最低的社区＝1，最高的社区＝10，社区 C＝7，社区 D＝1。

财政压力指标值：

	项目 1	项目 2	合计
社区 C＝	14%	7%	＝21%
社区 D＝	20%	1%	＝21%

两个社区的指标总值是相同的。但是，项目 1 之间值的差异可能要比项目 2 之间值的差异远为重要。尽管两个项目都是以相同的单位，即百分比来测量的，但它们有极为不同的范围差异，而且简单地把它们加在一起，等于给了第一个项更大的权重。

10.5 为指标创建标准化指数

指标中的各个项目都必须被包括在内，这样，每一个项目都用可以相互比较的单位来衡量，而且能为综合测量起到恰到好处的作用。**标准化**（standardize）单个测量手段，使每一个项目都基于相同比例是非常必要的，这样不同单位测量的项目就能合并在一起。如果不做这项工作，仅仅因为值和范围的不同，某一项目可能比另一项目对指标起到的作用更大。合并、转换、加权一个指标中的各个项目是相互关联的问题。转换项目通常可以降低某一项目对指标过度影响的风险。然后我们可以决定如何加权各个项目；假如一些项目需要更多权重，在合并这些项目之前，我们可以先把它们乘以一个系数，就如先前的工作机会的例子。在创建指标的过程中，分析者必须妥善处理测量转换和项目分别加权两件事。

例如，假设有一个城际社会困难指标是通过合并 6 种测量方式而得出的，其中包括失业率以及依赖率——18 岁以下或 64 岁以上的人口百分比。[6]尽管第二个数字在不同城市间变化很大，但第一个数字更为重要，而且即使只是稍稍一点的失业率差异都非常重要。为了测量每个使用相同单位的变量，并防止二次测量时加权过度，研究者需要使变量标准化。例 10.3 提供了这一详细案例。[7]

例 10.3

一个城际社会贫困指标的创建

可量化的测量和定义

1. **失业**：失业的平民劳动力百分数。
2. **供养人口**：18 岁以下或 64 岁以上的人口百分数。
3. **教育**：25 岁以上（含 25 岁）低于 12 年级教育的人口百分数。
4. **收入水平**：人均收入。
5. **拥挤的住房**：大于 1 人/间的居住单位百分数。
6. **贫困**：在低收入水平 125%以下的家庭百分数。

这些变量中每一个的变动范围都可能差别很大。除此之外，收入水平的变化与其他 5 个项目不同，不是百分数。为了标准化，每一个变量都是以这样的方式处理的：变量的最低值被赋予 0 分，最高值为 100 分。在中间城市的值由下面的公式确定：

$$x=[(y-y_a)/(y_b-y_a)]\times 100$$

式中：x——为每个城市创建的标准值；

y——每个城市的贫困的特定测量值；

y_a——表明最低需求的值；

y_b——表明最高需求的值。

这样，对于每个测量，最贫困的城市（最高的失业、最低的人均收入等等）被赋予100分，最不贫困的城市被赋予0分。把失业和人均收入作为范例：

失业：失业程度最低的城市是法戈（Fargo），失业率为1.5%；最高的比率出现在加州的埃尔森特罗（El Centro），达17.6%。为失业率是11.1%的埃尔帕索（El Paso）确定标准值。

$$x=[(\text{埃尔帕索标准值}-\text{最低值})/(\text{最高值}-\text{最低值})]\times 100$$
$$=[(11.1-1.5)/(17.6-1.5)]\times 100=59.63$$

收入：人均收入：最高＝纽波特海滩（Newport）63 000美元；最低＝纽瓦克（Newark）13 000美元。较低的人均收入表明更贫困。确定人均收入为15 300美元的埃尔帕索（El Paso）的标准值。

埃尔帕索（El Paso）的收入标准值

$$=[(15\,300-63\,000)/(13\,100-63\,000)]\times 100=95.59$$

人们普遍认为高收入水平比低收入水平更好。于是，收入的最低值被赋予100，即这个城市在人均收入测量的需求方面拥有最高值。现在两个变量都标准化为0～100之间的范围，而且以相同的单位测量。(当然，单位是百分数，不是失业或收入的数量。）每个变量的标准化测量能够加总在一起，从而得到每个城市的指标值。

表 10—3　　各城市指标中的各项标准化值

埃尔帕索				
变量	高	低	未标准化	标准化
1	17.6%	1.5%	11.1%	59.63
2	42%	7%	41%	97.14
3	31%	5%	31%	100.00
4	13 100[a]（美元）	63 000[b]（美元）	15 300（美元）	95.59
5	39%	10%	29%	65.52
6	35%	14%	21%	33.33
总计				451.21

a. 最大需求
b. 最小需求

指标中每个各不相同的变量以所描述的方式进行标准化，并按城市叠加在一起。表10—3说明了范例城市埃尔帕索每个变量的低值和高值及其标准值。

注意指标最高的可能数值是600。只有在一个城市每个不同变量都是最高值时，才会有这个数值。

指标中各不相同的因子，比如这个指标中的因子，能够加以平均，也就是说，每个案例的总值除以指标中因子的数目。对于这个指标，每个城市的总值将除以6。对于埃尔帕索来说，六个项的平均数将是75.20，而这个指标的最大平均数就是100。

307 前面所描述的这种指标被创建用来测量城市压力，也用来确定社区补助金划拨方案。指标中的每个指数被标准化并被平均加权。不过，每个指数也可以被赋予不同权重。另外一个创建标准化测量的方法，就是计算出一系列测量中每一个的 z 分数，并把它们相加。有关该研究的例子收录在本章末尾的附录 10.1 中。

10.6 创建指标的范例

李克特量表

308 建立指标的通用方法被称为**李克特量表**（Likert Scaling）。[8]李克特量表也被称为总加量表。该方法的使用相当容易。为了创建一个使用李克特量表的指标，分析者会选择一组陈述句，其中每一句都肯定或者否定地反映了他所要测量的特性的某个方面。他会为每一个项目都提供一份等级列表，其中附有几个分级的回答。分析者根据所提供的回答，对每一个项目的维度加以分级。每一个回答都会被赋予一个分数值，累计这些分数得到一个单一数值。另外一种方法是将所有等级相加，再除以项数，得到每一项回答的平均值。

李克特量表法通常用于测量个人的观点和态度。如果被用在访问或调查中的话，李克特量表要求被调查者在等级量表中表明他们对每个陈述同意或不同意的程度。同意量表可以有两个选项（同意或不同意），或者用更多选项让被调查者表明自己的同意或不同意的程度。同意程度通常分成五个类别：非常同意、同意、中立或没有看法、不同意、非常不同意。有些表格省略了“中立”的类别，而有些甚至增加更多类别，以便更细化地区分态度。建议将肯定和否定的陈述项数目设为相等。如果类别的数目不平均的话，会使答案产生偏差。对于肯定陈述，类别计分为 1、2、3、4、5。1 表示“非常不同意”，5 表示“非常同意”。假如陈述内容对于对
310 象是否定的，那么就反过来计分，如例 10.4。回答者的指标值是各项值的总和。例 10.4 展示了一个典型的李克特量表的范例，在该例子中李克特量表被用于评估客户对部门服务满意度的一个指标。

例 10.4

李克特量表指数的一个范例

利用下列项评估客户对公共机构的满意度。

项目 1：这个机构的工作人员总是对我尊敬有加。

非常同意	同意	不置可否	不同意	非常不同意
(5)	(4)	(3)	(2)	(1)

项目 2：在这个机构我从来不必等待超过 20 分钟。

非常同意	同意	不置可否	不同意	非常不同意
(5)	(4)	(3)	(2)	(1)

项目 3：我经常被这个机构的工作人员告知来错了日子。

非常同意	同意	不置可否	不同意	非常不同意
(5)	(4)	(3)	(2)	(1)

项目 4：我对这个机构提供的服务不满意。

非常同意	同意	不置可否	不同意	非常不同意
(5)	(4)	(3)	(2)	(1)

每个回答下面的数字是每一项的值，它们可以加在一起从而得到指标的值。当然，更多的项目常常会包括在内。代表每个回答类别值的数字不必出现在问卷上。注意，项目 3、项目 4 和项目 1、项目 2 的方向是相反的。项目 1、项目 2 是肯定陈述，假如客户同意这些陈述，就会生成一个较高的值。项目 3、项目 4 是否定陈述，假如客户同意这些陈述，就会生成一个较低的值。在回答"同意或不同意"这类问题时，人们通常不会对这些项目予以充分考虑，而直接用惯用的思维模式来套用。因此，改变一些项的方向，以使客户更有可能在回答之前深入地思考答案是明智的。还要注意"不置可否"的类别，这种回答经常被包含在李克特量表中。

有两个方法可以来把这些项目的回答合并到一个指标中去。第一个方法是对每个项的回答对应的数值相加。假设客户对这个例子中的问卷作出下列回答：

项目	回答	回答对应的数值
1	同意	4
2	同意	4
3	非常不同意	5
4	非常不同意	5
总计		18

总计的值就是指标值。假如项里有一个不适用于这个机构，或者是客户对一个以上的项目没有做出回答，那把全部的回答加总就不合适了。另一个可选的方法是把全部回答的值相加，然后除以回答过的项的数目，这样就给出了每个项的平均值。这样，即使一些项没有得到回答，结果也会更加准确。对上面的客户使用这个方法，会产生一个指标值 18/4=4.5。

假设在另一个不适用项目 3 的机构使用这个指标，我们会发现某个客户做出如下回答：

项目	回答	回答对应的数值
1	同意	5
2	同意	4
3	（没有回答，客户在方便时会回答）	NA
4	非常不同意	5
总计		13

把这个总数与第一个机构的总数加以比较是不恰当也不准确的。但是，如果把总数除以回答过的项目的数目，就可以给出一个更准确的值，而且能够与第一个机构的平均值进行比较。

总数/回答过的项的数目=13/3=4.33

构建李克特量表的第一步是选择项目。尽管这里不存在一套权威程序，我们还是提出以下一般性建议：首先，要弄懂被测量的概念。分析者必须写一些东西来阐释概念以及为何选择这些项目，同时解释在他看来每一项目如何与被测量概念相联系。许多适合提出问卷问题的内容也同样适合李克特量表的项目构建。一旦陈述选择完毕，就需要对它们进行预测试。每一项与总计分之间的关系必须加以检验。总而言之，与总计分息息相关的项目才是我们所需要的。李克特量表中的所有项目不一定要平均加权，但在实际操作中，大多数李克特量表对待每一项都是一视同仁的。李克特量表广受诟病的地方是，相同总计分可以从各种不同途径获得，而其主要优点之一则是容易构建。

基于李克特量表技术构建的指标并不是一直用从“非常同意”到“非常不同意”的连续序列。尽管每一项都有相同数量的回答类别，但每一项却不一定能得到相同的回答。例 10.5 就向我们展示了这样一个指标。

李克特量表代表了测量法中的一种定序测量。其中的项目不是真用来测量特性的数量，但是我们可以使用这些项来为案例排序。然而，通过累计所有回答所赋的数值，或者计算量表的平均值，我们就可以把测量看作定距测量。这种做法让我们能将更多统计技术用于研究分析中。

例 10.5

指标范例

一名城市公共建设工程负责人，希望评估城市固体废物转移和物资回收站周围街区的清洁程度。他为巡视员准备了一月使用一次的指标。巡视员将针对每个项目勾出相应等级。

街区清洁度指标

1. 整个区域看起来像一个令人愉快的居住区。
   非常（A）
   有一点（B）
   一点也不（C）
2. 可以看到零碎的垃圾，如纸张、瓶子、罐子。
   一点也不（A）
   有一点（B）
   非常（C）
3. 草坪修建得很整齐，杂草已被拔除。
   非常（A）
   有一点（B）
   一点也不（C）
4. 街道和人行道满是灰尘或肮脏。
   一点也不（A）

有一点（B）

非常（C）

以下列方式赋予每个回答一个值，以数字来表示：

A=3；B=2；C=1

如果巡视员将街区评估如下，相关的变量就应当被安排：

项目	等级	数值
1	B	2
2	A	3
3	A	3
4	B	2

总计为 10。巡视员可以把这个数字除以 4（即项目的数目），便可得到这个街区的清洁度指标值 2.5。这个数字可以用来与其他街区或同一街区前段时间的值进行比较。注意，指标的值越高，街区越清洁。假如指标的值降到某个水平以下，这个主管就很可能希望处理这个问题，并采取整顿措施。

这个指标的操作效度和信度必须加以确定。假如构成指标的项目是附近居民最关心的因子，那么它就可能是一个内容有效的测量。当然主管还需要确保每个巡视员以相同的方式使用这个指标，并且该指标使得巡视员能够准确地评估清洁度。

10.7　因子分析

因子分析（factor analysis）是用来考量理论概念和经验指数之间关系的技术。312 它也用于把大量的项目减少为较少的便于处理的若干指标。分析者用它来选择项目，并确定这些项目对于指标的重要性。因子分析的一个方法是把一组变量转换成另一组新的更小的复合变量。它可以显示出指标中需要运用哪些项目，以及该如何对它们进行加权。该技术涉及大量的计算。不过，许多计算机程序可以快速完成计算，并提供必要信息。在使用或构建指数的报告中，你可以看到因子分析的应用。

因子分析被用来帮助构建抽象概念的指数，其基本思路可以通过把考试成绩作为综合智力评定标准这个例子来说明。比如，我们有某学期学生们所修六门功课的考试成绩，并且我们预计某个学生不同科目的考试成绩之间有互相关联。最初的调查者提出，考试成绩之间的联系来自于个人智力的综合水平，而且这种联系不能被直接观察到。这些调查者提出，所有学科的成绩一定程度上取决于该因子。综合智力可以看作所有考试表现出来的共有因子，而且几次考试成绩可以被用作对该因子的测量。

因子分析可以被用来把大量的项目压缩为少数的指标，合成后的指标比分开采用的项目来说有着更强的信度和操作效度。因子分析也可以用来鉴别为测量复杂概念而合并的单个变量，从而有助于选择指标所要包含的变量。因子分析可以计算出假定相互关联的大量变量是如何紧密地与某个通用维度或者因子相关联的。分析者可以挑选那些看上去与因子关联最紧密的变量，然后把它们用于指标当中。因子分析的结果能揭示如何合并各个不同变量。

313 例如，我们假设一个分析者已经掌握关于他所在州所辖县的某些特性的资料，这些资料可能包括：公共设施的利用，如医院和公园；条件的测量，如疾病的流行、高中毕业和辍学者的数量、残疾人的数量；人均收入的测量、就业、工作类型、县的不动产评估等等。分析者希望编制关于人性化服务需求和经济条件的指数。因子分析有助于确定不同指数中哪个才能最好地测量这两个维度，它能表明个人测量是如何与人性化服务需求和经济条件挂钩的。该分析将帮助分析者挑选出一些指数纳入这两个指标，并在加权这些指标的时候使用。

因子分析基于关联这个概念。假定各变量之间的关联是为了反映这些变量能在何种程度上测量那些相同特征和因子。因子分析是从每对关注变量之间的关联测量计算开始的。然后，用数学方法创造出使集合中变量关联最大化的那个因子。接下来，计算衡量每个变量和因子之间关联的系数。这些系数，被称为**因子负载量**（fator loading），在 0～1 之间变动。负载量越接近 1，变量和因子的关联就越紧密。大量负载某因子的变量被认定为该因子的测量标准。使用因子分析来帮助创建指标的分析者，在指标中把那些具有最高因子负载的变量当作项目来使用。

因子分析也被用于确定哪些重要维度可以通过一组分离的指数加以测量。在试图了解哪些地方政府有可能遭受政府雇员罢工的过程中，詹姆斯·佩里（James Perry）和威廉姆·贝克斯（Wiliam Berkes）对许多地区的政府特征进行了因子分析。[9]佩里和他的同事们不知道随着分析进行会出现什么样的因子。他们有大量的不同变量，希望能使用这些变量来构建指数，以预测局部地区发生罢工的可能性。

这些作者分析了一下几个“公务员就业变量”：

1. 当地政府雇员收入和私营部门雇员收入的比值；
2. 当地政府雇员收入与教师收入的比值；
3. 当地政府就业占非农业就业的百分比；
4. 当地雇员法律政策与教师政策的比值；
5. 一年内教师罢工的次数；
6. 参与停工斗争十年以上的公务员；
7. 十年内公共部门员工空闲日。

314 因子分析从这些变量中产生两个因子。作者基于因子中最高负载的变量来命名该因子。第一个因子被称作“当地雇员地位”，第二个因子被称为“以往罢工活动”。每个带变量负载系数的因子在表 10—4 都有展示。作者使用这些系数创建“当地雇员地位”和“以往罢工活动”指标。这些综合指标被用来评估任何一个地方政府在不久的将来遭受政府雇员罢工的可能性。

表 10—4　　　　　　预测公务员的罢工运动：确定并测量重要因子

变量	因子以及因子负载量*	
	当地雇员地位	以往罢工活动
1	0.97	−0.01
2	0.99	−0.02
3	0.93	−0.02
4	0.69	0.05
5	−0.05	0.46
6	0.05	0.99
7	0.08	0.97

* 所谓因子负载量是用来测量变量和重要因子之间关系的紧密程度。

资料来源：James Perry and William Berkes，" Predicting Local Strike Activity，" *Western Political Quarterly*（Spring 1979），pp. 501-517。

分析者也可以运用因子分析的结果确定每个案例的指标数值。因子分析程序为每个变量提供一个二次系数，被称为**因子得分系数**（factor score coefficient）。它们就是被使用的加权值，分析者把每个数值乘以有关变量的案例原始数值，得出的结果全部相加就能获得每个案例的指标值。这个值被称为"因子得分"。例 10.6 展示了一个用因子分析和因子得分系数创建的指标。（如何计算"因子得分"的细节请参看附录 10.2。）

在努力创建几个城市贫困指标的过程中，研究家们使用因子分析为每个指标选择项。他们希望创建健康、社会服务、娱乐、环境、公共安全、运输要求的指标，而且对社区特征的各种测量进行分析。[10]因子分析展示了单个变量是如何与五个不同的因子相联系的。例 10.6 展示的是为了创建一个城市健康需求指标所选择的项目，因为这些项目中的每一个都大量负载着名为"健康需求"的因子。因子得分系数也同时被显示出来。进行因子分析的计算机程序可以产生因子得分系数，还可以计算出各城市的复合值和因子得分。

因子分析要求定距测量，尽管在变量以定序甚至定类方式进行测量时，分析者们也会使用因子分析。为了编制可靠因子，研究者还需要大量的案例。 312

例 10.6

需求指标

因子	复合变量	因子得分系数
健康需求	1. 当地自杀率	0.73
	2. 婴儿死亡率	0.64
	3. 出生率	0.55
	4. 死亡率	0.51
	5. 收入低于 7 500 美元的家庭	0.44

为每个城市所计算出的指标复合值，即因子得分，是通过把每个变量的系数乘以该城市对应该变量的值而得出的。每个案例中运用到的公式是：

因子得分＝0.73×（变量 1 的值）＋0.64×（变量 2 的值）＋0.55×（变量 3 的值）＋0.51×（变量 4 的值）＋0.44×（变量 5 的值）

在合并每个不同项目的过程中，使用每个变量的城市 z 分数而非城市实际数值，通常是必需的。z 分数被用来计算各个项目的不同测量单位和不同变动范围。本章末的附录 10.1 向我们展示该步骤的做法以及如何为范例城市计算出指标值。z 分数是用来解释测量中的不同单位以及各个项目的不同范围的。

10.8 指　数

指数表达两个数字之间的关系，其中一个是基数。指数是用来描述随时间推移某些事情发生的变化，如价格、生产、工资、失业。诸如消费价格指数之类的指数，在分析经济情况时有着广泛的用途。消费价格指数合并了大量不同项目的价格，用来衡量生活成本，并描述经济变量随时间发生的变化。该指标会产生一个概括的统计数字，被称为**指数**（index number）。[11]消费价格指数作为指数的一种，提供如下信息：(1) 一个标准组的商品和服务的综合价格；(2) 特定时期内，综合价格出现变化的百分比。为了方便比较，指数被表述为一个百分数，即比例。

消费价格指数可能是最常用也最知名的指数了，它由很多子组件组成。它把
316 400 多个日用品及服务归为八大类。[12]该指标从一个指定的参考日（相当于设为 100）开始进行价格变化的测量。假设有了 50%的增长，用指数表示则为 150。这个变化也可以用美元来表述：CPI 中的一组商品或服务的价格已经从基准年的 10 美元涨到 15 美元。也可以把指数作为一个百分比来看待，通过该百分比来确定从基准年起的商品和服务价格增长的百分比。目前，1982—1984 年这段时间被用作大多数消费价格指数组件的基准年。表 10—5 表明了指数如何显示所关注因子的相对增长，比如价格。例如，第 5 年的指数说明了商品和服务的价格自基准年以来已经增加了 11.2%。

表 10—5　　消费价格指数随时间变化而变化的趋势

年份	1（基准年）	2	3	4	5	6	7	8
指数	100	101.9	105.5	109.6	111.2	115.7	121.1	127.4

资料来源：U. S. Department of Labor，*CPI Detailed Report for March 1993*（Washington，DC：Bureau of labor Statistics）.

管理人员经常希望评估他们所领导的机构资金支出数额的增长。他们通常希望把服务和活动增多所带来的开支增长，与通货膨胀导致的增长区分开来。指数可以帮助他们做到这一点。例如，某县医院的管理人员可以使用价格消费指数组件，把医院、健康保健商品和服务这三项花销的增长，与医院预算的增长进行比较。

本章小结

当单个指数不足以测量概念时，调研者通常使用被称为“指标”的多项测量方式。在构建指标的过程中，有三个重要的相关问题。(1) 选择要包含在测量中的项目，这需要你对测量的对象有非常清楚的了解，且不能漏掉任何重要的方面。(2) 合并项目形成指标。这要求你思考指标的长处以及指数的类别和类型。(3) 加权各个项目。这样指标就能完满地把一开始就存于你脑中的概念表现出来。完成这些步骤的程序和方法前面已经讨论过了。其中包括李克特量表、因子分析和变量的标准化步骤。

当案例可以根据几个项分级时，最可能使用的是李克特量表。即使只有几个项目可用，使用李克特量表也非常容易且能够达到目的。每个项目代表一个定序量表，通过给每个类别赋予一个数字表示的值，并把这些数值相加，分析者可以把指标当作定距测量来看待。因而产生的指标值通常也被当作定距值来对待。这种做法的优点是允许分析者运用定距测量的统计资料。

假如各个项目都是靠一个定距量表来测量案例的特征，你可能宁愿选择其他的
方法。因子分析可用来把大量测量削减为几个基本的通用因子。与每个因子相关联 317
的变量能够合并为一个复合指标。因子分析提供信息帮助选择变量以形成指标，并确定每个变量的加权值。因子分析要求大量的案例，还要求测量必须是定距的。

如果指标中各个项目以不同单位测量，测量结果就必须标准化。即使以同样的单位测量项，如果项目取值的变动范围差异很大，其比例或变动范围也必须标准化。如果不这样做，变动范围的巨大差异会导致某些项目比其他项目有更大的影响，其结果往往与分析者的意图背道而驰。

在构建指标的过程中，必须确定每一项目能否恰当地测量变量，还必须决定如何加权每一项目。加入变动范围或项的单位不同，分析者必须首先应用标准化程序，然后分别应用加权程序。

消费价格指数是指数的一个范例。指数典型地表述了一些因子相对指定日期即基准年的变化。基准年的 CPI 设置为 100，随后年份的数目表示自那一年后价格变化的百分数。

前面的三章已经论述了资料收集以及相关问题。接下来的章节将思考：收集到某一项研究的资料后，应该如何去处理这些资料？第 11 章论述资料的管理和单个变量的分析，第 12 章论及统计的重要意义，第 13 章和第 14 章涉及相关性的测量。

术语回顾

指标（index）

因子分析（factor analysis）

因子得分（factor score） 加权（weighting）
因子负载量（factor loading） 指数（index number）
李克特量表（Likert Scaling） 因子得分系数（factor score coefficient）

复习题

下列问题可以看出你是否基本掌握了本章的内容：

1. 使用指标测量某个提供给观察者的特征有什么好处？
2. 操作效度是如何适用于指标建构的？
3. 与单一指标相比，为什么指数应该提供更有效，更可靠的测量？
4. 举出一个使用未加权项不太可能引起问题的指数的例子（未加权项意味着每一项拥有相同加权）。
5. 举出一个使用未加权项可能产生无效测量的指数的例子。
6. 为什么通常转换变量使其拥有相同可比较单位和各项加权是分开完成的？
7. 查询图书馆资源，找到美国劳工部最新发布的《消费价格指数：详细报告》，或者登录网站 http://www.bls.gov/cpi，计算 1982 年相当于 50 000 美元的商品和服务在目前或报告当年的价格是多少。你所使用年份的消费者价格指数是多少？

课后作业与讨论

1. 创建一个李克特量表为公共交通系统的质量进行排序。量表中应该包括 10 个项。使用该指数去评估你所熟悉的城镇或者城市的公交系统。
2. 参考例 10.4 回答下列问题：假设某个市民对指数中的某项目给出了如下回应：同意、不同意、强烈反对、没意见。

(1) 为该市民计算指数值。

(2) 你想添加其他哪些项目？

3. 在例 10.3 中，计算出第 2、第 3、第 5 和第 6 项的结果（第 1 项和第 4 项的计算在文中已完成）。对照例子中所列结果检查你的答案。
4. 从你所在的州选择一个包括五个城市的样本，使用例 10.3 中所讨论的指数。需注意的是，需求的最低水平和最高水平基于你的样本所得数值，而不是例子中的数值。
5. 命名五项指标，它们具有在例 10.6 的研究报告中一系列分析因子所包含的健康需求。在这些指标中，你认为哪项指标与“社区健康需求”因子有最紧密的联系？
6. 找出使用以下各种方法的指数的例子：

（1）李克特量表；

（2）因子分析；

（3）至少对某些项予以不同的加权；

（4）对使用不同单位测量特征（如美元、受教育年限和失业百分比）的各项进行标准化的方法。

描述上述各种方法的应用以及其测量目的。你认为还有其他更好的技术吗？如果有，给出你的理由。

7. 查询最新一版的县城和城市数据手册。使用以下三个指标创建一个“城市困难度”的指数：失业百分比、平均受教育水平、收入水平、住房拥挤程度，以及 18 岁以下和 64 岁以上的居民百分比。有关数据手册的内容可以在 http://fisher.lib.Vieginia.edu/ccdb. 里找到。很多高校图书馆也有复印本。

8. 使用习题 6 中使用的一个例子，讨论指数的有效性和可靠性。大致评估一下该指数。你对该指数有何评判？

9. 如果你的班级更新和收集了第 9 章所提出的詹姆斯・佩瑞和威廉姆・贝克斯的数据，在数据集中做个方差极大化正交因子旋转，并且把你的结果与佩瑞和贝克斯的进行比较。

光盘作业

1. 参考例 10.3，指数构建有什么困难？使用 ORB 研究方法数据中的变量，按照同一公式为 100 个县创建一个困难度指数。某些情况下，首先必须使用现存变量来创建新变量。在进行联系之前，你应该首先完成习题和讨论中的习题 3。基于这一指数，哪 5 个县的困难度最高？哪 5 个县的困难度最低？

2. 现在，使用 ORB 研究方法数据中的至少 3 个变量，创建你自己所在县的困难度指数。有了新指数之后，哪 5 个县的困难度最高？哪 5 个县的困难度最低？

3. 为你自己的指数以及根据例 10.3 计算所得的困难度指数，制作频率分布图。

4. 针对困难度最高的 3 个县和最低的 3 个县，分别确认其 3 个领域（制造业、零售业、服务业）的劳动力所占百分比。如同表 9—1，将你的结果填入表格中。从这些数据中是否能看出哪种类型的经济发展是最有效的？对于尚未达到小康水平的县，应当加深拓展何种类型的经济发展活动？请写一篇简短的建议记录（单倍行距下不超过一页）。

推荐读物

D. C. Miller and Neil Salkind，*Handbook of Research Design and Social Meas-*

urement：*A Text and Reference Book for the Social and Behavioral Sciences*，6th ed.（Thousand Oaks，CA：Sage Publications，2002）. 米勒和萨尔金德列举并回顾了许多覆盖众多主题的现存指标。尽管这些指标中多数被用于基础研究，但其中也有许多指标可能对管理人员和行政官员有意义，这些指标包括对组织结构、组织有效性、社区服务、工作组织中的领导、士气以及工作满意度等的测量。

对工作满意度量表以及相似指标的广泛论述，参见 J. P. Robinson，R. Athansiou，and K. Head，*Measures of Occupational Attitudes and Occupational Characteristics*（Ann Arbor：Institute of Social Research，1969）。与 Robinson 的著作类似的一部出版物回顾并论述了大量测量社会态度、心理态度以及相关态度的量表及指标。参见 J. P. Robinson and P. P. Shaver，*Measures of Social Psychological Attitudes*（Ann Arbor：Institute for Social Research，1973）。

I. McDowell and C. Newell，*Measureing Health*：*A Guide to Rating Scales and Questionaires*（New York：Oxford University Press，1987）回顾并评价了几个健康和福利指标。

对新指标的创建以及应用的扩展讨论，参见 *Methods and Applications in Mental Health Surveys*：*The Todai Health Index*，eds. S. Suzuki and R. Roberts（Tokyo：University of Tokyo Press，1991）。

盖特曼量表（Guttman Scaling）在 R. L. Gordon，*Unidimensional Scaling of Social Variables*（New York：Macmillian，1977）中有过论述。

Craig Mertler and Rachel A. Vanatta，*Advanced and Multivariate Statistical Methods*，3d ed.（Glendale，CA：Pyrczak Publishing，2005）. 第 9 章有关于因子分析的较易理解的论述（附带电脑输出例样）。

下列文献也论述了因子分析（Kim 和 Mueller 的小册子比其他人的技术性要更强一些）。

B. B. Jackson，*Multivariate Data Analysis*：*An Introduction*（Homewood，IL：Richard D. Irwin，1983）.

J. Kim and C. W. Mueller，"Factor Analysis：Statistical Methods and Practical Issues，" Sage University Paper Series on Quantitative Applications in the Social Sciences，07-014（Beverly Hill and London：Sage，1978）.

M. Hamburg，*Basic Statistics*，2d ed.（New York：Harcourt，Brace，Jovanovich，1979）第 14 章论述了指数以及合并、加权项的程序。

更多关于消费价格指数的资料，参见 the Bureau of Labor Statistics Website：www. stats. bls. gov/cpihome. htm，and David S. Moore，*Statistics*：*Concepts and Controversies*，5th ed.（New York：W. H. Freeman and Company，2001）。

注释

[1] Daniel C. Esty et al.，*Pilot* 2006 *Environmental Performance Index*（New Haven：Yale Center

for Environmental Law and Policy, 2006).

[2] R. A. Singleton, B. C. Straits, and M. M. Straits, *Approaches to Social Research*, 2d ed. (New York: Oxford University Press, 1993). 397. Earl Babbie, *The Basics of Social Research*, 3d ed. (Belmont, CA: Wadsworth, 2005) 第 6 章讨论了量标和指数，以及它们之间的不同。

[3] Robert Levine, "City Stress Index: 25 Best, 25 Worst," *Pschology Today* (Novermber 22, 1988), 52-58.

[4] Allen C. Kelly 在描述和评论人类发展指数的内容中讨论了这些问题。参见 Allen C. Kelly, "The Human Development Index: 'Handle With Care', *Population and Development Review* 17, No. 2 (June 1991): 315-324。

[5] 统一犯罪报告在美国司法部门 FBI 里有详细描述，*Crime in the United States* 1987 (Washington, DC: U. S. Government Printing Office, 1988)。另外也可参见 Mark H. Maier, *The Data Game*, 3d ed. (Armonk, NY: M. E. Sharpe, 1999)。本书第 6 章中论述了犯罪指数和报告法对其造成的偏差，同时也对犯罪统计的其他来源及其缺点做了论述。

[6] Robert W. Burchell, David Listokin, George Sternlieb, James W. Hughes, and Stephen C. Casey, "Measuring Urban Distress: A Summary of the Major Urban Hardship Indices and Resource Allocation Systems," in *Cities under Stress: The Fiscal Crises of Urban American*, eds. R. Burchell and D. Listokin (Rutgers: The States University of New Jersey, 1981), 159-229. 例 10.3 中的特殊指标基于 Richard P. Nathan and Charles F. Adams, Jr., "Understanding Central City Hardship," *Political Science Quarterly* 91 (1), 1976, 该文使用 1970 年的人口统计数据对市贫困度进行了测量，并在 "Four Perspectives on Urban Hardship," *Political Science Quarterly* 104 (Fall 1989), 43-508 一书中以 1980 年的人口统计数据对研究进行了更新。

[7] Nathan and Adams, "Four Perspectives," 504-506; Burchell et al., *Cities Under Stress*. 159-299.

[8] 尽管在基础研究中其他通用的量表方法也会被用到，比如，瑟斯顿量表、格特曼量表以及语义差别量表，但大多数管理人员很少使用它们。有兴趣研究这些论题的读者可参见 Andy B. Anderson, Alexander Basilevshy, and Derek P. J. Hum, "Measurement: Theory and Techniques," in *Handbook of Survey Research*, eds. Peter H. Rossi, James D. Wright, and Andy B. Anderson (New York: Academic Press, 1983), 231-287。关于指标与量表之间区别的广泛讨论，参见 Earl Babbie, *The Practice of Social Research*, 9th ed. (Belmont, CA: Wadsworth/Thompson Learning, 2001), 149-152. 在本章末的"推荐读物"中列举了这些议题的其他资料来源。

[9] James Perry and William Berkes, "Predicting Local Strike Activity," *Western Political Quarterly* (Spring 1979), 501-517.

[10] Gregory Schmid, Hubert Lipinski, and Michael Palmer, *An Alternative Approach to General Revenue Sharing: A Needs based Allocation Formula* (Menlo Park, CA: Institute for the Future, 1975).

[11] Wayne Daniel and James Terrel, *Business Statistics*, 7th ed. (Boston: Houghton-Mifflin, 1995), 69-81. David S. Moore, *Statistics: Concepts and Controversies*, 5th ed. (New York: W. H. Freeman and Company, 2001), 308-327. 本书对消费价格指数、趋势，以及一美元购买力随时间而转变的方式，进行了全面且易理解的论述。读者必须注意，1997 年的消费价格指数遭到了大量的批评，而且文中讨论和研究了针对消费价格指数计算方法作出的主要修改。消费价格指数数据可以在 http://www.bls.gov/cpi. 中找到。

[12] 有关消费价格指数更详细的论述，参见 U. S. Department of Labor, Bureau of Labor Statistics (BLS), *Handbook of Methods*, Vol. Ⅱ, "The Consumer Price Index," Bulletin 2134-2, April 1984; 以及 "The Consumer Price Index: 1987 Revision," BLS Report 736, January1987。另外参见劳工部每月的出版物 *CPI: Detailed Report and the Department of Commerce's Survey of Current Business*，以得到消费价

格指数（CPI）和其他指数的当前值和历史值。还可参见 David Ammons，*Tools for Decision Making* (Washington，DC：CQ Press，2002)，108-114，讨论了物价折算指数（IPD)。这是一个适合于地方政府使用的系数。埃蒙斯对如何使用物价折算指数（IPD）有明晰的指导。

附录 10.1 使用 *z* 分数来标准化指标测量

使用以下公式计算出 *z* 分数：

(一次特定测量的案例值一所有案例的测量的平均值)/测量的标准偏差

在一个用来测量城市财政应变能力的指数中，使用了 5 个可量化的变量，按照每种测量方法，计算出每个城市的 *z* 分数，这些变量为：

1972—1976 年期间的人口变化；

1969—1974 年期间的国民人均收入变化；

1969—1974 年期间的自有收入负担变化；

1972—1976 年期间长期债务负担的变化；

1971—1976 年期间十足市场属性值的变化。

统计的 *z* 分数适用于每个指标中的每一个城市。每个城市的 5 个 *z* 分数被加总之后，可以获得一个总财政应变值。①

你应该注意到，如果需要的话，每个标准化测量都可以予以更大权重。在此处的例子中，当分析者认为这些指标比其他指标更为重要时，一些 *z* 分数可以获得更多权重。每个城市的 *z* 分数乘上以下几个加总之前的权重。

变量	加权
人口变化	0.37
国民人均收入变化	0.27
自有收入负担变化	0.12
长期债务负担的变化	0.12
十足市场属性值的变化	0.12

在此指数中，人口变化比其他指标获得了更多权重。②

附录 10.2 计算因子量表得分

在例 10.6 中，因子得分系数被用来构建一个指数。本附录对该构建过程展开

① Robert W. Burchell，David Listokin，George Sternlieb，James W. Hughes，and Stephan C. Casey，"Measuring Urban Distress：A Summary of the Major Urban Hardship Indices and Resource Allocation Systems，" in *Cities under Stress*：*The Fiscal Crises of Urban America*，eds. R. Burchell and D. Listokin (Rutgers：The State University of New Jersey，1981)，159-229.

② Ibid.

更为详细的描述，并计算出例子中使用了项的城市所对应的指数值。z 分数按如下计算：

每个城市的 z 分数=(城市的单个变量的值—所有城市的变量平均值)/变量标准偏差

z 分数是一个针对每个变量的标准化测量。每个变量的平均值和标准偏差由因子分析程序所提供，而大多数程序亦需要计算出 z 分数。常见的因子分析程序按例会为每个案例提供因子得分，这样就不用分析者自己分别完成了。

下面的表计算了某个城市的因子得分：

变量	城市 A 的值	城市 A 的 z 分数	z 分数×系数
1.	3/1 000	0.5	0.5×0.73=0.365
2.	5/1 000	−0.2	−0.2×0.64 =−0.128
3.	9/1 000	1.0	1.0×0.55=0.550
4.	2%	0.5	0.5×0.51=0.255
5.	5 000	2.0	2.0×0.44=0.880
总计			1.922

该指数中，城市 A 的值为 1.922。

第 11 章

单变量分析

323 **本章要点** 

1. 怎样为分析准备和整理数据。
2. 整理和分析数据的计算机程序。
3. 用图示、表格、曲线来描述变量。
4. 用于分析单个变量的统计量。
5. 计算并解释相对频数的测量。
6. 计算并解释集中趋势测量和离散情况的测量。

在收集并整理了一组数据后，紧接着要做的就是了解这些数据的性质：个体变量的值、不同案例的值的相似程度、各案例有何不同、值在怎样的区间内分布。即使分析者的目的在于评估变量之间的关联性，他也应描述个体变量的值。更何况通常情况下，研究的主要目的是获取个体变量的数据，譬如某城市的消防部门主管人或城市管理人员想弄清去年该市由火灾引起的损失总金额。

作为管理人员、分析者或研究者，我们提出的许多问题要求描述单个变量的分布：去年县财政资助了多少个人项目？百分之多少的福利金领取人员在本县居住时间不足两年？本州各城市间人均治安费用有多大差异？与通行的税率相比，本县的税率情况怎么样？

统计学中存在两个重要区别：(1) 描述性统计与推论性统计的区别，(2) 单变量统计与多变量统计的区别。**描述性** (de-
324 scriptive) 统计用于概括并描述研究所含案例的数据；**推论性** (inferential) 统计用于对较大的总体作推测或者从研究过的案例

数据推出未研究案例的某些情况。**单变量**（univariate）统计分析揭示了某一变量的数值分布；**多变量**（multivariate）统计分析度量两个或多个变量的联合分布状态，并用于评估各变量之间的关系；**双变量**（bivariate）分布是多变量分布的特例，是两个变量的联合分布状态。

本章论述单变量分布的描述性统计，以及用于描述单变量及其分布的其他几个定量测量手段。我们将论述分析及说明变量分布性质的重要工具，即表和图，以及用于管理、分析、展示数据的计算机程序。

计算机的应用已经减轻了数据计算的负担。然而，统计软件帮助人们理解和使用数据的潜力往往没有充分发挥出来。尽管会使用计算机获取统计方法的人越来越多，但他们可能并不能理解或正确使用统计信息。所有使用者都必须了解基本的统计学知识，我们会论述几个对行政管理人员和分析者有用的基本统计值，包括算术平均值、中位数和众数等。能直观展示数据的新分析技巧已经与计算机应用相结合，提供了更多的工具。

在有关统计学知识的章节里，我们意在论述统计学的有效应用，而不是用这些章节取代统计学课程。我们提供了统计公式，并对一些公式举出了有计算结果的例子，以阐明数据度量的性质和目的，并说明它们的应用。本章的附录 11.1 包含了附加信息和一些统计学的具体计算范例；附录 11.2 有为计算机分析做数据准备的范例和论述。

11.1　用于管理和分析数据的计算机软件

很多计算机程序可以用于处理和分析数据，这些程序包括统计分析程序、电子制表程序、数据库管理程序以及地理信息系统（geographic information systems，GIS）。最强大且用途广泛的数据分析软件是**统计软件包**（statistical software packages）。统计软件包包括了无数统计软件，被用于分析大型数据库。在准备好统计数据并输入计算机后，使用者可以轻松地进行许多类型的分析。统计软件可以计算很多统计信息，使用者可以利用它细分数据源、合并不同变量的值、从之前的计算中生成新的变量，以及改变变量的值。最广泛地应用于行政管理学和社会学的数据统计的三个软件是**社会科学统计软件**（Statistical Package for the Social Science，SPSS）、**数据分析系统**（Statistical Analysis System，SAS）和 **Stata**。学生和研究人员常常会用到 SPSS，它不仅使用方便，通常可以在本科和研究生课程中学到，而且能执行绝大多数研究人员需要用到的程序。[1]

相对于统计软件，管理人员在台式计算机上安装有电子制表程序和数据库管理 325
程序的可能性更大。电子制表程序广泛应用于处理数字信息，可以计算本章及以后章节论述的许多统计信息。

电子表格（spreadsheet）是一个由行和列组成的矩阵。电子制表程序在计算机屏幕上显示数据可以被输入的表格，表格中通常用“行”表示案例，用“列”表示变量。使用者可以标注行和列，改变列宽以输入更长的信息，输入并运用数据，进行统计分析或其他数学分析。在这个过程中，往往会用到数字、文本、公式和逻辑陈述等。电子制表程序用于输入数据并生成数据库，记录预算和开支数据，以及进行算术和代数计算。一些数据统计程序的数据输入也会用到电子表格。

电子制表程序大多内置基本到中级水平的统计功能，但一般不能进行高级统计计算。使用者可以输入公式进行其他计算。对电子表格有相当了解但从未使用过统计软件的管理人员和学生通常会问，大学老师为什么要他们学习如何使用统计软件。原因在于，尽管电子表格可以提供一些统计分析，但这种分析能力是有限的。数据软件运行迅速，能较轻易改变变量及其值、处理大型数据库、提供选择范围更广的统计工具，并可以进行更复杂的数据分析。但是，电子表格对处理小型数据库、计算单变量数据和部分多变量数据、提供图形和输入数据特别有用。[2] 在将数据库输入电子表格后，使用者可以方便地将其导入更强大的统计分析软件中，进行更广泛的分析。

甚至一些相当庞大的数据文件甚至有时也以电子表格形式呈现。[3] 由美国政府机构发布的许多数据库就采取了电子表格的形式。包括（人口）普查数据文件在内的数据以数据库形式发布，数据库可以先移至电子表格程序，再移动到统计软件中。

通过**数据库管理系统**（database management system，DBMS），使用者可以输入并储存大量归属于不同标题范围的数据。数据库管理系统可以储存每个案例的文本信息，可以在屏幕上显示包含问卷或其他数据搜集工具的表格。储存在数据库的信息可以方便地加以编辑或使用，并可以迅速地找到。数据库管理系统能够迅速分类整理并公布大量数据，可以处理文本、数字、标注、公式并管理文件。如果数据库中有一个以上的数据文件，那么文件之间必然是相互关联的。如果一个数据库包含共同变量或在同一领域内的两个或多个文件，而且这些文件之间互相关联，这个数据库就被称为**关系型数据库**（relational database）。关系型数据库是用于个人电
326 脑的最有用也最强大的数据管理系统，能帮助使用者以新的方式处理信息，从各个文件中组织数据为报告和数据分析服务。

关系型数据库的优点有：在创建新文件时，不必再次输入旧信息；第一个文件不必为可能有空白字段的后续文件记录留出空间。数据库的开发通常有多重目的，而且由多名使用者共享。比如，某县政府可能拥有大型数据库来存储人事、财政收支信息以及预算信息等，并对所有部门开放使用。各个不同文件可以包含雇员的信息，比如，第一个包含从业经历、第二个包含救济金记录、第三个包含培训和志愿活动信息。许多数据库包含数据字典功能，即给每条信息命名并描述该信息及其所在位置。数据字典功能协助使用者了解哪些信息是可用的，以及如何才能获取这些信息。

关系型数据库管理系统可以生成信息摘要、基本数据分析以及图形，但数据库管理系统并不是特别有力的数据分析工具。出于这一原因，分析者常常将数据传至统计分析软件。如果分析使用的数据来自两个以上不同文件，通常要求分析者创建一个新文件，将试图深入分析的那些变量都纳入其中。数据库管理系统能轻松做到这一点。然后，所得的文件被传到数据分析软件。主要统计分析软件支持从数据库

里方便地传输数据，就像从制表程序中传输一样。[4]

在输入数据之前，需要为数据库中的每个文件分别建立对应的数据字典，来详述每条数据的编码、标签和所在位置，这一点应在数据输入之前就予以筹划。数据质量是一个好的数据库的重中之重。如果数据或文献的质量低劣，那么数据库结构如何就无关紧要了。我们在整本书里都强调了保证数据质量的重要性。由于数据库中的数据是相互关联且可以扩展使用的，数据质量因此就更为重要了。

地理信息系统是一种特殊的关系型数据库，它独特而鲜明的特征是其所记录的数据能以地理学方法展示。为政府机构储存的许多数据记录包含重要的地理定位信息，例如，财产评估、税收、居民、街道、总水管、建筑物、公用事业管线、犯罪行为等的位置。地理信息系统可以在计算机生成的地图上显示这方面的信息。

由政府和私营机构收集的定位信息，都包含着个人的相关数据，譬如纳税人、接受服务的客户、学龄儿童、房屋所有人、公共设施使用者等等。这些信息可以分别保存在关系型数据库的各个文件中。由于附加了地理定位信息，地理信息系统可以在地图上以多种方式显示数据，并提供重要的分析方法。[5]这种分析方法被称为**绘图分析法**（analytic mapping）。[6]地理信息系统可以运用地理学方法绘图，展示变量的值与分布情况。例如，地理信息系统可以显示公共设施现有用户的位置、校 327
区轮廓线以及学龄儿童的数量。地理信息系统的一个重要而强大的用途就在于它能够把人口普查数据和地图的表现力整合起来。

随着计算机技术和软件的进步，地理数据的收集和分发方法的改进，地理数据库的绘图分析使用在近年迅速发展。使用这一工具，分析者可以把变量的值与其分布的区域联系起来。地理信息系统显示的是变量与位置的关系而非变量之间的关系，它可以把几个变量的分布在地图上标示出来。例如，利用地理信息系统，城市分析师可以在同一张地图上画出犯罪行为数据的分布和失业情况数据的分布，同一张地图还可以显示市政府把资金投向何处。[7]

随着用途的增加和精密度的提高，地理信息系统的统计效力已得到很大的扩展，单变量和多变量统计技术已经开始采用新方法去分析数据的空间关系。统计分析模块被整合到地理信息系统里面，从而可以对变量进行更为全面的统计分析。[8]这些统计程序能计算公共设施（比如消防站点）与住宅之间的平均距离，某种物体（比如具有一定特征的房屋）的聚集程度、某一价值水平的房屋位置等等。

加森和比格斯（G. David Garson and Robert Biggs）在他们 1992 年的书中，论述了地理信息系统在社会学、公共行政管理和公共政策方面的应用，以及地理信息系统统计分析与绘图分析的关系。他们重点强调了统计方法和地理信息系统是互补的。地理信息系统技术及相关统计工具的重要发展使这种互补关系在当下显得更为重要更有用。如今，将统计方法和地理信息系统的结合更容易实现，并能达到比以往更好的效果。鉴于地理信息系统技术在公共部门的重要性及其运用的成熟，我们赞同加森和比格斯的看法，即在通用研究方法里包括地理信息系统这部分的内容。[9]在推荐书目中，我们列举了目前已有的关于地理信息系统的众多著作中的四本，其中就包括加森和比格斯的这本书。

11.2 分析和展示数据

以表格形式呈现

显示数据的一个简明方法就是报告与每个案例相关的测量值。这项任务可以在阵列中完成。**阵列**（array），即每个案例和它的测量等级或每个变量的测量值构成的清单。阵列涉及每个案例个体的有用信息，但对于变量分析基本没用。例如，比起每个城市的火灾发生率，研究者更关注有多少城市发生火灾、每组城市的平均发
328 生率是多少。高频次、低频次以及典型比例的构成并不能简明地从包含了大量案例数据的阵列中确定。表11—1是有关事故记录（见附录11.2）中的3个变量和20个案例的数据阵列。除了在附录中，报告中一般不会出现阵列。越来越常见的情况是，只有当读者想进一步分析数据时，作者才会提供电子版的数据阵列。

表11—1　　　　三个变量：县、原因、事故严重程度的数据阵列

案例	县	原因	严重程度
01	贝克	坠落	3
02	查理	交通事故	4
03	查理	暴力冲突	6
04	埃布尔	交通事故	4
05	查理	暴力冲突	5
06	贝克	坠落	9
07	查理	交通事故	10
08	贝克	坠落	1
09	埃布尔	暴力冲突	5
10	查理	暴力冲突	5
11	查理	坠落	7
12	埃布尔	交通事故	4
13	查理	交通事故	7
14	贝克	坠落	6
15	埃布尔	坠落	3
16	贝克	交通事故	5
17	查理	交通事故	5
18	贝克	坠落	6
19	埃布尔	交通事故	4
20	查理	暴力冲突	7

用阵列中的数据进行析的第一个步骤，是把阵列中有相同或相近的值的案例分组并加以计算。这个过程称为**列举**（enumeration），是整个分析的起点。如果分析者关注的是变量分布而不是每个案例的值，接下来的一步就是形成频数分布（frequency distribution）。**频数分布**列出了每个变量的值或类别以及对应每个值的案例

数量。**单变量分布**（univariate distribution）是指单个变量的分布。假设变量是每年每千幢建筑物发生火情的数目，案例总数是某州的 340 个市镇，那么分布就由 340 个不同的火灾发生率组成。但要记住，一个表格可能包含几个单变量的分布。

频数分布的类别必须可以被穷举且互斥。任何变量的类别必须明确加以界定，或以每个案例只在一个类别中进行计算。另外，每个案例必须被计入一个类别。

百分数或相对频数分布常常与频数分布合并在同一个表格内，如表 11—2 和表 329
11—3 所示，有特定数值或属于特定数值组的案例在总数或总类别中的比例。如果百分数分布没有伴随着频数分布，就必须给出充足的相关信息，让读者能够确定百分数所代表的案例数目。[10]

表 11—2　　1998 年东南部州的各城市火灾发生率的频数分布

火灾发生率（每千幢建筑物发生火灾的数目）	城市数目	百分数
0～1.99	49	14.4
2～3.99	87	25.6
4～5.99	112	32.9
6 以上	92	27.0
总计	340	100.0

由于舍入百分数合计未达 100%。

字母 f 表示频数，即属于某个变量类别或具有某个数值的案例数目；字母 N 代表案例的总数，它等于类别频数的总数。形成一个变量的频数分布通常要求分析者决定给出几个变量类别及这些类别的广泛程度，即**组距**（class interval）。[11] 如果有大量案例和许多个数值，就必须把数值分到组距间隔较大、组距数目较小的类别中去。例如，收入分布有许多值，把这些值全列出来没有多大用处。因此，分析者会把案例分组或归入较少的几个收入类别中去。

在若干城市的火灾发生率的例子中，由于发生率包括小数位数，如每千幢建筑物发生 5.75 起火情，调查者可能会有将近 340 个不同的值。分析者须将阵列中大量的比率个体归纳为数目小得多的频数分布类别。表 11—2 说明了如何做到这一点。

表 11—3　　发生事故的县的频数分布和百分数分布

县	频数	百分数
埃布尔	5	25
贝克	6	30
查理	9	45
总计	20	100

组距必须使读者能够进行比较。如果被分类的变量不是连续的，某一类别的最 330
高值就会明显地不同于下一个类别的最低值。如果变量是连续的，类别的值就会重叠。对于连续变量，组距界点包括左边的结束点，但不包括右边的结束点。在表 11—2 中，第一个组距包含 0 以及 0～2 的数值但不包括 2；一个火灾发生率 1.99

的城市会分在第一组，而火灾发生率为 2 的城市会在第二组。组距不应定得过宽以至于忽略了重大差异，也不应定得过窄以至于组别太多。[12]

表 11—3 是由表 11—1 的阵列得出的变量“发生伤害事故的县”的频数和百分数分布。频数分布在某一列中给出变量的每个数值和类别，在另一列累计数值对应的案例数目，即频数。注意这个表格是如何表明以上信息的。

累积频数分布

累计频数分布说明变量的取值中小于等于某一值的案例有多少个。表 11—4 展示了若干雇员的年龄频数和累积频数分布。

累积频数分布的整列数字是从等一组频数开始，将每组频数累加，一直加到本组为止而形成的总数。例如，表 11—4 显示了 50 岁以下的雇员有 39 名。

表格通常被用于展示数据阵列、频数和百分数分布。学生们从小学就开始绘制并解释表格了。然而，表格容易被曲解，有时也容易混淆。分析者必须保证人们能容易且正确地读懂表格。行政管理人员必须准确解释他们展示的大量表格。

表 11—4　　雇员年龄的频数和累积频数分布

年龄	频数	累积频数
20～29 岁	9	9
30～39 岁	14	23
40～49 岁	16	39
50～59 岁	21	60
总计	60	

331 绘制表格的若干重要规则如下：

1. 为表格确定一个描述性的名称。这也同样适用于图表、图形和数字。
2. 标明变量和变量类别。所有的行和列都要标注清楚。
3. 所有可能有不同解读的术语都应该在表格下方的脚注列出其明确定义。
4. 应在脚注部分指出数据来源。

本书第 15 章中讨论了绘制表格的更多细节，以及研究结果的总结和交流的更多问题。

11.3 数据的可视化呈现

较之文字描述，数据的可视化呈现能更清楚地阐明要点。图示、表格、曲线在帮助分析者领会数据内涵的同时，还能将它们展现给读者。因此，分析者应该为自己使用准备数据图表。可视化呈现比传统的统计计算更准确也更具启发性。显示变量值和频数分布状态的地图图形也很有用，而且它可以用地理信息系统软件很容易地生成。例如，表 11—1 中的伤害事故数据可以在所在县的地图上显示。

直观呈现应该：

> 展示数据。
> 吸引读者思考信息的要旨。
> 避免曲解数据内容。
> 理顺庞大数据源。
> 方便对不同数据进行比较。
> 目的明确——描述、探究、制表或者详细阐述。
> 提高对数据进行统计学描述和文字描述的水平。[13]

研究者应养成全面标注每一个图示、表格或其他形式图表的习惯。在一份报告里，每个图示、表格、图形都应加以说明，但如果只需要呈现图表及其意义，就应做到让读者不用看注释部分就能理解图表。

关于显示两个变量联合分布状态表格的制作，已经形成了几个惯例。通常，自变量排在列，表格顶端标明其标签和分类；因变量排在行，其类别构成不同的行。
每列自变量的频数在表格底部加以总计；每行因变量的频数总计则放在表格右侧。 332
我们在第 12 章和第 13 章将详述双变量表格。

条形图和直方图

条形图（bar graph）是表示数据的一种简单而有效的方式。条形图沿着一根轴线显示变量，沿着另一根轴线显示案例频数。条形图的长度表示每个变量的案例数目。图 11—1 是一个源自表 11—1 和 11—3 的关于变量“发生伤害事故的县”的条形图，是事故发生次数的一种图形表示。

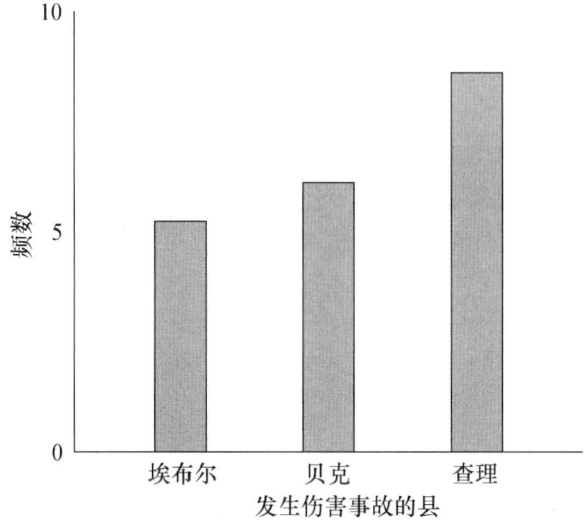

图 11—1　条形图：发生伤害事故的县

变量所有类别在条形图里呈现的条宽应该相等。用不同宽度表示不同类别变量会导致误解。事实上，这一技巧有时被故意用于误导读者。[14]条形图也用于表示变量的百分比分布状态。

条形图有时以水平形式显示，这时就通过条形的长度表示频数。这种情况下，变量的数值标记就如图 11—2 所示沿着纵轴排列。许多计算机程序生成的是水平而不是垂直条形图，一些作者也喜欢这样。条形是水平表示还是垂直表示取决于几个因素，如变量类别的数目、条形的长度（或宽度）、必须展示的频数变化数量。由于可以为类别标注提供更多空间，水平条形在变量类别较多时很有用。选择水平或垂直的条形图取决于哪种可以表达得更清楚、更有效。

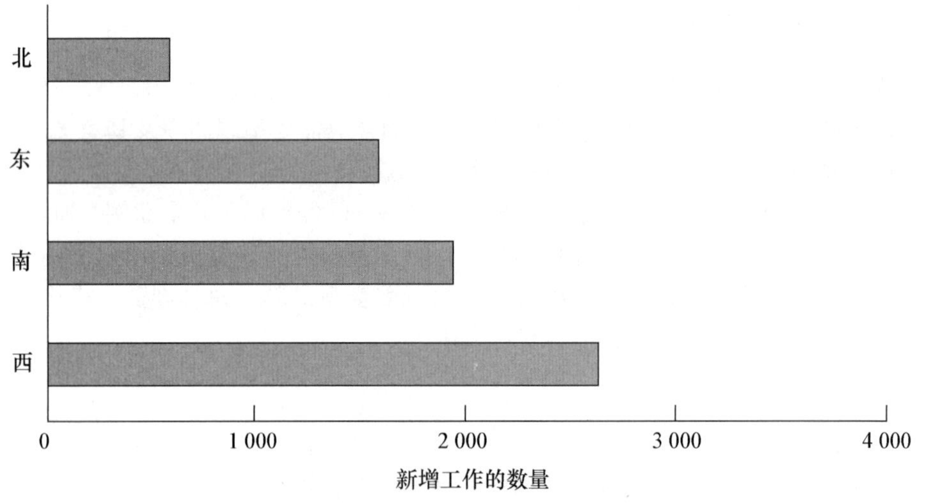

图 11—2　1984—1990 年各区新增工作数

333 **直方图**（histogram）是对照获得的值发生的区间水平和比率水平变量而绘制的事件频数条形图。直方图常用于表示统计学中的频数分布状态，也用于表示相对频数分布状态，它用百分比来表示。在直方图中，条形的宽度也表示了信息，因此条形的宽度与长度或者高度是相关的。[15]直方图的每个列表示值的一个区间，因为区间与区间的值域是连续的，所以列与列相连。水平轴显示变量及其值，垂直轴显示频数或者百分数。图 11—3 是一个直方图的范例。直方图通过面积而非高度表示数字。直方图与条形图的区别在于，条形宽度代表的是特定的数值还是数值的组距。只有当其组距相同时，直方图才表示百分比。[16]

饼　图

饼图（pie chart）把一个完整的圆划分为许多楔形，以此表明数量的关系。饼图表示出每部分在整体中所占比重，使得各个部分之间的比较更直观。各部分通常用在整体中所占百分比来表示。财务信息，如收入来源、支出类别等，常常用这种方式表示。圆表示百分之百的资源或其他因素。每个楔形或“每块饼”的大小与该部分占总体的百分比相一致。查阅你所在市或县的预算文件，你很有可能找到用一张或几张饼图。图 11—4 是表示某城镇政府收入来源的饼图。一些作者建议，在可能的情况下，最大的一块应从 12 点整的位置开始，然后将其余部分从大到小顺时针方向展开，最后就是最小的部分。当研究者用两张饼图做比较分析的时候，这个规则可能被打破。[17] 334

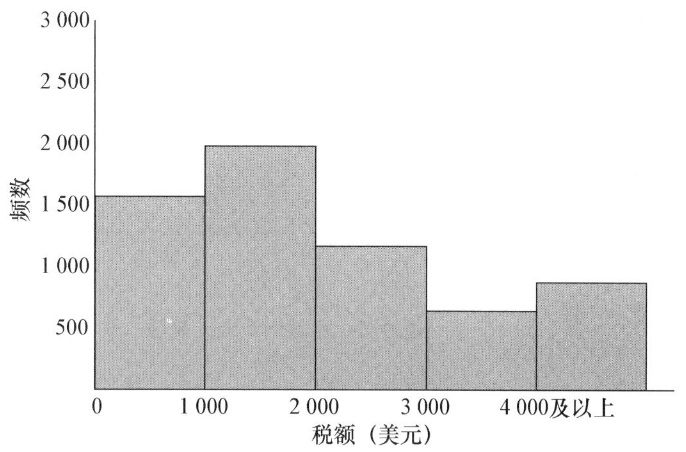

图 11—3　索斯伍德（Southwood）地区按税单额分类的家庭数量

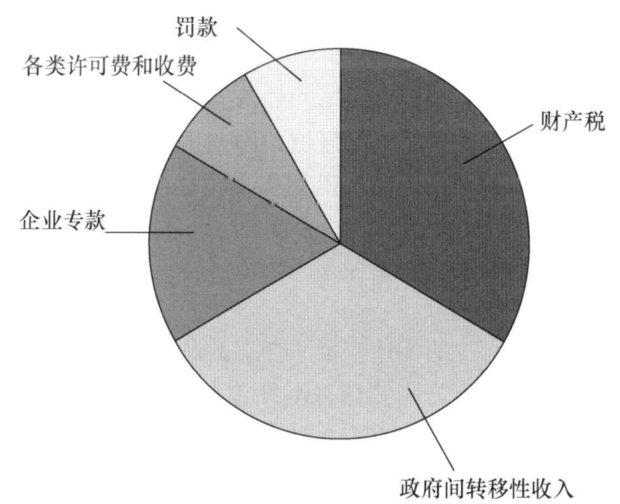

图 11—4　饼图：西城（West City）财政收入来源

相同的信息也可以用条形图来表示，如图 11—5 所示。饼图可以更有效地指明部分与整体的关系，使读者更容易地看出不同类别的相对大小。饼图常用于增强表现力。许多计算机程序，如电子制表程序和统计分析程序，可以生成饼图。[18] 335

注意图 11—5 是如何根据数值降序排列条形的。顶端是最长的条形，表明最大的来源或频数，条形越往下越短，这样能很容易地辨别最大和最小的收入来源。在有很多条形的图表中，这种排列条形的方式尤其有效。[19]

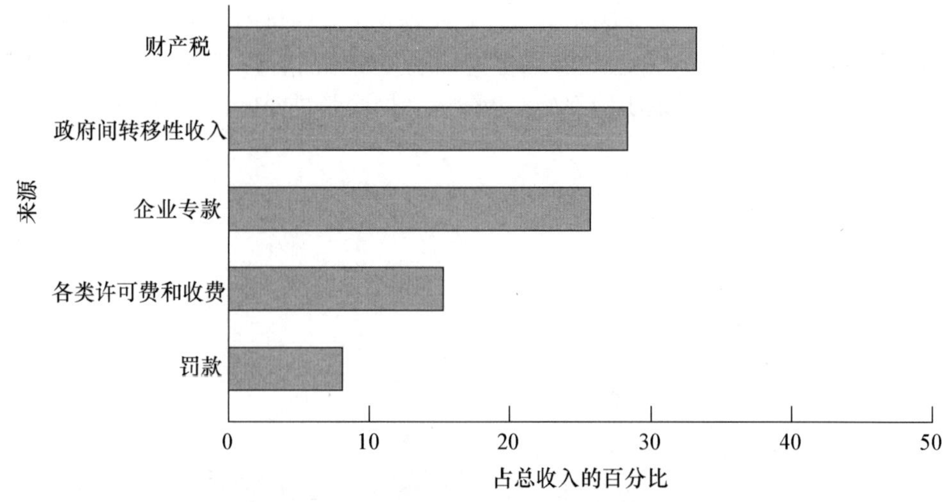

图 11—5　条形图：西城财政收入来源

线形图

用来显示频数的线形图基本上分两种类型：频数多边形和时间序列。以下我们将分别论述这两类，同时回顾第 2 章中介绍的时间序列。

频数多边形（frequency polygon）把显示定距值或比率水平变量值的量表作为横轴，频数或百分数在纵轴。频数多边形和柱形图在信息类型和信息表现形式方面密切相关。在频数多边形中，线以下的区域，即多边形，具有重要的含义。线是通过标记位置而形成的，变量数值上方的"点"的高度对应着变量在那个值的频数。把这些点连起来就形成了线。当分布着许多个别值的时候，线条就会显得连续而平

336 滑。另外，线条高度还可以表明变量在某一个值时所占百分比。变量的值表示以定距或比率量表测出的数量。

图 11—6 是源于表 11—1 的描述变量"伤害的严重程度"的分布状态的频数多边形。例如，有 5 个严重程度为 4 的伤害事件，有 1 个严重程度为 9 的伤害事件，没有伤害程度为 8 的事件。图 11—6 看起来不怎么像多边形。当案例越来越多时，多边形就会形成一条像图 11—7 所示的更平滑的曲线。

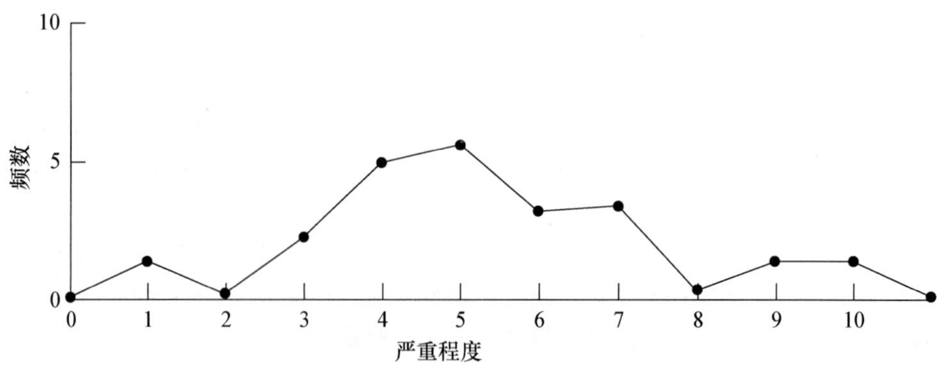

图 11—6　伤害严重程度的频数多边形

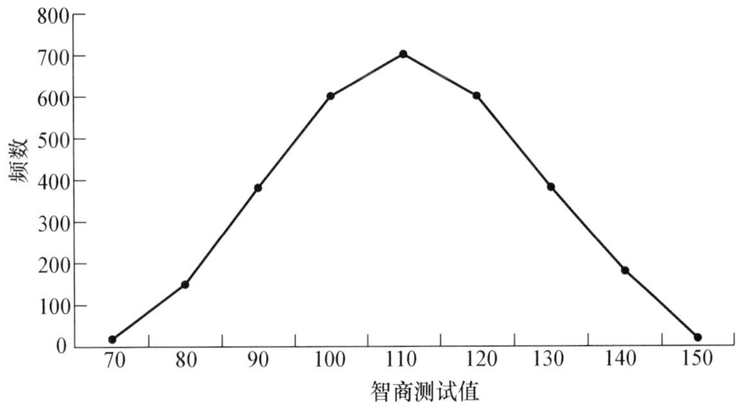

图 11—7 频数多边形：总人口的智商测试值

图 11—7 中的多边形是一种重要的频数分布状态类型，即正态曲线。它可以用 337
数学公式描述，该公式可使分析者对这一地区总人口作精确观察。[20]本章结束时将对正态曲线作更详细的论述。

时间序列（time series）中，时间单位在横轴上，事件的频数或变量的值沿纵轴显示。时间量表以日、月、年等单位标记所经历的时间段。图 11—8 显示了时间序列的线形图——按年统计的县财产税征收情况。

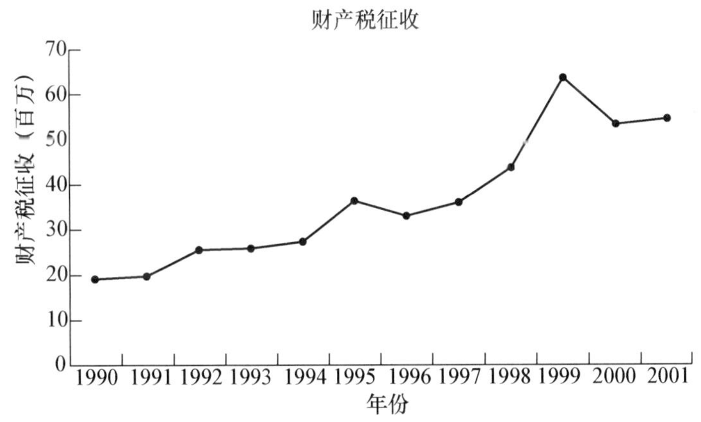

图 11—8 按年统计的县财产税征收情况

在许多时间序列中，列举发生的事件次数是以比例给出的。由于在计算比例的过程中已经考虑了人口变化情况，分析者在使用事故发生率、犯罪率、失业率等时间序列图逐年比较这些要素时，就不用再考虑人口变化因素了。

11.4 定量测量

许多测量方法既可以用来概括和比较数据库，也可以用来测量个体数值，其中既包括传统的统计测量方法，如算术平均数，也包括用于特定目的的新型测量方法。

百分数或相对频数分布

338 最广为人知的相对频数就是百分比。几乎所有人都知道百分比，并可以迅速理解基于百分比的表述。**百分数**（percent）是指以 100 的比例作为单位的数量值。把某一类变量的频数除以分布状态中的案例总数后，再把结果乘以 100，就可以计算出百分比。当研究者希望分析出部分之于整体的频数或将频数分布状态与不同案例的数目作比较时，百分比特别有用。

比　例

整体的各个部分有时以比例给出。**比例**（proportion）与百分比的区别仅在于比例不用乘以 100。比例的公式是：比例$=f/N$。例如，表 11—3 的分布状态中，埃布尔县发生的伤害事故的比例是 0.25。

百分比变化

分析者常常对时间的流逝、频数或一些事件数量的变化程度感兴趣。预算账目、征税、人口、失业等随时间推移而发生的变化是很重要的。**百分比变化**（percent change）是一种对变化提供有效测量的相对频数。百分比变化就是将某个案例在两个时间点之间的变量值的变化数量转变为百分比。公式是：

$$\text{百分比变化}=[(N_2-N_1)/N_1]\times 100$$

后一个时间点上的变量值 N_2 减去前一个时间点上的变量值 N_1，然后再将差值除以前一个时间点上的变量值。得到的结果再乘以 100 就得到一个百分比。例如，梅克伦堡（Mecklenburg）县十年间的人口总数从 511 433 增加到 695 454，即人口增长了 36%。

$$N_1=511\,433;N_2=695\,454$$

$$\begin{aligned}\text{百分比变化}&=[(695\,454-511\,433)/511\,433]\times 100\\&=184\,021/511\,433\times 100=35.98\\&=36\%\end{aligned}$$

当然，百分比变化也可能是负的，表明频数或值的减少。最近，在得克萨斯州一个小城市里，财产税征收从上一年的 13 300 000 美元下降到了当年的 12 700 000 美元，减少了 4.5%。

我们不能用某个时期的百分比变化除以所涉年数来求得年均变化率。只要想想，百分比变化就像利息率那样在每年年底会复计，以后每一年的增长都是在前一
339 年的基础上计算变化而来的。在前面梅克伦堡县人口变化的例子中，把十年前后的百分数变化除以 10 所得出的这十年的年均增长率，是不准确的。这个案例中正确

的统计测量方法是几何平均数。我们将在算术平均数后再讨论几何平均数。对数也可以被用于确定年均增长率。

比

比（ratio）是把某一类变量的频数与另一类变量的频数作比较。常用的比有患者对医师的比、学生对教师的比。我们通常把分母变为 1，例如，某个州的患者对医师的比是 240∶1，或者某个办学系统的学生对教师的比为30∶1。管理人员可以比较不同年份之间或者不同社区之间的这些比。我们也可以比较某类变量对另一类变量的案例数量。例如，某一个组织雇佣了 45 名男性员工和 15 名女性员工，我们可以将此表述为男性员工对女性员工的比是 3∶1。

比率

比率（rate）被定义为在一段时间内，某一事件实际发生的数量除以该事件可能发生的数量。要比较某一事件发生的数量，例如不同城市或不同州一年内的犯罪、交通事故发生数量，就必须以标准化的测量来计算。通常用辖区内某一事件的发生频数除以该辖区人口总数。

例如，某一年珀斯（Perth）县仅发生了 24 起机动车事故，而摩尔迪拜（Maltiby）县发生了 384 起。哪个县的事故问题更严重？由于珀斯县只有 14 800 名居民，而摩尔迪拜县有 307 700 名，直接比较事故数量没有意义。这时需要比较各县机动车事故相对于该县人口数的频数。

将机动车事故数量除以各县的人口数，得到珀斯县的比率为 24∶14 800 即 0.001 621∶1；摩尔迪拜县则为 394∶307 700 即 0.001 28∶1。分子和分母之间的巨大不平衡使这些数字理解起来比较困难。小数的数值太小了，以至于读者和分析者难以理解它们。这些问题可以通过乘以一个基数从而使分子从小数转换成整数的方式得以修正。乘以 1 000 这个基数，珀斯县每千人发生 1.621 起事故，摩尔迪拜县每千人发生 1.28 起事故。这样表述更清楚，也使得比较各县之间随时间推移的比率更有意义。表 11—5 说明了这一点。

表 11—5　　两县 1990 年的机动车数故

县	事故数	人口数	率
珀斯	24	14 800	每千人 1.62
摩尔迪拜	394	307 700	每千人 1.28

频数计数 N_1 除以另一个频数计数 N_2，然后乘以基数，就是率。在率公式中，分子 N_1 包含了相关变量的计数；对事故率而言，就是事故的数量；对谋杀率而言，就是谋杀的数量。分母 N_2，是人口数的大小或者另一个反映风险案例数量的指数。比率的公式如下： 340

比率＝(N_1/N_2)×基数

选择比率的分母非常重要，但多少带点主观性。对许多比率来说，分母就是人口数大小。然而，分析者也可以比较某县机动车事故数相对于该县机动车数量的频数。机动车事故死亡率也可以用每百万英里里程数来表述。对于一定数量的风险人口而言，比率的选择也是有倾向性的。例如，对计算儿童死亡率的分母来说，以人口中的儿童总数为分母就比以所有人口总数为分母更有意义。例 11.1 说明了选择比率的分母如何影响我们对所论及的变量所持的观点。

以下是选择适当基数的常用方法。这些方法只是指导性的而非硬性规定。

1. 与普遍使用的给定参数的比率一致。自己使用的相同参数的率也要保持一致。例如，犯罪率往往以每百人的形式给出。出生率和死亡率则往往以每千人的形式给出。

2. 所选用的基数必须产生一个有 1～4 位数的整数的率。

3. 10 的幂次方（10、100、1 000 等等）。

4. 在计算供比较用的率时，使用相同的基数。例如，在上面的例子中，不能对摩尔迪拜县使用基数 1 000 而对珀斯县使用基数 100。

出生、死亡、犯罪、事故、疾病、失业及无数其他变量都以率的形式表示。注意，比率只有被指明在一个特定时期——通常是一年内，才有意义。在讨论比率时所用的许多术语都来自卫生保健领域。发病率和流行率是卫生保健专业人员最常用的两个率的测量标准。**发病率**（incidence）的定义是经过一个特定的时间段（通常
341 是一年）某种疾病的患者数。**流行率**（prevalence）的定义是在一个特定时间点上，某种疾病的患者总数。我们也可以把这些概念用于疾病以外的其他状况，例如遭受犯罪侵害、事故或失业等。

例 11.1

为比率选择一个分母

东南部某个大州的政策分析人士对一项要求狩猎者穿着橙色反光服饰的法案的潜在影响进行了调查。提案的反对者指出该州的狩猎者死亡率非常低，与有反光服饰法的州并无很大差异。他们以该州人口总数作为计算比率的分母。如果将该州发放的狩猎许可证数作分母会更有效，就可以得到一个更有效的比率，用以与其他设有反光服饰法的州进行比较。

考虑以下 A 州和 B 州的信息。

州	A	B
“着橙色装”法	无	有
狩猎死亡人数	9	5
州人口总数	5 500 000	3 200 000
狩猎许可证数	18 100	16 900

（以 100 000 为基数）计算两州以下的比率：

1. 每十万人的狩猎死亡人数；
2. 每十万持证狩猎者的狩猎死亡人数。

你认为“着橙色装”法是个好主意吗？你了解分母的选择对比率的计算结果将产生怎样的影响吗？

比率的计算结果是：

1. A 州每十万人 16 起；B 州每十万人 15 起。
2. A 州每十万持证狩猎者 49.7 起；B 州每十万持证狩猎者 29.6 起。

资料来源：*The Charlotte Observer*（Charlotte，NC，December 28，1986）。

发病率可以通过将某一个特定时期内患某种疾病的人数除以同一时间段内可能患病的总人数（或特定时期内发生的情况除以同一时期可能发生此类情况的总人数）计算。在计算发病率时，只有论及的时间段内出现的新病例才被计算在内。如果我们调查 2006 年某种慢性疾病（如糖尿病）的发病率，我们在计算中只用 2006 年的新病例数。2005 年及以前的病例不算在内。

在计算流行率的过程中，此前年份的案例也需要被计算在内。例如，计算 2006 342
年糖尿病流行率时，2006 年前患上糖尿病到 2006 年仍处于患病状态的人，也被纳入计算范围。发病率和流行率通常以一年为周期计算，将相关人口的年中数作为分母。流行率可以用截面设计来确定，发病率则要用纵贯设计定义。它们使用专门小组或同期群设计（cohort design），尤以后者为常见。理想的情况是，为了确定发病率，分析者会跟踪关注人口随时间推移的变化情况。[21]

我们都了解艾滋病的危险性。公共健康和其他领域的官员既关心每年新增的病例数，又关心艾滋病人群总人数。前者涉及发病率，后者涉及流行率。明尼苏达州的奥姆斯特德（Olmsted）县的癫痫数据是另一个例子。某一年，这个县的癫痫发病率是每 10 万人中 30.8 例，流行率是每 10 万人中 376 例。[22]

11.5　分布的特征

在概括值的分布时，分析者往往希望提供几种信息。他们想指出个体之间值的异同。两种数据通常用于描述某个变量的值的分布：（1）集中趋势测量；（2）离散趋势测量。这两类分布代表了分析者通常想说明的一组数值的两方面的情况：个别数值的相似程度与差别程度。每一类都包括了几个测量。选择使用哪种测量取决于变量的测量水平和分析者希望得到的信息。统计学家们还使用其他类型的测量，我们在这里就不作论述了。

集中趋势测量表明了在一个分布状态中，典型的值或者案例是什么样的。有人可能会质疑集中趋势测量能在多大程度上反映该分布状态的总体特性。这就需要对分布状态中值之间差异程度的测量。对差异性的测量包括了分布值域、差异、离散，它们同集中趋势测量一样，用于衡量和比较不同群组。

集中趋势测量

集中趋势测量（measure of central tendency）用于指明分布中有代表性的、最典型或最中心的值。集中趋势测量包括了众数、中位数和算术平均数。

众数（mode）

对变量最简单的概述就是指出其中最常见的那个类别。众数是最常出现的变量值或类别。在频数分布中，众数就是具有最高频数的值。表 11—6 显示了一个类别
343 变量的分布状态。这个变量的众数是“议会领袖”，表中有这一体制的城市最多。记住，我们是通过确定哪个类别或值具有最高频数来得到众数的。众数可以通过各个层次的数据来确定：定类、定序、定距和比例。学生们常犯的一个错误是把众数类别的频数和众数混淆。例如，表 11—6 的众数是“议会领袖”；而不是 45。对于定类变量及许多定序变量，众数往往是一个名称；而对于定距变量和比例变量，众数的值是一个数字。

表 11—6　　市政府类型的频数及百分比分布

政府类型	频数	百分比
有实权的市长	22	25
议会领袖	45	51
无实权的市长	17	19
委员会	4	5
总计（N）	88	100

中位数（median）

中位数是处于分布中心的值或者案例。它是把分布状态一分为二的那个案例的值，即有一半的案例值小于中位数，有一半的案例的值大于中位数。中位数在序数或定距层次上衡量变量。只有在各个值可以排序时，方可确定中位数。如果各个案例尚未根据它们的相关变量的值进行排序，那么找到中间的案例就没有意义。

要找到中位数，必须找到分布状态的中间案例。把案例数量（N）加 1，再除以 2，即（$N+1$）/2，就可以找到中间案例。如果 N 是奇数，那么中位数就是特定案例的值。如果 N 是偶数，那么中位数被估为两个案例之间的中间值。例如，如果 N 是 21，那么中位数就是第 10 个案例的值。如果 N 是 22，那么中位数是第 11 个案例值和第 12 个案例值的中间值。下面将列举几个例子：

表 11—7 显示了一次抽样调查的定序变量分布状态。这个表格还包括显示累计百分比（即等于或低于某个特定值的案例的百分比）的一列。中间案例是第
344 315［=(629+1) /2］个案例。这个案例在级别“好”之中，那么这个变量的中位数就是“好”。一半案例评定县政府的等级是“好”或“好”以上，一半案例评定

县政府的等级是“好”或“好”以下。“好”的累积百分比达 50%。累积百分比使我们能够迅速地找到包含中间案例的类别。

表 11—7 **县政府的等级**

等级	频数	百分比	累积百分比
差	36	5.7	5.7
一般	206	32.8	38.5
好	287	45.6	84.1
优秀	100	15.9	100.0
总计（*N*）	629	100.0	

表 11—8 显示了一组值即若干雇员一年的投资收入的分布状态。我们将讨论如何计算这个组的中位数。表 11—8 的第一部分显示所收集到的收入数据，即未经任何特定排序的数据。要找到中位数，必须将案例按递增或递减顺序排列。有时，不熟悉中位数计算方法的人会忽略这一点。表 11—8 的第二部分从最低值到最高值对年收入进行了排序。中位数是就中间案例。由于这个分布中案例数目 N 是 7，中间案例就是 $(N+1)/2=8/2=4$。中位数的值就是第 4 个案例的年收入——24 000 美元。

表 11—8 **七名雇员的年投资性收入** 单位：美元

（1）未排序的	17 000	25 000	30 000	12 000	24 000	18 000	27 000
（2）已排序的	12 000	17 000	18 000	24 000	25 000	27 000	30 000

设想如果再增加一个案例，中位数会受到什么影响。表 11—9 除了增加了一个收入数字外与表 11—8 呈现相同的分布。在表 11—9 中，N 是 8，一个偶数，所以分布的中位数就在第 4 个和第 5 个案例之间。中位数的值就是这两个案例值的中间值，即

$$(24\,000+25\,000)/2=24\,500$$

需要注意的是，分布状态中的最高值对中位数几乎没有影响。在表 11—9 中，有一项58 000 美元的收入明显高于其余各项。但表 11—9 的中位数只比表 11—8 的中位数高了 500 美元。这是中位数的一个重要特征。中位数的另一个重要特征是，当其与定距变量和比例变量一起使用时，中位数是分布中最为接近于所有其他变量的点。

表 11—9 **八名雇员的年投资性收入** 单位：美元

12 000	17 000	18 000	24 000	25 000	27 000	30 000	58 000

中位数被用于测量定序变量的集中趋势。即使分布状态中存在一些极值，中位数对定距变量也有价值，如表 11—9 所示。这些含有极值的分布状态被称为是不对 345
称的，最严重的倾斜问题似乎伴随测量资源拥有的变量而出现。这些变量主要包括收入，还包括股票、土地及个人和家庭所拥有的其他不动产。由于几乎不受极值的影响，即使在较高程度倾斜的分布中，中位数也能有效地描述集中趋势。

计算分组数据的中位数（computing the median from grouped data）

计算分组数据的中位数常常是必要的。分类数据，具体说来就是将经过整理的数据在超过一个单位宽度的分类组距频数分布中呈现出来。表 11—10 显示了一个这样的分布。由于无法辨认频数分布中的单个变量，我们难以找到中位数的确切的值。一种估算中位数的方法是找到包含着中位数案例的那个分类组距，取该组距的中点为中位数。中间案例在第三个分类组距，即 40～49 的那个组距里，该组距的中点是 44.5 岁。因此，44.5 就是所估的中位数。[23]大多数统计学的入门教科书会介绍一种更准确的估算中位数的方法。[24]

表 11—10　　中央机构雇员的年龄

年龄（岁）	频数	累积频数
20～29	9	9
30～39	14	23
40～49	16	39
50～59	21	60
总计	60	

算术平均数（arithmetic mean）

计算算术平均数（或算术平均值）是测量集中趋势的第三种方法，可能也是最常见的方法。算术平均值（平均值或 $\overline{X}$）是分布的算术平衡点或中心。**算术平均值**要求，平均值之上的数值与平均值之差的总和，等于平均值之下的值与平均值之差的总和。平均值有时在分布的中间位置，与中位数的值一样，但我们不能期望总是如此。要使用平均值，就要求在定距或比例水平上测量变量。

平均值是对每个案例的值进行数学计算而来的，它不仅是集中趋势的一种有效测量方法，还是许多其他统计公式的重要成分。计算算术平均值，只要把每个案例的变量的值相加，再除以案例数量。公式为：

$$\text{算术平均值} = \overline{X} = \sum X_i / N$$

346 符号 $\sum$ 表示每个案例的变量值的和。X_i是每个案例的变量值。表 11—9 的分布的算术平均数如下：

$$\sum X_i = 12\,000+17\,000+18\,000+24\,000+25\,000+27\,000+30\,000+58\,000$$
$$= 2\,110\,000$$

算术平均数＝211 000/8＝26 375（美元）

对频数分布而言，下面的公式更有效：

$$\overline{X} = (\sum f_i x_i)/N$$

这个公式用变量的每个值乘以该变量的频数，然后把这些值（f）相加，再除以案例的总数（N）。

计算表 11—8 的平均值，应得出 21 857 美元。这表明一些极高或极低的值会严重影响平均值。表 11—9 中分布的平均值比表 11—8 的平均值高很多的原因在于，表 11—9 中有 58 000 这个极高的数值。如果分布状态中存在一些极值，那么平均数作为集中趋势的测量标准就不怎么有效了，这时中位数是更好的标准。对于定距及比例变量的分布，我们推荐同时使用算术平均数和中位数，因为两者通常都有意义。

计算分组数据的算术平均值（computing the mean from grouped data）

同中位数一样，分析者往往也想获得按组距划分的分组数据的平均值，并以表格形式呈现结果。这样，分析者用变量的每个组距的中点值乘以该组距的频数，把得到的结果相加，再除以案例的总数量，就得到了平均值。[25] 表 11—11 复制了表 11—10 的内容，并展示了这一过程。该分布的算术平均值为 42.7，读者可以将其与中位数的值进行比较。

表 11—11　　中央机构雇员的年龄

年龄（岁）（X）	频数（f）	组距中点（m）	$(f)\times(m)$
20～29	9	24.5	220.5
30～39	14	34.5	483.0
40～49	16	44.5	712.0
50～59	21	54.5	1 144.5
总计	60		2 560.0

几何平均值（geometric mean）

几何平均值用于计算变化的比和率的平均数。假设经过 5 年之后，某个机构的预算从 100 000 美元增加到了 150 000 美元，这段时间的变化就是增长了 50%。如果使用算术平均值，用总的百分比变化除以年份数“5”，年均变化就是 10%。然 347
而，这个数字太高了。若以预算从最初的 100 000 美元开始，每年以 10%增长，最后的预算额会大大高于 150 000 美元。实际的年均增长应低于 10%。几何平均值就可用于此类计算。希望继续关注这一论题的读者可以参考几种资料。[26] 我们在这里要关注的是，几何平均值是同变化的比和率一起使用的，尤其适用于计算随时间推移的百分比变化的平均值，并给出年均增长率。

选择合适的集中趋势测量标准的指导原则

斯宾都县（Spindel）在为该县的某低收入社区申请社区改良补助金。“但是这个社区的平均收入超过了 25 000 美元。”县委员格雷恩（Grane）说。“是的，”县补助金管理员哈普（Hap）赞同道，“但是有一半的家庭的收入低于 15 000 元。”该社区的居民 Charlie 评论说：“这里最常见的收入水平是 20 000 美元上下。”补助金申请需要报告一个“平均收入数字”。基金管理员究竟应该选用哪个平均数或集中趋势的测量结果呢？

分析者应该了解使用哪种集中趋势测量方法是恰当的。每种集中趋势测量结果提供的信息总有些差异，所以分析者必须小心选择合适的那一种。恰当的集中趋势测量方法取决于衡量水平、结果分布的性质，以及分析者希望呈现的信息。分析者应考虑以下指导原则：[27]

1. 中位数和平均数要求分别进行定序和定距层次的测量。如果变量是定类的，就只能用众数；要报告一个实际的典型数字时，众数也是合适的。在斯宾都县，查理报告的 20 000 美元就是一个典型的收入水平。如果分布状态有两个或多个众数，这些众数都要报告。

2. 在定距或比例变量的分布中，如果分布状态是或者近似于单峰且是对称的，平均值就是更好的集中趋势测量标准。在这样的一个分布中，众数、中位数和平均值将相同或接近于相同。但是，如果分布中有一些极值，不管是高还是低，平均值都会被扭曲；这时就应该用中位数。此类分布状态被称作是**倾斜**（skewed）的。

衡量收入的分布状态往往是倾斜的。例如，在任何一个社区中，大多数人收入较低或者处于中等水平。但是，有一些人或家庭收入非常高。这些极高的收入值会扭曲平均值。在斯宾都县的那个社区，很可能就出现了这样的情况。补助金管理员应报告中位数，因为中位数较少受到极端收入值的影响。

348 3. 几何平均值有着明确的用途。几何平均值主要用于描述平均变化率，不适用于斯宾都县这个例子。

不对称的单峰分布是倾斜的。倾斜分布中极高或极低的值使平均值由中位数向极值偏移。倾斜程度越大，平均值与中位数之间的差异就越大。平均值可能因为倾斜分布而容易成为具有误导性的数字。在这种情况下，分析者也应给出中位数，将中位数和平均值加以比较，判断分布状态是否是倾斜的。

图 11—9（a）显示了一个正偏斜（向右倾斜）的分布状态，其平均值比中位数和众数高；图 11—9（b）的分布状态是负偏斜（向左倾斜），其平均值比中位数和众数低。

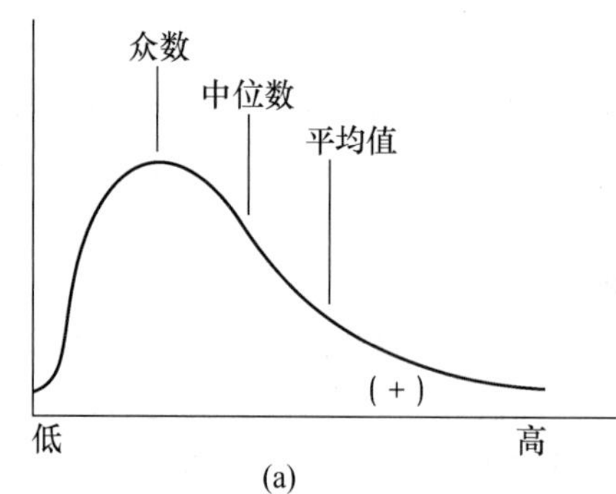

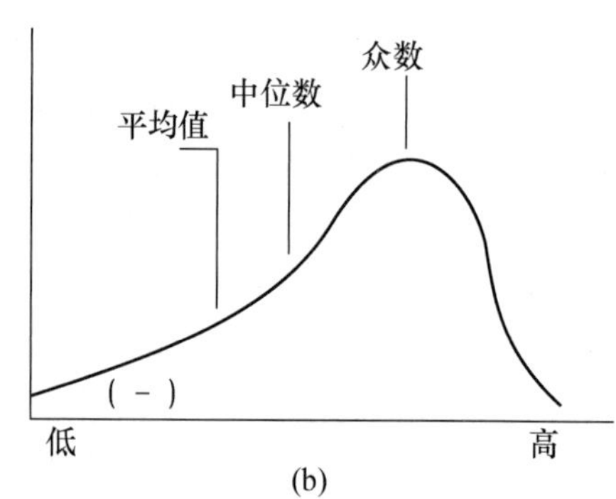

图 11—9 倾斜分布状态的范例

变异和离散的测量

两个平均值相近的分布，也可能有整体看来截然不同的数值。因此，除了集中趋势测量以外，分析者提出了表示某个分布状态中值与值之间差异性的离散测量和变异测量。**离散测量**（measure of dispersion）描述数据的单峰，某个变量离散度量结果较小意味着其一致性更好；反之，离散测量所得的值较大意味着离散度或变异性更高。某些测量仅说明在一个有序数值组中两个观察结果之间的差异；而其他的测量则考虑一个分布中所有的观察结果。

研究者在比较两组员工的收入分布时，会用到集中趋势测量。表 11—12 中显示的两组分布平均收入近乎相等，但通过直观审查就会发现，实际上个体间的收入差异很大。因此，要提供完整的信息，必须进行离散测量。

表 11—12　　两组雇员的投资性收入的数据和算术平均值　　单位：美元

A组	12 000	17 000	18 000	24 000	25 000	27 000	30 000	58 000
$\overline{X}$=26 375								
B组	22 500	24 500	25 000	26 000	27 000	28 000	28 500	29 000
$\overline{X}$=26 312.50								

当所有的案例在两个极端类别或值之间平均分布时，说明定序、定距以及比例变量的最大变异出现了。当案例均匀分布于所有类别时，定类变量的最大变异就出现了。聚集在一个类别中的案例越多，变异就越小。如果所有的案例都在一个类别中，变异是 0。[28] 349

定距及比例变量常见的离散测量方式有极差、中位极差（如四分位差）、标准差和方差。平均离差和中位数绝对离差等也是很有用但不常见的定量测量。

极差（range）

极差是最简单的离散测量，它是一个分布中最高值和最低值之间的差异，表示了数值离散的程度。由于一个极值就有可能对极差大小产生强烈影响，极差存在许多缺陷。注意，表 11—12 中 A 组和 B 组雇员投资性收入分布的极差。

A 组极差＝最高值－最低值＝58 000－12 000＝46 000（美元）

B 组极差＝最高值－最低值＝29 000－22 500＝6 500（美元）

尽管这两组分布的算术平均值相近，但极差数字可以明显地反映它们在其他方面的不同。

由于分布中的极值会影响极差的大小，统计学家已经研究出了排除分布最高端和最低端部分的一些中位极差量度方法。极差容易受极值影响，中位极差则不然。中位极差中最常见的是**四分位差**（inter-quartile range，IQr），也称为中间值域。[29]

四分位差

四分位差说明的是某个分布中间 50%的值的极差。25%的案例的值在第一个四分位数以下，75%的案例的值在第三个四分位数以下，第二个四分位数当然就是中位数。确定四分位差时，省略了最低的 25%和最高的 25%的案例值，所以四分位差与未经省略的极差相比，受极值的影响较小。表 11—12 中显示了两组雇员投资收入的四分位差。 350

分布 A 的四分位差：中间 50%的案例的极差，例如，在 18 000 美元和 27 000 美元之间有四个值。要找到第一个四分位数就得去掉最低的 25%的案例，即有最低值的两个案例。要找到第三个四分位数就得去掉最高的 25%的案例，即有最高值的两个案例。对分布 A 而言，四分位差＝27 000－18 000＝9 000（美元）。中间的 50％的案例的差额是 9 000 美元。把分布 A 的四分位差和分布 B 的四分位差进行比较。

分布 B 的四分位差：28 000－25 000＝3 000（美元）。中间的 50％的案例的差额是 3 000 美元。

四分位差表示单个值之间的方差程度，用于比较两个或多个衡量相同变量的分布的方差或离散程度。许多分析者运用四分位差来比较随着时间推移而变化的分布，或者比较两个或多个组的分布。例如，在一个提高工作质量的项目中，我们记录财务人员的差错次数。为了证明该项目的效果，我们期望随着时间推移，四分位差越来越小，参加项目的案例的方差比未参加项目的要小。不过，如果没有背景情况或特定视角，四分位差本身几乎毫无意义。更准确的四分位数计算方法参见附录 11.1。

在说明大量案例的频数分布时，调查者常常引用分布的百分位数（percentile）。定序排列的分布中，有特定的百分之几的值在一个数值以下，这个数值就是**百分位数**。申请人职业登记等级分布的第 90 个百分位数是一个等级值，即 90％的申请人在这个等级值以下，只有 10％的申请人高于或等于这个等级值。对中位数而言，50％的值比它低，50％的值比它高。在这个意义上，第 50 个百分位数与中位数一样。第 25 个百分位数和第 75 个百分位数分别是第 1 个和第 3 个**四分位数**，并标示四分位差的端点。学生们通常很熟悉老师确定大班学生考试分数的“曲线”打分法。第 90 个百分位数及其之上的学生得 A，处于第 80～89 个百分位数之间的学生得 B，依此类推。**四分位数**、**百分位数**及其他类似的测量标准之所以被称为定位参数，是因为它们可以把分布状态图示在坐标轴上。[30]

标准差和方差（standard deviation and variance）

分析者还需要一个包括分布中所有数值的测量标准。定量变量的两个衡量方法是标准差和方差。**标准差**是对分布中的值与该分布的平均值的平均距离的测量。**方
351 差**是标准差的平方。标准差和方差用于更高层次的数据测量和测试，也是两个最重要的数据测量标准。遗憾的是，它们很难直观理解或解释。以下计算过程将有助于这种解释。

首先给出方差的公式。通常先计算方差，再取其平方根得到标准差。

$$S^2 = \text{方差} = \frac{\sum (X_i - \overline{X})^2}{N}$$

标准差的公式是方差的平方根：

$$S = \sqrt{\sum (X_i - \overline{X})^2 / N}$$

计算方差和标准差的步骤是：

1. 以每个个体数值减去平均值（$\overline{X}$），即（$X_i - \overline{X}$）。所得结果显示每个案

例的值相对分布的平均值的离差。

2. 给每个离差值取平方，即 $(X_i-\overline{X})^2$。

3. 求离差的平方值的总和，即 $\sum(X_i-\overline{X})^2$ 。

4. 用离差平方值的总和除以案例数，即 $\sum(X_i-\overline{X})^2/N$ ，得方差。

5. 取平方根，即 $\sqrt{\sum(X_i-\overline{X})^2/N}$ ，得标准差。

A 组薪水的平方差和标准差见表 11—12，分别是 173.23 美元和 13.16 美元。

上述公式常用于对总体分布的计算。假如你正在分析一个样本，分母 N 以 $n-1$ 替代。n 是样本中的案例数，而 N 代表总体中的案例数。许多计算器和计算机软件都把$n-1$编入了计算方差和标准差的程序中。[31]如果两个分布的平均值大体相同而标准差不同，那么标准差越大，就表明分布的离散程度越大。

附录 11.1 给出了计算标准差和方差的其他公式。虽然这些公式背后的原理不易说明，但使用计算器计算时，这些公式比上面所说的公式更方便。

其他离差测量

尽管**平均离差**（average deviation）和中位数绝对离差缺乏其他统计方法内在的一些必备的数学特性，它们仍然是有用的定量方法。与标准差作为许多其他测量方法的组成部分不同，平均离差和中位数绝对离差没有在其他公式中使用。

平均离差 352

平均离差衡量案例相对算术平均值的平均偏离程度。要计算平均离差，就要把每个案例偏离平均值的绝对值相加，再除以案例数。公式如下：

$$\text{平均离差}=\frac{\sum|X_i-\overline{X}|}{N}$$

对多数人来说，平均离差比标准差更加直观。预测者用平均离差评估模型的准确性。在正态分布中，平均离差比标准差小约 20%。[32]与标准差相比，平均离差更不易受到极值的影响。

中位数绝对偏差（median absolute deviation）

中位数绝对偏差用于计算一组案例相对中位数的平均离差程度。中位数的一个特点是，某一案例值偏离中位数的总离差和平均离差都小于偏离分布中其他任何一点的离差数。这使中位数绝对离差用于某些财政申请中，例如衡量地方政府财产税评估的一致性。[33]

标准差和正态曲线

标准差广泛应用于统计推断。标准差使我们能够评估总体参数，如平均值和方差。根据关于样本平均值分布的知识，我们可以运用标准差估算任何特定样本特征与对应的总体参数的接近程度。

标准差是统计分析中一种重要分布类型的关键部分，这种分布就是**正态曲线**（normal curve），具有以下特征：

1. 是钟形且对称的。
2. 众数、中位数及算术平均值在分布中心，且具有相同的值。
3. 固定比例的观察结果位于算术平均值和其他任一点之间。[34]

最后一个特征非常有用。假如分布是正态的或接近正态的，我们就知道分布中被测变量的任何两个值之间有多大比例的观察结果。通常，这些值以平均值之上或之下的标准差单位加以测量。图 11—10 说明了这一点。

分布的平均值正好把分布分为两部分：50％的观察结果在平均值以上，50％在平均值以下。有 34.13％的观察结果位于平均值和平均值之上的标准差之间。在平均值和平均值以下的标准差之间有同样的比例。在平均值以下的标准差与平均值以上的标准差之间，包含了分布中 68.26％的观察结果。

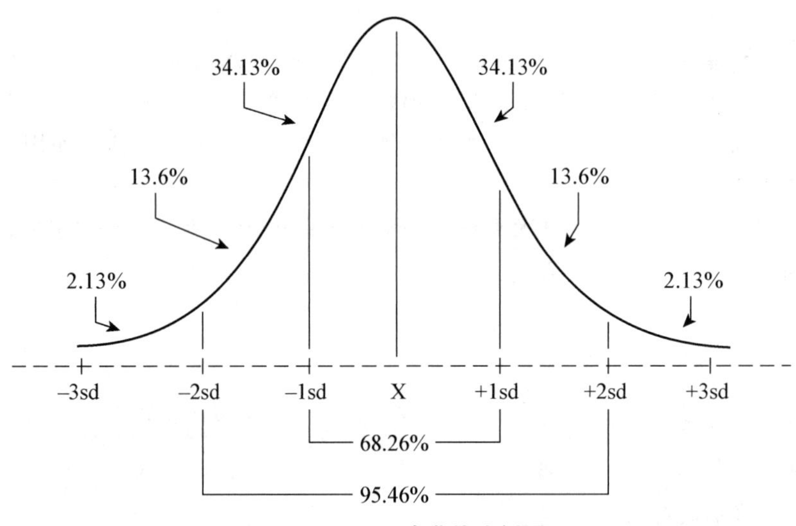

图 11—10 正态曲线比例图

353 标准分也称 z 分数，被用于测量正态曲线中各个观察结果的值。标准分以标准差为单位表述数值。例如，一个 1.5 的 z 分数表示案例值高于平均值 1.5 个标准差；一个－2.0 的 z 分数表示数值低于平均值 2 个标准差，等等。一个 z 分数为－2.0 的观察结果，相对于其他观察结果而言，显得异常低。标准分值通过以下公式计算：

$$z=\frac{X_i-\overline{X}}{S}$$

式中： z——标准分值或 z 分数，即标准差单位的数量；

X_i——一个观察结果；

$\overline{X}$——分布的算术平均数；

S——分布的标准差。

例如，图 11—10 中分布的平均值是 100、标准差是 20，某个观察结果 x 的数值是 115，则该个体的 z 分数就是：

$$z=(115-100)/20=0.75$$

如果分布中的观察结果是所有可能样本的平均值，我们就可以确定任一特定的平均值有多大可能处在分布中心的某一距离内。这个分布中心既是所有样本的平均值，又是总体平均数。这一点在本书稍后讨论统计推断时将非常有用。就像第 5 章 354
所论述的，这使我们能计算标准误的大小，并确定围绕任一特定样本来估算的置信区间有多大可能包含总体参数。

11.6　探索性数据分析

集中趋势和离散趋势分析是统计学中最古老的主题。除了传统的处理方式以外，近年已有了一些较新的技术。在统计学家约翰·图基（John Tukey）等人的基础上，应用统计学已经发展出了许多探索性数据分析技术（exploratory data analysis），通常缩写为 EDA。[35] EDA 强调的是彻底熟悉一组数据，而不是仅仅计算一两个简要数据。该技术的支持者已经引入了新的术语，并设计了新型的集中趋势和离散程度的测量方法。适用于个人电脑的显示分布状态的新型图解方法也已经形成。

测量集中趋势的新型方法包括有序测量及算术平均值的一些变体（例如**平衡平均值**［trimmed mean］）。[36] 这些测量方法有助于了解变量分布的中心部分。由于算术平均值的变体是在调整或去掉了极值或离散层之后计算得出的，所以这些变体不受极值或离散层的影响。例如，5%的平衡平均值在计算之前去掉了顶部 5%和底部 5%的案例；中间平均值只用了中间 50%的案例。这些平均值在计算受离散层影响较小的分布中心部分时是有用的，但有些专家认为这些平均值对极值关注太少。另外，要注意，这些测量方法并没有运用于其他的统计方法。

近些年来，人们已经创造出一些探索数据的新型图解方法。这些新的图示方法似乎是由 EDA 技术的发展和计算机制图能力的增强推动起来的。这些技术和计算机使运用以前很少用到的方式来直观分析分布状态成为可能。[37]

箱线图（box plot），也称箱须图，是一项广受欢迎的技术。它在同一个图表中显示变量的中位数、最大值和最小值、四分位数、四分位差，在一些情况下还显示离散部分。箱线图清晰而生动地展示了集中和离散趋势。

图 11—11 说明了 1999 年美国西部和南部的 23 个州的谋杀率。横轴给出了可能的变量值。图形最左侧的部分，须状的尽头，表示分布的最小值；最右侧的部分

表示最大值。由两条竖线和两条横线围成的矩形表示分布中间50%的部分。左边竖线表示第一个四分位数，右边竖线表示第三个四分位数。中位数由矩形中间的星号表示。有些软件会用另一条竖线表示中位数。

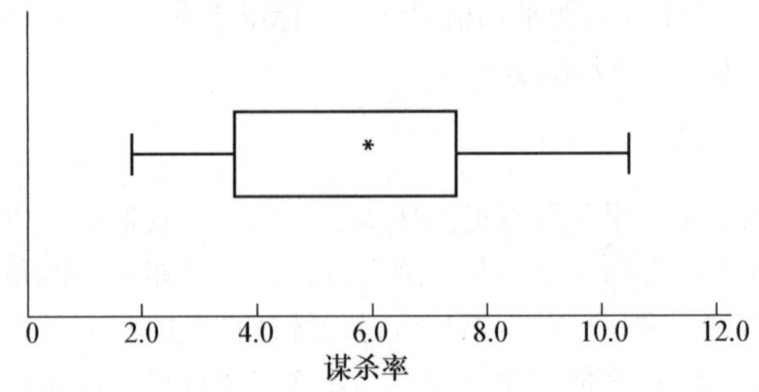

图 11—11　1999 年美国西部和南部州的谋杀率的箱线图

最小值、最大值、中位数、第一个四分位数、第三个四分位数，被合称为**图基**
355 **五数概括法**（Tukey five-number summary）。这是由提出这几个 EDA 测量标准的那位统计学家图基的名字命名的。这些数值能很容易地显示在箱线图上，也常常用于计算机输出。图 11—11 说明的那组数据是：

最小值＝2.0；
最大值＝10.7；
中位数＝6.0；
第一个四分位数＝3.4；
第三个四分位数＝7.8。

图 11—12 在同一张图表里呈现了两个箱线图，一个代表西部的州，一个代表
356 南部的州。两相比较显示了关于西部州和南部州谋杀率的许多内容。本章末尾的问题 9 将涉及这些箱线图的数据。

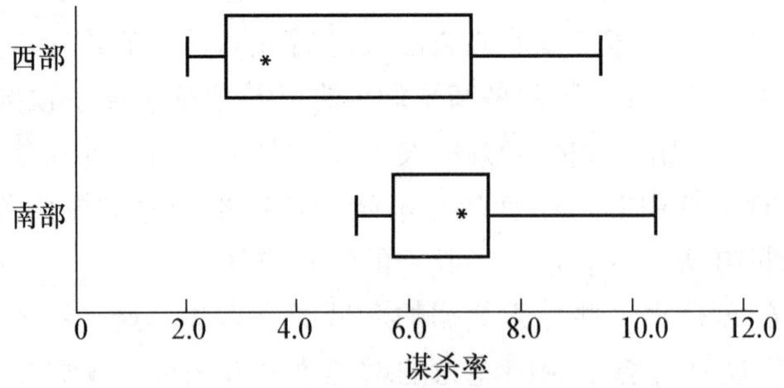

图 11—12　关于西部州和南部州的谋杀率的箱线图

本章小结

在收集数据后，分析者必须找到处理和分析数据的适当方法。本章论述涉及准

备和整理供分析的数据。分析者通常要为数据编码，然后输入计算机。数据字典功能使用户能够解释数据编码的含义，而不必回看收集信息时的原始表格。

随着个人电脑的普及和多功能化，以及越来越多的使用，出现了很多整理、分析以及储存数据的软件。数据软件、电子制表程序和数据库管理程序是三种目前可供管理人员和分析者使用来整理分析数据的计算机软件。统计软件包或许是最强大的对大型数据库进行完整分析的软件。电子制表程序可以帮助输入小型数据库，并作为应用程序之间数据转换和一些简单数据计算的媒介。地理信息系统使用地理数据，并能让使用者在计算机生成的地图上显示其他变量的分布。借助地理数据的空间特性发展出了新的统计技术，新型地理信息系统程序可以计算非常多的数据。

研究者通常使用频数分布整理可供进一步分析和展示的数据。在频数分布中，案例以它们的变量值和显示了每个数值的案例数量来分组。相对频数，尤其是百分数，也包括在频数分布中。百分数、率、变化率、比和比例迅捷有效地传递着变量的信息。大多数人能够轻易将百分数直观化，并加以解释。比用于比较组与组之间、辖区与辖区之间的数值，而百分比变化和变化率则表示变量值是如何随时间推移而变化的。

在分析和展示数据的过程中，各种图表广泛应用。条形图和直方图是以长度或宽度表示案例数量的，从而显示每个变量值上的案例频数。直方图限于定距变量和比例变量。线形图也被用于概括和展示定距变量和比例变量。时间序列和频数多边形是两种类型的线形图。频数多边形显示了变量的每个值的案例出现的频数。时间序列显示变量的值如何随着时间推移而改变。

集中趋势测量是描述频数分布的一个方面。众数，一个定类测量，是分布中最常出现的值。中位数，一个定序测量，是分布中心部分案例的值。在倾斜分布中，中位数应与定距及比例变量一起使用，因为中位数不受极值的影响。算术平均值，作为一种定距测量，优先用于概述既非双峰也不对称的定距变量。平均值的特点在 357
于，它是许多统计程序的重要测量。

离散程度测量表明了集中趋势测量适合用于描述变量的具体情况。差异的许多测量方法，例如极差和四分位差，对估计分布的轮廓有帮助。方差和标准差描述定距变量和比例变量分布的变异程度。方差和标准差是其他数据测量的重要组成部分，对于估算总参数很有用处。

统计学最近的成果已经产生了探索性数据分析的测量方法，强调了彻底熟悉一组数据的益处。图形技术，如箱线图，由计算机便利地生成，并提供了更多直观化的数据分析方法。

第 12 章论述假设检验和统计显著的相关概念。第 13 章论述变量间关系的分析列联表，并为分析列联表中变量间关系提供相应的统计方法。第 13 章还将论述方差分析，一种使用变量的算术平均值来测量组与组之间差异的方法。第 14 章论述相关性和回归分析——分析定距变量和比例变量之间关系的技术。

术语回顾

描述性统计（descriptive statistics） 频数分布（frequency distribution）
中位数（median） 推论性统计（inferential statistics）
单变量分布（univariate distribution）算术平均数（arithmetic mean）
单变量统计（univariate statistics） 分类组距（class interval）
离散测量（measure of dispersion） 多变量统计（multivariate statistics）
条形图（bar graph） 极差（range）
双变量统计（bivariate statistics） 直方图（histogram）
四分位差（inter-quartile range） 统计软件包（statistical software packages）
百分位数（percentile） 频次多边形（frequency polygon）
四分位数（quartile） 饼图（pie chart）
比率（rate） 电子表格（spreadsheet）
方差（variance） 数据库管理系统（database management system）
流行率（prevalence） 标准差（standard deviation）
关系型数据库（relational database） 发病率（incidence）
正态曲线（normal curve） 平均离差（average deviation）
百分比变化（percentage change） 比（ratio）
数据阵列（data array） 地理信息系统（GIS）
数据字典（data dictionary） 箱线图（box plot）
众数（mode）

复习题

下列问题可以看出你是否基本掌握本章内容：

1. 如何区分条形图和直方图？
2. 指出频数多边形和时间序列的不同之处。
3. 为什么在预算方案中经常会用到饼图？
4. 比较百分比和率的异同点。
5. 相比起算术平均数，在什么情况下，你建议用中位数来测量集中趋势？在什么情况下，你建议两者都用？
6. 解释“标准差可以用于检验测量集中趋势的算术平均值是否恰当”这一说法。
7. 比较标准差和用于测量变异或离散的中间值域的用法，各自有什么优缺点？

8. 在哪种情况下，分析者用四分位数代替标准差，对定距变量和比例变量进行分析？

9. 平均离差最适于哪种情况？

10. 讨论使用某项集中趋势测量的选择标准。

11. 生成箱线图时会用到哪些数据？在什么情况下你会用箱线图来展示数据？

课后作业与讨论

1. 为下面的数据收集工作建一个数据字典。你要预先考虑开放型问题 E 的答案。

图书馆使用者调查

A. 你现在有一张县公共图书馆的借阅证吗？

（1）有

（2）没有

B. 过去一年里，你多久去一次公共图书馆？

（1）至少一周一次

（2）至少每月一次，但不到一周两次

（3）至少每三个月去一次，但不到每月一次

（4）至少一年一次，但不到每三个月一次

C. 下面哪项因素阻碍了你更频繁地去公共图书馆？

（1）停车难

（2）开放时间不方便

（3）离家太远

（4）去另一家图书馆

（5）没时间

（6）不需要图书馆服务

（7）图书馆里没有我所需的东西

（8）我不读书

（9）以上都不是（请详述）

D. 你常常找到你所需资料吗？

（1）是

（2）否

E. 你期望图书馆增加哪方面或哪种类型的资料收藏？请详述。

F. 你的年龄？

（1）16～20 岁

（2）21～30 岁

（3）31～50 岁

（4）51～65 岁

(5) 65 岁以上

G. 你的性别？

(1) 男

(2) 女

2. 下面是图书馆使用者调查的一份答卷，用数字代码表示答复内容。

项目	回答内容
A	是
B	至少每周一次
C	开放时间不方便
D	是
E	建筑史
F	31～50 岁
G	女

3. 找到一个城市、镇或县最近的预算方案副本，并就该预算方案回答以下问题：预算方案使用了哪几种图示方法？为什么目的而使用的？哪种图示方法是最有效的？你会改变某些图示方法使其更有效吗？如何改变？

4. 改变你获得的那个预算方案中的一种图示方法，即把表示同一信息的饼图改成条形图，或者把条形图改成饼图。

5. 为了确定政府部门拥有的个人电脑数量，研究者在一个五县规划区内进行了一次使用者调查，形成的数据如表 11—13 所示。用这些数据生成一个频数多边形，并用一小段文字描述调查结果。

表 11—13　　个人电脑数量的数据组

机构代码	计算机数量	机构码	计算机数量
01	1	16	3
02	4	17	4
03	9	18	2
04	7	19	5
05	7	20	8
06	7	21	11
07	10	22	6
08	6	23	6
09	4	24	4
10	5	25	8
11	9	26	5
12	10	27	7
13	5	28	3
14	1	29	5
15	2	30	3

6. 用表 11—14 中的数据组（由表 11—1 稍加修正而成），回答下列问题：

（1）计算埃布尔县和查理县的受伤率。（埃布尔县人口数为 15 300，查理县人口数为 79 200。）哪个县是最危险的居住地？

（2）查理县的暴力伤害和坠落事故伤害的比是多少？

（3）“受伤原因”的众数是什么？

（4）计算“严重指数”的众数、中位数、算术平均值、极差、第 90 个百分位数、方差和标准差。同时计算案例 7 的 z 分数。

表 11—14　　县、原因和伤害的严重程度这三个变量的数据库

案例号	县	原因	严重指数
01	贝克	坠落	3
02	查理	交通事故	4
03	查理	暴力冲突	6
04	埃布尔	交通事故	4
05	查理	暴力冲突	5
06	贝克	坠落	9
07	查理	交通事故	10
08	贝克	坠落	1
09	埃布尔	暴力冲突	5
10	查理	暴力冲突	5
11	查理	坠落	7
12	埃布尔	交通事故	4
13	查理	交通事故	7
14	贝克	坠落	6
15	埃布尔	坠落	3
16	贝克	交通事故	5
17	查理	交通事故	5
18	贝克	坠落	6
19	埃布尔	交通事故	4
20	查理	暴力冲突	7

7. 梅克伦堡县 1970 年的人口数为 354 000，1980 人口数为 404 270。计算这个时间段内人口数的百分比变化；并与作为正文例子的该县 1990—2000 年的人口数的百分比变化进行比较。

8. 画箱线图说明图 11—9（a）、11—9（b）和 11—10 的分布。你不能从表格中获得精确的数值，这一题的目的在于通过画箱线图对各种集中趋势和离散分布作粗略估计。

9. 表 11—15 显示了 1997 年和 1999 年，南部 12 个州和西部 11 个州的谋杀率。这里所说的谋杀包括故意杀人和过失杀人，并以每 100 000 人的犯罪数表示。

（1）计算每年数据的算术平均值，并确定最小值、最大值、中位数、第一个和第三个四分位数、四分位差。为该数据组画箱线图，并按图基五数概括法表示组成成分。

（2）求 1997 年谋杀率的频数分布。按 5 划分数值组距，即 0～4.99、5.0～9.99 等。按频数分布画出直方图。

（3）复习图 11—12，写一段文字描述南部州和西部州在谋杀率方面的不同之处。

（4）分别为 1997 年南部州的谋杀率和西部州的谋杀率作箱线图。

（5）写一个关于南部州和西部州在谋杀率方面的比较的备忘录。讨论 1997—1999 年谋杀率发生了怎样的变化（参见图 11—11 和 11—12）。

表 11—15　　1997 年和 1999 年选定的州的谋杀率数据

州	1997 年谋杀率	1999 年谋杀率	州	1997 年谋杀率	1999 年谋杀率
亚拉巴马州	9.9	7.9	蒙大拿州	4.8	2.6
亚利桑那州	8.2	8.0	内华达州	11.2	9.1
阿肯色州	9.9	5.6	新墨西哥州	7.7	9.8
加利福尼亚州	8.0	6.0	北卡罗来纳州	8.3	7.2
科罗拉多州	4.0	4.6	俄勒冈州	2.9	2.7
佛罗里达州	6.9	5.7	南卡罗来纳州	8.4	6.6
佐治亚州	7.5	7.5	田纳西州	9.5	7.1
爱达荷州	3.2	2.0	犹他州	2.4	2.1
肯塔基州	5.8	5.4	弗吉尼亚州	7.2	5.7
路易斯安那州	15.7	10.7	华盛顿州	4.3	3.0
马里兰州	9.9	9.0	怀俄明州	3.5	2.3
密西西比州	13.1	7.7			

资料来源：FBI "Uniform Crime Reports for the United States—1997 edition"（U. S. Government Printing Office，November，1998）and *Statistical Abstract of the United States*。

光盘作业

这些练习要求你熟悉统计软件及其输出结果，从使用磁盘里的 ORB 研究方法数据开始。

1. 使用统计程序包或电子制表程序来了解县的净迁移变量。

（1）找出各县之间的净迁移变量的以下信息：频数分布、相对频数分布和累积百分数。

（2）制作一张（反映县的数目和各县百分比的）条形图和一张描述县的净迁移量的饼图。你会在报告中用哪一张图？说明你的理由。

（3）如果为州长作一份包含迁移信息的报告，你会选哪一层的组距？说明你的理由。

（4）找出县的净迁移变量的众数、中位数和平均值。使用本章中描述的“计算组数据的平均值”程序计算所估的平均值。将这个平均值与程序输出的平均值作比较。你能作出哪个平均值更准确的结论吗？为什么能或为什么不能？

2. 分析各县人口组成状况的变量，并以之决定卫生保健资源的分配。

（1）基于各县人口数据，使用电子制表程序的公式功能来计算每个县的每千人基本卫生保健人员人数和社会安全受益人人数。为这些变量作直方图和频数多边形图。试着作每个变量分布的其他直观图示。你最可能在报告里用哪一种？考虑用条形图还是饼图来显示这些数据？为什么或为什么不？

（2）为 SAT 平均成绩总计和（你要计算出的）每千人的平均公共学费额变量制作一个频数分布，并找出众数、中位数、算术平均值、最小值、最大值、极差、第 1 个四分位数（第 25 个百分位数）、第 3 个四分位数（第 75 个百分位数）和标准差等。这些数据告诉你这两个分布状况的哪些相似和不同？

3. 财政压力较高的县是否与较低的县呈现不同的模式？通过创建县人均财政负债额表示的县财政压力的方法来探究这个关系。创建一种按每县财政压力高低来编码的变量。

（1）为财政压力高的县和压力低的县制作两套箱线图。一套比较人均文化娱乐支出额，另一套比较人均公共事业支出。你能评论最初的问题了吗？各县的开支模式是否不同？

（2）为州的县协会写一份一页纸的备忘录，报告你的研究结果及其意义。

推荐读物

H. M. Blalock, Jr., *Social Statistics*, 2d ed.（New York: McGraw-Hill, 1972）是为社会学家通用的统计学知识的标准资料来源。

J. F. Healey, *Statistics: A Tool for Social Research*, 3d ed.（Belmout, CA: Wadsworth, 1993）是一本内容广泛的卓著的统计学入门教材。

K. J. Meier, J. L. Brudney, and J. Bohte, *Applied Statistics for Public and Nonprofit Administration*, 6th ed.（Belmont, CA: Thomson Wadsworth, 2006）展示了关于管理人员在决策时如何使用统计数据问题的出色范例。

有些书论述了图表的准备、图形设计思路、直观化技术及支持这些原则的研究，推荐以下五本：G. T. Henry, *Graphing Data: Techniques for Display and Analysis*（Thousand Oaks, CA: Sage Publication, 1995）。E. R. Tufte, *The Visual Display of Quantitative Information*, 2d. ed.（Cheshire, CT: Graphics Press, 2001）。William S. Cleveland, *The Elements of Graphing Data*（Summit, NJ: Hobart Press, 1994）。William S. Cleveland, *Visualizing Data*（Summit, NJ: Hobart Press, 1994）。H. Wainer, *Graphic Discovery: A Trout in the Milk and Other Visual Adventures*（Princeton, NJ: Princeton University Press, 2005）。Tufte 和 Wainer 通过古今范例展示了技术发展的有趣历史。

J. W. Tukey, *Exploratory Data Analysis*（Reading, MA: Addison-Wesley, 1977）论述了几种解释数据分析的技术手段，并提供例子，说明了它们的用法。

H. F. Weisberg，*Central Tendency and Variability*（Newbury Park，CA：Sage，1992）是对这两个主题全面又通俗易懂的论述。

通过数据软件为供分析的调查数据做准备工作参见 L. B. Bourque and V. Clark，*Data Processing*：*The Survey Example*，Sage University Paper Series on Quantitative Applications in the Social Sciences，series no. 07－085（Newbury Park，CA：Sage，1992）和 D. H. Folz，*Survey Research for Public Administration*（Thousand Oak，CA：Sage，1996），chaps 5 and 6。

地理信息系统参见以下资料：Laura Lang，*GIS For Health Organizations*（ESRI Press，Redlands CA，2000）这本不贵的书还包含了一张给初学者的指导光盘。ESRI（Environment Systems Research Institute）包含了无数的关于地理信息系统应用的出版物（www. esri. com ）。David Wong and Jay Lee，*Statistical Analysis of Geographic Information With ArcView GIS and ArcGIS*，2d ed.（Hoboken，NJ：John Wiley and Sons，2005）是对 GIS 和数据的出色论述。

William E. Huxhold，*An Introduction to Urban Geographic Information Systems*（New York：Oxford University Press，1991）为地理信息系统作了很好的总体介绍，也是论述都市政府运用地理信息系统的发展情况的很好的资料来源。该作者描述了多种计算机文档及它们之间的异同点。David Garson and Robert Biggs，*Analytic Mapping and Geographic Database*，Sage University Paper Series on Quantitative Applications in the Social Sciences，series no. 07－087（Newbury Park，CA：Sage，1992）论述了 GIS 在公共政策和管理方面的应用。

关于文字处理、数据程序包、电子制表程序、数据库管理程序等应用程序的更全面和详细的介绍，参见 L. D. Hall and K. P. Marshall，*Computing for Social Research*（Belmont，CA：Wadsworth，1992）。

D. B. Wright，*Understanding Statistics*：*An Introduction for the Social Sciences*（London：Sage，1997）是一本可读性很强的教材，作者将 SPSS 的输出结果和他对多种数据的论述整合了起来。

注 释

[1] L. B. Bourque and V. Clark，*Data Processing*：*The Survey Example*，Sage University Paper Series on Quantitative Applications in the Social Sciences，series no. 07－085（Newbury Park，CA：Sage，1992），45-48 介绍了一些 SPSS 入门手册：一部分关于如何使用 SPSS 软件，另一部分则关于 SPSS 的教学和数据分析，后者如 Samuel Green and Neil Salkind，*Using SPSS for Windows and Macintosh*：*Analyzing and Understanding Data*，3d ed.（Upper Saddle River，NJ：Prentice Hall，2003）。

[2] D. L. Harnett and J. F. Horrell，*Data，Statistics，and Decision Models with Excel*（New York：John Wiley and Sons，1998）.

[3] Larry D. Hall and Kimball Marshall，*Computing for Social Research*（Belmont，CA：Wadsworth，1992），230-232.

[4] Bourque and Clark, *Data Processing*, 46-47.

[5] Andy Mitchell, *Zeroing In: Geographic Information Systems at Work in the Community*, Environmental Systems Research Institute Press (Redlands, CA, 1997-1998).

[6] G. David Garson and R. S. Biggs, *Analytic Mapping and Geographic Databases*, Sage University Paper Series on Quantitative Applications in the Social Sciences, series no. 07-087 (Newbury Park, CA: Sage, 1992), 2-3.

[7] Ibid., 2.

[8] Andy Mitchell, *The ESRI Guide to GIS Analysis*, *Vol*. 2: *Spatial Measurements & Statistics* (Redlands, CA: ESRI Press, 2005); David Wong and Jay Lee, *Statistical Analysis of Geographic Information With ArcViewGIS and ArcGIS* (Hoboken, NJ: John Wiley and Sons, 2005). 在这两本书中 Wong 和 Lee 那本更好。

[9] Garson and Biggs, 76.

[10] 要记住，用部分除以整体再乘以 100，可以计算出百分数。例如，表 11—3 中发生在埃布尔县的伤害事故百分数，是该县伤害事故数除以总数，再乘以 100：(5/20)×100=25%。

[11] Wayne Daniel and James Terrell, *Business Statistics for Management and Economics*, 7th ed. (Boston: Houghton-Mifflin, 1995), 19.

[12] 参见 Daniel and Terrell, 18-21，其中论述了在确定定距数目时用来引导分析者的规则，即 Sturgis 规则。另一个可选的规则是 Rice 规则，即组距数目是观察结果数目的二次立方根，参见 David Lane 对 Sturgis 规则和 Rice 规则的论述，http://cnx.org/content/m10160/latest (accessed December 20, 2006)。

[13] Edward R. Tufte, *The Visual Display of Quantitative Information* (Cheshire, CT: Graphics Press, 2001), 13.

[14] Ibid., 54-58; Darrel Huff, *How to Lie with Statistics* (New York: Norton, 1954) 是一份有意、无意地曲解和曲示数据手法的丰富而有趣的论述资料。

[15] David Freeman, Robert Pisani, and Roger Purvis, *Statistics* (New York: Norton, 1978), 25-31.

[16] Ibid., 30-31.

[17] Ibid., 39-40.

[18] 比如 Gary Shelley, Thomas Cashman, and Misty Vermeat, *Microsoft Office* 2003: *Introductory Concepts and Techniques* (Cambridge, MA: Course Technology, 2005) 里的“Microsoft Excel”。

[19] 降序排列的 50 个州的谋杀率条形图和直方图是一个很有效的例子。参见“The Curse of the South,” *The Charlotte Observer*, August 2, 1998, 1C, 4C。

[20] 特殊形状的频次多边形被称为正态曲线或正态分布，它们在统计中非常有用。参见 Freedman, Pisani, and Purvis, *Statistics*, 69-87, and Joseph F. Healey, *Statistics: A Tool for Social Research*, 3d ed. (Belmont, CA: Wadsworth, 1993)。

[21] 测量发病率的资料及相关公式的论述，参见流行病学的基础教材。例如 Gary D. Friedman, *Primer of Epidemiology* (New York: McGraw-Hill, 1980), especially chaps. 2 and 6；或者 Charles H. Hennekens and Julie E. Buring, *Epidemiology in Medicine* (Boston: Little-Brown and Company, 1987)。在流行病学中使用的概念和定义的综合目录，见 John Last, ed., *A Dictionary of Epidemiology*, 3d ed. (New York: Oxford University Press, 1995)。

[22] Rochester, Minnesota, the home of the Mayo Clinic, is in Olmsted County. 其人口的医疗条件是该州所有县中研究得最彻底的。

[23] H. F. Weisberg, *Central Tendency and Variability* (Newbury Park, CA: Sage, 1992), 26-27.

[24] 例如，K. J. Meier, J. L. Brudney, and J. Bohte, *Applied Statistics for Public and Nonprofit*

Administration, 6th ed.（Belmont，CA：Thomson-Wadsworth，2006），Chapter. 5，以及 B. P. Macfie and P. M. Nufrio，*Applied Statistics for Public Policy*（Armonk，NY：M. E. Sharpe，2006），Chapter. 4。Weisberg 在第 11 页也说明了这个问题。

［25］计算中位数时，我们假定分类组距的较低的界点是以 0 结尾的整数。我们在这里也做同样的假定，那么在这个案例中，组距的中点是两个数目的中间值。假如组距 20～29 的真的较低界点是 20，那么该组距的中点是 24.5。

［26］参见 Weisberg，*Central Tendency*，41-43 或者其他提出计算几何平均值公式的“推荐读物”中的任何一本；也可以运用对数；而熟悉金融数学的读者也许已经运用过可以用于确定几何平均值的现值和利息率表。

［27］这些测量衡考虑了集中趋势测量的主要但并非唯一的特性。参见 Weisberg，*Central Tendency*，35，有更广泛的列举。

［28］Healey，*Statistics：A Tool for Social Research*，93-97，论述 IQV 的计算，即一种对定类和定序变量变异的测量。

［29］Weisberg，*Central Tendency*，63-64.

［30］Daniel and Terrel，*Business Statistics*，65-66.

［31］对于方差和标准差的公式中 N 和 $n-1$ 之间差异的详细论述，参见列在“推荐读物”的统计学教材；特别是 Hubert Blalock，*Social Statistics*（New York：McGraw-Hill，1972），81，185-193。

［32］Richard Chase and Nicholas Aquilano，*Production and Operations Management：A Life Cycle Approach*，5th ed.（Homewood，IL：Irwin，1989），250-254.

［33］参见 Weisberg，*Central Tendency*，66，有关于这个测量衡及其计算的更多资料。财产税的应用程序，见 John Mikesell，*Fiscal Administration：Analysis and Applications for the Public Sector*，7th ed.（Belmont，CA：Thomson-Wadsworth，2007），439－443。

［34］更多有关正态曲线的论述，见“推荐读物”部分，特别是 Freedman，Pisani，and Purvis，*Statistics*，69-87，以及 Healey，120-130。

［35］John Tukey，*Exploratory Data Analysis*（Reading，MA：Addison-Wesley，1977）；D. Hoaglin，F. Mosteller，and J. W. Tukey，eds.，*Understanding Robust and Exploratory Data Analysis*（New York：Wiley，1983）；Frederick Hartwig and Brian E. Dearing，*Exploratory Data Analysis*（Newbury Park，CA：Sage，1979）；Herbert Weisbery，*Central Tendency and Variability*（Newbury Park，CA：Sage，1992）.

［36］Tukey，*Exploratory Data Analysis*；Hartwig and Dearing，*Exploratory Data Analysis*；Weisbery，*Central Tendency*.

［37］见 Tufte，*The Visual Display of Quantitative Information*。同时推荐 William S. Cleveland 的两本书：*Visualizing Data*（Summit，NJ：Hobart Press，1994）和 *The Elements of Graphing Data*（Summit，NJ：Hobart Press，1994）。

附录 11.1　统计数据计算

求四分位数

以下是一种确定四分位数的方法，比正文中所介绍的那种更准确。对未经分组的数据而言，就像表 11—16（表 11—12 的翻版）中的那个示例，第一个和第三个四分位数可以这么求得：

第一个四分位数或 Q1：

按顺序排列的观察结果的数量值＝$(N+1)/4$

表 11—16　　八名雇员的年收入　　单位：美元

12 000	17 000	18 000	24 000	25 000	27 000	30 000	58 000

对例子中的这些数据来说，第一个四分位数就是（8＋1）/4＝2.25。这使第一个四分位数在两个观察结果之间。案例 2 的值是 17 000，案例 3 的值是 18 000。第一个四分位数就处于 17 000 和 18 000 之间的 25％处，即 17 250。

第三个四分位数或 Q3：

按顺序排列的观察结果的数量值＝$3(N+1)/4$

在这个例子中，第三个四分位数就是 3(8＋1)/4＝6.75。这使第三个四分位数也在两个观察结果之间，即案例 6 和案例 7 之间。第三个四分位数就处于案例 6（27 000)和案例 7（30 000）之间的 75％处，即 29 250。

四分位差是第一个四分位数和第三个四分位数之间的差，即 29 250－17 250＝12 000。

由此推出第二个四分位数（即中位数）的公式也可以写作：

中位数＝Q2＝按顺序排列的观察结果的数量值＝$2(N+1)/4=(N+1)/2$

方差和标准差的计算

以下说明方差和标准差的计算。正文中给出的公式 1 是方差和标准差的定义公式。如果你有一组庞大的数据和一个计算器，可选择操作起来更方便的公式 2。当然，许多计算器已经将标准差程序预置在内。

求表 11—17 的分布的方差和标准差。计算表的设置是有用的。

表 11—17　　方差和标准差计算表

X	X^2	$(X-\bar{X})$	$(X-\bar{X})^2$
13	169	−14.4	207.36
18	324	−9.4	88.36
19	361	−8.4	70.56
25	625	−2.4	5.76
26	676	−1.4	1.96
28	784	0.6	0.36
31	961	3.6	12.96
59	3 481	31.6	998.56
合计 219	7 381		1 385.88

公式 1：

$$S^2 = \frac{\sum (X - \overline{X})^2}{N}$$

$$S = \sqrt{S^2}$$

$$S^2 = \frac{1\,385.88}{8} = 173.2$$

$$S = \sqrt{173.2} = 13.2$$

公式 2：

$$S^2 = \frac{\sum X^2 - \frac{(\sum X)^2}{N}}{N}$$

$$S^2 = \sqrt{\frac{\sum X^2 - \frac{(\sum X)^2}{N}}{N}}$$

$$S^2 = \frac{7\,381 - \frac{47\,961}{8}}{8} = 173.2$$

$$S = \sqrt{173.2} = 13.2$$

上述公式应用于人口数量。当数据来自同一样本时，分母中的 N 用 $n-1$ 替代。

附录 11.2　数据准备

用计算机存储和分析数据前常常要给数据编码。在收集数据前，项目人员应当考虑数据将如何编码、存储和分析，这些都将影响研究和操作中的变量数量。编码应尽量简单。数据应是可以输入计算机文档的形式，所需的分析要容易完成。通常，这就意味着赋予每个变量值一个数字。

例如，考虑一下州立地方急诊医疗服务（emergency medical service，EMS）所使用的一种数据收集方式。在一个多县交界的区域内，头部受伤人员会被救护车送往 EMS 关联的地方医院的急诊室。值班员记录每个案例的信息，包括事故发生在哪个县、事故原因、事故严重程度及其他受伤者的信息。

准备一部数据字典（也叫编码书）是组织和准备数据的重要步骤。在数据字典中，分析者列出项目、为每个变量值标注正确的编码、为每个变量命名，并在文档中给变量定位。有了数据字典，分析者无须查阅收集的原始数据。为所有的信息进行数字编码有助于数据分析，但这并非必须程序。用统计软件分析数据比数字编码更容易。

数据字典一般包括以下信息：

1. **项目编号**。

2. **项目描述**。这也许包括问卷中的真实问题或者用来收集特定数据的指示。

3. **项目编码**。这是字典中最重要的一部分。为项目的每个可能的值安排了数字、字母或其他编码。分析者通常尝试用同一种编码，比如 9 或 99，代表所有项目的缺失信息。与此相近地，所有的“不知道”的回答也可能用同一种编码表示。比如，在一个调查中，答案“不知道”一律用数字 8 表示，而缺失的信息一律用数字 9 表示。

4. **变量名或域名**。大多数计算机统计软件要求每个变量都被安排一个名称。变量名用于操作和分析数据的程序指示中。有时，变量名早先已确定并印在数据收集表格上。

表 11—18 显示了事故记录的数据收集表的字典。该调查表及其中的数据被用于本章的一些例子和练习题中。注意，这个例子中分析的单位是受伤人员。

每个案例都有一个识别数字，并为案例在数据收集表中定位。这个数字应被包括在数据记录和数据文档中。

计算机化的数据收集系统在计算机屏幕上展示了收集表，研究人员直接输入数据。输入完毕后，表中的数据直接传入计算机并被储存，屏幕上显示一张（新的）空白表。每个案例用一张表。这个系统通常用于电话调查，并被称作 CATI（计算机辅助电话访谈）。

表 11—18　　事故记录的数据收集表的数据字典

项目	描述	编码	变量名
1	案例识别数字	001—全部	身份（ID）
2	事故发生的县	01＝埃布尔 02＝贝克 03＝查理 ⋮ 99＝不知道或未回答	县
3	事故原因	01＝交通事故 2＝坠落 3＝暴力冲突 ⋮ 99＝不知道或未回答	原因

续前表

项目	描述	编码	变量名
4	严重程度等级	包括实际分数：1～10 1＝最轻 10＝最重 99＝不知道或未回答	严重程度

第 12 章

检验变量之间的关系：统计显著性检验

本章要点  368

1. 零假设（或称**虚无假设**）、**统计显著性**、**第Ⅰ类错误**和**第Ⅱ类错误**，以及**统计**效力的意义。
2. 怎样判定研究结果的统计显著性。
3. 何时使用卡方检验和 t 检验。
4. 怎样应用及解释统计显著性检验。
5. 统计显著性与实际显著性的区别。

数据分析无定法。研究者可以在一系列分析工具和统计方法中做出选择。这一选择通常是基于研究者对分析工具和统计方法的掌握程度、所需回答的问题、变量和样本的属性而做出的。研究者从自己的专业工作、专业阅读和相关培训中学到各种分析工具。对特定问题和数据，调查人员根据专业知识找出某些合适的分析工具。规划制订者、心理学家、工程师、金融分析师及行政管理人员可能倾向于为所分析的资料选择不同的统计分析方法。在进行管理和制定政策时，公共行政管理人员依靠社会科学的分析方法。他们运用社会学家和政治学家的分析工具分析横截面数据，用经济学家和统计学家的工具分析时间序列数据，用心理学家的分析工具进行实验设计和半实验设计。

下面 3 章的内容旨在指导行政管理人员设计选择分析和解释统计数据资料的方式。我们只介绍管理人员通常会用到的统计方法。第 12 章的内容是统计显著性检验。第 13 章的内容是两种主要的变量间关系的检验方法：用于研究不同横截面数据的列联表

和关联测量、用于研究实验结果、比较组和组之间平均值的方差分析。第 14 章论
369 述线性回归。这些论述的目的不在于教授统计学，而着重于帮助读者思考如何选择统计分析方法和解释统计结果。这些章节关注统计资料所能回答的问题、其数据要求以及正确的解释和应用。

在检验数据时，研究者通常会遇到两个普遍性问题：(1) 某一特定结果的偶然性概率是多少？(2) 自变量与因变量的关联性有多强？统计显著性检验能回答第一个问题；关联测量、均值比较检验法、方差分析和回归分析等则用于回答第二个问题。

在你开始阅读之前，我们要提醒你注意一点：社会学研究人员认为，统计显著性检验被高估并误解了。我们也认同这一点。然而，我们仍决定从统计显著性检验开始对统计分析的论述。这样做的理由是统计学导论课程通常重在零假设检验。因此，读者对他们在专业报告和学术期刊中可能碰到的统计显著性检验、卡方检验和 t 检验也许已经熟悉了。

统计显著性检验也许难以理解。如果我们只是在课程结束前的最后一周对其一笔带过的话，学生们会倍感受挫。况且，在统计学课程中，假设检验**显著性**（significance）一节所需的时间及其在研究报告中出现的频率，都证明了统计显著性检验的极端重要性。为了不矫枉过正，我们也指出了统计显著性检验的局限性，并提出了可替代的统计信息和程序，从而为假设检验提供更多的信息。

显著性检验是一种推论统计。**推论统计**（inferential statistics）允许研究者从样本数据中推论总体的特征。为了正确使用推论统计，研究者必须基于概率抽样而不是非概率抽样。（在学习本章之前有必要回顾一下第 5 章的部分内容。）

如前所述，概率抽样要求研究者使用推论统计来估计参数。参数可以从一个变量或者变量间关系来判断。使用样本数据，就可以说明一个参数落在特定范围（即**置信区间**［confidence interval］）的可能性。我们不能从一个样本中确切得出总体的一部分具有的特定性质，但我们可以有 95%的信心认为，参数会落在根据样本估计值 ±1.96 的标准误范围内。95%的置信水平表示每 100 个样本中就有 95 个会使调查者准确地判断参数。

使用推论统计的另一个意义在于，如果样本中观测的两个变量的直接关系在总体中只是**随机相关**（randomly related）的，我们可以了解这一情况发生的概率。随机相关意味着两个变量是彼此独立或彼此不相关联的。问“在总体中变量之间是否随机相关”相当于问“这种关系是否只是偶然发生的”。如果我们检测总体或另一
370 个样本，所假设的变量间关系是否还会存在？这两个变量是一个假设中的自变量和因变量。如果统计检验表明两个变量的关系在总体中不是随机的，那么这种关系就可称为具有**统计显著性**（statistically significant）。

两个变量之间仅存在统计显著性并不意味着这种关系是重要的或者是牢固的，也不意味着前面所有或任一研究步骤都是准确的。重要的、有价值的和有用处的研究结果必须具有**实际显著性**（practical significance）。研究结果具有统计显著性并不一定意味着其具有实际显著性。

统计显著性仅仅说明变量之间的一些统计关系。例如，对于一个大型样本，很

多关系都具有统计显著性。然而，自变量对解释因变量变化的能力乏善可陈；大型样本通常对琐碎的不太重要的关系提供统计支持。

判断两个变量之间是否存在非随机相关的传统程序需要执行以下四个步骤：

1. 设定零假设和研究假设。
2. 选择 α 水平。
3. 选择并计算统计检验。
4. 得出结论。

在统计学课程中你可能已经学过上述四步法或相近的程序。我们在此以它来组织讨论。不过，在社会学研究中严格坚守这些步骤或许并不合适。[1]当术语**显著性**和逻辑推论应用于统计显著性检验时意味着这些检验比它们更有收益。它们可能提供了一些支持假设的证据，但对于作出肯定或否定假设的最终结论尚不充分。

在解释每个步骤之前，我们要提醒读者，许多人在第一次接触假设检验时都感到迷惑。假设检验可能是统计分析中最复杂的主题之一。而且，假设检验有其专门的术语。假设检验是从统计学和认识论的思考发展过来的，这一点也体现在假设检验的术语中。不管怎样，这个词汇看上去很复杂。

如果认真阅读，你就能理解假设检验背后的推理论证，并解释统计显著性的结果。与其慢慢阅读、消化和彻底理解每个部分，不如先通览全章，再回顾复习其中的特定部分。

12.1　设定零假设

假设（hypothesis）陈述了两个变量之间的关联。**研究假设**（research hypothesis，又称备择假设）是研究者要应对的假设。通常首先要建立模型，调查者构建一个可能的研究假设；然后研究这一假设能否得到证实。**零假设**（null hypothesis，又译虚无假设）表示两个变量之间没有关联或者是随机关联。下面列举了三对研究假设（H_1）和零假设（H_0）： 371

研究假设和零假设的例子

H_1：某些职业培训计划比其他计划在稳定就业方面更有成效。
H_0：对于稳定就业，所有的职业培训计划效果大致相同。
H_1：研究报告写得越清楚越可能被采用。
H_0：研究报告写得清楚与否与被采用的可能性无关。
H_1：男性策划师的薪水比女性策划师的高。
H_0：性别与策划师的薪水无关。

“证明”一个假设为真，需要两种类型的证据：基于归纳推理的实证性证据和基于演绎推论的未经证实的证据。考虑这一假设：在职培训计划（on-the-job training，OJT）的参与者比未参与者更容易找到工作。如果，某项研究表明在职培训计划参与者有更多的就业机会，能否说这一假设为真？需用证据证明这个研究的设计满足因果关系的构建标准，包括消除备择假设。一个研究的主体群体代表了一个样本。如果研究者一直发现在职培训者就业率高，这一假设就得到了更有力的支持。当研究者仅仅进行了一个研究时，就必须用抽样误差考虑在职培训者的就业概率。必须接受同一总体中抽出的另一个样本可能无法表明在职培训者有更多就业机会的可能性。

假设检验和统计显著性依赖于未经证实的证据去支持一个假设。研究者不能直接断定他的数据支持研究假设。但是，他可以用数据论证零假设很有可能为假。他通过证伪零假设来证明研究假设。[2]该过程概述如下：

步骤 1：研究者设定研究假设——在职培训者就业率高。

步骤 2：研究者设定零假设——在职培训者和就业率没有关系。

步骤 3：样本数据支持假设，例如，数据显示的现实联系是存在的。

372 步骤 4：研究者证明零假设为假。

步骤 5：研究者证明，因为零假设为假，所以在职培训会影响就业率。

如果数据没有说明就业率之间的差别，研究者就不能否定零假设。基于同样的原因，不能证明研究假设，也不能证明零假设。研究者不能因为无法证明零假设为假就断言在职培训不影响就业率。

在进行假设检验时，研究者选择一个统计检验法来确定该假设关系在总体中的概率是随机的；也就是说零假设为真。研究者使用一个样本的数据来做一个关于总体的猜测。在我们的例子中，研究者发现在职培训者就业率较高；他选择一种统计检验法来确定培训项目的类型会不会影响总体成员就业率的概率。

在推测“在总体中什么情况是正确的”时，研究者可能会犯两类错误：第一，可能否定零假设，而现实中零假设为真；第二，不否定零假设，而现实中零假设为假。这两类错误都有名称。否定真的零假设是**第Ⅰ类**（Type Ⅰ）错误。未否定假的零假设是**第Ⅱ类**（Type Ⅱ）错误。表 12—1 显示了研究者的决定、真实状态（什么是“确实”真的）和错误类型之间的关系。

在第Ⅰ类错误中，我们从样本数据中得出的研究假设是真的，而实际上研究假设不是真的。一般说来，研究者试图把第Ⅰ类错误降至最低程度。研究者的这一倾向源于他们希望将偶然性概率的风险降至最低程度的意愿。研究者只想接受那些不可能属于偶然发生的结果。第Ⅰ类错误可以视为一种假警报，即它警告一种关联或情况可能存在，而在现实中这种关联或可能根本不存在。第Ⅱ类错误可以被想成信号探测失败，未能提醒研究者一种存在的关系或者情形。

开始分析前，调查者要设定零假设的拒绝标准。该标准就是一个涉及 **α 水平**（alpha level）的概率值。α 水平 α 是居于 0～1 之间的数值。通常用于假设检验的 α 水平有 0.05、0.01 和 0.001。[3]

表 12—1　　第Ⅰ类错误和第Ⅱ类错误

据样本的判断	自然状态	
	H_0 为真	H_0 不真
否定 H_0	第Ⅰ类错误	正确的决定
没有否定 H_0	正确的决定	第Ⅱ类错误

以下是关于 α 水平的解释： 373

α=0.05，表明犯第Ⅰ类错误的可能性为 5%。
α=0.01，表明犯第Ⅰ类错误的可能性为 1%。
α=0.001，表明犯第Ⅰ类错误的可能性为 0.1%。

如果 α 水平设定为 0.05，那么调查者所检验的 100 个零假设为真的假设中，可能有 5 个是犯了第Ⅰ类错误。

与第Ⅰ类错误和第Ⅱ类错误密切相关的是统计效力的概念。正如我们所知的，不是所有被接受的假设都是真的，一些没有被否定的零假设也可能为假。**统计效力**是指显著性检验导致的否定假的零假设的可能性，同样也是指调查者会接受一个真的研究假设的概率。

统计显著性检验的统计效力是 1 减去第Ⅱ类错误的概率 ß：如果第Ⅱ类错误的概率是 20%，统计显著性检验的统计效力就是 80%，即 0.8。如果统计显著性检验的统计效力是 0.8，调查者就知道 100 次中有 80 次他会准确地否定零假设，有 20 次他未能否定非真的零假设。[4] 判断零假设非真的概率要求计算第Ⅱ类错误的发生率，而这计算是繁复的。假设必须准确，也就是说，假设确定了所预期的关联性的强度。在缺乏准确假设的时候，公共管理人员可以考虑样本规模和可预期的影响程度以评估检验的统计效力。

关于是否要在本文中引入统计效力，我们有过争论；可能鲜有读者能将统计效力应用于他们的工作，或者在专业阅读时遇到统计效力。我们决定论述统计效力是因为它揭示了建立显著性的标准（α 水平）、样本规模、关联性强度之间的关系。

如果假设在职培训项目比其他培训带来更高的就业率，那么差异到底会有多大呢？如果预期的差距非常小，就需要一个相对大的样本；不然的话，我们就会冒着未能拒绝假的零假设的风险。如果预期的差距非常大，一个相对小的样本就足够了。例如，一个 1 300 份的样本在 α 水平为 0.05 的情况下，有 95%的把握辨别出极度细微的影响。如果设定 α 水平为 0.05，一个 50 份的样本只有 46%的把握可辨别出中等程度的影响。[5]

12.2　选择 α 水平

具体的 α 水平取决于犯第Ⅰ类错误和第Ⅱ类错误的实际结果和研究者所预期的

关联性强度。挑出第Ⅰ类错误和第Ⅱ类错误的结果涉及对假设的仔细考虑、零假设，以及肯定或否定零假设所导致的后果。例 12.1 描述了如何衡量犯第Ⅰ类错误和第Ⅱ类错误的实际后果。

例 12.1

第Ⅰ类错误和第Ⅱ类错误的实际后果

案例 1

H_1：加马牌（Gamma）汽车没有其他牌子的汽车安全。

H_0：加马牌汽车与其他汽车一样安全。

情形：你有机会以很优惠的价格买 1 辆加马牌汽车。你收集了作为一个样本的加马牌汽车的事故数据。

要选择 α 水平，你要考虑如果你犯了第Ⅰ类错误或者第Ⅱ类错误会发生什么。如果你从你的样本中得出的结论是加马牌车的安全性比其他车低，而事实上它与其他车一样安全，你就犯了第Ⅰ类错误。实际显著性如何？你错过一桩好买卖。

如果在你的样本中得出的结论是加马牌车与其他车一样安全，而事实上它的安全性要低，你就犯了第Ⅱ类错误。实际显著性如何？你可能购买并驾驶着一辆安全性低的汽车。这一决定最终可能导致一场本可避免的严重人身伤害事故。

在这一情形下你的决定是什么？分析你搜集的车辆和安全性的数据后，你希望将犯第Ⅱ类错误的几率最小化。显然，你会选择较高的 α 水平，也就是一个接近 0 的数值。或者，你也可以选择具有较高统计效力的检验，即接受假的零假设的低概率。

案例 2

H_1：某些职业培训计划比其他计划更有成效。

H_0：所有的职业培训计划效果一样。

情形：收集和分析职业培训计划及其就业结果的数据。如果犯第Ⅰ类错误会发生什么？一些职业培训被错误地估计为比其他培训更有效。这会产生什么实际后果？结论可能会决定计划的继续与否。事实上与其他计划同样有效的培训计划可能被终止。

如果犯了第Ⅱ类错误会如何？缺乏实效的培训计划将得以持续。

你的决定呢？你的决定可能取决于你的观点。如果你代表培训计划，你可能想将可能导致有效计划被终止的第Ⅰ类错误最少化。如果你是培训参与者，你可能担心被安排进低效的计划。如果你是立法者，你想要的可能是你曾支持的那些计划的成功证据。

结果可能减轻了最小化一类错误或另一类错误的矛盾心理。一种虽小却显著的分布率差异可能不足以影响计划的进行与否。

375 这些例子应引导你对采用详细的严格标准（如将 $\alpha=0.05$ 适用于广泛的研究中去）是否明智产生质疑。这些例子同时阐明了第Ⅰ类错误和第Ⅱ类错误的可接受水平受到主观观点和其他现实关切的影响。

α 水平是统计显著性检验的四个考量参数之一。其他三个参数分别是统计效力检验、样本规模和效应大小。用小的样本和传统的 $\alpha=0.05$ 为截面，很难侦测很小的影响。调整 α 水平会改变犯第Ⅰ类错误和第Ⅱ类错误的概率。如果提高 α 水平，犯第Ⅰ类错误的概率会提高，犯第Ⅱ类错误的概率会降低。如果降低 α 水平，犯第Ⅰ类错误的概率会降低，犯第Ⅱ类错误的概率会提高。犯第Ⅰ类错误和第Ⅱ类错误的概率都会随着案例数量增加而降低。

公共管理人员如何应用上述考量？当管理人员希望得到的关联性在总体中出现的概率不是随机的，影响大小就远比其他参数来得重要。在有些情况下，管理人员不需要应对“假警报”乃至少数人群的非随机性的差异。总体中各部分对于公共政策的观点或者享受公共服务的经历各有差异。然而，管理人员宁可忽视这些细微差别。例如当老年人对娱乐设施的满意度没有其他人群高，或者警方对镇南部的呼叫应对得比其他方向慢时，只要没遇到不容置疑的批评谴责等问题，管理人员就不会做什么调整。政治和经济成本的考虑会压倒解决小小的异议或不满的决心。

统计显著性检验是检验项目有效性的一个不充分标准。基于小样本和中等影响的项目做出的评估可能导致将有效的项目评为无效的错误结论。社会项目第一次评估后，研究者会失望于项目只完成了很小的一部分。其实，这完全没有必要。现在看来，试图让一个有限的社会项目引起效果显著的改变是天真的想法。我们或许应该满足于虽然小却是朝着期望方向发展的变化。

为了限制研究成本，实验性项目的评估可能涵盖了相对较少的主体。如果一个研究只有少数几个主体，而且对项目影响的期望值也不高，那么犯第Ⅱ类错误的概率较大。如果测量方法不完全可靠，可能产生更多的随机错误，也增加了犯第Ⅱ类错误的概率。[6]如果只使用了有限数量的测量方法，其他影响可能遗漏。设想下一个职业培训项目的评估。如果犯了一个第Ⅱ类错误（概率远比犯第Ⅰ类错误的高得多），对参加者产生适当影响的项目就可能被判为无效。如果该项目被取消或者淘汰，培训参加者就损失了参训获得的切实利益。他们还可能因看似能提供美好未来的项目不再存在而变得更加玩世不恭或心灰意懒。鉴于犯第Ⅱ类错误的概率更高及其对项目客户所产生的后果，管理人员要鼓励评估者将第Ⅱ类错误最小化。

12.3 选择数据检验方法并计算结果

在本教材中我们论述了两种常见的统计显著性检验法。如果你只需要对研究结果基本了解的话，你会发现这里提供的信息已经完全能满足需要了。第一种检验法是**卡方检验**（χ^2）。卡方是一种定类水平数据的统计方法（尽管它也被用于其他定类数据统计或者分析定序或定距数据），常用于分析列联表（第 13 章会讲到列联表）。第二种检验法是 t 检验法。t 检验法检验两组平均值的差异，也就是说，定距因变量和定类自变量的关系。 376

卡　方

卡方（chi-square）检验是指在变量关系随机分布的总体中，比较数据库中的观察值与预期的观察值的偏离程度。卡方仅显示总体中变量间不关联的概率；并不直接指明这一关系的方向。表 12—2 收集的数据用于检验不同的职业培训会取得不同效果的假设。表 12—2（上半部分）比较了三种职业培训及其效果；表中包含了收集数据的频数（f_o）。表 12—2（下半部分）表示如果在项目和培训效果之间没有关系，数据会如何表示；表中的数字代表如果零假设为真时的期望频数（f_e）。

表 12—2　　观察频数和期望频数

参加培训项目的工作状态：观察频数（f_o）				
	项目			
	职业教育	在职培训	技能培训	总计
在职人员	19	109	164	292
在校人员	19	82	31	132
失业人员	26	82	54	162
总计	64	273	249	586

参加培训项目者的身份：假设计划与工作状态无关的期望频数（f_e）				
	项目			
	职业教育	在职培训	技能培训	总计
在职人员	31.9	136.0	124.1	292
在校人员	14.4	61.5	56.1	132
失业人员	17.7	75.5	68.8	162
总计	64.0	273.0	249.0	586.0

注：计算期望频数（f_e），只要对每一数据，用所在列的总计乘以所在行的总计，再除以表格的总计，即可得出。f_e（cell 1，1）：(64×292)/586=18 688/586=31.9。

377 在观察频数中，我们可以发现近 50%的主体是在职人员（292/586）。如果工作状态与项目分类没有联系，那么每一项目的参加者的百分比是相同的。因此，表 12—2（下半部分）每个项目近 50%的主体是在职人员。整个群体中在校人员和失业人员在子群中的比与之相近。在校人员略低于 25%，失业人员略高于 25%。表 12—2 的脚注解释了如何计算出表中的期望频数的值。

下一步是计算卡方。将表格中每一格的观察频数减去相对应的期望频数（f_o-f_e），将所得的结果平方后再除以期望频数，即$(f_o-f_e)^2/f_e$。例如，对于在职人员参加职业教育这一格的计算就是：$(19-31.9)^2/31.9=5.22$。卡方（χ^2）就是这些数字的总和。式为：

$$\chi^2=\sum(f_o-f_e)^2/f_e$$

此例中，$\chi^2=50.57$。

卡方的“显著性水平”通常由计算机软件计算出。这些软件会通过计算得出卡方的值及其“显著性水平”。显著性水平即**关联概率**（associated probability），也就是如果在总体中零假设为真，这一特定的卡方值发生的概率。（本章附录中可以找到如何计算卡方以及卡方值与通用 α 水平间的关系。）在解释程序的输出结果时，研究者要判定关联概率是否等于或者小于其所设定的 α 水平。本例中，假设 α=

0.05，那么 $\chi^2=50.67$ 就表示他们之间有统计显著性。（在这个尺寸表中，卡方值为 50.67 的相关度低于 0.001。）卡方是一种被广泛运用和理解的统计显著性检验法。读者必须注意卡方的三个特征：第一，卡方是对变量为定类测量的统计方法，没有提供任何关于关联方向的信息。在上述例子中，卡方表明了参加培训项目与就职状态之间的关联很可能是非随机的，但没有表明哪一个项目更有效。

第二，随着样本规模的增长，卡方值也趋于增长。因此，卡方值与样本规模部分相关。一个大的卡方值即使实际的影响小，也通常更具统计显著性。卡方不直接测量变量之间关系的强度，不能作为关联测量的方法。有些统计方法以卡方为基础来测量关系强度，但必须将样本规模和行列数量纳入考虑并予以调整。我们将在第 13 章的克莱姆 V（Cramer's V）中谈到这样的统计方法。

第三，如果表中一格的期望频数低于 5，那么卡方对于估计第Ⅰ类错误的概率而言并不可靠。最近的研究表明，违反预期频次标准会引起相对较小的误差；如果 378
这一问题只在少数几格中发生，研究者很容易忽视这一点。如果大多数格子基本没有案例，研究者可能就要考虑合并类别了。[7]

让我们回顾一下培训项目与项目结果有关联的例子中的假设检验的具体步骤：

1. 确定假设和零假设：

H_1：不同的职业培训项目取得不同的效果。

H_0：不同职业培训项目取得的效果没有差异。

2. 选择 α 水平：设定 α 值为通常默认的 0.05。另一种方案是，如果样本规模相对较大，且只期望检测出项目之间有明显的结果差异（因为细微不同而改变计划的成本太大），就可以选择较低的 α 值，如 0.01。

3. 选择数据检验法：由于该表是定类数据，选择卡方。

4. 确定卡方值：$\chi^2=50.57$。

5. 确定卡方值 χ^2 是否符合 α 水平标准：输出结果显示关联概率，相关度必须小于或等于 0.05。

6. 确定所得数据是否支持研究假设：如果相关度小于 0.05，数据证据就证明了研究假设。

t 检验法

假设你想了解男性收入是否高于女性，或者 A 校学生是否比 B 校学生的成绩更高。一种检验方法就是在列联表中将数据重新排列，并计算卡方。当然，为了生成列联表，就必须把因变量信息从定距转换到定序，并可能舍弃一些信息。你肯定会质疑所得的具有统计显著性或者缺乏显著性的结果受到相关值排列组合方式的影响。其实，你可以假设 A 校学生比 B 校学生的成绩更高。

t 检验法是一种检测两组均值不同的数据的定距检验法。把每一组当作一个样本，检测就变成了双样本 *t* 检验。双样本 *t* 检验法可以检验（a）假设两组的均值不

同；(b) 一组的均值高于另一组的均值。第一种假设没有方向，可以用双尾 t 检验法验证。第二种假设是有方向的，这类假设可以用单尾 t 检验法验证。

379 每一样本的差异程度影响着选择计算 t 值的公式。如果每个样本所代表的总体方差是同等的，那么可以用一个公式；如果假定总体间的差异程度不同，用另一个公式。

如果两组数据源于同一个主体，就运用第三个公式。例如，要比较分析员在便携电脑和台式电脑上输入数据的误差率。同一组分析员可能既在便携电脑上输入数据，也在台式电脑上输入。其中，自变量就是电脑类型，因变量就是误差程度。

t 检验法也可以检验单样本，例如，一组数据的均值是否大于或小于某个特定的值。单样本的 t 检验对人员配置研究很有帮助。[8] 例如，某大学图书馆假定咨询台在周末每小时的平均利用率是 25%，这一假设的研究主体就是咨询台利用率。在某个时间段内的每个周末的咨询数量可以被收集并计算每周的平均值。通过这个平均值是大于还是小于 25%来验证这个假设，一个单样本的 t 检验就完成了。

为了进一步阐述 t 检验法，我们选取男性策划师收入高于女性策划师这一假设，加以验证。我们设定两组的收入方差是不等的。假定不等的收入差异会少犯第Ⅰ类错误，因而比假定收入方差相等更谨慎（例如，接受非真假设的可能性更低）。

步骤 1：确定假设和零假设。

H_1：男性策划师的平均收入比女性策划师高。

H_0：男性策划师的平均收入等于或低于女性策划师。

上述假设要求单尾 t 检验。单尾 t 检验中，零假设扩展到涵盖错误方面的结果。因此，如果数据显示女性策划师的平均收入高于男性，研究者仍不能否定零假设。相对地，在双尾 t 检验中，假设仅仅包含收入不同，并不表明哪种性别的收入更高。零假设只表明男性和女性策划师的平均收入没有差异。由此，研究员即使发现女性策划师的平均收入高于男性，仍可以否定零假设。

步骤 2：选择 α 水平。$\alpha=0.05$ 通常是默认的，容易明确这种关联性不是偶然的，以此来引导研究者检验收入差异的大小。

步骤 3：选择统计检验方法。由于假设预设了两个样本的均值不同，选择 t 检验法。由于假设要求一个样本的平均值高于另一个样本，选择单尾 t 检验。

380 步骤 4：统计检验的计算。研究者必须作关于方差的假定。假定方差不等的公式会产生略高的关联概率，因而是更加谨慎且合理的检验法。进行调查时，女性刚进入策划行业不久，她们的收入与丰富从业经历相关的可能性较小，所以可以预计到女性收入的方差要小于男性。在这一收入方差不等的假定下，计算 t 的公式是：

$$t=\frac{X_i-\overline{X}}{\sqrt{\frac{s_1^2}{n_1-1}+\frac{s_2^2}{n_2-1}}}$$

式中：　**对男性样本而言**　　**对女性样本而言**

$n_1=403$　　$n_2=132$

$\overline{X}_i=17\ 095$　　$\overline{X}_2=14\ 885$

$s_1=6\ 329$　　$s_2=4\ 676$

$s_1{}^2=40\ 056\ 241$　　$s_2{}^2=21\ 864\ 976$

$$t=\frac{17\ 095-14\ 885}{\sqrt{\frac{40\ 056\ 241}{402}+\frac{21\ 864\ 976}{131}}}$$

$$=\frac{2\ 210}{\sqrt{99\ 642+166\ 908}}=\frac{2\ 210}{\sqrt{266\ 550}}$$

$$=4.28，df=n_1+n_2-2=533$$

步骤 5：判定 t 值是否符合 α 水平标准：从计算机输出的关联概率值必须小于或等于 0.05。(附录 12.1 中的表 12—13 展示了 t 值和通用 α 水平的关系。)

步骤 6：决定统计检验证据是否支持了研究假设：如果关联概率不大于 0.05 或者 t 至少等于 1.645 的 α 水平标准，那么就支持了研究假设。本例中，$t=4.28$，高于我们所需的水平，因而我们能否定零假设。也就是说，在这一研究中，调查者证明了男性策划师的平均收入高于女性策划师的观点。

正态分布

学过统计学的读者会问，为什么不用正态分布（normal distribution，z 分数） 381
来检验样本均值。要正确地运用 z 分值，必须知道总体方差。如果不知道总体方差，则要用标准差来估计。这样一来，用 t 值检验而非 z 分数就更合适。使用大样本时，t 分值与 z 分数相近。当使用大样本（$n=60$）时，z 分数会导致一些误差，社会学家倾向于用 t 检验法。

12.4　做出决定

根据统计显著性检验的结果做决定相对直接。我们在上面所展示的策略，要求研究者：(1) 设定一个拒绝零假设的 α 水平标准；(2) 选择统计检验法；(3) 将关联概率与 α 水平标准作比较；(4) 如果算出的关联概率等于或者小于 α 水平标准，就否定零假设；反之就不能否定零假设。在例子中，研究者通过拒绝零假设来证明研究假设，即不同的职业培训项目取得不同的效果；男性策划师平均收入比女性高。卡方和 t 值的关联概率都低于设定的 0.05 的 α 水平。

另一种方法要从关联概率开始。研究者通过计算卡方或 t 值找到与之相关的特定的关联概率（p）。如果这一关联概率不大于 α 水平，就可以否定零假设，肯定研究假设。统计软件可以生成关联概率。例 12.2 复制了通过计算机验证不同年龄的受访者对当地警察局的等级评定之间关系的输出结果。结果是由流行的统计软件 SPSS 生成的，确定了相关卡方等证据的信息。注意，如果调查者设定 α 水平为 0.05 或 0.01，表明他能够接受研究假设；如果设定的 α 水平为 0.001，意味着不能拒绝零假设。

关联概率没有标明犯第Ⅰ类错误的概率，也没有暗示某种关系“更显著”或“更强烈”。关联概率的作用更中性，它表明的是如果零假设为真，某一特定的卡方或 t 值发生的概率。[9]研究者综合可能包括内在效度和既有研究结论在内的关联概率的信息和其他证据展开对假设的推论。

统计显著性检验看似是构建一个“通过/未通过”的方法。它真的是有这样的作用吗？我们给出的例子和其他相近的情形都说明不是。进行统计显著性检验只是一种统计模型测试。数据代表着许多结论，包括向谁取样、如何取样、收集什么信息、如何收集以及何时收集信息。调查者将统计检验应用于一系列数字；即使违反所有的统计假设、忽视合理的实践方法，他仍然可以得到一个答案。

如果方法论上的决策合理，而且统计运用恰当，这一数据也只是代表了总体所有
382 可能样本中的一个。仅凭显著性检验不能证明假设的价值。把每一个统计结果当成证明假设真伪的证据的组成部分，才是更实际和合理的做法。我们有理由质疑这种做法，即任何管理人员仅仅根据单一的数据统计结果来判断项目的有效性或者收入的公平性。

例 12.2

解释 SPSS 输出的卡方信息

情形：一个关于 830 名市民对城市警方的评定的样本的概率。

调查者假设：受访者越年轻，对警方的评价越低。（零假设为受访者年龄与评定等级之间没有关系。）

结果：运用 SPSS 程序生成表 12—3 的数据。

注意，较多的年长受访者给出了 A 或 B 等级的评价，较多的年轻受访者给出了 D 或 F 的评价。

表 12—3　　不同年龄者给予的等级评定

评价	年龄				
		不满 18 岁	18～59 岁	60 岁及以上	
		1.0	2.00	4.0	总计
A 或 B	1.000 0	50.0	72.7	82.0	615
					74.1
C	2.000 0	41.7	22.0	14.8	174
					21.0
D 或 F	4.000 0	8.3	5.3	3.3	41
	列	24	623	183	830
	总计	2.9	75.1	22.0	100.0

卡方	值	df（自由度）	显著性
个人	13.900 36（计算出的卡方值）	4	0.007 62（关联概率）

注意：

1. “个人”指“个人的卡方”，就是用于本书中的公式。
2. 卡方的信息可以表示为“$\chi^2=13.9$，$df=4$，$p=0.007\,62$”，可以取 $p=0.008$。
3. “显著性”一列确切地给出了关联概率。一些研究者不给出特定的关联概率，而是指出假设所基于的 α 水平。例如，设 $\alpha=0.01$，可写成“$\chi^2=13.9$，$df=4$，$p<0.01$”。
4. 如果表格中行或列的数据改变了，卡方必须重新计算。

在某些情况下，调查者会合理利用统计显著性检验做出明确结论。检验双方的可靠性，证明中的时序变化是否为随机的，以及受访者和非受访者的相似率。[10]统计显著性检验能通过“产品”样本检测出系统问题，因此在质量管理中特别有价值。例如，一家质量管理单位可能要检查一个政府援助案例的样本。分析者阅读了一个案例的报告并指出了错误之处。对这个小样本，他用统计显著性检验来确定他发现的哪些错误是随机的。如果那些错误看起来不是偶然的，这个机构就应该采取纠正行为，如对社会工作者进行再培训。 383

12.5　统计显著性检验的报告

在大多数报告中，统计显著性检验并不引人注意。不熟悉主题的读者可能根本没注意它。对研究主题有浓厚兴趣的读者才会参照它并将其用于评估研究和研究结果。

研究者应报告所使用的检验方法及其统计值、自由度和关联概率。引用统计可以使训练有素的读者可以据此判断研究者是否进行了适当的统计检验。统计值和自由度（df）决定关联概率。这些信息有利于读者识别数学计算错误或记录错误，并使数据分析的过程形象化。关联概率使读者自己做出对结果显著性的独立判断。要在行文中说明这些内容，研究者可以把数据的细节信息标在圆括号内。例如：

> 获得职业培训的类型与参加者目前的在职状态有关（$\chi^2=50.57$，$df=4$，$p<0.001$）。
>
> 男性策划师的平均工资比女性策划师高（$t=4.28$，$df=533$，$p<0.001$）。

如果报告中有列联表，以上信息要在表格最后一行下面的格子中表示。表 12—4 展示了作出一系列 t 检验的一种通常格式，即对每个自变量的两个值的平均值进行比较。表 12—4 显示了男性和女性策划师在 9 个变量方面的平均数（均值）的比较。均值的数值下面是标准差的值。第三列显示了 t 检验值。注意，婚姻状况和种族是二分变量，且均值反映出已婚者和白人策划师的百分比。有兴趣的读者已经获得了计算 t 值的所有信息。t 值边上的星号指导读者看脚注，那里能找到最为常用的 α 水平对应的相关度。一个星号代表 $p=0.1$，两个星号表示 $p=0.05$，三个星号表示$p=0.01$。星号数量和 p 值的关系可以由作者自己决定。通常是星号越多，p 值越低。

目前尚未形成报告关联概率的惯例，但至少要用事先取定的 α 水平来报告所有值的显著性。在表 12—4 中，与其报告当 $p=0.10$ 时所有的重要性结果，还不如报告三个显著性水平的结果。能否报告详细而精确的关联概率取决于研究者在一张整齐表格中表达信息的能力。如果研究者想报出确切的关联概率，表 12—4 中的星号就不起作用了。该作者采用了通用做法，即报告了 0.10、0.05、0.01 和 0.001 对应的关联概率和围绕的 p 值。 384

研究者可能仅留意了已找到具有“统计显著性”的关联。这一结果只不过意味着一个特定统计检验的值符合设定的 α 水平标准。如果统计值不符合 α 水平标准，这一关系就被定义为“统计不显著”。为了让这些信息有价值，研究者必须指明所使用的统计检验法和 α 水平。

表 12—4　　男性策划师与女性策划师的比较测试

	男性 $\overline{X}$	女性 $\overline{X}$	t
	(s)	(s)	
个体特征			
年龄	32.43	30.11	2.93[c]
	(8.28)	(7.72)	
婚姻状况（1=已婚）	0.75	0.61	3.00[c]
	(0.41)	(0.49)	
种族（1=白人）	0.93	0.81	2.05[b]
	(0.26)	(0.34)	
组织特征			
机构规模	4.78	5.29	−1.70[a]
	(2.88)	(2.99)	
集中管理	5.01	5.25	−0.85
	(2.61)	(2.73)	
职业特性			
工作流动性	0.51	0.60	−2.19[c]
	(0.37)	(0.39)	
工作排名	7.98	7.88	0.53
	(1.67)	(1.79)	
工作年限	3.67	3.42	7.26[c]
	(5.31)	(2.57)	
职业成就			
收入	17 095	14 885	4.28[c]
	(6 329)	(4 676)	

a 显著性为 0.10。
b 显著性为 0.05。
c 显著性为 0.01。
资料来源：M. Mayo, Jr.，“Job Attainment in Planning: Women Versus Men，” *Work and Occupation* (May 1985)：152。（Copyright © 1985 by Sage Pulications，Inc. Reprinted with permission: Sage Publications，Inc.）

12.6　统计显著性检验的修正和替代方法

385 我们要指出一些关于统计显著性检验的错误看法。[11]统计显著性检验并不能弥补有缺陷的设计，而只能检验统计假设而不能检验理论假设。分析者运用方程式运算数据，并根据得到的值去得出结论。有人可能为了得出数据显著性的结论，故意将原本没有任何关系的随机数字进行人为强制分组并加以计算，对此人们没有预防措施。研究者用“数据来源不明”来形容这一情形。[12]不知数据是来源于可靠的测量方法和没有样本错误、精心设计的研究，还是来源于有离差的样本和不可靠的测量方法。

统计显著性检验产生的信息有一定局限性，它只是指明了总体中存在某种关系的概率。这种关系可能比研究者在样本中观察到的更弱或者更强。根据不同样本规模和 α 水平产生的统计显著性，可能太过轻微以至于不能产生理论影响或实践效力。社会学家推荐了四种替代统计显著性检验的方法。第一，零假设可以包括一个特定的差异度。回到先前的例子，假设在职培训项目与其他培训项目相比至少能多安置 10%的受训者，否则公共管理人员将不愿资助更多项目。要验证这一偏好，假设和零假设应确定为：

H_1：在职培训项目较其他培训项目至少多安置 10%的受训者。

H_0：在职培训项目较其他培训项目多安置的受训者不到 10%。

第二，研究者可以用置信区间来代替统计显著性。（关于标准差和置信区间计算的知识见第 5 章。）该做法的支持者认为置信区间通常包含更丰富的信息，提供了参数的估计规模、参数之间的差异以及差异的方向。[13]基于男性和女性策划师比较数据的表 12—5 就说明了这个特点。[14]

表 12—5　男性策划师和女性策划师的平均年龄和平均收入

年龄	均值	95%置信区间
男性（n=300）	32.43	31.49～33.37
女性（n=132）	30.11	28.8～31.42
收入		
男性（n=300）	17 095	16.379～17.811
女性（n=132）	14 885	14.087～15.683

表 12—5 表明，男性策划师的平均年龄比女性大，平均收入也比女性高。即便 386
考虑了抽样误差，这些差异仍然存在。与提供单一均值相比，置信区间考虑了抽样误差的影响，是更准确的估计，真实总体均值更有可能落在置信区间的范围内。

第三个策略是说明相关测量。第 13 章和第 14 章涉及如何量化这种自变量对因变量的影响。正是这些统计方法，而非统计显著性检验，测量了关系的强度。

第四个替代方法是重复研究。有位作者说过：“非重复研究得出的结论，无论统计显著性如何……无疑都是投机的……重复在确保结果免受似是而非的结论污染时，起着非常重要的作用。”[15]重复不必完全地复制前面的研究。调查者可以将结果代入不同的总体或者环境来验证研究结果是否适用于其他总体和环境设定。有着同一趋势的结果，不管是否达到了一个精确的 α 水平或叠加的置信区间，都能比单一的统计显著性检验提供更多的信息。

除了测量自变量对因变量的影响大小以外，其他三种替代方法都是受限制的。研究者可能缺乏充分知识和理解能力来详细解释预料之外的差异性。置信区间可以与区间内数据一起研究，但为比例数据设置置信区间的做法就显得笨拙了。重复研究要求研究者必须拥有能够进行重复试验的机会和相应资源。

统计显著性检验可以作为假设的临时检验。**临时**（provisional）一词避免了推断任意一个假设是决定性的。另一方面，调查者可以将统计显著性检验作为找出最弱关系及确定值的进一步验证关系的初步筛选工具。用统计显著性检验进行筛选时，研究者应记着一点，如果采用 0.05 的 α 水平和小样本的话，统计显著性检验的功效将很低，也许只能为最强的关系检验出显著性。

一位作者对支持和反对使用统计显著性检验的技术和理论方面的争论作了回顾。尽管他没有发现显著性检验的充分证据，但为其持续使用给了两点理由：第一，该检验使得研究者相信随机错误或意外已经被排除；第二，该检验生成“纯粹数字”，而“纯粹数字”将结果标准化，从而允许研究者方便地审视结果并确定哪些结果对进一步研究作用不大。[16]

统计显著性检验或其替代方法都不能说明一个被证实的假设有意义或有任何明显的重要性。有统计显著性的结果可能没有实际显著性，既没意义也不重要。一项具有实际显著性的结果既能引起人们的兴趣，又能引导后续调研、导致决策或者改变行为。**实际显著性**就是人们日常谈话中的**意义**一词。

387 多年以来，专业人员在统计分析领域日益训练有素，运用娴熟。研究者通常会在报告统计显著性的同时，也说明关联测量方法。读者有了充分的信息来判断他们是同意研究者的结论或者通过其他统计标准得到其他结论。研究者和读者都知道统计显著性不同于实际显著性。

本章小结

统计显著性检验使研究者能判断出一个随机样本中关联的变量与总体没有关系的可能性。统计显著性检验不能详细说明某一关系的强度和重要性，甚至不能说明这一趋势是否符合假设。统计显著性的结果也不能说明其他研究部分都能准确地进行。显著性检验仅仅是关于关系性质的统计性说明。

要进行统计显著性检验，研究者要：

1. 设定零假设和研究假设。
2. 选择 α 水平。
3. 选择并计算统计检验的结果。
4. 得出结论。

零假设假定自变量和因变量之间没有关系。在一些统计检验中，零假设可能设定关联的某种必然趋势或者关系不会超过某一特定值。

在检验中，研究者可能会犯两种错误。第一种是否定真的零假设，而接受不真的研究假设，即第Ⅰ类错误。第二种是肯定一个不真的零假设，从而未能接受真的研究假设，即第Ⅱ类错误。

在实践中，研究者可能更多地基于关联概率、样本规模、影响力度和决策实际效果，而不是根据一个预设的 α 水平做出判断。关联概率是指如果零假设为真，某一特定的卡方或 t 值产生的概率。为了测定微小的影响，调查者倾向于较高的 α 水平、较高的关联概率或者使用更大的样本。较大的样本或欲侦测的影响中等或较大时，调查者倾向于采用较低的 α 水平或较低的关联概率。

研究者根据数据的属性和假设选择合适的显著性检验的方法。卡方和 t 检验法是两种通常使用的方法。使用这两种方法需要得到的关键信息，就是要计算出在总体中零假设成立情况下，假设检验所使用的统计量真实发生的概率。如果该概率不超过设定的显著性水平，则应拒绝原假设。反之，如果该概率高于显著性水平，则不应拒绝原假设。

统计显著性检验提供了有限信息，同时易被误解。研究者往往被迫放弃单纯使 388
用无差异零假设的传统做法；相反，他们应该提供替代方法或者附加信息来支撑假设的价值。替代方法包括对零假设中一个特定差异的研究、置信区间，以及变量间关联概率强度的测定。重复研究是最好的假设检验方法。行政调查者偶尔会基于单一的显著性检验作出决策，例如判断受访者和非受访者是否相似，或者时间序列的变化是否比由长期趋势、周期、季节影响或偶然波动所导致的变化更大。

术语回顾

随机相关（randomly related）
t 检验法（t-test）
第Ⅰ类错误（Type Ⅰ error）
实际显著性（practical significance）
假设（hypothesis）
零假设（null hypothesis）
统计显著性（statistical significance）
关联概率（associated probability）
第Ⅱ类错误（Type Ⅱ error）
卡方（chi-square）

复习题

下列问题说明你是否基本理解了本章内容：

1. 什么是统计显著性？它与实际显著性有何区别？
2. 假设检验的步骤是什么？
3. 区别第Ⅰ类错误和第Ⅱ类错误。采用哪两种策略可以降低犯第Ⅰ类错误的概率？采用哪两种策略可以降低犯第Ⅱ类错误的概率？
4. 一般认为在社会科学中对统计显著性检验的评价过高。统计显著性检验有什么价值？又有什么局限性？
5. 评价使用 0.05 作为 α 水平的默认值来否定零假设的可靠性。
6. 讨论统计显著性检验作为支持某一假设证据的充分性。

课后作业与讨论

1. 一个家长组织指责说，与其他学生相比，少数族裔学生更易因违反校规而被退学。例如，少数族裔学生更易因打架而被退学。校长从 7～12 年级因严重违规而被传问的所有学生中随机抽取了 200 例作为样本进行调查。每个样本中，学生信息都按以下类别采集：学生的种族或民族、攻击性以及其所采取的行动。

（1）陈述一个校长可能做出检验的假设。

（2）犯第Ⅰ类错误的实际后果是什么？犯第Ⅱ类错误的实际后果是什么？

（3）校长应最少化第Ⅰ类错误还是第Ⅱ类错误？说明你的理由。

（4）关联概率在决定家长的指责是否合理方面将起到什么作用？

2. 表 12—6 中的数据出自一项关于流动厨房使用者的研究。（流动厨房为无家可归或非常贫困的人提供免费餐食。）

（1）陈述假设和零假设。

（2）如果设定 $\alpha=0.05$，那么你犯第Ⅰ类错误的概率是多少？你会否定零假设吗？

（3）如果设定 $\alpha=0.01$，那么你犯第Ⅰ类错误的概率是多少？你会否定零假设吗？

（4）了解流动厨房使用者的年龄是否与其每日进餐次数有关的价值何在？评定仅用卡方检验法提供的信息决定两个变量之间是否关联的充分性。

表 12—6　　流动厨房使用者每日进餐次数　　%

	流动厨房使用者的年龄		
每日进餐次数	不满 31 岁（$n=66$）	31～54 岁（$n=213$）	超过 54 岁（$n=144$）
1	37.9	29.1	27.1
2	47.0	49.3	40.3
3	15.2	21.6	32.6

注：$\chi^2=10.4$，$df=4$，$p<0.05$。

3. 表 12—7 中的数据出自一项关于孩子们对吸烟影响的认识的研究。冠以“概率”的一列给出了相关度。

（1）有多少种假设在被检验？

（2）解释卡方分析中提供了什么关于相关度的信息？

（3）陈述基于相关度的结果你可能肯定的假设。

（4）如果需要，你还需要哪些信息支持你的假设？说明理由。

表 12—7　　不同年级学生回答的正确率

	6 年级（265）	9 年级（125）	12 年级（120）	卡方
用烟斗吸烟者患肺癌率更高	10.2	5.6	10.8	0.593 0
吸烟使血管收缩	38.2	70.8	57.7	0.000 1
吸烟帮助循环	43.3	65.8	61.3	0.000 1
吸烟者较不吸烟者寿命更长	77.0	90.8	84.9	0.018 9

资料来源：T. T. L. Chen and A. E. Winder, “When is the Critical Moment to Provide Smoking Education in Schools,” *Journal of Drug Education* 16 (1986): 121-132。

4. 考虑表 12—8 中的数据。

（1）男性策划师和女性策划师有多大的不同？

（2）你建议用什么 α 水平来分析这个数据源？为什么？你不能否定哪个零假设？

（3）t 检验法提供了哪个卡方检验没有提供的信息？

表 12—8　　男性策划师和女性策划师在选定特征方面的比较

	男性 $\overline{X}$（s）	女性 $\overline{X}$（s）	t
年龄	32.43	30.11	2.9[b]
	(8.28)	(7.72)	
机构规模	4.70	5.29	−1.7[a]
	(2.88)	(2.99)	
职业流动率	0.51	0.60	−2.19[b]
	(0.37)	(0.39)	
策划师人数	7.98	7.88	0.53
	(1.67)	(1.79)	
专业工作年限	3.67	3.42	7.26[b]
	(5.31)	(2.57)	
收入	17 095	14 885	4.28[b]
	(6 329)	(4 676)	

a 显著性为 0.1。
b 显著性为 0.01。
资料来源：J. M. Mayo, Jr.,"Job Attainment in Planning: Women Versus Men," *Work and Occupation* (May 1985): 152。(Copyright © 1985 by Sage Publications, Inc. Reprinted with permission: Sage Publications, Inc.)

5. 一项随机抽样调查要求 407 名成年人参加；283 人同意参加了。研究者可以从表 12—9 的数据总结出参加者与未参加者相似吗？说明理由。

6. 用 $\alpha=0.05$ 解释表 12—10 的结果。

表 12—9　　参加者和未参加者的所选定的特征方面的比较　　%

	参加者	未参加者
种族		
白人	70 (186)	30 (81)
非洲裔美国人	88 (97)	12 (13)
$\chi^2=14.25$，$df=1$，$p<0.001$		
性别		
男性	85 (115)	15 (21)
女性	70 (168)	30 (73)
$\chi^2=10.36$，$df=1$，$p<0.005$		
教育		
12 年及以下	73 (101)	27 (37)
13～15 年	82 (80)	18 (17)
16 年或以上	72 (102)	28 (51)
$\chi^2=3.52$，$df=2$，$p<0.25$		
年龄		
18～39 岁	80 (177)	20 (43)

续前表

	参加者	未参加者
40岁以上	67（105）	22（51）
$\chi^2=8.36$，$df=1$，$p<0.005$		

资料来源：D. Linz et al.，"Estimating Community Standards，" *Public Opinion Quarterly* 55（Spring 1991）：93。

表 12—10　　电子制表程序的早期使用者与近期使用者的不同之处

	早期使用者				近期使用者	
	均值	s	均值	s	t 值	显著性水平
年龄	28.3	(7.3)	30.3	(10.1)	−1.91	0.059
教育年限	16.2	(1.7)	15.4	(1.8)	3.06	0.002
教授数	2.6	(3.5)	2.6	(4.9)	0.05	0.956
专业期刊阅读数	8.2	(4.5)	6.7	(5.3)	2.21	0.028
工作组规模	2.6	(1.2)	2.5	(1.1)	0.65	0.516

资料来源：J. C. Brancheau and J. C. Wetherbe，"The Adoption of Spreadsheet Software：Testing Innovation Diffusion Theory in the Context of End-User Computing" *Information Systems Research* 1（June 1990）：129。

光盘作业

1. 检验"公共治安支出由于县中等家庭收入水平而不同"的假设。

（1）说出研究假设和零假设。

（2）你会用卡方检验法或 t 检验法检验这个假设吗？说明理由。

（3）使用 ORB 研究方法数据，做出适合的统计计算过程。在该分析基础上，你会否定零假设吗？为什么？你在做出决定时用了什么证据？

2. 分析数据，看看县文化娱乐支出是否因学校注册人数而不同。要进行这一分析，将支出和学校注册人数归为三个类别：高、中、低。检验两个假设。

（1）用与表 12—7 的类似表格说明你的结果。

（2）说明你检验的假设。

（3）你的假设获得支持了吗？给出证明你的决定的证据。

3. ORB 研究方法数据中的某些县在过去的十年内改革了他们的福利系统。设计的一个假定是各组之间的差异点的随机安排控制。在这一条件下，假定各县被随机安排改革福利系统或者维持现状。使用 t 检验法（自变量样本）检验一个县的福利改革状态是否影响失业率。要记住，要进行 t 检验法检验，自变量必须是二分的。用类似于报告统计显著性检验结果的陈述方式说明结果。例子里的随机分配的假定合乎逻辑吗？为什么？

4. 计算登记选民总数中西班牙裔所占百分比。思考这个百分比的假定，政治活动的衡量尺度是与该州每个地区的特定特征相关的。把地区作为自变量，登记选民中的西班牙裔所占百分比作为因变量。

（1）陈述研究假设和零假设。

（2）关联概率是什么？该关联概率是否指明了地区和乐于政治活动的西班牙裔人口的关系？

推荐读物

本书的理论定位源于 Michael Oakes 在 *Statistical Inference：A Commentary for the Social and Behavioral Sciences*（New York：Wiley，1986）一书中的见解。该书对在假设检验方面有兴趣的读者是一种挑战和激励。

L. L. Harlow，S. A. Mulaik 主编的 *What if There Were No Significance Test?*（Mahwah，NJ：Erlbaum Associates，Publishers，1997）是当前对于数据显著性的思考的一本卓越著作，尤其要推荐 L. L. Harlow 的"Significance Testing Introduction and Overview"。

J. Cohen，"Things I Have Learned (So Far)，" *American Psychologist* 45 (December 1990)：1304-1312 是辨识关于统计显著性检验的解释和进行的错误理论的通俗易懂的作品。

Helena Kraemer and Sue Thieman，*How Many Subjects? Statistical Power Analysis in Research*（Newbury Park：Sage，1987）论述了样本规模和统计显著性检验的强度之间的关系。

注　释

[1] 关于社会科学中数据显著性检验的运用的论述，参见 J. Cohen，"Things I Have Learned (So Far)，" *American Psychologist* 45 (December 1990)，and M. Oakes，*Statistical Inference：A Commentary for Social and Behavioral Sciences*（New York：Wiley，1986）。

[2] 在认识论方面的关于是否需要零假设的原因的清晰阐述，可参见 A Kaplan，*The Conduct of Inquiry*（San Francisco：Chandler，1964）以及 R. E. Henkel，*Tests of Significance*（Beverly Hills：Sage，*Quantitative Applications in the Social Science*，07-004，1976），34-40。

[3] 关于概率或 p 值的性质、宗旨和数据相关性相联系的一个简短但内涵丰富的论述，参见 D. B. Wright，*Understanding Statistics：An Introduction for the Social Sciences*（London：Sage Publications，1997），42-43。

[4] Wright，*Understanding Statistics*，42-43；77-83.

[5] J. Cohen，"Things I Have Learned，" 1309.

[6] E. J. Posavac and R. G. Carey，*Program Evaluation：Method and Case Studies*，5th ed.（Englewood Cliffs，NJ：Prentice-Hall，1997），97.

[7] Henkel，*Tests*，48-49.

[8] T. H. *Poister*，*Public Program Analysis*（Baltimore：University Park Press，1978），213-214 用计算好的例子说明了一个样本的 t 检验法。

[9] 关于如何理解相关度的论述，参见 M. Oakes，*Statistical Inference*（New York：Wiley，1986），

15-19。

[10] 时间序列中的数据检验的关键在于构建模型，以及一个特定检验确定之后的决定的结果。参见 R. McCleary and R. A. Hay, Jr., *Applied Time Series Analysis for the Social Sciences* (Beverly Hills: Sage, 1980), 97-100。课后作业的习题5说明了如何进行比较回应者和非回应者的数据检验。

[11] 这一部分是以几本关于数据显著性检验的评论著作为基础的，包括由 L. L. Harlow, S. A. Mulaik, J. H. Steiger 主编的 *What if There Were No Significance Test*? (Mahwah, NJ: Erlbaum Associates, Publishers, 1997)，尤其是 L. L. Harlow 的 "Significance Testing Introduction and Overview"; M. N. Branch, "Statistical Inference in Behavior Analysis: Some Things Significance Testing Does and Does Not Do," *The Behavior Analyst* 22 (1999): 87-92; Hubbard and Ryan, "The Historical Growth of Statistical Significance Testing in Psychology—and Its Future Prospects," *Educational & Psychological Measurement* 60 (2000): 661-681。

[12] 这个说法引自 Oakes, *Statistical Inference*, 173 和 Cohen, "Things I Have Learned," 1310。令人奇怪的是引述的措辞略有不同，Oakes 引用的措辞是 "don't remember" 而 Cohen 引用的措辞是 "don't know"。原始出处见 F. M. Lord, "On the Statistical Treatment of Football Numbers," *American Psychologist* 2 (1953): 750-751。

[13] 这里并未概括对置信区间的使用结果。关于使用置信区间的内容参见 H. Rothstein and M. C. Tongs, "Beyond the significance test in administrative research and policy decisions," *Journal of Nursing Scholarship* 32 (2000): 66-70。关于对置信区间的批评内容参见 J. M. Cortina and W. P. Dunlap, "On the logic and purpose of significance testing," *Psychological Methods* 2 (1997): 161-172。

[14] 置信区间的标准差的计算，是用各自样本的平方根的标准差估计的。

[15] Hubbard and Ryan, "The Historical Growth of Statistical Significance Testing in Psychology."

[16] Henkel, *Tests*, 87. 在第78～87页，作者总结了关于数据显著性检验法的使用的文献，他把文献分为两类：技术论和科学哲学论。

附录 12.1 计算卡方和双样本 t 检验

本附录复习卡方和 t 检验的公式，以及如何使用它们各自的分布表。

卡 方

卡方的公式是：

$$\chi^2 = \sum (f_o - f_e)^2 / f_e$$

表12—11中的数据显示了观察频数（f_o）和期望频数（f_e）的值。f_e 的标志表示期望自变量和因变量是随机相关的频数。要得到每一格的结果，就要把行总计频数乘以列总计频数，再除以表格中代表 n 的总计。“职业教育”下面的三格导出 f_e 的计算是：

f_e（职业教育与在职）$=(64\times292)/586=31.9$

f_e（职业教育与在校）$=(64\times132)/586=14.4$

f_e（职业教育与失业）＝(64×162)/586＝17.7

下一步是将 f_o 的值减去每一格 f_e 的值，将所得结果平方，再除以 f_e。“职业教育”下面的三格的计算是：

第一列第一格 $(f_o-f_e)^2/f_e=(19-31.9)^2/31.9=5.22$

第一列第二格 $(f_o-f_e)^2/f_e=(19-14.4)^2/14.4=1.47$

第一列第三格 $(f_o-f_e)^2/f_e=(26-17.7)^2/17.7=3.89$

表 12—11　　观察频数和期望频数

参加培训项目的工作状态：观察频数（f_o）				
	项目			
	职业教育	在职培训	技能培训	总计
在职人员	19	109	164	292
在校人员	19	82	31	132
失业人员	26	82	54	162
总计	64.0	273.0	249.0	586

参加培训项目者的工作状态：假设计划与工作状态无关的期望频数（f_e）			
	项目		
	职业教育	在职培训	技能培训
在职人员	31.9	136.0	124.1
在校人员	14.4	61.5	56.1
失业人员	17.7	75.5	68.8

要得到卡方，所有的 $(f_o\quad f_e)^2$ 值都要加起来。本例中，$\chi^2=50.57$。

自由度（df）等于列数减 1，再乘以行数减 1（$(C-1)(R-1)$）。例中，自由度＝(3−1)(3−1)＝4。然后，调查者查阅诸如表 12—12 的卡方分布表。

表 12—12　　卡方分布状态

df	概率			
	0.100	0.050	0.010	0.001
1	2.706	3.841	6.635	10.827
2	4.605	5.991	9.210	13.815
3	6.251	7.815	11.345	16.266
4	7.779	9.488	13.277	18.467
5	9.236	11.070	15.086	20.515
6	10.645	12.592	16.812	22.457

资料来源：改编自 R. E. Walpole and R. H. Myer, “Critical Values of the Chi-Square Distribution,” *Probability and Statistics for Engineers and Scientists*, 3d ed. (New York: Macmillan, 1985), 577。

如果调查者选定了一个特定的 α 水平，如 α＝0.05，他就会注意到标为 0.05 的列和自由度为 4 的行的值是 9.488。α＝0.05 时，如果零假设的卡方值等于或者大于 9.488，他就会否定零假设。

相对地，他可以找到相关度 $\chi^2=50.57$。他找到自由度为 4 的行，查到近于但不大于 50.57 的值，即 18.467。他指明了 18.467 的列是 0.001，由此，0.001 就是 $\chi^2=50.57$ 和自由度为 4 的相关度。

如果他在报告中列出了表格，他应将 χ^2 的值、自由度、相关度放在表格下方。（例如表 12—6 和表 12—9。）如果研究者将两列合并或者对表格作了其他改变，他必须重新计算卡方。

双样本 *t* 检验法

要检验比较两个平均值的假设，研究者要从 *t* 的两个公式中选一个。如果研究者假定两组的变化程度是不等的，用以下公式计算 *t* 值：

$$t=\frac{X_1-\overline{X}_2}{\sqrt{\frac{s_1^2}{n_1-1}+\frac{s_2^2}{n_2-1}}}$$

如果假定两组的变化程度是相等的，用以下公式计算 *t* 值：

$$t=\frac{X_1-\overline{X}_2}{\sqrt{\frac{n_1 s_1^2+n_2 s_2^2}{n_1+n_2-2}}\cdot\sqrt{\frac{1}{n_1}+\frac{1}{n_2}}}$$

在这两个模式中他如何选择？由于合适的公式不要求不相等的人口变化程度，研究者可能偏向于选择不相等的变化度。① 如果他愿意，他可以检验两组变化度是不相等的假设。如果他未能否定零假设（H_0：变化程度是相等的），他可以用第二个公式计算 *t* 值；如果他否定了零假设，他就用第一个公式计算 *t* 值。

不管用哪个公式，自由度等于两个样本的观察结果的数量减 2。然后观察者查阅如表 12—13 的 *t* 值分布状态。如果假设是有倾向性的，使用显示单尾检验的概率的列；否则的话，使用显示双尾检验的概率的列。

让我们思考关于策划师收入的例子。我们假设女性策划师的工资低于男性策划师；因而，我们想做单尾 *t* 检验法。如果我们设定一个特定的 α 水平，例如 $\alpha=0.01$，我们注意到标为 0.01 的列和适合自由度的列。本例中，自由度是 533。所以我们看标记为∞（无穷大）的行，发现如果 *t* 值等于或者大于 2.326，我们就会否定零假设。

注意，*t* 值可能是负的。负号表明该组的平均值较大。阅读和解释 *t* 分布状态表时，不论 *t* 值为正为负，关联概率是一样的。

表 12—13　　*t* 值分布状态

df	单尾 *t* 检验的概率		双尾 *t* 检验的概率	
	0.05	0.01	0.05	0.01
1	6.314	31.821	12.706	63.657

① 对于这两个公式的论述，参见 H. M. Blalock, *Social Statistics* (New York: McGraw Hill, 1972), pp. 220-228。

续前表

df	单尾 *t* 检验的概率		双尾 *t* 检验的概率	
	0.05	0.01	0.05	0.01
2	2.920	6.965	4.303	9.925
3	2.353	4.541	3.182	5.841
4	2.132	3.747	2.776	4.604
5	2.015	3.365	2.571	4.032
6	1.943	3.145	2.447	3.707
7	1.895	2.998	2.365	3.499
8	1.860	2.896	2.306	3.355
9	1.833	2.821	2.262	3.250
10	1.812	2.764	2.228	3.169
11	1.796	2.718	2.201	2.106
12	1.782	2.681	2.179	3.055
13	1.771	2.650	2.160	3.012
14	1.761	2.624	2.145	2.977
15	1.753	2.602	2.131	2.947
16	1.746	2.583	2.120	2.921
17	1.740	2.567	2.110	2.898
18	1.734	2.552	2.101	2.878
19	1.729	2.539	2.093	2.861
20	1.725	2.528	2.086	2.845
21	1.721	2.518	2.080	2.831
22	1.717	2.508	2.074	2.819
23	1.714	2.500	2.069	2.807
24	1.711	2.492	2.064	2.797
25	1.708	2.485	2.060	2.787
26	1.706	2.479	2.056	2.779
27	1.703	2.473	2.052	2.771
28	1.701	2.467	2.048	2.763
29	1.699	2.462	2.045	2.756
30	1.697	2.457	2.042	2.750
60	1.671	2.390	2.000	2.660
∞	1.645	2.326	1.960	2.567

资料来源：改编自 R. A. Fisher and F. Yates, *Statistical Tables for Biological, Agriculture, and Medical Research*, 6th ed.（New York: Hafner, 1968），Table Ⅲ，46。

第 13 章

检验变量间关系：列联表及其关联测量、方差分析

396 **本章要点** 

1. 如何建立和解释包含两个或三个变量的列联表。

2. 如何选择并解释在定类或定序层次上对变量进行测量的常用关联测量。

3. 如何分析实验数据。

4. 如何确定统计显著性以及定类自变量与定距因变量关系的强度。

本章讨论数据分析的两种途径：使用关联测量的列联表和方差分析。分析者在实践中会用到其中的一种。开展调查并进行了截面设计的研究者，通常要依靠统计显著性、列联表分析和关联测量的检验。它们根据测量层次选择与数据相适宜的特定统计方法。关联测量源于列联表或第 14 章将讨论的回归分析，为证明某种关系的强度提供了依据。

方差分析常常应用于实验数据分析。其首要作用是提供一项统计显著性检验，即 F 检验。用其他的计算方法，还可以得出 η 关联测量。我们在本章中论述方差分析出于以下四个原因：第一，它与列联表分析形成对照。选择方差分析的研究者很少用列联表分析数据，反之亦然。第二，列联表分析和回归分析是进行
397 非实验研究的社会学家常用的方法。研究者可能熟悉一种方法，而对另一种仅仅知之皮毛。本章的论述对这两种方法并非一视同仁，而力图使你对它们各自的作用有更深的理解。[1]第三，方差

分析涉及确定变量之间关系的意义及其强度的特定方法。由此，单独分章论述这些分析的特征是不够的。第四，方差分析可以用来比较若干组的平均值，即用以分析定距因变量和定类自变量的关系。

如果你阅读本章之前尚未读过统计显著性检验的相关材料，那么你很可能只想集中关注列联表。但在你了解了统计显著性检验之后，会发现方差分析的讨论会更有价值。

13.1　构建和解释列联表

分析者常常试图探究两个或更多变量取值的联合发生与分布。例如，他可能想知道一个变量在不同层次或类别上取值时另一个变量的分布状况。要找到这个问题的答案，他可以把已获得的数据组织成一张列联表（contingency table)。**列联表**显示了对应于自变量每个取值的因变量的值的频数或相对频数。分析者可以用管理测量来归纳列联表中描述的变量间关系。**关联测量**（measure of association）是描述因变量与自变量关系的强度的统计术语。

列联表和关联测量可用于检验假设。第 12 章表明，肯定研究假设需要经验证据证明变量之间的关系必须是（1）非随机性的，（2）符合预期方向，（3）在给定样本下足够强。列联表显示变量间关系的大致走向并提供信息，从而使人们可以判断关联的强度。关联测量可用作变量间关系强度的标准化指标；一些关联测量还说明了关系的方向。统计显著性检验指出了变量间关系的偶发概率。

表 13—1 显示了拉奇（Large）县居民对于将该县的县政府与县内最大市的市政府合并的提议是如何反应的。分析者欲揭示市内居民与市外居民做出了怎样不同的回应。

表 13—1　　**居民对县市合并的支持度**

合并支持度	居民			
	市内		市外	
	N	%	*N*	%
同意	273	54	54	37
无所谓	134	27	34	23
反对	98	19	57	39
总计（%取整）	505	100	145	100

注：因取整，百分比合计可能不足 100%。

按照惯例，自变量的取值构成纵列，因变量的取值构成横行。如果变量是定序
的，其取值就是连续的。在这张表中，“无所谓”被放在中间位置。研究模型会引 398
导分析者确定取哪些值及如何取值。研究目的决定着取值的确定，但诸如取值的整
体分布和表格清晰度等其他因素，同样应予以考虑。在表 13—1 中，分析者研究了
“市外”和“市内”、“同意”和“反对”等取值。对政府合并建议的意见最初还包
括“强烈同意”和“强烈反对”。分析者辩称，他们把“强烈同意”归入“同意”，

把“强烈反对”归入“反对”的原因是他们的任务是考察居民中支持和反对的比例，而不需要更详细的信息。如果没有什么人“强烈反对”的话，分析者就可以据此划定四个类别：“强烈同意”、“同意”、“无所谓”和“反对”。就报告的目的来看，这样做可以在不增加表格凌乱程度的前提下提供充足的信息。

百分比按照“自变量的方向”来计算，也就是说，如果自变量如表 13—1 所示表示在列，那么列的百分比合计为 100%；如果自变量表示在行，那么行的百分比合计为 100%。有时，报告会关注每一类回应者的百分比。例如，54%的市内居民同意合并。在这项研究中，当地政府官员最感兴趣的是市内与市外居民之间的差异。每组都是赋值 100%的整体，“同意”、“无所谓”和“反对”在各组中的相对频数都计算在内。

解释列联表时，分析者关注百分比和自变量取值对应的百分比的差异。在表 13—1 中，市内居民人数比市外居民多得多，这样一来，直接比较任一特定回应的频数并不合适。我们使用百分比纠正这一点。**百分数差**（percentage difference），即横行相减所得的差，指明了两个变量之间关系的强度。分析者首先读取横行并注意到百分比如何变化。百分比差额的范围在 0（表示无差别）～100（表示最大差别）之间。当只有两列自变量时，分析显得最清楚。

在比较表 13—1 中的两组时，我们发现有 54%的市内居民同意合并，但只有
399 37%的市外居民同意，百分数差为 17%。分别有 19%的市内和 39%的市外居民反对合并，百分数差为 20%。由此可以得出结论，市内居民与市外居民在合并的意见的分布上，存在差异。

两个变量取值的联合分布就是**双变量分布**（bivariate distribution）。表 13—1 显示了居住状况与同意合并之间的双变量分布。在例 13.1 中，表 13—2 显示了对
400 城市服务的评价和同意合并之间的双变量分布。该表显示，给予城市服务较高评价的人倾向于同意合并。例 13.1 中的论述清楚说明了表格是如何构建并解释的。

例 13.1

组织并解释列联表

情形：对县、市居民进行了他们关于当地政府服务的评价和是否支持县市合并的调查。研究者暗含的假设是支持县市合并与受访者对本地服务的评价直接相关。

分析：将数据组织成列联表，即表 13—2。自变量取值构成纵列，因变量取值构成横行。可以将最高或最低的取值列入第一行或第一列。为使表格不显得凌乱，在表格内只列出百分比。

表 13—2　对本地政府的评价与合并支持度之间的关系

合并支持度	对本地服务的评价			
	优秀或良好（%）	一般（%）	差（%）	总计（*N*）
同意	55	47	36	331
无所谓	24	25	34	161

续前表

合并支持度	对本地服务的评价			
	优秀或良好（%）	一般（%）	差（%）	总计（N）
反对	21	28	31	155
总计	387	224	36	647

注：因取整，百分比合计可能不是 100%。

要确定关系的方向，分析者要观察横行："同意"一行从左到右的百分比依次减小，"反对"一行从左到右的百分比依次增大。这些数据与假设相吻合。受访者给予本地服务的评价越高，就越倾向于同意合并；受访者对本地服务的评价越低，就越不可能同意合并。观察表格的另一个方式是看"重心"是如何根据自变量的取值而变化的。"优秀或良好"一列数据的重心最高，"差"一列数据的重心最低。如果中间位置的值有最高或最低的重心，该策略有助于快速判断存在非线性关系。

统计显著性检验确定了列联表中的分布的发生概率。尽管基于百分比分布而对变量间关系是否足以支持假设仅仅是一种大概的判断，百分比分布还是为假设提供了进一步支持。

本书前面提到过控制变量，即在分析中引入第三个变量，观察它是否会影响其他两个变量间的关系。例如，我们可能想要了解对城市居民和非城市居民来说，服务评价和合并支持度的关系是否一样。我们可以把原来的居民分成两个小组——城市居民和非城市居民，并给这两个小组各建一张表格。之后，我们可以就每个小组来分析变量之间的关系。这样做的话，我们就控制了居住地这个变量。表 13—3 显示了三个变量，即合并支持度、对当地服务的评价和居住地之间的关系。仔细观察表中的百分比可以了解到，对服务评价为"良好"的本市居民（65%）更倾向于同意合并，而对服务评价为"良好"的外市居民（1%）反对合并。表中所列的变量数量可以扩至三个、四个甚至更多。尽管我们偶尔也会看到含有四个变量的列联表，但其实显示三个或三个以上关系的列联表其实基本没有。

表 13—3　　对当地服务的评价、居住地和合并支持度之间的关系　　%

合并支持度	居住地					
	城市居民对服务的评价			非城市居民对服务的评价		
	好	一般	差	好	一般	差
同意	65	46	30	1	49	35
无所谓	20	25	35	45	25	34
反对	15	29	35	54	25	31
总计（N）	329	161	15	59	63	21

列联表也进行大小和维度的描述。列联表的大小以表中行和列的数量来表示。
行数等于自变量取值的数量，列数等于因变量取值的数量。列联表的维度由形成联 401
合分布的变量的数量决定。显示两个变量的联合分布就是二维表，显示三个变量的就是三维表，依次类推。

13.2 选择和利用关联测量

列联表中的百分比分布揭示了两个变量之间关系的强度。然而，是什么构成“强”或“弱”的关系部分取决于观察者。关联测量属于描述性统计，揭示了两个变量之间关系的强度，提供一种将“关系”纳入表格的规范标准。统计学家研究出关联测量的方法来归纳定类、定序和定距变量之间的关系。定类测量和定序测量在观察控制变量的影响时最有效。调查者可以使用关联测量来比较不同的表格以探明不同自变量所具有的作用强度。

完全相关和零相关

每项关联测量都有一个**完全相关**（perfect relationship）的标准。在完全相关中，自变量的变化总是引起因变量的变化。分析者可以选择观察直接相关关系，因变量的值随自变量取值增大而增大；也可以选择观察一种相反的情况，因变量的值随自变量取值增大而减小。通常，关联测量将完全相关规定为绝对值 1.00。

同样，每项关联测量都有一个**零相关**（null relationship）的标准。如果自变量取值变化引起因变量的值的增大、减小或者不发生变化的可能性相同，就是零相关。通常，关联测量将零相关规定为绝对值 0.00。

定类关联测量的取值在 0.00～1.00 之间变动。定序关联测量的取值在 0.00～±1.00 之间变动。关联测量得到的结果越接近 0.00，相关性就越低；关联测量得到的结果越接近 1.00，相关度就越强。正负号表示的是相关度的方向，而非关系的强弱程度。+1.00 表示完全正相关，−1.00 表示完全负相关。

表 13—4 和表 13—5 展示了两个完全相关的模型。表 13—4 展示的是完全正相关，表 13—5 展示的是完全负相关。如果对这两张表进行定类关联测量，相关性都将为 1.00；如果对这两张表进行定序关联测量，表 13—4 的相关性将为 1.00，表 13—5 的相关性将为−1.00。

表 13—4　职业培训项目的时间长度与就业安置成功性之间的关系

安置率（%）	职业培训项目的时间长度		
	1 个月以内	2～3 个月	3 个月以上
低（<50）	100%		
中（50～75）		100%	
高（>75）			100%

表 13—5　职业培训项目的时间长度与就业安置成功性之间的关系

安置率（%）	职业培训项目的时间长度		
	1 个月以内	2～3 个月	3 个月以上
低（<50）			100%
中（50～75）		100%	
高（>75）	100%		

表 13—6 展示了一个不相关的模型。对该表进行关联测量，将得到 0.00。 402

表 13—6　　职业培训项目的时间长度与就业安置成功性之间的关系

安置率（%）	职业培训项目的时间长度		
	1 个月以内	2～3 个月	3 个月以上
低（<50）	20%	20%	20%
中（50～75）	40%	40%	40%
高（>75）	40%	40%	40%

即便不是所有，至少绝大多数读者都赞同表 13—4 和表 13—5 代表完全相关，表 13—6 代表不相关。各张表的关联测量结果可分别预期为 1.00、－1.00 和 0.00。表 13—7 呢？该表说明了为什么需要理解完全相关和零相关的统计模型。它看上去像零相关吗？某些关联测试会认为它是零相关，得到结果为 0.00。相对地，读者可能争辩说它显示的是正相关，因为随着职业培训项目的时间长度增加，安置率也有所提高。

表 13—7　　职业培训项目的时间长度与就业安置成功性之间的关系

安置率（%）	职业培训项目的时间长度		
	1 个月以内	2～3 个月	3 个月以上
低（<50）	40%	30%	20%
中（50～75）	40%	40%	40%
高（>75）	20%	30%	40%

选择一种关联测量方法

选择关联测量方法的第一个标准是统计方法与测量层次的一致性。如果变量是 403
在定类层次上的，分析者就必须使用定类关联测量方法。如果变量是在定序层次上的，分析者就使用定类或者定序测量方法。如果测量的是一个定类变量与另一个定序变量之间的关系，分析者可以使用定类测量方法，或者选取用来检验定类变量和定序变量之间关系的关联测量法，而用定序测量方法就不合适了。

对二分定类变量（即含有两个类别的变量）可以用定序关联测量加以分析。这两个类别可以比作闭联集的端点。例如，男性和女性可以归类为男性和非男性（或者女性和非女性）。其中，一类变量指定为“1”，另一类变量指定为“0”。

选择关联测量方法的第二个标准是设定完全相关和零相关的标准。分析者应选择与其理论目的相一致的测量方法。他应选择一种把他认为完全相关作为“1”、随机或零相关作为“0”的测量方法。

选择关联测量方法的第三个标准是**关联测量的灵敏度**（sensitive measure of association）。灵敏的关联测量是指可以发现关系的强度之间微小差别的测量方法。在介绍关联测量时，我们曾提及其有助于调查者快速区分较强关系与较弱关系。不灵敏的关联测量用相同或几乎相同的数值表示变量间关系，会导致调查者对关系强度产生不同的判断。而灵敏的关联测量则会给微小甚至是细微的变量间关系强度赋予不同的数值。

第四个标准是对测量方法的熟悉程度。分析者要熟悉一种分析方法，了解其有多少灵敏度，以便于确定他是否赞同该方法给完全相关和零相关所设的标准。进而言之，熟悉测量方法有助于分析者判断特定关系的强度。

“什么是强的关系”这一问题的答案要视测量方法和研究问题而定。首先，由于对完全相关和零相关设定不同的标准，某些关联测量得到的取值可能比其他测量要低得多。其次，影响某些因变量的因素是众所周知的。如果研究者分析一个已经充分研究过的因变量，即使测量方法合适，也没有太大价值，因其较强关系已获得
404 甄别和说明。如果某些因变量未经充分研究或解释，那么即使是相对较弱的关系也可以揭示出该问题值得深究。

要将一个关系同另一个关系做比较，我们只能用同一种关联测量方法。如果两种关联测量各有其不同的完全相关和零相关的标准，我们就不能直接比较这两种不同测量方法所得的结果。测量方法和关联强度共同影响着数值。因而，我们不能假定克莱姆 V 测得结果为的 0.10 的关系就弱于 γ 测得结果为 0.45 的关系。如果不同测量方法都揭示了两个变量之间存在一种较强或较弱的关系，那么我们对自己的结论就该更有信心。

使用单一的关联测量进行比较应该谨慎。某些定序关联测量会低估或者遗漏非线性关系，这样一来，确定了强的正相关或负相关的测量方法可能忽略了某种强烈的非线性关系。应避免不同规模表格之间的勉强比较，因为表格的行列数量会影响关联测量的值。

关联测量的逻辑

我们倾向于通过展示一项定类关联测量，而非某种“定类—定序”的关联测量的调查，以使你更好地了解关联测量的作用。我们也概括了定序关联测量的主要特征，以此说明定序测量是如何将定序变量中包含的额外信息联系起来的，并提醒你注意定序关联测量中常常会碰到的一些问题。有了这些知识以后，你可以参考一本统计学教材，并选择一种适合你需要的测量方法。另外，本章提及的定类和定序关联测量的计算可以在本章附录中找到。

让我们用一种简单的定类测量方法——λ 测量——来说明关联测量。λ 测量属于**消减误差比例**（proportional reduction in error，PRE）测量法，以众数为基础。所有的 PRE 测量法都显示了因了解自变量的分布而消减了多少因变量分布预测的误差。如果对自变量一无所知，那么对因变量分布范围的预测会存在多大误差？λ 测量法把这一误差称为**原误差**（original error）。对 λ 测量法而言，原误差等于非众数回应的数量。

观察表 13—8 生成的关于某市人力资源部门评级的分析。如果你要去见所有的 95 名受访者，但只知道给出各级评价的受访者的数量。你知道受访者中有 38 人把人力资源部门评为“差”，32 人评为“差强人意”，25 人评为“好”。你要猜测每个

人是如何评价人力资源部门的。要符合 λ 测量的假定，你就要猜测每个人都把该部
门评为“差”。换言之，你要猜测每个人的最常见回答，即众数。按这一猜测规则，
你会错 57 次。57 就是原误差——非众数回应的总计。如果你猜测每个人给予的评 405
级是“差强人意”或“好”，你会错不止 57 次。

表 13—8　　受访者所在部门对人力资源部门表现的评级

	警察	消防	市政工程	规划	合计
差	10	15	5	8	38
差强人意	5	10	15	2	32
好	15	5	5	0	25
合计	30	30	25	10	95

增加自变量的数据会消减原误差吗？λ 测量法把自变量的每一个取值的误差作为新误差。对 λ 测量法而言，新误差等于自变量每一个取值的非众数回应。让我们回到例子中来。注意表中给出的自变量的分布，即每个部门受访者所给出的评级。你使用额外的信息并询问每位受访者其所在的部门。然后，你猜想受访者所给出的评级与他所在部门给出的评级的众数是相同的。你就此猜测警察部门员工把人力资源部门评为“好”，消防和规划部门员工评为“差”，市政工程部门员工评为“差强人意”。在这个例子里，你就错误地估计了 15 名警察部门员工、15 名消防部门员工、10 名市政工程部门员工和 2 名规划部门员工的回答。了解了受访者所在部门，你错了 42 次。这 42 次基于自变量分布的误差，构成了新误差。

计算 λ 测量的结果时，要把原误差减去新误差，再将所得结果除以原误差。在我们的例子中的是：

λ =(原误差—新误差)/原误差
　=(57—42)/57
　=0.263

所得的 0.263 表明，通过了解受访者所在的部门，我们已经将对评价的猜测的误差减少了 26.3 个百分点。这表明了解所从属的部门可以改进我们的猜测。因此，部门和评级之间似乎存在某种关系。

λ 测量是一种不敏感的测量方法。也就是说，它不反映关系强度的微小变化或
差异。你可以从它对零相关的标准上推出这一点。λ 将因变量和自变量间具有一定
关系的情况的λ 值都设定为 0.00。由此，即使λ 等于 0.00，分析者或受众也可能看
出变量之间存在某种关系。让我们通过对人力资源部门看法上的微小的不同排列来
演示这一点。在表 13—9 中，你看出某些部门对人力资源部门看法的倾向了吗？ 406

表 13—9　　受访者所在部门对人力资源部门表现的评级

	警察	消防	市政工程	规划	合计
差	12	15	9	8	44
差强人意	6	10	8	2	26

续前表

	警察	消防	市政工程	规划	合计
好	12	5	8	0	25
合计	30	30	25	10	95

规划部门的大多数受访者将人力资源部门评为“差”。恰好一半的消防部门员工和不到一半的警察部门、规划部门的员工给出了同样的评级；实际上，有40%的警察部门员工将人力资源部门评为“好”。这些数据的$\lambda=0.00$。这并不是说你的观点是错的，而是表明如果自变量各个取值的众数和因变量在同一类别时，λ忽视了这些关系。

定序关联测量的显著特征

定序关联测量归纳了定序自变量和因变量的关系。该测量法考虑到了定序测量提供的额外信息。如果分析者假定存在正相关关系，那么因变量取值会随着自变量取值的增大而增大；如果分析者假定存在负相关关系，那么因变量取值会随着自变量取值的增大而减小。

定序关联测量因其所设定的不同的完全相关而各有不同。γ法是一种定序关联测量，其判别完全相关的标准相对宽松。由此，它可能高估两个变量间关系的强度。如果分析者想辨别出变量间潜在的有意义的关系，他可能偏向于用γ法，因其相较于其他定序测量法来说，筛选出的结果较少。

定序测量不能有效估计非线性关系的强度，所以如果分析者假设或怀疑所存在的是非线性关系，研究者还是选择定类关联测量为好。定类测量不以假定的顺序来衡量每一类变量，不管类别怎么排列，都用同样的数值表示。定序测量假定一种单调递增或单调递减的模式，也就是说，两个变量一起，要么有规则地增加，要么有规则地减少。

表13—10是关于工作年限与对人力资源部门评价的关系。注意这一非线性模
407 式。工作年限最短的员工最可能将人力资源部门评为“差”。工作2～5年者最可能把该部门评为“好”。工作5年以上者最可能把该部门评为“差强人意”。这些数据显示的关系既非明显的正相关也非明显的负相关。γ值显示了弱的正相关关系，低估了关系的强度，其原因在于忽略了非线性模式。即使关联测量只揭示了一种弱的关系，一名优秀的分析者仍会审查表格，分析出假设的或预期的各种关系。

表13—10　　全职工作年限与对人力资源部门评级的关系

	不到2年	2～5年	5年以上
差	20	0	5
差强人意	10	10	20
好	5	20	5

注：$\gamma=0.29$。

关联测量按其特性可以分为对称测量或非对称测量。无论将谁作为自变量，**对**

称测量（symmetric measure）所得的值都是相同的。**非对称测量**（asymmetric measure）所得的值是不同的，要视哪个变量被作为自变量而定。λ 测量属于非对称测量。γ 测量是一种对称关联测量。本章几个例子中出现的克莱姆 V 也是一种对称测量。

常用的定类和定序关联测量

定类关联测量可以归类于基于卡方的测量和消减误差比例的测量。卡方，第 12 章中论述的一种推理统计方法，是包括克莱姆 V 在内的几种定类的对称统计的基础。如前所述的，λ 是一种 PRE 测量。

PRE 测量为给定关系测得的值往往比基于卡方的测量法所得的要低。我们可以选择基于卡方的测量法来筛选一组列联表以作进一步研究之用。基于卡方的测量通常导致需要审查更多的表格，因而调查者也就不易于漏掉有意义的关系。

PRE 测量不太可能高估关系的强度。事实上，PRE 测量可能会低估关系的强度。要概括大量的自变量的影响，调查者可能选择 PRE 测量。这样，调查者就降低了将琐碎的或不存在的关系假定为重要关系的风险。

定序测量也称等级测量。三种用到列联表的常见定序测量方法是：γ、τ 和 Somers'd。[2] γ 和 τ 属于对称测量，而 Somers'd 是非对称的。如果列联表中的变量 408
是定序变量，调查者通常会用定序关联测量而非定类测量，因为定序测量更充分地利用了表格中的信息，更易于发现变量间关系。定类测量忽略了定序尺度中固有的等级。然而，当表格由一个定类变量和另一个定序变量构成时，分析者通常就必须依靠定类测量了。

表 13—11 概括了在定类和定序层次上测量数据时常用的关联测量的主要特征。在观察这张表时，要记住，关联测量要为列联表增加信息。如果自变量和因变量都是定序变量，就应用 γ、τ 和 Somer's d 减小检测；但如果是非线性关系，这些方法就会低估关系的强度。回忆一下，什么构成“强烈的”或“中等的”的关系部分依赖于研究主题。如果调查者发现几乎没有自变量和因变量是相关的，那么弱的关系也值得引起注意。当定序关联测量赋予负相关关系负值时，负号表明的只是关系的方向，而非关系的强度。

表 13—11　　　定类和定序层次上测量数据时常用的关联测量

测量法	数据种类	特征和评价
Lambda（λ）	定类	非对称、PRE 测量、即使变量在统计上相关，也可能报出 0.00
Cramer's V	定类	对称、基于卡方、取值在 0.20～0.40 之间说明关系强度为中等、很少出现超过 0.80 的值*
Gamma（γ）	定序	对称、为似乎未达完全相关的关系赋值±1.00、取值在 0.30～0.40 之间说明关系强度为中等**
Tau（τ）	定序	对称、用于正方形表格、用于矩形表格（对非正方形表格而言，不可能为±1.00）、取值在 0.30～0.70 之间说明关系强度为中等***

续前表

测量法	数据种类	特征和评价
Somers'd	定序	非对称、取值落在 γ 和之间****

* 值的解释来自 T. H. Poister, *Public Program Analysis: Applied Research Methods* (Baltimore: University Park Press, 1978), 443。

** 值的解释来自 Poister, *Public Program Analysis*, 456, 引自 J. A. Davis, *Elementary Survey Analysis* (Englewood Cliffs, NJ: Prentice-Hall, 1971), 49。

*** 值的解释来自 B. D. Bowen and H. F. Weisberg, *An Introduction to Data Analysis* (San Francisco: W. H. Freeman, 1977), 76。

**** Poister, *Public Program Analysis*, 457.

13.3 用控制变量进行关联测量

依靠模型，调查者可以增加一个控制变量来消除竞争性假设，或者进一步探索
409 原关系。将控制变量纳入列联表相对简单。数据组被分成若干子集，案例再以其控制变量的值为基础分配到子集中去。例如，对于**性别**（gender）这一变量，子集就是男性和女性。所有的男性分到一个子集中，所有的女性分到另一个子集中。

研究所创建和研究的子集数量受制于模型。对某些变量，如性别，子集的内容是清晰明确的。但对于其他变量而言，分析者要确定哪些类别与研究计划相符。要避免过多子集造成每个子集所含案例过少，导致无法对其进行有意义的研究。分析者可以按其关注取值或者合并相近的值来限制子集的数量。所选的控制变量和这些变量的分配方式取决于模型的目标。例如，如果教育程度是控制变量，且其取值至少包括了受教育不足 12 年、高中毕业、学士学位和研究生学位等，那么分析者不必研究每个类别。他可以使用所有现有的值，合并一些值或者检验选定的取值。下面列出了三种将教育程度作为控制变量的可能方式：

选择 1：(1) 不足 12 年；(2) 高中毕业；(3) 大专学位；(4) 学士或研究生学位。

选择 2：(1) 不足 12 年；(2) 高中毕业；(3) 大专以上学位。

选择 3：(1) 不足 12 年；(2) 高中毕业（含拥有大专以上学位者）。

如果在分析中加入控制变量后，两个变量之间的关系消失了，这种关系就被认定为伪关系。**伪关系**（spurious relationship）是错误地假定了自变量变化会引起因变量变化的情形。

例 13.2 给出了一个关于伪关系的生动又常见的范例。表 13—12 证实了关于鹳鸟送子的民间传说。有大量鹳鸟的县出生率高；相对地，几乎没有鹳鸟的县出生率低。毫无疑问，本书读者中没人会相信这一假设是真的。一种替代性假设解释了观测到这种关系的原因是人口密度与自变量和因变量都有关。显然，农村地区可能出生率高，鹳鸟数量也多；城镇地区可能出生率低，而几乎没有鹳鸟。表

13—13 引入了县人口密度这一控制变量，显示了不管有多少鹳鸟，绝大多数农村的县都有高的出生率，大多数城镇的县（显然没什么鹳鸟）出生率较低。你也许熟悉类似例子，比如暴力犯罪与冰激凌销量有关（解释这一关系的关联变量是室外温度）。

例 13.2

伪关系范例

表 13—12　　某县出生率与该县可见鹳鸟数量的关系

鹳鸟数		
出生率	高（$n=100$）	低（$n=100$）
高	82%	18%
低	18%	82%

注：$\lambda=0.36$；克莱姆 V=0.64；$\gamma=0.91$；$\chi^2=82$；$df=1$，$p<0.001$。
控制变量：县人口。

表 13—13　　某县出生率与该县可见鹳鸟数量，以及其人口密度之间的关系

农村的鹳鸟数量			城镇的鹳鸟数量		
出生率	高	低	出生率	高	低
高	90%	90%	高	10%	10%
低	10%	10%	低	90%	90%

注：涉及农村县和城镇县的统计系数，$\lambda=0.00$；克莱姆 V=0.00；$\gamma=0.00$；$\chi^2=0$；$df=1$，$p>0.9$。

资料来源：J. B. Williamson，D. A. Karp，and J. R. Dalphin，*The Research Craft*（Boston：Little，Brown，1977），417-418。

行政人员通常想了解如果考虑了其他变量，一种关系会如何变化。这就是所谓**明晰**（specifying）或**详析**（elaborating）关系。他们想知道三个变量是如何相互影响的。换言之，他们想了解在不同条件下原关系是否会发生变化。这些条件 410
就用控制变量的不同取值表示。

分析者详析一种关系后一般会去寻找四种关系。第一，在控制变量的每个类别中，原关系几乎不变，持续存在。第二，在控制变量的一些但非所有类别中，原关系变强或变弱。第三，在控制变量的一些或所有类别中，原关系消失。第四，在控制变量的一些或所有类别中，原关系改变方向。

如果调查者发现在控制变量的所有类别中关系都消失，这种关系就被认为是伪关系。控制变量偶尔会揭示出在原先只对自变量和因变量分析时未能察觉的两个变量之间的关系。[3]

关联测量减少了确定控制变量的影响所需的工作量。通过观察关联测量，分析 411
者可以快速发现控制变量是如何影响原关系的。分析者就控制变量的各个取值进行自变量和因变量间的关联测量时，其目的在于观察它们如何在不同的取值中发生变化的。为了阐明控制变量的这一作用，我们分析了市政部门员工的数据，以此确定与员工职位的类型有关的特征。职位类型这一因变量被赋予了三个取值：行政官员、主管、非管理人员。可能包含职位类型的四个自变量的取值为员工所在部门、为该市工作的年限、曾经的职位部门（私人机构或公共部门）以及教育程度。分析者引入性别这一控制变量的目的在于发现任一自变量和职位类型这一因变量之间的关系。

表 13—14 说明了统计结果。“在所有员工中”一列显示了各自变量和员工职位类型（是行政官员、主管还是非管理人员）之间的关系。审视我们使用的克莱姆 V 的表格，即一种取值范围在 0.00～0.10 之间的定类层次的变量。克莱姆 V 是将样本规模纳入考虑的以卡方为基础的测量方法。它比 PRE 测量法更敏感。因而，它不太可能得到结果为 0.00 的值，更可能捕捉到关系的变化。克莱姆 V 统计分析表明，员工的职位类型与其所在部门和为该市工作的年限关系最密切。如果查看（此处未列出的）单独表格，我们就会发现财政部门和规划部门的员工最可能成为行政官员。警察部门和消防部门的员工最可能成为主管。拥有硕士学位的员工比没有硕士学位的员工更可能成为行政官员或主管。员工曾在私人机构还是公共部门任职，与其是否居于管理职位几乎没有什么关系。

表 13—14　　引入性别这一控制变量后的职位类型和所选定的员工特征之间的关系

	关联测量（克莱姆 V 的值）		
	在所有员工中	在男性中	在女性中
所在部门	0.26	0.30	0.36
为该市工作的年限	0.30	0.30	0.22
之前的工作部门	0.09	0.10	0.10
教育程度	0.17	0.19	0.08

“在男性中”和“在女性中”两列说明了因变量（职位类型）和三个自变量之间的关系。“在男性中”一列显示了关于因变量与仅分析男性数据的每个自变
412 量关系的克莱姆 V 的值。类似地，“在女性中”一列显示了仅分析女性数据的值。

分析者可以通过评析关联测量，迅速确定控制变量的影响。由于克莱姆 V 属于一种关于定类数据的统计方法，我们要检查每个自变量对因变量的关系，从而理解关系的确切性质。没有看过这些表格，我们就只能猜测哪个部门有相对较多的行政官员或主管的职位，以及哪个部门更可能在管理岗位上雇用女性。只有财政和规划部门有女性行政官员。公共安全部门和市政工程部门的女性更可能成为主管。为该市工作的年限对女性似乎不如对男性有帮助。男性员工为该市工作的年限越长，就越有可能居于管理职位。

通过定序测量，分析者只需通过评析关联测量就可以更清晰地看出表格的内涵。让我们更详细地考察为该市工作的年限与管理职位之间的关系。表 13—15 显示了这一关系在男性和女性员工中的不同情况。

表 13—15　　管理职位与为该市工作的时间长度及性别之间的关系

	男性：为该市工作的年限				
	小于 1（72）	1～2（153）	3～6（208）	7～10（243）	大于 10（830）
非管理人员	81.9%	79.7%	79.8%	68.5%	35.5%
主管	12.5%	16.3%	13.5%	27.2%	57.0%
行政官员	5.6%	3.9%	6.5%	4.5%	7.5%

	女性：为该市工作的年限				
	小于 1（19）	1～2（45）	3～6（41）	7～10（51）	大于 10（72）
非管理人员	100.0%	91.1%	87.8%	84.3%	76.4%
主管	0.0%	6.7%	12.2%	5.9%	22.2%
行政官员	0.0%	2.2%	0.07%	9.8%	1.4%

注：$\gamma=0.39$。因取整，百分比合计可能不足 100%。

表格显示，无论对男性还是女性而言，为该市工作的年限越长，越可能居于管理岗位。然而，表格和关联测量都暗示，同女性相比，男性为该市工作的时间长，更可能获得晋升。表格和关联测量可以说是显示了性别和受雇于该市时间长度的互动关系。为该市工作十年以上的男性，成为行政官员或主管的可能性增加。

回顾一下本书前面章节所提及的显性研究模型的重要性。同时，我们鼓励大家将模型视为暂时性的。模型的暂时性在分析者一张张地研究双变量关系的表格时非常明显。然后，他就探索到了**控制变量的影响**（effect of control variable）。对许多分析者而言，研究过程带有强制性。每一张表格都会引起更多的问题和可能性。分析者可能想知道到哪里为止。研究的目的应揭示出哪些控制变量值得研究，同时阐明某项研究所需保证的详细程度。 413

13.4　统计显著性检验和关联测量

关联测量概括了两个变量间关系的强度，也就是说，关联测量指明了影响力的程度。它可以作为一个标准，把影响力标注为弱、中等或强。揭示了一种弱关系的关联测量会使研究者对统计显著性的看法大打折扣。确实，某一关系可能是非随机的，但这一关系也许是因为过于微弱而未能引起注意。大家应该还记得，何为强或弱影响取决于测量方法、该方法为完全相关和不相关设定的标准，以及对研究问题的现有认知程度。一项统计方法的强度与变量间影响力的大小有关。强度取决于已测得的影响力的大小，以及被研究的数据组中的案例数量。在其他情况相同时，影响力和样本规模越大，检验强度就越大。当一项低强度的检验未能显示一种具有统计显著性的关系时，我们大可不必得出没有影响的结论。[4]

统计显著性检验属于推论统计。它指明了所观察关系的偶发概率。研究者运用推论统计从样本推断总体。正确运用统计显著性检验必须有一个随机样本。关联测量属于描述统计。研究者运用描述统计归纳数据，无论这些数据代表的是否为随机样本。将统计显著性检验和关联测量联合起来运用时，会生成证明所假设的关系成立或不成立的证据。

研究者对整个研究过程和列联表所包含的细节了解得越多，在解释该研究的报告时就越有信心。统计显著性检验和关联测量可能使研究者确定结论或者引导他更仔细地察看某些证据。这些统计方法可以阐明研究结果，加强他们对推论的判断，帮助概括及有效地与读者沟通。

13.5 均值比较和方差分析

在许多情形下，列联表并不适用。列联表忽略了实验设计的统计优势，达不到比较两组或更多组数据的清晰性，在均值和方差可被计算时，列联表无法利用可获
414 得的信息。例如，假设教育系统的行政官员想比较在本社区外学校就读的学生以及在本社区内就读的学生的迟到天数。分析者可以建立若干种关于迟到天数的类别，比如 0 天、1～5 天、6～10 天等，再建一个列联表。分析者也可以求得在本社区外学校就读的学生的迟到的平均天数，将其与在本社区内就读的学生的迟到的平均天数作比较。

方差分析（analysis of variance，ANOVA）是分析实验数据和各组间均值差异的主要统计工具。方差分析同时提供了关系的强度和数据显著性的信息。方差分析发端于 20 世纪早期，一名英国统计学家 R. A. 费希尔（R. A. Fisher）想获得一种分析从精心构建的实验中收集到的数据的方法。他主要研究农业生产。因此，许多早期文献和专家将方差分析作为农业领域研究背景中的内容。方差分析的主要统计检验法——F 检验法——因费希尔而得名。[5]

在一个实验中，研究对象可能是从同一总体中抽出并随机分配到一个实验组或控制组中去的。实验组和控制组构成了各自的样本。就像随机样本的统计值与参数值之间的差异归因于偶然一样，实验组和控制组的均值和方差的前测差异也应归因于偶然。

方差分析含有以下假定：（1）因变量是定距或比例层次的变量；（2）每组的方差和标准差相等或接近相等；（3）每组的自变量或变量应该是正态分布；（4）因变量的取值相互独立。[6]正确设计的实验应满足这些假定。

实验性干预（即实验的自变量）发生后，各组的平均值可能不同。实验人员期望一项实验性干预会导致实验组和控制组的区别。方差分析设计目的在于确定实验组和控制组之间的后测差异是否足够大到说明其发生是有原因的而非偶然的。

方差分析可以检验两种方差：组内方差（within-groups variance）和组间方差（between-groups variance）。**组内方差**是指实验组和控制组内的各个取值与该组平均值之间的差异。**组间方差**是指实验组和控制组的平均值之间、方差之间的差异。如果统计对象是经正确分配的，那么前测各组的组间方差和组内方差应是相等的。

如果实验干预没有产生影响，那么后测各组的组间方差和组内方差也应是相等的。

进行方差分析之初，必须确定实验组和控制组之间的差异是否是偶然的。方差分析的基本研究假设和零假设如下：

H_1：两组或两个以上组的算术平均数不等。

H_0：两组或两个以上组的算术平均数相等。

在实验中，调查者比较实验组和控制组的后测的平均值，以此查看数据是否支持研究假设。方差分析确定各组之间的差异（组间方差）是否大于任一组的组内差异（组内方差）。 415

要判断两个均值之间的差异是否大到足以具有数据显著性，我们使用基于以下求比过程的 F 检验：

组间方差/组内方差

如果这一比值远远大于 1，各组均值之间的差异可能就具有统计显著性。如果组间差异的值相对大而组内差异的值相对小，那么该比值就会大于 1。如果研究者得到了足够大的 F 检验的值，他就能拒绝均值相等的零假设，从而接受研究假设。[7]

除了设计实验之外，方差分析被广泛应用。它被用于评估下一章将讲到的多重回归分析。[8]如果因变量是定距变量或比例变量，自变量是定类变量的话，它也可以被用来分析截面数据。[9]要记住定序变量可以被当作定类变量处理。要正确使用方差分析，数据必须来自随机样本。如果各组的案例数目相近，那么关于总体中的所有组的方差必须相等的假定就常常被忽略。当各组规模显著不同时，分析者可能特别希望检查这一假定。[10]

为了澄清我们所说的要点，让我们思考一下一名研究者所做的关于马杰斯特（Majesty）市培训和就业安置决定的一项研究。[11]这名分析者想比较该机构赞助的三个培训项目：（1）基本技能；（2）课堂培训；（3）在职培训。该机构安排培训对象参加三个项目中的一个。培训项目结束时，培训对象被安置了工作。

分析者想考察在职培训的培训对象是否比其他两个项目的培训对象收入更高。先前的研究表明在职培训的培训对象更成功。通过分析者自己的观察，他进一步了解到由于在职培训的培训对象通常比其他参训者“职业准备”更充分，他们更可能得到较好的工作安置。该分析者搜集了培训对象工作首年的月收入数据。他的研究假设和零假设为：

H_1：一年后，在职培训参训者的平均收入高于基本技能和课堂教育培训项目受训者的。

H_0：一年后，三个培训项目的受训者的平均收入相等。

从机构记录中分别选出每个项目培训对象的一个样本。访谈者通过电话访谈样
416 本成员并询问他们的工资信息。表 13—16 显示了每组的平均月收入。总平均数是指研究包括的所有 40 人的平均月收入。

表 13—16　　参训者平均月收入

		培训项目		
		基本技能	课堂培训	在职培训
月平均收入（美元）	$\overline{X}$	433.5	528.7	765.1
样本数量	n	11	21	8

注：所有参与者的平均值＝总平均＝549.8；参与者数＝40。

图 13—1 补充了表格信息，并生动地反映了数据。该图显示了各组的平均收入及其变动范围，变动范围是一种测量变化性的方法。星号表示平均收入，收入变动范围在框中表示出来。[12]

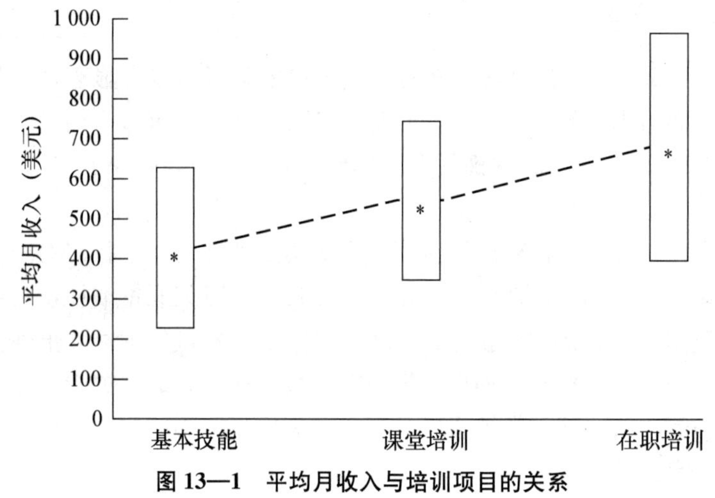

图 13—1　平均月收入与培训项目的关系

表 13—16 和图 13—1 的数据支持了研究假设。要补充这些结果，分析者可以使用统计方法来回答两个问题：

1. 各组间平均工资的差异具有统计显著性吗？也就是说，这些差异比所预期的偶然出现的大吗？
2. 项目类型和平均收入之间的关系有多强？

F 检验法回答了第一个问题。η 关联测量回答了第二个问题。

417 如果全部三个组在因变量（收入）上是相等的，那么组间方差和组内方差就会相等，F 比值的取值为 1。如果 F 比值大于 1，调查者通过查阅 F 值表或者从计算机程序获得统计数据来确定它的数据显著性。要使用 F 值表，分析者必须了解 F 比值的取值以及分子和分母的自由度。例中，分子的自由度为 2，即组数减 2；分母的自由度为 37，即样本总规模减去组数。

通过 SPSS 软件分析马杰斯特市的研究的数据，用到了方差分析。图 13—2 显示了程序的数据输入结果。我们只对部分有助于你决定数据是否支持假设的输出结果作评论。“来源”栏标明了两种方差，组间方差和组内方差。“D. F.” 是各组的自由度。“平方和” 测量了组间方差和组内方差。“F 比值” 是组间均方（组间方差除以相应自由度）除以组内均方（组内方差除以相应自由度）。“F 概率” 是 F 的关联概率。本例中，如果三个组的均值相等的概率是 0.01 即 1%，那么 F 比值就应不小于 5.2。

单项					
	变量	平均工资		月工资	
与	变量	项目		参训者报名的项目	
方差分析					
来源	D. F.	平方和	均方	F 比值	F 概率
组间	2	528 965	264 482.5	5.2	0.010 0
组内	37	1 869 230	50 519.7		
总计	39	2 398 195			

图 13—2　方差分析表

在上述例子中，F 检验为调查者指出了至少有两个组相互之间存在显著差异。要明确哪几对均值存在明确差异，就必须两两之间分别进行 t 检验。对本例数据进行 t 检验，会发现基本技能的受训者的收入与在职培训受训者的收入存在显著区别。

F 检验法不能检测变量间关系的强度。因此，可以在方差分析的基础上，进行 η 或 E 关联测量，从而达到检验变量间关系强度的目的。η 取值在 0.00 到 1.00 之间。η 的公式是：

$$E=\sqrt{SS_b/SS_t}$$

式中：　SS_b——组间平方和；

　　　　SS_t——总平方和。

将例子中的数据代入： 418

$$E=\sqrt{528\,965/2\,398\,195}=0.47$$

分析者要解释 η 必须先将其平方。[13] 本例中，0.47 的平方是 0.22，表明工作一年后的月收入之间的 22% 的差异与培训对象参加的项目这个自变量有关。上述论述集中关注了方差分析的基本模型。在单变量方差分析中，分析只涉及一种自变量，每个案例都为分析贡献了一个分值。本部分开始时提及的关于学校的例子中，自变量是学生就读于本社区内学校或其他地方，每条数据贡献的分值是迟到的天数。在职业培训的例子中，自变量是培训项目的类型，贡献分值是每个培训对象的月收入。

可以修正基本模型以涵盖其他变量。包含不止一个自变量的方差分析被称为多变量方差分析（multivariate analysis of variance，MANOVA），或者依据自变量数量而成为二项方差分析、三项方差分析，等等。方差分析模型也可能包括对同一研究对象进行不止一项测量；这样的模型被称为重复测量模型。[14]

本章小结

行政人员通常满足于列联表和百分比所传达的信息。他们可能也熟悉统计显著性检验，尤其是表明关系偶发概率的卡方。但他们对与列联表相关的关联测量就不怎么熟悉了；通常只有分析人员才有兴趣注意关联测量。

列联表指出了变量之间的关系。如果表格每栏顶端标注自变量，那么使用者就可以比较自变量每个取值对应的因变量的相对分布。通过比较，他会发现对应每个类别的自变量的因变量的百分比是怎样的不同。然后，这一比较揭示出数据是否支持给定假设。

关联测量由表格数据缩减成单一的测量形成。所有的关联测量都设定零相关的赋值是 0.00。定类关联测量将完全相关赋值为 1.00。定序关联测量将单调的完全相关赋值为＋1.00 或－1.00；定序关联测量可能遗漏非线性关系或低估其强度。测量所得的值越接近±1.00，关系就越强；所得的值越接近 0.00，关系就越弱。

419 要对列联表和关联测量比较分析，分析者必须在所有的比较中使用同一种测量方法。在选择测量方法时，分析者应选择一种他所熟悉的方法，并考虑变量的测量层次，以及该测量法为完全相关和零相关设定的标准。在做比较时，研究者必须谨慎，尤其是在表格的行数和列数都在变化的时候。

关系强弱的标准依赖于关联测量方法和所研究问题的性质。总体上，定序测量得到的值比定类测量要大。对称测量得到的值比非对称测量要大。与之相似，如果一些变量已经被详尽地研究过了，那么没有理论基础的所谓中等强度的关系或许就不会增加我们的了解。而对于那些人们知之甚少的因变量，很弱的关系也可能产生一些有价值的成果。

关联测量能帮助分析者确定控制变量的影响。控制变量可以揭示原关系的真伪，或者控制变量没有影响。更多情况下，通过显示控制变量不同取值下变量间关系是如何发生变化的，控制变量详细分析了变量间关系——可能因某些取值而变强，因某些取值而消失，或因某些或所有取值而改变了关系的方向。

起源于实验研究的方差分析，可能被用于分析非实验研究中关于一个定距因变量和一个定类自变量的假设。然而，研究对象必须能够构成一个随机样本。方差分析既提供数据显著性的信息，也提供关系强度的信息。要确定统计显著性就要计算 F 比值。如果 F 比值明显大于 1，这一关系就具有统计显著性。通过计算 η 来测量关系强度。η 取值在 0.00（不相关）～1.00（完全相关）之间。η 的平方指明了自变量所解释的因变量的变化量。

单变量方差分析适用于只有一个自变量的设计，其中每个研究对象都贡献一条数据。方差分析的其他模型用于分析不止一个自变量的设计，或者在研究过程中向一个研究对象不止一次地收集数据。

本章与第 14 章对应，第 14 章检验了在定距层次上测量变量间线性关系的研究技巧。进行定类和定序关联测量的主要目的在于为更深层次的研究甄别特定关系。定距关联测量广为人知，它为调查者解释、描述和预测关系提供了有价值的信息。

术语回顾

列联表（contingency table）

关联测量的灵敏度（sensitive measure of association）

伪关系（spurious relationship）

关联测量（measure of association）

消减误差比例（PRE）测量（proportional reduction in error measure）

控制变量的影响（effect of a control variable）

百分数差（percentage difference）

原误差（original error）

方差分析（ANOVA）

双变量分布（bivariate distribution）

新误差（new error）

F 检验法（F-test）

（两个变量间）完全相关［perfect relationship（between two variables）］

对称测量（symmetric measure）

组内方差（within-groups variance）

零相关（null relationship）

非对称测量（asymmetric measure）

组间方差（between-groups variance）

η

复习题

下列问题说明你是否基本理解了本章内容：

1. 使用表 13—17 中的数据阵列：

(1) 创建一张说明县与伤害事故原因的关系的列联表。用一句话描述这一关系。

（2）创建一张说明伤害事故原因与事故严重程度的列联表。注意你必须对严重程度的指数的取值进行分组。用一句话描述这一关系。

表 13—17　三个变量的数据阵列：伤害事故的县、原因和严重程度

案例编号	县	原因	严重程度指数
01	贝克	坠落	3
02	查理	交通事故	4
03	查理	暴力冲突	6
04	埃布尔	交通事故	4
05	查理	暴力冲突	5
06	贝克	坠落	9
07	查理	交通事故	10
08	贝克	坠落	1
09	埃布尔	暴力冲突	5
10	查理	暴力冲突	5
11	查理	坠落	7
12	埃布尔	交通事故	4
13	查理	交通事故	7
14	贝克	坠落	6
15	埃布尔	坠落	3
16	贝克	交通事故	5
17	查理	交通事故	5
18	贝克	坠落	6
19	埃布尔	交通事故	4
20	查理	暴力冲突	7

2. 某市为了评估一个关于鼓励市民加强废物利用的试点项目，构建了表 13—18。计算表中的百分比。为工程部门的主管写一篇简短的关于结果的总结报告。

表 13—18　参与废物利用项目与社区的关系

社区	参与废物利用项目的次数			
	0～2	3～6	7～10	11～13
斯蒂尔克利克（Steel Creek）	13	16	8	5
希登瓦利（Hidden Valley）	6	15	17	12
东部区（East Side）	2	5	14	19

3. 在一项相关活动中，某市获得了关于一个样本的市民是否支持为垃圾变电设施发行债券的信息。表 13—19 显示了支持度与收入水平之间的关系。表 13—20 显示了该市两个地区的支持度。

（1）计算表 13—19 的百分比并利用百分比差异描述支持度的方差。

（2）计算表 13—20 的百分比并描述发生了什么。

（3）该分析运用了什么控制变量？它的影响是什么？

表 13—19　　垃圾变电设施债券的支持度与收入水平的关系

对债券的支持度	收入水平	
	14 500 美元以下	14 500 美元以上
反对	185	153
支持	95	167

表 13—20　　垃圾变电设施债券的支持度与收入水平、居住地的关系

对债券的支持度	居住地			
	西部收入水平		东部收入水平	
	14 500 美元以下	14 500 美元以上	14 500 美元以下	14 500 美元以上
反对	158	79	27	74
支持	42	21	53	146

4. 列出用于选择关联测量的标准。

5. 思考这样一个假设："在工作的第二阶段接受培训的员工能最好地使用计算机软件。"变量分为两个类别：使用程度（有限使用、中等使用、广泛使用）和培训时段（工作的第一阶段、第二阶段、第三阶段或第四阶段）。

（1）如果培训时段与使用程度完全相关，数据看上去如何？

（2）如果培训时段与使用程度不相关，数据看上去如何？

（3）你更可能用定类关联测量还是定序关联测量来研究这一假设？

6. 说明为什么凭经验得出的以下结论是不准确的："经任何一种关联测量测得的大于 0.45 的值都描述了一种强关系。"

7. 例 13.2 中解释了表 13—13 展示的内容。当分析中引入了控制变量后会发生什么？产生这一结果的原因是什么？

8. 表 13—21 至表 13—23 展示了关于流动厨房使用者的数据。表格将年龄与一日内进餐次数联系起来了。

（1）用一句话描述每张表格描绘的关系。

（2）控制变量是什么？它如何影响原关系？

（3）你使用哪种关联测量来比较这些表格？为什么？

表 13—21　　每日进餐次数与受访者年龄的关系

每日进餐次数	年龄		
	小于 30（66）	31～54（213）	大于 55（144）
1	38%	29%	27%
2	47%	49%	40%
3	15%	22%	33%

注：克莱姆 V=0.11；λ=0.002；γ=0.18。因取整，百分比合计可能不足 100%。

表 13—22　　每日进餐次数与男性受访者年龄的关系

每日进餐次数	年龄		
	小于 30（48）	31～54（172）	大于 55（108）
1	35%	32%	31%
2	50%	48%	41%
3	15%	20%	29%

注：克莱姆 V=0.09；λ=0.000；γ=0.12。因取整，百分比合计可能不足 100%。

表 13—23　　每日进餐次数与女性受访者年龄的关系

每日进餐次数	年龄		
	小于 30（18）	31～54（38）	大于 55（35）
1	44%	18%	17%
2	39%	53%	40%
3	17%	29%	43%

注：克莱姆 V=0.21；λ=0.070；γ=0.34。因取整，百分比合计可能不足 100%。

9. 论述调查者何时会使用方差分析和 η 代替克莱姆 V 或 γ 来评估一种关系。调查者何时会用方差分析代替 t 检验法？

10. 西部各州的谋杀案平均发生率低于南部各州。谋杀案发生率与州有关吗？请解释说明。

11. 绘制一张类似于图 13—1 的图，说明（1）谋杀案平均发生率按照南部、西北部、西部、中西部的顺序依次下降；（2）谋杀案发生率的方差按照西北部、西部、中西部、南部的顺序依次下降。

课后作业与讨论

1. 一名调查者想知道受访者的特点是否与长问卷的完成度有关。为此他生成了 7 张列联表；表 13—24 给出了这些表格的关联测量值。

（1）受访者的哪些特点看起来明显与调查完成度随机相关？

（2）哪个特征似乎与受访者是否完成了问卷有关？

（3）你回答上面两个问题使用了什么标准？

（4）如果存在的话，（对自变量的）哪些关系不适宜用 λ 作关联测量？解释说明。

（5）如果存在的话，（对自变量的）哪些关系不适宜用 γ 作关联测量？解释说明。

（6）为了这个特定研究，你认为调查者应该用克莱姆 V 筛选辨别出值得进一步检验的表格吗？解释说明。

（7）你需要查阅表格来解释关联测量吗？请解释说明。

表 13—24 调查完成度和受访者特点的联系

	λ	克莱姆 V	γ
为该市工作的年限	0.00	0.12	0.14
部门	0.00	0.14	−0.19
先前受雇的部门（公共部门、私人机构、第一份工作）	0.00	0.00	−0.01
年龄	0.00	0.08	−0.14
性别（男性、女性）	0.00	0.01	−0.04
职位（管理人员、非管理人员、未经技术培训的、办事员）	0.00	0.14	−0.375
学位（MPA、BS/BA、其他）	0.00	0.09	0.18

2. 表 13—25 至表 13—30 来自志愿提供直接服务活动者的检验数据输出结果。

（1）用一句话描述每张表格的结果。

（2）教育程度或年龄是否在人们决定做志愿者方面起着更重要的作用？说明理由。

（3）解释那些表格的 λ 系数。如果由你报告结果，你会把 λ 的正负号保持输出结果的原样还是把正负号倒过来？说明理由。

（4）简要论述你将如何利用上述信息来招募志愿者。

表 13—25 志愿性和年龄的关系

志愿者	年龄			
	18～29（331）	30～49（529）	50～64（301）	大于 65（181）
是	25%	35%	20%	18%
否	75%	65%	80%	82%

注：λ=0.00；克莱姆 V=0.16；γ=0.14。

表 13—26 志愿性和教育程度的关系

志愿者	受教育年限				
	小于 8（203）	9～11（238）	12（504）	13～15（206）	16（178）
是	8%	19%	28%	34%	48%
否	92%	81%	72%	66%	52%

注：λ=0.00；克莱姆 V=0.26；γ=−0.41。

表 13—27 志愿性与 18～29 岁受访者的教育程度的关系

志愿者	受教育年限				
	小于 8（11）	9～11（56）	12（162）	13～15（67）	16（33）
是	18%	14%	25%	27%	42%
否	82%	86%	75%	73%	58%

注：λ=0.00；克莱姆 V=0.17；γ=−0.26。

表 13—28　　志愿性与 30～49 岁受访者的教育程度的关系

志愿者	受教育年限				
	小于 8（31）	9～11（98）	12（212）	13～15（95）	16（91）
是	6%	18%	34%	41%	60%
否	94%	82%	66%	59%	40%

注：λ=0.04；克莱姆 V=0.31；γ=−0.46。

表 13—29　　志愿性与 50～64 岁受访者的教育程度的关系

志愿者	受教育年限				
	小于 8（89）	9～11（56）	12（89）	13～15（31）	16（30）
是	6%	23%	23%	23%	37%
否	94%	77%	78%	77%	63%

注：λ=0.06；克莱姆 V=0.25；γ=−0.39。

表 13—30　　志愿性与 64 岁以上的受访者的教育程度的关系

志愿者	受教育年限				
	小于 8（72）	9～11（28）	12（41）	13～15（13）	16（24）
是	10%	25%	20%	38%	21%
否	90%	75%	80%	62%	79%

注：λ=0.08；克莱姆 V=0.21；γ=−0.29。

光盘作业

1. 使用 ORB 研究方法数据，创建代表低、中、高的人均公共安全支出、人均人力资源支出、人均文化娱乐支出的定序变量。分析这些变量，考察州与县对这些服务的人均投入水平是否有关系。

（1）使用计算机软件生成每一类支出的类似表 13—1 或表 13—2 的列联表，检验地区与每个区域内的人均支出之间的关系。

（2）写一个非常简要的报告（单倍行距下不超过一页），说明你所研究的关系，列联表的结果，并总结你的发现。

2. 当列联表中的格数增加时，解读列联表的难度也有所增加。本练习旨在提高你阅读表格的技巧，并展示关联测量的作用。创建一个新的变量，标明每个县是否处于财政压力之下取决于其偿债能力是否高于或低于中位数。使用问题 1 中的一张表。为每个地区标明财政压力高和低的县，并准备一张新的列联表。如果软件允许，求 λ、克莱姆 V 和 γ。

（1）解读 λ、克莱姆 V 和 γ 的值。

（2）为你的发现写一个非常简要的报告（单倍行距下不超过一页）：指出你研究的关系和你的操作性定义（包括重新编码），生成说明结果的列联表，并总结你的发现。

3. 本练习给予你一些运用方差分析的经验。通过至少三种对县的（用收入或财产衡量的）财富的测量方法，生成新的收入变量，将县按低、中、高财富水平分类。分析数据，看下作为自变量的收入是否与以实际投票的登记选民百分比衡量的政治活动相关。

（1）创建一张类似图表 13—1 的图表。

（2）生成类似图表 13—2 的方差分析。

（3）计算 η。

（4）你的分析告诉你县的财富与政治活动之间有什么关系?

推荐读物

K. Elifson，R. P. Runyon，A. Haber，*Fundamentals of Social Statistics*，3d ed.（Boston：McGraw Hill，1998）论述了列联表的构建、解释及其关联测量的计算和方差分析。

K. J. Meier，J. L. Brudney，and J. Bohte，*Applied Statistics for Public and Nonprofit Administration*，6th ed.（Belmont，CA：Thomson Wadsworth，2006）展现了极好的范例和问题，以说明行政管理人员是如何在决策中使用统计方法的。该书详细说明了统计方法的计算过程，易于理解。

M. Rosenburg，*The Logic of Survey Analysis*（New York：Basic Books，1986）．本书作者概述了在分析调查数据中对控制变量的使用。他以非常易懂的方式生动地说明了所有的情形。读者应注意到他只使用了一种关联测量法，即百分比。书中包括了关于如何读懂列联表的附录，很有帮助。

F. N. Kerlinger and H. B. Lee，*Foundations of Behavioral Research*，4th ed.（Fort Worth：Harcourt College Publishers，2000）对方差分析作了优秀的又非统计性的论述。D. B. Wright，*Understanding Statistics*：*An Introduction for the Social Sciences*（London：Sage Publications，1997）的第 6 章对方差的模型和统计方法作了极好的导论。

G. Keppel and T. D. Wickens，*Design and Analysis*：*A Researcher's Handbook*，4th ed.（Englewood Cliffs，NJ：Prentice-Hall，2004）详细论述了实验性设计、方差分析和包括统计方法的详细计算和解释等相关主题。他的论述比起其他一些很好但技术性更强的著作来说，更通俗易懂。

注　释

[1] D. B. Wright，*Understanding Statistics*：*An Introduction for the Social Sciences*（London：Sage

Publications，1997）论述了方差分析和回归分析的关系，并引用了社会学科中有关该主题的经典著作。特别要看第 132 页。

［2］在列联表中含有许多案例和变量类别却没有数据的情况下，还有其他有效的定序变量的测量方法。我们在此处不讨论这些方法。参见 Sidney Siegal，*Nonparametric Statistics for the Behavioral Sciences*（New York：McGraw-Hill Book Company，1956），202－239 以及 Hubert M. Blalock，Jr.，2d ed. *Social Statistics*（New York：McGraw-Hill Book Company，1972），415－421。

［3］关于一个控制变量如何影响自变量和因变量关系的完整论述，参见 T. Poister，*Public Program Analysis：Applied Research Methods*（Baltimore：University Park Press，1978），153－171。也可参见 M. Rosenberg，*The Logic of Survey Analysis*（New York：Basic Books，1968）。

［4］R. S. Pindyck and D. L. Rubinfeld，*Econometric Models and Economic Forecasts*，4th ed.（Boston：Irwin/McGraw-Hill，1998），43－45.

［5］Poister，*Public Program Analysis*，463.

［6］Wright，*Understanding Statistics：An Introduction for the Social Sciences*，131－133；G. W. Bohrnstedt and D. Knoke，2d ed.，*Statistics for Social Data Analysis*（Itasca，IL：F. E. Peacock，1988），232－233. 这些假定都是关于研究对象之间的方差分析的。其他模型要求一些不同的假定，参见 Wright，141。

［7］L. Meyers and N. Grossen，*Behavioral Research：Theory，Procedure，and Design*（San Francisco：W. H. Freeman，1974），78－79. 同时参见 Bohrnstedt and Knoke，232－233。

［8］Wright，*Understanding Statistics：An Introduction for the Social Sciences*（London：Sage，Inc.，1997），132，183－184.

［9］参见 Bohrnstedt and Knoke，*Statistics for Social Data Analysis*，240－244。

［10］J. F. Healey，*Statistics：A Tool for Social Research*，3d ed.（Belmont，CA：Wadsworth，1993），287－293. Wright，131－133 论述了如何利用 SPSS 来检验方差的相等性。

［11］H. Livengood，*JPTA：Follow Up and Evaluation of Selected Programs in Charlotte*，*N. C.*（Charlotte：University of North Carolina at Charlotte，1993）.

［12］为了帮助将数据和模型形象化，你也可以为每组画一张箱线图，并指出平均值而非中位数的位置。记住，方差分析要求计算算数平均数，Wright，*Understanding Statistics*，116－119。

［13］Bohrnstedt and Knoke，*Statistics for Social Data Analysis*，234－236 和 290－294 论述了 η。

［14］推荐阅读 Wright，*Understanding Statistics*，116－145 关于方差分析和多变量方差分析的导论。Wright 在其中论述了关于这几个模型的 SPSS 数据输出结果。

附录 13.1　一些定类和定序数据的关联测量方法

本附录展示了定类和定序层次上的变量的一些通用关联测量方法的计算和公式。为了说明运算，我们使用了一张第 12 章中的表（在此处表示为表 13—31）表示市民对警察部门的评级与其年龄的关系。如果我们要为这张表恰当地选择一种关联测量方法，我们就会选择定序方法，因为变量是定序的，关系是线性的。

表 13—31　　对警察部门的评级与受访者年龄之间的关系

对警察部门的评级	年龄		
	18 岁以下	18～59 岁	59 岁以上
差（D 到 F）	2	33	6
差强人意（C）	10	137	27
好（A 或 B）	12	453	150

定类测量

如果自变量和因变量是定类的，就要求做定类关联测量。如果这些变量中只有一种是定类且不是二分的，分析者就需使用定类测量法或者一种专以定类—定序结合为目的的测量方法。

本章论述 λ 也被称为古德曼的 λ（Goodman's Lambda），此处不赘述详细内容。

克莱姆 V，一种以卡方为基础的测量方法，也用于定类关联测量。克莱姆 V 的公式是：

$$V=\sqrt{\frac{\chi^2}{n\cdot\min(\text{行数}-1,\text{列数}-1)}}$$

将表 13—31 中的数据代入：$\chi^2=13.9$，$n=830$，min（行数－1，列数－1）＝2。min 的值是行数－1 或者列数－1，取其中较小的数字。如果表 13—31 有四行三列，min 值仍等于 2。

$$V=\sqrt{\frac{13.9}{830.2}}=0.0915$$

关联测量 ϕ，用于 2×2 表格。它与克莱姆 V 的公式相同。由于 min(行数－1，列数－1)＝1，公式简化为：

$$\phi=\sqrt{\frac{\chi^2}{n}}$$

定序测量

本部分包括对列联表的三种常用的定序关联测量方法：γ，Somers'd，Kendall's τ_b 和 τ_c。本章认为关联测量起到两个作用：（1）筛选出微弱的关系；（2）显示控制变量的影响。所有这三种关联测量的分子相同，所以我们从解释如何计算它的组成开始。首先，它们必须按按等级排列，即在一个闭合集中呈有序排列。分析者从指出符合（A）或不符合（D）两个变量的等级排列的案例数开始运算。表 13—31 显示的等级排列是“受访者年龄越大，评级越高”。注意变量尤其是因变量的取值的位置。

要计算出 A，我们从左边最上面一格的 2 开始，然后数出有多少 17 岁以上的受访者将警察部门评为“差”，即 137＋453＋27＋150＝767。我们然后用 10，并数出有 603（453＋150）名超过 59 岁的人给的评级比“差”要好。A 的值以下面的运算为基础：

$$
\begin{aligned}
A &= 2\cdot(137+453+27+150)+10\cdot(453+150)+33\cdot(27+150)+137\cdot 150\\
&= 1\,534+6\,030+5\,841+20\,550=33\,955
\end{aligned}
$$

要计算出 D，过程相似，不过从右边最上面一格的 6 开始。从 6 开始，我们数出不到 60 岁的人中有多少给给出了比“差”好的评级，即 137＋453＋10＋12＝612。D 的值以下面的运算为基础：

$$
\begin{aligned}
D &= 6\cdot(137+453+10+12)+27\cdot(453+12)+33\cdot(10+12)+137\cdot 12\\
&= 3\,672+12\,555+726+1\,644=18\,597
\end{aligned}
$$

γ 是一种定序关联测量。它是一种对称的 PRE 测量方法，也就是说，不管哪个变量作为自变量，哪个变量作为因变量，γ 不会发生变化。计算 γ 的公式是：

$$
\gamma=\frac{A-D}{A+D}=\frac{33\,955-18\,597}{33\,955+18\,597}=0.29
$$

Somers'd（d_{yx}）是一种建立在 γ 运算上的非对称测量方法。要计算出 Somers'd，必须指出自变量。分析者计算结的数量，即观察案例时发现的与应变量的值相同的案例数。从 2 开始，我们数出 17 岁以上且将警察部门评为“差”的人数，即 33＋6＝39。T_r 的值，基于以下运算：

$$
\begin{aligned}
T_r &= 2\cdot(33+6)+33\cdot(6)+10\cdot(137+27)+137\cdot 27\\
&\quad +12\cdot(453+150)+453\cdot 150\\
&= 78+198+1\,640+3\,699+7\,236+67\,950\\
&= 80\,801
\end{aligned}
$$

要计算出 Somers'd，公式是：

$$
d_{yx}=\frac{A-D}{A+D+T}=\frac{33\,955-18\,597}{33\,955+18\,597+80\,801}=0.12
$$

T_r 的运算假定自变量在表 13—35 的列。（下标的 r 表示行。注意我们数出行中的结。在下一段将显示如何数出列中的结。）组织表格，使因变量在列，T_c 列结，可以用 T_r 替代。

τ_b 是另一种定序关联测量。它既考虑了因变量的结，也考虑了自变量的结；因此，它属于对称测量。Somers'd 和 γ 的论述仅构成了一种 tau_b 的计算公式。我们已经展示了如何计算符合，不符合，因变量的结，只留下了自变量的结没有涉及。要计算自变量的结（T_c），我们再次从 2 开始，并要注意 17 岁以上且将警察部门评为“差”以上的人数，即 10＋12。T_c 的值基于以下计算：

$$
\begin{aligned}
T_c &= 2\cdot(10+12)+10\cdot 12+33\cdot(137+453)+137\cdot 453\\
&\quad +6\cdot(27+150)+27\cdot 150
\end{aligned}
$$

$$=44+120+19\,470+62\,061+1\,062+4\,050$$
$$=86\,807$$

计算 τ_b 的公式是：

$$\tau_b=\frac{A-D}{\sqrt{A+D+T_c}\sqrt{A+D+T_r}}$$
$$=\frac{33\,955-18\,597}{\sqrt{33\,955+18\,597+86\,807}\sqrt{33\,955+18\,597+80\,801}}$$
$$=\frac{15\,358}{377.3\cdot 365.2}$$
$$=0.113$$

对于非矩形表格 τ_c，应使用对称序数方法。τ_c 不是一种 PRE 方法。τ_c 的计算公式是：

$$\tau_c=\frac{2(min(\text{行},\text{列}))(A-D)}{N^2(min(\text{行}-1,\text{列}-1))}$$

与克莱姆法则中的 V 相似，要用被排或列中更低的数字替代 min(行，列)。为简单起见，我们将计算表 13—31 中的 τ_c 值：

$$\tau_c=\frac{2\cdot 3\cdot(33\,955-18\,597)}{830^2\cdot(3-1)}=\frac{6\cdot 15\,358}{1\,377\,800}=0.067$$

第 14 章

回归分析与相关

430 **本章要点**

1. 如何解读拥有一个或多个自变量的线性回归方程。
2. 线性回归模型及其数据的拟合程度的检验方法。
3. 解读线性回归方程的常见错误。
4. 如何解读逻辑斯蒂回归统计。
5. 运用回归模型分析时序数据。

当行政人员不再局限于单个变量的研究时，他们就会着眼于变量间关系的研究。双变量关系的检验通常只是研究复杂关系的第一步。有了一些实际经验后，行政人员就可以准确地解读列联表。不过，当分析中加入了更多变量时，这些表格很快就变成了累赘。在本书第 13 章的例子中，没有一张列联表拥有三个以上的变量，而且控制变量都只有两个取值。你可以想象，如果你打算同时控制若干个变量或者控制变量有八九个取值，那这些列联表会变成什么样子。解读将变得含混不清。况且列联表也不是分析定距层次数据的最佳途径。

研究多变量关系的行政人员希望在保持统计精准性的同时，让研究简便易行。定距层次数据统计分析为列联表分析提供了更具吸引力的选择。这些统计方法的主要优势在于它们能够充分利用包含定距变量的信息，并对模型中的关系做出更为精准的描述。这些统计方法为复杂分析带来极大的便利，并使人们可以用
431 相对直接易懂的格式报告调研结果。用于测量定距变量间关联的统计方法还有其他多种用途，例如：

总结或描述定距变量的分布。
基于样本推断总体特性。
通过统计方法处理过的变量来判断变量间的因果关系。
预测结果。

在本章中，我们把关于定距统计的探讨内容仅限于线性回归和相关分析。这两种方法都被广泛使用。并且，它们也是理解相似统计模型和更多复杂的线性模型（被开发用以分析复杂问题）的基础。

理解了一些基本原理后，行政人员就可以学会恰当地运用和诠释回归分析成果。本章注释中提供了一些根据基本回归统计衍生出来的方程。参考书目和推荐的进一步读物，会指导你去阅读一些适合行政分析人员的优秀文章。

14.1　分析双定距变量

尽管行政人员和分析人员通常想了解的是若干个定距变量之间的关系，但我们还是从双变量模型着手。双变量回归分析和相关性的原理可以应用于多元回归模型，即包含不止一个自变量的模型。从双变量的例子开始分析，其主要好处在于，双变量可以用坐标图来演示线性回归的逻辑。对于两个以上的变量，我们不能绘制类似的坐标图。同样，在双变量问题中，一些统计方法也更容易解释和理解。

要检验两个定距变量间有什么关系，分析人员可以建立**回归方程**（regression equation）或**相关系数**（correlation coefficient）。回归方程描述了双定距变量间的关系，相关系数（一种关联测量方法）显示与自变量相关的因变量的变化值。

回归方程

回归方程是指能够最好地描述一组数据坐标点的直线的方程。该方程是不对称的。因此自变量和因变量必须在对方程进行计算之前就确定下来。获取回归方程需要以下四个步骤：

1. 获得两个定距变量的数据。
2. 把数据绘制在一张坐标图上：
   (1) 因变量 Y 沿纵轴绘制，
   (2) 自变量 X 沿横轴绘制。
3. 确定绘制数据所代表的双变量间的关系可以用一条直线来恰当地概括。 432
4. 计算回归方程。

为了明确这些步骤是怎样进行的，让我们观察表 14—1 中显示的一项简单研究，以此来了解年维修费用是如何与车辆累计里程数相关联的。我们从备选的机动车中随机选取了 10 辆车，我们还对每辆车在 1 月 1 日显示的里程数以及其接下来的 12 个月中的维修费用的数据进行了收集。

表 14—1　　车辆行驶里程和维修费用的数据

	里程表上的总里程数（X） 1 月 1 日	维修费用（Y） 1—12 月
车辆 1	80 000	1 200
车辆 2	29 000	150
车辆 3	42 000	600
车辆 4	53 000	650
车辆 5	73 000	1 000
车辆 6	80 000	1 500
车辆 7	60 000	600
车辆 8	13 000	200
车辆 9	14 500	0
车辆 10	45 000	325

接下来，我们把数据绘制在了坐标图上。回归方程的因变量 Y 沿纵轴排列，自变量 X 沿横轴排列。绘制的各点所组成的坐标图被称为**散点图**（scatterplot），见图 14—1。散点图的检验非常必要，因为这样分析人员就可以据此决定是否应该使用线性模型来概述两个变量间的关系。线性模型假设变量间的关系可以通过一条直线被恰当地描述出来。

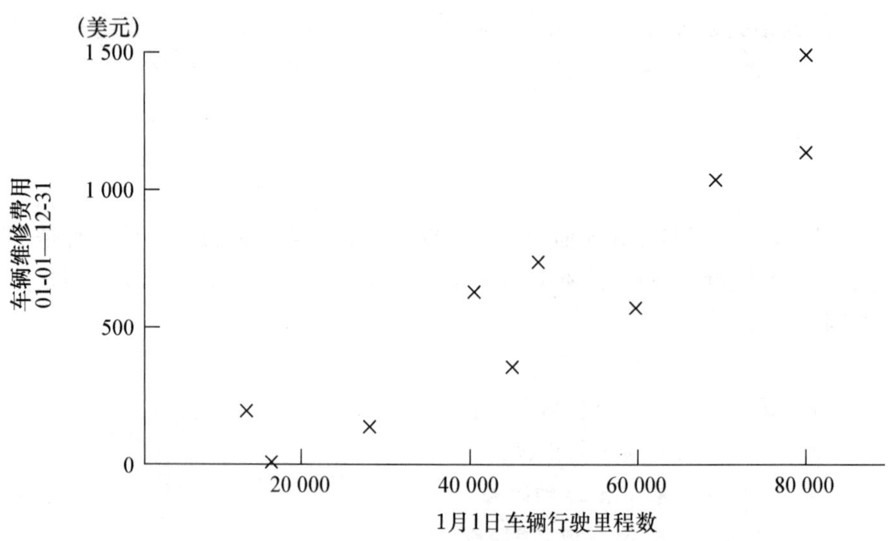

图 14—1　车辆维修费用和累计里程数的散点图

从图 14—2 和图 14—3 这两张散点图中可以看出不适用于线性模型的情况。图 14—2 没有显示任何可识别的模式，两变量间的关系是随机的。图 14—3 显示了一个非线性样式。利用线性回归分析图 14—2 和图 14—3 中的散点分布显然是错误的，这样做的话，分析人员就把线性模型强加于非线性数据的分析。

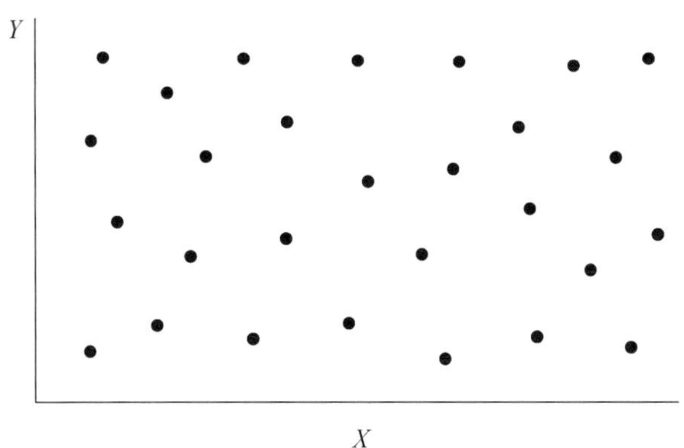

图 14—2 随机关系散点图

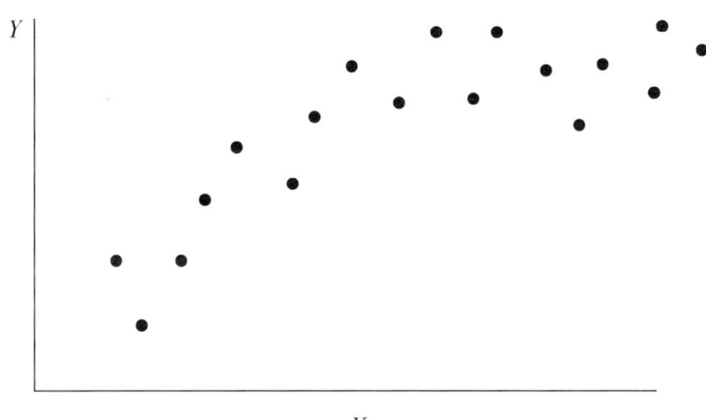

图 14—3 非线性关系散点图

如果线性模型被认为合适，那就可以计算回归方程（见本章附录有关方程和计算的内容）。在实践中，分析人员依靠计算机程序或计算器来进行实际运算。

回归方程的通用公式为： 433

$$Y=a+bX$$

式中： a——常数或 Y 的截距；

b——回归系数或斜率；

Y——Y 的估计值，因变量；

X——自变量。

在本例中，回归线的方程式为： 434

$$Y=-267+0.018X$$

式中： Y——1 月 1 日至 12 月 31 日的维修费用；

X——1 月 1 日的车辆行驶里程数（千英里）。

从**回归系数**（regression coefficient）中，我们可以了解到行驶里程数 X 的单位变化是如何影响到维修费用 Y 的。例如，我们可以预计，每行驶 100 英里，下一年度的维修费用就要增加 1.80 美元。用 0.018 乘以 100 就得到 1.80（美元）这个数字。我们还可以预料到，每行驶 1 000 英里，维修费用就要增加 18 美元。

图 14—4 显示了回归线和绘制的点之间的关系。

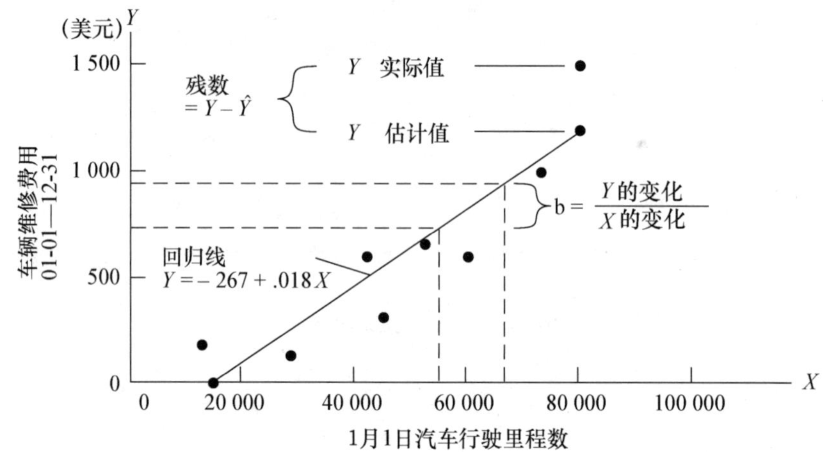

图 14—4 车辆维修费用和英里数的散点图与回归线

你可以把 X 值为 60 000、Y 值为 600 的对应点定位在坐标图上。600 是与数据组中的 60 000 英里这一行驶里程相对应的机动车维修费用。600 这一 Y 值被称为 **Y 的实际值**（actual value of Y）。

现在来回忆一下代数知识。对于一个给定的 X 取值，你可以把该值代入方程中并计算出 Y 值。若一辆车行驶了 60 000 英里，你就可以进行以下运算：

$$Y=-267+0.018(60\,000)=813$$

813（美元）就是年车辆维修费用的估计值。Y 表示行程达到 60 000 英里的车辆的维修费用。**Y 的估计值**（predicted valine of Y）是在回归线上与 60 000 这一 X 值相交的点的 Y 值。

Y 的实际值常常被称为 Y_i，而预计值则为 $\hat{Y}$。具体来说，Y_i 就是指当 X 等于
435 X_i 时，Y 的实际值，而 $\hat{Y}$ 则是指当 X 等于 X_i 时的 Y 的估计值。Y_i 和 $\hat{Y}$ 之间的差被称为**残差**（residual）。在机动车分析的例子中，残差为－213（600－813）。其中的"－"号是表示 Y_i 位于回归线以下，换句话说，回归方程高估了特定车辆的维修费用。任何情况下，你都可以用下面的等式来计算残差：

$$残差=Y_i-\hat{Y}$$

回归方程的一个主要用途是估计总体特性。[1] 总体特性的最佳估计手段就是线性模型。整体来看，线性模型产生的残差是最小的。如果任一其他直线被置于散点图之中，那么无论该直线的残差平方和或是 $Y_i s$ 和 $\hat{Y} s$ 的差都会比较大。

因变量的值可以从回归线中估算出来。预计值 $\hat{Y}$ 代表对应 X 某一特定值的 Y 的估计值。对于未出现在数据组中的 X 值也可以计算他们对应的估计值 Y，但是对于那些高于或低于数据组中 X 值的值，就不应该去计算与它们相对应的 Y 的估计

值。要对全部备选机动车的维修费用进行预计，调查人员可以先计算每辆车的 $\hat{Y}$ 值，然后再把所有的 $\hat{Y}$s 相加。

拟合优度（goodness of fit）检验可以使分析人员确定线性回归方程与数据间的拟合程度如何。拟合度低表示该方程不能胜任数据描述的工作。散点图所提供的可视化证据是拟合优度检验的方法之一。分析人员通常被要求定时查看散点图并确认线性模型是否具有合理性[2]。

相关系数

相关系数则是第二种拟合优度检测的方法。相关系数是针对定距层次数据的一种关联测量。常用的相关系数包括**皮尔逊的 *r***（Pearson's *r*）、***r*** 和**零阶相关系数**（zero order correlation coefficient）。我们就用 *r* 系数来进行说明。*r* 值等于 1.00 或 −1.00 就表示散点图中的每个点都落在一条直线（即回归线）上。*r* 值等于 1.00 表示正相关，*r* 值等于−1.00 表示负相关。与其他关联测量一样，*r* 值等于 0.00 则表明没有线性关系（如图 14—2），*r* 值越接近 1 或−1，关系就越强。（*r* 相关的方程及所对应的例子收录在本章附录中。） 436

r^2 系数（称为判定系数）赋予 *r* 系数一个有价值且具有吸引力的直观解读。r^2 值显示了因变量与自变量相关联或从中得到解释的变化的比例。在机动车分析的例子里，*r* 值等 0.93，r^2 等于 0.87，这表示通过车辆累计里程数，可以解释车辆年维修费用的变化达到 87%。报告 *r* 值而非 r^2 值的唯一价值就在于 *r* 系数是带有方向的。

r 值究竟多大才能得到关注，这个问题从来没有确切答案。不过，特定结果的价值取决于调查主题的性质。有遗传学家认为，*r* 值低于 0.95 就毫无价值了。社会科学研究很少能达到该程度的关联水准。*r* 值在 0.40～0.60 间的关系看起来就很强了。在某些研究中，一个普通的 *r* 值就会比之前的研究结果要大得多，从而可以确保引起关注。不过，要记住 *r* 值等于 0.30 就说明因变量中发生不到 10%的变化。

解读线性回归方程中的其他因素

还有其他四个因素影响着对线性回归方程的正确解读，他们是回归系数的大小、回归系数的标准误、用来计算回归方程的 *X* 的取值范围，以及对 *X* 和 *Y* 测量的时间间隔。

回归系数的大小并不必然意味着关系的强弱。得出回归系数的大小只是测量尺度的一个功能。在上述机动车的例子里，如果 *X* 值是以千英里为单位进行测量的，那么回归方程就是 $Y=-267+18X$。而当 *X* 代表英里数时，该方程是 $Y=-267+0.018X$。18 是 0.018 的 1 000 倍。但是这两个等式描述了同一个关系并产生了同一个 $\hat{Y}$ 和 *r* 值。

测量尺度不仅影响回归系数的大小，而且还会导致估计中的误差。那些忽略了某变量的特定测量的用户，会把 *X* 的错误取值代入方程来计算 *Y* 值。*Xs* 是一个百分比值，学生们通常会困惑于如何处理这个 Xs。百分比应当做整数（10%，而非 0.1）来处理。可如果 Y 的估计值看上去并不直观，你就要检查一下计算是否是基于比例，而不是百分比进行的。

在第 5 章中，我们利用了样本统计值来估算总体比例和平均值。类似地，我们
437 也可以估算出总体中两个变量间的关系。***b* 的标准误（se_b）**（standard error of b）也被称为**斜率的标准误**（standard error of the slope），它可以估算出不同样本间的回归系数的变化，se_b有两个用途：第一，估算回归系数的真实值；第二，确定该关系在统计上是否明显，即 b 落在总体中的概率是否等于 0.00。

常数和回归系数的具体取值都会因样本不同而发生变化。在机动车分析的例子里，se_b等于 0.002 5，在 95%的置信水平上，调查人员估计全部机动车的实际回归系数应落在 0.13～0.23 之间，根据原有的方程，我们得出，每行驶 100 英里，车辆的维修费用就会增加 1.80 美元。现在我们可以让这一陈述更为精确。我们可以估计出，在 95%的置信水平上，每行驶 100 英里，全部被选机动车的维修费用的增加数将在 1.30～2.30 美元之间浮动。回顾一下，在 95%的置信水平上，有 5%的样本会落在范围之外。

se_b也可以用来计算 t 统计量并确定回归系数的统计显著性。t 的取值，即 t 比值，等于回归系数（b）除以 se_b。人们可以利用 t 分布表来确定关联概率。零假设就是指实际回归系数等于 0.00，即车辆维修费用与行驶的里程数之间没有任何关系。在机动车分析的例子中，t 统计量等于 7.2，而关联概率不到 0.001。如果实际斜率为 0.00，那么获得 0.018 这样大的斜率的概率就会非常小。记住这条经验，如果 t 比值大于 2，回归系数的统计显著性就处在 0.05 的水平上。[3]

回归方程是根据一个特定数据组中的数据计算出来的，对于那些比数据组中的最小 X 值小得多或比最大 X 值大得多的取值，研究者都不应去估算与其相对应的 Y 值。

当 X 的取值位于用来建立回归方程的 X 的取值范围之外，估算与其所对应的 Y 值会存在一定的危害。为了阐明这一危害，还是让我们再回到机动车的例子。假设一辆车到 1 月 1 日为止已经行驶了 160 000 英里，那么该车下一年度的预计维修费用就是 2 613 美元。而事实上，该车的实际维修费用要小得多，只有 100 美元。只要维修费用没有超出预期，这样的“破车”往往就会继续使用下去。在我们的数据组中，一辆车的最大行驶里程为 80 000 英里，才不过是这辆“破车”的一半。很显然，这一数据组无法反映出已报废车辆的维修记录。

在一个小数据库里，回归方程和相关系数可以显示添加或删除单个案例所带来的实质性变化。从小数据库引出推论时，人们应该特别谨慎。例如，只增加一辆车就能对回归方程造成显著的影响。如果那辆行驶了 160 000 英里而维修费用只有 100 美元的车也被纳入原有的数据库里，那么回归方程就会从 $Y=-267+0.018X$ 变为 $Y=404+0.003X$。r^2 值就会从 0.87 落至 0.06。如果增加的事件拥有一个极值，这样的显著变化就很有可能发生。

远离其他数据的极值点被称为**异常值**（outlier）。除了检验散点图中是否存在
438 随机或非线性模式之外，你还必须找出异常值。异常值会使统计出现偏差，图 14—5

的散点图展示了一个异常值，它所得出的回归方程及其对应系数值会使得变量间关系显得比实际上要强一些。

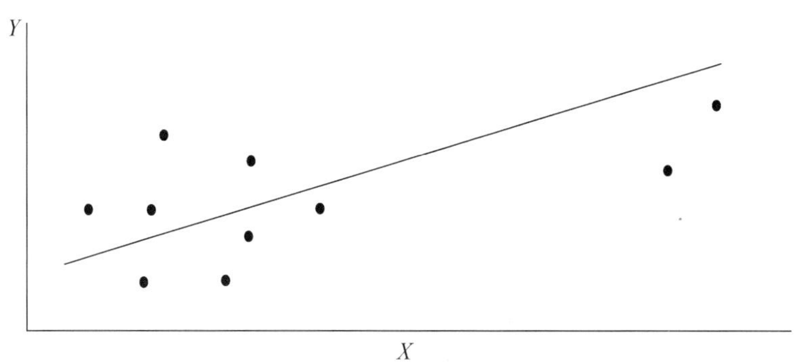

图 14—5　异常值加强微弱关系的关系散点图

相反，一个异常值亦可让直线偏离其他点，使得其关系弱于实际效果。

要处理异常值问题，我们可以：

1. 把分析限于合适的 X 值，并注意该模型并不适用于其他 X 值。
2. 考虑一个非线性模型是否能更好地描述数据。[4]
3. 找出特殊事件不同于其他事件的原因，然后决定如何对其进行处理。譬如，如果数据是在不同时间内收集的，人们就需要寻找伴随其他事件同时产生的数据。另一个做法是，将该事件从分析中移走。如果这样的话，其背后的决定和原因就应当被证明。[5]

另一个要考虑的因素是自变量与因变量的时间关系。在很多研究中，很少关注时间顺序，但有时它会相当重要。**滞后变量**（lagging a variable）意味着 X 是在 Y 的时间之前测量的，而 X 和 Y 间的时间间隔就足以让 X 对 Y 产生影响。在我们的例子里，我们假定车辆的累计里程数影响了该车下一年度的维修费用。X 是在 1 月 1 日测量的，而代表后 12 个月的维修费用的 Y 则是在一年后的 12 月 31 日测量的，同样，人们可以假定税率的变化会影响三个月后的支出，或假定人们年轻时的习惯将影响其年老时的某个方面。在税率的例子里，研究者会在税率变化三个月之后，对支出 Y 加以测量。在追查年轻时习惯的影响这一例子里，可能会需要 40 年以上的时间间隔。

14.2　回归分析：多变量案例

多元回归方程

较之于列联表分析，多元回归分析有很多长处。分析人员可以把几个变量放在同一个方程中。并且，当控制方程中的其他变量时，回归方程赋予每个变量独立作 439

用。回归方程的一般格式为：

$$Y=a+b_1X_1+b_2X_2+b_3X_3+b_4X_4$$

用以诠释多元回归所提供的信息的复杂方程如下：

$$Y=a+b_{y1\cdot 234}X_1+b_{y2\cdot 134}X_2+b_{y3\cdot 124}X_3+by_{4\cdot 123}X_4$$

式中：Y——因变量；

a——常数；

$b_{y1\cdot 234}$——控制 X_2、X_3、X_4 不变时，X_1 和 Y 相关联的回归系数；

X_1——自变量 X_1；

$b_{y2\cdot 134}$——控制 X_1、X_3、X_4 不变时，X_2 和 Y 相关联的回归系数；

X_2——自变量 X_2；

$b_{y3\cdot 124}$——控制 X_1、X_2、X_4 不变时，X_3 和 Y 相关联的回归系数；

X_3——自变量 X_3；

$b_{y4\cdot 123}$——控制 X_1、X_2、X_3 不变时，X_4 和 Y 相关联的回归系数；

X_4——自变量 X_4。

写该方程时，通常省略每个 b 右下方的下标数字，但看到这些下标数字会有助于你理解等式中的信息。每个 b，即**偏回归系数**（partial regression coefficient），显示当控制方程中的所有其他变量时，自变量对因变量的作用。方程中下标数字间的点是为了将相关的两个变量和受控制的变量区分开。

$$Y=a+b_1X_1+b_2X_2+b_3X_3+\cdots+b_nX_n$$

我们任意选择使该方程中包含 4 个自变量，亦可纳入更少或更多的变量，基本
440 的方程式是相同的。在控制其他自变量时，给定的自变量会与因变量相关联。

解释多元回归方程的最简便途径是看一个研究案例。1986 年发表的一项研究，尽管年代久远，但它向我们展示了多元回归模型的很多方面。[6]该文作者从联邦政府人事记录的样本中挑选了部分雇员，并收集了有关这些雇员特征的数据，旨在从中获取一个回归方程来说明个人被联邦公职服务录用时的等级评分。表 14—2 给出了这个回归方程。

表 14—2　计算联邦公务员的录用评分的回归方程　(n=2 146)

变量	回归系数
白人女性	−0.08
少数民族女性	−0.29
少数民族男性	−0.17
受教育年数（高中之后）	0.50
主修专业	
生物学、农学或医学	0.97
商学或管理学	0.82
工程学、数学或物理学	1.59
法学	4.37

续前表

变量	回归系数
社会科学学科	0.36
其他	0.06
潜在工作经验	0.17
同类工作经验	0.10
常数	2.42
$R^2=0.69$	

资料来源：G. B. Lewis，"Equal Employment Opportunity and the Early Career in Federal Employment，" *Review of Public Personnel Administration*，Summer 1986，1-18。

要解读该方程，我们首先必须检验变量。其中有几个变量不是定距变量。受教育年限、潜在工作经验和相关工作经验是仅有的三个在定距层次上进行测量的变量。其他变量都属于二分变量。

二分变量亦被称为**虚拟变量**（dummy variable）。一个人可以具有所显示的特性，抑或没有。如果这个人具有该特性，那么该变量就被赋值为"1"，不具有即赋值为"0"。在表 14—2 中，主修专业被划分为一系列虚拟变量，其中包括商学或管理学，法学以及社会科学等学科。对于每个变量来说，某人的赋值不是"0"就是"1"。尽管回归分析是为定距层次数据所准备，但实践中也常见到并允许回归方程使用二分自变量。

潜在工作经验是指一位新受雇的联邦雇员的以往工作经验，即此人毕业时的年龄与刚刚受雇于联邦政府时的年龄差。相关工作经验者优先是基于某个申请者分数上的额外奖励分。有些申请者可以加 5 分或 10 分的相关工作经验分。

该方程显示，女性或少数民族身份对于个人录用评分只有轻微的负面作用。所 441
受教育有着正面作用，法学、物理学或数学等学位显著提高了个人录用评分。因此，少数民族和女性身份这两个系数相对受教育年限、相关工作经验优先和特定学位等变量的回归系数而言更多起控制作用。[7]

例 14.1

通过多元回归方程来预计个人录用水平评分

案例 1： 现年 28 岁的白人男性，他 26 岁从法学院毕业但没有同类工作经验。你预计他的录用评分会是多少？

前面说过，潜在工作经验就是这个人录用时的年龄与从学校毕业时的年龄的差数。

预计的评分分数可以通过把来自案例 1 的数据代入表 14—2 给出的方程而计算出来。该方程可以写成包含"0"取值系数的所有变量的方程或省略"0"取值系数变量的简化变量方程两种不同形式。按照表 14—2 给出的同样变量顺序，该方程可以写作：

$$\begin{aligned}\text{预计的录用评分}=\ &2.42-0.08(0)-0.29(0)-0.17(0)+0.50(7)+0.97(0)\\&+0.82(0)+1.59(0)+4.37(1)+0.36(0)+0.06(0)\\&+0.17(2)+0.1(0)\end{aligned}$$

0 取值也可以从方程的运算中删除。这样，方程即为：

预计的录用评分＝2.42＋0.50(7)＋4.37(1)＋0.17(2)＝10.63

案例 2：现年 25 岁的女性非洲裔美国人，她 24 岁就拿到了生物学的理学硕士学位，但没有同类工作经验。你预计她的录用评分会是多少？

预计录用评分＝2.42－0.29(1)＋0.50(6)＋0.97(1)＋0.17(1)＝6.27

案例 3：你预计自己的录用评分会是多少？

讨论：这个例子显示了如何利用该方程来计算与因变量相对应的预计值。你实际上预估了具有一组特征的人的 Y 的平均值。当你试图对自己应用该方程时，你也许想知道关于这些变量操作性定义的更多情况。譬如，如果你的研究对象学的是工程学且 10 年前就毕业了，但现在却在读夜大的行政学，那你就会想知道关于研究人员如何定义潜在工作经验和主修专业的更多细节。样本是由那些刚离开学校就成为联邦公务员的人组成的，因此，当你研究这个 10 年前就毕业的人时，X 取值就落在了运算该方程时的 X 取值范围之外。

例 14.1 显示了如何运用方程来找出特定事件的预计录用评分。我们深思熟虑之后才使用“预计”这个词的。预计值代表着具有某种特性的人群的 Y 的估计平均值。

回归方程预计或估算出了总群体中人们（即拥有样本人事档案记录的人）的平均录用评分，用来进行方程计算的数据库中并不包括那些申请成为联邦公务员但未被录用，或虽被录用却自己放弃加入的人，同样排除在外的还有那些从未申请成为联邦公务员的人。并且，数据库代表的是特定时期内的联邦人事政策。一旦过了这个时限，人事政策或特定技能的需求就会发生变化，而导致基于旧数据库的估计变得不太准确。如果你熟悉当前的公务员录用评分体系，你就会发现，你的公务员录用评分水平评估太低了。分数夸大现象并不只存在于大学内。

我们希望这个例子能帮助你了解多元回归的用途。使用这个方程，你就能确定影响公务员录用评分的因素是什么了。对大多数人来说，该方程并不难运算，它产生了有用的数据，并且，稍微有些数学能力的人都能理解或估算出 Y 的取值。

你也许好奇，既然女性和少数民族这两个信息对录取评分的估算只会造成极小的差别，我们为什么还要把它们保留在方程之内。到目前为止，在方程中保留这两个变量的最重要原因是出于研究考虑。该研究主要是为了查看录用过程中，如果有的话，会出现怎样的甄别模式。纳入性别和种族这两个变量意味着研究人员可以在排除了教育水平、以往经验、所学学科以及相关工作经验等的作用后，证明性别或种族因素是如何影响人员安排的。如果性别和种族被排除在外，读者就不知道它们是否存在影响。如果性别和种族这两个变量被删除，那就要重新计算该回归方程，因为方程不再控制性别或种族这两个变量。如果性别和种族这两个变量被移除，其他的回归系数只会发生轻微的变化——因为性别和种族与录用评分之间只存在微弱的统计关联。

多元回归的关联测量

从方程中得到的预计值有多准确？$R^2=0.69$ 意味着该方程所用自变量共解释了录用评分中 69%的变化。R^2 被称为**多元判定系数**（coefficient of multiple determination），它是一个多变量关联测量手段。R^2 先是通过模型（也就是方程中的自变量）解释表明了因变量的变化程度。一般来讲，r 被用来显示双变量之间的关系，而 R 则用以显示多变量之间的关系。不同之处在于 r 可以有方向表示，R 只能得出 442
正值，因此，R^2 与 R 给用户的信息是完全等同的。

加入其他变量后，R^2 要么保持不变，要么就变大。变量的增加永远不会让 R^2 变小。这些观察表明，拥有足够多的变量后，人们就可以解释因变量中的大部分变化。微弱的关系会使 R^2 值增加 0.03、0.02，甚至更少。

有了上述经验，你会发现只需少数（通常 5 个或以下）变量就能解释数据组中的大部分变化。例如，在公务员研究的例子里，作者发现当受教育年限是唯一的自 443
变量时，R^2 等于 0.60，当加入测量主修专业的虚拟变量后，R^2 增加至 0.68。剩下的变量则把 R^2 值提高至到了 0.69。换言之，潜在工作经验、性别、种族和相关工作经验只能解释个人录用评分中多出来的 1%变化。

如果使用比案例数量更多的自变量或使用大量自变量来分析相对较小的数据库，那么就犯了严重的错误。这样一来，模型虽然可以解释数据库中的所有变化，但却是在做无用功，因为方程的设计需要完全符合数据组的要求。

为了避免被误导或误导他人，研究人员应报告修正过的 R^2 值。修正过的 R^2 方程通过对每个额外的自变量 k（k 即自变量数量）进行“处罚”，从而缩小了 R^2 的取值。调整过的 R^2 不能比原 R^2 的值大。如果模型把相对较多的自变量运用于少量案例中，那么它就会变得非常小。[9]

$$\text{调整过的}R^2=1-(1-R^2)(n-1)/(n-k-1)$$

你也许想知道何时才能停止向一个模型增加变量。最好的策略是按照公务员研究中研究人员的例子那样去做，将那些对模型具有重要理论意义的变量纳入其中。[10] 你可以从上述讨论中推断出，简单地寻找 R^2 的最高取值的做法并不可取。有些调查人员会排除那些在统计上不显著的变量。然而，如果拥有一个足够大的样本，那么即使是最小的回归系数也可能会有“统计显著性”。

各个自变量的重要性：beta（β）加权系数

请注意，有了表 14—2 中的信息后，你不能按照其解释因变量的贡献对自变量进行排序。要记住，回归系数会受到自变量测量方式的影响。因此，在个人录用评分上，系数为 0.5 的受教育年限的影响远甚于系数为 0.97 的生命科学学位。究其原因，是因为自变量“生命科学”的取值不是 0 就是 1，其最大影响可以是 0.97（1×0.97）。而高中以上人群的受教育年限的取值范围通常在 0～10 之间（从高中毕业到获得博士学位），教育所带来的影响可以在 0～5 之间。所以在方程中，生物学学位仅仅能把一个人的预计录用评分提高了大约 1 分，而两年的学校教育就可以达到相同效果，一个学士学位更是能提高 2 分之多。

β 加权系数（beta weights）是一个标准化的回归系数，它使人们可以快速并精确地比较每个变量的相对重要性。β 加权系数是通过对变量进行标准化计算的。重新调整变量使它们的平均值等于 0，标准偏差等于 1。换言之，所有的变量都采用同样的标准单位。

β 加权系数的取值越大，因变量与所测变量的关系就越强。β 加权系数通过计
444 算机软件被运算出来。因此，你不必知道变量是如何通过标准化处理来为因变量和各个不同的自变量之间的关联强度进行排序的。

例 14.2 展示了在学生录取标准研究中运用回归方程的例子。研究人员对被录
445 取为商科研究生项目的学生进行研究，以确定再增加一个量化个人成绩的尺度是否会显著提高录取决定的质量。

例 14.2

建立回归方程来量化录取标准

背景：分析人员建立了一个 12 点的录取尺度来总结个人的素质（其中包括以往工作经验和本科阶段领导水平的证据）。他们为已录取学生算出尺度得分，之后还计算出回归方程以确定这个尺度是否可以提高录取决定的质量。因变量为学生研究生阶段的在校表现。研究人员计算出两组方程：一组方程用来检验整个研究生阶段的表现；另一个方程则用来检验第一学期的表现。

有关第一学期的方程如表 14—3 所示。

表 14—3 预计学生平均绩点的回归方程

	非标准化回归系数	(s. e.)	β 加权系数
本科平均成绩	0.367	(0.088)	0.371
GMAT 成绩	0.000 99	(0.000 45)	0.188
录取尺度	0.036	(0.016)	0.188
性别	−0.019	(0.080)	−0.021
大学毕业后所历年数	0.014	(0.012)	0.104
研究生之前的工作	−0.055	(0.054)	−0.088
常数	1.437	(0.080)	
R^2	0.118		

注：GMAT＝管理类研究生入学考试。

讨论：为了预测学生第一学期的平均绩点，我们会用到非标准化回归系数的方程。要确定哪个录取因素与第一学期的成绩关系最密切，就要查看标准化的回归系数，即 β

加权系数。让人吃惊的可能就是，GMAT 成绩与录取尺度居然如此紧密地联系在一起；而其非标准化回归系数是如此之小，很难让人觉得 GMAT 成绩与个人的第一学期成绩预测有一丝关系。

资料来源：M. G. Sobol, "GPA, GMAT, and Scale: A Method for Quantification of Admissions Criteria," *Research in Higher Education* 20 (1984): 77-88。

在这个例子中，你可以观察到 β 加权系数所扮演的角色，还可以将其给出的信息与非标准化回归系数给出的信息进行比较。其中尤其要注意 GMAT 成绩的非标准化回归系数。这一系数是如此之小，以至于人们容易错误地断定 GMAT 成绩和 GPA 没有任何关系。0.000 99 的系数代表 GMAT 成绩增加 1 分所造成的影响。在该数据被收集的时候。GMAT 最低分为 200 分，每 10 分为一个增加量。

有些研究报告了非标准化和标准化回归系数两类信息，在研究中，如果对回归系数的意义无法清楚地加以解释，那么往往会出现单独的 β 加权系数。例如，分析人员和使用者都无法对定序变量的单位增加量的含义（如某项政策的满意度）做出清晰的描述。

上例还报告了 b 的标准误。前面说过，经验表明，如果 t 比值（b/se_b）大于 2，那么该关系的统计显著性就处在 0.5 的水平上。100 次中有 5 次，回归系数会与总体中斜率为 0 时得到的回归系数一样大。本科平均成绩、GMAT 成绩和录取尺度的回归系数是仅有的 3 个 t 比值大于 2 的回归系数，它们也是 β 加权系数最大的变量。

为了使该尺度更为精确，作者检验了当不同的变量被加入录取标准时 R^2 值提高的程度，其结果如表 14　4 所示。

表 14—4　　第一学期成绩与录取标准的关系

回归方程	R^2
本科平均成绩（undergraduate average，UA）	0.104
UA+GMAT	0.148
UA+GMAT+录取尺度（admissions scale，AS）	0.181
UA+GMAT+AS+性别	0.184
UA+GMAT+AS+性别+以往工作经验	0.188

注：GMAT=管理类研究生入学考试。

资料来源：M. G. Sobol, "GPA, GMAT, and Scale: A Method for Quantification of Admissions Criteria," *Research in Higher Education* 20 (1984): 77-88。

每个增加的变量的 β 加权系数，t 比值以及 R^2 的变化都支持了研究人员的结论，即在预测研究生学习成就时，只需考虑本科平均绩点、GMAT 成绩和录取尺度得分。

回归方程显示，以本科平均绩点、GMAT 成绩和录取尺度所分配的分数只解释了第一学期成绩 18%的变化。换言之，第一学期成绩变化中的 82%与未列入模型中的其他因素相关。

t 比值和 F 比值是通常与回归分析结果一起报告的两种统计显著性检验。t 比 446

值可以检验回归系数不等于 0.00 这一假设，研究人员可以报告 t 比值，关联概率或其 se_b。如果报告了 se_b，t 比值就可以用回归系数除以其标准误而计算出来。

F 比值通常用来检验整个模型。F 比值是已被解释方差和未被解释方差的比值，它显示了回归方程的偶发概率（即方程中所有解释变量都没有显著作用的概率）。（参见第 13 章有关 F 比值和使用 F 分布表的有关内容。）其零假设是 $b_1=b_2=b_3=\cdots=b_k=0.00$；$k$ 为自变量的数量。假设为其中至少有一个自变量不等于 0。F 比值的方程为：

$$F=R^2(n-k-1)\div(1-R^2)(k)$$

式中：　R^2——多元判定系数；

n——案例的数量；

k——自变量的数量。

需要运用 β 加权系数、R^2 和显著性水平对备选模型进行检验，以决定哪个模型具有最佳的数据描述能力。例 14.3 中的三个模型，是为了确认与管理报告的使用频率相关的因素有哪些。我们注意到方程 2 和方程 3 所报告的统计数据比较类似。研究者最终确定方程 2 为更好的模型，它和方程 3 解释了相同数量的变化，但是所处理的信息更少。因此，它是最有效的。不包括在方程 2 之内的变量 X_4，虽然具有统计显著性，但是显著性等级最低，与因变量的关系也最弱。

例 14.3

447 **统计显著性和多元回归方程**

目前情况：调查者想确认与实际应用相关的管理报告特性。他测量了以下若干变量：

Y——管理人员与他人讨论报告中的信息的平均频数。

X_1——报告频数（例如：1＝一年一次、12＝一月一次、52＝一周一次）。

X_2——媒介（0＝分发的打印报告、1＝通过终端显示而调阅）。

X_3——报告的技术质量。

X_4——信息可报告性。

X_5——报告的已知价值。

策略：对运用多元回归分析的备用探索性模型进行评估（见表 14—5）。

表 14—5　　三个多元回归方程的 β 加权系数

自变量	β 加权系数		
	方程 1	方程 2	方程 3
X_1	0.41[c]	0.39[c]	0.39[c]
X_2	−0.30[c]	−0.27[c]	−0.28[c]
X_3		−0.26	−0.29
X_4			0.11[a]

续前表

自变量	β加权系数		
	方程 1	方程 2	方程 3
X_5		0.31[c]	0.27[b]
R_2	0.10	0.16	0.16
F-Ratio	10.94[c]	9.02[c]	7.53[c]

a $p<0.05$。
b $p<0.01$。
c $p<0.01$。

讨论：第一个模型（方程 1）只包含两个自变量 X_1 和 X_2，它解释了报告使用频数中 10%的变化。第二个模型（方程 2）中加入了两个新增的自变量 X_3 和 X_5，新变量的加入轻微改变了 X_1 和 X_2 的 β 值。两变量加入后，该模型现在解释了报告使用频率中 16%变化。

研究人员发现方程 2 是最佳模型，它产生了最大的 R^2 值。方程 3 并不比方程 2 更有效。方程 2 和方程 3 分别解释了 16%的变化。因此把变量 X_4 加入到方程 3 中，并不能在其他变量已提供的解释基础上做出更多解释。

β 加权系数显示，报告频数与使用频数的关系最强，报告的已知价值，也与使用频数高度相关。脚注显示 t 比值已经计算出，且研究人员得出结论：使用频率与报告频率、报告的价值以及媒介的关系可能是非随机了（β 加权系数不等于 0）。统计显著性的缺乏，表明了报告的技术质量可能与使用频率没多大关系。

F 比值可以证实其他信息。三个方程中任一方程的偶发概率都很低。F 比值和 t 检验的结果明确显示使用频数，媒介以及已知价值的回归系数都不等于 0.00。所有三个方程的统计显著性水平均为 0.001。

资料来源：E. B. Swanson，"Information Channel Distribution and Use," *Decision Sciences* 18 (1987)：131－145。

14.3 多重共线性

在假设一个回归模型时，一些紧密相关的自变量有时会被整合到模型中。紧密相关的自变量纳入一个回归模型的问题被称为**多重共线性**（multicollinearity）。当两个自变量紧密关联时，回归方程就无法准确地估算它们对因变量产生的独立作用。一个实际上与因变量相关的变量可能将因此而显得不再重要。多重共线性会影响政策制定者的决策。E. R. 塔夫特（E. R. Tufte）在其数据分析的文本中给出了一个例子，试图研究家庭收入和健康空气质量的关系。[11]如果家庭收入和研究对象所在社区的空气质量是密切相关的，分析人员就无法确定健康状况的变化中有多少是与空气质量相关联的，有多少要归因于社会经济因素。然而，行政人员却指望这 448

些信息来确定是否有必要在改进空气质量上投资。

分析人员会特别关注如何确认多重共线性。多重共线性的表征是可以明确的，调查人员应回顾自己的分析，从而确定分析中没有出现这些表征。多重共线性的两个表征是：(1) 多元回归方程具有统计显著性。但没有一个 t 比值具有统计显著性；(2) 加入一个自变量会急剧地改变 β 加权系数或回归系数的取值，如果回顾例 14.3 中的表 14—5，你就会注意到这两个表征均不存在其中。尽管所有三个方程在统计上都是显著的，但没有一个方程拥有非显著的 β 加权系数。同样，新自变量的加入亦没有显著改变方程中 β 加权系数的值。研究人员常常会检验数据矩阵，其中包含与每对自变量相对应的相关系数 r。如果任何 r＞＝0.80，研究人员就会怀疑其中存在多重共线性。不过，该策略尚未达到完美的程度，多重共线性可能会在相关系数较小时出现，因此并不是说 r 达到 0.80 就一定存在多重共线性。[12]

多重共线性被认为是可能与抽样有关的问题，也就是说，所选案例的类型并不支持去估计每个变量的独立作用。[13]有些案例代表了那些比较富有但空气质量较差的地区。如果将它们包含在内，这些变量间的关联将弱化，这会促使研究人员去估计每个变量对健康状况的作用。有了更多的案例，上述问题就有可能消失，但收集更多数据通常是不可行的。有时，研究人员只能做到关注多重共线性问题，却没法彻底解决这一问题。

研究人员可以修正原有的模型。他会对两个变量进行相同基本概念的测量，并
449 舍弃其中一个变量。他也可以将两个变量合并在单一测量中。[14]如果研究人员将市政预算和全职市政雇员的数量都作为自变量，就会发现人员成本在市政预算中占很大比例，从而得出这两个变量是紧密相关的。他会宣称这两个变量都代表着市政服务方面的财政投资，从而舍弃其中一个变量。他会创立一个新的变量，即市政预算中每 100 000 美元所对应的全职雇员的数量。

如果回归分析只作为预测之用，那么多重共线性就不是一个问题。在预测中，使用者关注的是预测的准确性而非某个特定回归系数的准确性。预测的准确性取决于过去收集数据时的情形在未来能否原样呈现。

14.4 回归分析与非定距变量

回归分析的一个假设是考察的变量都是在定距层次上测量的。在阅读社会科学期刊时，你常常会看到回归方程中包含着定序变量。如果一个定序变量的取值形成一个等分尺度，那么假设就可以放宽要求。当然也有不同的经验。某经典心理学文献建议，分析人员可以把 11 个或更多取值的定序变量当作定距变量来处理。这个观点并不是硬性的规定。只有 7 个类别的教育测量层次似乎亦产生了相当好的效果。[15]如果一个定序变量只有很少的取值，分析人员就应该查阅列联表或散点图，以防止变量间关系的重要动态被忽略。

正如我们之前所指出的，二分变量被当作定距测量来解释。二分变量可以作为

自变量纳入回归方程。如果因变量是一个二分变量，就不能用线性回归来分析。相反，分析人员可以选择逻辑斯蒂回归或另一个与线性回归相类似的统计模型来进行分析。逻辑斯蒂回归提供了回归分析所具有的易计算易解读的优势，同时又不会违反其作出的假设。

逻辑斯蒂回归的应用

本章不涉及**逻辑斯蒂回归**（logistic regression）的细节问题。[16]不过，回顾一个解读**逻辑斯蒂回归系数**（logistic regression coefficient）以及确定该模型拟合优度的方法，应该是有价值的。这能让你确认在什么样的情况下逻辑斯蒂回归可以产生有价值的信息，并使你对逻辑斯蒂回归的研究结果有所理解。

在下面的例子中，我们使用的数据均来自一个审前假释项目。[17]审前假释意味着将被告在审判开庭前免除监禁。负责该项目的人员想了解他们为提请审前假释而制定的标准是否有效。为了做一次提请，他们需要对包括年龄、性别、婚姻状况、工作经历、目前所受指控的性质、前科、滥用成瘾药物的治疗以及核实被告信息的能力等 24 项因素进行加权。他们认为如果免除监禁的被告出席了预期审讯，项目 450
就成功了。

因变量是“出庭”（1＝被告出庭、0＝被告未出庭），表 14—6 报告了逻辑斯蒂回归系数。

表 14—6　　被告特性对出庭概率的影响

变量	逻辑斯蒂回归系数
个人信息是否核实（1＝是）	0.853
是否被指控酒后驾驶（1＝是）	−0.624
是否接受过滥用成瘾药物的治疗（1＝是）	−1.125
是否有暴力行为的前科（1＝是）	0.908
就业时间（以月计算）	0.008
是否受到审理中的其他指控（1＝是）	−0.843
常数	−0.318

要确定事件的发生概率，可使用下面的等式：

$$(\text{事件发生的})\text{概率}=1/(1+e^{-Z})$$

式中：　Z——常数$+b_1X_1+\cdots+b_iX_i$。

e 是自然对数，是一个约等于 2.718 28 的常数。

特别地，该方程可以预测事件或是得分为 1 的结果的发生概率。想要得出事件不发生的概率，只需要用 1 减去事件发生的概率，即：

$$(\text{事件不发生的})\text{概率}=1-(\text{事件发生的})\text{概率}$$

让我们把根据表 14—6 结果得出的这个方程应用到两个人身上。首先，我们把该方程应用到某个人身上，此人似乎很难有机会再提请审前假释。她被指控酒后驾驶并在接受滥用有瘾药物的治疗、有暴力行为的前科、目前处于失业状态、身负另一个审理中的指控，还有就是她的住宅地址尚未核实。

$$
\begin{aligned}
Z &= -0.318+0.853(0)-0.624(1)-1.125(1)+0.908(1) \\
&\quad +0.008(0)-0.843(1) \\
&= -0.318-0.624-1.125+0.908-0.843 \\
&= -2.002
\end{aligned}
$$

$$
\begin{aligned}
\text{(出庭的)概率} &= 1/(1+e^{-(-2.002)})=1/(1+e^{2.002})=1/(1+7.404) \\
&= 1/8.404=0.119
\end{aligned}
$$

451 她将出庭的概率还不到 12％（0.119＝11.9％），她可能不是审前假释的适合人选。

接下来，我们把上述方程应用到了另外一个人身上，此人所受指控并不是来自于酒后驾驶。他没有接受过滥用有瘾药物的治疗，没有被捕过（因此也就没有审理中的指控），他工作过 24 个月，还有就是他的住所和工作单位都已经查对无误。

$$
\begin{aligned}
Z &= -0.318+0.853(1)-0.624(0)-1.125(0)+0.908(0) \\
&\quad +0.008(24)-0.843(0) \\
&= -0.318+0.853+0.192 \\
&= 0.727
\end{aligned}
$$

$$
\text{(出庭的)概率}=1/(1+e^{-0.727})=1/(1+0.438)=0.674
$$

他将出庭的概率是 67％，很明显与第一位人选相比，他是审前假释的较佳候选人。

工作人员使用的其他标准又会怎样呢？由于它们看起来与被告是否出庭之间的关系具有随机性（$P>0.10$）故而没有报告它们的回归系数。结果表明，要选出审前假释的较佳候选人，其实远不需要 24 条标准。既然信息核实在成功的预测中起着重要的作用，工作人员会继续收集某些信息，比如住址，而这在最终模型中并没有体现出来。（所谓核实信息的能力实际上是对被告人的社区联系进行实地衡量，这在模型中的其他变量中亦无法直接体现出来。）

下一步是评估该模型的效用。表 14—7 对预计结果与实际结果进行了比较。该模型究竟有多好？请注意被告出庭和不出庭的概率都是 50％。通过掷硬币也可以正确的预测出 50％的结果，逻辑回归模型提供经验证据表明，使用决策标准比掷硬币更为有效。但是，工作人员还是要预想到事件的预测中有 33％的出错概率。据统计确认，工作人员在收集那些对正确预估被告是否出庭没有帮助的数据。基于这一结果，工作人员可以去确认和检验那些可以提高其预测准确性的其他变量。

表 14—7　　模型正确预测出庭与否的能力

实际结果	预测	
	出庭	不出庭
出庭	84	46

续前表

实际结果	预测	
	出庭	不出庭
未出庭	39	91

被准确预测“出庭”的百分比$=\frac{84}{84+46}\cdot 100\%=65\%$

被准确预测“不出庭”的百分比$=\frac{91}{39+91}\cdot 100\%=70\%$

被准确预测的事件的百分比$=\frac{84+91}{260}\cdot 100\%=67\%$

14.5　用于分析时序数据的回归模型

研究人员可以利用回归模型来分析纵向数据。时序数据对预测来说特别有价值。行政人员常常要预测未来的需求，以供人员招募、制定计划和采购等方面的决策之用。经济决策需要预测，政府税收需要预测，正如企业需要预测自身产品的市场需求一样。

如果变量的取值可以根据时间变化而合理地用一条直线加以描述，这时线性回 452
归模型就适合用来进行预测。不过，基于线性回归的预测可能不准。首先，基础**线性回归模型**（linear regression model）无法反映变化方向或变化比；其次，短期的估计，例如对任一给定月份中形成的税收需求的估计，可能因为线性回归模型忽略了季节性或周期性数据而非常不准确。

例 14.4 中展示了一个模型以表现线性回归模型的使用情况。建立该模型的目的在于预测美国地方政府的劳动力规模。我们的例子还是相当初级的，涉及的年份很少而且忽略了季节性和周期性的波动。

例 14.4

用线性回归来预测一个变量的取值

情况：一位政策分析员想估计两年之后的美国地方政府的劳动力雇佣规模。

策略：他查看了过去 9 年中的雇佣数据。

地方政府雇员的数量（Y，千人）	年份
2 357	1
2 423	2
2 434	3
2 467	4
2 494	5
2 541	6

续前表

地方政府雇员的数量（Y，千人）	年份
2 570	7
2 569	8
2 642	9

散点图

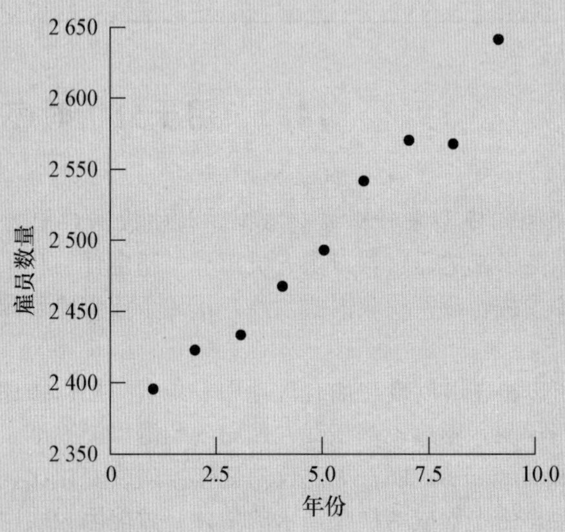

图 14—6　地方政府雇员数

回归模型：

Y=2 357+29(年)

要估计两年后地方政府的劳动力规模，亦即年数为 11：

Y=2 357+29(11)=2 676 或 2 676 000 名雇员

资料来源：U. S. Bureau of the Census，*City Employment*，*1990*，Series GE-90-2.（Washington，DC：U. S. Government Printing Office），vi。

在分析时序数据以确定按时间测量的变量间关系之前，研究人员需要确定是否有自相关存在。**自相关**（autocorelation）是指在不同的时期变量的各取值之间存在的一个非随机关系。一篇关于时间序列的著作使用“美国国防预算”（U. S. defense budget）这一变量来诠释自相关这一概念。作者设置了两个场景。在其中一个场景中，国防预算按照时亏时余的过程变化。如果时间段 1 内预算充足，那么可预料到时间段 2 内预算会缩减。时间段 3 期间，国防预算再次回升，以弥补前一时间段的匮乏。在另一个场景中，如果国防预算相当高，支持维持高支出的力量就会阻挠要求削减支出的努力；相反，如果预算支出很低，那些支持更少国防支出的力量就能够成功压制要求增加支出的努力。这两个场景都有自相关的征兆，也就是说，一个时期的国防支出与后一时期的国防支出是有关联的。[18]

自相关违反了回归模型中残差之间相互独立的假设。如果存在自相关，该模型 454
将产生存在偏差的 t 比值、置信区间和统计显著性检验。[19]为了对自相关进行检验，研究人员可以从绘制残差着手。[20]如果存在自相关，残差的绘制图就产生独特模式。例如，前面提到的第一个场景准确描述了国防支出的模式，那么其他每个残差都将位于回归线之下；如果第二个场景准确描述了国防支出的样式，那么残差大小就会暂时增加，然后减少一段时间，之后又开始增加。

如果研究人员确认并引入某个自变量来解释部分未获解释的变化，那就可以消除自相关作用。有作者注意到，1900—1970 年自杀的数量与失业者的数量之间明显存在的很强关系可归因于这一时期内人口的增长。如果引入人口规模这一变量，自相关的问题就会消失。[21]如果自相关无法被消除，研究人员就应当采用统计模型，而不是使用最小二乘法（ordinary least squares，OLS）回归模型（该模型在本章内有详述）。[22]分析时序数据还存在其他挑战。有一条经验法则认为建立稳定的回归模型至少需要 30 个案例。对大约 30 年的数据进行分析还会引出其他问题。我们也许无法获得完整的数据组，或者操作定义或测量间隔会发生改变。要增加案例，分析人员可以把数据按月或季度加以划分，但这一策略又会引出季节性变化。如果发生季节性变化或自相关，最小二乘法模型就不适用了。的确有统计方法考虑到了自相关和季节上的变化。一位既有时间又有耐心的调查人员可以对实例（例如，L.J. 麦凯恩和 R.M. 麦克利里的文章中提到的例子）[23]加以研究，并开发出分析时序数据所必需的技能和知识。[24]此外，对社会调查数据进行研究的时候，人们可能会对两个或以上变量间的关系如何做到长期保持一致提出质疑。

14.6　回归分析和因果关系

很多行政人员和政策分析人员感兴趣的很多主题无法通过实验来研究。多元回归技术（例如路径分析、结构方程模型等）被用来作为验证因果关系的统计证据。[25]这些技术的主要价值就在于它们能够通过统计方法控制可能的原因变量来消除其他假设。理论模型的质量影响统计模型的准确性。例如，如果可以证伪模型的控制变量没有被纳入其中，因果关系可能会被错误假定。而与其他变量有关系的控制变量被忽略，以至于影响到估算关系的准确性。

总之，行政人员常被提醒要记住这句话——“相关关系并不等于因果关系”，只有对模型进行大规模的构建、检验和改进之后，因果关系的假定才站得住脚。[26]
备选的模型均应先予检验和改进。被认为对其他变量产生影响的控制变量均应先予 455
确认和检验。这个过程中非线性关系应该已经予以确认，线性关系模型也应该经过修改。之后留存下来的模型都应该接受理论和统计上的挑战。经过彻底检验的统计模型可以提高实验的效率，还能避免把时间和资源浪费在构思欠佳的模型上。

本章小结

回归分析是一项能够有效描述复杂关系的统计技术。通过回归方程，使用者可以对数据组进行描述、估算出总体参数、推断因果关系并做出预测。

双变量案例的线性回归方程是与直线相关的方程，可以对数据组做出最佳线性描述。与自变量的特定取值相对应的因变量的估计值可以通过该方程计算出来。回归系数可以估算出自变量的影响大小。

要评估线性方程模型的准确性，分析人员应该查看散点图以确保双变量关系确实通过直线得到合理描述。此外，分析人员还应该找出那些可能给方程带来偏差的异常值。

相关系数 r 可以测量变量间关联的强度和变化方向。r^2 值代表可以通过自变量获得解释的因变量的变化的比例。

多元回归扩展了双变量回归模型。偏回归系数是在控制方程中其他自变量的情况下对自变量的影响做出的估计。β 加权系数是标准化的回归系数，显示了每个自变量与因变量之间关联的相关强度。如果使用者理所当然地认为非标准化的回归系数的大小可以显示出模型中自变量的重要性，那就犯了严重错误。

R^2 类似于 r^2，报告模型包含的变量所解释的因变量的变化状况。一些无意义变量的加入亦会使 R^2 值略有提高。因此分析人员应该对拥有大取值的 R^2 和很多变量的模型保持警惕。为了确定在模型中纳入哪些变量，分析人员首先应该考虑模型和各变量的目标。其次，分析人员应该对支持每个变量与因变量之间关系的统计证据进行检验。同时也需要检验一下多重共线性，即两个变量一起变化。这一问题如果不解决的话，就没法正确估计相关变量的作用。某一特定的 r^2 和 R^2 取值是否值得注意取决于研究的属性。在统计中，自然科学家对这两个系数的期望取值通常都高于社会科学家。这一区别反映了学科的研究问题与模型的差异。如果一个数据库包含了比案例本身更多的变量，就会出现高 R^2 值；这个模型从本质上来说，包含过
456 多人为因素。检验一个回归模型时，我们不应认为低 R^2 值就意味着丧失统计显著性。如果模型基于大样本而建立，非随机关系就会非常微弱。

尽管回归技术已被用来预测和推断因果关系，但行政人员应警惕由此所得出的推论。在预测中，序列的长度、长期趋势的变化以及序列中的其他波动，都会干扰对结果的估计。如果调查人员未对自相关进行检验并做出适当的修正，那么基于时序数据表明因果关系的模型就会不值得相信。

回归统计假设变量都是在定距层次上测量的。如果可以假设定序变量形成等分尺度，那么上述假定就可以放宽要求。如果一个定序变量拥有至少 11 个取值，那么回归分析就会发挥正常作用。二分自变量可运用到多元回归中，但回归分析不能被用来分析二分因变量，不过此时，可以运用逻辑斯蒂回归分析。逻辑斯蒂回归预测某事件的发生概率并将统计模型正确划分因变量取值类别的能力显示出来。

到此为止，我们探讨了行政人员用以检验和分析数据的一些主要途径，第 15 章将探讨研究过程的最后一个阶段——如何报告研究成果，此外，还涉及两个严肃的问题——报告研究结果中需考虑的伦理因素和保存研究记录的要求。

术语回顾

回归方程（regression equation）
异常值（outlier）
多重共线性（multicollinearity）
相关系数（correlation coefficient）
滞后变量（lagging a variable）
线性回归模型（linear regression model）
散点图（scatterplot）
偏回归系数（partial regression coefficient）
逻辑斯蒂回归（logistic regression）
残差（residual）
虚拟变量（dummy variable）
逻辑斯蒂回归系数（logistic regression coefficient）
拟合优度（goodness of fit）
判定系数（coefficient of determination）
自相关（autocorrelation）
回归系数（regression coefficient）
β加权系数（Beta weights）

复习题

下列问题可以看出你是否对本章的内容有所掌握：

1. 有项研究收集了 40 个国家的数据来分析出生率的变化。下面对这项研究中获得的方程进行考量：

$Y=32-0.0018X$
$r=-0.78$
$se_b=0.00024$

式中：Y——出生率（每千人）；
X——人均国民收入。

(1) 确认以下内容：
自变量和因变量；

回归系数；

常数；

相关系数；

判定系数；

斜率的标准误；

线性回归方程。

(2) 出生率中有多大比例的变化是与人均国民收入相关的？

(3) 人均国民收入与出生率之间的关系方向是什么？有什么证据可以支持你的回答？

(4) 哪些拟合优度信息已被提供？你是如何解读这些信息的？

(5) 计算 t 比值。由此可以推断出人均国民收入与一个国家的出生率之间存在怎样的联系？

(6) 某国家的人均国民收入为 2 000 美元，估算其出生率。

(7) 数据组中人均国民收入的范围为 400～12 000 美元/年。你能估算一个年人均国民收入为 20 000 美元的国家的出生率吗？说出你的理由。

(8) 如果人均国民收入是“以 1 000 美元为单位”来进行测量的，那么回归方程就是 $Y=32-1.8X$。这是该关系的更佳的模型吗？请说出你的理由。

(9) 你需要查看该数据的散点图吗？说明理由。你需要怎样的图示来判断线性回归模型是否合适？如果你发现的是一个曲线图式或根本没发现任何规律性图式，那么你会怎么做？

(10) 你需要查看该数据的残差散点图吗？说明理由。你希望从中发现什么？

2. 引入农业人口百分比的信息，对方程进行重新计算，如下：

$$Y=36-0.0018X_1-0.186X_2;R^2=0.67$$

$$(0.00023)\quad(0.066)$$

式中： Y——出生率（每 1 000 人口）；

X_1——人均国民收入；

X_2——农业人口百分比。

se_b在方程下面的圆括号中记述。

(1) 解读方程中由“-0.0018”和“-0.186”所提供的信息。

(2) se_b显示了出生率、人均国民收入和农业人口比例三者之间什么样的关系？

(3) 多元回归模型解释了出生率中的哪些变化？你认为是高、低还是处于两者之间？说明理由。

(4) 出生率、人均国民收入和农业人口比例三者之间关系的变化方向是什么？有什么证据可以支持你的回答？

(5) 预计具有以下特性的国家的出生率：

a. 人均国民收入为 10 000 美元，其中农业人口占 13%。

b. 人均国民收入为 1 230 美元，其中农业人口占 35%。

c. 人均国民收入为 4 100 美元，其中农业人口占 4%。

（6）β 加权系数能提供哪些目前所没有的额外信息？

3. 运用下面的方程来预计下列事件的 Y 值：

（1）某系平均绩点为 2.5 且不提供就业辅助；

（2）某系平均绩点为 2.5 且提供正式就业帮助；

（3）某系平均绩点为 2.5 且不提供正式就业辅助。

$$Y=5+20X_1+10X_2;R=0.5$$

式中：Y——某系在毕业一个月内就业落实的毕业生所占百分数；

X_1——该系毕业生平均绩点的平均数；

X_2——正式就业辅助（若提供了正式就业辅助，则 $X_2=1$；若不提供正式就业辅助，则 $X_2=0$）。

（4）成功就业中有哪些变化通过本多元回归模型得到了解释？

4. 当回归线为非对称的时候，意味着什么？

5. 为什么你需要了解用来计算回归方程的 X 的取值范围？

课后作业与讨论

1. 参阅复习题第 3 题中的多元回归方程并回答下面两个问题：

（1）如果数据是上一年度收集的，它们对该大学预测本年度毕业生的就业结果的能力产生何种影响？

（2）原始模型还包括 X_3，即能力倾向测验（比如学术能力测验和研究生入学考试）的平均成绩，由于多重共线性的问题而将该变量舍弃。请解释这里所说的多重共线性意味着什么。通过何种途径可以检测出多重共线性？

2. 表 14—8 出现在对规划人员的收入研究中。注意，规划人员的收入是因变量。

（1）比较该模型对男女规划人员的收入变化的解释效果如何。

表 14—8　　规划人员的收入按性别加权的 β 加权系数

	男性	女性
年龄	0.02	0.08
教育水平[b]	0.25[a]	0.30[a]
婚姻状况（已婚=1）	0.05[a]	0.01
种族（白人=1）	0.01	0.02
机构规模	0.19[a]	0.17[a]
集中管理	0.04	−0.03
工作更换	−0.14	−0.10

续前表

	男性	女性
所担负规划人员角色的数量	0.03	−0.01
以年数计的工作经验	0.53[a]	0.37[a]
R^2	0.600	0.426

注：a 显著性水平为 0.05。

b 教育水平重新经过调整，即：(1) 高中；(2) 大学 1～2 年级；(3) 大学 3 年级以上；(4) 已获学士学位；(5) 在读研究生；(6) 已获硕士学位；(7) 在读博士生；(8) 已获博士学位。

资料来源：J. M. Mayo, Jr., "Job Attainment in Planning: Women Versus Men," *Work and Occipation* (May 1985): 152。(Copyright 1985 by Sage Publications, Inc. Reprinted with permission: Sage Publications, Inc.)

(2) 哪些因素对男性规划人员的收入造成的影响最大？对女性规划人员呢？得出该结论需要运用哪些信息？

(3) 有证据表明更换工作与更高收入相关吗？简要说明你是如何得出自己的结论的。

(4) 有证据表明规划人员的薪水受到了种族因素或婚姻状况的影响吗？简要说明你是如何得出自己的结论的。

(5) 对于担负很多不同规划人员角色的价值，有关证据表明了些什么？

3. 为了研究与管理人员报告信息使用频率相关联的因素，有位研究人员查看了的 5 个线性模型，见表 14—9。自变量包含：

报告频率（每年报告 1 次＝1；每月报告 1 次＝12；每周报告 1 次＝52；每天报告 1 次＝260）。

传达介质（打印＝1；终端显示＝0）。

技术质量（因素评分代表客观信息的质量，比如，数据的可靠性、精确度和适时性）。

可查阅性（因素评分代表获取和解读信息的能力）。

已知价值（因素评分代表特定用户信息的价值）。

(1) 基于上述信息，哪个模型能最好地解释管理人员使用信息中的变化？请说出选择该模型的理由。

(2) 基于上述信息，一个机构有必要在报告打印上增加额外支出吗？请说明理由。

(3) 基于上述信息，一个机构有必要花精力继续提高其信息的质量吗？请解释。

(4) 与报告使用频率关系最大的变量是哪个？

(5) 在方程 2 中，“技术质量”的 β 加权系数值为 −0.07，而在方程 3 至方程 5（−0.17X、−0.26X、−0.29X）中，β 加权系数值明显要高得多。简要说明其原因。

表 14—9　　标准化的（β 加权）回归方程

	1	2	3	4	5
自变量					
报告频率	0.41	0.42	0.41	0.39	0.39
传达介质	−0.30	−0.2	−0.31	−0.27	−0.28
技术质量		−0.07	−0.17	−0.26	−0.29
可查阅性			0.19		0.11
已知价值				0.31	0.27
R^2	0.10	0.10	0.12	0.16	0.16

资料来源：E. B. Swanson，"Information Channel Disposition and Use，" *Decision Sciences* 18（1987）：131-145。

4. 以下为研究社区用水量（以总售水量来测量）的一个模型：

$$Y=600+0.19X_1-15X_2-0.02X_3-6X_4-682D_1-736D_2-626D_3-356D_4+40D_6+244D_7+226D_8+2D_9-183D_{10}-532D_{11}-720D_{12}$$

式中：　Y——总售水量；

X_1——社区总人口；

X_2——平均年降雨量（以英寸为单位）；

X_3——公用事业支出；

X_4——每立方米实际价格。

$D_1 \sim D_{12}$——1—12 月。

改编自 L. J. Mercer and W. D. Morgan，"Impact of a WaterConservation Campaign，" *Evaluation Review* 4（1980）：112。

（1）某社区年降雨量为 10 英寸，公用事业支出为 1 000 美元，且实际价格为 80 美元/m^3。该社区 1 月的预计用水量为多少？

（2）每花费 100 美元在公用事业上对用水量有何影响？

（3）哪个月是用水量最高峰？哪个月是最低谷？

5. 表 14—10 报告了 15 所高中的学术能力测验（SAT）语文成绩和平均日出勤率的数据。

回归线的方程为：

$$Y=-46+4.4X \quad r=0.66$$

式中：　Y——SAT 语文成绩；

X——平均日出勤率。

注意：平均日出勤率的百分比是以整数计入方程中的，比如，当一个学校的日出勤率为 20%时，则 X 被记为"20"。

（1）根据表 14—10 中的数据绘制一张散点图。

（2）绘制出回归线。

（3）计算亚当斯（Adams）、戴（Day）和李（Lee）三所高中的残差。

（4）数据是否能显示出在 SAT 语文测验中，正常出勤的学生比非正常出勤的学生要表现得更好？说出该答案的理由。

（5）说明学校出勤率与 SAT 语文成绩的关系。

表 14—10　　某县高中的 SAT 语文平均成绩和平均日出勤率

学校	SAT 语文的平均成绩	平均日出勤率
亚当斯	281	77%
贝尔	312	75%
克拉克	439	96%
戴	282	91%
爱德华兹	294	81%
弗伦奇	316	83%
格兰特	365	84%
希尔	294	80%
詹姆斯	308	79%
基	257	85%
李	308	76%
曼	387	95%
纳什	287	71%
帕尔	394	91%
罗兹	319	88%

6. 研究人员创建了一个会计测试来取代标准化测试。他们打算对该测试进行验证以确保它并没有歧视少数民族或女性应聘者。为了对该测试作出验证，这些研究人员对机构会计人员进行了测验并按以下两条标准收集有关数据：

标准 1（C1）：判断工作认知程度的行为标准；

标准 2（C2）：对全部工作表现的等级评定。

表 14—11 显示了不同类型对象的每个测试与验证标准之间关系的相关系数（r）。例如，第 1 例最下面一行的 0.56 表示 $r=0.56$，据此可以判断工作认知程度的行为标准得分（C1，因变量）与新建测试的所有非少数民族受测者所设立的测量之间的关系。

（1）这些研究人员进行的是哪种类型的验证？

（2）数据表明该机构应运用哪种测试来雇用会计？为什么？你看出该测试中存在什么需矫正的缺陷吗？是什么？

（3）基于数据，你会建议同时使用双标准来验证今后的测试吗？说明理由。

表 14—11　　两个工作测试的成绩与两项成绩的测量方式之间的相关性（对应不同对象特性）

测验	新建测试		标准化测试	
	C1	C2	C1	C2
所有对象	0.44	0.28	0.12	−0.18
男性对象	0.41	0.20	−0.03	−0.14

续前表

测验	新建测试		标准化测试	
	C1	C2	C1	C2
女性对象	0.48	0.56	0.25	0.11
少数民族对象	0.37	0.26	0.18	−0.21
非少数民族对象	0.56	0.29	0.20	−0.10

资料来源：G. A. Kesselman and F. E. Lopez，"The Impact of Job Analysis on Employment Test Validation for Minority and Nonminority Accounting Personnel，" *Personnel Psychology* (1979)：99。

7. 表 14—13 复制于审计总署的一份报告——《WIC 项目中的婴儿食品》。该研究估算了不同因素对联邦妇女、婴儿和儿童营养计划中婴儿食品支出的影响。

(1) 若某 WIC 项目的执行机构位于西部，该项目采用单供应商竞标，平均每月供给 5 000 名婴儿的食品，在符合条件的婴儿中大约为 60%的婴儿提供了服务，且在所服务州内没有婴儿食品的生产厂。试估算该项目中的婴儿食品支出。

(2) 婴儿食品支出中有多大比例的变异可以通过本模型得到解释?

(3) 基于这些数据，你会建议 WIC 项目采用单供应商竞标还是采用多供应商竞标? 说明理由。

(4) 那些境内拥有婴儿食品生产厂的州会因此受益吗? 说明理由。

表 14—12　　定义回归分析中使用的变量

变量	描述
单供应商竞标	若 WIC 机构采用单供应商竞标则等于 1，否则等于 0。
多供应商竞标	若 WIC 机构采用多供应商竞标则等于 1，否则等于 0。
WIC 婴儿数	每月平均 WIC 婴儿数量（1988 年 6 月—1989 年 5 月），以千人为单位。
婴儿食品产于所服务州	若婴儿食品产于 WIC 机构所服务州内则等于 1，否则等于 0。
1989 年符合条件的婴儿	1989 财政年度中有资格享受 WIC 机构提供的服务的婴儿的比例。
印第安部落	若该 WIC 机构负责一个印第安部落则等于 1，否则等于 0。
中西部	若该 WIC 机构位于中西部则等于 1，否则等于 0。
西部	若该 WIC 机构位于西部则等于 1，否则等于 0。
南部	若该 WIC 机构位于南部则等于 1，否则等于 0。
价格	1989 年 6 月 1 日，一罐 13 盎司的婴儿奶粉的批发价减去折扣数。

表 14—13　　回归分析的结果

变量	参数估计（B）	标准误	T 统计值
截距	0.53	0.10	5.39
单供应商竞标	−0.36	0.05	−7.91
多供应商竞标	−0.24	0.09	−2.85
WIC 供给食品的婴儿数	0.000 2	0.000 82	−0.25
婴儿食品产于所服务州	−0.01	0.07	−0.11
1989 年符合条件的婴儿	0.40	0.15	2.64

续前表

变量	参数估计（B）	标准误	T统计值
印第安部落	0.27	0.06	4.45
中西部	−0.04	0.06	−0.66
西部	0.03	0.06	0.58
南部	0.01	0.06	0.12

注：观察单位数为 56。
R^2 修正值为 0.824。
F 统计值为 29.67。
F 统计值的概率为 0.000 1。
WIC=妇女、婴儿和儿童。

光盘作业

1. 研究者不断尝试去理解人们在选举中投票或不投票的理由。使用 ORB 研究方法数据查看投票人数的因变量百分比，并做出你对教育、贫困、失业、犯罪和收入作为自变量与因变量之间关系的判断。请在该练习中使用所有的区间数据。

（1）关于因变量和每个自变量之间的假设关系，写下一个假设；指出预计方向。

（2）为每组关系创建一个散点图。数据是否适合线性模型？请解释原因。

（3）使用统计软件程序，并获取每组关系的以下统计数据：常数、斜率或者回归系数、r、斜率的标准误。

a. 为每组关系写下回归方程。

b. 线性回归模型所描述的每组关系如何？为你的观察结果举出证据。

c. 对于每组证据，判断它是否支持你在（1）中作出的假设。

2. 运用相同的变量和数据，通过统计软件程序来测试一个多元回归模型（该模型同时也在测试这些关系）。

（1）获取全部的 R^2、b（非标准回归系数）、B（标准回归系数）和 b 的标准误或者对应每个自变量的 t 比值。

（2）参考表 14—3，以表格形式报告你的结果。

（3）以方程的形式报告你的结果（具体例子参见习题与讨论的问题 4）。

（4）在县之间展开的政治活动中有多少变化（按人口投票百分比衡量的话）可以通过模型来解释。

（5）如果将失业一项从模型中移除，你的模型会不会更好一些？说明理由。

3. 在使用到虚拟变量的模型中加入自变量区域，每个区域对应一个虚拟变量（模型中只用到两个虚拟变量，第三个区域作为衡量标准）参考表 14—3，以表格形式报告你的结果。

（1）哪些变量和选举人数的百分比有着最紧密的关系？你使用哪些标准来选择

这些变量?

（2）哪些变量与选举人数的百分比的关系最薄弱? 你使用哪些标准来选择这些变量?

4. 在练习题 2 中使用回归模型，报告每个区域的分离方程。对三个区域所对应的模型进行比较。

5. 使用 ORB 研究方法数据库的变量来创建和测试自己所设计的多元回归方程。

（1）详细描述一个文字模型，其中包括 4～5 个自变量。你的报告中要涉及关系研究的数值，预测关系的方向，并提供证据来支持你所假定方向的正确性。（对于这道题，证据应该谨慎挑选，通常需要基于经验或常识）。

（2）测试你的模型，以表格或者方程的方式描述你的分析结果。

（3）关于你的分析结果，写一篇总结。如果你的假设没有被支持，请写明可能的原因。

推荐读物

E. R. Tufte, *Data Analysis for Politics and Policy* (Englewood Cliffs, NJ: Prentice-Hall, 1974). 这是一部经典著作，其中包含了关于解读回归分析结果的几个例子和有价值的观点。本章所探讨的内容从 Tufte 的陈述中受益良多。它提供了更多的细节并考虑到多种统计模型，例如对数变换。

关于带有已有例证的回归统计的清晰解释可参见 L. L. Giventer, *Statistical Analysis for Public Administration* (Belmont, CA: Wadsworth, 1996), chaps. 12-14, and K. J. Meier, J. L. Brudney, and J. Bohte, *Applied Statistics for Public and Nonprofit Administration*, 6th ed. (Belmont, CA: Thomson Wadsworth, 1996), Chaps. 18-19, 21, 23。所有的文本均含有电脑打印资料，Meier, Brudney 和 Bohte 还谈到了立体和曲面图的转换。

J. Cohen and P. Cohen's *Applied Multiple Regression/Correlation Analysis for the Behavioral Sciences*, 2d ed. (Hillsdale, NJ: L. Erlbaum, 1983) 为包括因果关系建模在内的多元回归分析提供了综合指导。The Sage Series, Quantitative Applications in the Social Sciences 中有几篇关于回归分析的专论。

关于干涉时序设计的预测和分析的信息出现在 Meier, Brudney and Bohte, Chapters 20 and 22 C. W. Ostrom, Jr. , *Time Series Analysis: Regression Techniques*, 2d ed. (Newbury Park, CA: Safge University Paper, Quantitative Applications in the Social Sciences, no. 9, 1990); R. McCleary and R. A. Hay, Jr. , *Applied Time Series Analysis for the Social Sciences* (Beverly Hills: Sage, 1980)。

G. David Garson's online stat book, *Topics in Multivariate Analysis* 在高级回

归模型方面作出了详细讨论。详见 http://www2. chass. ncsu. edu/garson/pa765/statnote. htm。

注 释

［1］关于利用回归模型来估算参数的进一步讨论可参见 L. L. Giventer，*Statistical Analysis for Public Administration*（Belmont，CA：Wadsworth，1996），Chap. 13，其中的内容就是围绕参数估算而安排的。这一章，以及 K. J. Meier，J. L. Brudney，and J. Bohte，*Applied Statistics for Public and Nonprofit Administration*，4th ed.（Belmont，CA，2006），Chap. 18，探讨了上述估计的标准误（用来计算与某个 *X* 特定取值所对应的 *Y* 的置信区间），本章没有包含这些内容。

［2］除了随机性和非线性关系外，分析人员还应找出表明其违反了统计假设的样式。关于统计假设的探讨（以散点图阐述），可参见 Meier and Brudney 上述著作第 324～332 页。Giventer 上述著作的第 360～364 页中也有类似阐述。T. H. Poister，in *Public Program Analysis*（Baltimore：University Park Press，1978），523-525，清楚地探讨了如何对残差的绘制点进行评估，以确定其吻合度。

［3］M. S. Lewis-Beck，*Applied Regression*：*An Introduction*（Newbury Park，CA：Sage University Paper. Quantitiative Applications in the Social Sciences，no. 22，1980），32-33.

［4］关于非线性散点图的图示，可参见 Meier Brudney and Bohte 上述著作的第 354～357 页。常见策略是运用对数变化式。关于对数变化式的详细讨论可参见 E. R. Tufte，*Data Analysis for Politics and Policy*（Englewood Cliffs，NJ：Prentice-Hall，1974），108-131。

［5］参见 Giventer，*Statistical Analysis*，361，对这一点的详细论述。

［6］G. B. Lewis，"Equal Employment Opportunity and the Early Career in Federal Employment，" *Review of Public Personnel Administration*（Summer 1986）：1-18

［7］Ibid.，8. 少数民族女性这一身份的回归系数的统计显著性水平为 0. 01。换言之，如果实际系数是 0，那么就有不到 1%的机会获得一个相当于 2. 29 的回归系数。而白人女性和少数民族男性的回归系数在 0. 05 的水平上都是不显著的。

［8］技术上讲，潜在工作经验、性别、种族和同类工作经验的贡献比例取决于分析人员构建模型的方式。如果这些变量是在教育变量之前加入的，那么它们的关系强度可能会更大。有关建模策略方面不在本章关注之内，但你应该意识到是分析人员做出决定来确定多元回归方程中的特定价值。

［9］R^2 修正值的方程式来自 J. Cohen and P. Cohen，*Applied Multiple Regression/Correlation Analysis for the Behavioral Sciences*，2d ed.（Hillsdale，NJ：Erlbaum 1983），105-106。

［10］该问题是作为分类错误而被探讨的，也就是说遗漏了一个重要变量或纳入了一个不相关的变量。参见 C. H. Achen，*Interpreting and Using Regression*（Newbury Park，CA：Sage University Paper，Quatitative Applications in the Social Sciences，no. 29，1982），51-56，或 W. D. Berry and S. Feldman，*Multiple Regression in Practise*（NewburyPark，CA：Sage University Paper，Quatitative Applications in the Social Sciences，no. 50，1985），18-26。

［11］E. R. Tufte，*Data Analysis for Politics and Policy*（Englewood Cliffs，NJ：1974），150.

［12］Berry and Feldman，*Multiple Regression*，43. 两个常见表征是指自变量之间或 *b* 的超大标准误之间的高度相关关系。关于多重共线性的表征及可能解决办法的进一步探讨可参见 Tufte，*Data Analysis*，148-155，Lewisbeck，*Applied Regression*，58-63，and Berry and Feldman，*Multiple Regression*，42-50。

[13] Tufte, *Data Analysis*, 150.

[14] 如果怀疑多重共线性，分析人员可以加大样本尺寸，把所涉及的若干变量组合成为一个单独变量或只保留其中一个变量，或考虑进行实验性设计。有关进一步探讨可参见 Tufte, *Data Analysis*, 148-155, and S. Welch and J. C. Comer, *Quatitative Methods in Public Administration* (Homewood, IL: The Dorsey Press, 1983), 215-216。

[15] Jum C. Nunnally and Ira H. Berstein, *Psychometric Theory*, 115-116. 其中有关等分尺度的观察来自 Giventer, *Statistical Analysis*, 162。

[16] The SPSS Manual, *SPSS Advanced Statistics™ User's Guide* (Chicago: SPSS Inc., 1990), by Marijia J. Norusiis 中对逻辑回归的阐释易于理解。D. W. Hosmer and S. Lemeshow's *Applied Logistic Regression* (New York: John Wiley, 1989) 是介绍该方法的推荐读物。

[17] 该例基于 T. Benton et al., "A Comparison of Differences between Sucessful and Unsuccessful Participants in ReEntry's Pretrial Release Program" (Raleigh: Department of Political Science and Public Administration, North Carolina State University, Unpublished Paper, 1986)。

[18] C. W. Ostrom, Jr., *Time Series Analysis: Regression Techniques*, 2d ed. (Newbury park, CA: Sage University Paper, Quatitative Applications in the Social Sciences, no. 9, 1990), 11。

[19] 有关检测自相关以及其作用的探讨可参见 Ostrom, *Time Series Analysis*, 12-17, 25-35。S. Makridakis and S. G. Wheelwright, *Forecasting Methods for Management*, 5th ed. (New York: John Wiley, 1989) 对自相关也有较为清晰的论述。参见第 126～130 页、第 192～194 页。

[20] 一些统计测试（比如 the Durbin-Watson）可以对自相关做出检测。

[21] M. M. Mark, "The Casual Analysis of Concomitances in Time Series." In *Quasi-Experimentation: Designs and Analysis Issues for Field Settings*, eds. T. D. Cook and D. T. Campell (Boston: Houghton-Mifflin, 1979), 323.

[22] 关于可供选择模型的探讨，可参见：Mark, "The Casual Analysis," 321-329, or Ostrom, *Time Series Analysis*。S. Makridakis and S. G. Wheelwright, Armstrong, and McCleary and Hays 的著作（在深入读物推荐部分被引用过）提供了更多的细节信息。

[23] L. J. McCain and R. M. McCleary, "The Statistical Analysis of the Simple Interrupted Time-Series Quasi-Experiment." In *Quasi-Experimentation: Designs and Analysis Issues for Field Settings*, eds. T. D. Cook and D. T. Campbell (Boston: Houghton-Mifflin, 1979), 292-293.

[24] 需要 30 个事件这一经验法则来自 S. Makridakis and S. G. Wheelwright, *Forecasting Methods*, 208。有关使用线性回归的缺点这一探讨的详细说明可参见 Mark, "The Casual Analysis," 335-339。

[25] J. Cohen and P. Cohen, *Applied Multiple Regression*, Chap. 9; R. D. Cook and D. T. Compbell, *Quasi-Experimentation* (Boston: Houghton-Mufflin, 1979), Chap. 7.

[26] 这一议题在 Tufte, *Data Analysis*, 146-147 中作了有效阐述。

附录 14.1　计算双变量关系的回归统计数据

本附录回顾了方程，其中可衍生出一个简单线性方程、相关系数（r）、相关系数估计值的标准误（se_b）和 t 比值（见表 14—14）。

表 14—14　　**b，a 和线性回归方程方程的计算**

汽车	千英里 (X)	维修费用 (Y)	$X_i-\bar{X}$	$Y_i-\bar{Y}$	$(X_i-\bar{X})(Y_i-\bar{Y})$	$(X_i-\bar{X})^2$	$(Y_i-\bar{Y})^2$
1	80	1 200	31.05	577.5	17 931.38	964.10	333 506.3
2	29	150	−19.95	−472.5	9 426.38	398.00	223 256.3
3	42	600	−6.95	−22.5	156.38	48.30	506.25
4	53	650	4.05	27.5	111.37	16.40	756.25
5	73	1 000	24.05	377.5	9 078.88	578.40	142 506.3
6	80	1 500	31.05	877.5	27 246.38	964.10	770 006.3
7	60	600	11.05	−22.5	−248.62	122.10	506.25
8	13	200	−35.95	−422.5	15 188.88	1 292.40	178 506.3
9	14.5	0	−34.45	−622.5	21 445.13	1 186.80	387 506.3
10	45	325	−3.95	−297.5	1 175.13	15.60	88 506.25
总计	489.5	6 225			101 511.29	5 586.20	2 125 562.8
平均值	48.95	622.5					
$b=(101\ 511.3)/5\ 586.225=18.17$							
$a=622.5-18.17(48.95)=-266.92$							
$Y=-267-18X$							

获得回归方程的计算涉及两个主要步骤。首先，计算出斜率的值或者回归系数（用 b 表示）。计算回归系数的方程如下：

$$b=\frac{\sum(X_i-\bar{X})(Y_i-\bar{Y})}{\sum(X_i-\bar{X})^2}$$

式中：X_i——每个 X 的值；

$\bar{X}$——所有 X 的平均值；

Y_i——每个 Y 的值；

$\bar{Y}$——所有 Y 的平均值。

其次，计算出 Y 截距的值或者常数（用 a 来表示）。计算截距的方程为：

$$a=\bar{Y}-b\bar{X}$$

用相同数字，我们可以用方程计算出相关系数 r：

$$r=\frac{\sum(X_i-\bar{X})(Y_i-\bar{Y})}{\sqrt{\sum(X_i-\bar{X})^2\sum(Y_i-\bar{Y})^2}}$$

$$r=\frac{(101\ 511.3)}{\sqrt{(5\ 586.225)(2\ 125\ 563)}}$$

$$r=0.93$$

为了计算 se_b，方程式为：

$$\sqrt{\frac{\sum (Y_i - \bar{Y})^2/(n-2)}{\sum (X_i - \bar{X})^2}}$$

表 14—15 使用了表 14—10 的数据，来显示如何通过计算以获取汽车维修费用所对应的 se_b 值。

$$se_b = \sqrt{(281\,800/8)/5\,586.225} = 6.31$$

t 比值 $= b/se_b$；在我们的例子中，t 比值为 $18/2.5 = 7.2$。t 比值分布表显示当 $t = 7.2$，$df = n - 2 = 8$ 时，关联概率小于 0.01。换句话说就是，如果人口的回归系数等于 0，t 比值会有不到百分之一的可能性达到 7.2。

表 14—15　　se_b 的数据和计算

汽车	千英里 (X)	维修费用 (Y)	$\hat{Y}$	余数	余数^2	$(X_i - \bar{X})^2$
1	80	1 200	1 173	27	729	964.102 5
2	29	150	255	−105	11 025	398.002 5
3	42	600	489	111	12 321	48.302 5
4	53	650	687	−37	1 369	16.402 5
5	73	1 000	1 047	−47	2 209	578.402 5
6	80	1 500	1 173	327	106 929	964.102 5
7	60	600	813	−213	45 369	122.102 5
8	13	200	−33	233	54 289	1 292.403
9	14.5	0	−6	6	36	1 186.803
10	45	325	543	−218	47 524	15.602 5
平均值	48.95	622.5				
总计					281 800	5 586.225

第 *15* 章

成果交流与项目结项

467 **本章要点**

1. 介绍研究成果时应提供的信息。
2. 成果介绍中表格和图形的运用。
3. 有效的口头简介和书面报告的元素。
4. 报告研究成果时所需考虑的伦理道德问题。
5. 数据保存指南。

大多数研究人员发现进行定量分析是那么令人着迷和满意。从建立初始模型到统计分析，他们忘我地投入实验和改善他们的想法。在得到最后一组数据并完成分析之后，研究人员就得准备汇报其研究成果。他们以非正式会议、正式简介会、项目报告以及学术论文等方式进行成果汇报。但他们的听众很少能有如同研究者一般的狂热和兴趣。如果研究者希望自己的心血能影响政策决定，就必须精心设计讲演来引起听众的兴趣。

本章考察研究项目的最后一个环节，主要关注定量报告的构成部分以及如何对它们进行讲演，设计出清晰、有重点的讲演，为特定听众量身定做，是本章的主要观点。使报告具有重大意义或借助报告提高声誉的愿望有时可能与伦理道德相违背。本章最后一部分就讨论了报告研究成果和保存研究数据时所需考虑的伦理道德问题。行政人员应当仔细研究数据保存的部分。不确立数据所有权、不决定数据保存地点以及保存时间的长短，将导致资源的浪费并妨碍研究成果的生效以及改进。一旦在约定的机密上做妥协，失去信息主导的行政人员将会面临严重的问题。

15.1　听众及其需求的差异 468

在讲解报告和报告成果时，研究者需要关注其讲演目的和目标听众的特性。无论是准备简介还是写报告，研究者都会对听众有一定的期望值。但在这个专业人员被不断要求付出时间和精力的时代里，即使只是期望提起听众对某项研究的些许兴趣有时也难以满足。面对行政人员和政策制定者为保留自己的时间而忽略那些他们不关心的信息的情势，研究者不得不设法应付。除了得到听众的关注外，研究者还希望听众和读者能正确鉴别出研究中的重要发现和一些言外之意。

技术交流课本中会提到，将对听众的分析作为起草口头或书面讲演稿的必要准备。有文章指出，学术论文的写作给学生以不切实际的期望。学生可能假设老师是学识渊博的，他们会阅读每篇论文的全部内容并试图去理解其中不够明晰的部分。“现实世界”的读者可能根本没有理解论文的意思，或是对研究主题根本不关心，他们也许会忽略文中含糊的部分，或者是粗略地浏览一下其中的几个部分，甚至可能思绪游离、昏昏欲睡，甚至溜出房间。当然，这在教室中也是很常见的行为。

研究者通过确定他们的听众及其特性和预期需求，来降低听众忽视或错误理解信息的各种可能性。以下对听众进行分析的五个步骤，似乎非常适合于行政研究者。[1]

> 第一步：确定所有潜在的听众，包括将来需要交流的听众。
> 第二步：确定交流的作用以及将来交流的传递路线。
> 第三步：确定听众的关注点和需求所在。
> 第四步：使交流清晰明了。
> 第五步：确定论点和对听众有效的论证方式。

第一步确定潜在的听众并考虑他们将如何运用这些信息。第二步主要应用于书面沟通。一旦报告完成并呈交，其传递路线是不确定的。行政人员可能将报告或稿件交给他的上级、全体人员、机构分析师、利益集团成员、专业人士、立法者、学生或机构图书馆。为满足不同的听众，研究者需要撰写清晰的报告以注解全过程，并将客观结果与主观看法区分开来。

推荐第三步是因为，通过第三步研究者可以了解自己的看法与听众的看法是否存在差异。为了认识到自己与听众的不同之处，研究者希望确定听众的教育背景与
经历，对该主题知识的认知程度以及对报告讲演的期望。然后研究者同样需要确定 469
自身信息。[2]这些信息将帮助他们反思安排好的讲演是否清晰，并避免对听众的兴趣和价值做出无端猜测。

第四步提到听众所关注信息的冲突问题。你可能怀疑第一、第二步是否与第四

步相冲突。提供所有的信息会降低讲演的清晰度和可达性。研究者解决这一两难困境的方法是，将重要信息放在首位，而将复杂的或技术性的细节放在脚注或附录中。

第五步是建立在前几个步骤的信息基础上而发展起来的，要求研究者考虑如何设计讲演以有效地与听众进行交流。作为该步骤的一部分，研究者需要寻找模型来组织一场讲演。为了解机构组织和介绍信息的偏好，研究者出席口头简介会，或要求与机构交流来确定什么样的报告是特别有效的。研究者通过这些信息来推测什么样的报告或简介会能激发听众的兴趣与参与。在阅读专业报告时，积累一些你觉得相当出色的报告。同样，你也要留一个糟糕报告的例子，以提醒自己不犯同样的错误。当参加一个口头讲演时，记下哪些是有用的哪些是没用的。

15.2 定量报告的部件

定量研究报告包括：报告总结、对于研究背景的讨论、文献综述、对研究方法的描述以及研究成果。报告中也可适当加入政策建议、注解和参考书目。我们姑且认为读者对标准文书的要求十分熟悉，因此，我们对此不作具体讨论。

例 15.1 给出的定量报告内容的表格样本，是一份反映市民对地方警察局态度的报告。这是一份典型的定量报告。然而，报告的每一特定部分及其内容取决于研究的性质，这点对所有的报告来说都是一样的。研究被设计用来满足备案要求。因此，背景部分十分简要，只作为对研究目的讨论的一部分而被包含在内。而在报告的主体部分中，研究方法是平铺直叙的，以便能清晰表达。如果研究方法很复杂或需要进行细节讨论，则研究者需要将技术细节放在附录中。这项研究并没有向警察局提出建议，如果有的话，建议内容通常会出现在执行总结中，位于报告主体部分的最后。

执行总结和摘要

执行总结强调报告的内容。报告的目标读者是那些很少有时间去通读报告的执行官。忙碌的行政人员和政策制定者粗略地浏览一下执行总结，再来决定是否以及
470 何时阅读报告的全文，或者把它交给副手处理。如果对报告题目兴趣不大，他们就会浏览一下总结以保持自己的信息不落伍。政策制定的参与者则将总结分发用于交流和成果审批。查阅文献的研究人员可以通过执行总结来推测该报告是否满足其需要。

执行总结是报告撰写的最后一个组成部分。它只包含报告中的信息，但可以独
471 立于报告以供单独阅读和理解。研究者将报告浓缩，对于那些只肯花几分钟时间来了解报告的人，研究者可以决定想要告诉他们的内容。对于那些没有耐心，总是询问“报告的要点是什么”的行政人员，执行总结给他们以直观的感受。研究者通览

报告，选出几句简洁的语句来描述研究的目的、主题的内容、数据收集的方式、研究方法或执行中的限制以及研究结果的内容。执行总结中也可以包括建议内容。

例 15.1

定量报告内容的表格样本

执行总结	i
研究目的以及备案要求	1
样本调查的设计	
调查工具	1
样本设计	2
调查工具的使用	3
被访者特征	4
成果	
大致的机构偏好	5
大致的雇员能力	8
市民对官员表现和态度的感知	9
对城市治安和安全的关心	10
对社区治安和安全的关心	13
市民对改进措施的建议	14
总结和结论	17
附录 A　调查工具的使用频率	18
附录 B　人文学科委员会的批准	25
附录 C　按区选择的市民感知指数	26
表格	
表 1　被访者特征	4
表 2　按区调查的最新政策出台的理由以及数据	6
表 3　每个辖区警察局的比例	8

评注：这份报告不包含某些普遍出现在定量报告中的内容。特别是，它不包括对背景的讨论、政策建议、参考文献或方法论附录。这份报告的目的在于对市民调查进行处理并报告，以满足备案需要。这样一来报告所关注的是研究本身，而使研究者略过一些在其他报告中发现的细节。原文有三个以上的表格，但我们只是想让你了解报告中应该包含哪些信息。

资料来源：J. Barlow et al.，“An Analysis of Survey of Citizens’ Opinions of City Police”（Raleigh：North Carolina State University，Unpublished paper，1992）。

例 15.2 的执行总结来自于一份关于市民对城市警察局态度的报告，该总结依靠清晰直白的语句、形象生动的提示，让人们能很快读完。总结的长度以及细节具 472
体到何种程度，与报告本身的长度和复杂程度、机构的期望和研究成果的重要性相一致。在准备一份执行总结时，作者要尽量避免无节制地将过多细节压缩在总结中，因为那样就起不到总结的作用了。

期刊上的文章用摘要来替代执行总结。摘要和执行总结有着相似的目的和内容。摘要相对要短一些，大约200字左右，高度浓缩的语句，且不限制使用专业术语。除序言之外，摘要也会被多次编辑再版，如“赛奇公共行政摘要”（*Sage Public Administration Abstract*）。

例 15.2

执行总结

目的：为符合备案的标准，警察局必须每年对市民的态度和意见进行调查。警察局需将调查结果与其他信息结合起来以辅助部门的决策制定。这份报告分析的数据是1992年进行市民调查时所采集的。

研究方法：1992年10月期间采用了电话调查的方式，以898名市民为样本，采集他们的意见作为数据。这些被访者是从电话簿上随机抽取的，保证每个警局辖区内都有相同比例的人群被选取。

由警察局职员牵头撰写问卷调查。问题集中于市民对警局以下几个方面的评价：机构的总体表现、机构雇员的能力、警官对市民的态度和表现、对治安和安全的担忧。

主要成果：

在所有辖区内与警官有过接触的被访者中：

- 超过90%的被访者赞同或非常赞同“警察人员是称职的”。
- 超过80%的被访者赞同或非常赞同“警察人员的态度良好”。
- 超过85%的被访者赞同或非常赞同“官员目前的总体表现良好”。
- 91%的城市居民感觉在城市里活动是安全的，但有69%的人感觉晚间的闹市区并不安全。
- 28%的被访者感觉南部地区不安全。
- 超过50%的南部地区的被访者对治安和安全表示担忧，被提及最多的忧虑是关于吸毒的问题。
- 对于城市的其他地区，被提及频率最高的忧虑是非法闯入问题。

资料来源：J. Barlow et al.，“An Analysis of Survey of Citizens' Opinions of City Police”（Raleigh：North Carolina State University，Unpublished paper，1992）。

背景信息

背景信息，即介绍研究的来龙去脉，可能作为独立的背景部分包含在导言中，或者包含在文献综述中。报告需要包含充足的信息来使读者明白为什么研究要这样设计。所需要的特定信息取决于报告的受众群以及研究目的。知识渊博的读者并不需要很多背景信息。

对公共行政管理的研究一般都是从一个有待解答的难题或提问开始的。背景信息包括对研究目的、问题的历史或起源进行确凿无误的阐述。如果研究涉及一项计划或政策，报告则会讨论它的起源、执行历史、目标、相关委托人或出资人、资源以及程序。如果已有一份完成的正式研究建议，研究者应将其背景资料放入总结报告中，而不是重拟一份。

研究者依靠采访、文档资料以及研究文献来拓展背景信息。在被采用的研究报告中，从文献中摘录的信息夹在背景介绍之中，或者放入附录，或者在参考目录注明中。而在学术研究中，文献综述是作为独立部分出现的。

文献综述确立了研究的价值以及其如何与其他研究相结合，让现今的读者了解以前的课题中有哪些研究。在学术出版物中，文献综述证明了研究的内容如下：(1) 着力于先前没有研究过的问题，(2) 弥补先前研究的不足，(3) 在不同的条件下测试模型，(4) 对先前研究中的错误进行修正，(5) 解决先前相互矛盾的研究结果。

文献综述的形式通常有三种。按研究年代顺序对先前的研究成果进行综述。如果研究的主体本身不连续，但相互之间却又有关联，采用该策略是最佳方式。或是围绕关键变量和概念进行文献综述。一篇关于市民对警察局满意程度的文章就是围绕着三组自变量来组织其文献综述的内容的。作者首先讨论的研究，将对待警察局的态度与人口统计学变量（年龄、种族、性别和教育程度）联系了起来。然后对个人政治变量的作用展开研究，如政治有效性。最后，撰写研究报告，以考察快递服 473
务的效果。[3]还有一种类似的方式是，围绕理论或研究方法组织论述。如果针对同一因变量要做许多不同的检验，那么围绕变量、理论或研究方法组织论述的方式是最适用的。

第三种形式可形象地被称为同心圆。讨论开始于确立涉及主要研究主题的研究内容，这是同心圆的最外圈。在之后的每一部分，研究者越来越趋近于能引出特定研究问题的文献。在一项关于邮寄调查的应激反馈率的研究中，作者首先指明了确认邮件调查是被广泛使用的方法的文献。接着，他引用了一本关于反馈率问题的证明资料。作者再逐层深入通过对物质刺激与非物质刺激效力的比较以及对邮寄调查时是否应给予刺激，或反馈后再给予刺激的比较来研究用于提高反馈率的不同刺激的效力。此时，研究平台的设计将时间和诱因类型对于反馈率的效力结合在了一起。[4]这种形式最适合于那种研究面狭窄而集中、填补研究空白或旨在不同条件下测试模型的研究。

给予特定文章的篇幅取决于该文章与给定研究项目的相关程度。研究者引用一篇文章，至少要确立其相关性，并概述其主要成果。对于被直接应用于研究的文章，研究者应给出更多细节。这些细节能使读者将研究成果与其他研究进行比较和对照。这些细节可能包括：有关模型的信息（包含变量的部分）、研究方法（测量工具、样本或研究设计的特点）、分析方法和研究成果。

方法论部分

方法论部分描述研究的测量工具、样本和研究设计。它所包含的细节因受众不同而迥异。但方法论部分至少需要包含足够的信息以使读者能够判断研究成果是否可信。项目总结报告应当足够全面综合，使他人能验证研究成果或重复研究。

测量法这一部分含蓄地或清晰地讨论了操作型定义、数值是如何分配和组合的、指数是如何生成的以及支持测量方法可靠性和操作化效度的证据。通常，研究者会报告出的唯一的可靠性证据就是对研究成果可靠性的数学检验。

对样本的论述确立了目标人群、样本结构、样本设计、回应率，以及何时及如何收集数据。有很多方式可以计算回应率。为避免含糊不清，研究者应当报告样本规模、与样本中的多少人有过接触、接触人群中有多少属于目标人群、有多少人拒绝提供数据，以及有多少人提供了不完整的数据。回应者与未回应者的统计学比较
474 应当写入报告。其他任何非抽样误差也需要在报告中提及。例如，如果研究者对其样本结构的充分性存疑，他们就应当清楚地注明这一疑虑。

对截面设计或时间序列设计只需作最低限度的描述。在截面设计中，对于测量法和样本的论述通常就足够了。对于时序设计，研究者需要注明时间序列的起始点、终结点以及间隔频率。明显的非随机波动以及数据可比性问题也应当被提到。

实验室或田野实验因测量方法和样本部分的不同，需要更广泛地论述。最少也要暗示或明示设计及其实施是如何控制各种对内部效度的威胁的。研究者应当描述实验环境以使之后的审查者能够确定，什么样的特征（如果有的话）构成了对外部效度的威胁。项目总结报告应该包含足够的细节以使其他研究者可以重复研究。

读者需要记住，定量分析并非毫无缺陷。研究的目的和资源有限性要求研究者满足于不完美的测量方法、样本或研究设计。相似地，研究者不应踌躇于报告其研究方法中的缺陷和局限性，也要确保注明那些可能会引起读者曲解研究成果的地方。

研究成果

研究成果部分报告的是研究结果。在这一部分，作者清晰地陈述研究的发现以及支持该发现的统计学的或定性的证据。这一部分可能包含了对研究结果的解释和对非预期结果的尝试性解释。为了对研究成果作有效说明，研究者必须做到三点：（1）将研究成果组织在一个连贯的讲演内，（2）集中于重要的研究成果并避免让听众淹没于不必要的细节中，（3）决定如何采用包括运用图表在内的方式展示研究成果。

按惯例，报告应在研究成果之前介绍研究的背景、模型和方法，先告知听众提出了什么问题、为什么提出这些问题，以及这些问题是怎样被提出的。这有助于听众聆听并记住研究成果。报告应围绕相关主题、变量或问题组织研究成果。

结果符合逻辑的演示或许有助于集中听众的注意力。比如，当论述如何介绍文献评论时，我们引用了“市民对警察满意度”的研究。作者按照与文献评论相同的顺序论述了每个变量是如何测量的，例如（1）人口统计变异值，（2）政治变量，（3）警方表现的客观指数。作者在介绍其研究成果时，沿用了这一策略；他们先考察了人口统计变异值的作用，然后是政治变量，最后是客观指数。

就像摘要承认行政官员们对报告可能只是匆匆一瞥一样，报告展示也应便于那些来去匆匆、心烦意乱的听众。将枯燥无味的分析或铺天盖地的细节呈现在报告中，只会让受众停止聆听或阅读。图表可以对口头讲演起到补充作用，它们能强调要点并有效地展现数据。图表的位置以及所占空间的大小应当反映研究成果的重要性。不重要的琐碎发现没有必要着重强调。此外，研究也没有必要把那些不能解释要点的图表列出来浪费空间。 475

对大量数据或数字的具体讨论并不见得十分有效。因为这不利于对数据进行比较，大脑也常常难以对此做出反应。有吸引力的图表以及清晰的解说使读者能体会到数据的丰富内涵。当对数据的介绍需要进行大量比较时，用表格列出确切数值十分有效。常规类型的表格包括数据列阵（表 14—1）、回归分析总结表（表 14—2 至表 14—5）以及列联表。图表常被用来呈现时序数据和散点图。图表使读者能从中归纳出包括长期趋势、周期和季节性波动等随时间发生的变化，以及加以干涉前后的区别。

对图表进行仔细标注非常重要。研究者应完整地拼写单词，避免使用缩写，并使用清晰的变量名称。在图表上或图表周围加注文字说明，能有效地告诉读者如何关注图表的各个部分。[5]

以下总结了几个要点，对数据说明给出了额外的建议：

1. 表格和图表应该有一个准确的描述标题。标题可以列出基于控制变量（如果存在的话）的自变量的因变量。或者，标题应当概括图表所反映出来的主要结果，例如“在过去的二十年内，城市的凶杀率有所下降”。

2. 一张好的表格是补充而非复制文中内容。表格及其所列数据应当在文中提及，但只有那些最重要的部分才能得到论述。

3. 所有的变量以及其相应的报告值或类别都应当被清楚标明，确切的单位名称（如年份）也应当标出。

4. 自变量应当沿着图表的纵列排列，因变量则应当沿着横行排列。

5. 如果要用到百分比，在纵轴的顶上应当加上表示比例的符号“%”。同时避免使用不必要的小数点——它们易被忽略。

6. 应当标明 100%的比例是基于多少个案例所共同组成的。同时还应标明分析中总共使用了多少个案例。

7. 如果涉及统计方法，统计方法应当在表格的底部列出。

8. 解释图表时所用到的所有术语应当在图表下方的脚注中说明。

9. 数据来源应在脚注中注明。

政策建议

为立法或行政委托人所做的计划评审，政策分析和其他研究可能要包含政策建 476

议部分。分析师们可能并不乐于制定政策建议。他们被训练如何精确描述一项计划或政策及其完成情况。政策建议是对于一项计划或政策需要如何进行改动的规范陈述。分析师可能不善于或不乐意进行标准化的陈述或者告诉其委托人他们应该做什么。

另一方面，研究委托人可能希望得到政策建议。调查者或许发现政策建议能提高其研究被应用的可能性。政策建议的制定应当小心谨慎，其形成和评估应当贯穿研究的整个过程。政策建议应当自然地从研究成果中得出，比如，读者应当能推断为什么做出这样的政策建议。在政策建议的制定过程中，研究者应当确定哪些改变是委托部门可以做出的，例如，要求联邦政府对项目进行改动的建议，对地方社会服务部门来说毫无价值。在某些情况下，政策建议也应包括采取某项政策建议所需的费用和所获的利益。再者，研究者也可以提出几项建议供委托部门考虑。[5]

研究成果的口头展示

为行政人员做研究的研究者需要具备口头讲演的技巧。行政人员，基于他们了解事务的风格和时间限制，可能更愿意听口述并提问而非阅读报告。他们认为听口头展示可以提醒自己应该关注报告中的哪些内容；同时，口述也为他们提供了深入提问的机会。口头讲演对研究者来讲还有一些独特的优点。他们可以更好地预测听众，从而裁剪讲演内容，以满足听众的需求和兴趣。听众会感觉被迫集中注意力；这一类似强制集中注意力的压力对书面报告而言是不存在的。听众之间相互交流或许会提高其对于研究成果的理解力，并可能激发小组或个别讨论，深入研究成果。

对研究者的训练着重强调对细节的关注，以及从各种不同角度对研究成果进行考察的意愿。这些技巧可能演变为冗长乏味的、毫无重点的讲演。相对地，优秀的讲演者会避免在讲演中涉及太多的内容，他们将内容集中于几个重点上。讲演者只有在问答环节中或者在谈话中才会伺机对细节具体展开或详细解释。

研究者不应当忽视这种对研究成果所作的一对一非正式讨论的重要性。这种讨论的非正式性是具有欺骗性的。事实上它提供了让行政官员对项目产生兴趣的重要机会。研究者应当考虑自己期望从这种非正式交流中获得什么。他是否想提醒行政
477 人员注意某个问题？他是否想要其洞悉到某个预期之外的结果？他是否想要行政人员思考该研究的价值以及如何将研究成果实现？他清晰传递信息及理解为何要将信息传递给某位特定行政人员的能力将有助于提高他自身的影响力。

不论是对着一个人、一小组人，还是对着一大群正式的听众，清晰介绍自己的工作成果的能力都对你十分有帮助。专业人员总是感觉到时间压力。他们中的很多人都是“口授学习者”。而其他一些人则很重视与研究者和其他行政人员讨论和辩论信息的机会。作为教师，我们观察到很多有才能的学生有意逃避口头讲演。这些学生便失去了清楚地介绍自己的想法、了解听众的问题，以及给出有效回答（同时磨炼一种重要技能）的机会。如果你还身处校园，当读到本章时，请思考一下练习讲演并接受反馈的技巧的价值吧。要了解更多的关于口头交流的资料，参见讲授交流技巧的教科书。

一场有效的讲演要求策划和练习。在设计讲演时，研究者要选择他所要强调的论点、支撑这些论点的论据、讲演材料的组织顺序，以及辅助的视频设备。研究者需要确定听众对于他要所展示的主题知道多少、想从他的讲演中得到什么，以及他能保证听众集中注意力听多久。

通常，以背景、研究方法和研究成果的传统顺序来展示研究效果不错，通过有机地组织材料，使受过科学训练（包括社会科学和行为科学）的读者，都对其抱以期待。如果听众已经了解该项目或政策，那明确研究目的和总结研究方法就足够了；否则，研究者有必要对该项目或政策进行描述，给相关信息提供上下文背景，以帮助听众理解。只有在面对专业听众时，研究者才需要在研究方法的论述中阐述技术性细节。讲演者应该鼓励听众对其感兴趣的细节提问，尤其是那些会影响他们对研究成果接受程度的细节内容。

辅助视频设备可能在整个讲演过程中都得以运用，PPT、表格或图表使讲演者和听众的注意力集中。选择视频设备时要考虑其是否会分散听众注意力、是否会减缓讲演速度、是否需要特殊设备，或者是否对信息作了有效而清晰的展现。太多的视频会使听众感到厌烦。各种高端技术组合运用可以使讲演变得生动有趣，但也会分散注意力并干扰讲演的内容。胡乱摆弄不熟悉的设备会严重分散自己和听众的注意力。昏暗的灯光同样会产生问题。杂乱无章的图片使后排听众不得不眯眼观看或者干脆觉得自己被遗忘了；这一问题可以通过阐释这些图片内容的信息解决。讲演者必须同时做好没有视频设备的准备。设备故障时有发生，你必须确保这不会决定讲演的成败。

对受众不加考虑地选择视频辅助设备有时会导致荒唐的局面。例如，某个盲人
服务机构的雇员们肯定会对包括眼科专家在内的专业人士不断的幻灯片讲演感到震 478
惊，因为大多数雇员都存有严重的视觉缺陷，他们从幻灯片展示中毫无获益。

无经验的讲演者可能会忽视练习的重要性。一位在研究中倾注了大量精力的研究者可能对自己即兴报告的能力很有信心。遗憾的是，他的讲演可能会以对细枝末节的停顿和点到点的不规则跳跃而告终。研究者需要将同事、组员或朋友当作听众来练习。练习阶段的观察者应确保讲演者的主要观点获得清晰展示、转承流畅、要点不因反复说明而变得啰里啰唆或者屈尊俯就，同时要注意设备是否运作良好。讲演者要求观察者尽可能地对研究方法或者研究成果的解释提问，为艰深的问题准备好答案避免了正式讲演时不知所措的尴尬。如果能够挑战研究质量的问题未得到回答，整个报告的有效性就可能被削弱。

15.3　伦理问题

20 世纪 80 年代，专业研究领域的伦理问题开始得到系统性关注。受人尊敬的科学家们被指责学术不端，包括抄袭和编造数据。[7]为了维护科学研究的严谨性，一个由美国国家科学院、国家工程院和国家医学研究院组成的联合研究委员

会于 1989 年成立。该委员会由生物和物理学界的精干力量抽调而成，其报告专注于这些科学领域内的行为。社会学和行政研究者没有受到这种程度的监督。他们仍被假定为行为适当、在一个诚实系统中运作。社会学家的伦理道德不见得比生物学家和物理学家高尚。对基础研究款项和专利所衍生的潜在金钱收入的激烈竞争可能使得生物学和物理学领域的不当行为更易受质疑并被揭露。

我们的论述主要基于委员会的总结报告。报告将不适当的科学研究行为分为三类：研究中的不当行为、可疑的研究实践以及其他不当行为。研究中的不当行为包括捏造、篡改和抄袭行为。可疑的研究实践包括数据保留和数据分享、记录质量、原作者、对研究助手的监管、数据分析和信息披露。其他不当行为包括并不特指研究者的不可接受的行为——比如对基金的滥用、野蛮破坏、违反政府研究法令和利益冲突。[8]我们的论述注重研究中的不当行为、控制研究误差，以及影响所有研究者的记录保存问题。要对这一问题有个更全面的认识，读者应查阅该委员会的报告和背景资料。[9]

研究中的不当行为

479 该研究委员会将**捏造**（fabrication）定义为编造数据或结果，将**篡改**（falsification）定义为改变数据或结果。我们假定每个读者都了解捏造是错误的，并可以识别研究者是否编造了数据和结果。篡改的概念就可能有点模糊。

一种篡改结果的简单途径是从数据库中删除案例。有选择地删除案例可以挽救一个论证并不充分的统计模型。研究者可能为这一决定辩解。比如，他可能辩称所删除的案例是受到测量误差影响的，故而不应归入数据库。如果研究者考虑到发生了测量误差，就应该试图确定这些误差。如果他没有找到误差的源头或者不能确认这一误差，他可以去掉案例，前提是，他必须在报告中指明他做了什么、为什么这样做，以及这样做对数据结果的影响。影响越显著，研究者就须越尽力地提醒读者他所做的决定。一个会对研究结果产生显著影响的决定不应被轻描淡写地带过。

抄袭（plagiarism）是错误地将其他作者的观点或者言语当作自己的来呈现。引用材料应置于引号内，并注释出参考资料。近似地使用其他作者的措辞或释义是错误的。作者要么用自己的语句组织观点，要么从资料中直接引用。

我们在研究中借鉴、引用其他作者的观点是不可避免的。教科书作者对这一点最有体会。我们参考各种资料，以获取本书的各个章节或者材料中的一种独特或有价值的观点。我们没有将社会学研究者视为常识性知识的观点和看法作为参考资料。

年轻的研究者们似乎比有经验的研究者们更频繁地为自己的观点引用各种资料。这可能并不源于不同的伦理标准。年轻的研究者们更倾向于研究尖端问题，并更倾向于在学术会议上倾听小组讨论，阅读的期刊面更广。有经验的研究者们更熟悉所研究的学科领域。他们能更好地分辨哪些是对其想法和观点有独特贡献的资料，哪些是该学科的基本知识。

有时候，为避免被指责为篡改或抄袭，较年轻的研究者可能觉得快崩溃了。他们觉得这样是不应该的。为了避免被指为篡改，研究者应证明他的决定及做出这些决定的理由。这些证明使他们的决定经得起同业审查。

要避免被指为抄袭并不困难。勤于标注并避免用他人的语句就足够了。如果一篇报告将要被发表，其作者必须注意著作权法。研究者要复制图、表格，大段引用别人的原文，以及引用歌词、诗句和卡通图案等其他资料，都必须得到著作权所有人的同意。政府文件没有著作权，复制其内容无须征得同意。然而，研究者应使用 480
标准的参考程序来引用政府文件。

控制研究误差

研究中的误差是难免的。误差是要求研究者向其努力妥协的约束造成的。误差也可能由其他人或研究小组的观点、知识类型和能力程度差异造成。误差可能发生于整个研究的全过程。研究委员会定义了误差的四种潜在来源：测量方法的准度和精度、实验的普遍性、实验性设计的质量，以及对研究成果实践意义的解释。[10]研究者应确保数据录入和分析程序都操作正确。诸如错误编码之类的貌似无害的误差，可能会严重扭曲研究结果。如果实验结果与预期不符，研究者应专注于数据从而发现到底发生了什么。他们检查原始数据和计算机程序。符合预期的数据很少获得类似的关注。诺贝尔物理学奖获得者理查德·费曼（Richard Feynman）提醒研究者"最容易被愚弄的人就是你自己"。他提出研究者分析数据，看看变量之间是否存在其他典型关系。如果可能的话，研究者应分析数据，检验另一种解释。[11]在发表最终报告时，研究者应指明他们检验了哪一种可替代性解释并发现了什么，他们没有检验哪种解释及该解释可能产生的影响。

为了认识和改正误差，研究者为同业审查全面地公开他们的研究过程和研究对象。研究者期望了解并纠正那些在研究被报告和传播后发现的误差。完全公开使其他人得以详细审读研究。误差可能发现于检验研究文件或者试图重复研究时。隐瞒局限性是没用的。研究报告应该清楚地指明和评估研究的局限性。越是容易引起麻烦的局限性，越应被更多地强调。

关于研究的完整信息可能会将读者埋没于细枝末节之中从而严重降低报告的有效性。对项目进行评估的专业标准使人们认识到竞争所要求的有用信息的提供和全面公开。为提供有效的信息，该标准劝告评估者有条理地撰写、提供读者能够理解的信息，并指明他们的研究成果和政策建议的相对重要性。为实现全面公开，标准劝告评估者阐述他们的假定、系统研究参数以及读者如何能获得研究过程中包括数据分析在内的全部信息。[12]标准减轻了要求评估者提供每份报告的完整研究信息的负担，但要求研究者必须采取合理的行动以确保数据库和证明资料的可达性。

同业审查（peer review）有助于在报告发表前查出误差。同业审查者是阅读并评估提交给学术期刊或会议的手稿和建议的专家。审查专家应精通所研究的课题。 481

审查者们可以将研究推荐发表或讲演。他们可能指出需要陈述的不足之处——比如，研究者要查阅的其他资料、论文中要求详述的部分，或者一种可替代的研究程序。**盲审**（blind review）意味着审查者不知道所审查的研究是由谁做出的。盲审减少了可能影响审查者判断的主观色彩。

同业审查主要吸引学术研究者的兴趣。公众依靠同业审查来“保护”自身免受有缺陷的研究的侵害。不论我们是食用红肉，还是饮酒或者其他习以为常的行为，都可能受到研究报告的影响。研究者可能受诱惑而直奔大众传媒所感兴趣的研究结果，而这被视为不恰当的。相反，研究者被期望先将他们的研究披露给对侦测研究缺陷居于更有利位置的业内同行。

1993 年，一项关于治疗艾滋病病毒（HIV）研究的错误在业内广为流传。一个美国研究团队报告了一种貌似成功的治疗 HIV 的药物疗法。这篇文章出现在权威科学期刊《自然》（*Nature*）上。六个月后，研究者宣布他们的研究是一个错误。[13]事实上，他们被自己所愚弄了。他们误判了实验结果：在两个实验的第十个周期，未检测出病毒；但是到了第三十个周期，病毒又死灰复燃了。一名《纽约时报》的专栏作家引用了这一错误作为同业审查系统的失败。他指出，最初的研究就是有缺陷的。

该论文被发表后，英国的研究者试图重复该实验，但他们的研究结果与原始结果恰恰相反。美国人重复了他们的实验，并发现了这一错误。研究者致信《自然》，纠正了他们的研究结果。研究者也公开宣布了最初研究中的缺陷；他们的公告被广泛刊于国家新闻媒体。

此例暗示了“热点”论题的驱动力。一种成功治疗 HIV 和 AIDS 的药物疗法的潜在奖赏太难抗拒了。他们可能导致研究者为了使研究成果被接受，工作时不那么严谨。另一方面，研究更可能受到详查和批评。最终，研究者必须乐于倾听并回应挑战者。研究者被寄望于了解并承担后续查出的严重误差的责任。[14]那位《纽约时报》的专栏作家着重指出：“许多其他的在不太显著和重要研究中犯错的科学家，在成果报告后，并未如此迅速地发表纠正或撤回。”[15]

数据的保存

数据必须被保存并使之能用于研究审查，对研究成果要进行重复试验、分析提
482 炼、补充分析，或者数据合并，编入同期研究设计。研究数据包括完整的数据收集工具、数据收集及输入程序、实验程序、数据归档、计算机打印输出、田野记录、录像带或录音带。[16]有了这些信息，研究者可以重组或重复研究。审查是确保科学严谨性的组成部分，可以用于证实或驳斥捏造和篡改。重复试验可能是正式审查的一部分，或者也可能源于调查者要证实研究成果的欲望。研究者可能用“旧的”数据观察包含不同的变量或者改变统计分析会如何影响原始结果。现存的数据可以编入时序设计或截面设计中。

资助者可能对数据所有权和数据保管有特定政策。[17]其他情形下，调查者可以

自己做决定。如果调查者和行政管理者在由谁保存数据、保存多久，以及数据共享的监管上达成一致，那么误解是可以避免的。如果这些共识没有明确，管理者可能会发现他们无法获得进一步分析的数据。调查者可能抛弃或者乱放数据，能补救回数据的信息可能已经不存在，或者研究文件资料可能已散佚。

一项专业科学联合会的评论中有六个涉及数据保存的指导原则。[18]这些指导原则普遍支持由研究者负责保存数据的原则。美国心理学会建议数据在发表后至少要保存 5 年。这是对时间长度的最具体的建议。

数据保存问题暗含了谁可以获取数据的决定。像第 8 章中提及的，在数据分享前应先解决受访者保密的问题。第 9 章回顾了初期研究者在数据共享中可能付出的代价，包括竞争利益、研究公开性和研究者专利权、保密承诺、二手分析者的权能，以及数据获取、复制和传输的费用。[19]

行政研究涵盖从探索性研究到为解答某个一次性问题的研究设计，以及用于评估项目的纵向研究到指导政策制定的研究设计。关于数据储存的一系列指导原则可能不足以涵盖所有类型的研究。任何研究中，研究者都需要描述研究程序和决策，并对所有证明资料进行标注。在研究末期，研究者应该组织数据和证明资料，并将其保存一段合理的时间。

保存时间的实际长短可能取决于数据、机构惯例、研究协议或合同所设定的“存放期”。主要用于研究审查者或纠正数据录入误差的已完成的问卷和记录，可能保存的时间最短。数据文档、数据字典、数据收集工具和其他研究协议的保存没有限定。与发表作品相关的资料的保存时间可能比与不发表作品或内部研究的相关资料保存时间更长。相应地，如果一个机构集中收集代表其自身利益的数据，该机构应该发展一种对质量严格控制的机制，以避免其被无用数据所压垮。

本章小结

在介绍研究成果之前，研究者要识别听众的信息。研究者要确定每位听众的性格特征，以及如何引起其注意、如何在报告成果和政策建议的全过程中调动其积极性。熟读机构报告或聆听口头讲演可以解释如何有效地为一个机构组织信息。 483

讲演通常包括相同的内容，尽管时间长度或细节因不同部门的需要而有所不同。其内容包括摘要、对研究目的的阐述、背景信息、对方法论和研究结果的描述，以及证明分析。方法论部分描述了研究方法、样本以及研究设计，明确了可能改变研究结果的局限性。研究结果部分包含证明数据模型和图表。研究者可能在报告中包含了他们自己的观察结果；然而，他们应该将基于数据的观察结果和基于判断的观察结果清楚分开。政策建议应当基于研究成果。

报告应当根据不同听众和不同的需要而适当“裁剪”。要组织报告内容以便主要信息清晰凸显并着重强调。然而，研究者应记住书面报告可能被四处分发。他无法假定每位读者都知晓研究背景或设计。因此，他需要在报告中包含必要的详尽细节和证明资料。方法论和结论部分尤其应被充分证明，从而使认真的读者能够对报告充分性做出自己的判断。

口头讲演的听众是受控制的。但这并不能保证他们集中注意力。讲演者应练习讲演，使得讲演内容富有逻辑性，可被听众接受。视频辅助设备应易于看到和解释。如果视频辅助设备需要特殊设备，讲演者应知晓如何用最小小力气操作该设备，并准备好如果发生设备故障如何应对。

书面报告包括研究计划、项目总结报告和学术论文。研究计划分为问题、相关背景信息、文献评论，以及在后面会编入项目总结报告的拟用研究方法。项目总结报告和学术论文包括的材料相似，不过项目报告可能要根据行政管理人员不同的兴趣程度来组织。项目总结报告依靠清晰的章节标题、副标题和突出显示来引起读者关注。技术性细节可以置于附录中。

试验式研究被寄望于遵循伦理实践。抄袭、捏造和篡改显然违反研究伦理。犯错是难免的，但研究者应采用合理措施来减少工作中的失误。他们应检查输入的数据、计算机程序和数据分析，以保证他们的成果被准确报告。研究方法的描述应披露所遇到的问题、设计局限性和有助于审查批评的其他信息。如果有可能的话，研
484 究者应将他们的作品交由同业审查。在研究报告经同业审查和被发表之后，研究者被寄望于了解随后发现的错误。

在一项研究启动时，调查者和行政官员要在数据由谁保存、保存多久、如何数据共享等问题上达成共识。在研究中，调查者应当详细记载研究过程的描述、决定，并标注所有的研究文件。在研究末期，研究者必须组织并保存数据和文件。这些措施可以确保审查、复制或进一步分析可获得数据。

术语回顾

摘要（executive summary）
盲审（blind review）
抄袭（plagiarism）
同业审查（peer review）
篡改（falsification）
文献综述（literature review）
捏造（fabrication）

复习题

下列下问题说明你是否基本理解了本章内容：

1. 一项关于市民对城镇警方满意度的研究发现，居住在中心城区的居民对警方满意度明显地低于其他居民。基于该数据，研究者建议该市在中心城区的社区加强警力配置可见度。

（1）说明该报告可能的听众。

（2）对警方行政长官的口头简述与对市议会的口头简述可能有多大的不同？

（3）对比研究者会在以下三次演示中采用的信息：1）对市议会的口头简述，2）项目总结报告的信息，以及 3）投给《公共管理研究》（*Public Administration Review*）的稿件的信息。

2. 为研究者们创建一张用于确保在演示中涵盖所有必要主题的清单。

3. 审阅三篇不同的定量研究的文章。比较和对比（1）其内容和组织，（2）文献综述。

4. 为了研究监狱教育计划的益处，研究者们调查了五所机构的犯人。调查由监狱职员进行。一所监狱的调查结果几乎没有变化，研究人员觉得数据肯定是被捏造的。研究人员应在其分析中包括这些数据吗？他们在报告中应如何说明这些数据？

5. 写一段关于抄袭的文章。抄下本章的内容但不要直接引用。

6. 某国家机关计划与一个受害者吁请团签约，以收集和分析受害者与司法机构打交道的数据。对由谁保存数据、保存在哪里、保存多久提出建议。

课后作业与讨论

1. 在一本诸如《公共管理研究》（*Public Administration Review*）之类的公共行政学期刊中找一篇感兴趣的文章。

（1）为该文章写一篇摘要。

（2）准备一项关于该项研究的十分钟的口头简述。

（3）参加一项任务讨论会，由一个人或一个团队演示该研究，其他人提问。提问者应扮演适当角色，如政策分析师、政党代表、社区积极分子等等。

2. 阅读一篇所指定的文章，看看作者是否以及如何涵盖了你的清单中的信息（参见上一部分的复习题 20）。

3. 写两个备忘录，分别关于“对研究结果进行有效的口头讲演的指导原则”和“对研究结果进行有效的书面展示的指导原则”。和你的同学合作发展一项班级的指南。

4. 若你在本学期已作了一项定量研究，为该研究准备一场使用视频辅助设备的口头讲演。

5. 了解你所在的学术部门或机构的数据保存实践及保存时间。

6. 有些组织似乎将数据和数据收集工具保存很长时间，大大超过其合理的可能使用的时间。另一些组织则似乎在最短时间内就丢弃数据和记录。为什么？这些组织在哪些方面有所不同？他们的目标和动机有多大不同，为什么会这样不同？

推荐读物

要了解有关有效进行口头和书面讲演的信息，参考技术性交流的教科书。大多数大学图书馆都有大量此类教科书。

W. Strunk, Jr. , and E. B. White, *The Elements of Style*, 3d ed. (New York: Macmillan, 1979) 经常被推荐给作者们。第 2 章和第 5 章特别有价值。该书也可在网址 http://www. bartleby. com/141/ 上查到。

R. T. Torres, H. S. Preskill, and M. E. Piontek, *Evaluation Strategies for Communicating and Reporting: Enhancing Learning in Organizations* 2nd ed. (Thousand Oaks, CA: Sage, 2005) 一书涵盖了有效沟通研究成功和通常的报告格式。

对研究伦理实践有兴趣的学生应查阅 *Responsible Science: Ensuring the Integrity of the Research Process*, Vol. 1 and 2, Report by U. S. Committee on Science, Engineering, and Public Policy, Panel on Scientific Responsibility and the Conduct of Research (Washington, DC: National Academy Press, 1992)。

Deni Elliott and Judy E. Stern, eds. , *Research Ethics: A Reader* (Hanover, NH: University Press of New England, 1997) 被设计并应用于对工程学和科学研究生的研究伦理课程中。一本相似的教科书 Francis L. Macrina, *Scientific Integrity: An Introductory Text with Cases*, 3d ed (Washington, DC: American Society for Microbiology, 2005) 则包含了一些关于记录保存、数据所有权、同业审查和与导师的关系方面的有趣又具可读性的章节。

Paul Oliver, *The Student's Guide to Research Ethics* (Philadelphia: Open University Press, 2003) 的第 8 章对学术发表和抄袭相关问题作了一个通俗的论述。

注 释

[1] L. A. Olsen and T. N. Huckin, *Technical Writing and Professional Communication*, 2d ed. (New York: McGraw-Hill, 1991), 66-69. 另一种方法，参见 D. E. Zimmerman and D. G. Clark, *The Random House Guide to Technical and Scientific Communication* (New York: Random House, 1987), 90-100。

[2] 参见 Zimmerman and Clark, *Random House Guide*, 87-90。

[3] K. Brown and P. B. Coulter, "Subjective and Objective Measures of Police Service Delivery," *Public Administration Review*, January-February 1963, 50-51.

[4] A. H. Church, "Incentives in Mail Surveys: A Meta-Analysis," *Public Opinion Quarterly* 57 (1993): 62-63.

[5] Edward R. Tufte, *The Visual Display of Quantitative Information* (Cheshire, CT: Graphics

Press，1983），182.

［6］关于建议的进一步论述参见 R. C. Sonnichsen，"Evaluators as Change Agents，" *Handbook of Practical Program Evaluation*，ed. by J. S. Wholey，H. P. Hatry，and K. E. Newcomer（San Francisco：Jossey-Bass，1994），534-548，and M. Q. Patton，*Utilization-Focused Evaluation*：*The New Century Text*（Thousand Oaks，CA：Sage Publications，1997），324-329。

［7］要了解科学不正当行为史的统计信息，参见"Misconduct in Science-Incidence and Significance"，*Responsible Science*：*Ensuring the Integrity of the Research Process*，Vol. 1，Report by U. S. Committee on Science，Engineering，and Public Policy，Panel on Scientific Responsibility and the Conduct of Research（Washington，DC：National Academy Press，1992），80-97。本章书目提要指出了特定案例信息的资料来源。

［8］*Responsible Science*：*Ensuring the Integrity of the Research Process*，Vol. 1，5-7。该报告将研究中的不正当行为称为"科学中的不正当行为"。而在 Massachusetts Institute of Technology's "*Report of the Committee on Academic Responsibility*，" *Responsible Science*：*Ensuring the Integrity of the Research Process*，Vol. 2，171 中，同样的行为被标注为"研究中的不正当行为"。

［9］*Responsible Science*，Vols. 1 and 2.

［10］*Responsible Science*，Vol. 1，56-57.

［11］R. P. Feynman，"Cargo Cult Science，" *Surely You're Joking Mr. Feynman*!（New York：Bantam Books，1989），308-317.

［12］The Joint Committee on Standards for Educational Evaluation，*The Program Evaluation Standards*：*How to Assess Evolutions of Educational Programs*，2d ed.（Thousand Oaks，CA：Sage Publications，1994）. 本书在报告问题上发表了十七种标准。这些标准的应用并不限于教育学科。

［13］该案例的信息抽取自 D. Brown，"Scientists Acknowledge Flaw in 3-Drag Attack on AIDS Viruo，" *Washington Post*，July 23，1993，A-3m，and L. K. Altman，"The Doctor's World：Faith in Multiple-Drug AIDS Trial Shaken by Report of Error in Lab，" *New York Times*，July 27，1993，B6。研究报告和后续的信件由 M. S. Hirsch 和他的同事，马萨诸塞州 General 医院的研究员发表在《自然》上。

［14］American Psychological Association's Ethical Principles and Code of Conduct（2002），Section 8.10（b）的一部分就是关于显著性误差的报告。M. McGue 在"Authorship and Intellectual Property"，in B. D. Sales and S. Folkman，eds.，*Ethics in Research with Human Participants*（Washington，DC：American Psychological Association，2000）一文中论述了作者在报告误差方面的责任。

［15］Altman，"The Doctor's World，" B6.

［16］*Responsible Science*，Vol. 1，47.

［17］F. L. Macrina，*Scientific Integrity*，3d ed.（Washington，DC：American Society for Microbiology Press，2005）。本书第 9 章和第 11 章包含了数据所有权和数据记录的内容。

［18］M. S. Frankel，"Professional Societies and Responsible Research Conduct，" *Responsible Science*：*Ensuring the Integrity of the Research Process*，Vol. 2，33-34。本文指出，没有专业管理协会或者公共行政协会；信息是从历史学家协会、政治学家协会、社会学家协会和心理学家学会中搜收集的。

［19］*Responsible Science*，Vol. 2，34.

词汇表

精确度（accuracy）：一种关于样本误差大小的测量工具，用来揭示样本发现在多大程度上接近参数。

汇总数据（aggregate data）：以不同组别——市、县、组织等行政辖区或组织为基础，在大组内获取的小组的测量数据。

α水平（alpha level）：研究者错误地拒绝一个真的虚无假设的可能性。犯第I类别错误的可能性。

美国社区调查（American Community Survey）：美国普查机构在2005年1月发起的用来收集社会、经济、房产和人口数据的年度数据调查。

分析图示（analytic mapping）：为分析变量和地理位置之间的关系，在图表上绘制一个或更多变量的数值。

匿名（anonymity）：为了避免研究者将任何数据资料关联到特定样本个体而进行的数据收集行为。

方差分析（analysis of variance，ANOVA）：分析实验数据和组均值差异的基本统计工具，可以提供数据关系的统计显著性信息。

应用程序（applications program）：为了一个特定的活动（不包括操作电脑）而设定的软件。统计包、电子表格、数据库管理软件属于应用程序的例子。

算术平均值（arithmetic mean）：在数据分布中加总所有个案的变量数值并除以个案总数来测量数值的集中趋势。使用算术平均值需要等距或比数据。

阵列（array）：所有个案的每个变量的数值列表。

关联概率（associated probability）：当虚无假设是真时一个统计检验的特定数值的发生概率，通常和其他数据共同推断假设。

非对称测量（asymmetric measure）：用于测量可能因为被设置为自变量而有不同数值的两个变量间的联系。

自相关（autocorrelation）：变量取值在不同时期、违反残差独立于其他残差的假设的非随机关系。

平均离差（average deviation）：加总分布均值中的每个个案的偏差绝对值，并除以个案数计算而来的统计量。

条形图（bar graph）：一侧显示变量和它的值或类别，而另一侧显示个案的频率或百分比的测量。条块的长度或高度显示个案中每个变量取值的数目或百分比，条块的宽度没有任何意义。

β加权系数（beta weights）：标准化回归系数，通过标准化所有变量的测量进行计算以便这些数据可使用同一标准衡量。β加权系数显示了每个自变量对因变量的相对影响。

组间方差（between-group variances）：显示每组方差和均值如何不同于其他组的指标。

偏差（bias）：在样本统计和估计的群体参数之间的系统差异。由于样本设计中的缺陷，它的实施或资料收集程序，样本会系统性低估或高估群体参数。在调查研究中，它包括来自于不可靠或无效问题的不精确信息。

偏差问题（biased question）：一个引起不精确信息的调查问题，因为它被以这样一种方式定义：受访者被引导去给出某个答案而非另一个答案（参见负担问题）。

双变量分布（bivariate distribution）：两个变量值的联合分布。

双变量统计（bivariate statistics）：归纳两个变量间关系的统计。

盲审（blind review）：当评审人不知道谁在主持某项研究时，对该项报告或研究进行的评审。

编号街区（block numbering area）：美国普查机构定义的最小统计区域；局限于一个街道、铁路或有相似物理特征的小片土地。

箱线图（box plot）：一个标明变量组中值、最大值、最小值、四分位距和极端值的绘图技术。它能给出集中趋势和分散趋势。

个案（case）：一个分析单元。

个案研究（case study）：一个个人、项目、机构或者一些其他分析单元被细致分析的研究类型。

类别变量（categorical variables）：名义和定序变量。

普查街区（census block）：普查机构获取百分百的资料的最小统计单元。许多单个城市街区都受限于街道。

人口与住房普查（Census of Population and Housing）：美国普查机构根据美国宪法要求，为调查人口而进行的十年一次的普查。

普查区块（census tract）：包括一个大街区的统计性区域。这是一个县域范围内平均有 4 000 个人且一般是 1 500～6 000 人左右的区域，每个城区都会被以普查区分区。

人口普查的不完全统计（census undercount）：美国总人口的保守估计。一些群体，特别是城市少数族群，更可能被忽略掉。

卡方（chi-square）：用于分类测量的统计显著性检验。一般适用于列联表的资料。

环形图（circle graph）：显示总体每一部分比例的图表或饼图。环形图中的每一块楔形图的大小表示它在总体中所占的比例。

分类间距（class interval）：一个变量的值的分组。

经典实验设计（classical experimental design）：包含有至少一个实验组和一个控制组，被调查者随机分配给各组别的受试者，实验者控制下的自变量及一个前测、一个后测的设计。

封闭式问题（closed-ended question）：一种受访者被提供一个可能答案的列表和被要求从列表中选择答案的调查类型。

整群抽样（cluster sampling）：包含单元组的组群或行政辖区被随机选为样本的概率抽样。

编码（coding）：把通过调查或其他方式而收集的信息转化为符号（通常是数字），以便进行贮存、管理和分析的进程。

判定系数（coefficient of determination）：统计意义上，因变量受一个或多个自变量影响而产生的变化所占比例。r^2或者R^2较为典型。

同期群（cohort）：在一个特定时间周期内经历同样重大事件的个案群体。

比较分组设计（comparison group design）：一种类似于分类实验设计的准实验设计。然而，每个组的被试不是研究者随机分配的，并且自变量的发生可能性不会被研究者控制。

电脑辅助式电话访问（computer-assisted telephone interviewing，CATI）：访问人员从电脑终端上读取条目和可能回应答案的调查形式。电脑通过展示访问题目，跟踪和选取被呼叫的电话号码，与访问行为实现同步。

概念（concept）：简要的或一般性的特质。

概念定义（conceptual definition）：一个概念或变量区别于其他该概念的定义。本质上来说，是指一个概念或变量的词典定义。

置信区间（confidence interval）：一个样本的统计值浮动区间。调查者希望相应参数值会在置信区间范围内浮动。

置信水平（confidence level）：调查者对于样本的估计在一个特定参数范围内的信心程度。

保密（confidentiality）：为防止研究人员接触带有个体身份信息的数据而进行的信息保护。

常量（constant）：在一个研究模型中不会变化的元素。

内容效度检验（content-based evidence of validity）：在操作定义中包含了条目

的证据与被测量的概念相关并充分展示了被测概念的测度。

列联表（contingency table）：一个显示变量分布与一个或更多地其他变量值如何相关的表格。

控制组（control group）：在其他方面与实验组相似但是没有加入特定自变量的组别。

控制变量（control variable）：在一项分析中涉及的变量来决定它是否影响两个其他变量间的关系。在分析其他两个变量间的关系时，控制变量的值被设为恒量。

任意抽样（convenience sampling）：一种主要是基于抽样单元的可获性而展开的非概率抽样。

相关系数（correlation coefficient）：通常是指皮尔逊积差相关系数，r，它是测量数值变量间关系的方向和强度的工具。相关系数也可对回归方程进行拟合度检定。

共变（covariation）：一个自变量和因变量之间的关系模式。

克莱姆 V（Cramer's V）：测量两个名义变量间关系强度的工具。它一般用于列联表，是在卡方统计的基础上产生的。

标准效度测量（criterion-based evidence of validity）：对一种测量方式产生的数据和另一种可选测量方式获取的数据进行比较的统计指标。

截面设计（cross-sectional design，又译横截面设计）：所有相关变量在同一时间测量的实验测试方式。

当前人口普查（Current Population Survey）：美国普查机构为获取当前人口劳动力资料而展开的一种广泛调查，每月进行一次，以面对面访谈或电话访问的方式实施。

循环变化（cyclical variations）：一个变量在规律性的时间区间（通常是 1～5 年）范围内反复发生的变化。

数据库（database）：一种为使用者实现多种用途而享有的可以存储信息的诸多相关数据记录的集合。

数据库管理系统（database management system）：一种进入、储存、组织和修改数据的应用程序。一些数据库系统能够从相关独立的文件中关联数据。

数据控制日志（data control log）：一个显示使用者名字和他们进入、使用或存取数据的时间的记录。

数据字典（data dictionary）：一种能够对各元素及其在数据库中的位置进行命名和描述、展示每个元素如何获取及每个值的编码的数据库管理器组件。

数据调查（data snooping）：在没有模型或假设引导的情况下，使用一个电脑程序关联一个数据集中的许多变量到其他数据集的行为。

人口与住房十年普查（Decennial Census of Population and Housing）：美国普查机构每十年一次的以计算人口数目为主的调查行为。

推断性披露（deductive disclosure）：一个研究项目中的信息可以被用来整理特定人的数据，或危害受访者的隐私。

自由度（degrees of freedom）：一个在许多统计检验中需要的数值。这是一个其他参数能够独立变化的参数数值。

人口统计学问题（demographic question）：询问受访者年龄、种族、受教育情况、职业、宗教信仰等方面内容的调查问题。

因变量（dependent variable）：在一个假设中能够展示或测量被解释事件特征的变量。它有时作为一种结果或效应出现。

描述性统计（descriptive statistics）：用来描述和概括一个数据集的统计行为。

二分变量（dichotomous variable）：有两种可能值的变量。

直接关系（正相关）（direct relationship）：一个变量值的增加与另一个变量值的增加相关的变量关系。

判别分析（discriminant analysis）：以判别功能分析著称，类似于因变量是一个二分变量的回归统计分析方式。

不等比例分层抽样（disproportionate stratified sampling）：一种相比其他类型在一些层中包括了单位的较大部分样本的概率抽样程序。

虚拟变量（dummy variable）：回归方程中的二分变量通常称作虚拟变量。

控制变量的影响（effects of a control variable）：一个控制变量的加入可能带来两个变量间关系的变化：第一，保持不变；第二，相对其他变量值，控制变量的加入会引起其关系变强；第三，改变关系方向；第四，关系消失。

元素（element）：在一个模型中包含的变量。

经验性效度（empirical validity）：一个工具测量被设计用来测量的变量的经验性展示。预测性效度属于一种经验性效度。

列举（enumeration）：按变量值对资料排序、分组和计算相似值个案数量的处理行为。

（一种测量的）等值［equivalence（of a measure）］：使用相同测量程序的不同的调查者会产生相同的结果。相同测量程序的不同版本应该产生相同结果。

η（eta）一种对名义变量、次序变量、等距变量间关系的测量，一般与方差分析同时使用。

执行总结（executive summary）：位于报告前端，突出它的主要内容的部分，并可能包括推荐信。潜在的阅读对象是很少有时间阅读报告的行政人员，因此，这个部分可独立地被用来读懂报告。

期望值（expected frequency）：如果虚无假设是真的，被期望的个案的数量有一个特定的数值或一组数值。

实验（experiment）：一种随机分配的受访者被给予一个有意的操作处理，并和其他没有给予同样操作处理的随机分配的受访者作比较的研究方式。

实验设计（experimental design）：一种研究者能够分配受访者到不同的研究分组、控制实验时被设置的自变量及实验发生条件的设计类型。

实验组（experimental group）：被施以自变量影响的研究组。

外部效度（external validity）：一项研究能够产生研究发现适用于没有参与研究的个案的数据的程度。

F 检验（F-test）：估计一个变量中的总变异数和一个自变量或一组自变量所解释变异量的比的统计显著性检验。一般用于变异量分析程序。

装配（fabrication）：组成或发明数据或研究的结果。

因子分析（factor analysis）：认识隐藏在大量相关测量数据背后的少量几个概念，并将更多测量数据减少为几个综合指标的统计程序。在识别涉及目录的测度和创造综合指标方面十分有用。

因子负载（factor loading）：显示每个个体条目与潜在的概念或因子的密切程度的因子分析组件。

因子得分（factor score）：为实现通过因子分析获取综合指标而出现的分析单元或个案值。

因子得分系数（factor score coefficient）：在因子分析中，为获取每个个案的综合指标的值，特定条目个案值加倍后获取的权重。

篡改（falsification）：改变数据或报告结果或研究者的研究；为满足研究者需要而剪切报告去改变信息可能带来丢弃个案或分组，这可能会比伪造更加模糊。

联邦登记簿（*Federal Register*）：罗列联邦机构条例和被提议的规程的联邦政府出版物。这里是指代健康和社会服务部门关于人类主题研究的规程。

域（field）：充满一个变量的数据的栏。

文件（file）：一系列记录。

过滤性问题（filter question）：用于识别应该回答设定在后面的问题的受访者的调查问题方式。

固定格式（fixed format）：数据以每个变量的数值在数据记录中进入每个个案相同位置的方式进入读取。

焦点小组（focus group）：利用小组受访者获取定量资料和问卷或调查条目的研究工具。小组互动是中心组的一个重要组成部分。

焦点选择问题（forced-choice question）：需要回应者在没有提供“其他”或“以上都不是”的选项时作出可能性回应的封闭式问题。

表格管理（forms manager）：将资料输入一个终端并将其置于一个记录中预先设定好的格式的电脑程序。

频数分布（frequency distribution）：展示了每一变量取值的个案数量的列表。

频数多边形（frequency polygon）：展示定量变量频率分布的线图。水平轴线展示变量的取值，垂直轴线展示频率。多边形在特定位置的高度代表一个特定值的个案数。

γ（Gamma）：测量两个定序变量间关系的强度和方向的工具。

地理信息系统（Geographic Information System，GIS）：整合电脑图像和相关数据库来管理地理位置数据的硬件和软件系统。地理信息系统能够在它产生的地图上展示信息来显示变量值和位置间的关系。

几何平均数（geometric mean）：用来计算几个连续时段上测量出的变化比的平均值的测度。

拟合优度（goodness of fit）：反应统计模型描绘数据集的能力的数据。线性回归的拟合度数据包括线性散点图、相关系数的大小、回归系数的标准误。

硬件（hardware）：电脑硬件是电脑本身和像硬盘驱动、打印机和其他储存或输入设备的外围设备。

直方图（histogram）：一个类似于条形图但条块图形的长度和宽度都有意义的图。图形的宽度代表一个分类中变量取值的全距；直方图能够被用于定量变量（定距变量和定比变量）。

人类研究对象（human subject）：一个调查者通过介入或与受访者互动获取数据或获取可识别的私人信息来获取数据时接触的个体。

假设（hypothesis）：对于一个能够被经验性检测的观测、现象或问题的实验性解释。一般来说，假设指涉两个变量间的关系。

假设检验（hypothesis testing）：也被叫做显著性检验。这是一个判断被称为虚无假设的关于群体中变量的陈述是从那个群体中选择的个案样本中而给出的错误数据的可能性的检测。

现场访问（in-person interviewing）：也称为面对面访问。访问者亲自拜访受访者并记录受访者提供给他们答案的调查研究方式。

发生率（incidence）：指在特定周期内（通常是一年）生病的人的数量的一般性比测度。也适用于其他情况，如成为一个犯罪行为受害者或者遭遇某个事故。

自变量（independent variable）：在假设中用于解释利益事件或特征中变异量的变量。它经常被作为“输入”或“原因”提及。

指标（index）：一组变量合并为测量一个更简明的概念。

指数（index number）：一个表达两个数字间关系的数字，其中一个数字是基础性的，用来描述像价格、产品、工资、失业等问题随时间的变化。消费价格指数是一个很著名的综合指数。

推论统计（inferential statistics）：用来依据概率样本数据估计群体特征值的统计。

知情同意（informed consent）：这些原则包括：第一，研究的预期受访者应该被告知研究的目的，以及参与调查会带来的可能的风险和收益；第二，受访者应在参与一个研究之前清楚地给出他们的同意意见。

机构性审议委员会（Institutional Review Board，IRB）：接受需要受访人的联邦研究资金的机构所产生的内部团体；机构评估委员会评估所有需要受访人的机构研究来决定它是否符合伦理规范。

深度访谈（intensive interviewing）：对受访者进行的深度、长时段、广泛的访问。它通常需要一名受过技术训练的访问者以无结构的方式进行。一般来说，一项使用这项技术的研究涉及相对较少的受访者。

内部一致性（internal consistency）：在测量过程中所有的条目与被测概念的关联程度。

内部效度（internal validity）：研究设计一个特定自变量引起一个因变量变化的

数据的程度。

网络调查（Internet surveys）： 一种调查被贴在网上或以邮件的形式发送的研究设计类型。

四分位差（inter-quartile range）： 在一个有序分布中包含中间二分之一的观测值的数值的差。

间信度（inter-rater reliability）： 两个不同的观测者使用同样的工具来测量一个概念来获取同样的结果的程度。

非连续时序设计（interrupted time-series design）： 合并一个除时间外的自变量到时间序列设计的准实验设计。因变量的几个测度发生在自变量出现之前和之后。

定距量表（interval scales）： 测量一个变量的取值之间定量差异的测量量表。变量的每个单元每隔一个单元有同样的定量数值。在变量值间有同等的距离区间。

反相关关系（inverse relationship）： 一个变量值的增加会带来另一个变量值的减小的变量间线性关系。

不规律波动（irregular fluctuations）： 在一个变量中随时间而出现的不能归因为长期趋势、周期或季节性变化的变化。

滞后（lagging）： 自变量值比因变量值更早测量的数据处理方式。

λ 系数（lambda）： 表示两个名义变量关系的测度。

分析水平（level of analysis）： 个案资料来自个体的个体，聚合显示组特征的测度。

李克特量表（likert scaling）： 一种指标构建方法，也被称作求和比率。一个数字型数值被提供给每个条目的回应，数值被加总或平均来获取每个个案的值。

线性模型（linear model）： 一个假设变量间关系能够适当地被描述为一条直线的模型，如果线性模型是合适的，一个线性回归方程可以被计算出来。

线性回归模型（linear regression model）： 当回归方程定义一条直线（$Y=a+bX_i\cdots bX_n$）时的变量间关系。

文献综述（literature review）： 关于研究问题的回顾研究行为。一个报告的文献评论部分可以奠定一个研究项目的价值以及这项研究如何与其他研究相契合。文献评述可能会涉及以下内容：这一研究会研究既有研究没有考虑到的问题；弥补既有研究的不足；检验不同条件的模型；纠正既有研究的错误；或涉及相互冲突的研究发现。

抱有偏见的问题（loaded question）： 有偏差的问题被以这样一种方式表述，即受访者意识到只有一种回答方式是可行的（参见偏差问题）。

逻辑斯蒂回归（logistic regression）： 因变量是二分变量的回归模型。回归方程可以计算当自变量给定取值时因变量会在两个值中取其一的概率。

逻辑回归系数（logistic regression coefficient）： 在逻辑回归中测量自变量的预测能力的指标。

纵贯设计（longitudinal design）： 使用在两个或更多不同时段收集每个变量信息而展开的研究设计。

长期趋势（long-term trend）：一个变量的取值在多年中的一般向上或向下的活动。

邮寄问卷（mailed questionnaires）：通过邮件接触受访者且受访者完成问卷并寄回邮件的调查方式。

大型计算机（mainframe computer）：具备处理大量数据的和运行大量分析的大型电脑。大多数大型机构和大学有至少一个主机电脑。

矩阵（matrix）：一个成行和成列数据列表。行是由一个个的个案组成，列是各个变量信息组成的区域。矩阵的垂直维度与个案数目相关，水平维度和字段数量相关。

测量（measurement）：按照一系列规则为变量值分配数值的行为。

测量量表（measurement scales）：对诸多变量取值间的关系的分类；名义量表可以对变量进行分类；定序量表可按照一个连续序列排列变量；在定距变量中，数值能够被加减；就不同个案而言有一个绝对零和比率的能够被计算。

关联测量（measures of association）：测量变量间关系强度的统计量。常用的关联工具包括 λ 相关、γ 伽马相关和皮尔逊积差相关系数。

中心趋势测量（measures of central tendency）：预示有代表性、最典型或主要的分布的数值的测度。这些测度包括众数、中位数和算术平均值。

离散测量（measures of dispersion）：揭示在一个分布中的数值互不相同的程度的测度。这些测度包括极差、四分位差、百分位数、方差和标准差。

中位数（median）：一个中心趋势测度；一个有序数值分布中间个案的值。中位数需要定序或定量类型的测度。

中位数绝对偏差（median absolute deviation）：一种通过确定从分布的中位数选取的一系列个案的平均偏差的方式计算而来的集中趋势的测度。

元分析（meta-analysis）：研究者用来分析一系列已有研究的系统性技术。这一方法常用来从几个经验性研究中得出一般性结论和辨别值得进一步检验的假设。

微观数据（microdata）：与美国普查数据相关，已删去所有身份信息的个体记录样本。

MIS：管理信息系统。

众数（mode）：中心趋势的测度；一个最频繁出现的变量值。

模型（model）：一个真实性的展现，它把真实世界的一些方面描绘为与研究问题相关，对这些方面的关系做出清晰阐述，它使得关于这些关系的经验性可验证的本质命题的构想成为可能。

模型构建（model building）：构建研究模型来回答研究问题的行为，包括被选择的元素和假定它们间关系的本质。

多重共线性（multicollinearity）：当回归方程的自变量之间相互密切相关，及它们在因变量上的自变量效应不能估计出来时存在的一个条件。

多元回归（multiple regression）：在回归方程中有多于一个自变量被分析的回归分析。

多阶段抽样（multistage sampling）：至少可分为两个阶段的概率抽样。在每个阶段中一个单元组会被选为样本，并且其后一个更小的单元组会被从第一个组中选为样本。

多变量统计（multivariate statistics）：适用两个以上变量间关系的统计行为。

新误差（new error）：在计算兰姆德相关（一个关联的测度）时使用，相当于对自变量每个类别的非模态回应。

定类量表（nominal scales）：可以对一个变量值进行分类和标注的量表。调查者能够通过变量分类对个案分组但不能排序。

非实验设计（nonexperimental design）：不会因为对内部效度的威胁而进行控制的设计。

非线性关系（nonlinear relationship）：不能被描绘为直线的清晰图案的变量间关系。

非概率抽样（nonprobability sampling）：以这样一种方式抽样：任何一个单元或一系列单元可被选择为样本的概率是未知的。

非随机变化（nonrandom variations）：和长期趋势、周期性变化、季节性变化等能够被一个事件或一些特定条件所解释的变化不相关的时间序列变化。

未回应率（non-response rate）：没有回应调查项目的人的比例。

非抽样误差（偏差）（nonsampling error，bias）：来自抽样设计上的不足、不可靠或无效测量，或错误数据收集方面的误差。

正态曲线（normal curve）：一个具有以下特点的理论分布：是钟形的和对称的；众数、均值和中位数有相同取值；在均值和其他值之间有一个固定比例的观测值。

零假设（null hypothesis）：宣称群体中两个变量间不相关的假设。通常来说，这是一个可能会通过统计显著性检验检测的假设。

零相关（null relationship）：自变量的值增加而因变量值降低或无变化时，这一关系将会出现。

数值型变量（numerical variables）：测量等距量表或比率量表的变量。

开放式问题（open-ended question）：一个受访者需要在没有研究者提供可能答案列单的情况下提供他们自己的答案的调查问题。

操作定义（operational definition）：测量一个概念或变量和赋值到每个个案变量的具体处理办法。

操作效度（operational validity）：测量实际测量被设计要测量的东西的测量方法或工具的程度。

定序量表（ordinal scale）：为变量值排序并允许调查者基于他们的变量值对个案进行排序的测量量表。然而，定序量表不测量个案间的定量差异。

原误差（original error）：用来显示在不知道自变量值的情况下预测因变量分布时误差程度的指标。

异常值（outlier）：在回归分析中存在的一些远离数据提示的全距的数据点。

固定样本追踪调查（panel design）：在每个连续时段独立地检测相同个案的纵贯设计类型；可以揭示个体个案的变化。

参数（parameter）：一个群体的特征值。分析员会为了估计参数而描绘样本。

偏回归系数（partial regression coefficient）：揭示当控制方程中其他变量时因变量的自变量效应。

皮尔逊 *r*（pearson's *r*）：两个定距变量间关系的方向和强度的测量。

同行评论（peer review）：对一个特定话题十分精通的个人阅读和评估为在立项或发表前发现错误或不足而提交给学术期刊、会议或基金会的手稿和提议的做法。

百分比（percentage）：通过按照个案总数来依据变量值划分个案频数并把这个结果乘以100计算而来的相对频数。

百分比变化（percentage change）：将同样个案的变量值随时间变化的变化程度转化为百分比而形成的相对频数。

百分比差异（percentage difference）：行的个案比的列之间的差异（因变量的分类）。通过去掉一个列联表的列来计算；能够被用来分析两个变量间的关系。

百分比分布（percentage distribution）：一个能够展现变量值的表格，包含每个取值的所有个案的百分比。

百分位数（percentile）：位于分布中一定比例的有序观测值之下的数值。

两个变量间的完全相关（perfect relationship between two variables）：自变量的变化常常和因变量的同样变化相联系的关系。

饼图（pie chart）：用整个环形展现的可视图表，揭示切成许多楔形的数量。这样图表里含有每个部分占据整体的比例，促进整体中部分间的可观察的比较。

试点研究（pilot study）：一个用来检测提议数据集合策略的妥善性的小型研究设计。试点研究应该检验可计划的测定并分析代表目标群体的样本。

抄袭（plagiarism）：把别人的观点当作自己的观点来呈现。

总体（population）：具有至少一个兴趣特点的一整套单元。样本从这个集合中选取。

总体差异（population variability）：一个群体成员在调查员感兴趣的变量上不同于其他成员的程度。

统计效力（power）：指显著性检验导致错误的虚无假设被拒绝的概率；它与一个关系的样本大小和强度相关。

实际显著性（practical significance）：一项统计发现是重要的或能够被用来解决一个问题的能力。

消减误差比例（Proportional Reduction in Error，PRE）：显示得知自变量分布在预测因变量分布中减少误差的测量工具。

预测值（predicted value）：在回归分析中，它是指通过使用回归方程计算而来的个案因变量值。

试调查（pretest）：对一小组能够在大目标群体中发现共同差异的受访者进行

的最初的问卷测试。

普及率（prevalence）：测量在既定时间内得病人员的总数的共同比率。也适用于其他情况，比如说，成为一个犯罪的受害者或发生事故的人的总数。

隐私（privacy）：防止别人接近自己信息的个体能力。

概率抽样（probability sampling）：群体的每个单元有一个已知非零的进入样本的几率的抽样类型。

程序文件（program file）：包括可以运行一个程序的电脑导引文件。

比例（proportion）：依据个案总数用一个变量值划分个案数目来决定的相对频数。比例是一个小于 1 的小数。

等比例分层抽样（proportionate stratified sampling）：在层中单元有相同的百分比进入样本的概率抽样。

立意抽样（purposive sampling）：由于调查者判断特定单元某种程度上代表群体而展开的非概率抽样。以判断或专家选择抽样著称。

定性研究（qualitative research）：指与详细的、口头的特征描述，个案和情境相关的研究。质性研究通常进行相对少的个案的深度调查。

质量控制（quality control）：当质量下降到一定标准时，组织者用来显示生产的商品或提供的服务的质量、进行纠错的一系列手段。概率抽样在质量控制程序中是十分重要的。

定量研究（quantitative research）：用数字描述变量值的研究。资料可用统计技术进行归纳和分析。

连续量表（quantitative scales）：关于等距量表和比率量表的更具包含性的词条。

四分位数（quartile）：在四个位置将数值的极差进行细分；第一分位数是 25%的个案之后的那个数值；第二分位数是中位数；第三分位数是 75%的个案之后的那个数值；第四分位数是分布中的最大值。

准实验设计（quasi-experimental design）：具有部分实验设计特征的设计。通常在一个真正实验的控制不可能进行时的研究情境中使用。

问题顺序（question sequencing）：在调查中以可获取最多信息和鼓励最大数量的受访者回答问题的问题排列方式来排列问题。

问卷设计（questionnaire design）：包括问题措辞、排序、布置，及问卷或调查的布局长度。

配额抽样（quota sampling）：当相信既定特征存在于群体中时，样本被以同样的比例从群体中选择而形成的非概率抽样。

随机分配（random assignment）：以组别间不存在系统性差异的方式分配受访者。每个受访者与其他任何一个受访者一起有同样的机会进入实验组或控制组。

随机数字拨号（random digit dialing）：为电话采访选择受访者样本的方法。为产生代表性样本，许多电话号码被以这种方式选择。

随机关系（random relationship）：两个变量相互独立，比如，一个变量的变化和另一个变量的变化没有关系。

随机变化（random variations）：与长期趋势、周期性变化、季节性变化无关的不可解释的变异数。

随机性的后测设计（randomized posttest design）：有至少两个组别和一个后测但没有前测的实验设计。

极差（range）：在有序分布中提供最低值和最高值定量距离的离散测量。

比率（rate）：用来实现一些事件发生率标准化的相对频数。按照总频数划分事件发生频率来计算发生比，比如事件发生的管辖权群体。结果被以十的幂数倍（如10、100、1 000）放大。

比（ratio）：通过将某个变量值的许多个案和其他变量值的许多个案进行比较而发现的相对频数。

比例量表（ratio scale）：允许研究者在一个尺度上排列资料，决定他们间的实际差异，用比率来描绘可测量资料的取值之间的关系。比率量表有一个绝对零点。在管理工作中，差不多所有等距量表都是比率量表。

实验安排的反作用效果（reactive effects of experimental arrangements）：研究情况必然是武断的，而且研究设置本身影响结果的现象。

记录（record）：来自一个分析单元或个案的数据；在电脑文件中的一条数据。

矩阵（rectangular array）：每个观察个案或单元是按行呈现，每个变量按一个或多个列呈现，且每行是同样长度。

回归系数（regression coefficient）：回归方程中揭示自变量增加一单元时因变量的变化幅度的数值。

回归常量（regression constant）：一般以字母 α 为代表。它是回归方程的一个部分，且常量加上斜率值乘以自变量值可以获取因变量的预测值。它也是 Y 的截距，当 X 值是零时回归方程可以算出它的数值。

回归方程（regression equation）：为了发现最能够描述数据集的线条，使用来自一个具体数据集的数据进行计算的方程。方程在自变量值和因变量之间建立联系。

关系数据库（relational database）：两个或多个文件间存在共用变量、允许各个文件的信息可以被连接起来用于分析并形成报告的一些数据库。

模型关系（relationships in model）：在一个研究模型中元素间的联系。

相对频数（relative frequency）：被个案总数、同样变量的另一取值的频率、第二变量的频率所分割的变量值的出现次数。百分比、发生比、比率都是相对频率。

信度（reliability）：与一个测度相关的随机误差的程度。可靠性测量可产生一致的或可靠的数据。

研究设计（research design）：有两层内涵：第一，关于收集什么数据、从哪里收集、什么时候收集、如何收集、如何分析信息方面的导引中一般性计划；第二，关于什么时候就因变量、自变量和控制变量来收集资料的具体计划。

研究方法论（research methodology）：指检验一个研究模型的步骤，包括选择研究受访者、测量每个变量、收集资料和分析资料的计划。

研究记录（research records）：在研究项目方面观测而来的个体的或集体的数据资料。

残差（residual）：通过回归方程和某个个案的实际变量值进行预测而来的个案的因变量值之间的差异。

回应者（respondent）：通过调查研究程序进行收集信息的对象。

回应率（response rate）：样本中回答问卷或接受采访的调查回应者比例。

应答定势（response set）：问卷受访者以同样方式回答所有问题的倾向。

样本（sample）：从更大相同单元选择的单元子集。子集用来推断更大的集合、群体。

抽样偏差（sampling bias）：由样本带来的群体的系统性错误。它由于样本设计或它的实施中的缺陷而出现。

抽样设计（sampling design）：从群体中选择单元进入样本的一系列程序。

抽样误差（sampling error）：可归因为任一概率抽样不能精确估计参数的样本估计和参数间的差异。

抽样比（sampling fraction）：所选择的样本在群体中的比例。

抽样框（sampling frame）：为抽样而绘制的群体成员列表。

抽样单元（sampling unit）：因抽样而产生的一个单元或单元集合。

量表（scale）：以某一个案如何适应指示类别为标准为一个变量赋值的测量工具。

散点图（scatterplot）：因变量 Y 被置于垂直轴线、自变量 X 被置于水平轴线的点的图表。在决定是否一个线性模型应被用于归纳两变量间关系时绘制散点图是有用的。

图表式模型（schematic model）：阐述线条中的元素与箭图或其他相似图形间重要联系和关系的模型。

季节性变化（seasonal variations）：一个变量在一年中的特定时间内有规律地随时间出现的变化。

二手数据（secondary data）：为既有研究之外的目的而收集的已有资料。

选择性偏差（selection bias）：既定研究中由于选择的特征和没被选择的特征中的系统性差异而产生的误差。

灵敏度（sensitivity）：一个测度探索个案间有意义的差异的能力。

灵敏度分析（关联测量）[sensitivity（of measure of association）]：选择一个关联测量的标准。一个统计量通过分配不同数值到可能在强度上有轻微差异的关系的方式来探索关系强度上的较小差异的能力。

简单随机抽样（simple random sampling）：当存在以下情况时概率抽样成为可能：第一，群体的每个单元与其他单元一起有相同的、非零的概率进入样本；第二，群体中一个单元的选择不会影响到一些其他单元被选择的概率。

倾斜（skew）：频率分布的特征。如果众数或中位数取值有不同于算术平均值，那么分布是偏态的。负偏分布是中位数比均值大，而正偏分布中位数比均值小。

偏态分布（skewed distribution）：当分布有一些影响算术平均值的或高或低的极端值时，偏态分布出现。如果极端值为小，那么分布将偏向左侧，变成负的；或者，当极端值为大，那么分布将变成正的。

抽样距离（skip interval）：进行系统性抽样时，一个列表中大量的单元将被跳过。

滚雪球抽样（参照抽样）（snowball sampling/referral sampling）：群体成员认识或彼此了解并推荐受访者进入样本的非概率抽样类型；当群体成员不能轻易被其他方法估计时滚雪球抽样适用。

软件（software）：电脑程序和电脑运行各种任务时的必要说明。

萨默斯 d（Somers' d，d_{yx}）：定序变量的不对称关联测量。

资助性研究（sponsored research）：政府机构、基金会或其他组织提供资金支持的研究。

电子表格（spreadsheet）：由列和行组成的矩阵。

电子表格程序（spreadsheet program）：在电脑屏幕上展示矩阵，允许用户把标签、数据和数学公式放入矩阵单元的应用性程序。用户能够使用矩阵中数据并展现统计和数学分析。

伪关系（spurious relationship）：两个变量间明显但不真实的变量关系会因第三变量与这两个变量的关联而出现。

稳定性（stability）：当且仅当被测量的东西没有改变，变量随时间流逝产出同样结果的能力。

标准差（standard deviation）：一种离差的测量工具。对分布的算术平均值和每个个案取值间的差异值取平方并加总这些数值，再除以个案数，对上述结果求平方根可计算出标准差。它通常被用于大量统计测度和检验。

标准误（standard error）：在一个变量的理论分布基础上进行大量同样大小的概率抽样得来的抽样误差大小的统计测度。标准误是正态分布。

斜率的标准误（standard error of the slope）：对回归系数 b 多大程度上在样本间存在差异的估计。

标准化得分（standard score）：也称作 z 分数，表示一个分布就分布的标准差的单元而言的值。从一个特定个案中减去算术平均值，再除以标准差后可以得出 z 分数。

统计量（statistic）：一个样本的特征值。调查者使用统计数据来估计参数。

统计显著性（statistical significance）：从一个相应参数值大大不同的群体中发现统计值的概率。

统计软件包（statistical software packages）：展现数据统计分析的应用程序。

统计关系（statistically significant relationship）：如果被选样本的整个群体能够被研究，统计检验支持的样本中的变量关系也会被发现；群体中的这个关系可能在强度上不同于样本。

层（strata）：一个较大群体中的小群。

分层随机抽样（stratified random sampling）：群体被划分为小群（层）的概率抽样。从每个层中选择概率样本。分层抽样可以是概率抽样或者非概率抽样。

结构式访谈（structured interviewing）：受访者被以同样的方式、同样的顺序问同样的问题的调查。

处在风险中的受访者（subjects at risk）：参与者受到消极影响的研究设计。这种影响会从永久性伤害效应到不太明显的反应波动，比如生气或羞辱。

调查研究（survey research）：一种调查者以现场访问、电话访问、邮寄问卷或网络发送问卷的方式询问个体受访者问题的资料收集类型。

符号式模型（symbolic model）：使用词汇、数学方程或电脑程序来说元素间联系的模型。

对称测量（symmetric measure）：不管哪个变量被设置为自变量都有相同取值的两个变量间关系的测量。

系统（机械）抽样（systematic sampling）：有调研员使用等距跳跃（群体大小除以样本大小）和在列表上随机决定起点的办法来从群体成员列表上选取单元的概率抽样。

***t* 检验（*t*-test）**：需要一个等距因变量的统计显著性检验。它有广泛应用，但是通常用来检验两组数的算术平均值的差异是否显著。

目标群体（target population）：调查者希望应用他们的结果的单元集合。

测试/复测（test-retest）：需要对一个受访者的测试及时地在两个点上展开的技术。这里确立了测度的稳定性。

文档编辑程序（text editor）：允许用户使用时输入、存储、编辑和修改信息的电脑程序。

外部效度威胁（threats to external validity）：限制将研究发现应用于没有研究的个案时的能力的因素。

内部效度威胁（threats to internal validity）：能够成为因变量发生变化的原因并表现受检验的自变量的选择的因素。

时间序列（time series）：单个个案的规律性间隔获取而来的一系列数据；有沿着时间为水平轴、变量值或出现的频率为垂直轴分布的时间单元的折线图类型。

时序设计（time-series design）：在规律性的区间中的定量变量上收集数据的设计。

真实实验（true experiment）：实验者能够分配受访者到一个实验组或控制组，并能运算数值和自变量发生率的研究。

第Ⅰ类错误（type Ⅰ error）：当原假设实际上为真时却把原假设当作假的来拒绝。

第Ⅱ类错误（type Ⅱ error）：当原假设实际上为假时却把原假设当作真的来接受。

分析单元（unit of analysis）：特征被测量和分析者感兴趣的客体。

单变量分析（univariate analysis）：某段时间内一个变量的统计分析。

单变量分布（univariate distribution）：单个变量的值的分布。

变量（variable）：有多于一个取值的可测量的特质。

方差（variance）：一种离差和变异数的测度。对个案取值与算术平均值分布之差取平方，加总这些值，再除以个案总数可得方差。方差是标准差的平方。它在其他统计测度和检验中使用。

人口动态记录（vital records）：包括非常重要统计量的记录。

人口统计（vital statistics）：联邦、州和地方政府就生育、死亡、结婚、离婚、堕胎、疾病传播、住院保险等问题收集的信息。

自愿参与研究（voluntary research participation）：潜在的研究受访者对参与的风险和收益有一个清晰和真实的认知，且有能力随时从研究中退出。

加权（weighting）：为反映其在某一指标中的重要性而对不同条目进行加权的行为。

索 引

译后记

《公共管理研究方法》（第五版）是一本在美国很受欢迎的公共管理研究方法教科书，也是一本为公共管理专业学生和公共管理人员量身定做的方法指南。它阐述了一项研究从计划撰写到成果交流的完整过程；提供了大量公共管理和公共事务案例，使读者倍感亲切；也提供了案例研究的具体操作步骤，使读者容易上手。本书对统计方法的介绍明晰易懂而且注重实用，使不喜欢数学的读者也容易理解。作为一本持续再版的教科书，本书不断吸收最新案例、前沿技术与方法，还提供了一套详细的复习题、课后作业与讨论、推荐读物以及大量的在线资源，是一本对大学教师颇有裨益的教学参考书。因此，敬请大家关注这本有价值的书。

清华大学政治学系主任张小劲教授推荐我翻译这本书时，我感到十分惶恐。承担这项任务对我而言，是一个大胆的决定。翻译一本方法论前沿的长篇大作，责任与压力都很大。翻译的过程很辛苦，耗时较长，期间四处请教、数次校稿，终于拿出来示人，仍不免有些遗憾。例如个别术语，国内还没有一致的翻译，好在本书中每个术语都会有英文对照，以便读者查阅。读者对这本译作提出热情的批评与指正将是对这种遗憾的最好弥补。

这本译作是集体努力的成果。其中，翻译主要由我完成。范静菲等参与了部分章节的初译。何兰兰、孟天广、朱莉、王军等参与了校稿。我的硕士研究生洪桑桑和孙子尧也为统稿付出了努力。中国人民大学公共管理学院的硕士研究生刘玮同学为本书的索引和边码加工贡献颇多。本书编辑田田女士也付出了辛勤的劳动。笔者在此对以上及其他没有提到名字的参与者一并表示感谢！

最后的校稿与统稿工作由我完成，全书文字均由我负责。读者若发现不当之处，请拨冗来邮告知（wanggq90@126.com）。在此预致谢意！

王国勤谨识

2014 年 3 月

（王国勤，法学博士，浙江行政学院政治学（科社）教研部副主任、副教授，毕业于中国人民大学，先后赴美国波士顿大学政治学系和哈佛·燕京学社访学。研究领域涉及集体行动、地方治理与政治发展等。）

人大版公共管理类翻译（影印）图书

公共行政与公共管理经典译丛

书名	著译者	定价
公共管理名著精华：“公共行政与公共管理经典译丛”导读	吴爱明　刘晶　主编	49.80元
公共管理导论（第五版）	［澳］欧文·E. 休斯　著 张成福 等　译	78.00元
政治学（第三版）	［英］安德鲁·海伍德　著 张立鹏　译	78.00元
公共政策分析导论（第四版）	［美］威廉·N. 邓恩　著 谢明 等　译	49.00元
公共政策制定（第五版）	［美］詹姆斯·E. 安德森　著 谢明 等　译	46.00元
公共行政学：管理、政治和法律的途径（第五版）	［美］戴维·H. 罗森布鲁姆 等　著 张成福 等　译校	58.00元
比较公共行政（第六版）	［美］费勒尔·海迪　著 刘俊生　译校	49.80元
公共部门人力资源管理：系统与战略（第六版）	［美］唐纳德·E. 克林纳 等　著 孙柏瑛 等　译	58.00元
公共部门人力资源管理（第二版）	［美］埃文·M. 伯曼 等　著 萧鸣政 等　译	49.00元
行政伦理学：实现行政责任的途径（第五版）	［美］特里·L. 库珀　著 张秀琴　译　音正权　校	35.00元
民治政府：美国政府与政治（第23版·中国版）	［美］戴维·B. 马格莱比 等　著 吴爱明 等　编译	58.00元
比较政府与政治导论（第五版）	［英］罗德·黑格　马丁·哈罗普　著 张小劲 等　译	48.00元
公共组织理论（第五版）	［美］罗伯特·B. 登哈特　著 扶松茂　丁力　译　竺乾威　校	58.00元
公共组织行为学	［美］罗伯特·B. 登哈特 等　著 赵丽江　译	49.80元
组织领导学（第七版）	［美］加里·尤克尔　著 丰俊功　译	78.00元
公共关系：职业与实践（第四版）	［美］奥蒂斯·巴斯金 等　著 孔祥军 等　译　郭惠民　审校	68.00元
公用事业管理：面对21世纪的挑战	［美］戴维·E. 麦克纳博　著 常健 等　译	39.00元
公共预算中的政治：收入与支出，借贷与平衡（第四版）	［美］爱伦·鲁宾　著 叶娟丽　马骏 等　译	39.00元
公共行政学新论：行政过程的政治（第二版）	［美］詹姆斯·W. 费斯勒 等　著 陈振明 等　译校	58.00元
公共部门战略管理	［美］保罗·C. 纳特 等　著 陈振明 等　译校	49.00元
公共行政与公共事务（第十版·中文修订版）	［美］尼古拉斯·亨利　著 孙迎春　译	68.00元
案例教学指南	［美］小劳伦斯·E. 林恩　著 郄少健 等　译　张成福 等　校	39.00元
公共管理中的应用统计学（第五版）	［美］肯尼思·J. 迈耶 等　著 李静萍 等　译	49.00元
现代城市规划（第五版）	［美］约翰·M. 利维　著 张景秋 等　译	39.00元
非营利组织管理	［美］詹姆斯·P. 盖拉特　著 邓国胜 等　译	38.00元

书名	著译者	定价
公共财政管理：分析与应用（第九版）	［美］约翰·L. 米克塞尔　著 苟燕楠　马蔡琛　译	138.00 元
公共行政学：概念与案例（第七版）	［美］理查德·J. 斯蒂尔曼二世　编著 竺乾威 等　译	75.00 元
公共管理研究方法（第五版）	［美］伊丽莎白森·奥沙利文 等　著 王国勤 等　译	98.00 元
公共管理中的量化方法：技术与应用（第三版）	［美］苏珊·韦尔奇 等　著 郝大海 等　译	39.00 元
公共部门绩效评估	［美］西奥多·H. 波伊斯特　著 肖鸣政 等　译	45.00 元
公共管理的技巧（第九版）	［美］乔治·伯克利 等　著 丁煌　主译	59.00 元
领导学：理论与实践（第五版）	［美］彼得·G. 诺斯豪斯　著 吴爱明　陈爱明　陈晓明　译	48.00 元
领导学（亚洲版）	［新加坡］林志颂 等　著 顾朋兰 等　译　丁进锋　校译	59.80 元
领导学：个人发展与职场成功（第二版）	［美］克利夫·里科特斯　著 戴卫东 等　译　姜雪　校译	69.00 元
二十一世纪的公共行政：挑战与改革	［美］菲利普·J. 库珀 等　著 王巧玲　李文钊　译　毛寿龙　校	45.00 元
行政学（新版）	［日］西尾胜　著 毛桂荣 等　译	35.00 元
比较公共行政导论：官僚政治视角（第六版）	［美］B. 盖伊·彼得斯　著 聂露　李姿姿　译	49.80 元
理解公共政策（第十二版）	［美］托马斯·R. 戴伊　著 谢明　译	45.00 元
公共政策导论（第三版）	［美］小约瑟夫·斯图尔特 等　著 韩红　译	35.00 元
公共政策分析：理论与实践（第四版）	［美］戴维·L. 韦默 等　著 刘伟　译校	68.00 元
公共政策分析案例（第二版）	［美］乔治·M. 格斯　保罗·G. 法纳姆　著 王军霞　贾洪波　译　王军霞　校	59.00 元
公共危机与应急管理概论	［美］迈克尔·K. 林德尔 等　著 王宏伟　译	59.00 元
公共行政导论（第六版）	［美］杰伊·M. 沙夫里茨 等　著 刘俊生 等　译	65.00 元
城市管理学：美国视角（第六版·中文修订版）	［美］戴维·R. 摩根 等　著 杨宏山　陈建国　译　杨宏山　校	56.00 元
公共经济学：政府在国家经济中的作用	［美］林德尔·G. 霍尔库姆　著 顾建光　译	69.80 元
公共部门管理（第八版）	［美］格罗弗·斯塔林　著 常健 等　译　常健　校	75.00 元
公共行政学经典（第七版·中国版）	［美］杰伊·M. 沙夫里茨　艾伯特·C. 海德　主编 刘俊生　译校	148.00 元
理解治理：政策网络、治理、反思与问责	［英］R.A.W. 罗兹　著 丁煌　丁方达　译　丁煌　校	69.80 元
政治、经济与福利	［美］罗伯特·A. 达尔　查尔斯·E. 林德布洛姆　著 蓝志勇 等　译	98.00 元
新公共服务：服务，而不是掌舵（第三版）	［美］珍妮特·V. 登哈特　罗伯特·B. 登哈特　著 丁煌　译　方兴　丁煌　校	39.00 元

书名	著译者	定价
议程、备选方案与公共政策（第二版·中文修订版）	［美］约翰·W. 金登 著 丁煌 方兴 译 丁煌 校	49.00 元
政策分析八步法（第三版）	［美］尤金·巴达克 著 谢明 等 译 谢明 等 校	48.00 元
新公共行政	［美］H. 乔治·弗雷德里克森 丁煌 方兴 译 丁煌 校	48.00 元
公共行政的精神（中文修订版）	［美］H. 乔治·弗雷德里克森 著 张成福 等 译 张成福 校	48.00 元
官僚制内幕（中文修订版）	［美］安东尼·唐斯 著 郭小聪 等 译	49.80 元
民营化与公私部门的伙伴关系（中文修订版）	［美］E. S. 萨瓦斯 著 周志忍 等 译	59.00 元
行政伦理学手册（第二版）	［美］特里·L. 库珀 主编 熊节春 译 熊节春 熊碧霞 校	168.00 元
政府绩效管理：创建政府改革的持续动力机制	［美］唐纳德·P. 莫伊尼汗 著 尚虎平 杨娟 孟陶 译 孟陶 校	69.00 元
后现代公共行政：话语指向（中文修订版）	［美］查尔斯·J. 福克斯 等 著 楚艳红 等 译 吴琼 校	38.00 元
公共行政的合法性：一种话语分析（中文修订版）	［美］O. C. 麦克斯怀特 著 吴琼 译	45.00 元
公共行政的语言：官僚制、现代性和后现代性（中文修订版）	［美］戴维·约翰·法默尔 著 吴琼 译	56.00 元
领导学	［美］詹姆斯·麦格雷戈·伯恩斯 著 常健 孙海云 等 译 常健 校	69.00 元
官僚经验：后现代主义的挑战（第五版）	［美］拉尔夫·P. 赫梅尔 著 韩红 译	39.00 元
制度分析：理论与争议（第二版）	［韩］河连燮 著 李秀峰 柴宝勇 译	48.00 元
公共服务中的情绪劳动	［美］玛丽·E. 盖伊 等 著 周文霞 等 译	38.00 元
预算过程中的新政治（第五版）	［美］阿伦·威尔达夫斯基 等 著 苟燕楠 译	58.00 元
公共行政中的价值观与美德：比较研究视角	［荷］米歇尔·S. 德·弗里斯 等 主编 熊 缨 耿小平 等 译	58.00 元
公共决策中的公民参与	［美］约翰·克莱顿·托马斯 著 孙柏瑛 等 译	28.00 元
再造政府	［美］戴维·奥斯本 等 著 谭功荣 等 译	45.00 元
构建虚拟政府：信息技术与制度创新	［美］简·E. 芳汀 著 邵国松 译	32.00 元
突破官僚制：政府管理的新愿景	［美］麦克尔·巴泽雷 著 孔宪遂 等 译	25.00 元
政府未来的治理模式（中文修订版）	［美］B. 盖伊·彼得斯 著 吴爱明 等 译 张成福 校	58.00 元
无缝隙政府：公共部门再造指南（中文修订版）	［美］拉塞尔·M. 林登 著 汪大海 等 译	48.00 元
公民治理：引领 21 世纪的美国社区（中文修订版）	［美］理查德·C. 博克斯 著 孙柏瑛 等 译	38.00 元
持续创新：打造自发创新的政府和非营利组织	［美］保罗·C. 莱特 著 张秀琴 译 音正权 校	28.00 元

书名	著译者	定价
政府改革手册：战略与工具	［美］戴维·奥斯本 等　著 谭功荣 等　译	59.00 元
公共部门的社会问责：理念探讨及模式分析	世界银行专家组　著 宋涛　译校	28.00 元
公私合作伙伴关系：基础设施供给和项目融资的全球革命	［英］达霖·格里姆赛 等　著 济邦咨询公司　译	29.80 元
非政府组织问责：政治、原则与创新	［美］丽莎·乔丹 等　主编 康晓光 等　译　冯利　校	32.00 元
市场与国家之间的发展政策：公民社会组织的可能性与界限	［德］康保锐　著 隋学礼　译校	49.80 元
建设更好的政府：建立监控与评估系统	［澳］凯思·麦基　著 丁煌　译　方兴　校	30.00 元
新有效公共管理者：在变革的政府中追求成功（第二版）	［美］史蒂文·科恩 等　著 王巧玲 等　译　张成福　校	28.00 元
驾御变革的浪潮：开发动荡时代的管理潜能	［加］加里斯·摩根　著 孙晓莉　译　刘霞　校	22.00 元
自上而下的政策制定	［美］托马斯·R. 戴伊　著 鞠方安 等　译	23.00 元
政府全面质量管理：实践指南	［美］史蒂文·科恩 等　著 孔宪遂 等　译	25.00 元
公共部门标杆管理：突破政府绩效的瓶颈	［美］帕特里夏·基利 等　著 张定淮　译校	28.00 元
创建高绩效政府组织：公共管理实用指南	［美］马克·G. 波波维奇　主编 孔宪遂 等　译　耿洪敏　校	23.00 元
职业优势：公共服务中的技能三角	［美］詹姆斯·S. 鲍曼 等　著 张秀琴　译　音正权　校	19.00 元
全球筹款手册：NGO 及社区组织资源动员指南（第二版）	［美］米歇尔·诺顿　著 张秀琴 等　译　音正权　校	39.80 元

公共政策经典译丛

书名	著译者	定价
公共政策评估	［美］弗兰克·费希尔　著 吴爱明 等　译	38.00 元
公共政策工具——对公共管理工具的评价	［美］B. 盖伊·彼得斯 等　编 顾建光　译	29.80 元
第四代评估	［美］埃贡·G. 古贝 等　著 秦霖 等　译　杨爱华　校	39.00 元
政策规划与评估方法	［加］梁鹤年　著 丁进锋　译	39.80 元

当代西方公共行政学思想经典译丛

书名	编译者	定价
公共行政学中的批判理论	戴黍　牛美丽 等　编译	29.00 元
公民参与	王巍　牛美丽　编译	45.00 元
公共行政学百年争论	颜昌武　马骏　编译	49.80 元
公共行政学中的伦理话语	罗蔚　周霞　编译	45.00 元

公共管理英文版著作

书名	作者	定价
公共管理导论（第四版）	［澳］Owen E. Hughes （欧文·E. 休斯） 著	45.00 元
理解公共政策（第十二版）	［美］Thomas R. Dye （托马斯·R. 戴伊） 著	34.00 元
公共行政学经典（第五版）	［美］Jay M. Shafritz （杰伊·M. 莎夫里茨）等 编	59.80 元
组织理论经典（第五版）	［美］Jay M. Shafritz （杰伊·M. 莎夫里茨）等 编	46.00 元
公共政策导论（第三版）	［美］Joseph Stewart，Jr. （小约瑟夫·斯图尔特）等 著	35.00 元
公共部门管理（第九版·中国学生版）	［美］Grover Starling （格罗弗·斯塔林） 著	59.80 元
政治学（第三版）	［英］Andrew Heywood （安德鲁·海伍德） 著	35.00 元
公共行政导论（第五版）	［美］Jay M. Shafritz （杰伊·M. 莎夫里茨）等 著	58.00 元
公共组织理论（第五版）	［美］Robert B. Denhardt （罗伯特·B. 登哈特） 著	32.00 元
公共政策分析导论（第四版）	［美］William N. Dunn （威廉·N. 邓恩） 著	45.00 元
公共部门人力资源管理：系统与战略（第六版）	［美］Donald E. Klingner （唐纳德·E. 克林纳）等 著	48.00 元
公共行政与公共事务（第十版）	［美］Nicholas Henry （尼古拉斯·亨利） 著	39.00 元
公共行政学：管理、政治和法律的途径（第七版）	［美］David H. Rosenbloom （戴维·H. 罗森布鲁姆）等 著	68.00 元
公共经济学：政府在国家经济中的作用	［美］Randall G. Holcombe （林德尔·G. 霍尔库姆） 著	62.00 元
领导学：理论与实践（第六版）	［美］Peter G. Northouse （彼得·G. 诺斯豪斯） 著	75.00 元

Research Methods for Public Administrators，5e by Elizabethann O'Sullivan，Gary R. Rassel，and Maureen Berner
ISBN：9780321431370

北京市版权局著作权合同登记号：01-2008-4871

图书在版编目（CIP）数据

公共管理研究方法：第5版/（美）奥沙利文，（美）拉苏尔，（美）伯纳著；王国勤译. —北京：中国人民大学出版社，2014.3
（公共行政与公共管理经典译丛. 经典教材系列）
ISBN 978-7-300-19059-4

Ⅰ.①公… Ⅱ.①奥… ②拉… ③伯… ④王… Ⅲ.①公共管理-研究方法-教材 Ⅳ.①D035-3

中国版本图书馆CIP数据核字（2014）第057057号

公共行政与公共管理经典译丛
经典教材系列
“十二五”国家重点图书出版规划项目
公共管理研究方法（第五版）
[美] 伊丽莎白森·奥沙利文（Elizabethann O'Sullivan）
加里·R·拉苏尔（Gary R. Rassel）
莫琳·伯纳（Maureen Berner） 著
王国勤 等 译
Gonggong Guanli Yanjiu Fangfa

出版发行	中国人民大学出版社		
社　　址	北京中关村大街31号	**邮政编码**	100080
电　　话	010－62511242（总编室）		010－62511770（质管部）
	010－82501766（邮购部）		010－62514148（门市部）
	010－62515195（发行公司）		010－62515275（盗版举报）
网　　址	http://www.crup.com.cn		
经　　销	新华书店		
印　　刷	涿州市星河印刷有限公司		
规　　格	185 mm×260 mm　16开本	**版　　次**	2014年8月第1版
印　　张	30.75 插页2	**印　　次**	2022年6月第3次印刷
字　　数	657 000	**定　　价**	98.00元